JN195954

LABOR AND SOCIAL WORK

秋元 樹
Tatsuru AKIMOTO

労働ソーシャルワーク

送り続けられたメッセージ
アメリカの現場から

旬報社

はじめに

　日本のソーシャルワークとその研究の悲劇は近年「労働」をいずこかへ置き忘れてきたことであり、日本の「労働」、労働組合とその研究の悲劇は「ソーシャルワーク」の目を全く持たずにきたことだろう。その「ツケ」は日本の労働者が負うことになった。

　本書は1970年代末から2000年の初めにかけて日本のソーシャルワークおよび労働の研究・実践コミュニティにアメリカの現場から送り続けられたメッセージの記録である。現在ではすでに時代遅れのものであるかどうかは各読者の理解と判断に委ねたい。

　アメリカに「労働ソーシャルワーク」と直訳できる英術語があるわけではない[*1]。たとえば、社会学における "Labour Sociology"（「労働社会学」）または "Sociology of Work"（「労働の社会学」）のような表現はない。アメリカにおいてかつて使われた "Industrial Social Work"（産業ソーシャルワーク）、"Manpower Policy and Social Work"（「マンパワー政策とソーシャルワーク」）、"Social Work in the World of Work"（「労働の世界におけるソーシャルワーク」）、現在用いられている "Occupational Social Work"（「職業ソーシャルワーク」）、"Employment, Workplace and Social Work"（「雇用、職場とソーシャルワーク」）等々をあわせ称するものととりあえず理解されたい[*2]。

　本書で「労働ソーシャルワーク」とは労働の場におけるソーシャルワーク、労働者の福祉の維持増進を目指すソーシャルワークをいう。医療、司法、学校を場とするソーシャルワーク、児童、障がいを持つ人々、高齢者の福祉の維持向上を目指すソーシャルワークと何ら変わるところはない。労働の場とは労働市場、職場、生活の場たる家庭・地域・社会を含む。これに労働組合が関わる。

[*1] インド、タイその他いくつかの国では英語表現として "Labour Social Work" が用いられている。
[*2] 第1章50、52-53頁。

労働者とはブルーカラーに限らず、ホワイトカラー、グレーカラー、ピンクカラー、さらには小零細請負労働者等も含まれよう。英語でいう"working people"、日本語でいう「ごく普通の働く人々」といった日常語の語感が最もフィットする[3]。

日本のソーシャルワークはその対象をしばしば高齢者、障がいを持つ人々、児童、プラス医療関係に限定するがごときである。これに生活保護が加わる。ソーシャルワークの実践、研究の境界が行政の縄張りにより定められるというのではあまりに寂しい[4]。人口中最大の数を占める労働者（働く人々）を視野の外に置く。彼（彼女）らは他分野のソーシャルワークが対象とする人々と同じく日々生活・人生において多くの困難、問題を抱えている。さらに他分野のソーシャルワークが扱う問題の多くの原因とその改善、解決、予防は労働にかかっている[5]。

日本の労働研究の主流は特に戦後比較的近年までは労働者、労働組合、労働運動を"善"としてスタートし，その強化と前進に関心とエネルギーを注いできた。昨日までのあの帝国主義戦争遂行の歴史という時代的背景を考えれば当然でもあった。しばしばイデオロギー、党派性が領導すらした。階級に目はいっても個々の労働者の日常の生活・人生からの目、ソーシャルワークの目はなかった。それはアメリカ帝国主義の労働者懐柔策として切り捨てられもした。最近では国、企業の政策・制度、慣行の従順な解説・手伝いを専らの任務とするがごときにシフトしてしまった。

日本の場合、ソーシャルワークを中心にした労働ソーシャルワークではなく福祉概念を柱として労働者福祉論[6]としてまとめる選択もある。ここでは両者の異同、関係等を論ずることなく[7]本書ではあえて前者を選択している。データ、物語の舞台がソーシャルワーク中心のアメリカであること、および現在の日本の社会福祉／ソーシャルワーク界の状況と世界との交流可能性を考えての

---

[3] 序章 37 頁。
[4] 序章 29 頁。
[5] 序章 30-35 頁。
[6] 日本での通常の用法、生協論や福利厚生論とは異なる。序章 37 頁。
[7] 序章 39-40 頁。

ことである。本書にあっては「労働ソーシャルワーク」を単純に「労働者福祉」
と置き換えて読んでもらってよい。必要であれば若干の修正と類推を加えられ
たい。

　ソーシャルワークとは何かを論ずることもここではしない。その理解と選択
はそれぞれの読者に委ねることとしよう。ただ日本でいう「福祉」、社会福祉
士・精神社会福祉士の活動と同義でないこと、今日西洋「先進国」を中心に世
界が理解するソーシャルワークとは次のような定義の下にあること程度は押さ
えておいてほしい[8]。

　　ソーシャルワークは、社会変革と社会開発、社会的結束、および人々のエン
　パワメントと解放を促進する、実践に基づいた専門職であり学問である。社
　会正義、人権、集団的責任、および多様性尊重の諸原理は、ソーシャルワー
　クの中核をなす。ソーシャルワークの理論、社会科学、人文学および地域・
　民族固有の知を基盤として、ソーシャルワークは、生活課題に取り組みウェ
　ルビーイングを高めるよう、人々やさまざまな構造に働きかける。
　　この定義は各国および世界の各地域で展開してもよい。
　　　　　　　　（本文は社会福祉専門職団体協議会、日本社会福祉教育学校連盟共訳）

　これは世界の2大ソーシャルワーク国際組織、国際ソーシャルワーク学校連
盟（International Association of Schools of Social Work; IASSW）と国際ソーシャ
ルワーカー連盟（International Federation of Social Workers; IFSW）が2014年に
合意した「ソーシャルワーク専門職の世界定義」である。アメリカのソーシャ

---

[8]　筆者がこの定義に賛同しているわけではない。近年これに積極的にチャレンジすら
　している（「西洋専門職ソーシャルワークのグローバリゼーションと仏教ソーシャルワー
　クの探求」郷堀ヨゼフ編『西洋生まれ専門職ソーシャルワークから仏教ソーシャルワー
　クへ』学文社、1-53頁、9-23頁）。

ルワークはこれと同義ではないが、大きく違うところはない*9。介護、相談援助、個別的「直接処遇」・「臨床」等とイコールでは全くない。「制度・政策」の従属または対概念でもない。それらは内包される。

　本書の構成は、執筆当時の労働研究の一般的常識に従って、労働市場（労働力の交換過程）、職場（同消費過程）、生活の場（同再生産過程）の順とされ、それぞれに労働組合の関与が放り込まれている*10。導入と総論にあたる労働ソーシャルワークとは何か、その意義と概略を序章と第1章とし、以降、失業（第2章）、ワーキングプア（第3章）、リビング・ウェイジ（第4章）、労働災害・安全衛生（第5章）、差別／人権（「女性問題」）（第6章）、さらに典型的ソーシャルワーク3分野と重なる児童（第7章）、障がい（第8章）、高齢者（第9章）と続ける。第10章には生活の場における問題への対応に目を据え労働相談をおいている。実際は労働市場、職場における問題もあらわれてくる。労働者のニーズ抽出の宝の山でもある。これにつなげるために補章として日本の労働者の抱える困難・問題を問うた500人調査の結果が付されている。第11章は国際である。このグローバル化の時代に労働者の困難・問題の原因、解決は国内だけを見ていてもわかるはずはない。最後の章は、第2章から第11章までのすべてに関わる、関わり得る労働組合とソーシャルワークの類似と関係が論じられる。

　各章に入れられている文章にはエッセイ的なものから、調査報告、インタビュー記録、論文的なものまでが混在している。オリジナルな発表媒体のニーズ、性格によるものである。これら蓄積の総体の背後には「労働ソーシャル

---

*9　より厳密にアメリカのソーシャルワークのエッセンスに目をやりたければ、次のような文献を参照されたい。Maclver, R.M. 1931. *The Contribution of Sociology to Social Work*. Columbia University Press; Bartlett, Harriett M. 1970, *The Common Base of Social Work Practice*. Washington D.C.: NASW; NASW=CSWE. *Legacies of Social Change: 100 years of professional social work in the United States*. Brown Foundation, Inc.（ビデオ）; Gibelman, Margaret, 1995. *What Social Workers Do*. Washington, D.C.: NASW; Holosko, Michael, ed. May 2003. Special Issue: *Evaluating the Definition of Social Work Practice. Research on Social Work Practice*（The Society for Social Work and Fdxdzfch）. Sage Publications. 13(3).

*10　現在の日本の状況からは「労働組合」に与えられているウェイトが大きすぎると見える。執筆当時の筆者の研究関心からの帰結と理解されたい。

ワーク」または「労働者福祉論」の枠組み構築の夢があったが、我が人生は少々短すぎた。本書のレベルでは各読者にはすべての章を頭から順に読んでいただくというよりは、以下のタイトルと誘いに沿って興味を持たれた章を一つでも二つでも読んでいただければと思う。

　本書の各論にあたる第2章以降は以下のとおりである。

第2章　失業——崩壊する家庭と社会

　各論部分は失業ではじまる。労働者にとっての最大の問題は「仕事がない」ことである。

　「ジョーは、かれが職を失ったとき、かれの髪を失った。トムは、15年働きつづけた職場から放りだされたとき、心臓発作におそわれた。しかしもっとも悲しいケースは、ポールの場合である。かれの失職から来るたたきのめされた感じ、内在化した怒りは、かれ自身の愛する幼児にむけられた。妻が働きにでて、かれが子どものめんどうを家でみていたときである。ベルトで赤ん坊をなぐりつけ、沸騰する湯舟のなかにつっこんでしまったのである」。

第3章　「働く貧乏人」——下位3分の1層とマクロ経済の繁栄

　国が繁栄でわくとき、人口の3分の1は「貧乏人」であった。政府自らの定めた貧困線、所得保障・社会福祉給付の受給資格、NPOが考える生活できる所得額等から計算されたものである。そのうちの半数は働いている。にもかかわらず貧困の中にいる。賃金が低すぎる。雇用が不安定・断続的である。社会福祉給付が貧しすぎる。ソーシャルワーカーや労働組合はその背後、経済構造の変化や公共政策の舵取りの問題をもみる。国が豊かなときになぜ一部の人々は貧しいのか、が一般的な問である。問うべきは逆だろう。なぜ我々は貧しいままなのに一部の人々は豊かなのだろうか、である。

第4章　「生活できる賃金を」

　まともに働いているのに生活できない。これはおかしい。公正（fairness）、正義（justice）に反する。国の最低賃金制度はあるがこれではフルタイムで働いても食えない。最低賃金を引き上げるのが筋だろうが、現在の全国レベルの政治・社会状況、"力関係"からはこれは叶わぬ。しからば、可能なところから手をつけよう。郡市町村（地方自治体）単位で、条例によって、少なくとも

はじめに　7

地方自治体との契約を結ぶまたは地方自治体から補助金の交付、融資、税の減免等経済的助成を受ける企業に対してはその雇用する従業員にリビング・ウェイジを支払うよう要求する。労働者が一生懸命フルタイムで働いてもまともに「食えない」ような低賃金を支払いつつ利潤を追い求めるような企業に尊い公金をそそぎ込むことは許されてはならない。税金は労働者を「搾取する」ために使われてはならないのである。納税者にはこれを求める権利があり、地方自治体はこれに応える責務がある。ボルティモア、ニューヨーク、セントポール、ミネアポリス、ロサンジェルス、ミルウォーキー、サンアントニオ、シカゴ、ボストン、デトロイト、サンホセ、マディソン等々、全国で主要大都市を含め40に及ぶ自治体がリビング・ウェイジ条例を持つに至った。

第5章　仕事か命か／労災・職業病——自動車産業を例に

　職場は生活の糧を提供してくれるありがたいところであるが、同時に命をも奪うおそろしいところでもある。数限りない傷害、疾病を生むところである。第2次大戦中の工場その他の職場での死傷者数は戦場での死傷者数をはるかに超えた。1970年代半ば、労働省労働統計局によれば、「死亡、永久障害、および事故発生の日を超えて労働を不能にさせる負傷あるいは疾病」の件数は240万、「労働には就いたが、通常の仕事のすべてはできなかったという他の労働日損失の場合」その他を加えるならば、その総数は570万にのぼるという。大統領報告書からの1日の業務上死亡者数400人との推計もある。しかも、これらの数字は、農業、鉱業、鉄道、公務およびすべての自営業主をふくんでいないのである。別のいくつかの調査は実際の死傷者数は上の数字の5倍から10倍だろうと主張する。

　これをどうにかしようと労働組合、専門職（医師、弁護士、ソーシャルワーカー等）、宗教家等でつくるNPOが全国のあちこちに設立された。労災被災者の相談、裁判援助、自助グループの組織化、労働安全衛生に関する立法・法改正運動に努める。ただし、第8章では障がいを持つ人々に関心を持つ多くのソーシャルワーカーはここ職場における労働災害・安全衛生には関心を持たない。

第6章　職場における差別・人権——相等価値労働同一賃金とセクシュアル・ハラスメント［女性問題］

　差別・人権問題は労働者の生活のあらゆる場面で顔を出す。職場ではなまじ

の賃金、労働時間の問題以上に重要だ。人種・民族、学歴、年齢、宗教、性、言語等々、差別の源には事欠かない。筆者がセクシュアル・ハラスメントをわが国にはじめて伝えたのは 80 年代の冒頭であった。三多摩の女性団体が訳文パンフレットを出したのが 85 年頃であった。70 年代から 80 年代の初めにかけては、「女性を差別するな」から始め「男女を区別する名称・求人の禁止」「機会の均等から結果の平等へ」「アファーマティヴ・アクション」「相等価値労働同一賃金」等々、「女性問題」についての「メッセージ」が送り続けられた。日本では未だ役所も、労働組合も「婦人労働係」「青年婦人部」等の用語を用いていた時代である。

　セクシュアル・ハラスメント判断の論理は当初の「性差別」から後に「人権」にシフトする。

第 7 章　「先進国」における児童労働

　1999 年 6 月、ILO 総会で児童労働に関する条約が採択された。誰もがインド、タイ、ブラジル、アフリカの、「途上国」の児童労働を思う。しかし、いわゆる「先進国」の児童労働は問題にしないでよいのか。アメリカでは南部を中心として数十万人の児童が農業労働に従事している。加えて西海岸、東海岸の大都市を中心に別の数十万人が繊維工場その他に働いている。「先進国」では自国の児童労働に関心を持つものは皆無のようにも見えるが、同時に少なくともアメリカにおいては、「懸命に」これに取り組んでいる NPO、労働組合、研究者、行政担当者、政治家等が少数ながら存在する。アメリカでは全国消費者同盟、NPO 主導の児童労働連合（Child Labor Coalition）、トム・ホーキン上院議員等の名が知られている。

第 8 章　障がいを持つ労働者の雇用と労働組合

　ADA（Americans with Disabilities Act; 障害を持つアメリカ人法）は他の如何なる条項（車椅子のためのランプ、目の見えない人のための点字ブロック、電話におけるリレーサービスその他、施設・設備面におけるアクセシビリティ）にも先駆けて、第 1 章を雇用で始める。雇用こそがすべての基礎との認識である。一労働組合は全国有数のリハビリテーション職業紹介ネットワークを自ら作ってしまった（IAMCARES）。

　アメリカには障害者はいない。障害者と非障害者（健常者）のカテゴリカル

な区別をしない。仕事に応募するにあたって障害者であるかどうかを告げる必要はない。ある仕事に就くに際し予想される障害を自ら認識するかどうかである。たとえ、片手がなくとも、両足がなくとも机に向かって事務の仕事をするには何の障害もない。目が見にくければ、コンピューターに普通の倍のサイズのスクリーンをつければいいし、難聴の人であっても増幅器をつければ電話交換すら可能である。ポイントは障害者であるかどうかではなく、どこをどうアコモデイト（accommodate、変容、調整）すれば他の人々と同じに働けるかである。雇用率アプローチではなく反差別アプローチをとる。

第9章　高齢労働者に対する国家政策と労働組合

　ここでも基本は反差別だ。定年制は年齢による強制解雇と読む。1978年「雇用における年齢差別禁止法」（ADEA）改正は連邦職員について定年制を廃止、一般労働者については70歳未満では許されないとした。391対6（下院）、62対10（上院）という票差である。定年制全廃へのスタートといわれた。逆に興味深いのは改正前から強制定年制の下にあった者は全雇用者の3分の1ないし半分にすぎなかったこと、しかも定年制の有無にかかわらず、実際には、ほとんどの人は65歳以前に、65歳を超えて働く少数の人ですら70歳よりははるかに早く退職してしまっていたことである。ゼネラルモーターズ（GM）では、本改正前、68歳が強制定年であった時に、この年齢まで留る労働者は50人のうち1人にすぎなかった。65歳から69歳の労働力率は、男20％、女8％にまで落ちていた。

　本章では、アメリカの高齢者に対する雇用保障、所得（私的、公的年金ほか）保障に関する公共政策のほか、労働組合による退職前・退職後プログラムの内容が詳しく紹介されてる。やはり80年代初めである。

第10章　労働者の抱える問題と労働相談

　労働者は多くの問題を抱える。それらは個人生活、家族生活、職場生活、地域・社会生活にわたる。アルコール・薬物濫用、仕事、金銭、消費者問題（クレジットカード、債務を含む）、法律、高齢者介護、保育、健康、鬱・ストレスその他のメンタル・ヘルス、家族、子ども、夫婦間その他の人間関係などに悩む。従業員相談プログラム（EAP）／組合員相談プログラム（MAP）はこれに応えようとする。大組織（政府および大企業など）では多くが、中小組織では

わずかがこれを持つ。プログラムのデザインは、自らの組織内にオフィスとスタッフを備える内部型と外の EAP エイジェンシーに外注する外部型がある。経営側によるもの、労働組合によるもの、その協力によるものがある。EAP は今日のアメリカ労働ソーシャルワーカー（Occupational Social Work）の関心と実践の中心を占める。EAP に従事するプロフェッショナルの全国組織従業員援助専門職協会（Employee Assistance Professional Association; EAP）メンバーの中心はソーシャルワーカーである。(34%、その他はカウンセリング、心理学・精神医学、経営、薬物依存（addictions）、従業員援助プログラム、教育、労使関係、人事（人的資源）管理などの専門家）。日本ではソーシャルワークが関心を持たないので心理を中心として他職種に持っていかれている。

第11章　資本は勝手に動いてよいわけではない——国境を越えた目

GM フリント 54 日間のストライキ最大の意義は、21 世紀初頭、労働にとって最も重要な課題すなわち資本移動の規制を世に問うたことである。資本は企業の望むようにそうどこへでも勝手に動いてよいわけではない、と。労働者が懸命に働き、会社を儲けさす。そして会社はその儲かった金を他の工場、地域、国に投資し、その当の労働者が働いていた旧式の工場は閉鎖する。当の労働者は仕事を失う。おかしくないか。正義、道義に反する。これが労働者側の論理である。典型的な生産性対雇用保障の問題である。生産の移転とアウトソーシングによる仕事の喪失であり、それは投資をめぐる争いである。

アメリカとメキシコの国境の南に並ぶマキラドーラの劣悪な労働条件についてはしばしば伝えられている。ILO の条約・勧告に違反しているどころか自国（メキシコ）の定めた法規も遵守されていない。当該国の行政組織、裁判所が機能しないのであればこれの審査を協定（NAALC）をあらかじめ結んでいる他の国（アメリカ、カナダ）の機関に委ねよう。そうでなければ極端な低賃金、低労働条件は放置され、資本はそして雇用はそこに流れ出てしまう。

第 2 章失業の章への回帰である。ソーシャルワークは目の前のクライアント、サービス受給者の困難・問題を解くためにはせいぜいこの程度は国境の外との関係に目をやらなければ本気とは思われまい。

第12章　労働組合とソーシャルワーク——類似と相違、協働と敵対

多くの労働組合は、労働者の職場外の問題にも関心を示す。労働者の悩みは、

工場の門を入ったところに始まり、工場の門を出でたところに終わるわけではないからである。「労使間には二つのコントラクトがある――あるいはあるべきである。一つはユニオン・コントラクト、賃金、労働時間および労働諸条件をおおう。もう一つは、ヒューマン・コントラクト、健康、福祉、生活諸条件をおおう」。住宅建設、組合員労働生活相談、リハビリテーション、就職斡旋、レクリエーション、いわゆるアメリカソーシャルワークのいうところのコミュニティ諸活動等々、自力で、あるいは対政府行動をとおして、アメリカ労働組合は努力をかさねる。

　労働組合（活動・運動）とソーシャルワークは時にはきわめて類似しているように見える。時にはきわめて異なっているように見える。両者は人間、特に社会の下層の人々に関わり、その問題解決、地位向上に努める。少なくとも歴史的にはそうであった。そして、後には双方とも「中流」、より所得の高い階層にまでその 翼 を伸ばす。両者はしばしば同じ「言葉」すら用いる――尊厳、社会的正義、公正、平等・差別、人権、福祉の増進、大義、社会変革。であるが故に、両者は今日までその歴史の中にあってしばしば同じゴールに向かって協働してきた。社会立法の制定はその典型である。しかし、両者は時には厳しく対立、敵対してきた。1910 年代から 20 年代の厚生資本主義（welfare capitalism）における経験はその典型例である。ソーシャルワーカーは会社側スパイとしてすら働いた。ソーシャルワークの当初は上流階級の女性が自分とは異なる階級（下層）に対してボランタリーに上から目線で働いた。愛と慈しみを持って。労働組合は同じ階級内での自助・互助運動であった。主に男の運動だった。前者の階級的地位は下がり自らの働きかける対象に近づき、自らの生活の糧すなわち職業となった。後者は、特に大組合の幹部にあっては巨大な官僚組織のトップとして専門化し職業化した。ますます類似してきた――歴史上の違いを担いつつ。

補章　ごく普通の働く人々の抱える悩み・問題――500 人インタビュー調査（日本）

　ここでは対象は日本である。現代日本の労働者は何を求めているか。――本人に直接聞いてみるのがいいだろう。「何を求めているか」とはいわゆるニーズを問うているのであろうが、「ニーズは何か」と直接聞いたところで目的は達せられまい。相手が「何を悩み、何に不満を持ち、何を問題とし、何に腹を

立て、頭に来ているか」を聞いてみた。500名の素人調査員が500名の働く人々をインタビューした。条件は唯一つ、「相手の胸を開かせ、本心を聞き出すこと」。被調査者は各調査員により有意に各1名が抽出された。各2,000字程度にまとめられたインタビュー・レコードは、各フレーズ、センテンスごとに、26項目にアフターコードされた。「労働時間（残業が多い、休暇が取れない、休み時間がない、交代制等）」「賃金（安い、差別、ミスをしたときの賃金カット、賃金不払い等）」「仕事内容（単純・反復作業、意味のない仕事、雑用ばかり、作業姿勢等）」「人間関係（上司、同僚、部下、顧客を含む）」その他から「むなしさ」を思い、より深刻に自己の労働の意味、生き方を問うものまで。「この会社で一生終るのかと考えるとむなしい」（現代花形産業のトップ企業に働くブルーカラー）、「何のために」「誰のために」自分は働いているのかと自問しつつ「悩みをまぎらわすために詩をつくり曲をつける」（自動車工場の労働者）、「仕事」が終って「一人になった時」「仕事に追われ流されてゆく自分に」「こんな生活をしていていいのだろうかと悩」む（ホームセンターの店員）。千数百件の悩み・問題が抽出された。

　本書に以前書かれたものを納めるにあたって各章の原文は原則として一切手を加えていない。引用出典の表記もシカゴ方式、ハーバード方式混在のままである。原文出版社の意向で出典を含めたすべての脚注が落とされているもの（特に第2章、5章－Ⅰ、12章－Ⅰ等）もあるがそれもそのままである。例外は、①1冊の書物として各章間の整合性を維持するための章、節、項、脚注その他の表記および漢数字と算用数字、漢字とひらがなの使用の統一等、②執筆（翻訳を含む）当初としても改めた方がよい表記（小見出しの挿入、誤字脱字の訂正などを含む）または、③時の経過上読者に混乱を与える恐れがある場合、④複数の原論文等またはその各一部を「切り貼り」し一つの章とした場合の文章つながり上必要な編集等である。これらの変更箇所はいちいち明示はしないが、必要に応じて＊付き注を付すこととした。「マンパワー・ポリシー」「アル中」「障害者」「老人」「黒人」その他、現在のソーシャルワーク、労働界、あるいは社会では異なる表現が好まれる場合も「時代」を残すために原則としてそのままとしてある。許されたい。その他読み進めていて内容的に「おやっ」と思

うところに出会ったときとともに、各章文末に記された原文の出版年を参照していただければ幸いである。各章の「現在」「今日」「最近」等の表記はそれぞれの章の執筆時であって、本書出版時ではない。

　原文に手を入れない「いいわけ」は、筆者はすでにアメリカ労働の分野の研究については筆を置いているが故に、キャッチアップのデータ、情報を得ることがきわめて困難またはほぼ不可能であることである。逆にそのまま残すことによる副産物は、それぞれの時代のアメリカの労働の数少ない貴重なデータとしての価値を後生に残すということであろうか。

【出所】本「はじめに」も 2010 年に書かれたものに、2018 年今回出版に当たってソーシャルワークの国際定義の入れ替えほか若干の手直しを加えたものである。

謝　辞

　本書に収めたすべてに無限の「データ」を提供してくださった優に 1,000 人を超すアメリカの現場労働者、失業者、スラム住民、ソーシャルワークサービス受給者および非受給者、ソーシャルワーク施設／組織のソーシャルワーカーを含む職員・管理者・施設長、労働組合の組合員・役員・職員・各層の幹部、労働運動およびソーシャルワーク活動分野の無数の自主団体・組織・NPO・NGO で働く活動家・職員、下はコミュニティレベルから上は連邦レベルまでの政府職員、議員・政治家、大学をはじめとする研究機関の研究者に心から御礼申し上げます。皆様の与えてくださった善意と時間に見合うお返しができているか。

　ごく初期のいくつかを除きほぼすべての調査研究の実施に関して、無数のインタビューイー、訪問先を紹介してくださったウェイン州立大学教授、全米ソーシャルワーカー連盟（NASW）会長、デトロイト市会議長（いずれも当時）マリアン・マハフィ（Maryann Mahaffey）先生とその夫ハイマン・ドゥーハ（Hyman Dooha）氏に心から御礼申し上げます。毎回のアメリカ現地調査の旅はいつも先生のご自宅から始まりました。ご夫妻の協力・援助なくして私のアメリカ調査研究はあり得ませんでした。先生は調査研究の協力者、インフォマントであることを超えて若き母親のような関係でした。彼女に逢うよう強く勧めてくださったのは 1971 年冬私が失業者を追いデトロイトスラムを彷徨していたときに訪れた教会、労働組合、ソーシャルワーク関係の活動家たちでした。

　1970 年代半ば「労働ソーシャルワーク」という一分野がソーシャルワークの研究・実践のなかにあり得ることを教えてくださったのは、ニューヨーク市立大学ハンターカレッジのポール・カーツマン（Paul Kurzman）先生でした。アメリカにおけるこの分野の研究・教育・実践の動向および特にニューヨーク地区を中心とした訪れるべき多くの"被調査者"をその時々に紹介してくださいました。あらためて謝意と敬意を表します。

　70 年代から 2000 年代まで、繰り返す現地調査を可能にしてくれた東京都職

員海外研修制度、同休職制度、ウェイン州立大学プロフェッショナル・グラジュエイト奨学金、アメリカフルブライト奨学金、日本女子大学サバティカル制度に心より感謝します。そのいくつかの背後には、東京都民、ミシガン州民、アメリカ合衆国国民の税金が投入されています。それぞれの納税者に感謝します。さらにこれら調査研究のため日本を離れたとき、多くの仕事上のしわ寄せを蒙ったであろうそれぞれのときの職場の同僚に改めてお詫びと御礼を申し上げます。

　そして最も大事なことは、本書に収められた調査研究を30年、40年にわたって自由勝手にやらせてくれた my wife Katsuko に対して心からの謝辞を贈ることであります。「ありがとう」。人曰く「こんなことやらせてくれる奥さんなんてそうはいない」

　本書の誕生はひとえに元日本経済評論社におられ今我が友である宮野芳一氏に負うものである。このような書籍を出すことに消極的であった私を最後には「研究者の社会的義務・債務」論まで持ち出し、その気にさせてくださいました。二人での山行きの帰路でした。その後、出版への全プロセスを導きかつ繰り返しての校正作業に膨大な時間と労力を投入してくださいました。何とお礼を申し上げていいかわかりません。また、本書は日本女子大学卒、家庭裁判所調停委員である坂本悦子さんにも多くを負います。すべての膨大な量の原稿の整理から最終校正まで同じく多くの時間と労力を注いでくださいました。深く御礼申し上げます。

　本書作成で最もうれしかったことは、旬報社木内洋育社長が本書の内容に関心を寄せてくださったこと、そして自ら全体の編集作業等にあたってくださったことです。贅沢な経験でした。心より喜びと感謝を表します。

労働ソーシャルワーク─送り続けられたメッセージ／アメリカの現場から●目次

はじめに─────────────────────── 3

謝　辞─────────────────────── 15

主な組織・制度略称　26

序　章　労働者福祉論のススメ^{ソーシャルワーク} ─────────── 29
　1　「社会福祉」＝児童福祉＋「老人福祉」＋「障害者福祉」？ ……………… 29
　2　労働者福祉の半ダースの意義 ……………………………………………… 30
　　（1）社会における位置から　30
　　（2）抱える問題から　31
　　（3）原因として、そして予防的見地から　31
　　（4）「治療」の見地から　33
　　（5）職場と家庭の関係から　34
　　（6）福祉の歴史から　35
　3　労働者福祉の定義──福祉の他分野と何ら変わらない ………………… 37
　　（1）労働者の福祉を考える　37
　　（2）労働者福祉と労働福祉　40
　　（3）労働者福祉の仮の定義　41
　4　世界に目をやりつつ ………………………………………………………… 44

第1章　「労働ソーシャルワーク」とは何か──アメリカから ──────── 47
　はじめに………………………………………………………………………… 47
　1　「労働ソーシャルワーク」の範囲 ………………………………………… 48
　2　大学における教育 …………………………………………………………… 51
　3　現場における実践 …………………………………………………………… 55
　　（1）労働組合内における実践　55
　　（2）企業内における実践　58
　　（3）マンパワー・プログラムにおける実践　59
　4　いくつかの論点 ……………………………………………………………… 60
　　（1）「ソーシャルワークが"貧乏人"にくっついたままである限り、
　　　　ソーシャルワークもまた貧困のままである」　60
　　（2）「労働ソーシャルワーク」とコミュニティ　61
　　（3）「階級」の顕在化　62

（4）ソーシャルワークと労働組合とのイデオロギー上のコンフリクト　62

（5）「会社のために働く」ソーシャルワーク　64

（6）ソーシャルワーカー労働組合の意味　65

第2章　失業——崩壊する家庭と社会 ———————————————— 67

1　失業の意味するところ ………………………………………………… 67

2　失業者の生活 …………………………………………………………… 69

（1）解雇直後の労働者——失業保険とSUB　69

（2）SUBの「破産」　71

（3）今日が食えない——生活保護　73

（4）崩壊する家庭　75

3　政府と労働組合の対応 ………………………………………………… 78

（1）失業保険の改善その他　78

（2）政府が失業者を雇う　79

（3）職業紹介行政　80

（4）UAW（全米自動車労働組合）　82

（5）不況が去ったあとも　83

4　“高い質”の労働力の失業 …………………………………………… 84

（1）「ざまあみろ」　84

（2）国家政策の変更と失業　85

（3）技術の変化＝広い意味での合理化と失業　85

（4）企業の発展と失業　87

第3章　「働く貧乏人」——下位3分の1層とマクロ経済の繁栄 ———— 89

1　年25,000ドル未満世帯は減少していない …………………………… 90

2　全人口の3分の1は「貧乏人」？ …………………………………… 91

（1）貧困線（Poverty Thresholds）　92

（2）社会福祉給付受給者数　93

（3）「生活できる賃金」／「自立に足る所得」　97

3　「働く貧乏人」 ………………………………………………………… 101

（1）「貧乏人」の半数は働く　101

（2）3人の「働く貧乏人」　103

（3）ふたとおりの「働く貧乏人」　105

（4）職　　種　106

（5）「働く貧乏人」の属性　108

（6）抱える困難　112

4　なぜ働いても貧しいのか ……………………………………………… 114

（1）低賃金と不安定雇用そして低社会福祉給付　114

（2）経済構造の変化と公共政策の舵取り　117

　おわりに ……………………………………………………………………………… 124

第4章　「生活できる賃金を」<small>リビング・ウェイジ・キャンペーン</small> ————————————— 127

　1　背　　景 ……………………………………………………………………… 128

　2　デトロイトのリビング・ウェイジ・キャンペーン ………………… 131

　3　全国のリビング・ウェイジ ………………………………………… 134

　　（1）条例制定時期・手続き　143

　　（2）カバーされる企業等　143

　　（3）リビング・ウェイジ額　145

　　（4）賃金以外の諸条件　147

　　（5）運動の担い手　149

　4　賛否の理論的議論 ……………………………………………………… 150

　　（1）論　　点　150

　　（2）既存の評価調査　152

　　（3）リビング・ウェイジのエッセンス　156

　　（4）なぜある使用者は支持するか　157

　5　リビング・ウェイジを超えて ……………………………………… 160

　　（1）納税者の権利、ハイロード、自治体・企業の責務（accountability）　160

　　（2）組織論　163

　　おわりに ……………………………………………………………………… 165

　　付　デトロイト・リビング・ウェイジ条例　167

第5章−Ⅰ　仕事か命か／労災・職業病——自動車産業を例に ————— 171

　1　労災の死傷者数 ………………………………………………………… 171

　　（1）本日の業務上死亡者400人　171

　　（2）クライスラーの73年協約　173

　　（3）一つの支部協約　177

　2　協約はあるけれど ……………………………………………………… 179

　　（1）自動車工場における実態　179

　　（2）「安全」どころではない　181

　　（3）労災をかくす会社の努力　185

　　（4）労災補償もコストのうち　187

　3　業務上疾病の実態 ……………………………………………………… 189

　　（1）進行する業務上疾病　189

　　（2）正確なデータはない　191

　　（3）労働環境と精神衛生　196

目　次　19

第5章－Ⅱ　"NPO" COSH（労働安全衛生会議）の組織と活動 —— 201

PHILAPOSH（フィラデルフィア地区労働安全衛生会議）ジム・モーラン事務局長
へのインタビュー記録 ………………………………………………………………… 203

1　組　　織 ……………………………………………………………………… 204
（1）理　　事　204
（2）スタッフ　206
（3）PHILAPOSH と労災弁護士　206
（4）他組織との連携　207

2　財　　政 ……………………………………………………………………… 209
（1）収　　入　209
（2）支　　出　211

3　活　　動 ……………………………………………………………………… 211
（1）ジムの時間配分　211
（2）取り組んできた課題　214

4　自助グループ（罹災者の会）——今回（2003年2月14日）の集まり … 221
（1）女性A（教員組合）　221
（2）男性A（病院組合 AFSCME1199 の職場委員）　222
（3）女　性　B　223
（4）男　性　B　223

第6章－Ⅰ　職場における差別・人権
——70年代、80年代と「女性問題」———————————— 225
1　男女を区別する名称の廃止 ………………………………………………… 226
2　男女別求人の禁止 …………………………………………………………… 227
3　機会の平等から結果の平等へ、アファーマティヴ・アクション ……… 228
4　相当価値労働同一賃金 ……………………………………………………… 230
5　セクシュアル・ハラスメント ……………………………………………… 233
6　性による区別は認めない …………………………………………………… 235

第6章－Ⅱ　セクシュアル・ハラスメント
——考え方と法的対応の前進 —————————————— 239
はじめに …………………………………………………………………………… 239
1　定義——セクシュアル・ハラスメントとは何か ………………………… 240
2　発展——判例から …………………………………………………………… 242
（1）裁判所の理解の変遷　242
（2）その他の留意点　245
3　防止ならびに救済策——法的枠組み ……………………………………… 246
（1）公民権法第7編　246

（2）EEOC とそのガイドライン　247

（3）州および自治体における法律・規則・命令　248

（4）使用者の「方針」　249

（5）労働協約　250

（6）そ の 他　251

第7章　「先進国」における児童労働
──アメリカの現状と年少労働者対策── 255

1　アメリカにおける児童労働の実態 255

（1）400万人の働く年少者、30万人の違法労働　255

（2）場所、年齢、仕事内容　258

（3）労働環境と労働時間と賃金　260

（4）安全衛生　262

（5）教育、所得、生活　265

（6）なぜ働くのか　266

（7）児童労働と消費者　267

2　法的枠組み 269

（1）連邦 1938 年公正労働基準法　270

（2）州　　法　281

3　執行と改善への努力 299

（1）執行組織　299

（2）執行の実際　299

（3）批　　判　302

（4）立 法 論　306

（5）N G O　308

（6）法　　案　312

第8章　障がいを持つ労働者の雇用と労働組合
──障がい者はいない／アコモデーション── 319

1　定　　義 319

2　アメリカにおける障害者についての基礎的理解 320

（1）アメリカに障害者はいない　321

（2）反差別アプローチ　322

（3）ADA の中心は雇用　323

（4）ADA は在籍者に力　325

3　労働組合は障害を持つ人々の雇用に何ができるか 326

（1）労働組合と障害を持つ人々の雇用のインターフェース　326

（2）雇用促進（外からの採用）　327

（3）雇用維持（退職・解雇の"阻止"）　329
　4　注目すべき4項目 …………………………………………………………　333
（1）差別しない旨の宣言　333
（2）IAMCARES　335
（3）Project With Industry（PWI）　342
（4）労働組合と地域社会福祉組織　347
　5　プログラム・デザイニングにむけて……………………………………　353
（1）確認すべきことの抽出　353
（2）一つのプロジェクト　355

第9章－Ⅰ　高齢労働者と国家政策——年齢差別の禁止と年金問題 ———　363
　1　雇用における年齢差別禁止法 …………………………………………　363
（1）1967年雇用における年齢差別禁止法　363
（2）1978年法改正のねらい　365
（3）法改正による効果　368
（4）異なる見方　370
（5）公民権法としては重要でない？　371
（6）経済全体に大きな影響？　374
（7）ひとつの「ずれた」結論　378
　2　私的年金に関するパブリック・ポリシー ……………………………　379
（1）高齢者に対する所得保障の枠組みと私的年金の小史　379
（2）私的年金へのパブリック・ポリシーの関与　383
（3）1974年従業員退職所得保障法（ERISA）　387
（4）何が問題か——将来の方向　391
（5）付——1982年税公平・財政責任法（TEFRA）　395
　3　老齢年金とその論点——保険と福祉 …………………………………　398
（1）老齢年金（OASI）　399
（2）ＳＳＩ　400
（3）老齢年金についての論点　402
（4）保険か福祉か　404

第9章－Ⅱ　アメリカの労働組合は中高年組合員のために何をしているか
　　　　　——雇用・所得・医療保障と退職前・退職後プログラム ———　407
　1　協約をとおして——雇用・所得・医療保障 …………………………　407
（1）働く中高年組合員に対して　407
（2）退職する労働者、退職した組合員に対して　411
　2　アメリカの労働組合による退職前および退職後プログラム …………　415
（1）ILGWUのケース　416

（2）アメリカ労働組合の一般モデル　423

第10章　労働者の抱える問題と労働相談
——従業員相談／組合員相談（EAP/MAP）—————— 433
1　EAP を通してみるアメリカ労働者の抱える問題 ················· 434
（1）マウントサイナイ／ニューヨーク大学健康（Health）EAP　434
（2）AFSCME DC37 MAP　437
（3）ごく普通の労働者のごく普通の問題　439
2　プログラムデザイン ··· 440
（1）マウントサイナイ／ニューヨーク大学メディカルセンター EAP　441
（2）AFSCME DC37 MAP　445
（3）コーネル大学 EAP　448
3　アメリカ EAP/MAP の概況 ·· 450
（1）プログラムの拡がりとデザイン　450
（2）定義と意義　453
4　現在および将来の問題点 ··· 458
（1）EAP 導入の論理——生産性とのペイオフ　458
（2）労働組合の対応　459
（3）停滞、衰退——外注化　460
（4）営利化、商業化　461
まとめ ··· 464

第11章-I　資本は勝手に動いてよいわけではない
——GM フリント 54 日間のストライキの意義 —————— 467
1　2 週間でほぼすべての GM 組立ラインが止まる ················· 467
2　投資の約束を守れ ·· 469
3　海外への生産移転、海外からの部品調達 ·························· 470
4　型（dies）が帰ってきた ·· 472
5　時代の最も核心的な問題 ·· 473

第11章-II　労働問題紛争の国境を越えた新たな解決モデル
NAALC（北米労働協力協定）——A 国で起きた事件は B 国が審査
する ————————————————————— 475
1　NAALC ·· 476
（1）意義——法の遵守は他国の監視下に置く　476
（2）目的、範囲——貿易など経済活動は労働・生活条件を良くするためのもの　477
（3）責務——立法の枠組みも要求？　478
（4）組織——ダラスに本部、各国に労政事務所　479

目　次　23

（5）紛争処理手続き——NGO も申立人になれる　479

2　ソニー事件 ……………………………………………………………… 482

（1）4 年間の事件——大臣協議のリーディングケース　482

（2）当事者と「問題」——人権・労働権擁護 4 団体が申し立て　483

（3）「苦情」の内容——解雇、選挙介入、デモ弾圧、登録拒否　484

（4）審査報告書と大臣協議の結果——話し合い、セミナー、研究をせよ　486

（5）その後——CAB 組合登録を再度拒否　486

（6）影響、評価——何も変わらない　488

3　NAALC の将来 ………………………………………………………… 489

第 12 章－Ⅰ　あるソーシャル・ユニオン——LOCAL1199 ——————　493

1　LOCAL1199 の位置 …………………………………………………… 494

2　その思想的特徴 ………………………………………………………… 497

3　協約による付加給付 …………………………………………………… 501

（1）諸給付ファンド　501

（2）年金ファンド　503

（3）訓練・上向ファンド　504

4　組合員の問題にたいするサービス …………………………………… 506

5　コミュニティ活動 ……………………………………………………… 512

第 12 章－Ⅱ　労働組合とソーシャルワーク

　　　　　　　——類似と相異、協働と敵対 ————————————————　517

1　先行研究とその限界 …………………………………………………… 518

2　労働組合およびソーシャルワークそれぞれの多様性 ……………… 519

3　多様性を超えて——原型モデル ……………………………………… 520

（1）研究方法　521

（2）社会の下層を対象、自助／当事者運動 vs. 外（上）からの援助　521

（3）集団性と個別性　524

（4）利己主義と利他主義　525

4　産業化のプロセスを通って …………………………………………… 525

5　今日モデル ……………………………………………………………… 527

（1）中流化　横型 2 極モデルへ　527

（2）職業化　利己主義と利他主義　530

（3）残る違いと違いの程度の縮小　530

補　章　ごく普通の働く人々の抱える悩み・問題

　　　　　　　——500 人インタビュー調査（日本） ————————————　535

1　本人に聞いてみよう …………………………………………………… 535

2 悩み・不満・問題・困難・腹が立つこと・頭にくること ………………… 537

（1）労働時間＋通勤　537

（2）賃金＋車、仕事の内容　541

（3）人間関係、上司　543

（4）安全衛生、差別、家族＋子ども＋住居　544

（5）顧客、不慣れ、転職／独立、出世／配転、異性　547

（6）福利厚生、会社の将来、定年退職、子ども、通勤　549

（7）評価、参加、労働組合、生き方・働くことの意味、車、住宅、地域／社会　551

3 何ができるか——行政・企業・労組は ……………………………………… 553

（1）現在の職場の問題・仕事外の問題、法規制になじむ問題・なじまない問題　553

（2）各項、グループの位置と相互関係　555

（3）トータルな一人間としての把握——「満足」　556

（4）行政・企業・労働組合の対処　557

付1 調査の概要 …………………………………………………………………… 559

（1）調査の目的、方法、ニーズ論　559

（2）集計対象の特徴　561

付2 18〜20歳男子労働者80ケースの集計結果 ……………………………… 563

（1）集計対象の属性　563

（2）悩み・問題などの項目別分布　564

（3）項目別悩み・問題などの内容　567

主な組織・制度略称

1199：1199,Hospital & Health Care Employees Union　病院医療介護従業員組合
ADA：Americans with Disabilities Act　障害を持つアメリカ人法
AFGE：American Federation of Government Employees　公務員組合
AFL-CIO：American Federation of Labor and Congress of Industrial Organizations　ア
　メリカ労働総同盟・産業別組合会議
AFT：American Federation of Teachers　アメリカ教員連盟
AFSCME：American Federation of State, County and Municipal Employees　全米州郡
　市職員連盟
AP：Associated Press　エー・ピー
CARE：Children's Act for Responsible Employment　児童責任雇用法
CLC：Child Labor Coalition　児童労働コーリション
EASNA：Employee Assistance Society North America　北米従業員援助協会
GAO：US Government Accountability Office　連邦会計検査院
HRDI：Human Resource Development Institute　人的資源開発協会
IAM：International Association of Machinists and Aerospace Workers　国際機械工組合
IAMCARES：IAM Center for Administering Rehabilitation and Employment Services
　国際機械工組合リハビリテーション・雇用サービスセンター
IBT：Teamsters International Brotherhood of Teamsters　ティームターズ
ILGWU：International Ladies' Garment Workers' Union　国際婦人服労働組合
ILO：International Labor Organization　国際労働機関
JTPA：Job Training Partnership Act　職業訓練パートナーシップ法
Laborers：Laborers' International Union of North America [LIUNA]　北米労働者組合
NAO：National Administrative Office　労政局（アメリカの場合は Bureau of International
　Labor Affairs, US Department of Labor　連邦労働省国際労働局内）
NASW：National Association of Social Workers　全米ソーシャルワーカー協会
NBC：National Broadcasting Company　エヌ・ビー・シー
NIOSH：National Institute for Occupational Safety and Health　全国労働安全衛生研究
　所
NCL：National Consumers League　全国消費者連盟
　National Child Labor Committee　全国児童労働委員会
NYCOSH：New York Council for Occupational Safety and Health　ニューヨーク労働安
　全衛生会議
OSHA：Occupational Safety and Health Act　労働安全衛生法
PHILAPPOSH：Philadelphia Area Project on Occupational Safety and Health　フィラデ
　ルフィア地区労働安全衛生プロジェクト
SEIU：Service Employees International Union　サービス従業員国際組合
TWC：Texas Workforce Commission, Labor Law Department　テキサス労働委員会
UAW：The International Union, United Automobile, Aerospace and Agricultural
　Implement Workers of America　全米自動車・航空機・農業機器労働組合（本文中
　では多くの箇所で全米自動車労働組合と略されている）
UCLA：University of California Los Angels　カリフォルニア大学、ロサンジェルス校
UFCW：United Food and Commercial Workers International Union　国際食品・商業労

働組合

UFW：United Farm Workers of America　全米農業労働者組合

UNITE：Union of Needle trades, Industrial and Textile Employees　繊維衣服労働組合

USDOE：United States Department of Education　連邦教育省

USDOL：United States Department of Labor　連邦労働者省

USWA：United Steelworkers of America　全米鉄鋼労働組合

WHD：Wages and Hour Division, Employment Standards Administration, USDOL　連邦労働省労働基準局賃金労働時間部

序　章
労働者福祉論のススメ
<small>ソーシャルワーク</small>

1　「社会福祉」＝児童福祉＋「老人福祉」＋「障害者福祉」？

　学問の境界が役所の縄張りによって規定されるというのではいかにも恥ずかしい。実践の視野が関係行政機関の所管範囲を越えられないというのではいかにも淋しい。

　今の日本の社会福祉はおかしい。それはあたかも、児童、高齢者、障害を持つ人々、そして若干の生活保護、さらにわずかばかりの医療分野以外に目がいかないが如きである。「社会福祉士」の制度は象徴的ですらある。これら「4分野半」以外で実習をやったのでは学生たちはその受験資格が与えられない。「社会福祉士」がアメリカソーシャルワーカー資格の模倣、変容なのか、全く別の日本独特なものなのかはわからない。それがイコールソーシャルワーカーなのか、ある特定分野のソーシャルワーカーのみの資格なのかも門外漢の筆者にはわからない。

　ただ言えることは、新宿のホームレスの段ボールの中で、あるいは犯罪を犯した人々・被疑者・被害者のために、あるいはダイオキシン被害をなくす住民運動の、あるいは失業をした人々に職業訓練プログラムをデザイン実習をした人々をソーシャルワーカーに含めない「社会福祉士」とはいったい何だということである。ホームレスとは生活保護以下の貧困であり、ヨーロッパでは「犯罪を犯した人々をどのように扱うかはその社会の文明の発展程度を示すバロメーター」とも言われ、公害は戦争／平和の問題と並んで現代の福祉の根幹をなすものである。また、失業こそ歴史上ソーシャルワーカーが中心的に取り組んできたことの一つではなかったのか。

なぜ学校の児童・生徒や職場の従業員に対する相談プログラムのすべてを心理に持っていかれて日本の社会福祉は安閑としているのか。それらは学んだ愛する社会福祉とその低労働条件の狭間にあって進路に悩む社会福祉学生にとってこの上なく良い就職機会を提供するものではないか。しかもそのスロットは非常に多い。それよりも何よりも、モデル的にいうならば、インテイクあるいはフロントワーカーはソーシャルワーカーでなければならないはずだ。これが心理職であるというのは、児童・生徒、労働者に対して失礼だ。児童・生徒、労働者の心に問題があるとのスタートである。問題は環境の方にこそあるのかも知れない。実際の心理学がそんな軽薄なものではないことは知らないではないが、モデルとしてはそうだろう。ソーシャルワーカーこそ心の内面と環境との間のコンフリクトを扱うプロフェッションである。ある場合には心理カウンセリングが必要であろうし、ある場合には法律・金銭・人事相談が、ある場合には制度、学校・職場環境の改革が必要であろう。相当のケースはソーシャルワークが自ら取り扱うことが出来るだろうし、多くのケースは心理職・精神医、弁護士、上司、労働組合、外部の相談・治療機関にリファーすることになろう。それが正しい。今の日本の社会福祉がこれら分野に踏み込まない理由が、まさか犯罪は法務省の管轄であり、公害は環境庁の管轄であり、学校は文部省の管轄であり、職場は労働省の管轄であるからということではないことを望む。

2　労働者福祉の半ダースの意義

　なぜ今の日本のソーシャルワークあるいは社会福祉研究は労働者（働く人々）および労働を見ないのか。それは次のいくつかの点だけを考えてみてもおかしい。

（1）社会における位置から

　労働者は量的にいっても質的にいっても文字どおり社会の中核をなす。日本の全人口1億2,000万人の半数以上、生産年齢（15歳以上）1億人の3分の2弱が労働力人口、そのうちの8割は雇用労働者または失業者である。人口中、社会の最大のサブグループである。非労働力人口のほとんどもまたこれら労働

者の収入に依拠するその家族構成員である。質的にいっても労働者は社会の中核をなす。誤解をしないで欲しい。価値的にというのではない。価値的には労働者であろうとその他の人々であろうとまったく変わるところはない。ここで質的にという意味は、労働者が働くのをやめてしまうとその瞬間からこの世の中は活動することを停止してしまうということである。ストライキあるいは電車の運転手がある日突然に全員病気で寝込んでしまったことを思えばよい。メーデーの意義を思い出されたい。

　日本の「社会福祉」は一般労働市場から落ちてしまった、といって語弊があれば、一般労働市場の外にある人々のみを扱う。これは奇妙だ。

（2）抱える問題から

　しかもその労働者が何の問題も持たないのであればいい。しかし、労働者は現在の日本の「社会福祉」が相手とする他のカテゴリーの人々（児童、障害を持つ人々、高齢者等）と同種のあるいは異種の、同程度に深刻なまたは時にはより深刻な、多くの問題を抱えるのである。児童のいじめ、不登校をいうなら企業内のいじめ（OLのいじめ、男同士の先輩の後輩いじめ）、教員室内でのいじめもある。日産プリンス合併時の、また昨今リストラ時のターゲットとされた人々に対するシカト、暴言、暴力は日本的労使関係の一伝統的特色とすらいえる。出社拒否症もある。加えて、帰宅恐怖症候群――『お父さんは、もう帰れない！』（関谷、1989）。上司による暴力、労災・職業病、アルコール依存症、ストレスとメンタルヘルス、過労死――働きすぎて死ぬ――日々退社時の身体検査、エイズを含めた各種人権侵害、人種・国籍・学歴・性その他による差別、パートの問題、生活保護以下の賃金、その賃金の未払い、中高年の窓際族化・左遷、解雇、失業、職業訓練、サラ金、離婚、住宅、健康……労働者の抱える問題のリストは限りなく続く。

（3）原因として、そして予防的見地から

　労働および労働の場は、現在日本の「社会福祉」が扱っている児童、高齢者、障害を持つ人々、生活保護、医療等の問題または対象者・クライアント（といってまずければサービス受給者あるいは「主体」と言い直してもよい。以下同じ）の

多くを作り出す原因あるいは源泉であるということである。たとえば、現在日本の障害を持つ人々の3分の1ぐらいは労働過程（労災）から作り出されていると言ってよい。交通事故による人々の多くも勤務中のものであったにちがいない。アメリカでは「第2次世界大戦中、工場およびそのほかの職場における死傷者の数は、戦場におけるそれをはるかに上まわった」という。「1941年から1945年の5年間に……主要製造業および非製造業では、88,100人の労働者が死に、1,111万2,600人が傷ついた。これは戦争による死傷者数105万8,000人のおよそ11倍にあたる」（第5章-Ⅰ、171頁）。「1968年、14,311人が労働災害で死んだ。その数は同年にベトナム戦争で死亡したアメリカ人の数とほぼ同数である」（HEW Special Task Force, 1973: 26）。多くの長時間の労働に対する生活保護給付以下の所得を与える職場は、"働く貧乏人"（the working poor）を生んでいる。監視と過度の競争を煽る職場は、仕事上のストレスから労働者にメンタルヘルスの問題を抱えさせている。失業は労働者の家族の崩壊へと向かわしめる。この世で一番危険なところは職場かも知れない。

　原因であるということは、系として、その予防上きわめて重要であるということを意味する。

　なぜ日本の「社会福祉」は一般労働市場からはずれる前に、なぜ問題を抱える前に手を打たないのだろう。現代は治療より予防をいうのが世の趨勢である。今や医学、公衆衛生の面は言うに及ばず、社会福祉の分野でも予防が強調されてきている。アメリカでは10年ほど前に、『予防ソーシャルワーク』という雑誌が発刊された。病気になってから、福祉サービス受給者になってから手だてをするより予防に金をかけた方がはるかに安上がりである。現在日本の「社会福祉」が扱っている問題の多くは、労働者福祉がしっかりしていれば未然に防げるものである。あるいはそれなくしては防げないものも少なくない。

　もし適切な対策が職場でなされていたならば上記の多くの人々は障害を持つことにならなくて済んだはずだ。紙や鋼板の裁断機で手先をはさみ切断する事故が発生するなら、切断部から離れた箇所2か所にボタンを付け、その双方を左右それぞれの手で同時に押さなければ刃が落ちないような機械にすればよい。もし、労働者の賃金が老後に向けての蓄えが出来るほどに充分に高く、また付加給付の一部としての退職金・企業年金が充分に用意されるならば、現代の高

齢者の所得／生活保障論議の幾ばくかは不要となろう。企業が失業を出さなければ失業保険給付は削減されるだろうし、企業が雇用形態、作業方法について柔軟な対応をするならば、高齢者の労働はより可能となる。充分な労働の場が保障され、適切な雇用保障と賃金の保障がなされるならば貧困の問題の多くは解決してしまうだろう。

（4）「治療」の見地から

　労働は各種「社会福祉」問題の原因であると同時に、その解決、治療の要因でもある。

　かつてデトロイトの女性内科医ジェネット・P. シャーマンは、医学について同様の指摘をし、筆者に問うた。「ほとんどの病気は労働により生じるか、それとなんらかの関係を持つかしているのみならず、そしてそれを見ずしては病気なんて治すこともできない」にもかかわらず、「はたして、患者が訪れたとき、何人の医者が、患者の職業、仕事について詳しく質問を繰り返すでしょか」（秋元、1981: 63, 64）。

　労働は労働者のレーゾンデートルである。尊厳の源である。真摯に労働をしている人の顔写真のなんと美しいことか。自らの仕事を語るとき、人は生き生きと輝く。行政の出版物でありながら 70 年代に名著として評判となったアメリカ HEW（保健教育福祉省）への特別研究報告『アメリカの労働』（Work in America、主査：ジェームス・オトゥール）（HEW Special Task Force, 1973）が引用する一退職高齢者が唯一労働によってのみ生き返えった物語はシンボリックである。

　　「ウィンター氏は……彼以外誰ひとりとして十分理解できない……作業に従事していた。ウィンター氏の 64 歳［定年：秋元注］の誕生日が近づいてきたので、その複雑な作業を学ばせ、その年のおわりには……引き継ぎ（が出来るように）……するためにひとりの優秀な若者がアプランティス（見習）として配属された。……引退して程なく、ウィンター氏の内面に大きな変化が起こった。彼は人を避け人生に対する意欲をなくし始めた。退職後 1 年も経たないうちに、このかつては生き生きとかつ生産的であったビジネスマン

は入院することとなり、老人性精神異常（a senile psychosis）と診断された。何の反応も示さなくなったので、もとの職場の同僚も家族さえもやがてお見舞いに訪れなくなってしまった。ウィンター氏は植物人間となった。

その新しい仕事に昇進して約2年が経ったところで、その仕事を引き継いだ若者が急死する。会社は深刻な窮地に陥った。その空席となった仕事は会社の操業に不可欠なものであったが、会社内には誰ひとりその作業を満足に出来る者はいなかった。ひとつの決定がなされた：ウィンター氏に（頼るほかない）、彼が自らを取り戻しその仕事をしそれを引き継ぐ誰かを訓練することが出来るか試してみよう。昔の彼に最も親しかった4人の同僚が病院に送られた。何時間もあれこれやった末、ついに1人が成功した。仕事に戻るというアイディアがウィンター氏の目に2年間で初めての輝きをもたらしたのだ。数日の後、この"植物"は数年前と同じように人々と接し普通どおりの仕事が出来るようになっていた」（Magolis and Kroes, 1972 in HEW Special Task Force, 1973: 78）。

（5）職場と家庭の関係から

労働者の労働およびその従事する条件は、労働者本人のみならずその家族等今の日本の「社会福祉」対象者の安寧に決定的影響を及ぼす。Vice versa（逆もまた同じ）。

労働者の職場が勤務形態、労働時間、休日休暇等についてフレキシブルなプログラムを持っていれば家にいる高齢者や病人の介護はより良いものとなろう。逆に、極端な長時間の労働は子どもとの接触を限りなくゼロにする。成績不良による減給、左遷、解雇は、家庭を時には破壊し、すでに家庭内にある「社会福祉」問題を増幅し、または新たな「社会福祉」問題を作り出す。

もし労働者（親、教師）の労働時間がもう少し短く、相互の競争原理がもう少し緩和され、上司による管理が今ほどに厳しくないならば、その子ども達のいま抱えるいくつかの問題は発生しないかも知れない。同様に母子、父子家庭の労働はより容易なものとなるだろう。労働／労働者にもっと充分な目が配られるならば、現在の「社会福祉」の問題の何分の1かは発生しないで済む。

逆に、今の日本で一般に言われる「社会福祉」の問題が家庭内に存在するな

らば、例えば、子どもがいじめに遭い、不登校になり、家庭内暴力があり、あるいは過度の障害を持つ人々、高齢者の介護があるならば、まともな労働者であれば、そうのうのうと職場で働いているわけにはいくまい。生産性の低下も否めない。

　職場と家庭、労働と現代日本でいう「社会福祉」の問題は密接な相互関係にある。

（6）福祉の歴史から

　歴史的にいうならば、社会福祉の一つのルーツはセツルメント運動であり、学生、ソーシャルワーカーはまさに労働者階級のコミュニティのど真ん中に住み込んだ。その後も「労働（者）」は時には社会福祉の他分野をリードする重要な役割を果たしてきた。少なくとも、社会福祉はかつては労働者を充分にその視野の中にいれ、しっかりと見据えてきた。

　戦後、暫しの間、労働関係施設は日本の社会福祉学生の重要な実習先の一つであった。ちなみに、1950 年代の初めの日本女子大学社会福祉学科学生の実習施設数分布をみると「職業安定所」が 10 パーセント以上を占めていた。「心身障害児・者施設」「老人福祉施設」はいずれも 0 であった（牧野田、1990: 1）。現在すべての国民をカバーする社会保障制度はかつて労働者に対する保障で始まったといってもよい。19 世紀の末、ウェッブ夫妻のナショナル・ミニマム論における主たる関心は「労働者の中でも最も取り残された層である苦汗労働（sweating labour）に従事する者の賃金、労働時間、休憩・余暇などの労働諸条件の改善……（で）あった。つまりそこで念頭におかれたものは、職場と労働市場に関することどもが主で、それらの最低限の確保ということが狙いであった。」それが第 2 次世界大戦下のベヴァリッジがまとめた報告の主たる関心は、「職場や労働市場をこえて家庭生活・社会生活における生活諸条件の改善に……あった。そこで念頭におかれたのは、必ずしも労働者のみにかかわる問題ではなく、たしかに労働者を軸にしながらも、それを超えて全国民を一応対象にした問題にかかわるミニマム論であった。いうまでもなく社会保障・国民扶助・任意保険からなる社会保障といわれるものがその内容であった」（山根ほか、1977: 200）。山根常男らは、その社会学のテキストの中で続けて、日本の戦後

に関して社会福祉が社会政策から生まれ出る記を次のように書く。

「……企業や産業レベルの賃金や労働時間などの労働諸条件をこえて、社会保障・社会資本・社会環境などの維持や改善が重要な課題になった……主に賃金労働者を対象とする社会政策から国民全体を対象とする広義の意味での社会福祉への実践および研究領域における転身と一致する動きをみることができるであろう。
このように、国民の生活や福祉をめぐる戦後の流れに関しては、職場や労働市場に主に対象をおいたいわば労働力の所有如何がどうしてもかかわらざるをえない社会政策から、労働力の所有如何にかかわりなく、人間として、また市民として包括的に普遍的に、したがって児童・老人・身体障害者・精神薄弱者などをふくむすべての国民を対象とする社会福祉へ視点や実際の対応が拡大してきたことがうかがえる。……」（山根ほか、1977: 201）。

ここで言われていることは、賃労働者に児童・老人・障害者等が加えられて社会福祉が発展したということであって、前者が後者によって置き換えられたということではない。すなわち、社会福祉は社会政策［賃金労働者（＝労働力の所有）を対象］をなお中核として包摂するものということである。
社会福祉調査の分野でも同様である。その諸テキストは、ル・プル、エンゲル、ロウントリー、リッチモンド等の業績紹介でその叙述を始める。それら調査の多くは「労働者の生活環境や生活水準についての調査である。」（村田、1981: 272）。例えば、村田宏雄編『社会調査』および福武直、松原治郎編『社会調査法』は、それぞれその「福祉調査」「社会福祉調査」のセクションで次のように述べる。

「19世紀には、社会変動にともなう労働者の経済問題、生活問題にかかわる生活水準の調査、家計調査などが中心的課題であった。……
　……近代化は産業構造の変化にとどまらないで、生活問題のすべてに影響を与え、賃金労働に従事する人の家族問題、とりわけ生活水準を測定することによって、貧困の問題を明らかにし、労働者の生活構造を分析して、その

改善を求める運動が起こったのである」（村田、1981: 271-272）。

「エンゲルやロウントリー、さらには、彼らの僚友や後継者たちが、労働者階級やそれを中軸とする被支配階級の消費生活の実態を明らかにし、そこでの法則性のいくつかを発見した功績は……」（福武・松原、1967: 231、なお、229 も参照）。

3　労働者福祉の定義——福祉の他分野と何ら変わらない

（1）労働者の福祉を考える

労働者福祉とは労働者の福祉を考え、その実現に向けて実践することである。児童福祉、「老人福祉」、「障害者福祉」が児童、高齢者、障害を持つ人々それぞれの福祉を考え、その実現に向けて実践することであるのと何ら変わらない。

日本には労働者福祉をもって生活協同組合運動、より正確に言うならば「労働者自身が企業の枠をはるかに越え、労働者の組織と資金で管理運用を行っている自主的な事業運動」（西村、1973: 35）とする特異な定義がある。60 年代以降の労働界の主な用法はこれである。また、今日の日本の職場、企業内、労働組合内では、多くの場合、労働（者）福祉という語は賃金、労働時間以外の労働諸条件またはイコール福利厚生（フリンジ・ベネフィット）を意味する。たとえば、「福祉要求」といった使われ方をする。特に高度成長期が終わり賃上げが望めなくなってからますますこれが強調されてきている。それら用法は暫し忘れよう。ここでいう労働者福祉とはもっと広い範囲を含む。あるいはもっと素直な用法である。労働者の福祉を考える。

ここでいう労働者とはブルーカラーに限らない。ホワイトカラー、ピンクカラーその他すべての労働者を含む。大企業中間管理者ぐらいまでは含めてよかろう。現在の多くの日本人が労働者という語の響きからイメージするものとは大分ずれるかもしれない。英語でいう working people に相当すると考えればよい。（英語でも workers という語はブルーカラーを中心とした労働者をイメージさせることが多い）。しかし適当な日本語が見つからない。「ごく普通に働く人々」

福祉では如何にも語呂が悪すぎる。「勤労者」福祉では忌まわしい戦前の勤労概念の尾を引きすぎる（囲み参照）。ふさわしい言葉が見つかるまで労働者福祉のままでいかざるを得まい。

より厳密に規定せんとするならば、雇用（賃金／給与）労働者といってもいい。失業者も含めてよいだろう。小零細自営業主を含めるかはむずかしい。ここでは一応除いておくが、労働組合法、労働基準法でいう労働者とほぼイコールとするならばある種の請負契約者も含まれて当然であろう[1]。しかし、世界に普遍的に通用する労働者福祉概念の構築を考えようというのであれば家内労働者等小零細自営業主を除くわけにはいかない。経済学等でいう階級としての労働者の概念に意外と近いのかも知れない。

労働者／労働と勤労者／勤労

　行政は一般に勤労者／勤労の言葉を好むようであるが、実際には労働者／労働と勤労者／勤労の双方の用語を用いている。国の『労働白書』は年度によって「労働者福祉」（1973 年版）、「勤労者福祉」（1972、74 ～ 76 年版）の用語を用い、近年の東京都労働審議会＊答申も、時には「勤労者福祉」（1983 年）を、時には「労働者福祉」（1989 年）を用いる。同 1995 年答申は、両者を同義と断りながら「勤労者福祉」を用いる。ちなみに、東京都の労働経済局の組織、施策をみると、「労働福祉課」、「東京都労働者福祉連絡協議会」＊＊、勤労福祉会館、（財）勤労福祉協会、中高年勤労者福祉推進員等々の名称が読み取れる。

　労働者／労働と勤労者／勤労との選択は歴史的にいうならば相当程度政治的な選択であった。一般的には、労働組合の人々は前者を、企業の側は後者を好んだ。後者の人々は、労働者／労働の音から、赤旗、ストライキを連想し、前者の人々は勤労者／勤労のひびきから、滅私奉公、勤労動員所の響きを連想したのかも知れない。ただし現在では両者にとってこの区別はもはや「あまり意味のないこと」のようである。

　労働者／労働と勤労者／勤労の意味、概念をここで整理をしておこう。『広辞苑』に

---

[1] この二つの法律のいう労働者の幅には若干の幅があることが、労働法学者によって論じられている。

よると以下のとおりである。

労働　①ほねおりはたらくこと。体力を使用してはたらくこと。②［経］（labour）人間がその生活に役立つように手・脚・頭などをはたらかせて自然資料を変換させる過程。

労働者　①肉体労働をしてその賃金で生活する者。②職業の種類を問わず、企業のために使用されて労働を提供し、その対価として賃金・給料その他の収入を得て生活する者。肉体労働をなすものに限らず、事務員なども含む。労働基準法、労働組合法に定義を示している。③プロレタリヤ。

労働者階級＝プロレタリヤ　①資本主義社会において、生産手段を持たず、自己の労働力を資本家に売って生活する労働者。賃金労働者。近代的産業労働者。②③（略）

勤労　①つとめほねおること。勤めの労苦。②一定の時間内に一定の労務に服すること。

勤労階級　勤労による所得によって生活する階級。俸給生活者、小商工業者、農民、労働者などの総称。

　学問的には一般に労働者、労働概念は確立した概念といえよう。経済学をはじめとし法律学、社会学等ではこれら概念はしばしばキー概念として用いられる。それぞれの学問分野の辞典に掲載されている。勤労者、勤労概念はより一般日常用語、行政用語として用いられることが多いが、一部の政治・経済学者（特に「反独占統一戦線」を唱えた人々）および社会学者は中小零細使用者をも含めた概念として勤労者を用いる。いくつかの社会学辞典は勤労者の項を持つが勤労の項は持たない。ただし、憲法第28条では勤労者、27条では勤労の語が用いられている。

＊「労使関係の安定と労働者の地位の向上を図るため……知事の付属機関として設置され、知事の諮問に応じて審議を行」う。労、使、学識経験者の三者構成。『事業概要』（平成8年度版）東京都労働経済局、54頁）。

＊＊（「労働者福祉諸施策を有機的、効率的に推進するため、労働基準局、東京婦人少年室及び局内各部と情報交換及び施策の連絡調整等を行う」ための協議会）（同上、54頁）。

（2）労働者福祉と労働福祉

労働者福祉に対して労働福祉[2]との用法もある。どちらを中心に概念構成するのかはある意味では選択の問題である。前者の福祉は social welfare の訳語、後者の福祉は social work の訳語と考えれば分かりやすい。すなわち、労働者福祉はちょうど児童福祉、「障害者福祉」、「老人福祉」と同じように「福祉」の前にその福祉が実現さるべき対象（主体と言ってもいい）が置かれており、誰の福祉が実現されるべきかを明かにする。これに対し、労働福祉はちょうど医療福祉（medical social work）、学校福祉（school social work）あるいは日本のある種の地域福祉の用法のように、「福祉」の前に福祉実現の場、福祉サービス配給のチャネルが置かれ、どこの場での、どこを通じての福祉実現を考えているのかを明らかにする。すなわち、労働者福祉とは、労働者の福祉を実現せんとするものであり、労働福祉とは労働の場を通しての福祉実現のための諸方策、諸施策を考えようというものである。労働福祉には企業によるもの、労働組合によるもの、行政によるものがあるといった説明がなされる。

労働者福祉とするのと労働福祉とするのとどちらが正しいということはない。欧米諸国、アジアのいくつかの国々をみる限り、後者の方が普遍性を持つようではあるが、筆者はあえて暫し前者を選択する。理由は三つある。一つは、労働者福祉とした方が誰の福祉を考え実現しようとしているかを明確とするからである。特に日本で行政の関与を考える場合、このようにしておかないと、労使対等の原則、行政の中立性の要請から、必ずや使用者、企業の側の福祉が労働者の福祉に対置され双方のバンランスの要求が出されて、労働者、勤労者の福祉が希釈化されてくるのが過去の実際であったからである[3]。二つは労働者福祉とした方が労働福祉とするよりもその包摂する範囲が広いと思われる。後者では労働の場、すなわち職場を通しての福祉とされる恐れが高い。前者では、

---

2) 勤労福祉との用法もあるが前記囲みを参照。

3) 行政全体としては、使用者の福祉、企業の都合も面倒をみられなければならないが、個々のすべての政施策で平等に、平に両者が対置されなければならないことはない。ある政施策は経営者、企業のために主に行われ、ある政施策は労働者の福祉のために主に行われてよい。通産、中小企業行政の多くは前者の例であり、労働行政は後者の例である。行政全体でそのバランス、平等が保たれればよい。

職場のみならず労働市場、職場外の生活部面までをも含むこととなる。三つは、日本はソーシャルワークを中心に構成されていない。究極は世界に共通する概念の構築を目的とするものではあるが、当面はやむを得ない。他国においてもソーシャルワークの内容、アプローチは各国によって大きく異なるからである。

（3）労働者福祉の仮の定義

今までのところ労働者福祉は、労働者の福祉を考えこれを実現するための諸方策を実践することと仮に定義して話を進めてきたが、その確立した定義は未だない。あるものがわからないときには、どうやればそれがわかるかの方法を探るのも一つの手である。労働者福祉の正しい定義を与えるにはどうしたらよいか。

3通りのアプローチがあろう。一つは、その概念の誕生、形成の歴史をリビューによるものであり、二つは、社会福祉の他分野の定義から類推構成するものであり、三つは世界に存在する類似概念から構築するものであある。第1は「労働（者）福祉」の歴史自体が未だ余りに貧しいがゆえに採ることが出来ない。日本の戦後労働者福祉のリビューは唯一佐藤進「労働者福祉研究40年を辿って」（『東京都労働研究所報』No.7、1985年）がある。第3の本格的な労働者福祉概念の構築の試みは筆者により他ですでになされている（Akimoto, 1986; 秋元、1992）。ここでは第2の試をして、労働者福祉が「社会福祉」の他分野と何ら異なるものでないことのみを示しておこう。

児童福祉、「障害者福祉」、高齢者（「老人」）福祉はどの様に定義されているのだろうか。

各辞典、著書はそれぞれの定義を与えているがいずれも類似している。『現代福祉学レキシコン』（雄山閣出版、1993年）は、高齢者福祉、「障害者福祉」をそれぞれ「高齢者に対する社会福祉施策・実践活動の総称」（332頁）、「（障害者）に対する法施策やサービスの総体を表す概念」（374頁）とする。であるならば労働者福祉を「労働者に対する社会福祉施策・実践活動の総称」または「（労働者）に対する法施策やサービスの総体を表す概念」と定義して何か不都合があろうか。

次はこれらにそれぞれ若干の修飾語句を付けた「定義」例である（下線は秋

元による）。

　老人福祉　広義には、福祉を広くとらえ、老人の健康と福祉のための諸施策・制度を総称する。したがって、その内容として所得、保健・医療、就労、住宅、教育などから狭義の社会福祉までを総合的に含意（する）。……狭義の老人福祉は、老人に対する社会福祉とされるが、今日のわが国では<u>1963 年に制定された老人福祉法</u>に基づく諸活動、または施策を中心として、その主旨に基づく公私の活動と理解されることが多い。老人福祉はその基本的理念として、老人に対する敬愛と、それにふさわしい生活の保障を行うとともに、老人の自立的努力によるその主体性の確保と社会に参加する機会が与えられることとされている……（『現代社会福祉辞典』全国社会福祉協議会、1988 年、479 頁）。

　障害者福祉　「<u>心身の機能損傷のために人間としての尊厳や主体性を脅かされることなく</u>、一般市民と同等の社会生活に参加しうる平等の人としての権利・義務の履行を保障することを目的とし、社会責任として、医学的、経済的、社会的な面からの補償を行い、更に、障害者自身の発達や回復に専門的処遇を提供しながら、物心の環境障害にも挑戦する総合的な人権補償対策である」「その方向性は一方的な保護ではなく自立援助である」（出所不明）。

　これまた、老人および障害者の文字を労働者に置き換え、下線の部分の修飾語句を若干修正するならば、労働者福祉の定義としてほぼそのまま通用する。
　以下は、『社会福祉辞典』（誠信書房）の児童福祉についての定義、概念規定である。単純に児童の文字を労働者に置き換えてみた。その他はすべて同じ、一字一句そっくりそのままである。

　<u>労働者</u>福祉という概念は、まず<u>労働者</u>の福祉という意味に用いられる。このばあいにいう<u>労働者</u>福祉は、達成さるべき一定の理念ないし目的である。……次に、<u>労働者</u>福祉概念は、<u>労働者</u>福祉という名称で包括しうる政策・制度・実践をさして用いられる。ここでいう<u>労働者</u>福祉は、従って<u>労働者</u>福祉

的施策の体系そのものを意味する実体概念である。

　実体としての労働者福祉は、最も一般的には、労働者の生活上の一定の諸困難＝生活問題の解決・緩和を目指す社会的施策の体系として把握される。いうまでもなく、このような施策の体系は、それが社会的事象であるかぎり、歴史的社会的諸条件による制約をまぬがれえない。労働者福祉は、資本主義社会に固有の政策・制度・実践の体系であり、したがって、その本質理解のためには、資本主義そのものの生成・発展の過程とかかわらせた分析の方法を必要とする。両者の結びつきは、とりあえずつぎのように理解される。すなわち、資本主義社会はその発展の段階に応じて、労働者を担い手とする多様な生活問題を産出するが、そのような問題が労働者福祉の対象である。ついで、このような生活問題の性格と結果、それらに対する社会科学的認識と社会運動の高まりを契機として、その解決、緩和を計る主体と方法が成立する。しかし、この主体と方法も基本的には資本主義の発達の段階とそのしかたに規制される。今日、労働者福祉の主体は最終的には国家であり、その方法は福祉労働に媒介された諸種の給付とサービスである。そうして、総体としての労働者福祉は、労働者の権利を保障するための社会的施策としての性格をもちつつも、その本質は資本の譲歩に基づいてなされる国家の施策である。(140頁)。

　ここまで置換が可能であるということは、元の児童福祉についての記述がきわめて「教条主義的」なものであったかの証拠ではあるが、そしてそれは1990年代後半以降にあっては若干時代錯誤的ニュアンスを醸し出すが、反面、労働者福祉が他の典型的福祉となんら変わるものでない、特別のものでないことを示す好例として用いられ得る。

　最後に、上記第3の方法で仮に作り上げられた労働者福祉の定義を示しておこう。どのように作られたかの手順、方法は一切省略する。

　労働者福祉とは、何が労働者の福祉であり、それはどのように実現し得るかを研究し実践する一学問分野および政策施策の総体をいう。ここで労働者とは、全ての労働者、恵まれた（privileged）労働者および恵まれない

（unprivileged）労働者双方を含む。具体的には、雇用者、失業者のほか家内労働者等を含めてもよいかも知れない。福祉とは二重の意味を持ち得る。「最低水準」および「最低水準以上」すなわち「終わりなきもう一歩先」である。

　労働者福祉はニーズ主導であり、それらニーズは労働者存在のあるいは労働力再生産の全過程に関わる。労働者福祉は、一定の時、社会においては量的、質的に定義し得るが、時と場所が変われば変化する。この意味では、絶対的な、固定した水準としては示し得ない。

　労働者福祉の提供者は使用者、労働者団体、政府・自治体その他の集団及び組織であり、その研究は、社会政策／社会福祉政策、労働／産業社会学、労使関係論その他学際的である。

4　世界に目をやりつつ[*1]

　近年の日本社会福祉学会年次大会の「労働福祉、産業福祉」のセクションでは福利厚生、安全衛生の報告が何本かなされる場合もあるしなされない場合もある。1999年の第47回大会ではそのセクション自体が姿を消してしまっている。

　教育の場でも日本の大学で労働（者）福祉論を「常設」講座として置いているのは筆者の知る限り日本女子大学しかない。20年ほど前に日本社会事業大学が1年間特殊講義としてこれを置いた。しかし現在アメリカ、ヨーロッパそしてアジアの少なからぬ大学では労働ソーシャルワークの恒常的コースが設けられている。

　アメリカでは、1960～70年代の産業福祉（Industrial Social Work、ユタ大学ほか）、労働市場とソーシャルワーク（Manpower Policies/Program & Social Work、ミシガン大学ルイス・ファーマンほか）、労働の世界におけるソーシャルワーク（Social Work in the World of Work、コロンビア大学ハイマン・ワイナーほか）（第1章）をあわせ、労働ソーシャルワーク（Occupational Social Work）の用語が定

---

*1　本書編集時に改題、同時に本文次頁第1パラグラフと第2パラグラフの間の1パラグラフ削除。

着してきた。1985年には全米ソーシャルワーカー協会（NASW）が労働ソーシャルワーク会議（ボストン）を開催した。その後の年次大会（シンポジウム）では児童・家族、高齢者、障害を持つ人々と並びその四つ目の分科会は労働ソーシャルワークが占めた。

NASWの*Encyclopedia of social Work*がその項目を持つのは当然である。ヨーロッパには弱小とはいいながら労働ソーシャルワークネットワークが組織され、イギリス、オランダ、フランス、ドイツ、スイス、イタリア、スペイン等がそのメンバーとして名を連ねている。タイのタマサート大学、華僑崇聖大学（Hauchiew Chalermprakiet University）社会福祉学部では労働ソーシャルワークはその最もメジャーな分野の一つである。インドの企業人事に踏み込んだIndustrial Social Workは以前から日本にも伝えられている。これら他国事情の詳細は別の機会に譲ろう。

福祉を社会の「すべての人々を対象とするもの」、社会福祉を「社会的弱者を対象とするもの」などと勝手に定義されては困る。労働者が追い出されてしまう。それでは労働者がかわいそうだ。現代の日本の福祉が労働（者）を見ず、それへの関係に関心を示さずにいることは寂しいというだけでなく、実践上も社会福祉の前進に多くのマイナスを与えている[4]。

【引用文献】
Akimoto, Tatsuru, 1986, "Workers' Welfare—Its Ten Concepts—," Josai Keizaigakukaishi, Vol. 22, No. 1, September.
秋元樹、1979年、「アメリカにおける『労働ソーシャルワーク』」『社会福祉学』第20号、103-126頁。
————、1981年、『デトロイト——ソーシャルユニオニズムの必然』日本評論社。
————、1992年、「国際化と労働者福祉——現実の国際化、視点の国際化、概念の国際化」佐藤進編著『国際化時代の福祉課題と展望』一粒社、233-249頁。
福武直、松原治郎編、1967年、『社会調査法』有斐閣双書。
HEW Special Task Force, 1973, Work In America, Report of a Special Task Force to the Secretary of Health, Education and Welfare, MIT Press: Cambridge and London.

4）それを見、それへの関心を示すことによって、例えば、神奈川における障害者就労支援センターの様な活動も可能となる。障害児医療福祉財団と神奈川電機連合の協力により障害者雇用に新たな地平を開いている。

Magolis, Bruce and Kroes, William, 1972, "Work and Health of Man," 1972 cited in HEW Special Task Force, Work In America, Report of a Special Task Force to the Secretary of Health, Education and Welfare, MIT Press: Cambridge and London, 1973.

牧野田恵美子、1990 年、6 月 14 日学内研究会用レジメ。

村田宏雄編、1981 年、『社会調査』剄草書房。

西村豁通、1973 年、『労働者福祉論』有斐閣。

佐藤進、1985 年、「労働者福祉研究 40 年を辿って」『東京都労働研究所報』No.7.

関谷透、1989 年、『お父さんは、もう帰れない！ 帰宅恐怖症候群』プラネット出版。

総評、労金協会、日本生協連、全国労済連、1960 年、『労働運動と福祉活動』（パンフレット）。

山根常男ほか、1977 年、『テキストブック社会学（7）福祉』有斐閣。

【初出】「労働者福祉論ノススメ」『社会福祉』（日本女子大学社会福祉学科／社会福祉学会）第 40 号、1999 年、125-136 頁。

第 1 章

「労働ソーシャルワーク」とは何か
アメリカから

はじめに

アメリカソーシャルワークは、現在、新たに一分野を拓きつつある。「労働の世界におけるソーシャルワーク」あるいは「産業ソーシャルワーク」（以下「労働ソーシャルワーク」と総称する）[1] と呼ばれる分野である。

「労働ソーシャルワーク」について、ますます多くが書かれ、語られてきている[*1]。全米ソーシャルワーカー協会（National Association of Social Workers; NASW）の最近の機関誌・紙をとっても、頻繁にこの分野についての論文、記事が現れる[2]。同協会が毎年開催するプロフェショナル・シンポジウムには、決まってこの分野についての報告が何本も提出される。ソーシャルワーク教育協議会（Council on Social Work Education; CSWE）は NASW と共同で「労働ソーシャルワーク」に関する研究プロジェクトを発足させた。大学は、「労働ソーシャルワーク」のコースを次々に開設しはじめている。

アメリカのソーシャルワークは――日本のソーシャルワークと同様――今日まで、不当にも「労働」を無視し続けてきた[3]。それでよいのだろうか。「働

---

1) Social Work In The World Of Work を「労働の世界におけるソーシャルワーク」、Industrial Social Work を「産業ソーシャルワーク」と訳すのはあまり適訳とは思われないので、これを合わせ「労働ソーシャルワーク」とした。
*1 本章元原稿を執筆したのは 1970 年代後半である。現在では逆に低調となっている。
2) 例えば、*Social Work* 1975 年 1 月号、9 月号、11 月号、1979 年 5 月号、*NASW News* 1978 年 5 月号、6 月号、9 月号等々。
3) 例えば、インドでは、規則上、500 人以上の労働者を雇用する工場は、最低 1 名のソーシャルワーカーを置かなければならないとしている。オランダでも多くの工場、特に 300 人以上の工場は、個々の労働者に対する各種サービスの提供のほか労使間の仲裁役をも担うソーシャルワーカーが配置されている。

く人々」＝労働者は、全人口の圧倒的多数を占め、しかも文字どおり社会を形成している中核であるという単純な事実。「ソーシャルワークなんて社会政策の尻拭いさ」という声にどう応えるか。そもそも「労働」というものが人々の生活・健康・生命に与えている決定的影響というものをどう考えるのか。「労働の場」は、地域コミュニティにおける政府、民間によるネットワークと並ぶ第3の社会福祉サービス配給のチャンネルであるということ……。

　以下、「労働ソーシャルワーク」とは何か、その発生と現在の到達点および問題点、その将来の方向を探ることとする。なお、本稿をアメリカソーシャルワークの近況報告と読むか、現在のわが国社会福祉研究の姿に対する一つの問題提起と読むかは読者の自由に任される。ただし、前者の読者には、本稿が基本的には1975年9月の現地インタビュー調査の結果に基づき書かれたものであること、したがってその後の発展、特に昨年ニューヨークで開かれた「労働の場におけるソーシャルワーク実践についての全国会議」（The National Conference on Social Work Practice in Labor and Industrial Settings）の成果等は充分吸収されていないことをお断りしておかなければならない[4]。

1 「労働ソーシャルワーク」の範囲

　「労働ソーシャルワーク」は、ファミリーソーシャルワーク、スクールソーシャルワーク、メディカルソーシャルワーク等々と同様なソーシャルワークの一分野である。そこでは、あらゆる種類のソーシャルワーク活動が可能である。

　「労働ソーシャルワーク」とは何かについての厳密な「定義」をここで与えることは難しい。アメリカにおける"ソーシャルワーク"の定義を展開することは本章の任をはるかに超えることであり、また、「労働ソーシャルワーク」それ自体が未だ揺籃期にあり、その内容が固まっていないが故である。性急な「定義づけ」により、その発展の芽を摘んでしまうのは賢明ではない。ここでは、

4）本会議は、コロンビア、ハンター両大学と本文に書かれた NASW/CSWE Project on Social Work in Industrial Settings の共催でもたれたものである。会議資料はごく近い将来入手されうるものと思われる。

「定義」追うことに代え、その考え得る「範囲」を示すことにしたい。

「労働ソーシャルワーク」は、二つの分野を包含する。第1は、マンパワー問題・施策・政策、社会福祉の労働市場問題あるいは労働経済との関係である。失業にまつわる問題はその典型である。第2は、労働組合および企業内におけるソーシャルワーク活動あるいは社会福祉サービスである。その具体的内容としては、①労使協約等にもとづくいわゆるフリンジ・ベネフィットの体系、②この①にカバーされない直接サービス、特に労働組合による相談・カウンセリング等の職場外生活問題に対する諸サービス等、③コミュニティとの協働（コミュニティ活動）、④種々の、特に社会サービスに関連した施策・政策等の計画立案、⑤組合員または従業員の組織化、⑥ロビー活動その他の政治活動、などが考えられる[5]。

現在における実際の用法は、やや狭義に用いられる場合が多い。すなわち、上の第2のみを意味する場合であり、第2のうちの①および②、なかんずく②のみを意味する場合である。さらに、労働組合、企業のうち、労働組合による活動にのみ強調をおく場合もある。時には企業の方をまったく排除する。しかし、これら狭義の用法は、いずれも、定義そのものによる差異というより、「労働ソーシャルワーク」の今日の発展レベルの反映であり、この分野におけるソーシャルワーク関与の現状と将来の可能性の認識の差異の反映と考えられるべきものであると思われる。

むしろ、ここで注意さるべきは、第2分野の範囲の決定には、ソーシャルワーク、特にコミュニティ・ソーシャルワーク[6]の限界（どこまでやるべきか、やってもよいか）の問題、また、労働組合による活動のみにウエイトをおくという考え方には、「ソーシャルワーカーは企業のために働き得るか」というプロフェッションとしてのソーシャルワークの倫理問題が関っているという2点

---

5) この2分法は必ずしも非常に明確なものではない。第1のある部分は第2のある部分と重なり合う。

6) コミュニティ・オーガナイゼーション＋コミュニティ・プラニング＋αとでも一応考えていただきたい。わが国では、未だ1950年代のロスなどを後生大事に抱いている部分がみられないではないが、アメリカにおける"CO"は、その後4分の1世紀の間に、大きく変わっている。

第1章 「労働ソーシャルワーク」とは何か　49

についてである。

　本稿では、「労働の世界におけるソーシャルワーク」と「産業ソーシャルワーク」を区別することなく、「労働ソーシャルワーク」として扱っているが、両者の異同について簡単に触れておこう。ある人々は両者を同義に用い、ある人々は区別して用いる。多くの人々は、少なくとも何らかのニュアンスの差を与える。「産業ソーシャルワーク」という言葉は、すでに第2次世界大戦以前から使われており、「労働の世界におけるソーシャルワーク」は1960年代以降使われ始めたものである。前者には、企業のためのカウンセリング、ケースワーク、または、人事管理の一貫という響きが付着している。どうしてもこれが払拭しきれない。ソーシャルワーカーは、1920年代を中心に、いわゆる厚生資本主義（Welfare Capitalism）の担い手として、企業による御用組合（Company Union）の設立、パターナリズム（paternalism）の喧伝等々、反組合的努力に助力した歴史がある[7]。

　このスティグマを嫌って、企業と労働組合の双方による活動を表すことをも目し用いられ始めたのが、「労働の世界におけるソーシャルワーク」である。したがって、「労働の世界におけるソーシャルワーク」は、一般には「産業ソーシャルワーク」より広い意味に用いられる傾向があるとともに、より強い労働へのアイデンティティを感じさせる。「産業ソーシャルワーク」は、今日でもなお、概念規定そのものとして、本節冒頭の第2分野のみ、または、その一部のみを含める場合が少なくなく、企業主体の施策を主に扱うことがまれではない。

　これらに加えて、Labor Social Work という表現が、きわめて少ない例ではあるがみられる。Industrial Social Work と逆に、より労働への傾斜を強めたものと考えればよい[8]。

---

7) *Encyclopedia of Social Work*, NASW, 1977, p.740.
8) Alex Efthim, "Serve The U.S. Work Force: A New Role And New Constituencies For Schools of Social Work," 1974年 CSWE 年次プログラム会議に用意されたレポート。このほか、彼は、ミシガン州ウェイン州立大学で、この分野のコースを新設するに当たり作成したコース概要（案）で、同様の表現を用いている。

50

2 大学における教育

「労働の世界におけるソーシャルワーク」の誕生および発展は、現ニューヨーク大学スクール・オヴ・ソーシャルワーク学部長ハイマン・ワイナーによる、連邦政府からのグラント（Social and Rehabilitation Services）の下での、アメリカ合同衣服労働組合（Amalgamated Clothing Workers of America; ACWA）プロジェクトでその第一歩を踏み出した。ワイナーは考えた。

> 「労働者は谷間に置かれてきた」アメリカソーシャルワークは、一方で"貧乏人"イメージ、一種の救世軍イメージを持つまでに、貧困と強く一体化されており、他方「精神衛生などに関しては専ら中流階級に関心を集中してきた」ソーシャルワークのマンパワーの一部を働く人々に向けるわけにはいかないだろうか。「ソーシャルワーカーの政治的な力はあまりに弱い。ソーシャルワークが"貧乏人"にくっついたままである限り、ソーシャルワークもまた貧困のままであろう。新しい対象（constituency）が必要である。我々は、労働組合との連合（coalition）をつくれないか、あるいは、産業界とすらこれをつくれないか。これができれば、我々は強力な力となり得るだろう[9]。」

ACWA でのデモンストレーション・プロジェクトの後、1969 年、ワイナーは、あらたにグラントを得ることに成功し[10]、コロンビア大学スクール・オヴ・ソー

---

9) 筆者のインタビューに対するワイナーの言葉である。「　」は HEW の１委託レポートからの引用である。

10) これらのグラントが、いずれも、労働省系列からのものではなく、HEW 系列からのものであることに注目する必要がある。1971 年 National Institute of Mental Health から（情緒障害労働者の為に、スチュアートや人事担当者などをトレーニングすることを目的）、1974 年 SRS にかわって Rehabilitation Service Administration から（労働不能になった労働者その他、働く人々のためのサービス・プログラムを開発向上することを目的）グラントが与えられている。その後、さらに 1977 年 NIMH から新たなグラントが与えられた（NASW News, 1977 年 2 月号参照）。

　　また、HEW は、『アメリカの労働』Work In America という近年の名著を出している。「労働ソーシャルワーク」の研究にはまず第 1 に読まれるべきものであろう。

第 1 章　「労働ソーシャルワーク」とは何か　51

シャルワークに産業社会福祉センター（Industrial Social Welfare Center）を設立、自ら所長に就任した。同センターは、以降今日まで、「労働ソーシャルワーク」発展の要として機能してきている[11]。

　コロンビア大学産業社会福祉センターの知る限り、1974 ～ 75 年度現在、「労働ソーシャルワーク」の課程を持つ大学がコロンビアのほか 5 校、このことについて、同センターにコンタクトをとってきている大学が 16 校ある。うち、ウェイン州立大学は 1975 ～ 76 年度にすでにコースを開設、また、ニューヨーク地区の大学のほとんどは、ごく近い将来、この分野でコースを持つに至るであろうと予想されている。さらに、この産業社会福祉センターを中心とする流れとはまったく別に、ミシガン大学のように、すでに何年にもわたって、マンパワー関係のコースを持ってきているところもある[12]。本年 1 月および 4 月に開かれた CSWE による労働ソーシャルワーク研究会（Faculty Development Workshop）には 17 大学が代表を参加させた[*2]。

　コロンビアを例にとって、すでにコースを持つ大学におけるコース内容を概観してみよう。ここでは、すべての学生は、1 年次で「ダイレクト・サービス」と「コミュニティ・オーガナイゼーション、コミュニティ・プランニング、アドミニストレーション」のいずれかを選択、2 年次になって、医療・精神衛生、家庭・児童、老人など 7 分野のうちの一つを選択する。この 7 分野の一つとして「産業社会福祉・マンパワー」（Social Work in the World of Work）が設けられている[13]。

　「産業社会福祉・マンパワー」に進むことを志す学生は、1 年次に（A）「社

11）産業社会福祉センターについては、*Industrial Social Welfare Center Newsletter*, Vol.1 No.1, May 1974, Vol. II No.1, Feb. 1975. Sheila H. Akabas, *Industrial Social Welfare Center, Columbia University School of Social Work*, Annual Progress Report, July 31, 1975. など参照。

12）ミシガン大学のコースは "Human Resources Program" と名づけられ L.A. Ferman が担当する。政府によるマンパワー・プログラムに強調がおかれている。

＊2　2014 年現在、労働ソーシャルワークを専攻（sequence）としてもつところはニューヨーク市立大学ハンターカレッジ、USC、メリーランド、コロンビア、（コロラド？）が、科目としてもつところはおよそ 16 校が知られている。実習先としているところはさらにある。

13）同校 Bulletin, 1975. 8.5.

会サービス、社会政策と労働の世界」、(B)「マンパワー、労働市場と社会政策」の2コースを履修しなければならない。各々のコースの主な内容および目的は大略次のとおりである。

(A) 社会サービス、社会政策と労働の世界

　ブルーカラー労働者に特別のニーズ[14]、これに対する諸施策、社会福祉サービスの利用を妨げている障害を学ぶこと、労働の世界と社会福祉との間を橋渡しする労働組合および企業の施策例を概観すること、働く人々のための施策を開発、発展させるに必要な臨床技術、サービス配給上および政策立案上の技術を身につけること、に強調をおく。

(B) マンパワー、労働市場と社会政策

　労働力需給、労働市場の動き・制度、マンパワー施策および政策、失業と半失業、労働の意味などを学ぶこと、特にこれらとソーシャルワーク、社会福祉ならびに社会政策との関連に焦点を合わせる[15]。

　前節に、「労働ソーシャルワーク」の考え得る範囲として述べられた2分野にほぼ相応する。

　類似のコース、ハンターカレッジ「労働者とその家族への社会サービス組織と配給」の「コース概要」は、「労働ソーシャルワーク」の教授内容をより体

---

14) アメリカ労働組合の構成員は、日本に比べ、ブルーカラーが圧倒的に多い。

15) Course Outline: Course T6307 *Interdisciplinary Collaboration*, Fall 1974, Prof. Hyman J. Weiner (with Bibliography)

　Course T6811 *Organized Labor and Social Welfare*, Spring 1972, Prof. Hyman L. Weiner (Bibliography)

　後者は1974-5年度まで行われたコース（A）の前身である。参考までに、このコースのために用意された参考文献一覧の分類項目を挙げる。コースのカバーする範囲が窺えよう。

　Theories of the Labor Movement in the USA
　The Labor Movement Today
　Ethnic Groups and Organized Labor
　The Labor Movement and Social Welfare in Other Countries
　The Relationship of Organized Labor and Business to Social Welfare
　The Fringe Benefit Approach to Health and Welfare
　Social Services in the Union and Company Setting, Others

系的に示す。その「単元」名を列挙してみよう。

1. 労働という機能的コミュニティの人的、金銭的資源
2. 雇用と失業の経済学——マンパワー政策のクライアントに及ぼす影響
3. クライアントとその家族にとっての労働の意味を理解すること
4. ソーシャルワーク、サービス配給の場としての労働の世界——企業および労働組合によるサービス
5. 伝統的ソーシャルワーク活動の場において、労働者とその家族に効果的に援助を提供すること
6. 高齢労働者——退職（引退）と適応問題
7. 労働者としてのソーシャルワーカー——職業体系内のソーシャルワーカーの位置と役割[16]

　アメリカソーシャルワーク教育における実習のウエイトの高いことは承知のとおりである。コロンビアの場合は、学生は週5日のうち3日を実習に費やす。現在（1975年9月現在、以下同じ）約20名の学生が「労働ソーシャルワーク」を学んでおり、彼らの実習先は、アメリカ州・郡・市職員連盟（AFSCME）第37地区組合（District Council）（7名）、国際婦人服労働者組合（ILGWU）、国際電気労働者友愛組合（IBEW）、ニューヨーク市中央労働評議会、アメリカ合同衣服労働者組合（ACWA）、チェス・マンハッタン銀行（他の2銀行と現在交渉中）、ニューヨーク州（政府）マンパワー部、コロンビア大学産業社会福祉センター[17]等に及んでいる。

---

16) ハンター大学については、*Bulletin*, 75/76. "An Introduction to The World of Work Module" 9/20/74.Course Outline; SSW 758.4 *The Organization and Delivery of Social Services to Workers and Their Families*, Spring 1975, Prof. Paul Kurzman and Jack Lamaiko. A Reference Bibliography for SSW 758.4 The Organization And Delivery Of Social Services to Workers And Their Families. などを参照。

17) ハンター大学の実習先もほぼ同じ。AFSCME 第37地区組合、Furries Union, National Maritime Union, The National Union of Hospital & Health Care Employees　第1199地区組合、Montifiore Hospital, Office of Economic Opportunity ニューヨーク本部ほか。

3 現場における実践

このコロンビア大学の実習先リストは、「労働ソーシャルワーク」の現在における実践の場を教えている。すなわち、労働組合、企業、マンパワー・プログラムである[18]。

（1）労働組合内における実践

19世紀末のセツルメント運動およびジェイン・アダムス等の活動、1930年代の失業問題に対する取り組み等は、ソーシャルワーカーの労働への関与、接近の前史をなす。しかし、現在の「労働ソーシャルワーク」実践との直接的つながりにおいて、先駆的活動といい得るのは、おそらく、第2次大戦中の全国海員組合（National Maritime Union）を舞台としたバーサ・レイノルズ（Bertha Leynolds）の努力であろう[19]。

今日の労働組合は「より良き生活のための闘いは職場だけで終わるものでないことを知っている[20]」。当然なまでに、職場における賃金、労働条件、作業条件といった問題を超え、職場外における健康、福祉、生活条件にまで関心を延ばす[21]。ほとんどの組合が、使用者との団交を通じ、医療、入院給付、年金制度、奨学金制度、職業訓練制度など、いわゆるフリンジ・ベネフィットを獲得しており、多くの場合は、このほか、自らあるいはコミュニティ（自治体・国を含む）への働きかけを通じ、種々の社会福祉、社会サービス活動を実践し

---

18) このほか、病院等もある。注17参照。
19) 彼女は、同組合のパーソナル・サービス部で、ついで、新設された戦時エイジェンシー United Seaman's Service で働いた。彼女自身による *Social Work and Social Living, Citadal Press.* および *Uncharted Journey*, Citadal Prss. を参照。
20) New York Hotel & Motel Trade Council, *Local 6 is your union*, p.18.
21) "Labor Relations Should Involve Two Contracts; The Union Contract & The Human Contract," *NASW News*, 1976年10月号。
　フリンジ・ベネフィッツは、今日ではフリンジどころか中心的団交事項となっている。更に、団交支配は "フリンジ・ベネフィッツ" の範囲を超えそれ以外の活動分野にまですでに侵入してきており、将来はますます深くかかわり合いを持つこととなろう。

第1章　「労働ソーシャルワーク」とは何か　55

てきている[22]。

ニューヨークのホテル・モーテル産業評議会（Hotel & Motel Trade Council）は、市内各区ごとに地区サービス評議会を組織し、これを通し、①相談制度（借家、家庭、消費者、健康、金銭問題など）、②文化・レクリエーション（ソフトボール大会、子どものためのキャンプ、クリスマス会、年金受給者の会など）、③コミュニティ活動（居住地における悪徳家主の摘発、他組合のスト支援、公共機関・委員会等への代表派遣、政府に対する予算・政策要求、立法活動、選挙権登録キャンペーン、選挙における候補者の推薦など）といった広範囲にわたる活動を持つ[23]。歩行の容易でない年金受給組合員に対する家庭訪問介添人制度などもある[24]。これは一つの問題にすぎない。

同じニューヨークの全国病院保険従事者労働組合第1199地区組合は、1,600世帯に及ぶ協働組合方式の住宅建設、警察に逮捕された組合員の釈放要求プログラムなど、ユニークな活動も加えている[25]。その他、組合によっては、保育、消費者生協、組合員教育、反公害運動、退職前後の組合員に対するプログラム等々の活動を展開している[26]。全米自動車労働組合（UAW）の精神衛生分野におけるプログラムはよく知られている[27]。これら個別組合の地方連合組織、たとえば、ニューヨーク市中央労働評議会などもほぼ同範囲の施策、活動を

---

22) 労働組合のこの分野での活動については拙稿「ある一つのソーシャル・ユニオン──LOCAL1199」『労働協会雑誌』1978年5月号により包括的描写がある。

23) *Activity Highlights*, Neighborhood Service Council; *Hotel Voice*（週刊機関紙）1975年8月25日号、9月1日号、8日号等参照。
  なお、ホテル・モーテル産業評議会については、Industry-Wide *Collective Bargaining Agreement* between Hotel Association Of New York City, Inc. and New York Hotel And Motel Trades Council AFL-CIO. *Your Benefits; Insurance, Pension, Medical* (a set of pamphlets)

24) *Pensioners Service Aide Program* (a report)

25) 注22の拙稿参照。

26) いちいち例を挙げないが、例えば、ACWAの *A Union-Sponsored Day Care Center*, Amalgamated Child Day Care & Health Center; *Amalgamated Retired Members Newsletter* ほか。

27) Melvin A. Glasser & Thomas Doggan, "Prepaid Psychiatric Care Experience with UAW Members," *Amor J. Psychiat.* 126, 1969. 11.5.; Walter P. Reuther, "The Worker & His Mental Health," *Industrial Medicine & Surgery*, 1965. 10. ほか。

行ってきている[28]。

　以上のような諸活動の計画、実践は、いずれもソーシャルワークの活動分野と類似する。いや、ソーシャルワークの活動そのものと言えまいか。現に、これらの活動のために、専門的ソーシャルワーカーをそのスタッフに抱える組合や、コンサルタントとして雇用する組合もある。全米州郡市職員連盟第37地区組合、婦人服労働組合、国際合同衣服労働者組合などは前者の例であり、電気労働組合やニューヨーク市中央労働評議会は後者の例である。

　それらソーシャルワーカーの活動は、未だ、ほとんど生活問題相談などの分野に限られているが、なかには、州郡市職員連盟第37地区組合のように、生活相談室の7名のMSW[29]のほか、教育部副部長にMSWを据えているケース、合同衣服労組のようにCO（コミュニティ・オーガニゼーション）を学んだMSW（ソーシャルワーク修士）を配置しているケースなども出はじめている。もちろん、何人のMSWを持った「ソーシャルワーカー」が労働組合の中に雇用されているかが重要なわけではない。重要なのは、労働組合の活動がますますソーシャルワークの活動分野とオーバーラップしてきているということ、そして、そこには、すでに、事実として「ソーシャルワーカー」の機能を果たしている人間が大量に存在しているということである。

　AFL-CIOのレベルでも、ソーシャルワーク分野への関心は高まりつつある。この分野を中心的に担う部署として、ワシントン本部の中にコミュニティ・サービス部を設置していること、その特徴的活動の一つとして、傘下組合の幹部、活動家を対象にしたカウンセラー（referral agent）養成訓練を行っていることなどである[30]。

　カウンセラー養成訓練とは、ストライキ、失業時などをはじめとし、組合員が何らかの生活上の困難に陥った場合に各支部（ローカル）組合が彼らに対し有効なる援助を与えることが出来るよう、50年代に始められたものである

28）*Trade Union Handbook*, 1975, NYC Central Labor Council; REHAB COUCIL/ NEWSLETTER (a brief explanation & history of Central Labor Rehabilitation Council of NY Inc.) ほか。
29）Master of Social Work アメリカで a professional social worker とみとめられる最低要件である。
30）実施は、各地方評議会を通して行われる。

（CIO から引継）。すでに 7 万人以上がこの訓練を受けている[31]。

　AFL-CIO は最近では、ソーシャルワーク教育にまで口を出し始めた。共同募金（United Fund）の 1％はソーシャルワーク教育のために用いられるべきであるとの主張を始めてからすでに何年にもなる。CSWE との間で「労働ソーシャルワーク」についての会議を持ったのは数年前のことである[32]。今や、大学におけるソーシャルワーク教育のコース内容は変更されて然るべきであると考えるまでに至っている。

（2）企業内における実践

　企業の方も、今日では、利潤一本ではいけなくなってきている。あるいは、前項のような労働組合の活動にパラレルな活動なくして、充分な利潤を実現することは困難となったといってもよい。

　フリンジ・ベネフィットは、もちろん、企業の関心でもある。また、1950 年代には、アル中従業員に対するプログラム、60 年代には精神衛生に対するサービス、70 年代には総合的従業員相談制度を発展させてきた。現在では千を超す企業がこれらプログラムを持つ。その中のいくつかは専門的ソーシャルワーカーを使用している。

　すでに 10 年を超す歴史を持つポラロイド社はもっとも古い例の一つであろう。プログラムの長は専門的ソーシャルワーカーであり、スタッフにもソーシャルワーカーを抱えている。シカゴの US スチール[33]、ユタのレネコッティ・コパー[34]、シカゴ最大の保険会社の一つ CNA、ゼロックス[35] などもよく知られた例である。最後の例は、地域コミュニティのソーシャルワーク機関との連携プログラムである。それぞれの活動内容は各脚注を参照されたい。

31）例えば、注 8 の A. Efthim 論文、注 28 の *Trade Union Handbook*.

32）背後にコロンビア大学産業社会福祉センターの働きかけがある。この分野における労働組合の関与を押し進めるためには、なお、ソーシャルワーク・プロフェッションあるいはスクール・オヴ・ソーシャルワークの側からのイニシアチブが必要である。

33）"A Social Service Strategy in Industry," *Social Work*, Sep. 1975, pp.401-404.

34）このプログラムの内容および是非について、"Social Work in Industry," *Social Work*, May 1974 および "Industrial Social Work in Context," *Social Work*, Nov. 1974.

35）"Family counseling in an industrial job-support program," *Social Casework*, Dec. 1972.

これらは、いずれも、欠勤率の低下、コストの低減、"より良き"労使関係の確立等を通し、生産性の向上を目するものである。しかし、最近では、直接的生産性向上とは若干距離のある、あるいは、その間に「社会」という媒介項の入った分野が出現してきた。いわゆる企業の「社会的責任」＝社会から課せられる負担である。

　前述のコロンビア大学の実習先の一つ、チェス・マンハッタン銀行のケースがこの企業内におけるソーシャルワーカーの活躍の新たな分野を教示する。ここでは、現在二人の CO の学生が働いているが、一人の任務は、コミュニティ・リレーション部において、銀行の関与すべきコミュニティのニーズを探り、銀行は何をすべきかを明らかにすること、他の一人の任務は、少数人種、女性、身障者に対する「積極的差別解消策（アファーマティヴ・アクション affirmative action)[36]」（大統領令は、政府と年間 2,500 ドル（75 年 9 月現在）以上の契約を結ぶ企業に一定率以上の少数人種、女性、障害者を雇用することを要求する）推進のために働く。

　特に、1973 年の連邦リハビリテーション法第 503 条の立法以降、心身障害者に対するアファーマティヴ・アクションへの関心が高まりつつある。ニューヨーク商工会議所は、コロンビア大学産業社会福祉センターと共催で、このことについての会議を会員のために開催した。100 近い大企業はこの会議に代表を送った。世界第 3 のアルミニウム会社、レイノルズ・メタルは、その平等機会課のテクニカル・アシスタントに専門的ソーシャルワーカーを任命している[37]。

（3）マンパワー・プログラムにおける実践

　マンパワー・プログラムは、労働力開発訓練法（MDTA）、経済機会法（EOA）を中心に、60 年代に花を咲かせた。そのプログラムの種類、内容、意義等に

36）歴史的に差別を負ってきた人々に対する積極的差別解消策をいい、"affirmative" とは、"to affirm the right"（権利を確認する）ということである。

37）"Affirmative Action—A tool for linking rehabilitation and the business community," *Journal of Rehabilitation*, May-June 1976, pp.20-23, 42.
　"Does social work have a future in industry?" *Social Work*, May 1979, pp.183-185.

ついては、別の機会に譲るほかない[38]。ここでは、これらプログラムの末端現場では、多くのソーシャルワーカーあるいはソーシャルワーク機関が働いているという事実を指摘するに留めよう。

「労働ソーシャルワーク」との関係で、今日問題となるのは、むしろ、末端現場というより、総合雇用訓練法（CETA）の全国レベルまたはプライム・スポンサー（州、市等、プログラムの実施責任主体）レベルで、マンパワー政策の形成、施策の計画策定・監督・事業評価に働くことについてである。同法は一挙に500に及ぶプライム・スポンサーを創成した。しかし、そこで働くマンパワー・スペシャリストは存在しない。エコノミスト、教育学専攻者等とともに、ソーシャルワーカーもこの分野に介入し始めている。

上述コロンビア大学の一学生はニューヨーク州（政府）マンパワー部で、また、ハンターカレッジの一学生はOEOニューヨーク本部で、マンパワー部門におけるソーシャルワーク実践に従事している。いずれもCOの学生である。筆者自身もソーシャルワーカーとして、ミシガン州（政府）マンパワー計画諮問委員会委員長とペアを組み、失業保険、生活保護その他の給付金を受給中の失業者に、さらに授業料、教科書代、交通費を追加支給し、教育機会を与えようというプログラムを設計したり、また、デトロイト市マンパワー部企画課で民間に委託したマンパワープログラムの監督、事後評価に従事した経験を持つ。

4　いくつかの論点

以上述べたことについてだけでも、論ずられるべき問題点は多い。そのいくつかをとりあげてみよう。

（1）「ソーシャルワークが"貧乏人"にくっついたままである限り、ソーシャルワークもまた貧困のままである」

この句は、アメリカソーシャルワークの特質をいかんなく表している。第1に、

38）例えば、拙著『都市における労働力問題の基礎』東京都職員研修所、S.A. Levitan et al, *Federal Training & Work Programs In The Sixties*, Univ. of Michigan

プロフェッションとしてのソーシャルワーク総体の発展を真剣に考えているということ、第2、ゴール達成のためのハウツー（how to）あるいはパワー・ストラクチャまでを考えているということ、である。

　この発言は、何も「貧困問題なんていい加減にしろ」と言っているのでないこと当然である。逆に、ソーシャルワークの中心的ゴールである貧困問題解決の実現のためにも、「現状のままではダメだ、力を考えなければ」と言っているのである。「労働ソーシャルワーク」の確立は、それ自体として重要であるという意味を超えて、プロフェッションとしてのソーシャルワーク総体、その活動一般の強さにもかかわる重大な問題なのである。

（2）「労働ソーシャルワーク」とコミュニティ

　「労働ソーシャルワーク」は二重の意味においてコミュニティと関り合う[39]。一つは、前節3で述べたように、今日の労働組合、企業は、地域コミュニティの中での広範囲にわたる活動を持つということ、もう一つは、労働の場自身が一つのコミュニティであるという把握、理解[40]である。後段について触れておこう。

　「個人がそこで労働をする特定の企業は、彼にとって、その存在の多くの側面を決定する一つのコミュニティとなる。遂行する仕事の種類、働く時間数、加盟する労働組合、つきあう仲間たち、すべてが彼の……時間の大部分を過ごす職場から流れ出る。」さらに、このコミュニティとしての「特定の企業」の把握は、最終的には、産業全体あるいは全体としての労働の世界を一つの機能的（ファンクショナル）コミュニティとする。

　これらコミュニティの中に、社会福祉、社会サービスのネットワークをいかにつくり上げるか、あるいは、既存の地域コミュニティのネットワークとの間にいかなる結びつきをつくるか。職場外の生活問題に対する各種施策（配給（デリバリー））から始まり、あらゆるソーシャルワーク活動が、このコミュニティの中でも考

---

39) コミュニティ論に対する根本的疑問は留保する。
40) コロンビア大学スクール・オブ・ソーシャルワーク産業社会福祉センター、Hyman J. Weiner, et al., *The World of Work and Social Welfare Policy*, p.4. およびハンターカレッジの「コース概要」（本節の54頁参照）。

えられる。

（3）「階級」の顕在化

この機能的コミュニティとしての労働の世界は、従業員と使用者の双方を含むのか、あるいは、概念としては、「ビジネス・コミュニティ」と対置さるべき、従業員のみを含むのか。

今、もし、従業員のみを含むと仮定すると——そして、「コミュニティ」は、その定義の中心的要素の一つとして、構成員間の同一性の認識あるいは同質であるという認識（それをもって自らを他と区別するところの）を含むとすると——コミュニティの構成員間の同一性と凝集性の強調は、労働者としてのそれであり、彼らの他からの区別は使用者あるいは資本からのそれということになる。ある問題に直面し、その解決への探索への歩みを始めるや、この永久に増加し続ける集団意識と集団としての行動が、剰余価値の奪い合いをめぐる初めは個別資本との、ついで総資本との敵対関係を顕在化させつつ、要求されてくる。ソーシャルワーカーの一つの対応は、それがどちらの側に有利に機能するか、あるいは、二者択一ではないとしても、それは各々にどの程度有利になるかが問われ、また、企業（産業）と労働の間のパワー・ストラクチャおよびパワー・バランスに影響を及ぼす[41]。

実は、この事情は、地域コミュニティにおける場合であっても大差あるものではない。ただ、工場・労働の場の方が、事柄をよりはっきりと見せてくれるということである。

（4）ソーシャルワークと労働組合とのイデオロギー上のコンフリクト

今日の労働組合のかなりの部分は、ソーシャルワーカーの目からは、ソーシャルワークの活動そのものとすら見える（56-57頁参照）。社会が工業化し都市化されるに従って、労働組合員を含め、人々は、その意図するとしないとにかかわらず、相互依存的となる。労働組合の社会福祉分野への関与はますます必要

---

41) ここでは「階級」の何たるか、「コミュニティ」の何たるかは論じない。また、ここでの問題は、プルアラリステック（多元論的）な思考に慣れていない日本にあっては、よりむずかしいだろう。

とされる。（労働）ソーシャルワークの提示する「組合員が労働力からドロップする前に対処する」という考えは、労働組合の理念と合致するところとなる。

ところが、（アメリカ）労働組合は、知識人、大学、専門的職業人（professionals）一般、特にソーシャルワーカーに対する強い不信感あるいは憎しみとすらいいうるものを抱いている[42]（50頁参照）。「カウンセリング？　セラピー？　ドクター？　メンタル・ヘルス？……そんなものは自分たちで解決できるわよ」この分野で優れたプログラムをもつある組合の当該プログラム責任者のコメントである[43]。

近い将来、労働組合は、ソーシャルワークの技術と知識を必要とすることはあっても、ソーシャルワーカーをそのスタッフに直接雇用することは、そう急速に広まりそうもない[44]（56-57頁参照）。

この労働組合の実際の機能と意識のギャップはどこからくるのか。その一つは、労働組合の人は、ソーシャルワークの柱である「援助（help）」という概念に心地よくないのかもしれない[45]。①「自立的たれ、『援助』は人々を依存的にし弱くする。"マッチョ（macho）"こそ労働者の言葉である」。②「組合員間のお互いの『助け合い（help）』は労働運動の伝統である。しかし、ソーシャルワークの『援助』は一方通行であり、あるいは同等者間における『助け合い』ではなく、助ける人と助けられる人が決してその位置を変えることがない援助−援助関係である」。それがいやなのかも知れない。援助者が外部者である場合は尚更である。

理念型としては、組合の求めるのは「援助」の姿勢ではなく、自立と闘いの姿勢であり、そして、それは他人のためではなく、自分自身の闘い（あるいは他人のための闘いと自己のための闘いの合体）であるのだろう。

---

42) 注14参照。
43) 筆者のインタビューに対して与えられた答えである。
44) 最も考えられ得るパターンは、「ソーシャルワーク」の援助をうけつつ、彼ら自身のメンバーを「ソーシャルワーカー」として訓練するというもの。ワイナーは「それでいい。我々のゴールとアプローチは、労働の世界の中に、ソーシャル・サービスを開発・発展させることであり、必ずしも、労働組合をして、ソーシャルワーカーを外部から雇用せしめることではないのだから」という（本文57頁）。
45) 組合のパーソナル・サービス部にも、ソーシャルワークと同じ "Help them help themselves" のスローガンが見られるにもかかわらずである。

（5）「会社のために働く」ソーシャルワーク

「労働ソーシャルワーク」は近い将来、マンパワー分野とともに企業分野での活動を拡げていくことになろう。しかし、ソーシャルワーカーは、会社のために、たとえば、パブリック・リレーション活動の一部として働きうるのか[46]（58-59頁参照）。大企業は、組合活動あるいはコミュニティの組織化の必要を意識してきている。特に一地域を圧倒的に支配する企業にとっては、ことは緊急ですらある。

「ソーシャルワークの倫理[47]から許されません」——一教授はきっぱりと言う。［私的利潤追求のために働くソーシャルワークなどというのはその本旨から考えてあり得ることではないというわけである。長い激しい議論があったが、"軍隊ソーシャルワーク（military social work）"の存在と是認が決着に貢献した。「軍人とは究極のところ戦争をし人を殺す道具である。これが傷ついたとき助け治すということは、たとえば、戦車が壊れたときこれを修理するのと同じである。治されたものはさらなる戦闘と人殺しのために働くこととなる。ソーシャルワークの倫理からあり得ないことである」。結局は、「たとえ軍人であろうが何であろうが、その困難の極致にある人間が援助を必要としているときにこれを見逃すことはソーシャルワークの本旨から許されることではない」との結論となった。］[*3]

組合のための活動は許されて、会社のための相応する活動は許されない？弁護士のように、あるソーシャルワーカーは組合に同感し、ある人は企業に同感するということで満足できないか。社会福祉という一科学分野[48]に価値システムの異なる複数の専門職業（profession）が成り立ちうるのは当然であるように、一専門職業内にも価値観の異なる複数のアソシエーションは存続しうる。

46）例えば、注34に挙げた2論文間の論争。

47）NASW の Code of Ethics 参照。

＊3 オリジナル原稿出版後に挿入（年月不明）。

48）社会福祉とソーシャルワークのちがい等はここでは論じない。ただ Harriett M. Bartlett, Gordon Hearn その他が、ソーシャルワークをして一科学たらしめようと望むのは納得されないということのみを指摘しておく。科学を云々するなら、社会福祉概念を中心としたスキームが優越性を持つと思われる。

［これが当面の解決である。］*4

（6）ソーシャルワーカー労働組合の意味（54頁）

　ソーシャルワーカーも、教員や看護婦と同様、プロフェッショナリズムの障害を乗り越え、結局は労働組合への組織化の道を歩むものと思われる[49]。

　組合への組織化が、給料、付加給付、労働時間その他の労働条件を前進するために有効であることは、他の労働者についてと同様、明らかである[50]。専門職業人（professionals）の労働組合は、また、各機関の中で、あるいは、社会総体の中で、その（たとえば、ソーシャルワーカーの）声を大きくし、力を強化する。各プロフェッションの対象たる社会問題そのものにも強い関心を示すであろう。

　ただし、「労働ソーシャルワーク」の発展との関係で重要なことは、次の点である。ソーシャルワーカー自身が労働組合員であるということは、個人としてもプロフェッションとしてのソーシャルワーカー総体としても、①社会福祉問題の労働との関係および「労働の世界」における諸問題を理解することにおいて、②今日まで意識的、無意識的に持たれていた労働組合との提携を強化することにおいて、きわめて有効な立場に立つことを意味する。それは二つの分野の橋渡しとなるであろうし、「労働ソーシャルワーク」の発展にこの上なく貢献することになるであろう。

【初出】1979年「アメリカにおける『労働ソーシャルワーク』」『社会福祉学』（日本社会福祉学会）第20号。（1975年9月の現地インタビュー調査の結果にもとづいて書かれたものである。）

＊4　オリジナル原稿出版後に挿入（年月不明）。

49）アメリカソーシャルワーカーは最も多くは、AFSCMEによって組織されており、東海岸では、全国病院保健従事者労働組合第1199地区組合によって一部組織されている。しかし、組合に組織されているソーシャルワーカーの割合は、全体の中では依然少ない。多くのソーシャルワーカーは、なお、組織化に反対である。

50）現に組織されたソーシャルワーカー、特に第1199地区組合のソーシャルワーカーは、未組織の者よりはるかに高い賃金を獲っている。ニューヨーク地区（第1199地区組合がある）以外の未組織ソーシャルワーカーの中にはNASWが労働組合の機能を引き受けることを要求する者もいる。教員や看護婦のアソシエーションがそうしたように。

【参考】この分野について最も基本的な文献を一つだけ挙げるならば、Hyman J. Weiner et al, *The World of Work and Social Welfare Policy*, The Industrial Social Welfare Center, Columbia University School of Social Work, March 1971. これには包括的な文献目録も付されている。

第2章

失　業
崩壊する家庭と社会

1　失業の意味するところ

　ミシガン大学の全国調査によると、失業者を抱えた家庭では、57％が貯金を
取り崩し、26％が借金をし、17％が家庭の他のメンバーを働きに出している。
約4軒に1軒の家庭では医療保険を解約し、あるいは家族の医者にかかるのを
先に延ばしている。

　残るは生活保護しかない。「さもなければ盗みを始めるか」と、デトロイト
郊外オークランド郡社会サービス部のソーシャルワーカーは語った。1980年
12月、ミシガン州の生活保護件数はADC（連邦基準による一般的生活保護）24
万1,000件（74万7,000人）、GA（ADC基準に合わない人のための郡によるもの。
主に単身者）10万1,000件である。

　それでも失業による金銭的苦しみは一時的なものかもしれない。失業は人間
の問題であり、生死の問題である。先のソーシャルワーカーは説明する。

　「アメリカ社会に深く根ざした価値観によれば、働いているということが重
要です。働いていないやつは『ぐうたら』です。イスに座り、ビールを飲み、
テレビを見ているということは、この価値観にそむきます。しかも働けないと
いうことを社会のせいにしないというのもアメリカの特徴です。自分を責める。
自分を無価値なものと感じる」。「子どもがどうして働きに行かないのと繰り返
し聞きます。父親はその働きに行くところがないのです。どのような気持ちで
しょう？」。「とくに失業保険の切れる頃が一つの危機です」。「たとえば、25年、
30年と自動車工揚で働いてきた50歳の労働者。彼は永い間『生活保護を受け
ているやつは怠け者で、いい金をただ取りしていやがる』と信じ、家族にも友

67

達にもそう言い続けてきた。しかし今、自分がそこへ行かなければならない。そのためには、この考えを改めなければならない」

「生活保護を受けるために、社会サービス部へ行けば行ったで二十歳やそこらの小娘が面接する。最後には厄介な用紙の束をよこす。その末いざ受ける金額を知る。その時、彼の怒りは爆発する。こんな金でどうやって一家が食っていけるのか。扶養家族3人（配偶者と子ども2人）で月378ドル、生活保護受給者が『いい金をとっていない』ということを知る」。「このオフィスでも、申請者が頭にきて暴れ、ガードマンの手首を折り、窓ガラスをたたき割った事件、女の受給者が対応していた若い女の係員の顔を平手でなぐりつけた事件等々あります。最近のことです」

27歳の受給者のケース。かつてクライスラーに6、7年間、トラック運転手として働いていたが解雇（レイオフ[*1]）された。3歳と4歳の子どもがいる。

ソーシャルワーカーは言う。「ある日、ささいなことで夫婦間で口論、夫は妻の頭にピストルを突きつける。妻は夫の女性関係を大声でなじる。子ども達の前で。彼女は子どもを連れ、父親のもとに逃げ、婚姻関係の終了を望む。11月の初め、夫は家を去り、他州へ移り、妻は自分の名で生活保護を受ける。……ケースの唯一、幸いだったことは、だれも死ななかったことです」

連邦議会合同経済委員会における一証言によると、一不況期における1%の失業率の上昇は、その後6年間に37,000件の"死"を引き起こすという。このうち2万件以上は、失業中のストレスと栄養不良により悪化した心臓関係が原因である。900件以上は自殺、648件は他殺、いずれも積もるストレスの産物である。他の495件は、肝硬変、アル中などによる。加えて、幼児の死亡率は急上昇する。

現在、デトロイト市内の失業率は15.3%、6.5人に1人は「働く意思と能力があり、かつ、実際に仕事を探している」にもかかわらず、職に就けないでいる。もちろんこのほかに、労働市場から引っ込んでしまった膨大な人がいる。非白人の失業率は25.8%、16〜18歳の若者の失業率は36.8%、非白人の若者の失業率は55.0%である。デトロイトの人口の過半数は非白人である（1980年

---

*1 通常一時解雇と邦訳される。ただし、永久解雇もある。

12月現在、ミシガン州雇用安定委員会＝MESC）。

2　失業者の生活

（1）解雇直後の労働者──失業保険とSUB

　解雇（レイオフ）を告げられたときの労働者の反応をみてみよう。ショック
をうけ、狼狽し、怒る。74年11月19日、クライスラーが6組立工場中5工
場を閉じると発表したとき、その一つデトロイト・リンチ工場にて。外は雪。

　チャールズ・ブラウン──31歳、切断工、3児の父親。「腹がたつどころじゃ
ねえや。たいていのやつは同じように怒ってら。この気持ちわかるだろう」「1
番上の子がクリスマスに10段変速の自転車を欲しがっている。でも109ドル
もする。買ってやれると思っていたけど、たぶん小さいやつにしなきゃならな
いだろう」「あの失業者の列のなかにいくわけだ」

　ジョン・シェリル──39歳。「だいたい共和党が政権とっているときに、良
いことなんてあったためしがねえ」

　ウォルト・ドーフェリ──31歳、発送係。この工場に10年働いている。落
ち着いたものである。「まえにもおなじようなことあったよ。すこしばかり貯
金もあるし、5週間ぐらいならどうってこたあない」

　レイオフされた労働者は、州営の失業保険で生活することになる。自動車労
働者にかんするかぎり、これにSUB（Supplemental Unemployment Benefits; 失
業保険付加給付）がくわわり、それまでの手取り賃金の約95％の収入が保障さ
れる。

　失業保険の制度は州ごとに異なるが、ミシガン州の場合は、働いていたとき
の平均週収入の55％が26週間支給される。1975年のうちに法改正が行われ、
60％に引き上げられた。最高支給額は被扶養者なしで週97ドル、1人で107
ドル、2人で119ドル、3人で128ドル、4人以上で136ドルになる。支給期
間のほうも次から次へと延長されることとなった。まず74年3月24日、州と
連邦で半分ずつ金をだしあい、13週延長した。当時すでに26週をつかいはた
した人がデトロイト6郡中3郡だけで月々3,000〜4,000人ででいた。つづい

第2章　失　　業　69

て75年1月5日、連邦の全額出資で13週がくわえられた。それでも失業保険
金をつかいはたし、いぜん仕事をみつけられない人が続出し、同年3月30日
からは、さらに全額連邦の金で13週をくわえた。合計52週である。そして6
月29日からは、第1回目の連邦による13週を26週に延長、計65週が最高受
給期間となる。

SUBは、1955年からUAWと自動車会社のあいだではじめられた「年間賃
金保障」である。使用者が1労働者1時間当たり7〜14セントを基金に払い
込む。支給額は、正確には、さきの州営失業保険金とあわせて、各自の手取り
週賃金の95％マイナス7ドル50セントである。74年暮れごろの自動車労働者
の平均賃金が週240ドルであるから、約220ドルとなる。支給期間は2年の先
任権[*2]ののち、最高52週にわたる。

失業保険給付とSUBをうけながら生活する一自動車労働者の姿を、ある日
の新聞からとってみよう。

ウィリアム・ドレイク——29歳、クライスラーの打型デザイナー。27歳の
妻と6歳の娘、3歳の息子をもち、デトロイトの郊外にすむ。74年の感謝祭の
日にレイオフ。最初は11月5日までということだったが、のちに無期限につ
づくとの通知をうけとった。7時半起床。娘に朝食を食べさせ、学校へ送りだす。
妻がコーヒーをすすっているあいだ、自分と息子の朝食をつくる。食器を洗う。
妻がベッドをつくったり部屋をかたづけるのを手伝う。午前中はステレオを聞
きながら、新聞の切り抜き、息子の相手ですごす。午後は、特売をねらって買
物にでる。最近、50ポンド1ドル75セントというじゃがいもを買いに6〜7
マイルも車を走らせた。ある日は、1時間がかりで古新聞300ポンドをたばね、
くず屋へこび88セントを得る。あとは推理小説を読んだり、テレビを見たり。
雪がふれば子どもと雪だるまをつくったり、そり遊びをしたりもする。コミュ
ニティの学校施設についての市民諮問委員会で活動している関係で、ときには

---

*2 セニオリティ（seniority）の邦訳。レイオフをする時は勤続の短い者から、リコール
（recall 呼び戻し、復職）する時は勤続の長かったものからというルール。ただし、こ
のほか各種ベネフィット（給付）を含め労働生活の多くの面を規制する。詳しくは拙稿
「今日のアメリカ労働組合　セニオリティ」『労働ハイライト』No.16、1983年4月45日
号、3-8頁参照。

会議に出席したり、学校訪問にでかけたりすることもある。夕食後は子どもに好きな物語を読んでやったり、ゲームをしたり、そのあとは12時ごろまで読書、ステレオ、スポーツ番組があればテレビ等々ですごす。2週間に1回は州の失業保険事務所に失業保険金を得るために行列をつくらなければならない。あるときには4時間も待たされた。そのあと、失業保険の記録を、SUBをうけるためにクライスラーの工場へもっていく。

　娯楽教養費はきりつめる。以前ほど外にでないし、「映画にいきたければ、1ドルで見られる水曜マチネーにいく」。働いているあいだは、時間があったら地下に仕事場をつくったり、セカンド・バスルームをつくったりしたいと思っていたが、「いま時間があるとなったら、金がない」。失業保険とSUBでやっとなんとか食いつないでいる。貯えは「200ドルくらいの貯金と750ドルくらいのクライスラーの株しかない」「一つことがおきたら——たとえば友人のように、200ドルもする新しいウォーター・ポンプが必要だとか——どうしようもない」「もしSUBがなかったら、それこそたいへんなことになっているだろう」。かれは1970年2月にも2年間のレイオフをくっている。そのときの経験がとても役に立っているというが、同時に、このようなくりかえしに非常な不安を感じている。「2月か3月に仕事にもどれることがはっきりしていれば、まあいいけど、それもあてにできる状態じゃないし……」。SUB基金が底をついてしまうのではないかとおそれている。あまりに多くの労働者がレイオフされたし、いまもなお次から次へとレイオフされているからだ。SUBよりもなによりも「働きたい」。すでにべつの仕事をさがしはじめている。この7年間外で働いたことのない妻も、なにか事務の仕事がみつかれば働きにでるつもりだ。

（2）SUBの「破産」

　ウィリアム・ドレイクの危惧は現実のものとなった。クライスラーとGMのSUB基金が「破産」してしまったのである。もともとSUBは毎年のモデル・チェンジ時などの短期間のレイオフを予想しており、今回のような膨大かつ長期のレイオフは予想外のものともいわれる。エネルギー危機をへて、74年第Ⅳ四半期の大量レイオフがはじまった直後の11月24日現在で、すでにGM

は「理想的水準」の18%、クライスラーは6.5%、フォードは62.1%しかなかった。そのころからすでにビッグ・スリーSUB基金の枯渇が新聞紙上などで語られていた。クライスラー、デイトン工場2,100名を対象とする電機労組のSUB基金は、当時すでに「破産」していた。まずクライスラーのホワイトカラー非組合員むけの基金が2月初めに底をついた。つづいてホワイトカラー組合員むけ基金、ブルーカラー用基金、5月にはGMの基金もアウトとなる。

　他の4万人の仲間とともにSUB最後の給付をうけとるクライスラーの一労働者は言う。「これからどうなるのだろう。まったくたいへんなことになった」。さいわい「所得税の払い戻しと、生活費をきりつめて浮かした金がほんのすこしばかり銀行にあるから、2～3週間はなんとかできると思うが……」「そのあとは──神のみぞ知る」。かれの名はジョン・スミス。33歳のトラック運転手である。さきのウィリアムと同様、デトロイト郊外に住む。11月の初めレイオフされてから5か月になる。クライスラーでは2年半つとめていた。収入は週188ドルから98ドルに下がる。これで、妻と9歳と7歳の2人の子どもの衣食住すべてをまかなわなければならない。

　第1の関心事は、月150ドルの住宅ローンの返済がまかなえるかどうかである。いま住んでいる寝室が三つある家は8年前に購入したものである。べつに光熱費が月50ドル、自動車の月賦返済が月51ドルかかる。「いくらも食費にのこらない。週あたり50ドルかかっていたのを、いまは38ドルでやっている」「ワイフはほんとうによくやってくれている」

　スミス夫人は、食料品の安売り広告につねに目を光らせている。「ステーキやロースは週1回しか食べられません。豆とかフランクフルト・ソーセージとかといった食事がますます多くなると思います」「ほんとうに先がこわいようです。この先なにがおこるのかはだれにもわかりません」「主人と、つぎは子どもたちにかけている費用をきりつめようと話したところです。なんと非難されようと、ほかにやりようはありません」

　ジョンは、生活保護をうけることについては口にしようともしない。かれはいう、「仕事がほしい」と。レイオフされて以来、外部の下請け業者によってやられている仕事を自分らにまわせと会社と交渉している。だが、成功はしていない。

SUB は基金があるレベルまで落ちると支払いをやめる。あるレベルまで回復するとまた支払われる。クライスラーの基金がきれたとき、UAW の副委員長兼クライスラー部の部長フレイザーは、「つぎに 1 週間でも支払われるようになるまでには 17 週から 20 週はかかるだろう」と予想していた。こんにち（76年 1 月末）まで、この支払ったり中止したりの断続状態がつづいている。GM の 76 年 1 月末の基金はわずか 1,700 万ドルしかない。ちなみに、最近の最高値は 73 年 12 月の 25 億ドルである（UAW 調査部）。

ミシガン州の失業保険基金も同様底をついてしまった。1974 会計年度初め（74 年 7 月）5 億ドルあった基金が、同会計年度のおわり（75 年 6 月 30 日）にはわずか 490 万ドルにへっている。支払いを確保するため、75 年 4 月初めに 3,000万ドル、6 月初めにさらに 5,100 万ドルも連邦から無利子のローンをうけ、基金にくわえている。

先にのべた計 65 週というのは、もちろん最高期間である。多くの人はもっと短期できられてしまう。あらゆる受給可能な手当をつかいはたしてしまった失業者の数は不明であるが、最初の 26 週間の給付をつかいはたしてしまった受給者数は 75 会計年度のミシガン州全体で 235,429 人に及ぶ。74 会計年度99,830 人に比し 136％の上昇である。

注意しなければならないのは、レイオフされるすべての労働者が、これらの失業保険受給資格があるわけではないということである。1974 年 12 月末になって、連邦は他のいずれの制度の受給資格を持たない労働者のために SUA（特別失業援助）を立法化した。当初は 26 週、6 月に 39 週に延長された、全額連邦基金による制度である。最高時（75 年 4 月 11 日にはじまる週）においてミシガン州で 13,000 人の労働者がこれをうけた。同時に、自動車労働者ですら、すべてが SUB の受給資格をもつわけではない。とくに、73 年の自動車産業未曽有の好景気時に新たに雇われた労働者の多くは、受給資格をみたさないだろう。たとえば、74 年 11 月ごろ（時期不明）レイオフされたフォードの 7,000 人労働者のうち、SUB 受給資格者はわずか 82％であることをわすれてはならない。

（3）今日が食えない——生活保護

はじめから失業保険や SUB をうけられない人、あるいはこれらをつかいは

たしてしまった人は、どうやって生活するのだろうか。それは自動車労働者であろうと他の労働者であろうと、大差はないように思われる。

容易に想像がつくのは、生活保護をうけることである。さきに紹介したジョン・スミスとおなじように、多くの労働者はこれを極端にきらう。一ソーシャルワーカーは証言する。「信じようが信じまいがかまいませんが、事実は、ほとんどの失業者は、かれらがほんとうに食べるものも金もまったくなくなってしまうまでは、生活保護を申請しようとはしないということです」。にもかかわらず、やはり最後の手段ではある。

代表的な二つの事業、ADC（児童扶養援助）とGA（一般援助）をとってみよう。前者は、親が十分に扶養できない子どもにたいする連邦社会保障法にもとづく援助で、州によって運営される。費用は連邦と州の双方が負担する。後者は、郡によるもので、おおまかにいえば、連邦社会保障法のもとにおける種々の事業の対象にはならない人のためのものである。

ミシガン州ウエイン郡（デトロイト市が属している）における74年と75年の場合。支給額は家族数によって異なるが、たとえば4人家族では、ADCは月271ドル40セント、GAは219ドル40セントで、さらに双方とも最高110ドルまでの家賃の実費がプラスされる（75年6月ごろの給付水準、正確な計算方法は省く）。75年には、ADCが約85,000〜86,000件、GAが約43,000〜44,000件を月々記録している。

アメリカにはもう一つ、フード・スタンプという制度がある。連邦農業省による低所得者むけ事業で、一定の金でより以上の価値のある食料クーポンがくばられる。このクーポンで、ふつうの街の食料品店で買物ができる。払わなければならない金と、それにたいして配られるクーポン額は、家族数と月収によって異なる。一例を示せば、4人家族で月収0〜189.99ドルならばただで、190〜209.99ドルならば53ドルで、310〜329.99ドルならば77ドルで、それぞれ162ドルの価値のあるクーポンが配られることになる（75年6月現在）。このフード・スタンプの受給者数は、74年の81,000〜88,000世帯のレベルから、75年は96,000〜101,000世帯のレベルへと、各月とも14〜18％の上昇をみている。アメリカ全市民の20％がこのフード・スタンプの受給資格をもつといわれている。

一民間組織「6地区連合」の緊急センターにかかってきた電話——電話の主は、小さな工具工場から6週間前にレイオフされた失業者である。労働組合はない。30歳前半で妻と4人の子ども（2、7、10、11歳）をかかえている。デトロイト市の南に接するリンカーン・パークに住む。現在失業保険を受給中だが、その大部分は借地の上に建てた家の借金返済にとられてしまう。契約の相手方と交渉して、しばらくのあいだ一部支払いで許してもらおうと努力しているが、相手がつかまらない。いよいよ一家が食えるかどうかのところまできてしまった。その日の夕食に食べるものがないという。子ども達は、その日はろくな朝食もとらずに学校へいった。前の日にフード・スタンプの事務所へいったが、混雑のため翌日くるようにいわれた。この6週間のあいだ、いくつかの雑用仕事——たとえば隣人のガレージの戸をなおすといった——をみつけては、10ドル、20ドルと手にした。親戚からいくらかの金もかりた。家を失うことと子どもたちのことが第一の関心事だという。

　この民間組織のスタッフは、役所や教会などの官僚主義と形式主義の網をくぐりぬけつつ、つぎのような処置を、この失業者のためにととのえることに成功した。①ふつう6週間もかかるというフード・スタンプの申し込みから支給までの期間を、1週間から10日、事情によっては即日にも可能にさせた。②救世軍の緊急食料援助、食料品チェーンストアで10ドルまでの買物ができる小切手の支給。③当該失業者の教会から、教区から集められた食料の現物支給と、必要に応じて食料および子ども用衣料のための少額の小切手の支給。④この民間組織のスタッフの教会から類似のサービス。⑤学校システムから、中・高校生にたいする無料昼食サービス。

　デトロイトでは、街のスーパーマーケットで買われるドッグフードの相当な割合が「人」によって消費されるという。とくにALPOのブランドがいいとされる。またイースタン・マーケットとよばれる野菜の卸売市場の裏では、何人かの人がゴミ箱をあさっている。30年代大恐慌時の新聞記事に、まったくおなじ描写がでている。

（4）崩壊する家庭

　しかし、この失業の影響は金銭的な困難だけにとどまらない。児童虐待、離

婚、身体的・精神的健康状態の悪化、自殺、犯罪、等々。

シカゴの一新聞は、75年の1月初め、次のような書きだしではじまる記事を載せている。——ジョーは、かれが職を失ったとき、かれの髪を失った。トムは、15年働きつづけた職場から放りだされたとき、心臓発作におそわれた。しかしもっとも悲しいケースは、ポールの場合である。かれの失職からくるたたきのめされた感じ、内在化した怒りは、かれ自身の愛する幼児にむけられた。妻が働きにでて、かれが子どものめんどうを家でみていたときである。ベルトで赤ん坊をなぐりつけ、沸騰する湯ぶねのなかにつっこんでしまったのである。同記事は、こういった児童虐待の父親の60％は、その事件当時、あるいは1年以内に失業中であったという全国調査をも引用している。

デトロイトから車で1時間少々、GMの町フリントでは、地方紙の離婚広告のこの6か月間の増加は目をみはらせるほどだという。フリントの街を足で歩いて調査した一研究者はいう。「空家がたくさんあります。どうにもしようがなくなった家族は、ただ静かに去っていったのです。ばらばらにべつべつの道を」

ジョンズ・ホプキンス大学のブレナー教授は、「不景気性疾患」として、次のような増加を予想する。

①15〜20％の心臓発作による死亡、②30〜35％のアル中、③15〜25％の自殺、④15〜100％の精神障害。74年内の精神病院の入院患者は、すくなくとも10〜15％上昇した。おもに最近仕事を失った人が中心である。

デトロイトREVEST（州職業安定委員会の援助をうけて活動している、失業している専門家の職さがしのためのボランティア・グループ）にやってくる失業者のうち10人に1人は、なんらかのカウンセリングを必要としている。「かつては仕事から帰ると、子ども達は『おかえりなさーい』と玄関にでてきた。が、いまはおなじような注意を父親に払おうとはしない」「かれは家庭におけるボスであり、稼ぎ手であった。したがって、妻との関係もいまはかわる」「生活保護担当者がきて、自動車がどうだ、テレビがどうだ、預金通帳がどうだときく」。ふだんならなんでもないことも「失業者の家では、緊張がみなぎっているので、ちょっとしたことが、ガスの充満している部屋でマッチをするような結果になる」

——ソーシャルワーカーは説明をつづける。たとえば「子どもがいたずらをする。父親は度を失って、思わぬほどになぐってしまう」「こういったほとんどのケースでは、父親はサディスティックなのでも、ほんとうの精神障害でもなく、みななんらかの『しつけ』と関係しています。ですからおこしてしまったことをかくそうとはしません。ある医者があざだらけの子どもをみて、どうしたのかとたずねたとき、父親は泣きだし、自分がやったのだと話してくれました。くりかえしくりかえし、とんでもないことをしてしまった、ただただわれを失ってしまったのだ、仕事さえみつかればなんとか子どもにつぐないができるだろうに、というのです。ばかなといわれるかもしれないが、こういった父親のほとんどは、ほんとうに子思いの、子を愛する父親ばかりなのです」「したがってある親は、愛する家族を身体的にきずつけることをおそれ、子どもを社会施設に預かってくれとたのみ、あるいは、みずから一人だまって家を去っていきます」

1年以上も仕事から放りだされていると「自尊心」がおかされ、「自己にたいする無価値感」をうえつけられてしまう。不況が去り、仕事があるようになっても、かれらはもはや、ふたたびふつうの仕事にもどることはできなくなる——西ドイツの研究である。

毎日一つや二つの殺人はあるといわれるデトロイトの犯罪件数は、75年1月には前年にくらべ27.3%はねあがった。金銭をめぐる犯罪、万引、窃盗、強盗その他が、おもにその上昇に寄与しているといわれる。ニューヨークの一警官は言う。「結論はかんたんである。仕事につけないやつがふえりゃ、それだけ食い物をいれなきゃならない、しかしなにもいれられない口が多くなるってことさ」「静かに家にひきこもり、椅子に腰をかけ、そのまま飢え死にしようとはしないやつが何人かはいるというだけのことだ」

デトロイトのケースではないが、いくつかの悲しい事例を紹介しよう。

——19歳の母親が3ドル26セントのベビーフードと紙オムツを盗んだ。彼女の9か月になる赤ん坊のためにである。以前に逮捕歴はない。彼女は警官に言う。「わたしは自分のためにはなにもとっていないわ。ルイス（赤ん坊）はおなかがすいているの。わたしは失業中。どうにかしなきゃならなかったんです」

第2章 失　業　77

——ある男は、この2か月間、街のいくつかの小さな食料品店でピストル強盗をした。しかしどの場合も、被害者に、妻が死にそうで治療費が必要なんですと説明し、あやまっている。

——一失業者は小食料品店から84ドル盗んだ。警察のしらべでは、かれはその金を他の食料品店で家族に食わせるものを買うためにつかっていた。

——母と妹の医療費を得るために、サンフランシスコの一商店にピストル強盗にはいった男は、商店主を人質にしているあいだに、テキサスの自分の家族に長距離電話をし、病気の状態を聞いている。警察がやってきたとき、商店主は、その強盗と母と妹夫婦のサンフランシスコまでの飛行機代と1,500ドルの援助を申し出た。

国会図書館の最近の一調査は、「連邦刑務所入監者の変化の80％以上は、失業の変化と統計的に関連している」「州刑務所においては、失業が入監者の変化の78％以上を説明する」と指摘している。

3　政府と労働組合の対応

（1）失業保険の改善その他

この危機状態にたいして、政府はどういった対策をとったか。減税、一般的金融・財政措置のほか、連邦・州による失業保険給付の改善——支給期間の延長、支給額の増加、支給対象の拡大、その他——と CETA（総合雇用訓練法）にもとづく対策が中心である。失業保険給付の支給額の増加、支給期間の延長については前述された（69-70 頁参照）。

他国との貿易の結果職を失った労働者には、このほかに TRA（貿易調整給付金）が支払われる。1974 年貿易法によるもので、給付額は失業保険と同じく以前の賃金の70％であるが、最高額が269 ドルと高く、給付期間は52 週続く。「他国との貿易の結果職を失った」と判定されるためには、その労働者の実際につくっている製品が、直接外国からの同種の製品と競争関係にあることが要求される。したがって、GM、フォード、クライスラー、アメリカン・モーターズ等の自動車労働者には適用されるが、その下の多くの部品供給企業の労働者

には適用されない[*3]。CETA その他のマンパワー・プログラムについては他
に譲る（『デトロイト』31-47 頁）。

（2）政府が失業者を雇う

　いまやアメリカは、30 年代のルーズベルト・ニューディールのまねをすら
始めている。71 年緊急雇用法（EEA）の成立である。ある論文では WPA（30
年代の Works Progress Administration の略）2 世と名づけている。景気が悪くな
ればなるほど、民間の雇用増大は期待できない。最後の雇い主というわけでも
なかろうが、政府部門の人為的雇用機会創出以外に道はない。一方に市などの
財政赤字その他の故に放置せられた行政がある。ちょうどいい、ぶつけろとい
うわけだ。ニューディール時のように土木建築まではまだいっていないが、一
般行政分野に雇う。訓練という名目ではあるが、実際はほとんど行っておらず、
他の役人と同じ業務に従事する。デトロイト市は赤字のため、最近多くの職員
をレイオフした。このレイオフされた人を、このプログラムがひろう。そして、
同じ仕事をする。ただ違うのは、彼らの賃金の出所が、市の金であるか、
EEA による連邦の金であるかだけである。

　次の言葉が思い出される。「もし大蔵省が紙幣を古瓶につめて、それを廃炭
鉱のなかに深く埋め、次にその廃坑を都市の塵埃で表面までみたし、自由放任
主義にもとづいて私企業をしてそれら紙幣を採掘せしめるならば、それによっ
て失業は消滅し、その反作用によって社会の実質所得は現在よりも遙かに増大
するであろう」（ケインズ）。

　ここで、能率というものの意味が問いなおされる。もし、役所が能率がわる
いから能率をよくしたらどうなる？　またまた、失業者の群れである。タイピ
ストを雇う。能率のいい人だったら 1 人ですんでしまう。能率のわるい人だっ
たら 2 人が雇え、それだけ失業がへる。現に、貧困地区のコミュニティにある
プログラムを発足させ、そのプログラム運営に従事する人をそのコミュニティ
の失業者のなかから選ぶといったことが行われている。能率のいい人を外から
採用してはいけないのである。

[*3] 本パラグラフは『エコノミスト』1981 年 3 月 31 日号、10 頁。

もっとも、アメリカでは役所というものの使い方が、日本と少々ちがうようだ。たとえば、一般の労働市場で競争力がない人を雇い、まともに働けるようになったら、民間で一般の労働市場の競争原理にもとづいて働いてもらうといった——この場合は、役所に一種の訓練所の機能をあたえている。身障者の採用なども能率原理からだけでは理解できない。ついでながら連邦に物品あるいはサービスを提供するものは、みずからの従業員に一定の労働条件を保障しなければならないといった役所のつかい方もある。現代において、政府と契約関係を持たない大企業はほとんどなかろうし、多くの中小企業もカバーされるだろう。

　74年12月、連邦議会は、25億ドルで33万人分の仕事を病院、消防その他公共の機関内につくりだす法案を通過させた。各仕事の平均賃金は年7,800ドルである。デトロイト市では、75年9月末現在約4,000人がCETAのもとで公共部門に雇用されている。CETAのウエイトは訓練から公共部門雇用にうつされている。75年春には「完全雇用法案」成立の試みも行われた。

　76年1月には、公共部門雇用の分野で、議会はフォード大統領に攻撃をかけている。1月27日には、下院は大統領の拒否権をのりこえて、450億ドルに及ぶ労働、健康、福祉および関連事業に予算をあたえる法案を通過させた。ジョンソン大統領の「対貧困戦争」の系譜に属するものとされている。29日には、議会は、最低60万人分の新たな仕事をつくりだすといわれる62億ドルの公共部門雇用対策法案を大統領に送った。デトロイト市政府レベルでは、50%の市所得税引き上げの試み（成功していない）以外、CETAおよび今年度3,400万ドル、来年度3,100万ドルの交付金を連邦政府からひきだすこと、そのもとで、市行政のすべてを、なんとか市経済を発展させる方向に焦点をあわせていこうという努力をしている程度である。

（3）職業紹介行政

　次の10年における労働力政策の目標を、連邦政府は次のように広範囲にわたりならべている。

　①失業をへらすこと、②生産性を上げ、賃金と物価の上昇を抑制すること、③雇用機会を拡大すること、④貧困者の収入を引き上げること、⑤雇用機会の

平等を確保すること、⑥人口の大きさと分布に影響をあたえること、⑦教育と労働力政策の関連づけをすること。

　失業一般にたいする対応としては、1933年来の職業紹介（ES）の流れがある。いまでこそ、マンパワー・プログラム*4といえば職業訓練を中心とするプログラムが中心となっている感があるが、失業保険のほか職業紹介の強調が歴史的には先行する。60年代半ばまでの職業紹介の機能を多くの人は、「企業側の労働力要請に、要件にあった人を失業者のなかからみつけてやることであり、失業者が求人のある仕事の要件にあうようになるのを助けることではなかった」と批判する。経済発展の資源としての労働力把握から雇用をめざす「社会的に差別を負った人」を手助けするという考え方への転換が必要だったということである。

　にもかかわらず、職業紹介が「失業一般に対する対応」として、もっとも基本的な役割をはたすものであることを否定はできない。いまでも「雇用可能性」のある人は、ただちに、職業紹介をすればいいのであり、ない人は訓練という回路をとおしたあとに、職業紹介がなされるのである。

　ミシガン州には、19か所の一般および特別職業紹介事務所がある。デトロイト市内には7か所、うちダウンタウン近くにある3か所の職業別紹介所が中心である。製造業関係、専門職・事務職および商業関係、サービス業関係と分かれている。日雇い労働者の職業紹介事務所が1か所——朝5時頃から零下十数度のなかドラム缶でたき火をしてオフィスの開くのを待っている。デトロイト港の港湾労働の紹介もここから係員がでむいて行う。72年からは労働組合の統制力が強まり、港での公の紹介業務の重要度は低くなった。そのほか、農業労働と家事労働のための紹介事務所が各1、青少年職業（オポチュニティ）センターという内訳である。

---

*4 現在におけるマンパワー・プログラムは、いくつかの流れ＝系譜を読みとるべきだろう。例えば、アプレンティス養成の流れ、1957年ソ連スプートニク・インパクトからの流れ、成人教育からの流れ、黒人、いまでは女性の"差別"のモデルからの流れ——デトロイトの職業紹介所では、男女を区別した求人はもはやうけつけない。労働災害・職業病、単純労働などの「疎外」その他の問題からくる流れ、くわえて軍事からの流れ——職業紹介をはじめ、すべてのマンパワー・プログラムにおいて、帰還兵に第1優先権があたえられている（『デトロイト』日本評論社、1980年、51頁）。

さらに市周辺に 10 の移動事務所が配置されている。「アウト・リーチ」の応用である。一般の紹介事務所にいけない人、いかない人の集まる地区のなかに、コミュニティ・センター、教会、市の建物などに間借りして、事務所を開く。これらのほか、民間の職業紹介所も盛んである。デトロイト地区に少なくとも 132 の紹介所と、43 の労働力供給業がある。

（4）UAW（全米自動車労働組合）

　アメリカでは、日本とちがって首切り反対闘争というのはおきない。いや、おこせない。また先任権制度の問題か――アメリカでは、そのようには意識されていない。労働協約でレイオフを予定し、そのレイオフする場合の順序・手続きまで詳細に規定しているのだから――しかも組合のたたかいの成果として――やむをえまい。74 年秋、クライスラーがデトロイト市内のジェファソン組立工場を永久閉鎖するとのニュースが流れたとき、せいぜいクライスラーの一分会委員長が、工場を閉鎖するな、レイオフ組合員がいるときに時間外労働を認めるなと、UAW 本部に要求の声を上げるのがせいいっぱいといった感じである。これすら本部の無関心をまねいただけだった。

　UAW のやったことといえば、①先にのべた各レベルの政府の動きにたいして、議員への働きかけを通じて圧力をかけること。完全雇用、税制度改正、エネルギー問題、全国健康保険等々の長期的問題についてもキャンペーンをはっている。②75 年 2 月 5 日、1 万人近くの組合員をワシントンに動員、「おれたちは仕事がほしい――いますぐに」というスローガンでデモンストレーションを展開。30 年代の大恐慌以来、失業者による最大の運動と自負する。③本部のコミュニティ・サービス部が各支部のコミュニティ・サービス委員会を通じて失業組合員むけのパンフレット類を大量配布。④第 600 支部のように、食料生協を組織したところもいくつかある。⑤GM 部は 75 年春、GM と、3 月 1 日以降にレイオフされた組合員にはその SUB の支給の有無にかかわらず健康・生命・障害保険を適用しうるものとするとの合意に達した。⑥DANA 社（UAW 組合員 12,000 名）との、100 万ドルを SUB 基金に臨時に加えるという合意（基金を会社から前借り）。ただしビッグ・スリーの規模になると、この対策はほぼ不可能になる。①のように顔が政府にむかざるをえない理由である。

（5）不況が去ったあとも

　アメリカ経済は上向きになってきたといわれている。デトロイトの76年1月24日付新聞は「自動車販売台数30％もアップ」と、1月中旬の前年比を伝えている。しかし、1週間とたたないうちに、デトロイト市長はさきにのべた62億ドル公共部門雇用対策法案の成立をもとめつつ、悲痛な証言をしなければならなかった。「われわれがいまあちこちで耳にするあらゆる"回復"の兆候は、われわれの市ではみることができない」。1月末、デトロイト市内の失業率は、政府統計ですらいぜん17％前後と予想される。

　嵐がすぎ去ったといわれるあとに、失業の傷跡はのこる。失業者の生活にかんしては、「最悪の時期はまだきていない」といわれる。さきに書いたような心臓発作による死亡率などの上昇、長期失業が労働能力にあたえる影響などはこれからあらわれるといわれる。全国精神衛生研究所による一つの非公開報告書は、失業の結果としての精神病院および刑務所人口のほんとうの上昇はこれからと予想する。しかもこれらの人びとは、25歳から34歳の年齢階層において増加するという。このグループが失業時において精神疾患および犯罪にもっともむかいやすいという。

　みなが失業をいい、危機を叫んでいるときではなく、社会が失業や危機を語らなくなったとき、だれもが問題はすんだと思うとき、ほんとうの労働者の苦しみがのこされるのかもしれない。「わすれられた人びと」をつくってはいけない。

　後述民間グループREVEST（4節（3）、86頁）の所長は、今回の自動車産業の落ち込みの理由を「不況」だけにはもとめない。環境保護問題、安全問題、エネルギー保存問題（ガソリン税その他）、国際的な石油問題（禁輸その他）、ステイタス・シンボルとしての自動車、その他消費者の自動車にたいする態度の変化等々、狭い意味での経済問題以外の要因の力を強調する。ほんとうのたちなおりにすくなくとも5年以上は要するだろうとも予測する。

　もう一つ、デトロイト労働者にとってありがたくない事情は、自動車産業最高の年73年における失業率の高さからくる。表2－1のとおり、68～69年のデトロイト6郡3.6～3.9％、市内5.1～6.6％が、70年不況で約倍増する。

第2章　失　　業　83

表2−1 デトロイト地区における失業率

(%)

年	デトロイト6郡	デトロイト市内
1968	3.9	5.1
69	3.6	6.6
70	7.0	10.2
71	8.4	10.9
72	7.6	11.1
73	6.3	8.9
74	9.0	12.5

出所；MESC およびデトロイト市企画局調べ。

ところが、その不況がすぎても、失業率はいっこうにへらず、73年の未曽有の好景気をむかえても、6郡で6.3％、市内で8.9％までしか下っていない。すなわち、不況期をへるあいだに、自動車産業はその生産を地理的にデトロイト外、とくに南部にうつしているということ、よりすくない人間でより多い台数を生産することを可能にしている（生産性をあげている）ということである。

デトロイトの失業率は、1980年まで、よくて6郡で11.2％、市内で15.6％、悪ければ6郡で12.5％、市内で17.3％を下ることはないだろうというのが、ミシガン大学─ウェイン州立大学労働・労使関係研究所およびミシガン州労働省による「精密な」研究の結果である。

4　"高い質"の労働力の失業

（1）「ざまあみろ」

技師、科学者、熟練工、管理職など、"高い質"の労働力の失業問題もある。博士号を持った人が、街でタクシー運転手をやったり、デパートでアイスクリーム売りをやったり、という話はあまりにしばしば聞かされる。全国で8万人、デトロイト地区だけでも最低2,000人（おそらくさらに2,000人）がいるともいわれる。

これをみてある人はいった。「ざまあみろ、いい気味だ」と。「いままでおれたちを、働く気がない、能力がない、と馬鹿にしてきたくせに」。所詮同じ穴の狢じゃないかというわけである。「彼らの失業が多いといったって、全国平均の6％よりはるかに低い。なるほど、地区によっては高いところもあるかもしれない。しかし、おれたちの失業だって、場所によっては40％にもなるんだ」。

そもそも、彼らの失業率のみが、平均よりもはるかに低くあるべきであるという前提こそがおかしいのだといっているようだ。

"高い質"の労働力の失業は、いろいろな原因に起因する。70年からの不況の影響、軍事、宇宙開発を象徴とする国家政策の変更、技術の変化＝広い意味での合理化などがあげられる。いまの失業がそれぞれどのくらい、どの原因によっているかは定かではない。が、ここに、第2、第3の問題についてすこし見てみよう。

（2）国家政策の変更と失業

わずか5年ほどまえの大統領労働報告書では、熟練工その他とならんで自然科学者、技術者が足りないと叫んでいた。そもそも、戦後アメリカの労働力政策に一つの発展のきっかけをあたえたのは、ソ連のスプートニク打ち上げであった。それがいまではあまって困りはてている。アポロはおわった。SST、ロッキードなどの戦闘機の発注も中止となった。軍事関係費が国家予算の3分の1から半分を占めるようになれば、このほんのわずかばかりの減少、あるいは、そのなかでのシフトすらその国の雇用情勢に大きな影響をあたえる。68年から71年にかけて、額で142億ドル、雇用数で170万人が、航空機、兵器、エレクトロニクスを中心に減少した。ボーイング1社でもっているようなシアトル——こういった都市はますますふえる——ロサンジェルス、サンディエゴ、エレクトロニクスの影響をうけたボストンなどは深刻である。もう彼らの仕事は帰ってこない。ふつうのレイオフとはちがう。『ライフ』（1972年2月18日号）でも、一例を特集していた？　デトロイトでも同様の例を聞く。郊外の借りれば月500ドルもするような家に住む技術者も、"For Sale"（売家）の札をのこして、何人かが去っていったという。

もちろん、人殺し兵器を生産し失業がへるのと、失業がふえ食えない人が街にあふれるのとどちらがいいかと問われても困る。経済学は労働の質までは問うてはいけないそうである。

（3）技術の変化＝広い意味での合理化と失業

最近、アメリカの3大自動車会社は大きなモデル・チェンジを毎年するのを

やめたという。数年に一遍とすると、単純に考えても、かつてモデル・チェンジに必要とした人の何分の1かは不要となる。

　ブルーカラーのなかでもっとも高い職種の一つに数えられる金型製作工も何分の1かはきりすてられる。これは、考え方によっては、前節までにのべてきた人たちより深刻かもしれない。なぜなら、彼らは熟練工だから。一つの職のみを長年やってきて——だから熟練工とよばれる——したがって、必然的に年齢は高い。独占企業に働いていればいるほど、彼らの技術も、また身分も企業内的であるうえ、今回のように、どの企業も同様の行動をとるなら——とる必然性もある——ますます彼らのいくところはない。極論をすれば、彼らがつぎに労働市場に登場するときは、熟練工としてではなく、未熟練労働者としてしか登場できない。しかも、高齢未熟練労働者としてである。

　技術関係だけではない。管理部門でもそうである。ウェイン州立大学の一教授の意見によれば、いまのアメリカ企業は従業員を多くかかえすぎている。80％はきられてしかるべきであるという。管理職ももちろんふくまれる。 エンジニアは、その専門雑誌で、さかんに、"結束"をすることを訴えている。大学教授も、プロ野球選手も、組合をつくる。どこへいっても、ストライキ、ピケライン。

　ある民間グループは、航空・宇宙関係で職を失った科学者、技術者などを対象とした REVEST とよばれる自助プログラムを始めた。政府がこれに補助金を出して応援する。デトロイト地区では、州職業安定委員会が、この種の失業者に、ある日ある時間ある場所に集まれと葉書を出した。集まった人は約300人、講堂は超満員。多くは、白髪の交じった中高年白人、若い人もいなくはない。黒人、女性は10％以下。上のグループのあいさつ、説明があって、参加者のなかからみんなのために働く希望者を募る。州は、ダウンタウンにオフィスと電話、文房具だけを無料提供するから、勝手に、順番にそこにつめ（どうせやることがないのだからか）新聞・その他で職を開拓し、おたがいにうまくやれというのである。将来は再訓練もはじめる予定である。

　とくに、軍事・宇宙関係失業者・科学者が集中した14の都市では、連邦労働省がべつにほぼ同趣旨の技術流動化再雇用プログラムをはじめた。各自が、仕事口をみつけられるよう、情報の提供、交通費、引越費用の支給、再訓練等々

の援助をする。

「航空・宇宙産業にもどることを考えてはいけない。もう、それらは存在しないのだから」。彼らは、どこに行くことが期待されているのか？　公害などエコロジー関係、病院などの医療衛生関係と人はいうが……。

（４）企業の発展と失業

たとえばビッグ・スリーのうちの一社は、モデル・チェンジをやめたからと、アメリカで金型製作工をきっている。が、一方彼らは、ドイツでそれを雇っている。

ここに１枚の地図がある。一面にアメリカ企業の名前がちらばっている。ハニウェル、インタナショナル・ハーベスター、ウェスティングハウス、クライスラー、IBM、ジェネラル・ミルズ、グッドイヤー、GM、コントロール・データ、ITT……。題して、「アメリカの企業力——オハイオ州？　ペンシルヴァニア州？　イリノイ州？　カリフォルニア州？　もう一度みよ……フランスである」

これをのせた『合同ゴム労働者』72年３月号には、「"アメリカ製"（メイド・イン・アメリカ）は消えゆく商標」と題した小文がある。なにがメイド・イン・アメリカとしてのこされているのかというわけである。テレビ、ラジオはもちろん、繊維も、自動車も10台に１台は日本製、街から遠く隔離されたインディアン保留地のみやげ屋の人形も。安いものは、日本かホンコン、高いものはヨーロッパから。のこるは、アメリカのスポーツ、野球のグローブだけか？　いや、大手メーカーはいまや、日本で生産し、アメリカに持ち帰り販売している。のこるは何か。そうだ、アメリカの国旗がある！ああ、日本でつくられたアメリカ国旗がすでに市場にあふれている！

賃金を労働者がみずからの生活を守るために上げれば上げるほど、資本に国境がない以上、投資は海外になされていく。職はつぎつぎと逃げていく。企業はいう。「ストばかりやらないで、日本の労働者のように生産性を高くすることを考えろ。それが生活向上の道だ」と。労働組合はどう対応するのか？　下手すると、国産品愛用運動にはしる。これは資本との合体を意味し、ナショナリズムの呪いにとりこまれる。より低賃金国の組合の賃金引き上げの努力に力

第2章　失　業　87

をかすというのが本筋かもしれない。しかし、あまりに開きすぎている。

　いま、3大自動車会社は、儲かって儲かってしようがないのだ。いずれも、すばらしい記録を作っている。第4のアメリカン・モーターズも同様である。国内が不況で、失業者があふれていても、ドル流出で騒いでいても、当然のことながら、個別資本は資本を外に投資し、外で労働者を雇い生産する。アメリカに運んできて売る。それだけで、個別資本は儲かるのだ。それでいい。資本は流出し続ける。多国籍企業化。いい例がビッグ・スリーの一つ、C社のある小型車種、日本のM社がつくった車にプレートをつけるだけだという。総資本の利益とはさしあたり乖離する。

【初出】1節「デトロイト報告　米自動車産業の失業者は　いま」『エコノミスト』1981年3月31日号、10-12頁。2節以降「第一章　都市における貧困と労働力政策」（四、五節）「第三章　組み立てラインから失業ラインへ」『デトロイト―ソーシャルユニオニズムの必然』日本評論社、1980年、49-59頁、117-158頁。
　　本章にあっては元稿のそれぞれの中での節、小節、パラグラフを含めた記述順および小見出しの表現の変更等の編集がなされている。

【参考】Briar, Katharine Hooper. 1988. *Social Work And the Unemployment.* Silver Spring, MD: NASW.

第3章

「働く貧乏人」
ワーキングプア

下位3分の1層とマクロ経済の繁栄

　アメリカ経済は回復し、未曾有の好景気を享受している。あらゆるマクロ経済指標は改善されているにもかかわらずなぜ一部の人々の生活は改善せず取り残されているのか——これが一般に問われる問である。しかし、これは一方からの見方である。他方、すなわち「一部の人々」の方から見れば問いは次のようになる。なぜ（我々の）生活は改善していないのにあるいは悪化しているのに、ある人々の所得、生活は改善・向上し続けているのか。なぜマクロ指標——GDP、全国平均失業率、企業の生産性と利潤その他——は良くなっているのか。

　「一部の人々」の生活が改善されないが故にあるいは低下しているがために「ある人々」の所得、生活が改善されているのか、二つはそもそも関係ない別々のシステムとして動いているのか、マクロ経済指標はそもそも「一部の人々」の生活改善を反映するものではないのか、マクロ経済指標が良くなるとこれら「一部の人々」の生活は必然的に停滞または悪化するのか。

　本章はこれらの考察に向かうごく第一歩として、現在のアメリカの貧しい人々（the poor、以下「貧乏人」という）とはどのくらいの数存在し、なかんずくその中の「働く貧乏人」（the working poor）とはどのくらいおりどのような属性の人々なのか、なぜこれら人々は働いてもなお貧しくその数は減少しないのか、の基本的データを整理するものである。社会介入の方向づけに寄与できたらと願う。「一部の人々」または「貧乏人」とは全アメリカ世帯のごく一部を意味してはいない。3分の1から5分の2を意味するものと理解されたい。

1 年 25,000 ドル未満世帯は減少していない

　図3－1および表3－1は最近30年の所得階級別世帯数の分布およびその変化を示すものである。

　図の太線が1997年である。年間25,000ドル未満の世帯が3分の1強(34.0%)、25,000～5万ドルの世帯が3分の1弱（29.6%）、5万ドル以上の世帯が別の3分の1強（36.5%）となっている。未曾有の好景気の中にあってアメリカの全世帯の3分の1、実数で3,500万弱の世帯は年間25,000ドル（約250万円強）未満の所得である。

　図3－1の細線は1970年である。この約30年間、真ん中の階級が大きく減少し（37.2→29.6%）その分右の所得階級が増加している（26.7→36.5%）（表3－1）。中位の所得階級から高位の所得階級に大きくシフトしている。しかし、左3分の1の階級はほとんど変わっていない。1万ドル未満の最下層は減少しているがその直近の1万～1.5万ドル層が増え、累計では2ポイントしか下がっていない。実数では2,332万世帯から3,486万世帯へと50%も増加している。1,000万世帯以上が新たにこの階級に加わった。割合を減らした1万ドル未満の階級でも868万から1,128万へと260万世帯が増えている。

　表3－1が示すことは、年所得にかんする限り、三つの階級のいずれにあっても90年代に入ってアメリカは回復しているとは言い得ないということであるし、下位3分の1の階級は改善されていないし、上の二つの階級ではそもそも70年代、80年代にもコンスタントに上昇し続けていたのである

　本稿はこの左3分の1（図中破線円で囲まれた部分）に関心を示す。右の3分の2には関心を示さない。年収20万ドル（2,000万円強）の世帯の所得が22万ドルになろうが18万ドルになろうが、MITの学生がベンチャーを始めて何億ドルの所得を得ようがそれは「どうでもよいこと」である。唯一関心を示すとすれば、右3分の2の所得がさらに右に移ることによって左3分の1との差がますます開き、ますます格差が大きくなっていることだけである。

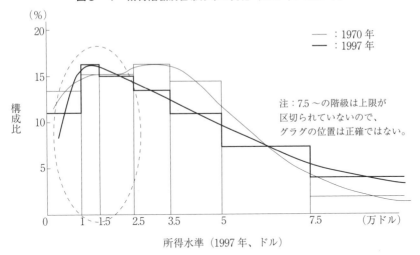

図3-1 所得階級別世帯分布の変化 (1970年、1997年)

表3-1 所得階級別世帯分布の変化　(%)

年	世帯数 (千世帯)	1万(ド ル)未満	1万〜 1.5万	1.5万〜 2.5万	2.5万〜 3.5万	3.5万〜 5万	5万〜 7.5万	7.5万 以上
1970	64,778	13.4	7.5	15.1	16.1	21.1	17.7	9.0
80	82,368	12.4	8.2	15.8	14.0	19.2	18.4	12.0
90	94,312	11.6	7.9	14.8	13.8	17.7	18.2	16.0
97	102,528	11.0	8.1	14.9	13.3	16.3	18.1	18.4
1970	64,778		36.0			37.2		26.7
80	82,368		36.4			33.2		30.4
90	94,312		34.3			31.5		34.2
97	102,528		34.0			29.6		36.5

出所：Statistical Abstract of the United States 1999 No.742 から筆者が作成。

2　全人口の3分の1は「貧乏人」？

　図3-1の左3分の1の中の多くは貧困の中にある。この所得階級のすべての世帯が貧困である訳ではないが、同時にこの上の層、特に25,000〜35,000ドルの階級にも少なからぬ貧困世帯は含まれる。「貧乏人」はどのくらいいるのか。何をもって貧困の中にあるものまたは「貧乏人」と呼ぶかは、もちろん定義による。3とおりの測定を紹介しよう。

第3章「働く貧乏人」　91

（1）貧困線（Poverty Thresholds）

　アメリカにはセンサス局によって定められた統計的目的に用いられる連邦「政府公認」の貧困線（Poverty Thresholds）というものがある[1]。世帯員の人数および構成によって異なる消費内容を反映させている（U.S. Bureau of the Census, 1998: 450）。これによると現在（1996年）全人口2億6,500万人のうちの3,650万人はこのラインに至らない。13.7%、約7.5人に1人である[2]。

　1998年現在の貧困線は表3－2のとおりである。2人家族で10,762ドル、3人家族で13,162ドル、4人家族で16,864ドル、6人家族で22,494ドルである。

　この貧困線は、毎年、消費者指数に従って改訂される。後の議論のために、参考までに97年貧困線を掲げれば、3人家族で12,829ドル、4人家族で16,432ドルである。図3－1の年所得「1万～1.5万ドル」の世帯までの「非常に多くの」世帯はこの定義による貧困の中にあるといって間違いなさそうである。

　賃金・給与、農業所得、自営所得といった勤労（earned）所得および公的扶助（AFDC、SSI、GA）、ソーシャル・セキュリティ、投資利益、退職所得（retirement income）などの非勤労（unearned）所得の双方を含む。しかし、フードスタンプ、メディケイド、公的住宅など現物給付は含まれない。税引き前である。

　なお、連邦政府は、種々の計算方法の修正を加えた15の定義による「貧困線未満の者」の数を算出している。たとえば、政府からの各種現金移転（money transfers）を含めないと5,748万人が、また税引後でかつ勤労所得税給付（Earned Income Tax Credit；EITC後述）を含めないと5,860万人が上記貧困線に至らない（Statistical Abstract No.766）。

1）ソーシャル・サービス局によって1964年につくられ、連邦省庁間調整委員会（Federal Interagency Commissions）によって69年および80年に改訂された指標。農業省の1961年経済食料計画（Economy Food Plan）にもとづく（U.S. Bureau of the Census, 1998: 450）。

2）U.S. Bureau of the Census, Current Population Reports.　以下特別の断りのない限りこれから作成された。U.S. Bureau of the Census, Statistical Abstract of the United States: 1998（118th edition.）Washington, DC, 1998. の表の番号でStatistical Abstract No.761, 762のように記す（後掲図3－2参照）。

表3－2　家族規模別貧困線（Poverty Thresholds）（1998年）

家族規模（人）	貧困線（ドル）
2	10,762
3	13,162
4	16,864
5	19,931
6	22,494

出所：1995 U.S. Census Bureau poverty thresholds adjusted for estimated inflation *cited in* Parks, 1998: 5.

（2）社会福祉給付受給者数

　逆に、貧困の中にあるものに対する所得保障・社会福祉給付の受給者数から
も「政府公認」の「貧乏人」の数の推計は可能であろう。

　表3－3は現在行われている社会福祉給付の主なものの種類と受給者数の一
覧である。福祉分野においてある人々によってセーフティ・ネットと呼ばれる
ものである。通常はミーンズテストを要し、一定の所得、資産要件にあった個
人、家族に対し支給される。掛け金はなく、基金は一般財源による。一般に最
も代表的所得保障プログラムとされる高齢者・遺族・障害を持つ人々[3]　に対
するソーシャル・セキュリティ OASDHI（Old Age, Survivors, Disability and
Health Insurance）、失業保険、労災補償保険は貧困を要件としないのでここで
は除かれる[4]。

　受給者数から見て、主なものは、働いてはいるが所得が一定額に満たない者
に対する勤労所得税給付（EITC）[5]　の5,370万人、医療扶助たるメディケイド[6]

---

3)「傷害のある人々」との表現がより適切であるともされるが、本稿ではあえて「傷害を
　もつ人々」とする。誤解なきことを祈る。
4) 実際に、たとえば、OASDHI の受給者の多数は非貧困者である。
5) 所得額が子どもなし 10,200 ドル、子ども1人 26,928 ドル、子ども2人以上 30,580 ド
　ルに満たない場合、賃金から控除される所得税その他の目的のために最高 3,656 ドル給
　付される。他の公的扶助受給資格には影響をしない。
6) 各州は、連邦のガイドライン内で自ら定める資格要件と給付内容に従い、一定の貧し
　い人々に対し基本的医療サービスを提供する。メディケイドの資格はほぼすべての現金
　給付受給者に自動的に与えられる。妊婦、高齢者、障害を持つ人、扶養児童を持つ家庭
　など。39州のプログラムは、一定の所得以下のより広い範囲の人々をカバーする。メディ
　ケイド提供の費用は連邦と州双方が負担する（U.S. Bureau of the Census, 1998: 116)。

第3章　「働く貧乏人」　93

表3－3 一定所得以下の者になされる現金および非現金給付月平均受給者数（1996年）

プログラム名	受給者数（千人）
医療（1）	
メディケイド（2）	41,284
帰還兵（Veterans）（3）（4）	1,587
一般扶助（General Assistance）	（NA）
インディアン健康（Health）サービス（2）	1,285
妊婦および児童健康（Health）サービス現金扶助（1）	13,000
SSI（Supplemental Security Income）（5）	6,894
AFDC（6）	12,649
労働所得税給付（Earned Income Tax Credit, refunded portion）（7）	53,706
フォスターケア	267
一般扶助（General Assistance）（7）	767
要扶助（needy）帰還兵年金（8）（9）	705
食料給付（1）	
フードスタンプ（10）	26,800
学校給食プログラム（11）	14,600
婦人・幼児・児童向け特別補助（Supplemental）食料補助プログラム	7,200
学校朝食（School Breakfast）（11）	6,200
児童・成人向け（Care）食料プログラム（12）	1,300
高齢者向け栄養（Nutrition）プログラム（13）	（NA）［3,401］
住宅給付（1）	
低所得住宅援助（Assistance）（Sec.8）（14）	3,095
低家賃公共住宅（14）（15）	1,414
農村住宅ローン（16）	41
利子軽減支払い（Payments）（14）	493
ホーム・インベストメント・パートナーシップ（17）	71
教育扶助（1）	
ペル・グラント（Pell Grants）（18）	3,600
ヘッド・スタート	752
スタフォード（Stafford）ローン（18）	3,716
サービス	
ソーシャル・サービス（Social Services）（Title 20）	（NA）
現および元 AFDC 受給者向け保育（19）	（NA）［583］
保育および成長（Child Care and Development）ブロック・グラント	（NA）［663］
雇用訓練	
弱者（Disadvantaged Adults and Youth）訓練（20）	426
JOBS（AFDC 受給者向け）（21）	650
JOB CORPS	100
夏期青少年（Youth）雇用プログラム（22）	409
緊急援助（1）	
低所得緊急援助（23）	4,300

注：(1) 以下の内訳に示されていない他のプログラムを含む。(2) 年間実人員。(3) 兵役外の傷病に対する医療扶助。(4) 推計入院患者数。(5) 州による補助給付（supplements）を含む。(6) フォスターケアプログラムを除く。(7) 推計受給者。(8) 9 月現在推計受給者。(9) 被扶養者および遺族を含む。(10) プエルトリコの栄養援助プログラムを含む。(11) 無料および減額。(12) 保育所において無料または減額給食・おやつを受けている児童数および貧困ガイドラインの 185% 以下の所得を持つ家族保育ホームにおける児童の推計。(13) 所得制限なし。ただし、ニーズの高い者が優先される。(14) 年末における支給要件にあたる件数（units）。(15) 補助（operating subsidies）および HUD の運営するインディアン住宅を含む。(16) 年間の全家族または住居単位（dwelling units）数。(17) 与えられたまたは増改築された住宅件数（housing units）。(18) 学校年度の合計数。(19) サービスを受けた推計児童数。(20) 参加者合計。(21) Job Opportunities and Basic Skills training program。(22) 合計参加者数（7〜8 月）。(23) 暖房および冬期援助を与えられた年世帯。[ ] は 1995 年。
出所：Library of Congress, Congressional Research Services. "Cash and Noncash Benefits for Persons with Limited Income: Eligibility Rules. Recipient and Expenditure Data. FYs 1994-96." CRS Report, Statistical Abstract of the United States 1998, p.379 から作成。

の 4,130 万人、ほとんどの小売店で食料購入に使用できるフードスタンプ（Food Stamps）[7] の 2,680 万人、学校給食プログラムの 1,460 万人、妊婦および児童健康サービスの 1,300 万人、現在 TANF（Temporary Assistance for Needy Families）に制度改革された子どもを持つ家族を対象とする AFDC（Aid to Families With Dependent Children）[8] の 1,260 万人、婦人・幼児・児童向け特別補助（Supplemental）食料補助プログラムの 720 万人、65 歳以上ならびに障害を持つ成人および児童を対象とする SSI[9] の 690 万人、学校朝食の 620 万人などである。これらのうち、AFDC、SSI および各州または自治体が提供する一

---

7) 世帯の大きさと所得によって月当たり受取額は異なる。所得なしの世帯に対する月当たり給付は栄養的に適切な食生活が送れると仮定された額であり、この額は食料品の物価によって調整される。所得のある場合は、この定められた額と所得から一定の控除額を引いた残りの 30％の差額。60 歳以上、SSI または帰還兵障害給付を受ける障害を持つ人がいる場合は受給資格の所得制限が緩和される。
8) いわゆる「福祉」「生活保護」の代表的プログラムである。JOBS（Job Opportunities and Basic Skills）、緊急援助プログラム（Emergency Assistance Programs）とともに、1996 年 PRWORA（Personal Responsibility and Work Opportunity Reconciliation Act of 1966）により TANF ブロック・グラントによって置き換えられた。労働の要請、保育その他の支援が定められている。
9) 受給資格及び給付額は全国一律である。連邦ソーシャル・セキュリティ局の管轄するプログラムであるが、州がすべてまたは一部の受給者に追加手当を支給しているところもある。

般扶助（GA, General Assistance）は月々の手当の形の現金給付であり、メディケイドその他はいわゆる現物給付と考えてよい。　住宅給付には光熱水費補助、公共住宅、補助住宅（subsidized housing）その他種々の連邦、州プログラムがある。

表3－3に掲げられているプログラムのほかにも無数の児童福祉サービス、職業リハ、高齢者向け活動、母子健康サービス、産婦乳幼児保育プロジェクト、各種の医療保健サービス、食料・栄養サービスがときには連邦の援助を受け、ときには受けずに州または自治体で行われている。その多くは小規模なものであるがその総数は、かつて100に及ぶと推算された（NASW, 1987: 889）。

これら諸給付・サービスの受給者を合計しても社会福祉給付受給者から見た貧困者の数は算出できない。表3－3の受給者数を合計すると2億人を超す。1人が複数の給付を同時に受けているからである。しかし、現在EITCの受給者だけで約5,400万人、他の給付受給者をみると実人員は優に6千万～7千万人を超えるようである。全人口の4分の1を超える。

さらに、このような社会福祉給付・サービスというものは、受給資格があっても実際には受給していないケースが相当数存在することは想像に難くない。特にEITCにあっては制度が新しいこともあって利用していない人が多くいることが指摘されている（Iversen, 2000）。

ここで注意すべきは、これら諸プログラムの受給要件のレベルである。これらのために厚生省（DHHS）が貧困ガイドライン（Poverty Guideline）というものを定めている。もう一つの連邦「政府公認」の貧困指標である。上記「貧困線」から計算、簡単化したもので[10]、基本的にはこれと大きくは異ならない。たとえば、1998年の3人家族についてはガイドラインは13,650ドル、4人家族は16,450ドルである（表3－4中の第1コラム「貧困ガイドライン」）。上記のように98年の貧困線は3人家族で13,162ドル、4人家族で16,864ドルであっ

10）　農家と非農家の別、世帯（正確には unit）人数、世帯主が65歳以上であるか否かによって異なる。

表3－4　連邦貧困ガイドライン（1998年）

	貧困ガイドライン	貧困130％	貧困150％	貧困185％
2人	10,850 ドル	14,105	16,275	20,073
3人	13,650	17,745	20,475	25,253
4人	16,450	21,385	24,675	30,433

出所：DAHS（厚生省）

た（表3－2参照）。

　ただし、受給のための所得限度額はプログラムごとに異なる。上記貧困水準そのままとは限らない。たとえば、フードスタンプ、無料給食、ヘッドスタートは貧困ガイドラインの130％、健康児童（Healthy Kids、1〜18歳の医療扶助）は150％、WICプログラム（妊婦および1歳未満の幼児に対する医療扶助）、保育補助、給食減額は185％、MIChildは200％（Corey. 1999: 29）の水準までの家族が資格有りとされる。

　表3－4の第2コラム以下はガイドラインの130％、150％、185％の水準を年所得ドルで示す。たとえば、185％のラインになると、その所得額は、3人家族で25,253ドル、4人家族で30,433ドルとなる。

　以上のことは、政府自身が、貧困線または同ガイドラインの基本水準では、基礎的ニーズを満たすに足るとは言い難いことを認めているといえよう。前掲図3－1の左3分の1を超えた次の所得階級にあっても政府公認の「貧乏人」は「多数」いるということである。

　図3－2は、人口に対する所得保障・社会福祉給付受給者から見た貧困者の割合のイメージグラフである。貧困線（ガイドラインではない）未満3,655万人（13.7％）および「貧困線〜同125％未満」1,278万人（4.8％）は実数であるが、「125〜150％％未満」「150〜200％未満」はおおよその位置を示すものである。

（3）「生活できる賃金」／「自立に足る所得」

　NGOによる「生活できる賃金」（livable wage）または「自立に足る所得」（self-sufficient income）算出の試みがある。近年、社会運動的にも影響力を持った議論である。政府の貧困線およびガイドラインは実際には基礎的ニーズを充

第3章　「働く貧乏人」　97

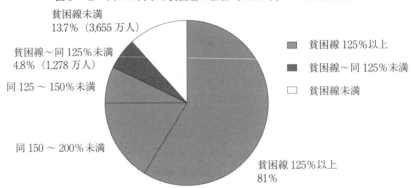

出所：U.S. Bureau of the Census, *Current Population Reports*, P60-198; and unpublished data. Statistical Abstract No.756.

足するには額が低すぎる、時代の変化を反映していない[11]との批判に基づくものである。

表3－5は「全国プライオリティプロジェクト」(National Priorities Project) が「正義に反せざる仕事を」(Jobs with Justice) と共同して算出した4人家族（大人2人、子ども2人；3歳と6歳）の「生活できる賃金」である。家計内の基礎的項目（住居費、食費、交通費、医療費、保育費、衣服・日用品費、電話代、税金）別に最低必要経費を計算し、これを積み上げることによって基礎的ニーズを満たすに足る家計予算を見積もっている[12]。32,185ドルである。連邦の貧困線の2倍前後となる。ちなみに3人家族（大人1人、子ども2人）では29,145ドルとなる。

具体的計算方法は、政府およびその他の全国組織が世帯人数別平均所得世帯の基礎的必要品とするものに対する支出を見積もり、その後にその数字を生存

---

11) センサス局自身も、これを認めているようである。現金給付を含めたもの、税引後のもの、消費者物価指数の適用方法を工夫したものなどいくつかの試みの論文をその出版物に掲載している。最近の National Research Council の報告書（Measuring Poverty: A New Approach, 1995.）は、たとえば、保育費および労働関連経費を所得から差し引く新たな方法を主張する。現在の計算方法の基本は1966年以来変わっていない。
上記2（1）（92頁）参照。
12) 最終的にはこれから週40時間で年間働いたとした場合の時間賃金「生活できる賃金」を算出する。

表3－5 「生活できる賃金」（4人家族）

	全米平均家族（4人）（A）	生活賃金（B）	差額（B/A）	
食費	6,566 ドル	5,970 ドル	596 ドル	(90.9％)
交通費	8,122	3,142	4,980	(38.7)
住居費	11,149	6,696	4,453	(60.1)
保育費	4,500	3,150	1,350	(70.0)
医療費	3,280	3,961	681	(120.8)
衣服・日用品費	4,196	1,749	2,447	(41.7)
電話代	890	703	187	(79.0)
税金	9,794	6,814	2,980	(69.6)
合計	48,497	32,185	16,312	(66.4)

出所：National Priorities Project, 1998: 5 から筆者が作成）。

レベルに引き下げる。項目により異なるが、合計で平均家族の3分の2ほどの水準になっている。

この予算では：

○食費は農業省の四つの食費予算の内の下から2番目に低いものを用いている。レストランでの外食はしない。

○交通費は平均家族が支払う半額未満である。車の維持費のみで、車購入に向けての費用は一切含まれない。

○住居は借家とし、住宅都市開発省の公正市場家賃（fair market rent）＝市場家賃分布の下位40％の水準とする。

○保育料は1人の子どもが1日の保育を必要とすると仮定し、児童防衛基金（Children's Defend Fund）が全国平均（中位数）保育費用として計算しているものの70％とする。

○医療費は使用者が医療保険の保険金掛け金の35％、家族が65％を負担すると仮定し、さらに家族負担分の15％をカットする。

○衣服・日用品は家具、大小の家庭電化製品（テレビその他）の購入はできない。身の回り品費は50％カット。

○生命保険、住宅購入、子どもの大学教育費、退職およびバケーション費用は含まない。

（National Priorities Project, 1998: 5）

表3－6　自立できる年間家計予算（子ども2人：ミシガン州）

家庭構成	年収（A）	1997年貧困線（B）	A/B
1人親家庭	32,688ドル	3人家族　12,829ドル	2.55倍
2人親家庭（共働き）	34,092		2.07
2人親家庭（1人働き）	21,612	4人家族　16,432	1.32

Scrimger, 1998: 2から筆者が作成。

　州別の算出もなされており、最も高いハワイ州では3人家族で35,948ドル、4人家族で38,948ドル、最も低いウェストヴァージニア州で25,190ドル、28,264ドルである。ほぼ同様の算出方法による試みがミシガン州について「ミシガン・リーグ」（Michigan League for Human Services）[13]によってなされている。

　表3－6は家族構成の3タイプにわけて計算されたその結果である。1人親家族で32,688ドル、2人親家族で両親が働いている場合で34,092ドル、同一方のみが働いている場合で21,612ドルである（Scrimger, 1998: 2）。先の政府の「貧困線」の1.3～1.5倍に相当する。この水準をもって「経済的に自立できる」（economically self-sufficient）――当該家族が政府または民間施設の支援を受けることなく月々の基礎的ニーズ費用を支払うことができる――水準と定義される（Scrimger, 1998: 1）。

　都市部（Metropolitan-Central Region）、同周辺部（Metropolitan Fringe Region）、非都市部（Non-Metropolitan Region）下半島南部（Southern-Lower Peninsula）、同北部（Northern-Lower Peninsula）、上半島（Upper Peninsula）の5地域にわけ計算されているが、最も生活費のかかる都市周辺部では、1人親家族で約36,480ドル、2人親家族で両親が働いている場合で37,900ドル、同一方のみが働いている場合で24,210ドルである。

　これら「生活できる賃金」、「自立できる所得」からみると、先の図3－1の左3分の1の次の階級である2.5万～3.5万ドルの階級はもちろんのこと、そ

13）1912年設立以来ヒューマン・サービスの分野で施設、組織の中心となっている組織である。

の次の 3.5 万〜5 万ドルの階級の一部にですら「自立できない所得」の家族が見出され得ることとなる。

3 「働く貧乏人」

これら「貧乏人」はなぜ貧しいか。働けないからか。一部正しい。しかし、実はこれら「貧乏人」の非常に多くは働いているのであり、多くはフルタイムで年間を通して働いている、にもかかわらず貧しいのである。どのくらいの「働く貧乏人」（ワーキングプア）がいるのか、彼（女）らの素顔、属性はどのようなものか、が本項の内容である。

（1）「貧乏人」の半数は働く

「働く貧乏人」またはその家族構成員の実数は不明である。貧困にあるものを前節のように 3,650 万人と見積もるか、7,000 万人と見積もるか、またはそれ以上と見積もるかによって大きく異なってくる。また、どのくらいの時間以上働いた場合に「働いた」とカウントするかによっても大きく異なってくる。

まず、「働く貧乏人」の定義を与えなければその数のカウントのしようもない。しかし逆にいくら厳格な定義を与えたところで、その定義に従ったデータが存在しない限り意味をなさない。ここでは、ひとまず、前年 1 年間に労働市場に労働力として現れ、実際に働いた経験のある者といった程度で満足しておこう。

前節第 1 の定義による部分（「貧乏人」3,650 万人）については、CPR（U.S. Bureau of Census. Current Population Report pp.60-198 and unpublished data.）のデータが不完全ながら存在する。

貧困家族（単身世帯は含まれない）の 16 歳以上の世帯主 704 万人のうち 389 万人、すなわち半分以上（55.2％）は調査前年 1 年間に働いた経験がある。さらにそのうちの 120 万人、すなわち 3 分の 1 弱（16 歳以上貧困家族世帯主全体の 17％）は年間を通してフルタイムで働いている（図 3 − 3）。

1 家族当たり平均世帯人数（全国全家族平均 3.19 人）を単純に掛けると、それぞれ 1,241 万人、383 万人が「働く貧困家族」、「年間を通してフルタイムで働く貧困家族」の中にいることになる。加えて、世帯主が働いていなくても家族

図3−3　労働経験を持つ貧困家族世帯主（16歳以上）（1996年）

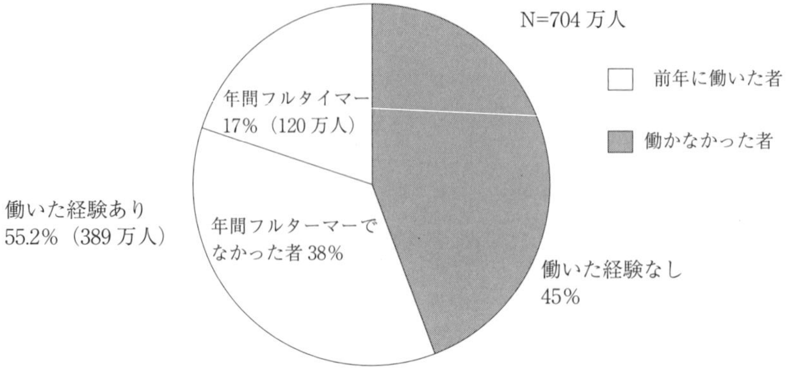

N=704万人

□ 前年に働いた者

▨ 働かなかった者

年間フルタイマー
17%（120万人）

働いた経験あり
55.2%（389万人）

年間フルターマーで
なかった者38%

働いた経験なし
45%

出所：U.S. Bureau of the Census, Current Population Reports, P60-198; and unpublished data.
Statistical Abstract No.756.

の他のメンバーが働いているケースもあろう。さらに、16歳未満の世帯主お
よびその家族ならびに家族メンバーを持たない「1人世帯」の多くも「働く貧
乏人」である。

　前節第2および第3の「貧乏人」定義による場合（7,000万人プラスまたはそ
れ以上）の「働く貧乏人」の内数についてはデータは存在しない。単純に2倍（7,000
万人／3,650万人）しただけで働く世帯主数で800万人弱、フルタイマーで250
万人、それら家族構成員数を含めるとそれぞれ2,500万人、800万人弱となる。
一般に所得階級が上になるほどその世帯主が労働をしていることを考えると、
これら「働く貧乏人」の数はもっと多くなるだろう。

　表3−7は世帯年所得階級別世帯主の前年の労働経験を示す。16歳未満世
帯主家族および1人世帯をも含む年収25,000ドル未満世帯のすべてを対象と
する（図3−1参照）。必ずしも貧困世帯とは限らないが、同時にその多くは前
節第2、第3の定義による貧困世帯に該当するものと思われる。1万ドル未満
で3割（29.5％）、1万〜14,999ドルで半数弱（46.0％）、15,000〜24,999ドルで
6割（61.4％）が前年に働いた経験があり、それぞれ15％強、30％強、50％強
が「フルタイム」で働いている。25,000ドル未満各階級の合計では半数弱
（47.2％）が「労働経験があり」、3分の1強（34.6％）——働いた経験がある世
帯のうちではその4分3近く（73.2％）——がフルタイムで働いている。ちな

表3－7　年所得階級別世帯主の労働経験

	25,000（ドル）未満合計	10,000未満	10,000～14,999	15,000～24,999	25,000～34,999
合計（％）	100.0	100.0	100.0	100.0	100.0
労働経験あり	47.2（100.0）	29.5	46.0	61.4	75.4
フルタイム	34.6（73.2）	15.8	31.6	50.6	65.8
パートタイム	12.7（26.8）	13.7	14.5	10.9	9.6
労働経験なし	52.8	70.5	53.9	38.6	24.6

出所：U.S. Bureau of the Census, Current Population Reports, P60-197Statistical Abstract No.740 から筆者が作成。

みにこれら階級の直近上位の 25,000 ～ 34,999 ドルの階級では「労働経験あり」が 75％に達し、フルタイムに限っても３分の２（65.8％）となる。この階級の中にも「貧乏人」が含まれるであろうことについては前述のとおりである。

（2）3人の「働く貧乏人」

　それでは、「働く貧乏人」とはどういう人々なのであろうか、まず３名の「働く貧乏人」を紹介しよう。いずれもミシガン州在住、所得は 1996 年のものである（Parks、1998:16,10 および 23）。

　①　ジャニス・ミラー（仮名）

　３歳の息子を持つ 27 歳のシングル・マザー。アッパー・ペニンスラー（上半島）人口数千の町 Munising に住む。ジャニスは学校がうまくいかず高校２年を終えて中退。現在町のレストランでウエイトレスとして働く。幸いにこのレストランは１年中オープンしている。妊娠してから子どもの父親は音信不通となり、

ジャニス・ミラーの所得（ドル）	
勤労所得	7,684
税金	－588
EITC	2,210
所得合計	9,306
貧困線	10,360
不足額	（1,054）

養育費などのサポートはない。フードスタンプの現金（チェック）給付もなし（4（2）(ii)(c) 122 頁参照）。勤労所得は 7,684 ドル、税引後の可処分所得は 7,096 ドル。連邦の EITC が 2,210 ドルあって、年間の所得合計は 9,306 ドルである。連邦貧困線よりなお 1,054 ドル低い。

②　ロバートとヴィッキー・ダニエル（仮名）

　10歳、7歳、5歳の3人の子どもを持つ。州第2の都市グランドラピッズ市。ロバートは高卒で32歳。ヴィッキーは高校1年で中退、28歳。ヴィッキーの方は町の工場の組立工としてフルタイムで働いたが、ロバートは健康上の理由で管理人（janitor）として時々働いただけで安定した仕事を見出せなかった。

ダニエル家族の所得（ドル）	
勤労所得	9,551
税金	－731
EITC	3,656
所得合計	12,476
貧困線	18,220
不足額	（5,744）

ダニエル家族はフードスタンプを年の後半半年間月333ドル受けた。さらに公的扶助を2,000ドル受けた。1996年の現金世帯所得（勤労所得＋公的扶助）合計は11,551ドルで貧困線よりなお37％低い。EITCを3,656ドル受け、731ドルの税金を補った。

③　リチャードとアンナ・ルイズ（仮名）

　13歳、9歳、4歳の3人の子どもを持つ。リチャードは43歳、アンナは44歳、2人とも移住（migrant）労働者として子どもの時ミシガンに来、以後、「一生懸命働いてきた」。リチャードは造園労働者でフルタイムで働くが、年のある時期は仕事はない。アンナは町のショッピングモールの小売店で働くが、

ルイズ家族の所得（ドル）	
勤労所得	13,064
税金	－999
EITC	3,415
所得合計	15,480
貧困線	18,220
不足額	（2,740）

パートタイムの仕事しか得れない。二人とも近くのコミュニティ・カレッジでいくつかの大学のコースを終えている。家族の勤労所得は13,064ドルだった。フードスタンプのおかげで食べられている。EITCは3,415ドルが所得からの税控除999ドルを埋め合わせた。しかし、正味の所得は貧困線よりなお15％低い。

　どこにでもみられるごく普通の労働者たちである。3人のうちのすべてまたは何人かはAFDC／TANFと関わったまたは現在なおかかわる労働者であろう。「働く貧乏人」にはこれらの「上下」に、①子どもの有無を問わず、年間フルタイムで、時には同一雇用主のもとで比較的安定的に、永年働いているがその賃金は低く、しかし、公的扶助などは一切受けていないという労働者およ

び、②ホームレス労働者がいる。

（3）ふたとおりの「働く貧乏人」

働く「貧乏人」にはふたとおりの型がある。年間フルタイム型とパートタイム・断続型である。上記第1ケースのジャニス・ミラーおよび第2ケースのヴィッキー・ダニエルは前者の型、第2ケースのロバート・ダニエル、第3ケースのリチャードとアンナ・ルイズは後者の型である。

前掲図3-3のとおり政府貧困線以下の「働く貧乏人」家族世帯主の3分の1弱（30.9％）、実数で120万人は年間を通しフルタイムで働いており、前掲表3-7のとおり全米全世帯の下位3分の1を占める年所得25,000ドル未満階級の「労働経験あり」世帯の世帯主の4分の3近くはフルタイムで働いている。

逆にいえば、政府貧困線以下の「働く貧乏人」家族世帯主の3分の2強（69.1％）（図3-3）、全米全世帯の25,000ドル未満階級「労働経験あり」世帯主の4分の1強（表3-7）は、年間を通してパートタイムであるいは年の一部をフルタイムまたはパートタイムで働いている。

低所得世帯の――資料の条件の制約から必ずしも政府の定義による「貧乏人」世帯ではない――世帯主の「働き方」をもう少し詳しく見てみよう。

表3-8は年間所得25,000ドル未満世帯主における世帯主のフルタイム、パートタイム別年間に働いた週の数である。ここでフルタイムとは週35時間以上をいう。典型的年間フルタイム型といえる50週以上フルタイムで働いた労働者は836万人、その他の非年間フルタイム型＝断続型フルタイム＋パートタイムの労働者は867万人である。ほぼ1対1だが、後者が若干多い。後者にあっては非年間フルタイム（49週以下フルタイム）が411万人、年間パートタイム（50週以上パートタイム）が202万人、非年間のパートタイム（49週以下パートタイム）が254万人であり、その比は約2対1対1である。

年間50週以上フルタイムで働きながら年世帯所得が1万ドル未満のものが、このグループ（50週以上フルタイム）の全所得階級合計5,270万人（表3-8には示されていないが、同一資料出所）中、66万人、1万～14,999ドルのものが170万人、15,000～24,999ドルのものが600万人もいることに注目せざるを得ない。年間50週以上フルタイムで働きながら6、7人に1人が年世帯所得

表3－8　年所得階級別世帯主の労働経験（1996 年）

（千人）

	25,000 ドル未満合計	10,000未満	10,000 ～14,999	15,000 ～24,999	25,000 ～34,999
労働経験あり	17,025	3,509	3,987	9,529	
・フルタイム	12.459	1,881	2,732	7,846	100.0（%）
50 週以上	8,356	660	1,696	6,000	82.5
27 ～ 49 週	2,274	444	628	1,202	12.1
26 週以下	1,833	779	410	644	5.5
・パートタイム	4,566	1,627	1,255	1,684	100.0（%）
50 週以上	2,021	545	596	880	51.0
27 ～ 49 週	1,027	387	278	362	21.9
26 週以下	1,518	695	381	442	27.1

出所：U.S. Bureau of the Census, Current Population Reports, pp.60-197. Statistical Abstract No.740 から筆者が作成。

25,000 ドル未満なのである。

（4）職　　種

　上記のとおり、「働く貧乏人」が従事する仕事は低賃金または不安定雇用である。ここでは具体的職種をリストアップしてみよう。どのような職種に就いているか。上記ジャニス・ミラーは町のレストランのウェイトレス、ロバートは管理人（janitor）、ヴィッキーは町の工場の組立工、リチャードは造園労働者、アンナは町のショッピングモールの小売店で働く。おそらく販売店員かキャッシャーであろう。いずれも典型的低賃金職種として知られるものである。

　「公正な世界ための礎」（Groundwork for a Just World）が「南東部ミシガンカソリック会議」（Catholic Caucus of Southeast Michigan）、「ミシガン公正予算行動委員会」（Michigan Fair Budget Action Coalition）、（オークランド郡福祉権協会）（Oakland County Welfare Rights Organization）と協力して行ったミシガン州の低所得家族 1,600 を対象にした調査（以下グランドワーク調査という）――サンプリングの代表性から結果の数字自体には統計的な意味の厳格性はない――では、農村では製造組立が、都市部では事務が最も多く世帯主の仕事として挙げられている（各 16%、14%）。農村では次いで事務が 12%、医療介護（health

表3－9 フルタイムで働く労働者の通常得る週賃金（中央値）から見た典型的低賃金職種（400ドル未満）（1999年平均）

職　業	週賃金 （ドル）	職　業	週賃金 （ドル）
販売職業	523	対個人サービス職業	321
小売・個人サービス販売員	329	理髪・美容師	322
キャッシャー	280	遊園地・リクリエーション施設現場 　　係員	384
事務その他	447	社会福祉サービス補助	310
インフォメーション・クラーク	393	幼児児童教員補助	275
ホテル・クラーク	315	製造工程機器操作など職業	429
ファイル事務員	361	繊維衣料装飾品員	298
情報機器操作員	384	繊維縫製機器操作員	282
電話オペレーター	377	プレス機器操作員	268
郵便事務員（除く postal service）	389	洗濯クリーニング機器操作員	294
銀行窓口事務員	346	包装荷造り機器操作員	361
教員補助	315	写真現像焼付機械操作員	342
サービス職業	336	仕分け・分別工（graders & sorters）	305
家事サービス	243	運輸運搬職業	513
保育	211	単純労働・機械掃除・作業補助	363
掃除ほか	259	建築・鉱業など手元	329
警備員	393	製造補助	357
飲食サービス職業	298	運搬、倉庫など助手	361
カウンターサービス	252	駐車場、ガソリンスタンド係員	314
調理人	302	洗車および機器清掃	312
調理場労働者	297	荷造り工	317
ウェイター・ウェイトレス	286	一般労働者（laborers）、除く建設	373
医療サービス職業	324	農林漁業職業	331
歯科助手	377	経営管理以外の農業関連職業	321
医療補助、看護を除く	318	管理を除く農場職業	311
看護補助、用務員、付き添い	322	農場労働者	304
清掃ビルサービス職業	321	関連農業職業	330
メイド・ハウスマン	296	造園など労働者	322
管理人（janitors）清掃	324		

出所：U.S. Bureau of the Census, Current Population Survey.
　　　U.S. Department of Labor BLS（Bureau of Labor Statistics）, 2000: 9-14. "Highlights of Women's Earnings in 1999."

care）が8.8％、都市では製造、医療介護、ファーストフードがいずれも12〜14％で続いている（Groundwork, 1998: 4）。

　表3－9はフルタイムで働く労働者の通常得る週賃金（中央値）から見た典型的低賃金職種（週400ドル未満）のリストである。「働く貧乏人」のほとんど

はこのような仕事に従事するのである。

　小売販売（キャッシャーを含む）、事務、サービス（特に家事サービス、警備員、レストラン関係、医療補助、ビル清掃、対個人サービスなど）、単純労働・作業補助、農業労働などである。いずれも週賃金 400 ドル未満である（本表および後掲表 3 - 14 のみ 1999 年データを用いているが議論の進みに関わりはない）。上記 3 ケースおよびグランドワーク調査で挙げられた職業はいずれもここに含まれる。組立工のみがここにあらわれていないが、平均 412 ドルである。

（5）「働く貧乏人」の属性

　「働く貧乏人」のその他の属性を見てみよう。どういう属性の人々が「働く貧乏人」になる可能性が高いのか。

　すでに先に引用した Sharon Parks, *Michigan's Families: Poor, Despite Work* (Lansing: Michigan League For Human Services, 1998 ）（以下ミシガンリーグ報告という）はミシガン州についての調査研究であるが、「働く貧困家族は……どこにもいる。しかし、……子を持つ働く貧困家族の中心は、女世帯で、白人、世帯主は年齢 25 ～ 44 歳、大都市（都市中心部または郊外）に住み、（世帯主は）少なくとも高卒または高卒資格試験（GED）合格者、なかには大卒もいる」という (Parks, 1998: 8)。

　上記第 1 ケースのジャニス・ミラーは女世帯で 27 歳、カナダとの国境近く五大湖のほとりの小さな町に住み、高校中退、第 2 ケースのダニエル夫婦は 32 と 28 歳、高卒と高校中退、人口数十万の都市に住み、第 3 ケースのルイズ夫婦は 43 と 44 歳、大学の単位を一部取っている。

　ミシガンリーグ報告では CPS データをもとにした「予算・政策プライオリティセンター」(Center on Budget and Policy Priorities) 作成の表から、働く貧困家庭の 4 分の 3 弱は都市およびその周辺の郊外に住み；世帯主は子持ちの場合で 25 歳未満が 16%、45 歳以上が 13%、子どもがいない場合で 45 歳以上が 35%；同学歴は高卒未満が 26%（全国の場合 38%）、高卒および大学教育の一部を受けているものが 74%（全国は 62%）、という数字を出している (Parks, 1998: 8)。

　高卒未満は、労働力であってなお貧困にあるものは 16.1%、高卒になるとこ

108

れが6.2%、大卒になると1.2%である。家族単位ではなく個人単位の割合である。学歴が上になるにしたがって急激にパーセントが減っている（U.S. Department of Labor, 1995: 78）。ここでは家族構成および人種について詳しくみておこう。

（i）家族構成

働きながらもなお「貧乏人」になるか否かは、結婚しているかどうか、世帯内に何人の稼ぎ手がいるか、養うべき子どもがいるかに大きく左右される。この点については連邦労働省の *Report on the American Workforce* 1995年度版が特に詳しく分析を加えている。

表3-10　家族のタイプおよび半年以上労働力であった家族構成員数別貧困率（1993年）	
全家族	12.6（%）
労働力1人	14.7
労働力2人以上	2.9
2人	3.0
3人以上	2.2
結婚している家族	6.6
労働力メンバー1人	10.0
夫	10.7
妻	7.5
親戚	22.5
労働力メンバー2人以上	2.6
女が維持する家族	36.8
労働力メンバー1人	25.3
労働力メンバー2人以上	5.9
男が維持する家族	16.8
労働力メンバー1人	15.0
労働力メンバー2人以上	4.8

出所：U.S. Department of Labor, 1995: 76.

表3-10は、1993年時点での、家族のタイプおよび労働経験を持つ構成員数別の前年に半年以上働いた家族の貧困率である。数字は、それぞれのカテゴリーの中での貧困率である。

「働く貧乏人」家族全体の約半数は「結婚している家族」——夫婦双方がいる家族——であるが、「結婚している家族」である場合はそうでない家族すなわち「女が維持する家族」（families maintained by women）および「男が維持する家族」（families maintained by men）——「1人親家族」のほか「女手または男手ひとつで親を面倒見る家族」その他を含む——である場合より「働く貧乏人」になる確率ははるかに低い。前者が6.6%であるのに比べ、後者はそれぞれ36.8%、16.8%となっている。特に「女が維持する家族」の場合の貧困率が際だって高い。

家族内に働き手が1人である場合にあって「働く貧乏人」になる可能性が高い。1人である場合には14.7%すなわち7家族に1家族の割合で貧困世帯にな

るが、2 人いる場合には 3.0% と激減する。働き手が 3 人以上いる場合には 2.2% にすぎない。

働き手が 1 人である家族とは、「結婚している家族」で夫婦の一方のみが働く場合およびいわゆる「1 人親家族」「その他」が典型である。「結婚している家族」で 1 人だけが働く家族の場合の貧困率は 10.0% すなわち 10 家族に 1 家族であるが、2 人以上働くメンバーを持つ場合には 2.6% である。夫のみが働く世帯よりも妻のみが働く世帯の方が貧困率が明らかに低い（10.7% : 7.5%）のは興味深い。70 年代半ばまでは逆であった（U.S. Department of Labor, 1995: 76, Table 2-15）。

「女が維持する家族」および「男が維持する家族」にあっては働くメンバーをその中に持っていてもなお貧困率は高いが、やはり働き手が 1 人である場合と 2 人以上いる場合では大きな差異を示す。「女が維持する家族」では働き手が 1 人である場合の貧困率は 25.3% であるのに対し、2 人以上になると 5.9%% となる。「男が維持する家族」でもそれぞれ 15.0% と 4.8% である。第 2 の稼ぎ手がいても上記「結婚している家族」に比べ貧困率がなお高いのは、第 2 の働き手が、まだ子どもであり賃金が低いか、若者であり仕事見つけること自体がむずかしいか、そのいずれかのケースが多からであろう（U.S. Department of Labor, 1995: 77）。

子どもがいると貧困率が高まる。上記 3 ケースはいずれも幼児。児童年齢の子どもを持っていた。結婚している子ども持ち夫婦家族は、子どものいない家族より平均所得は高いにもかかわらず、貧困率は 3.5 倍高い（U.S. Bureau of the Census, 1992: Table 19）。たとえば、1993 年、所得 10,500 ドルの年間所得を持つ結婚夫婦家族は子どもがいなければ 9,335 ドルの貧困線を越えるが、子どもが 1 人いれば 11,631 ドルの貧困線以下となる（U.S. Department of Labor、1995: 77）。

（ⅱ）人　　種
表 3 − 11 は「働く貧乏人」の人種別分布である。
貧困線以下の家族の世帯主のうち前年 1 年間に働いた経験のある者 389 万人中、267 万人すなわち 3 分の 2 強（68.3%）は白人である。103 万人（26.4%）

表3－11　貧困線以下家族世帯主（16歳以上）の人種別労働経験（1）（1996年）

（千人、%）

	全人種計	白人	黒人	スペイン語系
合計	7,037　（100.0）	4,580　（65.1）	2,046　（29.1）	1,657　（23.5）
労働経験あり	3,886　（100.0）	2,671　（68.3）	1,026　（26.4）	943　（24.3）
年間フルタイム	1,202　（100.0）	875　（72.8）	275　（22.9）	398　（33.1）
非年間フルタイム	2,684　（100.0）	1,796　（66.9）	751　（28.0）	545　（20.3）
労働経験なし	3,151　（100.0）	1,909　（60.6）	1,020　（32.4）	714　（22.7）

注：「全人種」には白人、黒人、スペイン系以外の人種を含む。「スペイン語系」は種々の人種を含む。
出所：U.S. Bureau of the Census, Current Population Reports, P60-198　Statistical Abstract No.765
　　から筆者が作成。

表3－12　貧困線以下家族世帯主（16歳以上）の人種別労働経験（2）（1996年）

（%）

	全人種	白人	黒人	スペイン語系
合計	100.0	100.0	100.0	100.0
労働経験あり	55.2　（100.0）	58.3　（100.0）	50.1　（100.0）	56.9　（100.0）
年間フルタイム	17.1　（30.9）	19.1　（32.8）	3.4　（26.8）	24.0　（42.2）
非年間フルタイム	38.1　（69.1）	39.2　（67.2）	36.7　（73.2）	32.9　（57.8）
労働経験なし	44.8	41.7	49.9	43.1

出所：表3－11に同じ。括弧内は、「労働経験あり」の内訳パーセント。

が黒人、94万人（24.3%）がスペイン語系人種である[14]。

　白人家族が多いが母数自体が大きいことの故である。貧困家族一般の人種分布、白人65.1%、黒人29.1%、スペイン語系23.5%に比べ、「働く貧乏人」にあっては白人家族の占める割合が3ポイント強高くなっている。年間フルタイムのみを取るとさらに白人の割合が高まり4人に3人弱（72.8%）となる。なお、人種ごとの人口総数のうちの働く貧困家族の占める割合は、白人に比べ黒人、スペイン語系の方がはるかに高いことはいうまでもない。

　表3－12は人種別の貧困家族内世帯主の労働経験の有無および労働経験のあるものの内フルタイマーの割合を示すものである。表3－11から計算され

14）ここでいうスペイン語系人種には白人、黒人の一部をも含むので合計は389万人
　（100.0%）を超す。また合計にはこれら以外の人種も含まれる。

第3章　「働く貧乏人」　111

たものである。

　貧困世帯の中での前年1年間に「労働経験あり」の比率は、白人にあって最も高く（58.3％）、次いでスペイン語系（56.9％）、黒人（50.1％）となっており、黒人にあっては「労働経験のあり」と「なし」がほぼ半々である。このうち「年間フルタイム」で働く者の割合は、白人で全貧困家族内の19.1％、「労働経験あり」家族内の32.8％、黒人でそれぞれ13.4％と26.8％、スペイン語系で24.0％と42.2％となっている。いずれの数字で見ても「年間フルタイム」で働く割合は、スペイン語系が最も高く、黒人が最も低い。「年間フルタイム」と「非年間フルタイム」（表3－11の注参照）の比率はスペイン語系で2対3、黒人で1対3、白人はその中間でおおよそ1対2である。

（iii）家族構成×人種

　上記家族のタイプにこれら人種を掛け合わせるとどうなるか。同じ「働く貧乏人」家族でも黒人と白人で大きな違いが見えてくる。働く黒人家族の42％が「女が維持する家族」であり、52％が結婚カップルである。これに対し、働く白人の場合は、13％が「女が維持する家族」で、83％が結婚カップルである。

　18歳未満の子どもを持つ割合もちがう。働き手を持つ黒人家族の中では69％であるが、同白人家族のなかでは56％である。これらのゆえに、働き手を持つ黒人家族の貧困率は17.6％、白人家族の場合は6.3％と大きな差がある（前出 *Report on the American Workforce* がこれら数字を掲げる（1993年）。

（6）抱える困難

　上の3ケースの描写には現れていないが、グランドワーク調査は「働く貧乏人」が抱える賃金、雇用そのもの以外の生活上のいくつかの困難を抽出している。

　回答者の多くがほぼフルタイムで働いているとしながらも勤務先からの各種給付はほとんどない。3分の2近くは何の付加給付もない。比較的あるのが有給休暇（バケーション）、健康保険であるが、それでもせいぜい3分の1以下である。次いで病休が2割、年金が1割程度である。

　仕事を取りまたは続けるための困難として具体的に掲げられた主なものは交

通手段、保育、医療、教育技能である。今働いている人は郊外および農村では4人に約3人、都市では約半数が自分の車を持つが、逆に言えばそれぞれ4人に1人、半数は車を持たない。不便ながらもバスがあればこれを使うが、ミシガンではほとんどまともな公共交通機関がない。仕事に行くのに人に乗せてもらうほかない。子どもの保育への送り迎えのための交通手段も悩みである。車を所有するものにとっては、保険、ガソリン、修理の費用が問題であるという。

　子どもがいる場合、3家族に1家族は身内または友人の家に預け、4、5家族に1家族は自宅に身内か友人に来てもらう。保育所の利用はせいぜい1割強程度である。半数以上の家族はこれらのケアの内容に満足していない。保育の費用も悩みである。3分の1程度が州から補助を受けているがその場合でも必ずしも保育料の全額をカバーしない。

　約半数のティーンエイジャーは学校から帰っても面倒を見る人はいない。友人の家に預かってもらっているのは都会で1割、農村で2割程度にすぎない。親とすると、彼（女）たちの、たばこ、麻薬、アルコール、セックス行為、その行く末が心配であると訴える。

　4分の3の家族が何らかの健康保険を持つ。うち都心部では4件に3件、農村部では5件に3件は公的医療扶助（メディケイド）である。上述のように職場の付加給付としての健康保険を持つものは多くない。何らの健康保険も持たないこと、メディケイドを得るための手続きが複雑で時間がかかること、メディケイドをはみ出る自己負担に耐え得ないことなどが悩みとして挙げられている。

　3分の2以上の世帯主は家族を養い得るためにはもっと教育訓練が必要だという。現在教育訓練プログラムに入っているのは5人に1人。相当の数の回答者が、まず20時間の労働をせよとの州の要求に応えるために、それまで出席していた教育訓練プログラムをやめざるを得なかったと答えている。これらから、賃金や地位が今よりは若干は上がりうると予測しても、ほとんどの人は状況が今より良くなり自分たちの子どもにより良い生活を保障することができるとは見ていない（Michigan League, 1998: 6-10）。

4　なぜ働いても貧しいのか

（1）低賃金と不安定雇用そして低社会福祉給付

なぜ「働く貧乏人」が生まれるか。第1節のように、貧困を収入から定義する限り[15]、そして資産その他からの収入をないものと仮定するならば、一般に①労働収入が充分でないか、②これを貧困ラインの上に引き上げるべき所得保障・社会福祉給付などが充分でないかのいずれか、またはその双方と考えてよい。

「①労働収入が充分でない」のは、（a）賃金率が低いか、（b）従事する労働時間が充分に長くないか、である。または、多くの場合その双方である。いずれにしろ、従事する仕事の職種、雇用形態、安定性などからくる。これに労働力供給側の要因が絡む。

「働く貧乏人」が従事する仕事の多くは最低賃金（5.15ドル）水準の、ときにはそれ以下の低賃金の仕事である。または最賃水準を超えたとしても、年間フルタイムで働いて貧困ラインには到達しない賃金である。典型的低賃金職種のリストは先に掲げた（表3-9）。

時給で支払われる雇用労働者（全雇用労働者の約5分の3を占める（U.S. Department of Labor BLS, 2000, 38）7,108万人中、412万人（フルタイム＝週35時間で167万人、パートタイム＝週35時間未満で244万人）5.8%は連邦最低賃金未満労働者であり、212万人（フルタイムで84万人、パートタイムで127万人）、1.6%が最低賃金労働者、両者あわせた624万人（フルタイムで251万人、パートタイムで371万人）8.8%が最低賃金以下労働者である（表3-13）。最賃適用外労働者、時給以外で支払われる労働者、自営業的労働者で5.15ドル以下の労働者を加えればこれら実数はさらに上がる。

表3-14は、時給で支払われる雇用労働者の1999年時給賃金の分布である。5ドル未満が1.7%、累計で6ドル未満が11.5%、8ドル未満が34.0%、すなわ

15）支出側の不適切な「濫費」ならびに本人および家族の異常な医療費等は考慮されない。

表3−13　連邦最低賃金以下を受ける時給で支払われる雇用労働者（16歳以上）（1997年）

（千人、%）

	雇用労働者計	最賃未満	最 賃	最賃以下計
合計	71,081 (100.0)	4,122 (5.8)	2,115 (3.0)	6,237 (8.8)
フルタイム	53,422 (100.0)	1,669 (1.6)	841 (3.1)	2,510 (4.7)
パートタイム	17,529 (100.0)	2,442 (7.3)	1,272 (13.9)	3,714 (21.2)

出所：U.S. Department of Labor Bureau of Labor Statistics, unpublished data. Statistical Abstract No.700

表3−14　時給で支払われる雇用労働者（16歳以上）の時給賃金の分布（1999年）

（千人、%）

ドル 合計	4.00	4.00〜4.99	5.00〜5.99	6.00〜7.99	8.00〜9.99	10.00〜11.99	12.00〜15.99	16.00〜19.99	20.00〜
72,306	955	296	7,056	16,250	13,046	10,345	12,145	5,808	6,406
100.00	1.3	0.4	9.8	22.5	18.0	14.3	16.8	8.0	8.9

出所：U.S. Bureau of the Census, Current Population Survey. U.S. Department of Labor BLS, 2000: Table 11.

ち3分の1以上が8ドル未満である。前出表3−2の貧困線（1998年）を週40時間、年52週で割ると3人家族で6.3ドル、4人家族で8.1ドルとなる。50週で割るとそれぞれ6.6ドル、8.4ドルである。

　多くの「働く貧乏人」の労働はパートタイムであったり、断続的であったり、その双方であったりする。労働力の需要側は、パート、派遣・臨時、季節など「非正規」、下請け、外注、子会社、分社、その他の種々のデバイスを開発する。表3−13のデータでも時給で支払われる雇用労働者のうち4分の1から5分の1（23.8%）はパートタイムであることを示す。かつて「公衆衛生・労働協会」（The Public Health and Labor Institutes）はいわゆる非正規労働者を、全労働力の1988年時点で25%とし、2000年までには50%に達するかも知れないと予測した（The Public Health and Labor Institutes, 1997: 31）。景気変動、海外移転その他によるレイオフ（解雇）、倒産もしばしばである。

　供給側には、子育て・保育、病人・高齢者・障害を持つ家族の介護、自分自身の健康・年齢・障害、通勤手段の欠如など、種々の任意退職の理由がある。夜のシフトまたは労働時間の変更、付加給付として健康保険がないこと——メディケイドを得るために公的扶助システムに戻る——はそのきっかけとなる。

もちろん技能・教育レベルのマッチングの問題もある。

ミシガンリーグの上記調査は、ミシガンの子を持つ低賃金労働者の４人に１人以上はフルタイムの仕事がないがゆえにパートで働く、３人に１人は年間を通した仕事がないがゆえに年の一部のみを働くとする。

前出連邦労働省の『アメリカ労働力報告』（*Report on the American Workforce*）は、①低賃金、②フルタイムの仕事が見つけられないこと、③失業の三つを「働く貧乏人」を貧困から引き出せない理由としてあげ、次のように続ける。

93年、フルタイムの雇用労働者でありながらなお貧困であった人々については、10人のうち8人以上がこの三つのうちの一つを最低経験した。この割合は、フルタイム労働者であり貧困でない人々の間では10人のうちの2人にすぎない。三つのうちでは低賃金が最大の原因である。フルタイムの雇用労働者でありながらなお貧困であった人々10人のうちの6人が低賃金を理由とする。貧困にある "家族を養う働く女性" の間ではさらにこの比率は高い。10人のうちの8人にのぼる。

この低賃金に失業と "望まぬパート" が重なることもしばしばである。貧困線未満の家族世帯の所得を持つ労働力の約4分の1は、低賃金と失業の両方を経験している。7%はこの3つを同時に経験している（" " は筆者）（U.S. Department of Labor, 1995: 78）。

「①労働収入が充分でな」くとも「②これを貧困ラインの上に引き上げるべき所得保障・社会福祉給付などが充分で」あれば「働く貧乏人」にはならない。冒頭図３－１、表３－１の世帯年収にはこれも含まれていた。

「働く貧乏人」の多くは公的扶助にかんして、"コンバイナー"（combiner; 賃金うけながら同時に扶助をうける）であるか "サイクラー"（cycler; ある時は賃金、ある時は扶助をうける）である。ある人々は何年かの間に、"コンバイナー" と "サイクラー" の両方を経験する。フルタイムであるかパートタイムであるかの如何を問わず、雇用について継続型の者は前者であり、断続型の者は後者である（失業保険については下記（２）（ⅱ）参照）。

（2）経済構造の変化と公共政策の舵取り

なぜ働く貧乏家族は減少せず、または増加するのか。個別企業の経営行動（方針、慣行）レベルの問題を別にすれば、（ア）経済・雇用の構造的変化、（イ）政府の政策の2ファクターが大きい（Parks, 1998: 10）。

個別企業レベルの問題とは次のようなことをいう。

「……企業が経費削減を理由にダウンサイジングをしたらどうなるかい」
「解雇が行われ、職を失った人の家族が路頭に迷い、失業率が上がるわね」
「そうだ。だが、企業自体はどうなるかな？　とくに株式の公開されている企業だったら？」
「ふつうダウンサイジングが公表されると株価は上がるわ。企業が機械化や人員整理などによって人件費を削減すると市場はそれを好材料と見るのよ」
「そのとおりだ。で、株価が上がると私のような人間、つまり株主のふところにはまた金が入ってくる。……従業員は負け、企業のオーナーと投資家は勝ちというわけだ」（Kiyosaki and Lechter, 1997: 日本語版 17）

低賃金への下方圧力も同様である。上記（1）各種ディバイス、さらに比較的高賃金職種の低賃金職種への分割（たとえば、正看護師の業務の多くを切り落とし看護補助の職種をつくる）その他を通しての、人件費削減への衝動は原則として常に働く。そしてこれに対する規制力——法規・公的政策、労働組合——が働かない限り実現する。経済・社会・政治の近年の動向はこの規制力を弱める方向にすら動いている。たとえば、規制緩和、民営化など。

以下州レベルの記述についてはミシガン州を例とする。経済構造の変化および政府の政策いずれにおいても全国より増幅した形であるいはこれに先駆け、よりドラスティックな姿を見せている州である。

（ｉ）経済構造の変化

いわゆる第3次産業化、サービス産業化の問題である。高給の製造業の雇用の減少と相対的低賃金職種の急増を生む。産業の「高度化」とも表現される。

ミシガン州では、1979〜96年の間、全雇用に占める製造業は32％から23％に落ちた。サービスセクターの雇用は23％から35％に上がった。

79〜84年の間に18％の製造業の雇用が減少した。工場が閉鎖されまたは企業が従業員数を恒久的に削減した。80年代初めの不況のあと、84〜96年の間に、製造業の雇用増は4％にも満たないが、サービスセクターは57％、小売は35％％の増加に及んだ。製造業のなかでも、耐久財製造業（自動車、家具、機械など）はこの間ほとんど変わらず、増えたのは非耐久消費財（食品、衣服、サプライなど）部門であった（17％増）。サービス業ではホテルその他宿泊業が46％、健康医療39％、小売業では一般商品商店が50％、次いで飲食店が39％増えた。

労働組合に組織化された製造高給部門が減少し、低賃金・パート・派遣を含むサービス、小売の労働部門が増加したということである。週賃金でみると、製造業で879ドル、サービス業で409ドル、小売業で252ドルである（96年平均）。小売業の中でも最低位に位置する飲食業は186ドルである。製造業よりその水準は80％も低い（Michigan Employment Security Agency; Parks, 1998: pp.10-15参照）。

90年代半ばで、子を持つ働く低賃金労働者の40.6％がサービス業、30.3％が小売業、あわせて4分の3近くはこのどちらの産業に雇われていた（U.S. Bureau of the Census, CPS）。

96年以降も、この傾向は続いている。連邦労働省の予測によると、1994年から2005年の間に全米で1,770万の新たな雇用が創出されるが、その上位4職種はキャッシャー、管理人（janitors）、小売販売員、ウェイター・ウェイトレスであり、その他3職種とともに成長トップ10職種のうち7つはいずれも週賃金300ドル未満（小売店販売員のみ368ドル）の低賃金職種である（表3－15）。

（ii）政府の政策

「働く貧乏人」増加のもう一方の要因は連邦および州政府の政策である。各種の経済・社会・雇用関係施策が影響するが、ここでは、直接所得に関わる主なものとして、①最低賃金、②失業保険、③公的扶助、特にTANF、④税制

表3－15　最も急速に増加する雇用、1994 ～ 2005 年

	新たに創出される雇用数（人）	1994 年週賃金（ドル）
高所得		
正看護師	473,000	682
一般管理職、経営職	466,000	1,346
コンピューター・システム・アナリスト	445,000	846
中所得		
低所得賃金		
小売販売員	532,000	368
警備員 guards	415,000	240
家庭医療補助 home health aides	428,000	235
管理人 janitors	559,000	293
看護婦補助	387,000	275
ウェイター、ウェエイトレス	479,000	256
キャッシャー	562,000	228

出所：U.S. Department of Labor BLS, *Occupational Outlook Handbook, 1996-97*; および "1994-20005," *Occupational Outlook Quarterly*, Fall 1995.

をみておこう。

（a）最低賃金

　少なくとも年間フルタイム型については最低賃金が決定的な重要さを持つ。連邦の最低賃金は 1997 年 9 月に引き上げられ現在 5.15 ドルであるが、前述のとおり 16 歳以上時給労働者 7,108 万人のうち 8.8％、624 万人は最賃以下労働者である（1997 年）。

　図 3－4 は連邦最賃および 1996 年ドルによる実質購買力の変遷を示すものである。今回改訂直前の 95 年には過去 40 年間で 1989 年に次ぐ最低の購買力価値に落ちていた。80 年代 10 年間 1.35 ドルに凍結されていた影響が大きい。現在でも 60 年代 70 年代のいずれの年よりも購買力価値では低い。

　ピークは 1968 年であり、96 年 7.21 ドル、週 40 時間年 52 週働いたとして年間で 14,997 ドルである。97 年（推計）は時給で 5.03 ドル、年で 10,462 ドルである。68 年に合わせるならば現在の最賃は 7 ドルでなければならない。

　60、70 年当時は最賃でフルタイムで年間通して働けば 3 人家族の貧困線以

図3-4 連邦最低賃金の推移（時給）

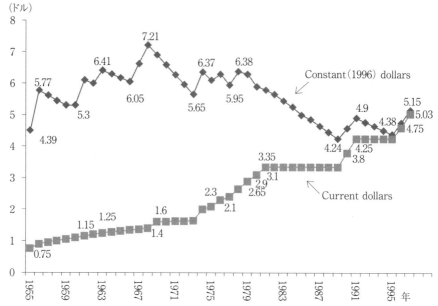

出所：U.S. Employment Standards Administration Internet site;<http://www.dol.gov/esa/public/minwage> (accessed 24 June 1998). Statistical Abstract of the United States 1998,No.699

上になったが今はそうはいかない。表3-16は、1998年、3人家族で貧困線の81％、4人家族で64％にしかならないことを示す（Parks, 1998: 16）。

アメリカでは連邦最賃に加え、州ごとの最賃があるが、これらのうちには連邦のものより低いものもある（次章参照）。ミシガンの最低賃金は97年に16年ぶりに引き上げられ、連邦と同列となった[16]。

(b) 失業保険

断続型の場合は失業保険の影響が大きい。アメリカでは失業保険制度は州ごとに異なるが、給付額は以前の賃金により異なり、給付期間は大体26週である[17]。一定水準以上の失業保険があれば貧困に陥らずに済むのだが、実際は

---

[16] 1997年7月1日、3.35ドルから4.75ドルに、次いで98年1月1日に5.15ドルに引き上げられた。
[17] 失業率が一定の高さに達したときの連邦及び州による特別の延長給付制度がある。

表3－16　最低賃金と貧困線（1998年）

（ドル）

	3人家族	4人家族
フルタイム最低賃金	10,712	10,712
1998年貧困線	13,162	16,854
差額	2,450	6,142
最賃の貧困に対する割合	81%	64%

出所：Parks, 1998：16.

カバーされない労働者が多い。全国でカバーされる雇用労働者は93％に留まる（U.S. Bureau of the Census, 1998: 374）。

　ミシガン州で95年に仕事を失った人の20％は失業保険を受けなかった（Johnson and Lazere, 1998）。低賃金、パート労働者および農業、観光業季節労働者などが除外されている。

　ミシガンでは失業保険給付を受けるためには給付申請前52週の内20週に週154.50ドルを受けていなければいけないとする。最賃労働者であれば20週に少なくとも週当たり30時間働いていなければならない[18]。とすると、ミシガンの低賃金パートタイマーは典型的には週20〜25時間の労働であるので彼（女）らは失業保険の受給資格はないことになる。同じく季節労働者に関しては、従業員の50％以上を年26週未満しか雇用しない雇用主に雇用される労働者は適用除外とされうる[19]。よって季節労働に従事する多くの労働者は、季節外に仕事を見つけられなくとも、失業保険を受給することは出来ないこととなる（Parks, 1998: 19）。

　上記（a）経済構造の変化の結果、ますます多くの失業保険の受給資格を持たない労働者を生んできている。さらに、賃金自体は最賃レベルではなく中間レベルにあっても、そしてたとえ失業保険にカバーされていたとしても、不況その他により失業すれば貧困に陥り得る。すなわち「働く貧乏人」足りうる。必ずしも失業保険の給付水準および期間が充分でないからである。

18）ミシガン州の基準は他州に比べ厳しい。
19）過半数の州が同じく季節労働者に対して他の労働者に対するより厳しい基準を持っている。

第3章　「働く貧乏人」　121

（ c ） 公的扶助給付

労働所得または失業保険給付の額が貧困線に至らなければ、公的扶助に頼ることになる。上記 EITC を別にすれば、現金給付の典型はかつての AFDC、現在の TANF である。

まず、AFDC／TANF の給付額が低い。たとえば、ミシガンの公的扶助給付水準は、貧困線より 58％も低い水準である。デトロイトのあるウェイン郡の 3 人家族で「所得なし」の場合月 429 ドルである。87 年以降引き上げられていないどころか、逆に 92 年には冬季の 74 ドルの補助暖房手当が削除されている。物価を考慮すると、その給付水準は 80 年代半ば過ぎから 90 年代半ば過ぎまでの 10 年間に 26.4％落ちている（Parks, 1998: 20）。

TANF は受給者に働きにでることを求めた。いわゆるウェルフェア・トゥ・ワークである。連邦の現金給付は生涯に計 60 か月分に限るとするともに、働きにでるための保育、交通など困難を除去、援助する。ウェルフェア・トゥ・ワークを連邦に先駆けて実施したミシガン州では、さらに働きにでることを求めるインセンティヴを導入した——労働収入控除（earned income disregard）である。この制度のもとでは、働く受給者は労働所得の最初の 200 ドルプラス 200 ドルを超えた部分の 20％を手元に置け、公的扶助を減額されない。

現在の労働市場の状況に負うところもあって多くの受給者が働きに出た。しかし、問題は、彼（女）らのとる労働はいずれにしろ上述のようにその職種あるいは雇用形態から充分な所得を保障しない、ということである。働きに出ても、賃金からの所得は貧困ラインに到達しない。よってその多くは "コンバイナー" 型受給者とならざるを得ない。ミシガンの場合、AFDC／TANF 受給者の 3 分の 1 以上の家族は働いている。この意味の「働く貧乏人」の数が増加しているのは間違いない。

制度改革のねらいは、福祉受給者が充分な水準の賃金と労働条件を得、扶助を離れることである。労働所得が一定のレベル（月 775 ドル、年 9,300 ドル）を超すと自立したものとしてケースは閉じられる。貧困線より 29％低い水準である（Parks, 1998: 22）。

給付打ち切りはそのこと自体以上の意味を持つ。たとえば、電気ガスなどの会社は家族が公的扶助を受けている間は光熱水費の支払を猶予することがある

が、給付が切れれば、多額の光熱水費の支払いが求めることとなる。また公的扶助がなくなると保育料の免除がなくなるということもある。

　給付打ち切りの水準が低いので、たいていのケースではもう一つの中心的福祉給付たるフードスタンプの受給は続ける。メディケイド（医療扶助）の受給資格を保持するためにも重要である。上にみられたように彼（女）らの得る仕事の多くは付加給付としての健康保険を持たない。しかし、ここにも働くことへのインセンティヴが、埋め込まれている。フードスタンプの額は収入が増えるとともに落ちるのだが、3か月月当たり350ドル以上を稼いでいるフードスタンプ受給者に対しては、食料クーポンではなく他の目的にも使用可能な小切手で支給することが出来ることとされている[20]。

　AFDC／TANFのケースは全国でもミシガンでも非常に減っている。しかし、“幸い”充分高い賃金所得を得られたとしても“不幸にして”ごく短期間の内にその仕事を離れざるを得なくなるかもしれない。彼（女）のとる仕事は上記のような「非正規」など雇用形態またはレイオフ・倒産からまたは労働者側の個人・家庭事情からの不安定雇用である、ということであった。“サイクラー”型受給者である。

　ミシガンの緊急サービス提供者からの報告によると、働く貧困家庭からの食料援助の要求が急増しているという。シェルターの提供者もホームレス家族のシェルターへの求めが増えているという。いずれもその多くは最近公的扶助を離れ働きに出た移行期の家族である。働きに出、ケースは閉じられ、しかし賃金は低く、企業の各種給付なく、仕事はすぐに失われ、家族は資源なく基本的ニーズを満たせないということになる（Parks, 1998: 24）。特に現在の労働市場状況が変わったときが危惧されている。

（ｄ）州　　税

　可処分所得を減ずるという意味で、税制、特に、所得税と売り上げ（消費）税についてみておこう。「働く貧乏人」の創出および貧困の中への留めおきに直接影響しうる。所得税については累進制の緩和と最低課税点が重要である。

20）1798年3月、FIP受給者の36.4％は働いていたが、21.7％だけがこの金銭給付の受給資格をもっていた。

表3－17　連邦貧困線とミシガン州最低課税点（1997年）

（ドル）

	連邦貧困線	ミシガン最低課税点
1人親3人家族	12,829	7,500
2人親4人家族	16,437	10,000

出所：Parks, 1998: 18.

レーガン政権は課税率の区分を数段階に減じたことはよく伝えられているが、ミシガン州でも「均一（flat-rate）所得税率」を採用した。

現在、連邦は貧困線未満の所得を持つ家族は非課税としているが、いくつかの州ではこれ以下にも所得税を課している。表3－17はミシガン州の例である。州所得税課税点が、97年現在で、全国で10番目に低い州である（Johnson, et. al., 1998）。

1人親3人家族の連邦の貧困線は12,829ドルであるのにミシガン州の最低課税点7,500ドル、両親のいる4人家族の家族では連邦貧困線は16,437ドルであるのにミシガン州の最低課税点は1万ドルである。それぞれ後者は前者より40％ほど低い。貧困レベルの所得を持つ4人家族の課税額は282ドルである（Parks, 1998: 18）。

ミシガン州は94年に不動産税（property tax）を大幅に引き下げ、売り上げ（消費）税を4％から6％に引き上げた。前者は借家が普通である働く貧困家庭についてはほとんど益するところはない。後者は逓減税率性（反累進性）が高いがゆえに働く貧困家庭に負担を強いる。「税の公正を求める市民」（Citizens for Tax Justice）および「課税および経済政策研究所」（The Institute on Taxation and Economic Policy）による消費税を持つ45州の非高齢夫婦についての1996年研究は、最下層20％の消費税の所得に対する負担率は、最上層1％のそれの最低4倍であるという（Parks, 1998: 18）。

おわりに

アメリカは未曾有の好景気を享受しているというが、この数十年世帯年収25,000ドル未満の階級の全世帯に占める割合は3分の1と，ほとんど減少していない。実数では1,000万世帯以上増加している。現在アメリカには政府公認

の貧困線以下の「貧乏人」だけで 3,500 万人以上、同各種低所得であるが故に支給される所得保障・社会福祉給付の受給者数ではその倍以上になろう。NGO の試算する実際生活できる最低所得からみれば、さらに相当増える。全人口の 7 人に 1 人から 3 人に 1 人は「貧乏人」である。

「貧乏人」のうちの半数以上は働く「貧乏人」である。そのうちの 3 分の 1 は年間フルタイムで働いている。残るは年間パートタイムで働く「貧乏人」、年の一部をフルタイムまたはパートタイムで働く「貧乏人」である。彼（女）らの従事する仕事は低賃金職種か不安定雇用である。公的扶助については“コンバイナー”または“サイクラー”である。

「働く貧乏人」はあらゆる地域、あらゆる属性の人々の間に見出される。ただし、絶対数的にいえば、都会およびその郊外、高卒、25 〜 45 歳、子ども持ち、白人に多い。それぞれの母集団に対する比率でいえば女世帯、黒人に多い。家族構成的には、結婚している場合に、また 2 人以上の働き手がいる場合に「働く貧乏人」になる率は低い。

個別企業の人件費削減への努力は常に働く。これに対する公的または労働組合の規制力が働かない限り、その努力は実を結ぶ。労働所得が充分でない場合には充分な所得保障・社会福祉給付がなされない限り「働く貧乏人」が生まれる。さらにいわゆる産業の高度化は進む。低賃金・不安定雇用の多いサービス業その他が拡がる。公的政施策たとえば、最低賃金、失業保険、公的扶助、税制はその舵の取りようによっては「働く貧乏人」をつくるのに貢献する。

本稿から、「働く貧乏人」をつくらないためには、この下位 3 分の 1 ほどの層の賃金を上げ、安定的雇用を提供し、個別企業の低賃金、不安定雇用への衝動を規制し、産業構造の変化の「必然」に介入し、公的政施策を「働く貧乏人」をつくらない方向へと舵取りする必要が読み取れる。これらそれぞれを実現するためには具体的にどうすればよいかは次のステップである。たとえば、最賃の引き上げは最も容易に考えつくものの一つにすぎない。

個別企業およびマクロ経済の回復、繁栄をめざしても下位 3 分の 1 は必ずしも変らない。

【引用文献】

Corey. Zehnder-Merrell, Jane and Micheke. 1999. *KIDS Count in Michigan 1999 Data Book: County Profiles of Child Well-Being.* Lansing, Michigan: Michigan League for Human Services.

Groundwork for a Just World. 1998. *A Survey of Michigan's Low Income families: their experience and relationship to the public benefits system and the low wage labor market.* (A preliminary report of survey findings) (Michigan Assemblies Project) Iversen, Roberta R. 2000. A letter to T. Akimoto. August 25.

Johnson, Nicholas and Lazere, Ed. 1998. *Rising Number of States Offer Earned Income Tax Credits.* Washington, D.C.: Center on Budget and Policy Priorities. September 14.

Johnson, Nicholas, Mazerov, Michael, McNichol, Elizabeth and Berudbe, Alan. 1998. *State Tax Burdens on Low-Income Families in 1997: Assessing the Burden and Opportunities for Relief.* Washington, C.C.: Center on Budget and Policy Priorities.

Kiyosaki, Robert T. and Lechter, Sharon L. 1997. *Rich Dad, Poor Dad: What the Rich Teach Their Kids About Money-That The Poor And Middle Class Do Not!.* CASHFLOW. 日本語版、白根美保子訳『金持ち父さん貧乏父さん』筑摩書房、2000 年。

Michigan Employment Security Agency. 1979-96 data（産業別雇用者数および週賃金）.

NASW (National Association of Social Workers). 1987. *Encyclopedia of Social Work (18th edition).* Silver Spring: NSW.

National Priorities Project. 1998. *Working Hard, Earning Less: The Story of Job Growth in America.* (in collaboration with Jobs with Justice.)

Parks, Sharon. 1998. *Michigan's Families: Poor, Despite Work.* (Michigan Budget and Tax Policy Project.) Lansing: Michigan League for Human Services. 1998.

Scrimger, Colette. 1998. *Economic Self-Sufficiency: A Michigan Benchmark.* Lansing: Michigan League for Human Services.

The Public Health and Labor Institutes. 1997. *Corporate Power and the American Dream.* New York: The Apex Press.

U.S. Bureau of the Census. 各年. Current Population Report（含む unpublished data および Center on Budget and Priorities による集計）

U.S. Bureau of the Census. 1992. "Money Income of Households, Families and Persons in the United States."

U.S. Bureau of the Census. 1998. *Statistical Abstract of the United States: 1998 (118th edition.)* Washington, DC.

U.S. Department of Labor. 1995. *Report on the American Workforce 1995.*

U.S. Department of Labor BLS (Bureau of Labor Statistics). *Occupational Outlook Handbook, 1996-97.* Cited in The Public Health and Labor Institutes. 1997: 57.

U.S. Department of Labor BLS (Bureau of Labor Statistics). 1995. "1994-20005."*Occupational Outlook Quarterly.* Fall. Cited in The Public Health and Labor Institutes. 1997: 57.

U.S. Department of Labor BLS (Bureau of Labor Statistics). 2000. "Highlights of Women's Earnings in 1999." (Report 943) May.

【初出】「『働く貧乏人』——下位 3 分の 1 層とマクロ経済の繁栄」『アメリカ　繁栄の中での社会変動——1990 年代における雇用・労働』調査研究報告書 2001.No.13. 日本労働研究機構、2001 年。

第4章
リビング・ウェイジ・キャンペーン
「生活できる賃金を」

　アメリカにおける 1990 年代の労働運動、社会運動、賃金分野の運動で最も注目すべきものの一つはリビング・ウェイジ・キャンペーン（Living Wage Campaign 生活できる賃金をめざす運動）であろう。

　アメリカには連邦の最低賃金がある。1999 年現在で時給 5.15 ドルである[1]。フルタイム（週 40 時間、年 52 週）で働いて年収は 10,712 ドルである。これでは「食えない」。連邦政府が定める貧困線は年間では 16,700 ドル（4 人家族）である。この 3 分の 2 にしかならない。アメリカのような豊かな国にあって、一方に膨大な数の“貧乏人”が大勢いる。しかも、フルタイムで働きながらなお貧しい人々がいる。これはおかしい。公正（fairness）、正義（justice）に反する。リビング・ウェイジ・キャンペーンの始まりである。

　最低賃金を引き上げるのが筋だろう。しかし、現在の全国レベルの政治・社会状況、“力関係”からこれは叶わぬ。しからば、可能なところから手をつけよう。郡市町村（以下自治体という）単位で、条例によって、少なくとも自治体との契約を結ぶまたは自治体から補助金の交付、融資、税の減免等経済的助成を受ける企業に対してはその雇用する従業員にリビング・ウェイジを支払うよう要求しよう。言い換えれば、労働者が一生懸命フルタイムで働いてもまともに「食えない」ような低賃金を支払いつつ利潤を追い求めるような企業に尊い公金をそそぎ込むことは許されてはならないとしよう。税金は労働者を「搾取する」ために使われてはならないのである。

　ボルティモア、ニューヨーク、セントポール、ミネアポリス、ロサンジェル

1）このほかに多くの州では州レベルの最低賃金がある。

ス、ミルウォーキー、サンアントニオ、シカゴ、ボストン、デトロイト、サンホセ、マディソン等々、1999 年現在、全国で主要大都市を含め 40 に及ぶ自治体がリビング・ウェイジ（生活賃金）条例を制定している。市会（city council）等を通して実現したところがほとんどであるが、住民の直接投票（initiative）によって実現したところもある。キャンペーンを進めるのはコミュニティ組織、労働組合、宗教界のコーリションである。地域政治家が動かされる。時には使用者も賛成にまわる。

　リビング・ウェイジは低所得者の賃金を引き上げるだけではない。主に人件費削減を意図し同じ労働に従事する労働者の賃金を引き下げることに結果する民営化を減らすだろう。もし時給で 7 ドルも 8 ドルも支払わなければならないのであれば、自治体の外注・下請け化（民営化）へのインセンティヴは大幅に減少する。アメリカでは、規制緩和、民営化が当然のこととして行われていると喧伝されているが、リビング・ウェイジは規制を強化し、民営化の流れをとめようとの試みでもある。これが地方（ローカル）レベルで拡がっている。

　『ワシントン・ポスト』はリビング・ウェイジ・キャンペーンを 60 年代公民権運動以来初めての草の根（grass root）的運動であるとすら言う。「財布に関わる（pocketbook issues）ローカル・アクティヴィズムの再興である」と言う。

　本章は、90 年代アメリカにおけるリビング・ウェイジ・キャンペーンの背景、条例の内容、賛否の論点そして運動の意義を整理しようというものである。既存の出版物および筆者による関係者のインタビュー等による。

1　背　景

　1990 年代に入って数年を経、アメリカの経済は 70 年代～ 80 年代の低迷を抜け出し急速に回復、以降この上ない好景気を享受しているとはほとんどすべてのマスコミ、政治家、経営者、労働組合の役員、そして研究者、すなわち社会の「主流」（mainstream）の人々はいう。しかし、ある人々——それは決して少数ではない——にとってはこれは事実に反し、偽りである。アメリカの景気は良くないし、何も繁栄していない。観察者の目線の位置の問題である。

　非管理職生産労働者の平均賃金はこの 20 ～ 25 年間低下している。70 年代

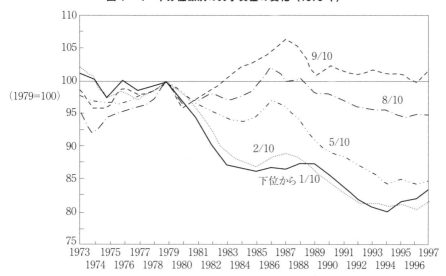

図4−1 十分位数別の男子賃金の変化 (1979年)

出所：Jared Bernstein, Living Wage Campaign: A Stopis The Ringt Direction, Economic Policy Instiute, March 9, 1998.

の半ばに比べ90年代半ばの方がインフレ率を調整した実質賃金は低い。1968年は10.61ドルであった平均時給は94年は10.46ドルであった。短期的景気変動により昨年より今年の方が賃金が低下したというのであればわかる。しかし、20年にわたって賃金が低下するというのはどのように理解してよいのであろうか。この間人類の科学技術の発展・革新は目を見張るものがあった (Reynolds: 8)。生産性は飛躍的に上昇している。アメリカのGDPは50年代の3倍（物価調整後）に上がっている。

　新規に労働力に参入した人々の賃金の低下はさらにひどかった。高卒平均初任給は73年の8.56ドル（物価調整済み）から93年までに6.42ドルに落ちている。大卒は12.18ドルから11.33ドルへ低下している（Reynolds: 7, 8）。

　平均値および労働市場新規参入者の平均賃金だけではない。実はほとんどすべての階層の労働者の賃金が低下しているのである。図4−1は十分位数別の男子賃金の変化を示す。上位の10分の1のグループ以外はすべて低下している。下位ほど低下率は高く、最下位20％の労働者の賃金の低下が最も著しい。79

第4章 「生活できる賃金を」 129

年から 93 〜 94 年の間に 20%ほど低下している。

　賃金以外の諸給付も同様に低下している。最もシンボリックな指標は全額使用者負担の付加給付たる健康保険である。80 年にはフルタイム労働者の 71%がこれにカバーされていたが 93 年までにこれは 37%まで落ちている（Reynolds: 8）。1989 年から 98 年までの 9 年間、健康保険を持たない人が年々 100 万人以上増えている。1998 年、4,400 万人が健康保険にカバーされていない。

　1997 年、約 1,000 万人が最賃（5.15 ドル）レベルの賃金を受けていた。最賃と最賃プラス 1 ドルの 6.15 ドルの間にはさらに別の 1,000 万人の労働者がいる。雇用労働者の 6 人のうち 1 人は時給 6.15 ドル未満の賃金を受けているのである。

　ちなみにフリント・アナーバー・デトロイトのサービス部門の半分、製造業の仕事の 10 分の 1 は、1998 年、時給 7 ドル未満である（"Living Wage Talking Points, Ypsylanti,"（ビラ）発行組織、年月日不明、Reynolds: 181 参照）。全国で、2,850 万人が雑役・管理人（janitorial／custodial work）、清掃、飲食店、保健医療介護、警備員、スクールバス運転手、駐車場管理人その他として働いているが、その多くは時給 8 ドル以下である。これら職種は全労働力の 25.7%を構成する（"Minimum Wages Are Being Set, City by City," *New York Times*, November 19, 1999）。

　しかも、経済政策研究所（Economic Policy Institute, ワシントン DC）の一研究は、96 〜 97 年現在で、最賃を得ている労働者のほとんどは家族を養うために働く成人であり、5.15 ドルから 6.14 ドルを得ている労働者の 6 人に 5 人は成人であるとする。この 2 グループをあわせた半数以上はフルタイムの仕事をしており、残りもほとんどが週 25 時間以上の仕事をしているという。いわゆる最賃反対論者が言う「低賃金＝ティーンエイジャーの小遣い稼ぎのパートタイム仕事」論に対する反論である。

　5.15 ドルの最低賃金は物価を考慮すると 1996 年現在で、68 年より 30%も低くなっている。もし生産性上昇と同じペースで上がるとすれば[2] 最賃は今日 11.20 ドルでなければならない。賃金の低下を受けながらなお所得を維持しよ

---

2) 生産性はこの間約 50%上がっている。

うとすれば、共働きをするか[3]、二つ以上の仕事を取るか、あるいは借金に頼るほかはない。世帯負債額は 80 年代から着実に上昇している。

所得で見ても上記の事情は変わらない。92 年——リビング・ウェイジ・キャンペーンが始まった頃である——アメリカ人の 6 人に 1 人弱、子どもだけとると 4 人に 1 人が連邦政府の定める貧困線以下の生活をしていた[4]。都市ではさらに状況は悪かった[5]。79 年から 94 年の間に、下位 5 分の 1 のアメリカ人はその所得を 14% 落とした。この間国民の 80% は所得および生活水準は変わらなかったかまたは低下した。ところが、上位 1% は自らの富を 83% 増した。1996 年、CED は平均的従業員の 209 倍の所得を得ている。この倍率は 60 年の 5 倍近くになる。

1973 年以来貧困者はますます貧困になり[6]、金持ちはますます金持ちになった。国の富の中に占める貧困者の割合はますます少なくなっている。低賃金および貧困の問題は資源の問題ではなく基本的不平等の問題である。

2　デトロイトのリビング・ウェイジ・キャンペーン

1998 年 11 月 3 日、市憲章に定められた請願手続きに従って住民の直接投票にかけられデトロイト・リビング・ウェイジ条例が成立した（1998 年 12 月 16 日発効）。市と一定額以上の金銭的関係を持つ企業等のすべてにリビング・ウェイジ以上の賃金を支払うよう要求する。投票したものの 81% が賛成票を投じた。条例の主な内容は次の 4 点である（Reynolds, Pearson and Vorkampf）。

① 「市と契約を結ぶ雇用主あるいは市から経済開発（economic development）または雇用促進（job growth）のための金銭的助成（financial assistance）を受ける雇用主」（第 1 条）でその契約または受ける助成の額が 5 万ドルを超

---

3) 今日では 6 歳未満の子どもを持つ既婚女性もそれ以外の女性と同じ率で働いている。
4) 女性が世帯主の家族での貧困が急増している。リビング・ウェイジがジェンダーの視点からの検討を必要通していることを示す。
5) 貧困は最とも豊かなコミュニティでも見られる。全国で最とも平均（median）所得の高いヴァージニア州アレクザンドリアでも、なお 5 世帯に 1 世帯は貧困の中にある（Reynolds:7）。
6) この数年やっと最低層も若干改善が見られるようになった。

第 4 章　「生活できる賃金を」　131

える（下請け等を含む）もの（第2条（a））は「基本的生活ニーズ（basic subsistence needs）を満たすに足る賃金をその従業員に支払」わなければならない（第1条）。

② 「基本的生活ニーズを満たすに足る賃金」＝生活賃金（リビング・ウェイジ）とは「週40時間、年50週」働いて連邦の定める4人家族に対する貧困線と同じレベルになる賃金をいい（第3条（b））、この額は、99年6月現在、付加給付として健康保険がある場合で時給8.23ドル、ない場合で10.28ドル（貧困線の125％）となる。

③ 「（本条例に）カバーされる契約者または助成受給者は、契約または金銭的助成の結果として創出される仕事を、出来うる限りデトロイト市住民に与えるよう努めなければならない」（第3条（e）、第1条）。

④ 「故意にまたは反復し違反がなされる場合には該契約または助成はうち切られ」（第4条（a））、「故意の違反者は1違反につき（per violation）1日当たり50ドルの罰金を課され」（第4条（c））、「2年以内に3件（incidents）以上の違反により……『50ドル罰金』を課せられた契約者または助成受給者は……（以後）10年間は……市とのあらゆる契約の入札および締結または市からの金銭的助成の対象から排除される」（第4条（d））。

①、②がリビング・ウェイジ条例の骨格をなす。2、3の注を付しておこう。対象となる「契約」とは「主にサービスを提供する」契約をいい、「物品または財産の購入またはリース」契約は除かれる（第2条（a）<ⅰ>）。「市から……の金銭的助成」とは市が執行する連邦補助金その他を含み、歳入担保債（revenue bond financing）、計画支援（planning assistance）、税の減免その他各種補助金等が含まれる（第2条（a）<ⅱ>）。「従業員」とは「パートタイム、フルタイムの如何を問わず、該契約（……あるいは金銭的助成……）によって全部または一部がカバーされる職場（a job site）で雇用される……すべての従業員」を含む（第2条（b））。②のリビング・ウェイジ額がフリンジ・ベネフィットとしての健康保険の有無によって区別して定められているのは、アメリカにおいては一般労働者を包括的にカバーする公的健康保険制度がないことによる。企業が健康保険を給付しない場合は労働者は個人で保険に加入しなければなら

ず、実質的"可処分所得"は大きな影響を受けることになる。

　③は厳密なリビング・ウェイジの条例にとってはプラスアルファの部分である。ただし、リビング・ウェイジを生み出した一方における労働者の貧困（＝生活上の困難、不正義）への関心と他方における税の使い方に対する関心の結合は、介入の切り口を何も賃金にのみ限定する必要のないことを教える。

　デトロイト条例には④のほかにもいくつかの手続き的規定が含まれる。リビング・ウェイジ額は「本条例の対象となるすべての職場……に掲示」されなければならず（第4条（b））、「本条例違反により影響を受けたもの」に対する特別の苦情処理のシステムも定められている（第4条（e））。条文にはあらわれてはいないが、1年後の市会による見直しも約束されている。

　デトロイトのリビング・ウェイジ・キャンペーンは約1年半に及んだ。コミュニティ、公民権、労働組合、教会のグループが中心の90以上（Reynolds, Pearson and Vorkampf）の団体・組織からなるコーリションによって進められた[7]。地方政治家も加わった。98年1月からは、デトロイト・メトロポリタンAFL-CIOが中心となり、署名が集められ、また策定された条例案には150〜200の組織が賛同の手紙を寄せた。反対は企業側を含めそれほど強くなかった。市長も当初は賛成を表明していた[8]（Allis）。

　デトロイトについで、デトロイトから車で30分ほどのイプシランテ市およびイプシランテ町（township）がリビング・ウェイジ条例を制定している。ミシガン州内では、現在はデトロイト郊外のウォーレン、ミシガン大学のあるアナーバー、さらに車で数時間西のカラマズーその他でキャンペーンが進んでいる。

　デトロイト・リビング・ウェイジ条例が成立して約1年、成立した条例に対する裁判上のチャレンジは未だない。しかし、現在、州法をもって、州内の自治体がこのような条例を制定することを禁止せんとする動きが急である。エングラー（John Engler）共和党知事、チャック・ペリコーン（Chuck Perricone）

---

7) デトロイトではACORNの関与は大きくはなかったという。
8) デニス・アーチャデトロイト市長は、後に非営利組織および企業活動に影響を与えることを理由に反対にまわったが、成立した条例をなくすべきとは言っていない（*Detroit Free Press*）。

州下院議長、デトロイト市をその一部に含むウェイン郡（county）の長エド・マクナマラ（Ed McNamara）は「リビング・ウェイジ条例をなくしたい」という（*Detroit Free Press*）。州法制定の請願、直接投票の運動の可能性がある。成立するとアリゾナ州についで2番手となる。もちろん、条例の制定は市町村の自治の問題であり、このような州法は自治への介入であるとの反対論はある。

3　全国のリビング・ウェイジ

　全国初のリビング・ウェイジ条例は1994年のボルティモアとされる場合が多い。しかし、1988年のアイオワ州デス・モイネスからそのリストが始められる場合もある（表4-1）。いずれにしろ99年11月現在、全国で17州に約45[9]のリビング・ウェイジ条例が成立している。これら条例に直接カバーされる労働者数は44,000人程度である（*New York Times*）。

　表4-1は、1999年半ばまでに成立した35の条例の一覧である。大部分が都市自治体であるが、七つの郡（county）、一つの町（township）、一つの学校区が含まれる。その後も月一つのペースで成立し続けている。「フルタイムで働くにもかかわらずなお貧しい人々をつくり出すまたはその存続を手助けするために公金が使われることのないようにする」（Reynolds, et.al.1999: ii）というその目的、骨子、精神はいずれもデトロイト条例と変わらないが、その制定の時期・手続き、対象とする企業等の範囲、リビング・ウェイジの額、賃金以外の諸条件、実現へ向けて動いた組織等についてはそれぞれいくつかの特徴、「類型」が見出される。

---

9) 1999年9月現在の数字とおして、ショーン・アリス Sean Allis, Editor, *Metro AFL-CIO News*, 99.9.3 は 30、David Reynolds, Rachel Pearson and Jean Vorkampf, "The Impact of the Detroit Living Wage Ordinance," September,1999. は35という数字をあげる。その数はどの範囲までをリビング・ウェイジ・キャンペーンとするかにより異なる。

表4-1　全国の主なリビング・ウェイジ（1999年6月現在）

郡市町村名、条例制定年・機関	対　象	リビング・ウェイジの額	その他の諸条件	中心的組織
サマヴィル (Somerville) （マサチュセッツ） 1999.5 Board of Aldermen 満場一致	5万ドル以上のサービス契約。2年後に3万ドルに、その後2年後に1万ドル以上に引き下げる。市職員（含む、フルタイム、パートタイム）	8.35ドル（4人家族の貧困線、週40時間年50週）、年々貧困線とともに変更		サマヴィル・リビング・ウェイジ委員会、地域の労働組合、マサチュセッツ AFL-CIO
マイアミーデイド郡（フロリダ） 1999.5 Board of County Commissioners 満場一致	10万ドル以上の一定職種のサービス契約：飲食料理および配達、警備員、管理・清掃ゴミ捨て・修繕・再生・リサイクルのような定期的保繕業務、事務その他の非管理的事務労働（臨時、終身を問わず）、運転・駐車場管理（空港・港湾サービスを含む）、印刷・複写サービス、庭・芝・農業管理。空港免許業者（地上サービス従業員）郡全職員	8.56ドル（健康保険ある時）、9.81ドル（同ない時）	執行監督のためリビング・ウェイジ委員会を設立	南フロリダ AFL-CIO、デイド郡ヒューマンサービスコーリション、フロリダ・リーガル・サービスィズ
ケンブリッジ（マサチュセッツ） 1999.5市会	1万ドル以上のサービス契約（含む、非営利組織、下請け）年間1万ドル以上の金銭の助成（借家人、リース請け人を含む）全市職員	10ドル 毎年地域の消費者物価指数により調整	市各部署は金銭的助成について年次報告 waiver requests 申し立てを審査・勧告するためのコミュニティ諮問委員会（Advisory Board）を設立	Eviction Free Zone, 大工労働組合ローカル140、全国弁護士組合 (National Lawyers Guild)

第4章　「生活できる賃金を」　135

ヘイワード (Hayward)（カリフォルニア）1999.4 市会	25,000ドル以上の一定職種の契約：自動車修理、ビル施設管理、雑役管理、庭、クリーニング、臨時職、害虫駆除、警備、ソーシャル・サービス施設 市職員	8ドル（健康保険あり）9.25ドル（同なし）地域の物価によって年々見直し	12日の有給休暇、5日の無給休暇 団体協約の優越	アラマンダ郡中央労働評議会、ヘイワード民主クラブ (Democratic Club)
イプシランテ町（ミシガン）1999	全契約 1万ドル以上の金銭的助成 不当に不利益を受ける非営利組織を除外	8.50ドル（健康保険あり）10ドル（同なし）	団体協約の優越	
イプシランテ市（ミシガン）1999	全契約 2万ドル以上の金銭的助成 不当に不利益を受ける非営利組織を除外	同上	団体協約の優越 地域の労働者、業者を優先使用 リビング・ウェイジ雇用主のリストを毎年公表	
デイン郡（ウィスコンシン）1999.3 郡 Board of Supervisors	5,000ドル以上の経済開発助成を受けるサービス契約（含む、下請け、受益者(beneficiaries) 郡職員	連邦4人家族貧困線8.03ドル。99年7月1日までにリビング・ウェイジ・リビュー・カウンシルが健康保険を持たない使用者について勧告		Progressive Dane/New Party, 南部中央労働連盟、発達障害コーリション
マジソン（ウィスコンシン）1999.3 市会	5,000ドル以上のサービス契約（含む、その下請け業者）10万ドル以上の金銭的助成（含む、その下の契約者）これら市の金が入っている当該事業に雇用される労働者 市職員	7.91ドル。2001年1月1日およびその後連邦4人家族貧困線の110%まで2段階に分け引き上げられる	団体協約の優越	Progressive Dane/New Party, 南部中央労働連盟 (South Central Federation of Labor)

ハドソン郡（ニュージャージー）1999.1 郡 Board of Freeholders 満場一致	一定の職種のサービス契約：警備、フードサービス、雑役管理（janitorial workers）で 20 時間以上働くすべての労働者	7.50 ドル？連邦最低賃金の 150％現在 7.73 ドル	最低年 200 ドルの健康保険 1 週間の有給休暇	
サンホセ（カリフォルニア）1998.11　市会	2 万ドル以上の一定の職種のサービス契約：自動車修理、フードサービス、管理保繕、庭、クリーニング、事務、駐車場管理、害虫駆除、不動産管理、リクリエーション、警備、道路清掃、牽引（該契約で雇用される従業員）年間 10 万ドル以上の金銭的助成	9.5 ドル（健康保険あり）10.75 ドル（同なし）	良き労使関係（good labor relations; labor peace）の保証 新規契約の中央労働評議会への通知 新しい契約を与えられる一定の企業は前契約者の従業員に仕事を与える	South Bay AFL-CIO／ワーキング・パートナーシップ USA ACORN
デトロイト（ミシガン）1998.11 直接投票、81％賛成	5 万ドル以上の契約ならびに経済開発および雇用創出のための金銭的助成	4 人家族の連邦貧困線（健康保険あり）その 125％（同なし）	市住民の優先雇用	メトロポリタン・デトロイト AFL-CIO ほか 90 団体のコーリション
マルノーマ（Multnomah）郡（オレゴン）1998.10 郡 Board of Commissioners	雑役管理、警備、（2000年から）フードサービス。ソーシャル・サービス契約を含めるために州の資金的措置を求める	9 ドル（賃金＋付加給付）プラス健康保険 毎年消費者物価指数により改訂	新たに雑役管理の契約を取った企業は旧契約の下の従業員をまず面接すること	Jobs with Justice, オレゴン公務員組合（Public Employees Union）ローカル 503、ニューパーティ
パサディナ（カリフォルニア）1998.9　市会	25,000 ドル以上のサービス契約（8 月に市職員についても同一の定め）経済的助成については現在コーリションが運動中	7.25 ドル（健保あり）8.50 ドル（同なし）		パサディナ・リビング・ウェイジ・コーリション（含む、Clergy and Laity United for Economic Justice）

第 4 章　「生活できる賃金を」　137

クック郡（イリノイ）1998.9 郡 Board of Commissioners	契約	7.60 ドル	団体協約の優越	コミッショナー Stroger, Maldonado and Daley; ACORN および SEIU ローカル 880 を中心としたシカゴ・ジョブズ＆リビング・ウェイジ・コーリション
シカゴ（イリノイ）1998.7 市会 40:0 <参考> 1995（成立せず）	営利企業および下請け企業：警備、駐車場管理、日雇い労働、家事・介護、キャッシャー、エレベーター操作員、雑役管理（custodial）、事務 5,000 ドル以上の契約 5万ドル以上の金銭的助成		地域の職業紹介所の利用 参加・申請時に採用、賃金水準および訓練計画を報告：4半期ごとの報告	ACORN, SEIU ローカル 880、ニューパーティ、シカゴ・コーリション・フォ・ザ・ホームレスを中心としたシカゴ・ジョブズ＆リビング・ウェイジ・コーリション
サン・アントニオ（テキサス）1998.7 市会	減免税。新たに創出された雇用の70%（小売業は減免税の資格なし）	9.27 ドル（非耐久消費材製造およびサービス） 10.13 ドル（耐久消費財製造）	25%の雇用が「不利な立場にある人々」（the disadvantaged）に与えられた場合はより以上の減免税	COPS／Metro Alliance, サン・アントニオ中央労働評議会
オークランド（カリフォルニア）1998.3 市会満場一致	25,000 ドル以上のサービス契約、市財産のリース 年10万ドル以上の補助金 企業および非営利を含む	8 ドル（健保あり）9.25 ドル（同なし）毎年4月1日地域の消費者物価指数により改訂、現在各 8.35 ドルおよび 9.60 ドル	12日の有給休暇、10日の傷病休暇 団体協約の優越	ACORN、アラメダ郡中央労働評議会（含む、HERE、SEIU、UFCW ほか）を中心としたオークランド・ジョブズ＆リビング・ウェイジ・キャンペーン
ダーハム（ノースカロライナ）1998.1 市会	サービス契約（契約に係わる事業に働く従業員）	最低市職員賃金 現在7.55 ドル		

ボストン（マサチュセッツ）1997.7（98年発効）市会 11:1 1998.11（改訂）市会	10万ドル以上のサービス契約（含む、25,000ドル以上の下請け契約）および金銭的助成	4人家族の連邦貧困線（週40時間、50週）7.49ドル 98年改訂条例制定時で8.23ドル 毎年7月1日現在で貧困線または州最低賃金の110％の高い方にあわせる	地域の職業紹介所の利用 創出された雇用、支払われた賃金の報告条例運用のための労働組合、コミュニティ代表からなるリビング・ウェイジ諮問委員会（Advisory Committee）の設置	ACORN、グレイター・ボストン労働評議会、マサチュセッツ労働協議会（Federation of Labor）を中心とする40組織からなるボストン雇用・リビング・ウェイジ・コーリション
ミルウォーキー郡 1997.5 County Board of Supervisors	契約	6.25ドル 物価上昇にスライド（indexed）		プログレッシブ・ミルウオーキー／ニュー・パーティ、キャンペーン・フォア・ア・サステイナブル・ミルウォーキー
ニューヘブン（コネティカット）1997.4 市会（The Board of Aldermen）	全サービス契約	4人家族の貧困線以上の賃金（97年7月）5年間にわたって貧困線の120％にまで段階的に引き上げる	空きのポジションを満たすためにコミュニティの職業紹介所（community-based hiring halls）からの紹介に優先権（the 1st con-sideration）を与える	HEREローカル34, 35 217に導かれた労働・コミュニティ・教会コーリション
ダルース Duluth（ミネソタ）1997.3 市会	5,000ドル以上の契約？ 25,000ドル以上の経済開発助成 それらに働く従業員の90％以上	最低7.25ドル（健康保険ある時は6.50ドル）	外注・下請け化される仕事はリビング・ウェイジが支払われなければいけない	AFSCME カウンスル96によって導かれたコーリション
ロサンジェルス（カリフォルニア）1997.3 市会、圧倒的多数	25,000ドル以上の契約（含む、市財産のリース）100万ドル以上または毎年継続する場合は年間10万ドル以上の補助金	7.25（99年7.51）ドル＋家族健保；8.50（同8.76）ドル（健保なし）毎年物価上昇にスライド（indexed）	年間12日の有給休暇、10日の傷病休暇、労働者に対する報復の禁止と保護	ロサンジェルス・リビング・ウェイジ・コーリション

ミネアポリス（ミネソタ）1997.3 市会、満場一致	年10万ドル以上の経済開発助成順次契約へも拡張？	連邦4人家族貧困線（健保あり）、その110%（同なし）、現在では8.50ドル	助成の結果創出される新たな雇用の少なくとも60％は市住民に。現在市職員によって行われているサービスを民営化することによって賃金低下をもたらすような民営化を禁止。組合に友好的である（union-friendly）企業への補助を優先。（「組合に友好的である」企業とは組合の組織化に中立的である、従業員の住所氏名のリストを提供する、勤務時間外に施設への立ち入りを認める、カードによる組織化承認等として定義される。）詳細については行政運用上のガイドライン	ミネアポリス＝セントポール2市合同リビング・ウェイジ委員会（The Joint Twin Cities Living Wage Task Force）（ACORNの1995年リビング・ウェイジ・イニシアティヴへの運動を継いで組織された）
セントポール（ミネソタ）1997.1 命令（a directive）市会（満場一致）	年10万ドル以上の経済開発助成順次契約へも拡張	連邦4人家族貧困線（健保あり）その110％（同なし）現在では8.50ドル	助成の結果創出される新たな雇用の少なくとも60％は市住民に	ミネアポリス＝セントポール2市合同リビング・ウェイジ（The Joint Twin Cities Living Wage Task Force）（ACORNの1995年リビング・ウェイジ・イニシアティヴへの運動を継いで組織された）

ニューヨーク（ニューヨーク）1996. 7	一定の職種の契約：警備員、臨時事務、清掃、フードサービス	市コントローラーによって定められる当該業種の一般的組合賃金（the prevailing wage）7.25 ～ 11.25 ドル（推計）		産業地域協会 Industrial Areas Foundation、市会議員 Albanese
ジャージーシティ（ニュージャージー）1996. 6	一定の職種の契約：事務員、フードサービス、雑役管理、警備員	7.50 ドル	健康保険およびバケーション	Interfaith Community Organization
ポートランド（オレゴン）1996. 5	一定の職種の契約：雑役管理、駐車場管理、警備員、臨時事務	6.75 ドル（96 年 7 月 1 日から）、7 ドル（97 年から）、その後は市職員の賃金上昇にリンク		Jobs with Justice
ミルウォーキー学校区 1996. 1、教育委員会条令（measure）	ミルウォーキー公立学校の全従業員およびその契約者の全従業員	7.70 ドル		プログレッシヴ・ミルウォーキー／ニュー・パーティ、キャンペーン・フォア・ア・サステイナブル・ミルウォーキー
ミルウォーキー（ウィスコンシン）1995. 11、市会	5,000 ドル以上の契約	6.05 ドル以上（3 人家族の貧困線に合わせて年々改訂）、現在は 6.25 ドル		プログレッシヴ・ミルウォーキー／ニュー・パーティ、キャンペーン・フォア・ア・サステイナブル・ミルウォーキー
サンタクララ郡（カリフォルニア）1995、郡 Board of Supervisors	新たに減免税を求める製造業（すべての正規従業員）	10 ドル以上	創出雇用数、支払う賃金および付加給付、他に申請の補助金の開示 健康保険またはこれに代わるもの ゴールが達成されなかった場合には郡の金銭は返還される	港南部 South Bay AFL-CIO 労働評議会、カリフォルニア・バジェット・プロジェクト、ワーキング・パートナーシップ USA

ボルティモア（メリーランド）1994. 12、市会	サービス契約	6.10 ドル（1995.7 から）；4 年間に 3 段階で 7.70 ドルまで引き上げ		BUILD, AFSCME
サンホセ（カリフォルニア）1991、一般的組合賃金条例（Prevailing wage ordinance）	契約、入札に参加する企業	組合規定の賃金	健康保険給付、職場苦情処理手続き、職場安全衛生基準および労働基準遵守記録を評価審査する（evaluate）ことを市に求める	
ゲリー（Gary）（インディアナ）1991	税の減免	一般的組合賃金（prevailing wage）	週 25 時間以上働く従業員には総合的健康保険給付を与えること。情報の公開規定も含む	Calumet Project for Industrial Jobs
デス・モイネス（アイオワ）1988、1996	市が金を出す都市再開発および融資事業（urban renewal and loan projects）	＜88 年＞時間当たり 7 ドルの最低給与（compensation）＜96 年＞各種給付を含め 9 ドルの平均賃金をゴール		市議会議員ジョージ・フラッグ

＜参考＞自治体最賃直接投票（Initiatives）

タスコン（不成立）1997 年 11 月	7.00 ドル
ヒューストン（不成立）1997 年 1 月	6.50 ドル
アルバカーキー（請願に対して訴訟）	6.50 ドル
ニューオリンズ（訴訟中）	連邦最賃＋ 1 ドル
デンバー（不成立）1996 年 11 月	6.50 ドル；1999 年に 7.15 ドルそれ以降は消費者物価にリンク（indexed）

出所：David Reynolds, *Living Wage Campaigns*, Wayne State University and ACORN, 1999, pp.30–31 and 104‐107、ACORN, "Living Wage Success: A Compilation of Living Wage Policies on the Books,"（上記 pp.104‐107 の旧バージョン、発行年不明）から筆者が作成。

（1）条例制定時期・手続き

表4－1は1988年のデス・モイネスを最古とする（表4－1最下行：142頁）。そして92年のインディアナ州ゲリーとカリフォルニア州サンホセが続く。ただしこの2件は貧困線ではなく「一般的組合賃金」（prevailing wages）を基準としている。通常は、1994年のボルティモアがリビング・ウェイジ・キャンペーンの嚆矢とされる。95年に2件（ミルウォーキーほか）、96年4件（ニューヨークほか）、97年7件（セントポール／ミネアポリス、ロサンジェルス、ボストンほか）、98年9件（シカゴ、デトロイトほか）、99年上半期で9件と年々拡がっている。

デトロイト市を除き住民の直接投票によるものはない。他はすべて市会(city councils)またはこれに準ずる立法機関によって制定されている。セントポールのみ命令（directive）の名が付されている。全市の採択時の賛否の投票数比率は不明であるが、デトロイトに加えてセントポール／ミネアポリス、ロサンジェルス、オークランド等の満場一致または圧倒的多数で成立したところが少なくない。

一度制定に失敗し、その後再チャレンジをし、成功したところもある。セントポールおよびシカゴはその例である。いずれも1995年の試みで敗れてはいるが、97年、98年にそれぞれ命令、条例の制定をみている。セントポールでは95年の失敗後、リビング・ウェイジ・タスクフォースが組織化され、2年後には隣接都市ミネアポリスとともに制定に成功している。

（2）カバーされる企業等

自治体と契約を結ぶ企業・団体のみを対象とするもの、自治体から経済開発等を目的とした減免税、補助金等の形の金銭的助成を受ける企業・団体のみを対象とするもの、その双方を対象とするものの3種がある。表にはそれぞれ17、4、12自治体がある。

契約については、ミルウォーキー学校区、イリノイ州クック郡のように一切の制限のないところもあるが、一般には、サービス契約（ボルティモア、ニューヘブン、ダーハム等）またはそのうちの特定の職種（ニューヨーク、シカゴ、カリフォルニア州ヘイウッド等）にかんする契約に限っているか、一定額以上の契

約（ロサンジェルス、ボストン、デトロイト等）に限っているか、またはその双方の制限を同時に課している（ヘイウッド、マイアミ＝デイド）。「特定の職種」としては、雑役・管理人（janitorial／custodial work）、警備員、駐車場管理人等のほか、清掃、飲食サービス、スクールバス運転手、臨時雇い、事務、保健医療介護その他のソーシャル・サービス、キャッシャー等が一般的である。ロサンジェルスほかでは市財産のリース契約も含まれる。たとえば、空港のスペースを使用するユナイテッド、デルタといった航空会社、ホスト・マリオット・サービスといったバー、レストラン経営企業もカバーされることになる（*New York Times* 1999）。「一定額以上」の額は、5,000ドル（3件）、1万ドル（1件）、2万ドル（1件）、25,000ドル（4件）、5万ドル（2件）、10万ドル（1件）と分布している。

　金銭的支援については、サンタクララでは新たに税の減免を受ける製造業、サンアントニオでは単に減免税とするが、他はすべて一定額以上の金銭的助成を市から受ける場合としている。その額は5,000ドル（デイン郡）、1万ドル（イプシランテ町、ケンブリッジ）、2万ドル（イプシランテ）、25,000ドル（ダルース）、5万ドル（デトロイト）、1件当たりまたは年当たり10万ドル（セントポール、ボストン、オークランド、ミネアポリス、マディソン、サンホセ）とする。ロサンジェルスでは契約当たり100万ドルまたは年当たり10万ドルとする。

　ただし、これら対象企業等の従業員のうち誰々がリビング・ウェイジの適用を受けるかは必ずしも一律ではない。ミルウォーキー学校区のように対象となる企業の従業員のすべて（「契約者の全従業員」）とするもの、ダーハム市マジソンのように自治体の「金」が入っている当該事業に雇用される労働者に限るもの、ダルースのように「それらに働く従業員の90％以上」、サンアントニオのように「新たに創出された雇用の70％」といったようにさらにそのうちの特定の割合の従業員とするものがある。また、カバーされる従業員の「身分」について、サンタクララは「すべての正規従業員」とするが、マイアミ＝デイド郡は非管理的事務労働についてではあるが臨時、終身を問わないとする。ハドソン郡は一定時間（20時間）以上働く労働者とする。該当企業の下請けも含まれるケースもある。空港における航空会社の手荷物扱い、車椅子介助等はその例である。

デトロイトのように対象に非営利組織も含めるか否かは「論点」とひとつである（後述）。ケンブリッジのようにそれを含めると明示するもの、シカゴのように営利企業と限定を明示するのも、オークランド、イプシタンテのように非営利を含めるがこれが不当に不利益を受ける場合は除外するとするものがある。少なからぬ自治体では自治体職員についてもリビング・ウェイジを要求する。たとえば、パサディナ（98年）、マイアミ＝デイド郡（99年）、サマヴィル（99年）イプシランテ（99年）、ケンブリッジ、特に最近制定されたものにこれが多い。サマヴィルではフルタイム職員のみならず、パートタイム職員もカバーされる旨明示する。

自治体職員を超えて市内全労働者にリビング・ウェイジを要求するとなれば、これは市範囲の最低賃金条例となる。この制定の試みはデンバー、ニューオリンズ、アルバカーキー、ヒューストン、タスコン（Tuscon）で行われている。デンバー、アルバカーキー、ヒューストンは6.50ドル、ニューオリンズは連邦最賃プラス1ドル、タスコンは7ドルをめざしているがいずれも成功していない。デンバー、ヒューストン、タスコンは既に制定に失敗、ニューオリンズとアルバカーキーは裁判所において係争中である。

（3）リビング・ウェイジ額

多くの条例はフルタイムで年間働いて連邦の定める貧困線に到達する時給をもってリビング・ウェイジとする。「フルタイムで年間」とは週40時間、年50週または52週、「連邦の定める貧困線」とは通常4人家族（ミルウォーキーは3人家族）のそれとする。規定の仕方とすれば連邦貧困線とするもの（ニューヘヴン、サマヴィル）とそれを用いて計算された特定額を定めるところがある。貧困線以外では、その地域での「一般的組合賃金」（ニューヨーク）および自治体職員の最低の賃金を基準とするもの（ダーハム）がある。

額の決定は、直接具体的金額を定めるところ、「算出方式」を定めるもの、自治体の特定担当機関が決定する（ボルティモア）とするものがある。

各条例制定時に明示されたリビング・ウェイジ額の分布は表4－2のとおりである。99年上半期に制定された条例では、健康保険がある場合は7.50（ハドソン郡）―8.50ドル（イプシランテ市および町）、ない場合または有無を問わな

第4章 「生活できる賃金を」 145

表4-2　制定時リビング・ウェイジ額（1999年6月現在）

年／ドル	1994	95	96	97	98	99
｜ 6.15ドル	ボルティモア 6.10	ミルウォーキー 6.05				
6.16 ｜ 7.15			ダルース +6.25 ポートラント 6.75	ミルウォーキー郡 6.25 ［ポートラント 7.00］		
7.16 ｜ 8.15			ダルース 7.25 ニューヨーク 7.25-11.25（1）ロサンジェルス +7.25 ジャージーシティ +7.50		パサディナ+7.25 ダーハム 7.55 シカゴ 7.60 クック郡 7.60 ミルウォーキー学校区 7.70 オークランド+ 8.00	ハドソン郡+ 7.50 ボルティモア 7.70 マディソン 7.91 ヘイウッド+ 8.00
8.16 ｜ 9.15			ロサンジェルス 8.50		パサディナ 8.50 マルノマ郡 #9.00	イプシランテ町+ イプシランテ 8.50 マイアミ＝デイド 8.56
9.16 ｜ 10.15		サンタクララ 10.00			オークランド 9.25 サンアントニオ（2）9.27 サンホセ +10.00 サンアントニオ（3）10.13	ヘイウッド 9.50 イプシランテ町 イプシランテ ケンブリッジ 10.00
10.16-					サンホセ 10.75	
貧困線				ニューヘブン セントポール+ ミネアポリス+ ボストン（97-98）	デトロイト+	サマヴィルデイン郡（4）
の110%				セントポール ミネアポリス		（2001年）マディソン
の125%					デトロイト	（2002年）ニューヘブン

注：+ 健康保険が別にある場合。# 賃金以外の給付をこの額の中に含む。
　（1）職種により異なる；（2）非耐久消費材およびサービス；（3）耐久消費材；（4）99年7月に健康保険付加について検討、表4-1から再集計。

い場合は 7.70（99 年ボルティモア）―10.00 ドル（イプシランテ市および町、ケンブリッジ）である。94 年以降の全条例で、低い方は 95 年制定のミルウォーキーの 6.05 ドル、94 年ボルティモアの 6.10 ドル、高い方は、98 年制定のサンホセの 10 ドルプラス健康保険または保険なしで 10.75 ドルおよびサンアントニオ（耐久消費財製造）の 10.13 ドルである。

リビング・ウェイジ額の引き上げについては、一定の年の経過後の引き上げ額を予め定めるところ（ボルティモア、マディソン）、連邦の定める貧困線、「一般的組合賃金」（ニューヨーク）、消費者物価（ケンブリッジ）または自治体職員の賃金（ミルウォーキー郡、ポートランド）とのリンクをうたうところ、年々の見直しを行う旨明示するところ（ミルウォーキー）、または特にそれに言及しないところがある。

（4）賃金以外の諸条件

アメリカにおける企業の付加給付としての健康保険の重要性は先に述べた。95 年のサンタクララ、96 年のジャージーシティ、ハドソン郡の条例はすべての対象企業等にこれを要求する。97 年以降の最近のものの多くは、一般にはデトロイト条例のように付加給付としての健康保険の有無でリビング・ウェイジ額に差を設けている（パサディナ、ヘイウッド、マイアミ＝デイド郡その他）。ハドソン郡では「2,000 ドル以上の」と付すべき健康保険のレベルまで要求する。

リビング・ウェイジの発想、概念、運動は、その要求を「生活できる賃金」水準の確保にとどめないであろうことについても先に述べた。既にある 30 強の条例の中には、健康保険のほか、有給休暇、雇用、情報公開、さらに労働組合の団結権の保護にまで言及するものがある。ロサンジェルスおよびオークランドでは 12 日の有給休暇と 10 日の無給の傷病休暇、ジャージーシティは休暇を、ニュージャージー州ハドソン郡では 1 週間の休暇、ヘイウッドでは 12 日間の有給休暇と 5 日の無給休日を条件とする。

デトロイトの条例は市住民の優先雇用を求めていた。イプシランテ市は地域の労働者および業者の優先使用を求める。セントポールとミネアポリスは助成の結果創出される雇用の 60％は市住民によって満たされなければならないと数値目標を掲げる。ボストンおよびニューヘブンの条例はコミュニティにある

職業紹介所の使用を義務づける。またサンホセは新たに契約を獲得した企業は前契約者の従業員に仕事を与えることを、マルノーマ郡は同様に新たに雑役管理（janitorial）契約を獲得した企業は前契約企業の従業員をまず面接するよう求めている。サンアントニオでは、新規雇用の 25％以上がマイノリティに与えられた場合にはさらなる税の減免措置が講ぜられる旨規定する。

　情報公開を求める条例もある。1995 年のサンタクララ条例は、創出された雇用数、賃金および付加給付、申請した他のソースからの補助金について、ボストン条例も雇用、賃金水準、訓練計画についての報告義務を対象企業に課す。初期のインディアナ州ゲリーにも情報の公開規定がある。自治体の方の情報公開を求める条例もある。イプシランテ市はリビング・ウェイジ支払い義務を持つ雇用主のリストの年々の公表、ケンブリッジは市各部課に金銭的助成についての年次報告を義務づける。

　いくつかの市ではリビング・ウェイジ行政を執行する過程に「市民参加」を求めている。ボストンは労働組合およびコミュニティの代表から構成されるリビング・ウェイジ諮問委員会の設置を、ケンブリッジ市は適用除外申請（waiver requests）申し立てを審査・勧告するコミュニティ諮問委員会（Advisory Board）、マイアミ＝デイド郡は執行監督のためのリビング・ウェイジ委員会を設置する。

　ロサンジェルス、オークランド、イリノイ州クック郡およびカリフォルニア州ヘイウッド、マディソン、イプシランテ市および町の条例では労働組合の労働協約があり得るところではこれがリビング・ウェイジ条例の定めを超えることを認めている。ミネアポリス条例は組合に友好的である（union-friendly）企業に金銭的助成の優先権（preference）を与えるとする。「組合に友好的である」とは、組合の組織化努力に対して中立的立場を保持し、従業員の住所氏名のリストを組合に提供し、勤務時間外の会社施設内立ち入りを認め、組合承認投票を省きカードによる組合承認を認める等によって判断される。サンホセ 98 年条例は労働組合と「良い関係」（good labor relations、labor peace）を保つことの保証を求める。同サンホセ条例はさらに落札業者の決定を見た時には市はその結果を中央労働評議会（AFL-CIO）に通知する旨定めている。

　これら諸条件の付加よりもリビング・ウェイジのメッセージを最も鮮明に送

るものはミネアポリス条例とダルース市条例であろう。前者は「現在市職員によって行われているサービスを民営化することによって賃金低下をもたらすような民営化は一切認めない」、後者は「外注・下請け化される仕事はリビング・ウェイジが支払われなければならない」と規定する[10]。

（5）運動の担い手

　全国的にリビング・ウェイジ・キャンペーンを主導したのは ACORN（The Association of Community Organizations for Reform Now）とされる。ACORN とは「アメリカで最も古いかつ最も大きい中低所得家族の草の根組織であり全国30都市に10万のメンバーを持つ」。特に94年以降リビング・ウェイジ・キャンペーンに積極的に関与している。現在、ワシントンDCに全国（National）リビング・ウェイジ・リソース・センターを置き、資料・情報の提供、組織化・戦略の助言、人材の紹介・ネットワーキング、現場訓練・研修講師の派遣等、全国のリビング・ウェイジ・キャンペーンをサポートしている（Reynolds: 6）。ACORN の名は表4－1中セント・ポール／ミネアポリス、ボストン、シカゴ、クック郡等に見られる。

　それぞれの地における実際の運動の主体はデトロイトと同じくコミュニティ組織、労働組合、宗教界三者のコーリションである。ただし、三者間のウェイトの軽重はそれぞれの地域により異なる。表の最右欄には、BUILD（Baltimoreans United in Leadership Development; 50 の宗派の教会からなる）のような組織されたコーリション名のほか、地区の中央労働評議会、自治労（AFSCME）、ホテル・レストラン従業員労組（HERE）、サービス従業員労組（SEIU）その他の労働組合のローカル、ニュー・パーティ、全国弁護士組合（National Lawyers Guild）、ホームレス組織、発達障害コーリションのような社会福祉組織、インターフェイス（宗教）組織、市会議員・郡コミショナーの個人名が見られる。

　運動内部については、たとえば、カリフォルニアの4都市、ロサンジェルス、

---

10) ボルティモアでは AFSCME と BUILD は市長を説得して以前に下請け化した市の36ある学校の雑役・管理人のしごとにリビング・ウェイジを支払うようにした。

サンホセ、オークランド、サンディエゴのキャンペーンについてザビン（Carol Zabin）とマーティン（Isaac Martin）による The Phoenix Workers and Communities at The New World Foundation に対し提出された報告書『経済政策分野におけるリビング・キャンペーン：カリフォルニアの４ケーススタディ』（*Living Wage Campaigns in the Economic Policy Arena: Four Case Studies from California,* June 1999）に詳しい。

　99 年 11 月現在、全国 50 以上の市、郡、大学でキャンペーンは各地で続いている：サンフランシスコ、サンタモニカ、セントルイス、フィラデルフィア、アルバカーキー、デンバー、クリーブランド、ピッツバーグ、バッファロー、マリン郡（カリフォルニア）、オルバニー、パサディナ、サマヴィル（マサチュセッツ）、ミズラ（モンタナ）、マンハッタン（カンサス）、モントゴメリ郡（メリーランド）、アレクサンドリア（ヴァージニア）、オースティン（テキサス）、サウスベンド（インディアナ）、スポケーン（ワシントン）、ノックスビル（テネシー）、アレクザンドリア（ヴァージニア）、カラマズー（ミシガン）、アナーバー（ミシガン）、その他（Reynolds: 107 ほか）。99 年に入ってからは、月に 1 自治体以上の割合で条例の成立を見ている。サンフランシスコ案が通ればカバーされる労働者数は一気に倍増するという。サンタモニカの条例案は、直接市と関係を持つ個別企業を越えて、公の資金で整備された一定地区全域をリビング・ウェイジの対象とするはじめてのケースである。3 キロメートルにわたる海岸沿いのツーリスト地区に立地する従業員 50 人以上のすべての企業が時給 10.69 ドル以下の賃金を支払うことが許されなくなる（*New York Times,* 1999）。

4　賛否の理論的議論

（1）論　　点

リビング・ウェイジについては当然のことながら賛否がある。賛否それぞれの「理論的」根拠を整理しておこう。基本的には最低賃金についての議論に類似する。

　リビング・ウェイジを進める側は主張する。人たるもの、朝から夕までフル

タイムでしかも1年中まじめに一生懸命働いて、なお食えない、生活できないというのは、正義・公正に反する——ましてやアメリカのような豊かな国にあっては。「賃金フロア」（wage floor）という形の政府の介入なくしては、低賃金労働者は適切な所得を得ることはできないし、不平等かつ不公正に分けられている国の富の分配を正すことはできない。生活できる賃金を得ることによって低所得者の自助・自立は高まり、また家族の結びつきは強まる。彼らは福祉の受給者から提供者（＝納税者）にかわる。社会サービス（生活保護、食料切符等）にたいするニーズが減り、ひいては政府の経費は削減され、逆に税収は上がる。民間の社会サービス（教会によるスープキッチン、シェルター等）も不要になる。地域内での消費が増え、よって地域の経済は潤う。従業員の勤労意欲および能率の増進と移動率の低下により使用者は利益を得る。企業経営の競争条件を平等化する。

　これに対して、反対の主張は次のとおりである。そもそも経済的分配については市場が究極の決定要因であるべきであり、厳格な「自由市場」アプローチからはずれることはそれが如何なるものであれ歪みおよび不能率をつくり出す。リビング・ウェイジの導入は、低技能（未熟練）労働者の失業を増加する。自治体の契約への入札者の数を減少し、契約額ひいては行政サービス経費を上昇せしめ、加えて制度運用の執行経費を必要とする。企業家の経営の自由は損なわれ、経済界に「悪しきシグナル」が送られ地域の経営環境は悪化しその地域への投資を減少せしめる。地域経済の自殺行為である。また、非営利組織への適用は、コミュニティに価値あるサービスを提供しているこれら組織を不当に傷つけ、リビング・ウェイジが助成しようと目指す「働く貧乏人」（the working poor）のための事業を台無しにする（Reynolds, Pearson & Vorkampf, ii-iii）。

　この両論の中間に、貧困の解消、「働く貧乏人」の地位改善という趣旨には賛成しながらも、そのリビング・ウェイジというアプローチには反対するという意見がある。最低賃金制度でいくべきだとの主張である。ミシガン大学ソーシャルワーク教授レリー・ルートは「最低賃金のような制度は州、連邦等範囲が広いほど良い」とする（レリー・ルート、99.8.28）。エドワード・ケネディ上院議員はより高い連邦最賃を提案した。また、リビング・ウェイジに対し所得控除を上げ手取り所得を増やすとの対案もありうる。

（2）既存の評価調査

　以上の主張にはイデオロギー的な「べき論」とある程度は実証可能な論点の双方が含まれている。「べき論」とは、上記賛否それぞれの主張の第1センテンスが示す反貧困・反不平等論と経済的自由競争論である。それぞれの立場の根底を成す。「実証可能な論点」とは上記それぞれの主張の第2センテンス以下である。1999年9月現在、筆者の知る限り、リビング・ウェイジ条例の影響に関する研究はボルティモア市に関する二つの事後の評価調査と、ロサンジェルスおよびデトロイトに関する影響予測調査がある[11]。

（i）ボルティモア・ケース

　ボルティモアは、上記のとおり、最初のリビング・ウェイジ条例としてしばしば言及される条例を94年に制定した都市である。条例は、市の契約者のすべての従業員に95年7月以降最低6.10ドル、以降順次引き上げ99年には7.70ドルを支払うことをもとめた。

　第1の評価調査は条例発効後1年後の96年、ワシントンDCのプリエンブル（Preamble）・センターによるもの、第2のものは同2年後の97年、経済政策研究所（Economic Policy Institute）の委託を受けジョン・ホプキンス大学の4人の研究者が行ったものである。いずれも、賛成派の主張のほとんどすべてが正しいことを示し、反対派の予想する否定的結果はどれも見出せなかったとしている。両報告書の主なる結果は次のとおりである（Weisbrot & Sforza-Roderick 1996; and Niedt, et.al. 1998）。

① 市契約の実際の平均契約額は条例発効後低下した。市への財政的影響は微々たるものであった。

② 契約1件当たり入札参加者は1994年から95年にかけて減少したが、統

11）予測調査の方は大なり小なり各地で行われているものと思われる。たとえば、Bruce Nissen, "The Impact of a Living Wage Ordinance on Miami-Dade County," Florida International University, 1999.

計的に有意なほどではなかった。競争の減少、契約費用の増加は見られなかった。

③　条例を執行するための納税者への負担は年間市民1人当たり17セントとわずかであった。市経費の増加はインフレ率以下であった。

④　条例制定の前後を通して市と契約を持った面接調査企業のうち、より高い賃金を求められたが故に従業員数を減じた企業は存在しなかった。

⑤　ケースが告げる限り、賃金と労働時間の改善は従業員のモラール・信頼度（reliability）の向上、定着率の改善をもたらした。この意味でコストの一部はベネフィットによって吸収される。

⑥　リビング・ウェイジ以上の賃金を得る労働者に対するリビング・ウェイジ導入の波及効果が見られた。

⑦　条例の成立によって経済界がボルティモアに対しネガティヴに対応した証拠はない。市への企業投資額は条例成立後の1年著しく増加している。

90年代中頃の好景気という一般的状況を差し引いても、結果はポジティヴである。

同時に第2の調査研究は、外部要因に目をやりつつボルティモア・リビング・ウェイジ条例の影響・効果の現在における限界を指摘し、リビング・ウェイジのより広い民間および非営利セクターへの適用拡大と、条例執行上の改善等を提言する。

①　条例のポジティヴェな影響は市内の比較的少人数の労働者（2,000人未満）に限られている。

②　パートタイムや季節労働者の拡がりの故に、リビング・ウェイジ（「生活できる賃金」）は必ずしもリビング・インカム（「生活できる所得」）に結果していない。総労働時間の確保への介入が必要である。

③　リビング・ウェイジの効果は福祉改革の影響で脅かされているかもしれない。

④　リビング・ウェイジを支払わない、求められた賃金関係書類等を提供しないといった条例を遵守しない企業がかなりある。リビング・ウェイジ条

第4章　「生活できる賃金を」　153

例の有効性とその分析の双方に深刻な影響を与えている。

（ⅱ）ロサンジェルス・ケース

1996 年、ロサンジェルス市会は提案された条例が立法化された際の影響評価の測定をカリフォルニア大学（リバーサイド校）経済学者ロバート・ポリンに委託した。ロサンジェルス条例は市と契約する者のみならず金銭的助成を受ける者をも適用対象とする。全国最大の 9,000 人の労働者がカバーされる（*New York Times,* 1999）。リビング・ウェイジの額は健康保険給付のある場合で時給 7.25 ドル、ない場合で 8.50 ドルであるが、年 12 日のバケーションと 10 日の傷病休暇の要請がある。予測する条例のもたらす結果は以下のとおりであった。

① 影響を受ける企業の「全生産高」（製品の製造およびサービス）に占める「提案された賃金増加の全費用」の割合を用い計算する限り、条例は市経費のネットでの増加、雇用の減少、市民に対する市サービスの低下を引き起こすことはない。

② 影響を受ける労働者およびその家族によって受け取られる政府からの補助金額（各種給付、社会サービス等）は 50.4％減少するとともに、市内の消費、住宅所有、小零細企業市場の成長が期待される。条例はこれら潜在的利益をもたらす。

③ 適切な水準の賃金により特徴づけられ、生産性を増加し、移動率を減少し、能率性を高める「ハイロード」（highroad）企業間の競争をもたらす潜在性を持つ。

④ 未熟練労働者の間の失業率を増加することはない。

⑤ 小企業を不利な立場にはおくことはない。

⑥ 企業がロサンジェルスに立地しまたは市と契約等関係を持つことを避けるようになることはない。

「ロサンジェルスのその後の経験はポリンの研究を正しいものとしているようだ。1 年半後、市会は条例の影響を見直し、雇用喪失、契約入札の減少、経営環境の悪化のシナリオはいずれも起こらなかったと結論した。その結果、市

会は、条例のカバーする範囲を明確化、拡大する規定を採択し、また条例の下の権利を守る労働者を報復措置から守る規定を追加した」（Reynolds, Pearson & Vorkampf 1999: iv）。

（iii）デトロイト・ケース

1999年、ウェイン・ステイト大学の3人の研究者はデトロイト条例の予測される影響を測定した報告書を発表した。デトロイト条例はロサンジェルスと同じく市と契約を結ぶ企業とともに金銭的助成を受ける企業をも対象とする。前記2節および3節の表4−1のとおり、リビング・ウェイジの額は健康保険給付がある場合で貧困ラインと同額、ない場合でその125％である。加えて、市住民の優先雇用の要求がある。研究の結果は以下のとおりである（Reynolds, Pearson & Vorkampf 1999: vi-viii）。

① 実際のコストを多めに見積もったモデルを用いても、リビング・ウェイジ条例を遵守するために市契約者（270企業470サービス契約[12]）にかかる費用は最大620万ドルほどである。このすべてを市に転化し、かつ、条例が費用を引き上げること以外の何らの積極的影響ももたらさないと仮定しても、最悪のシナリオでもこれらコストは市年間予算の0.2％以下にしか当たらない。金銭的助成を受ける営利企業へのコストは全く無視してよいほどに低い。

② 条例の影響を受ける労働者とその家族、対象とされる企業、デトロイトの市民および納税者が種々のベネフィットを得る。コストの小ささに比し、ベネフィットは大きい。

③ デトロイトの経験はボルティモア、ロサンジェルスのそれに類似するだろう。条例を遵守するために対象雇用主にかかるコスト額は、全体で契約額2億4,900万ドルの3％、いずれの契約でも契約額の10％以下であり、半数は1％以下である。エンパワメント・ゾーンに立地する「企業および

---

12) 建設関係126契約は「デトロイト一般的組合賃金法」にカバーされるのでここには含めていない。

第4章 「生活できる賃金を」　155

製造業施設免税措置」を受ける企業についてはそれぞれの操業予算の1%以下のコスト増を引き起こすにすぎない。実際のコストは関係する企業の全予算からみればきわめて些細ものである。雇用主はリビング・ウェイジの故に雇用を削減しまたはデトロイト市への移動を取りやめるという議論は信頼をするに値しない。

④　ただし、非営利組織に対するネガティヴな潜在的影響はある程度予測しうる。市契約によって影響を受ける労働者の多くの部分はソーシャル・サービス分野に働く。それら組織では一般に労働者の移動率が高いが、一方で賃金が高くなることでこれを低めることができるかもしれない。しかし、他方でこの点を別にすれば、リビング・ウェイジを遵守することによるコスト増は全コストの5.5%から6.8%となるかもしれない。市は非営利組織に最大可能なコストの負担を求めるか、全コストをカバーする特別ファンドを市が提供するか、その他何らかの対策を講ずる必要があるかもしれない。市が全コストを負担してもその額は市の年間支出25億ドルの0.2%にしかならない。

「本日まで如何なる調査研究もリビング・ウェイジ条例を成立させた35の市のどれ一つについても条例のネガティヴな影響を文書化したものはない。反対派のウェブサイトを見てみても、経済学者の間の最低賃金をめぐる長い議論に関する研究と後の研究によって意味なしとされているボルティモアについての第1の研究についての保守的な攻撃があるのみである」（Reynolds, Pearson & Vorkampf 1999: iv）。

（3）リビング・ウェイジのエッセンス

　一方に低賃金、低所得の解消、公正競争条件の定立を置き、他方に行政（自治体・政府）の介入を対置する。ここまでは最低賃金と変わるところはない。しかし、最賃議論を超えたリビング・ウェイジの議論は、その動機のひとつに民営化阻止がある（Allis 1999）こと、そのアプローチに納税者の立場の利用、税の使い方の意識化があることである。ここでは、特に後者についてみておこう。リビング・ウェイジのエッセンスである。具体的には次の4点である。

①　「聖なる」税金は貧しい労働者を「搾取する」ために用いられてはならない。従業員に対してフルタイムで働いてもまともな生活もできないような低賃金を支払いながら利潤を追い求める企業に公金を支出すべきではないし、そのような企業を用いて自治体・政府は自らの行政目的を遂行すべきではない。

②　しかもこのような企業を応援することは生活できないような低賃金を受ける労働者の存在を維持し、増加するのであるから、当然社会サービスへのニーズひいてはこれへの行政支出を高めることになる。行政にとっては二重の経費支払いとなる。

③　この目的のため、行政（自治体・政府）は、その公権力の行使とは異なる、物・サービスの購入といった一般私企業と同様の立場にある「私的」契約主体としての立場を利用する。行政はすべての企業等を平等に取り扱うべきではあるが、そこではなお契約自由の原則を享受する。この行政手法はアメリカでは別に新たなものではない。たとえば、各種反差別行政を見よ。

④　清い手の原則（クリーンハンド・プリンシプル）である。行政が、フルタイムで働いても生活できないような賃金を支払うことが社会的正義に反するあるいは公正に反するとの価値を受け入れ、これを他に「説教」するならば、少なくとも自らは自らの職員にはそのような低賃金を支払わない、自らの行政目的遂行（業務遂行）のプロセスにおいてはこのような低賃金を支払う企業等は利用しないというのでなければ説得力はない。前記3節の表4－1の少なからぬ自治体が自らの職員にもリビング・ウェイジを要求していたのを思い出されたい。

　第1、2点はアメリカのリビング・ウェイジの運動の中で意識化され議論されていることである。第3、4点は筆者の理解である。

（4）なぜある使用者は支持するか

　リビング・ウェイジは一部使用者によっても支持される。なぜか。貧乏人のコミュニティの中で食料品を商う小商店主にとっては、顧客の懐具合と自分の

売り上げが直結する。

　マイノリティが所有する企業の所有者として、私は残念ながら地域の家族所得、消費者の需要と（私の店で売るような）製品に対する需要の相関に気がつかざるを得ないのです。もし彼らが食卓の上に食べ物を置くことができなければ、誰も私たちの食料品を買うことはできないのです（オークランド市会での Carlos Reynoso の証言、Reynolds 1999: 165 参照）。

　従業員を使うもう少し規模の大きい企業の使用者は、人事管理上の損得を測る。ボルティモア・リビング・ウェイジ条例は（従業員の）採用をはるかに容易にしますし、移動要因をはるかに減少させます。いい賃金を支払う会社に働いていれば、その仕事にしがみついていようと思うでしょう（ボルティモア・リビング・ウェイジ条例について雑役・管理契約者として賛成。ブロードウェイ・サービス社長 Tom McGowan、Reynolds 1999: 143 参照）。

　先のボルティモア調査の使用者からの回答には実際に起こったこととして次のような声が出されている。「労働者の勤労意欲は明らかに変わった」「より質のいい労働者を雇えるようになり、会社の評判は良くなった」（いずれも派遣企業）、「労働者は喜んでおり生き生きしている、遅刻もしなくなった。かれらは6.10 ドルならこの仕事を喜んでする人が他に（いくらでも）いるのを知っています」（バス会社）（Weisbrot & Sforza-Roderick 1996: 11）。

　ロサンジェルス・リビング・ウェイジ条例制定に際し、市内 7 名の経営者は連名で条例支持の手紙を市会議員および市長宛に送った。ベル・インダストリーズの CEO テオドール・ウィリアムズ（Theodore Williams）、オール・アメリカン・ホーム・センター社長（president）、レオナルド・ガートラー（Leonard Gertler）ほか 4 名である。使用者のひとつの論理・考え方を総括的に聞かせてくれる。

　……私たちは、リビング・ウェイジ条例が……長期的に見て企業と経営基準、納税者、コミュニティのための条件を良い方向に導くだろうと信じています。

私たちは責任ある経営をすれば必ずやそれだけ高い見返りが保証されると信じています。私たちの経験と調査研究の結果からいえば、ロサンジェルス・リビング・ウェイジ条例が求めるような人事（human resource）政策をとる企業は現実にコストを削減し製品の品質を向上するということを証明しています。労働者の移動率は減少し、勤労意欲と生産性は向上し、私たちの製品を買うことができる住民の数は増加します。……ロサンジェルスにおける成功企業の名をおとしめるどころか、リビング・ウェイジ条例は……経済界に巨額の利益をもたらすことになるでしょう。健全なコミュニティ、その安全と安定をもたらすであろうということも重要な点です。

　ボルティモアのリビング・ウェイジ条例……の実施から1年後、市契約の額は上がっておらず、雇用は減少しておりません。加えてロサンジェルスについての研究調査は、市予算に実質的なコスト増はなく、雇用減はなく、ロサンジェルス住民へのサービスの低下はないとしております。それどころか、勤労世帯に対する政府の各種補助金は50％以上も減少し、市（public）の財源は自立した労働者からの税収で潤うことになるでしょう。

　さらに私たちは、リビング・ウェイジを実施する市（当局）はその指導力を用い市契約の公正競争条件を整え、すでに良き経営（good business）の価値を理解している私たちに報いてくださるものと信じております。

　私たちはリビング・ウェイジ条例が地域の経済の復興と責任あるロサンジェルス企業のため良き経営環境の整備へ向けての一歩であることを信じております（Reynolds 1999: 164 参照）。

先のロサンジェルス国際空港にリース契約を持つユナイテッドやデルタ等はリビング・ウェイジの受け入れについて当初は抵抗したが、やがて受け入れた。"一流の"大企業は信用を大事にする。

こういった倫理性、道徳性を問う問題で長期裁判等によりマスコミにさらされ会社の顔、イメージを壊すことを嫌う。「マイナスの広告」は避けたい（*New York Times*, 1999 参照）。

ある経営者はリビング・ウェイジの本質に近づいている。自らの税金の使途に関心を持つ。その声は次節とのつなぎをなす。

私は小企業の所有者として、投資をする時に何も考えず闇雲に投資をするようなことは決してしませんし、市と市民が根拠もなくそうする（条例を制定する）よう求めているとは信じられません。私たちが持つ資源は限られています。私は私の納めた税金が家族を支える仕事を創出するための「てこ」として使われなら満足です（フィラデルフィア市会での Carol Hemingway の証言、Reynolds 1999: 143 参照）。

5　リビング・ウェイジを超えて

（1）納税者の権利、ハイロード、自治体・企業の責務（accountability）

　「極端な」低賃金、貧困、分配上の格差、富の蓄積といった不正義、不公正を作り出し拡大するために、すなわち、労働者の「搾取」を進めるために、税金は使われてはならない——納税者にはこれを求める権利があり、自治体（政府）にはこれに応える責務がある。一度この価値と論理を受け入れるや、その内容は何も低賃金に限定せられる必要はなくなる。労働者に対する他の不正義、不公正についても容易に拡げられ得る。上記の多くのリビング・ウェイジ条例が、賃金以外の諸給付、バケーション・傷病休暇、情報開示、団結権の保護等々の諸条件を求める所以である。同様に、何も「労働者」に対する不正義、不公正に限定せられる必要はなくなる。労働者以外の人々に対する不正義、不公正についても拡げられ得る。

　次のステップは、「不正義、不公正」の、「適・不適」による置き換えである。納税者は自らの納めた税金が、不正義、不公正というほどではないとしても、なおどのように使われるべきかに関心を持つ。言い換えればそれが適切に使われるよう求める権利を有する。自治体（政府）はこれに応える責務がある。今はやりのハイロード／ローロード論とアカウンタビリティ（accountability））概念を媒介項に「都市経営」論と結びつく。

　貧困と高い失業率、そして貧しい資源に悩むアメリカの都市は、過去数十年、一方で人件費（賃金）の安さを喧伝し、他方で各種の金銭的インセンティヴを

差し出し企業誘致（当該自治体内に留るようまたは外から入って来るよう）を競って
きた。何十億ドルの金がそそぎ込まれてきた。しかもそれらの多くは何の「ひ
も」もつかない資金であった。雇用を創出することも、生活できる賃金を支払
うことも、付加給付を与えることも、自らが排出する公害を緩和することも、
コミュニティ内に留る約束をすることも求められることはなかった。ただ単純
に企業誘致をすれば都市の経済は復興し雇用は創出されると仮定されていた。
そのような期待と理論の上にあった。何らかの、たとえば雇用創出のような条
件が付されることもなくはなかったが、その資金の使用過程に市の"モニタリ
ング"がなされること、その結果にゴールが満たさなかった場合に責任が問わ
れることも滅多になかった（Luce, 1996）。

　実際このアプローチの効果（経済発展、雇用創出等）は期待、理論どおりで
はなかった。誘引された企業の多くは貧困レベルの賃金しか支払わない。市が
低賃金で付加給付なしの企業に補助金を出すと、納税者は健康医療費および食
料切符を負担しなければならなくなる。住宅、公害等についても同様である。
創出された雇用の数も限られていた。雇用を創出することを保証するメカニズ
ムは埋め込まれていなかったし[13]、また創出された雇用は新しい雇用ではな
く他地域から移されたものにすぎなかったかもしれない。何の条件も付されず
に与えられた契約や補助金、融資、減免税は、企業に一度「金」を受け取って
しまえばあとは自由――自由に逃げ出す道を保証していた（Luce, 1996）。

- ニューヨーク市はCSファースト・ボストンがニュージャージーに出てい
  くのを留めるために5,500万ドルの補助金を与えた。会社はこれを受け取
  り、1,800の新しい雇用を加えることを約束した。そして3週間後、CS
  ファースト・ボストンは900人のレイオフを発表した（Luce, 1996: 1）。
- イプシランテ市は地域に雇用を保つために13億ドルをGMに与えた。会
  社はその後4,000人以上を削減しテキサスに移転した（Luce, 1996: 7）。

---

13) たとえば、エンタプライズ・ゾーンは雇用創出を目的としながらその提供するインセ
　ンティヴのひとつは固定資産・在庫税（property and inventory tax）の減免である。
　このことは、低賃金のわずかばかりの雇用しか生まない多数の倉庫を誘致することと
　なる。

・ランカスター市は企業を誘致するために30万ドルをガラクシー・グループに与えた。しかし、会社は予定していた他からの融資を得ることができず、移転して来ることができなくなった（Luce, 1996: 7）。

いずれのケースでも市は会社からその投資を取り戻すすべを持たなかった。イプシランテのケースでは市は裁判に訴えたが結局は勝てなかった。このような「ばかげたこと」——しかし、これが伝統的都市経済政策であったのだが——はもうやめよう。ローロードを閉じる。ハイロードを行こう、そして自治体および企業のアカウンタビリティを求めよう。

ハイロード企業経営とは、「家族を養える賃金とまともな給付を保証する仕事を提供し、特にコミュニティと手を組む（partner）企業経営」をいう。それは「質の高い生活を持つコミュニティの中でしっかり教育を受けたかつ勤労意欲の高い労働力を求める」ことに結果しよう。ハイロードの都市経営とはこれに準ずる。市の契約や金銭的助成を一種の投資と考え、「なにはともあれ雇用」というのではなく、「良い」企業経営をする企業にのみ投資をする（投資先の選択）。「良い」企業とは「その投資に強いリターンを市にもたらすことができる企業」をいい、ハイロード企業であり、「労働者が生活するコミュニティの中に根を下ろす地域の企業」をいう。市は公金を受け取った企業が約束を守っているかどうかを見極めるためにフォローし、「当該企業がその約束を守りそうでなければ利子または罰金とともに「元本」を返還することを求める」（実効性の確保。「　」内はLuce, 1996）。

納税者は自分の納めた税金がどのように使われるかを決定すべきであるとの命題は、公金の使用について4段階の整理を可能にし、リビング・ウェイジの位置と意義を再度見せてくれる。

第1段階：ある目的（たとえば、経済発展、雇用創出）を持って、一定の要件に見合った企業に支出する。マクロレベルの量的ハイリターンをナイーヴに「期待する」。支出と期待される結果との間のつながりは仮定である。

第2段階：市の支出を一種の投資と考える。どこに投資したらハイリターンがもたらされるかの投資先に関心を持つとともに、モニタリングと約束を果た

さなかった場合の資金の回収確保の方法を用意した上での支出である。ただし、その目的はやはりマクロ経済的経済発展、雇用創出等一般的平らな投資である。

第3段階：単にマクロレベルの量的ハイリターンを求めるのではなくリターンの質を求める。同じ経済発展、雇用創出としてもその作られる経済、雇用の質、アプローチに関心を持つ。何らかの指標で質的に「良い」企業に投資される。「どのような企業を我々は誘致したいのか。資金をコミュニティの基準にあう企業にのみ提供すべきである」

第4段階：さらにターゲットを絞ったもの、社会のどの部分に、たとえば、「働く貧乏人」、所得下位5分の1層にリターン求めるというところにまで介入する。正義、公正といったより強い価値の介入がある。

リビング・ウェイジはこの一連の議論の中におかれ、そしてその第4段階に位置するものである。リビング・ウェイジは長期的には経済民主主義の問題といわれる所以である。

（2）組 織 論

先に書かれたように、リビング・ウェイジ・キャンペーンはコミュニティ組織、労働組合、宗教界の三者の緩いコーリションにより進められてきた。

しばしば ACORN が先頭に立った。それぞれの地でそれぞれの異なる組織が運動の中心を担った。SEIU、HERE、AFSCME のローカル、地区 AFL-CIO 中央評議会、平和と正義（Peace and justice）グループ、グレイ・パンサーズ、ホームレス援護グループ、納税者運動グループ、公民権組織、Jobs with Justice, the New Party 等。議員等地方政治家も含まれていた。ジョン・スウィーニーが委員長になってから、AFL-CIO は積極的関与を深めてきた。弁護士のグループ（National Lawyers Guild and Legal Services）は重要な助力・貢献をしてきた。

『ワシントン・ポスト』はリビング・ウェイジ・キャンペーンを60年代「公民権法以来初めての草の根的運動」、「財布に関わる（pocketbook issues）ローカル・アクティヴィズムの再興」と書いた。（*Washington Post*, 1999）。永年デトロイトをベースに労働運動を下から進めてきた活動家マイク・パーカーは、

第4章 「生活できる賃金を」 163

運動のスケールと重要性において「60年代公民権運動以来の草の根運動」というほどのものではない（Parker 99）とは言うが、70年以降これを越える運動はそうは見られない。「通常では圧倒的力を持つ使用者、経済界は驚くほど強い組織運動に唖然とした」（*Washington Post*, 1999）。『ワシントン・ポスト』は続ける。

　　今の時代にあって、リビング・ウェイジ・キャンペーンは経済の苦しみは草の根政治エネルギーに再点火するということを思い出させてくれる。運動はコミュニティとコミュニティ活動家の遅すぎる再結合である。1990年代のあまりに極端な不平等の拡がりは国の恥辱である。一方の極でビル・ゲーツが昼飯を食う前にほとんどの人が生涯かかって稼ぐ以上の金を得る。しかしより大きな恥辱はこのぎらぎらした繁栄の中で、何百万のアメリカ人が毎日きちんと時間通り、しかも一生懸命働いているのに、にもかかわらず、貧困から抜け出すに足る金を家に持ち帰れないことである。もしこの恥辱をただすことが真に企業にとって悪いことであるなら、欠陥は改善にあるのではなく、システム（体制）にあるのである（Robert Kuttner, co-editor of the American Prospect.）。

リビング・ウェイジ・キャンペーンは、「働く貧乏人」の賃金を上げること、より低賃金の労働者を生む自治体・政府のサービスの民営化を防ぐことを直接の目的とはしている。それは同時に、パートのフルタイム化が中心的課題とした数年前のティームスターズUPSストライキとともに現在の経済的ブームのあまりの不均衡さに陽を当てて見せた。平均的、相対的低失業率が一方にあるが、何百万の仕事はかつて家族賃金とよばれたものをもはや提供していない。福祉改革の議論の中核に切り込んでもいる。
　しかし、前項で述べたようにリビング・ウェイジ・キャンペーンは、より長期的には、またはより広くは、経済的正義・民主主義を求める運動でもある。
　であるが故にリビング・ウェイジ・キャンペーンは種々のゴール／ミッション（cause）の異なる多くの個人、組織、ネットワークがかかわってくるのであり、逆にそれらはこのかかわりを通して自らを強化しそれぞれの持つゴール、

ミッションの実現とこのリビング・ウェイジの長期的展望に向けての力を強める
のである。草の根キャンペーンに人々を街頭に引き出し、草の根の指導者と
組織を育て、低所得者および労働者家族にその利益を代表する位置にある組織
（地域でコミュニティ組織、職場で労働組合）に力を与え（Reynolds 1999: .4-5）、広
いコーリションをつくり、「経済的正義の広い社会運動とハイロードの未来の
ための人的制度的ブロックをつくる」。

　全国の労働、コミュニティ、宗教グループが手を携え始めた。今まで三者を
分断してきたものをのりこえ、この三者のコーリションはさしあたり三部門の
共通関心事項、安全衛生、賃金、共通の公正さの問題で進んで行くだろう（Allis）。
ボルティモア、ミルウォーキー、ロサンジェルス、サンタクララ郡その他では
リビング・ウェイジの組織化から育ったより長期的ゴールを持ったプロジェク
トが動き始めている（Reynolds 1999: 84-99）。ボルティモアでは低賃金労働者の
組織化にも成功した。Solidarity Sponsoring Committee は 500 人のメンバーを
持つ。

おわりに

　94 年ボルティモア・リビング・ウェイジ条例が成立した時、チャールズ・リッ
グズ（Charles Riggs）32 歳は公園の清掃をフルタイムで働いていた。賃金は 4.25
ドルであった。彼は毎晩仕事終わるとホームレスのシェルターに宿泊していた。
アパートを借りられなかったのである。条例ができるや彼の賃金は 50％アッ
プした。もし彼が今（99 年）なおその同じ仕事に働いているならば、彼の賃金
は 7.70 ドルになっているはずである。教会が行うスープキチンやホームレス
シェルターはリッグズにとってはもう必要ない。

　アメリカには、リッグズと同じような、または「少しだけましな」労働者は
多い。フルタイムで働いても貧困線以下の年収しか得られない。98 年、デト
ロイト市は住民の直接投票で市と契約を結ぶまたは市から補助金、減免税等金
銭的助成を受ける企業・団体にその従業員に対し「生活できる賃金」を支払う
よう求める条例を制定した。90 年代、アメリカ全国で大都市を含む約 40 の自
治体が類似の条例を制定してきた。規制強化であり、民営化にブレーキをかけ
る地方レベルでの流れである。

第 4 章　「生活できる賃金を」　165

一方に、生活できないような低賃金・貧困を不公正、不正義と置き、他方に、納税者の税金の使い方に対する声を対置する。税金は不正義のために使われてはならないと。現在までリビング・ウェイジ条例に対する企業主の心配、実質的マイナス効果は実証されていない。

　リビング・ウェイジの議論は、経済開発、雇用創出等のための伝統的都市経済政策への批判を内包する。GDP 一般、平均的失業率といったマクロ経済的指標改善を旗印とした企業誘致、経営助成の無意味さと、質的ゴール、一定の受益者ターゲット（たとえば、下位5分の1階層の生活向上）を意識した投資助成、経済介入の重要さである。ローロードからハイロードへの切り替えであり、trickle-down theory（“滴り理論”；通過浸透説）の拒否と“trickle-up theory”（“滲み上がり理論”）の主張である。自治体、企業のアカウンタビリティ論が間をつなぐ。

　国際援助にあっては「ターゲティング」「エンプロイメント・フレンドリー・プロジェクト（同一単位を投資するならより多くの雇用を創出するプロジェクトに投資せよ）」の議論は今や常識となっている。

　現実にはリビング・ウェイジ条例の利益を直接的に受ける人々はまだごく限られている。「働く貧乏人」がいすぎる。彼らの生活は少しも良くなっていない。彼らにとってはアメリカは繁栄も、回復もしていない。あるいはもし繁栄し、回復しているというならば、そのアメリカとは何か。主張する者の目が問われていると言ってよい。

【参照文献】

ACORN. 発行年不詳。Living Wage Success: A Compilation of Living Wage Policies on the Books.（付、付属図表）

Allis, Sean. 1999. Editor, Metro *AFL-CIO News*.（An interview at his office on September 3 by T. Akimoto）.

Bernstein, Jared. 1998. "Living Wage Campaign: A Step in the Right Direction." Economic Policy Institute. March 9.

Campaign for Labor Rights. 1998. "Living Wage Campaign Begins." Newsletter. #16. August-September.

City of Boston Office of Jobs and Community Services. 1999. "Boston Jobs and Living Wage Ordinances, City of Boston Contractors and Procurement Officers Training."

June 11.

City of Detroit Law Department. 1999. "Answers to Commonly Asked Questions About the Detroit Living Wage Ordinance." February 26.

Detroit Business. 1999. "Wage rule under attack." Vol. 15. No. 24. June 14-20.

Detroit Free Press. 1999. "Republican leaders rip living-wage ordinance." June 7.

Luce, Stephanie. 1996. "Business Subsidies in Los Angeles: Getting a Return on Our Investment." (Prepared for the Los Angeles Living Wage Coalition). University of Wisconsin-Madison. December.

New York Times. 1999. "Minimum Wages Are Being Set, City by City." November 19.

Niedt, Christopher, Greg Ruiters, Dana Wise and Erica Scheonberger. 1998. "The Effects of the Living Wage in Baltimore." (A study prepared for the Economic Policy Institute).

Nissen, Bruce. 1999. "The Impact of a Living Wage Ordinance on Miami-Dade County." Florida International University.

Parker, Mike. 1999. (An interview at his home on September 8 by T. Akimoto).

Pollin, Robert, et. al. 1996. "Economic Analysis of the Los Angeles Living Wage Ordinance." (Executive Summary). University of California-Riverside (?). October 8.

Reynolds, David. 1999. *Living Wage Campaigns*. The Labor Studies Center, Wayne State University and the Association of Community Organization for Reform Now (ACORN).

Reynolds, David, Rachel Pearson and Jean Vorkampf. 1999. *The Impact of the Detroit Living Wage Ordinance*. Wayne State University. September.

Wade, Sebastian R. 1999. " 'Living Wage' is a dead end." *Detroiter*. January.

Washington Post. 1999. "The 'Living Wage' Movement." August 20.

Weisbrot, Mark and Michelle Sforza-Roderick. 1996. "Baltimore's Living Wage Law: An Analysis of the Fiscal and Economic Costs of Baltimore City Ordinance 442." The Preamble Center for Public Policy.

Zabin, Carol and Isaac Martin. 1999. *Living Wage Campaigns in the Economic Policy Arena: Four Case Studies from California*. (The Phoenix Workers and Communities at The New World Foundation に対し提出された報告書) Center for Labor Research and Education, Institute of Industrial Relations, University of California Berkeley. June.

付 デトロイト・リビング・ウェイジ条例

第1条 (Section 1) 目的

　本条例は、市と契約を結ぶ雇用主あるいは市から経済開発または雇用促進のための金銭的助成を受ける雇用主に対し、基本的生活ニーズを満たすに足る賃金をその従業員に支払うことまたは可能な限りデトロイト市住民をその従業員として雇用することを求めることにより、働く人々とその家族の生活を向上することを目的とする。

第2条 範囲

　（a）本条例は、以下に定義される契約者または助成受給者たるあらゆる個人 (individual)、所有権 (proprietorship)、合名会社（共同経営組合、partnership）、株式会社 (corporation)、信託 (trust)、協会 (association) その他 (other entity) に適用される。

　　＜ i ＞ 契約者とは、主にサービスを提供する（物品または財産の購入またはリースではなく）ためにデトロイト市と契約を締結する者で、該契約のための支出

合計が、その下請け業者（subcontractor）を含め5万ドルを超えるものをいう。

　＜ⅱ＞　助成受給者とは、経済開発または雇用促進を目的とする市からの金銭的助成の額が、該助成の対象たる現場（sites）において契約者、下請けまたは賃借人を含め5万ドルを超えるものをいう。市が執行する連邦歳入担保債（revenue bond financing）、計画支援（planning assistance）、税増加融資（tax increment financing）、減免税（tax credits）またはその他の形の助成が含まれる。

（b）本条例の最低賃金の要求は、パートタイム、フルタイムの如何を問わず、該契約によって全部または一部がカバーされる職場に雇用される契約者または助成受給者のすべての従業員、あるいはパートタイム、フルタイムの如何を問わず該金銭的助成によって全部または一部がカバーされまたは補助される職場に雇用される助成受給者のすべての従業員に関し適用される。

第3条　最低要求

（a）各契約者または助成受給者はその従業員に最低この条約に定義されるリビング・ウェイジに等しい賃金を支払わなければならない。

（b）リビング・ウェイジとは年間当たりで（週40時間で年50週に基づく）次のいずれかに等しい賃率をいう：

　＜ⅰ＞　連邦貧困レベルの125%

　＜ⅱ＞　健康保険給付がその従業員に与えられている場合は、連邦貧困レベルの100%。ここでいう健康保険給付とは全額使用者負担の家族を含む総合的医療保険をいう。

（c）連邦貧困レベルとはアメリカの家族4人の貧困水準所得ガイドラインで定期的に調整されるものをいう。

（d）市財務（purchasing）部は連邦貧困レベルの変更にあわせ必要に応じリビング・ウェイジを調整する。財務部はリビング・ウェイジの額の変更を公表する会報（Bulletin）を発行し、その調整の発効前に各契約者および助成受給者に文書によりその変更を通知する。

（e）カバーされる契約者または助成受給者は契約または金銭的助成の結果として創出される仕事を、できうる限りデトロイト市住民に与えるよう努めなければならない。このことは（従業員に）市内に居住することを求めるものと解釈されてはならない。また如何なる契約者または助成受給者も本条例にカバーされることになったことによって該契約または助成発効時に雇用されていた従業員の契約を終了し、異動しまたはレイオフすることを求めるものではない。

第4条　執行および罰金（penalties）

（a）市のすべての契約または金銭的助成は本条例の遵守が求められる。それらのすべての契約または助成には本条例に故意にまたは反復し違反がなされる場合には該契約または助成はうち切られうる旨規定される。

（b）すべての契約者または助成受給者は本条例の対象となるすべての職場の目につきやすい場所に本条例の下で求められる最低リビング・ウェイジ額を掲示しなければならない。市は契約者および助成受給者に対し最低リビング・ウェイジ額およびその変更をそれらが発効前、合理的期間内に通知しなければならない。

（c）リビング・ウェイジの要求に違反した契約者または助成受給者は影響を受けた各従業員にその違反が続く各日数につきその不足額を支払わなければならない。本条例の故意の違反者は1違反につき1日当たり50ドルの罰金を違反日数にしたがい市に支払うものとする。市は本項に定められた（罰金の）支払いを確保するに必要な額を雇用主に対する支払い、補助金または金銭的助成から留め置く（withhold）ことができる。

168

（d）2年以内に3件以上の違反により前項に定められた「50ドル罰金」が課された契約者または助成受給者は、最後の違反の日から10年間は（第2条（b）項に定められる）市とのあらゆる契約の入札（bid）および締結（enter）または市からの金銭的助成の対象から排除される。本項に関して1件とは、1給料支払い名簿（payroll）、1給料日（payday）または1支払日（date of payment）を意味し、各件により影響を受ける従業員の数にはかかわらない。

（e）本条例の違反によって影響を受けたものは市財務部に苦情を申し立てることができる。財務部は90日以内にその苦情を調査し救済する。もし苦情の解決が90日以内に申立人の満足するものとならなかった時には、申立人またはその代理人は本条例の執行についてウェイン郡巡回裁判所に提訴することができる。裁判所は当該裁判（an enforcement action）に勝訴したものに対し合理的な範囲内の弁護士費用および経費を与えることができる。本条例は他の最低給与（compensation）・賃金および労働時間法の違反に対する訴訟を提起する従業員の権利を制限するものと解釈されてはならない。

第5条　一部無効（Severability）
　本条例の一部分またはある規定が管轄裁判所により無効または適用なし（enforceable）と宣言された場合にも、その他の残る規定はそのまま適用され有効とされる。

第6条　発効日
　本条例は本条例発効日以降に締結された契約および付与されまたは更新された金銭的助成のすべてに適用される。当初締結された期間を超えてなされる契約の期間延長のための合意は、本項に関しては新たな契約の締結とみなされる。

【初出】「リビング・ウェイジ・キャンペーン（生活賃金運動）」『アメリカ　繁栄の中での社会変動──1990年代における雇用・労働』調査研究報告書 2001. No. 13. 日本労働研究機構、2001年、47-84頁。

第5章−I

仕事か命か／労災・職業病
自動車産業を例に

1 労災の死傷者数

（1）本日の業務上死亡者400人

　第2次世界大戦中、工場およびそのほかの職場における死傷者の数は、戦場におけるそれをはるかに上まわった。1941年から45年の5年間に、アメリカの主要製造業および非製造業では、88,100人の労働者が死に、1,111万2,600人が傷ついた。これは、戦争による死傷者数105万8,000人のおよそ11倍にあたる。

　こんにち、人は口をひらけば、アル中の問題を言う。しかし、慢性的アル中による毎年の死者は、12,000人にすぎない。全国安全会議は、1972年の労働災害に起因する死亡者数を14,100人と見積っている。しかし、だれもこれを口にはしない。

　労働省労働統計局によれば、「死亡、永久障害、および事故発生の日を超えて労働を不能にさせる負傷あるいは疾病」の件数は240万、さらに、「労働には就いたが、通常の仕事のすべてはできなかった、という他の労働日損失の場合」、さらに「次の1または2以上を含んだすべての疾病および負傷」を加えるならば、その総数はなんと570万にのぼるという。「次の1または2以上」とは、「なんらかの医療処置（損失労働時間の有無を問わないが、応急手当の場合はのぞく）、意識の喪失、作業および動作の制限、あるいはほかの仕事への配置替え」をさす。おおまかにいえば、100人のフルタイム労働者について10.9人、すなわち10人に1人が、日々自分が身をさらしている労働環境のゆえに

殺され、あるいは病気になったということを意味する。しかも、これらの240万あるいは570万という数字は、農業、鉱業、鉄道、公務およびすべての自営業主をふくんでいないのである。

ほかのいくつかの調査は、実際の死傷者数は上に報告されているものの5倍から10倍にものぼるだろうと主張している。14,100人という死亡者数は7万人かもしれないし、14万人であるかもしれないということである。240万は、1,200万かもしれないし、2,400万であるかもしれないということである。

たとえば、労働省の委託をうけて行われ、1971年に発表されたジェローム・B・ゴードンの研究は、毎年2,500万の重大傷害と何千もの死亡が統計にはいっていないと主張する。

また「1970年労働安全衛生法」26条によって、議会に報告することが義務づけられている「労働安全衛生に関する大統領報告書」では、業務上の理由によって生じた死亡者数約10万人と、驚くべき数字を挙げている。「年間の労働時間を2,000時間とすると、1時間当たり50人、1日8時間で400人の死亡者がいる、ということである」

石油・化学・原子力労働組合のトニー・マツォッチノは言う。「私は、なおこれは巨大な氷山のほんの一角にすぎないといわざるをえません。しかし、年間10万人の死というのは、まさに信じがたいほどの数字です。アメリカの歴史において、1年間に10万人もの人が殺された戦争なんて、いまだありませんでした」

「全労働者の46%が『重大かつさし迫った』健康に影響を及ぼす業務上の危険に直面している」——連邦公衆衛生サービスのために、1968年、シカゴで行われた一調査結果である。賃上げどころではない。「こういった深刻な問題を、いったいだれが本気で考えているだろうか」。デトロイトの一内科医ジェネット・ビグロー・シャーマンは、筆者に問う。「政府は？　会社は？　組合は？」。

『肉と血』の著者レイチェル・スコットは結論する。「3年間、アメリカのいろいろの職場をまわってみて、私にははっきりしました。政府も、組合も、使用者の良心も、このもっとも残酷な、もっとも冷笑的な仕打ちから、働く男や女たちを守ってはいないということです」

「政治家たちは？」。全米自動車労組（UAW）『ワシントン・レポート』の編

集者フランクリン・ウォリックはつけ加える。「上院だろうが下院だろうが、そのなかのただの一人の議員だって、この問題（労働者の業務上の安全衛生問題）を、自分のよって立つ政治生命の柱と心得ている者なんていやしない」。こんな問題は、いくら扱ったって票にならない。

「いずれかの分野の専門的な職業人たちはどうだろう」筆者はたずねよう。経済学者たちは？　「この問題は計量化できない」?!　医者は？　はたして、患者が彼らを訪れた時、何人の医者が、患者の職業、仕事についてくわしく質問をくりかえすだろうか。心理学者は？　社会学者は？　弁護士は？……「たぶん、考えちゃいまい」。では、地域コミュニティのなかで働くソーシャル・ワーカーたちは？　彼らは答えるだろう、「それは私の仕事ではない」と。

この業務上の安全衛生問題のもっとも深刻な側面の一つは、危険にさらされている当の本人＝労働者自身が、その事実についてなにもしらないということである。「実際に仕事上、健康に影響を及ぼす危険にさらされている全労働者のうち、わずか25％だけが、その油断ならない、かつもっとも目にはいりにくい危険を察知しているにすぎない」のである。

（2）クライスラーの73年協約

デトロイトの主要産業、自動車産業を例にとってみよう。「自動車産業は全製造業のなかでも、きわめて安全な産業である」。フォードの会社側一スポークスマンは誇らしげに語る。

自動車産業労働者を組織するUAWは、石油・化学・原子力労働組合などとともに、この安全・衛生の分野では、もっとも先進的な労働組合の一つとされ、UAW自身もこれを自認している。『UAWワシントン・レポート』は衛生・安全について多くの記事を扱うし、支部組合安全衛生代表などに向けては、隔週、『安全・衛生通信』が送られている。組合員の健康に影響を及ぼす工場の諸問題については、すでにいくつかの調査を行ってきたし、いまも行っている。

1973年の対ビッグ・スリー協約改訂交渉においては、この労働安全問題が、その一つの焦点とされた。一定の前進も勝ちとられた。いくつかの支部組合では、さらに進んだ内容を勝ちとっている。締結されたクライスラーとの協約は、画期的なものといわれる。同協約の一部として付されている「衛生および安全

の理解に関する覚書」の冒頭はうたう。「クライスラー工場従業員の身体の安全はなににもまして、会社と組合にとっての大きな関心事である。今回のわれわれの協約交渉においては、いかなる他の事項といえども、工場における安全で衛生的な労働環境を確保することを越えて、より高い優先順位を与えられたものはなかったし、与えられるに値するものはなかった」

　本協約の第1の特徴は、新しく合意された諸計画を実施・前進させるために、工場および全国両レベルにおいて、労使同数で構成される「衛生・安全合同委員会」を設置していることである。両合同委員会の具体的な任務は次のとおりであるが、工場レベルにおける組合側代表の活動は、その任務遂行に必要な限りにおいて有給とされ、職場から離れることが認められる。

〈工場衛生・安全合同委員会〉
① 　少なくとも月1回の会合をもち、工場内の衛生・安全状態を検討し、必要あるいは望ましいと思われる諸提言を行う。
② 　週1回の工場巡回を実施し、工場が安全で健康的かつ衛生的な労働状態にあることを確認する。
③ 　政府の衛生・安全検査員および全国組合（UAW本部）衛生・安全専門員の工場検査に同行する。会社の衛生・安全員による工場定期調査および組合によって求められた調査に同行する。
④ 　事故発生の場合には、これを報告書類とともにこれを検討し、必要あるいは望ましいと思われる提言を行う。
⑤ 　労働安全衛生法に関する報告類の写しを受けとる。
⑥ 　工場レベルでの安全衛生教育および情報計画を検討、提言する。
⑦ 　必要に応じ、騒音、一酸化炭素、空気の流れなどを測定する。
〈全国衛生・安全合同委員会〉
① 　最低四半期に1度の会合を持つ。
② 　会社の安全・衛生計画を検討し、必要あるいは望ましいと思われる提言を行う。
③ 　工場合同委員会、組合側委員のための適切な訓練計画を開発し、会社に提案する。

④　従業員の訓練、教育のためのガイド・ラインを開発し、会社に提案する。

⑤　会社内の健康・安全計画に影響を与える連邦、州、地方政府の諸基準を検討・分析する。

⑥　工場における衛生・安全問題に影響を与える重大な、あるいは異常な状態について検討する。

⑦　会社が現在、労働安全衛生法によって報告を求められているデータを、全工場について検討し、分析する。

⑧　工場合同委員会によってまわされてきた諸事案について、これを受理し処理する。

ついで協約は、会社が「従業員のために安全かつ衛生的な労働環境を確保することを自己の責務と認め」、次のような広範囲にわたるものおよびサービスの提供を約束することを規定する。加えて、会社は「全国組合の衛生安全代表に、会社のあらゆる工場および敷地への立ち入り」権をも認める。

①　会社費用による、必要な個人用防護器具、用具および衣服。

②　工場合同委員会の使用に供される騒音、一酸化炭素、気流測定用機器。

③　工場合同委員会委員のための訓練、および全従業員のための必要な安全・衛生教育、訓練。

④　全国合同委員会の要求がある場合には、従業員が晒されるあらゆる既知の有害化学品および物質、それらにたいする治療法、対処法についての情報。

⑤　⑥に規定される会社の責務を遂行するにたる能力を持つスタッフと医療設備。

⑥　潜在的有害因子または有害物質の従業員への影響の有無を判定するために、必要な頻度および範囲において、医療サービス、健康診断および聴力検査そのほかの検査。従業員の書面による要求のある場合には、当該労働者または彼の個人医にたいし、これら諸検査、診断の結果。

⑦　会社の産業衛生・安全スタッフによる定期調査、工場管理者あるいは全国組合の求めによる特別調査。要求により、全国組合にたいし、これら調査の結果報告。

第5章-I　仕事か命か／労災・職業病　175

⑧　全国組合の衛生・安全専門スタッフにたいして、会社が現在、労働安全衛生法のもとに求められていると同様の全工場に関する諸データ。

本協約を特徴づける第3の点は、衛生・安全に関わる問題の発見および解決のための苦情処理手続き、ストライキ権の留保などである。すなわち、「毎週木曜日第1シフト時に、各工場各区のチーフ・スチュアートおよび／あるいは当該地区担当の工場職場委員会委員が、安全、健康的かつ衛生的職場条件が維持されているか否かを見きわめるために、各区内の巡回を実施する」。是正の必要ありと信ずる状況については、前記工場衛生・安全合同委員会の組合側委員に報告される。

報告をうけた工場合同委員会の組合側の委員は、翌日第1シフト時に当該報告事項について実地調査を行う。「これら調査によっても解決されない事項は、工場職場委員会と労使関係管理者のあいだでもたれる定期会合の議題に入れられ、次回の会合の席で討議される」。通常の苦情処理手続きの「ステップ2」である。あるいは、「工場合同委員会の組合側委員が緊急と認める場合には、直接、全国合同委員会にまわされる」

しかし、これらの手続きは、通常の苦情処理手続きの「ステップ1」、すなわち、「苦情」を持つ従業員が職長にたいして直接に、あるいは、チーフ・スチュアートを通して、「衛生・安全苦情」を提出することを排除するものではない。むしろ衛生・安全事項をめぐる対立解決のおもな責任は、他の問題と同様、工場管理者と支部組合代表にあるといえよう。

もっとも重要なのは、次の点である。すなわち、一般の苦情処理手続きにおいては、問題はステップ1、2、3、地方本部による再検討を経て、最終的には訴願委員会に至る。

そしてこの訴願委員会が問題の最終決定権をもち、組合は問題をストライキに訴えることはできない。協約有効期間中のストライキが一般に禁じられるのはこのためである。ところが、この衛生・安全の問題については、労働基準、雇用保障、外部契約その他とともに、訴願委員会の権限外とされている。つまり、ストライキの権利が留保されているのである。組合は危険な、あるいは不健康な状態が存在し、会社が組合の満足のゆくようにこれを調整することがで

きない場合には、つねに問題をストライキに訴えることができるのである。

　フォードの協約は、上のクライスラーの協約のような詳細な規定は持たないが、同時に多くの類似の規定を含んでいる。たとえば、第10条第4項は「安全衛生」と題し、会社の安全衛生にたいする一般的責任と、従業員を業務上の傷害・疾病から守るために、防護用器具、衣服などの提供をうたっている。合同委員会の設置という規定はないが、第6条第8項では、クライスラー協約における工場合同委員会組合側代表の機能のうちのいくつかをはたす衛生安全代表について定めている。衛生・安全問題については、一般の苦情処理手続きと異なる特別の苦情処理手続きが定められていること、衛生・安全問題は、クライスラーの訴願委員会に相当するアンパイヤの権限外とされ、ストライキの権利が留保されていることも同様である。

　ゼネラル・モーターズ（GM）については、「業務上の傷害または疾病によって従来の仕事が遂行できない場合は、通常の先任権規則を排除して、工場内の他の仕事にまわすことができる」という条項と、工場に衛生安全代表のための事務室を設けるという付属文書を除いて、衛生・安全に関する規定はいっさいない。「けれども」、UAW委員長（当時）ウッドコックはいう。「GMは、前例により、われわれが衛生・安全についてはストライキ権を持つことを知っています。われわれは彼らにはっきりとそう告げておりますし、彼らもその権利を明確に認めています」

（3）一つの支部協約

　以上の全国協約は、無数の支部協約で具体化され、深められ、補われる。より良い条件が勝ちとられることも多い。支部協約の内容程度は、各支部によってかなりの違いがみられるが、いずれにおいても、労働環境そのほかの問題を含めた広い意味での安全衛生問題は、先任権に関する問題、職種分類および格付の問題などとならんで、その中心的な位置を占めている。

　ゼネラル・モーターズ（GM）のカリフォルニア・フレモント組立工場の協約をみてみよう。手元にある多くの支部協約のなかから、たまたま取り出したものだが、そのK項は「安全」と題し、だいたい次のような項目が並べられている。

第5章-Ⅰ　仕事か命か／労災・職業病　177

①　従業員が作業中の場所、あるいは生産ラインが作動中の場所では、ラックの下そのほかを掃除するために、圧縮空気を用いてはならないこと。

②　防護装置のない場所では、鉛を研磨し、あるいは乗用車およびトラックまたはそれらの主要部分にスプレーをほどこさないこと。

③　ブレーキのつかない乗用車やトラックを、そのみずからの動力を用いて運転することを従業員にもとめてはならないこと。

④　塗料混合施設では、火花を発生しない工具を用いること。

⑤　非常の場合をのぞいて、動力機は、免許を有する従業員のみが操作すること。

⑥　修理部に持ち込まれたあらゆる安全および安全関連事項については、同部内で独自の安全日誌がつけられること。これらの事項は、ただちに対処されるべきこと。安全に関連した「苦情」は工場安全部長に連絡さるべきであり、彼は必要に応じて安全衛生委員とともに、当該事案の日誌記載事項を検討、チェックすること。

⑦　修理部の安全衛生委員が、安全上危険ありと考え、これを管理者に通知した場合には、ただちに是正措置がとられること。

⑧　他の部で残業が予定される場合には、管理者は、安全確保に必要な熟練技能従業員の配置について、最大の配慮をほどこすこと。

⑨　工場内で働く社外業者は、労働安全衛生法の定めに従うべきよう指示されること。

⑩　アーク溶接は必要な防護器具を備えることなしには行われないこと。安全規則は、すべての社外業者に関しても検討、チェックされること。

⑪　安全上、危険状態が存在する場合には、従業員はその労働の義務から解放されるべきこと（組合要求）。

⑫　ソフト・トリム（乗用車部19）の積載ランプの左手に、交通混雑時にこの地区で仕事を行う運転手を守るため、ガードレールをつけること。

⑬　「センター・エイル」「ストップ」「ヴァリー」（いずれも工場内の地区名）および乗用車、トラック双方の積みだしエアリアのすべての出入口に、停止信号を取り付けること。

同協約には、これらの他にも、別項に、手袋、つなぎ、服、安全メガネ、そのほかの防護具の支給、暖房、換気、照明、騒音その他の労働環境諸条件（Ｎ項）や、安全衛生委員と工場医務部部長との会合、医務部のサービス、医療処置、負傷者の賃金そのほか医療に関わる問題（Ｅ項）が定められており、さらにそのほかの項にも、安全衛生に深く関連する項目は多い。

2　協約はあるけれど

（1）自動車工場における実態

　前述したような詳細な規定を持つということは、当事者がこの問題にたいして深い関心をよせているということを示すとともに、反面、自動車産業において、安全衛生に関していろいろ問題があった、あるいはあるのではないか、ということを推察させる。

　現に、この問題をめぐるストライキは頻発している。たとえば、1976年3月、安全衛生問題で、フォード・スターリングハイツ工場の生産労働者6,100名がストライキに突入した。この工場は、フォードの乗用車およびトラックの車軸、ドライブ・シャフトを一手に生産しているため、フォードの全米全工場が生産ストップの危険にさらされた。ストライキは6日間つづいた。

　7月、同様のストライキが、クライスラー・トレントン工場で発生した。同工場はデトロイトの南、車で約1時間のところにあり、1辺半マイルもつづく広大な敷地を持っている。約350人が働く化学工場と、4,400人の労働者を擁するエンジン工場からなり、前者では、ブレーキ・シュー、接着剤、石綿、サビ止めなどを製造している。

　紛争の種は、換気、機械のオイルもれ、構内小型バスや牽引トラックの不整備、工場のなかのライトの故障、保護手袋の支給、カッター・グラインダーの修理、塗装スプレー使用に関する問題などであった。なかでも、中心的問題は換気。冷暖房につかう換気扇が回らない、送風管から空気がもれている、工場内のある部分の換気が極端に悪い、といった類のものである。同支部の工場安

全衛生委員会委員長、安全衛生代表の名によって労務課に提出された工場巡回検査の結果をみると、このような問題は、工場内のほとんどすべての職場に及んでいるのがわかる。

筆者のインタビューに答えて、同支部の副委員長フレッド・ウェルチは説明する。「これらは、なにもいまにはじまった新しい問題ではない。15年以上もつづいている問題である」「直接今回の紛争に関係するものでも、1973年ころからはじまっている。この年は、本部の衛生専門家が問題を指摘しているのである。にもかかわらず、3年たった今日、まだなおっていない」

「それどころか反対に、74年、75年と景気が悪くなって、工場のなかの状態はますますひどくなっている。会社はなにもなおさないし、新たに人もふやさない。たとえば、ちょっと前には、10日間にハイ−ロー・トラックによる事故だけで3件もあった。そのうちの1件は重傷で入院。原因は、ハンドルとブレーキの不整備。しかも床にはオイルがいっぱい、カーブをきった時にスリップしたのだ」。「しかもこの1年以上、週7日操業、工場の3分の2では3交替、残りの3分の1では10時間労働の2交替勤務をつづけている。7日働くということは、休みがぜんぜんないということである。このような激務のため、無断欠勤がふえている」。「会社とは、今年にはいってからも、2月半ば以降、毎月交渉をもってきているが、いっこうに埒があかない」「スト批准投票の結果もほぼ100％『賛成』だった」

彼はつづける。「こういった状態（不整備のハイ−ロー・トラック、オイルだらけの床など）は、なにもこの工場に限ったことではない。ほとんどの工場が同様の状態にある。もっとひどいところさえある」

まったくおなじような状況が、クライスラー・エルドン通り歯車・車軸工場についても語られる。「それは、なぜゲイリー・トムプソンが死んだのかということを説明する……〔彼は〕荷を積んだフォークリフト・トラックの下敷きになって死んだのである……。〔UAW安全部長が〕そのフォークリフトを調べてみた、緊急ブレーキは壊れ、接続されていなかった。シフトレバーは『ゆるく、ガタガタで』、ハンドルはあまく、そのほかの機器類も、悲しいかな、ほとんどすべて全面的に手をいれる必要があった。彼は工場の残りの部分を検査してみた。修理室は、修理もされずに放置されたフォークリフトでいっぱい

であった……。彼は、そのスクラップ場の恐ろしい光景に愕然とした」（スコット『肉と血』）

べつの描写もある。「〔われわれの〕頭上のコンベアは古く、しばしば、ひきつるような、ひっかかるような、ガクッ、ガクッと痙攣をおこしているような状態になった。そのたびごとに、ドリー（当て盤）がガタガタと左右に揺れた。部品がよく落ちてきたものだ。〔日に〕8回から10回は、こういったことが起こっていた」

（2）「安全」どころではない

労働省労働統計局報告1830『産業別業務上傷害および疾病、1972年』によれば、表5－1のように「自動車および同機械器具製造業」では、フルタイム労働者100人当たり20.1人、つまり5人に1人が、1972年に業務上の傷病を蒙っている。同報告書はその実数を挙げていないが、同統計局『雇用と賃金』による1972年の年間平均雇用者数から逆算すると、おおよそ173,000人になる。

彼らのうち何人が死んだのかは、わからない。この報告書は、死亡については、全製造業計で1,400人という数字を告げているだけだからである。ただ、その5分の1以上は、何日かの労働日を損失させるほど重大なものであったということである。「労働日損失ケース」1件当たり平均「損失労働日」は、14

表5－1　業務上傷害および疾病発生率（自動車および同機械器具製造業、1972年）

	1972年年間平均雇用者（単位千人）	フルタイム労働者100人当たり発生率				
		傷害および疾病			傷害	疾病
		報告総件数*	労働日損失ケース	労働日損失なしの非死亡ケース	報告総件数+	報告総件数+
自動車・同機械器具	860.9	20.1	4.4	15.7	19.0	1.1
自動車	381.3	19.9	4.1	15.8	18.9	1.0
トラック・バス車体	39.2	32.4	8.1	24.3	31.3	0.6
自動車部品・付属品	369.4	19.2	4.4	14.3	17.9	1.3
トラックトレーラー	25.3	33.5	7.7	25.3	33.0	0.5

注：+は死亡を含む。
出所："Occupational Injuries and Illnesses by Industry, 1972," BLS Bulletin 1830.
　　　1972年の年間平均雇用者数については、BLS "Employment and Earnings."

日にのぼるのである。

　ほかの産業と比べてみよう。図5-1と図5-2を見ていただきたい。「きわめて安全な産業である」どころではない。フルタイム労働者100人当たりの発生率でみるかぎり、ここに現れていない「もっとも危険な産業」石炭産業を除けば、事故の多いことで有名な建設業（19.8）をも超える。「全製造業のなかでも」きわめて危険な産業であり、15.6という製造業計を超えるのはもちろん、これより発生率の高いものは、21産業の分類中、鉄鋼・非鉄金属業（21.1）、金属製品製造業（22.8）、木材・木製品製造業（25.4）のわずか3産業だけである。

　しかも「自動車および同機械器具製造業」における傷害は、1960年代後半以降、度数率、強度率、いずれでみても、悪化こそすれ減少はしていない。1965年に4.7であった度数率は、66年4.7、67年5.4、68年5.8、69年6.1とふえつづけている『1965年に229であった強度率は、66年300、67年301、68年294、1969年414とふえている。新協約締結後の数字は不明であるが、さきのトレントン工場の様子からもうかがえるように、状況はそうかわっているようには思われない。新協約がその実効を発揮するまでには、なお数年が必要であるかもしれない。

　さらに注意すべきは、これらの数字――たとえば5人に1人という数字――は、すべての自動車産業労働者に平均して関わってくるわけではないというこ

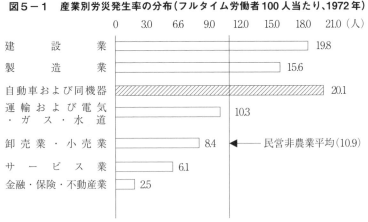

図5-1　産業別労災発生率の分布（フルタイム労働者100人当たり、1972年）

出所："Occupation Injuries and Illnesses by Industry, 1972" BLS Bulletin 1830.

図5-2 製造業分類別業務上傷害および疾病発生率（フルタイム労働者100人当たり、記録されたもののみ、1972年）

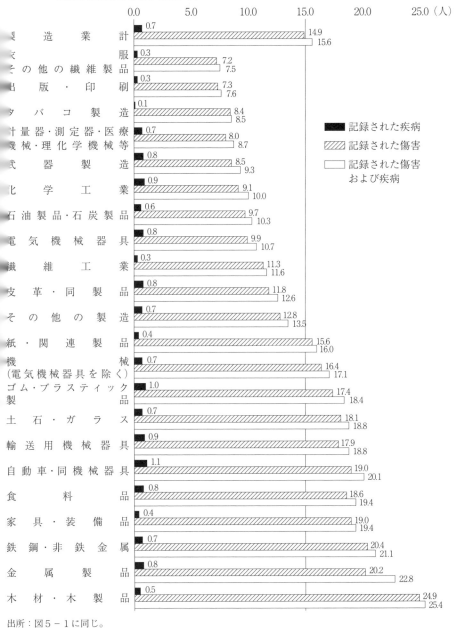

出所：図5-1に同じ。

とである。いろいろなファクターによって分けられるサブ・グループごとに、数字は大きく異なってくる。それはちょうど、失業率において全国全労働者平均が4.9%の時、デトロイトでは8.9%、若年層では27.0%というのに似ている。あるグループの労働者は、他のグループの数倍の傷病にかかっているのである。

たとえば、前掲の表5−1において、「トラック・バス車体」と「トラックトレイラー」の発生率が、「自動車」と「自動車部品・付属品」の1.6倍から2.0倍になっているのに気がつくだろう（ただし前二者の雇用数は、後二者のそれよりはるかに少ない）。「産業別傷害率、1970年」をみても、傷害度数率および傷害強度率いずれにおいても、これら2グループのあいだには大きな差異がある。生産工程、管理方法などの差のほかにも、そこに働く労働者の属性などに関するちがいといったものも考えられるかもしれない。

また、もう一つの例として、従業員規模別の状況のちがいを一瞥してみよう。表5−2の第1欄は、「自動車および同機械器具製造業」のほか、「飛行機および同部品」「船舶・造船および修理」「鉄道機器」「オートバイ・自転車および同部品」「そのほかの輸送」をふくめた「輸送用機械器具製造業」をとっているが、そこに示されるように、大小両極、すなわち1人から19人という小企業および1,000人以上の大企業において、傷害および疾病発生率は低く、50人

表5−2　従業員規模別業務上傷害および疾病発生率 （％）

（平均、1972年）

従業員規模	輸送用機械器具製造業	製造業計	民営非農業
全規模平均	18.8	15.6	10.9
1人〜　19人	16.5	11.8	5.7
20　〜　49	26.5	16.5	10.3
50　〜　99	31.4	19.5	13.3
100　〜　249	32.6	20.2	14.7
250　〜　499	24.1	17.3	13.7
500　〜　999	23.4	14.3	12.2
1,000　〜2,499	16.2	11.9	10.9
2,500人以上	15.1	12.4	11.1

出所：表5-1に同じ。

から250人という中規模で、その率はピークに達する。前者での率は15から16であるのに、後者では31から32にのぼる。その比はおおよそ1対2である。この従業員規模による傾向は、全製造業あるいは全民営非農業部門をとっても共通する。こういった点は、将来の研究に値しようし、またそれらは多くの意味をふくんでいるだろう。

（3）労災をかくす会社の努力

どうやら筆者は、だれ1人として信じていない無意味な政府統計について、少々多くを書きすぎたようだ。

「平均的な日には」と2人の前会社側弁護士は証言する。「10人から12人の労働者が重大な傷害をうけ、その認定のために、クライスラーの労働災害補償弁護士のもとに送られてくる。3,000人の労働者の工場人口のなかでは、毎年1人当たり1以上の重大傷害がある——これは公式統計にかつてあらわれたいずれの数字よりもはるかに高いものである」（『肉と血』）

会社の立場にたつ者たちでさえ認める事実と、われわれがこれまでみてきた政府統計とのあいだには、会社の偉大なる努力が存在する。その努力が政府帳簿を歪める。次にあげるのは、二重帳簿のいくつかのトリックである。

ふたたび『肉と血』から引用しよう。私のインタビューに答えた多くの支部役員および組合員、かつて自動車工場で働いた経験のある何人もの友人たちは、この本に書かれているようなことは、ごくありふれたことだという。

①　第1は、現場作業長による妨害である。

「彼は作業長に告げた。すると作業長は彼にいう。『背中が痛いって？　ほかには、おまえのための仕事はないよ』」。解雇の脅威である。多くの事例が、応急手当の段階でとめられてしまう。「私はケガをしました。……作業長に言うと、私を応急手当をさせにいかせました。連中は私を手当し、すぐにまた現場に送りかえしました。しかし私は働くことができず、結局家に帰りました。そして首になりました」

②　応急手当の段階をこえ、中央医務室に送られたとしても、事情はおなじである。

「2つの鋳型が私の上に落ちてきた。私はぶっ倒れてしまった……。彼らは

私を中央医務室に送った。数枚のレントゲンを撮ったが、基本的にはどこも悪くはないと彼らは考えたようだ。いくつかの鎮痛剤をよこし、……そして私を仕事にもどした。……翌日目が覚めた時、〔私は〕体をうごかすことができなかった。……2週間のあいだ、会社の医者は鎮痛剤をあたえつづけた。……時には、私を指でつっついてみたりもしただろうか。最後には『おまえのは心理的・精神的なものだ』という。……私の家庭医は……言った、『首が3か所折れている』」。「クライスラーの前労災調停員は……〔言う〕。「労働者が手術をし、指を切断し、そしてその日のうちに仕事にもどされるといったことはいくらでもあります」。「フォークリフト・トラックにひかれた、ローザ・ローガン夫人は、車椅子で工場につれもどされました」

　③　運よく（?）休むことが許されたとしよう。しかし、会社による職場復　　　帰への圧力は、解雇の脅威をもってつねに加えられる。

　「マミー・ウィルソンズは長いあいだ病気で、彼女の医者からは、家で養生するように命じられていた。ところが、……クライスラーは彼女にただちに仕事にもどるよう、さもなければ解雇する旨通知した。職を失うことを恐れた彼女は出勤した。が、たちまちにして『重態』となり、『……会社は救急車で彼女を工場から運び出さなければならなかった』、次の日、彼女は入院し、5月15日に死んだ」

　④　会社医のいい加減さと仕事への強制が遺憾なく表されている。医者の倫　　　理的責任も問われる。

　しかし、会社による産業医への圧力も、相当なもののようである。ある調査機関による1973年の調査は、産業医たちが会社から、労働者の病気が仕事に関係するということを否定するよう、そして会社にとって知られては都合の悪い労働者についての所見は発表することを思いとどまるよう、しばしば圧力をうける、という産業医の不平を記している。

　小さな、しかしすこしばかり胸のすくような例を一つ──「ドナルド・ウォートン医師は昨夏、休暇をとっているゼネラル・モーターズの医者の代行をしていた。その時彼は、重傷を負った1人の労働者が仕事に戻るのを許可することを拒否したのである。ウォートンは、GMの無事故の神話をあまりにもみごとにうち砕いてしまった。……彼はたまたま通常の教化をうけることなくGM

の敷居をまたいだ、1人の誠実な産業衛生医であったのである」

⑤ 「彼ら〔フォード・ルージ工場〕は、けっして業務上の傷害を記録する様式第100号を〔政府に〕送らない。フォードの一弁護士は言った。『もし、工場でおきたすべての傷害についていちいち様式100号を送っていたら、われわれは朝から晩まで書類づくりばかりやってなきゃなるまい』」

⑥ 最後に、以上の事例のすべてを通して、そしてより直接的な圧力をかけて、労働者のあいだに次のような一般的な感情をかもしだせたら、大成功である。会社の努力は完結する。「ヴァーナー（工場）の女性たちは、〔労災〕補償請求を提出することを、しばしば恐れる。……〔工場内の〕一般的な感情は、自分がそうすれば、自分は仕事を失うだろう、というものである」

仕事か体か？　仕事か命か？　その選択は、労働者にとって、そうやさしいものではない。仕事か命か？　そして、仕事も命も失っていくのである。かくして、GMのごとき巨大企業は、成功裡に、全国安全会議の無災害損失時間賞に毎年名をつらねることになるのである。その一方で、日々生じている労働者の痣や切り傷や、骨折や肢体切断、さらに肺や皮膚や心臓への傷害をかくしながら……。

（4）労災補償もコストのうち

なぜこういったばかげたことが起こるのだろうか。あるいは、なぜ会社はこういったことをやらなければならないのか。そういった事故を起こした課・部・工場の長の責任あるいは管理能力が問われること、その会社の名誉、信用、評判などもその理由の一部ではある。しかし、中心的問題ははっきりしている。労働者災害補償費用の節約である。「会社」は「彼らの損失時間記録をよく保つこと」によって、「補償支払いをさけ」、そして保険料の増加をさけることができる。

会社の論理ははっきりしてきた。全体はじつによく計算されており、かつ合理的である。会社はまず、安全対策に金をつかったほうが安上がりか、それとも、これをさぼって事故のおこったあとに労災補償を支払ったほうが安上がりか、を考える。

第5章-Ⅰ　仕事か命か／労災・職業病　187

「クライスラーの労災補償代理として勤めた一弁護士」は言う。「クライスラーでは、慎重な検討の末、決定がなされていた。──『われわれは、労災補償により以上の金を使うべきか、あるいは安全により以上の金を使うべきか』。……年々、われわれがしなければならなかったことは、まだ処理が済んでいないすべての事例を注意深く調べなおし、それらの事件の次年度における労災補償費用を見積ること、そしてその数字を会計にまわすこと、であった。彼らはそれをコンピュータにかけ、準備金はどのくらい必要かを計算し、……〔これを〕各工場を安全にするためにはいくらかかるか……という各工場ごとの安全部の見積りとつきあわせて、両者を天秤にかける。結果はいつも、労災補償費用のほうが安上がりだということであった。だから彼らは、安全には金をつかわないのだ」

つまり、熟慮の結果の労災補償の選択なのである。ついで彼らは、この労災補償費用を最小限に切りつめようとするのである。

これらの現実に直面し、組合はなにをやっているのだろうか。各工場・部・課には、これらの規定を日常の労働のなかでよく知っている職場委員や組合役員がいるのに、彼らは事故の発生を防ぐために、またひとたび事故が発生した時に会社の不当な取り扱いから労働者を守るために、はたしてどれだけ機能しているのだろうか。UAW が『肉と血』をあまり好まないゆえんである。

「彼は背中に痛みを覚えはじめた。『私は応急処置をうけに行きました。彼らは、私がいまつけているのとおなじ弾性ベルトを身につけるようにと、くれました』……彼は働きつづけたが、もっと軽い仕事にうつしてくれるようたのんだ。彼は、職場委員にも話した。『私は、なぜ会社はより肉体的に楽な仕事をくれないのかとたずねました。委員は、そういった仕事がないんだと言いました。〔さらにその〕委員は私にいうのです──オレにできる唯一のことは、公正な１日の賃金にみあう公正な１日の労働をすることだ』と。（彼は）委員に苦情を申し立ててくれるようにたのんだ。しかし、委員はこれを拒否した」

会社との入念な協働さえ、時には感じられる。「組合は、いかなる時においても、組立ラインのラインスピードをチェックできるはずだ。しかし、まず第１に、組合に、そうするために会社とたたかう意志のある者がだれかいかなければならない。そういった人が、そもそもいないのだ」。先に述べたゲイリー・

トムプソンの場合も、組合役員が、1人の労働者が死ぬまで、会社側のあきらかな保守の怠慢、あるいは危険の存在に気がつかないなどということは、とうてい考えられないことである。

「500以上の苦情の申し立てがあるうちで、まともに解決をみるのはわずか三つか四つである。……だれも残りのケースについては、どうなったか知らない」「組織された労働者の経済的・法的闘争をたたかうためには、組合はエコノミストとか弁護士とかといった要員を大勢そろえている。これに比べ、労働者の日々働く労働の場における快適な環境・条件を確保しようという労働者の関心が高まりつつある時、これに応えるための労働安全衛生担当者は、こんにち組合にはほんの一握りしかいない」

「自動車工場、鋳造工場は、そこで働く何千ものUAW労働者にとって、きわめて有害な多くの危険な仕事を含むにもかかわらず、（UAW）の全国本部」は、たった7人のスタッフしか、衛生・安全分野では持っていない——4人の衛生専門家と2人の安全技師と1人の弁護士。7人のうち3人は、わずか数年まえに加えられたものである。

労働者たちは1973年以降も、それ以前と同様、いぜんとして満足していない。この業務上の安全衛生をめぐる多くのストライキは山猫ストライキであったし（あらざるをえなかったし）、また今後もそうであろう。とくに、若い労働者が持っている、仕事上の安全・衛生を改善することへの関心は、今日ではこれまでになく高まってきているという。

3　業務上疾病の実態

（1）進行する業務上疾病

ある単一の独立した事故あるいは出来事から生ずる傷害は、むしろわかりやすい。しかし、労働者のある種の労働不能は、一定の期間の経過とともに生じてくる。継続性加重（？）とでもいったものから結果しうるのである。背中や腰の痛みのような例である。

労働に起因する病気のほとんどはこのケースであり、時にはより複雑なもの

でさえある。「業務上疾病は、しばしば知らず知らずのうちに進行する。というのは、有毒物質の低レベルの量に慢性的に身を晒したとしても、病気は表面に現れることなく、労働者の体内に深く潜伏するからである」

　たとえば、自動車労働者のあいだでもっとも頻繁にみいだされる業務上疾病の一つである慢性気管支炎は、長期間にわたって塵、埃、煙、フォークリフトからの排気ガス、蒸気などに晒されることによって生ずる。それらの因子に1日や2日身を晒したからといって、それに従事した労働者にはなんの徴候も生じない。やがて、朝起きがけに咳がで、痰がでるようになる。この段階でさえ、労働能力はなんの影響もうけないだろうし、肺の機能にもなんの損傷もないだろう。それはやがて閉塞性肺疾患へと発展し、その労働者は呼吸困難や、彼が以前できた仕事が徐々にできなくなっていく進行性労働不能に陥れていく。そしてついには、その肺の病気が十分にひどくなると、とくに心不全が始まると、完全な労働不能におちいる。その進行は、図5-3のようにあらわされる。

　ある病気を業務上疾病と決定するには、つまりある病気と有害因子とのあいだに因果関係ありとするには、いくつかの困難が存在する。まず第1の困難は、一般の医者というのは、労働者の病気が仕事上の有害因子によって引き起こされたかどうかを診断するための専門的な能力を持っていない、という事実である。第2は、ある病気の原因は、仕事外の諸要因によって相乗されるということである。たとえば上の例で、慢性気管支炎は、都市の大気汚染や当該労働者の喫煙の習慣によって助長されるかもしれない。第3は、同種同量の有害因子に身を晒したとしても、1人の労働者は病気にかかるかもしれないが、他の労働者はかからないかもしれない、ということである。各人は各様の肉体的条件を持っているからである。第4に、こんにち「推計25,000の化学品および物質的作用因が定期的に産業界で使用され……、そして毎年、3,000以上の新しい物質が導入されている」のであるが、それらの「労働者への影響（しばしば潜伏性の）については、極端にかぎられた量の情報しか存在していない」。とくに「新しい」化学品および「新しい」生産工程の場合には、そうである。既存の有毒物質についてでさえもその一部しか、政府産業衛生専門家全国会議の標準便覧および全国労働安全衛生協会（NIOSH）のリストには載せられていない。働く男や女たちは、モルモットの役を演じさせられているのである。

図5-3 労働に関した肺および心臓病の進行

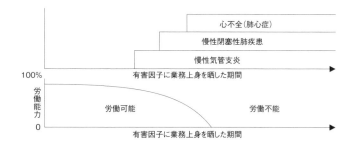

出所：A Health Research Group Study On Disease Among Workers In The Auto Industry.

　州および連邦のいずれの安全・衛生当局も、健康への危険因子を忘れ去り、あまりにも安全への危険因子にだけ重点をおきすぎている。

（2）正確なデータはない

　注意深い読者は、先の表5-1にあった、自動車産業における傷害と疾病の発生率の割合に疑問を持ったかもしれない。傷害による率は19.0であるのに、疾病によるそれは、わずか1.1である。後者はあまりに低すぎないだろうか——それは主に、以上に述べた諸理由からくるものと思われる。

　それならば、実際にはどのくらいの自動車労働者が、彼らの仕事のために、病気になっているのだろうか。ここでも「自動車産業についての正確なデータはない」。だれも真実の姿を知ることはできない。

　シャーマン医師（序章2節（4）33頁参照）は計算し、見積る。「政府が全産業について推計する疾病および死亡数からいくと、1日当たり65人の自動車労働者が、労働のために死亡しているかもしれないということになる。……1年当たり推定16,000人の死亡〔である。同様に〕、労働不能にさせる疾病は63,000件にのぼる」

　自動車産業は、なにもこの産業に固有ではないような、つまり、他産業においても同様の、無数の工程と職種とをそのなかに包含する。それらのうちの多くは、多かれ少なかれ、労働者の健康上危険があるものである。「その労働者

が日々晒されている有毒化学品、ガス、および他の健康・安全有害因子がみごとに勢ぞろいした広がりに関していうならば、ほとんどどの産業といえども、自動車産業には対抗できまい。……たとえば、300以上の化学製品が1台の自動車をつくるのに使われる」。その全範囲をカバーする包括的研究調査はない。いや、その一部をカバーするものでさえ、ほとんどない。

　唯一の研究は、上のシャーマン医師たちによる「自動車産業労働者における疾病についての健康調査グループ研究」かもしれない。これは、労災補償請求に関連して、彼女のもとに診断のためにまわされてきた489名の労働者についての研究である。残念ながら、ここで十分なコメント・分析を加える余裕はないが、自動車産業における疾病の特徴をつかむために、いくつかの表をあげておこう。表5－3では、これら労働者の、高年齢層への集中がみられる。70％が60歳以上で、50歳代を加えると85％となる。年齢がかならずしも勤続の長さ、または特定の仕事への就労の長さをあらわすものではないが、なお長期間、ある有害因子に身を晒したことが、その疾病にかかった原因ではないかという推測を可能にさせる。

　表5－4、5－5および5－6からは、どういった職場が危険で、どういった有害因子と疾病が自動車産業では代表格であるのか、といった大まかな図が得られる。鋳造がずばぬけて高く、489人中126人も占め、コーティング、工作機械、金属加工がそれぞれ50人前後でこれにつぐ。同報告書はその後半で、とくに鋳造工場について、危険因子の種類、その疾病との相関、生産諸工程との関連などを詳細に論じているほか、その他の生産工程、たとえば機械室、車体建造、エンジン組立などについてもスペースをさいている。

　自動車産業の有害因子としては、塵・埃および煙、蒸気、重量、フォークリフトからの排気ガス、騒音、液体化学品、毒薬が挙げられている。とくに塵・埃および煙と蒸気は、全対象者中、それぞれ85％、71％ときわめて多くの人が、これらに晒されていることがわかる。さらに疾病としては、もっとも代表的なのが気管支炎と慢性閉塞性肺疾患で、心臓病、背中や腰の痛み、気腫も多い。ほかは肺心症、肺高血圧症、ヘルニア、骨折、火傷、肢体切断、ガンなどがみられる。自動車産業労働者のあいだで深刻な問題である皮膚炎については、この報告書では、べつに言及されている。

表5-3 対象労働者の年齢

年　　齢	20歳代	30歳代	40歳代	50歳代	60〜64歳	65〜69歳	70歳代	80歳代
労働者数（人）	10	15	51	75	146	129	59	4
全対象に占める割合（%）	2	3	10	15	30	26	12	1

表5-4 職種別労働者数

職種	鋳造	工作機械	内装	保守	溶接	金属加工	組立	コーティング	プレス	鍛造	倉庫	真ちゅう・鋼	ゴム	その他
労働者数（人）	126	49	25	18	30	48	36	51	30	27	26	9	7	35

表5-5 有害因子別労働者数

有害因子	労働者数（人）	全対象に占める割合（%）
塵、埃および煙（砂および不燃焼炭化水素をふくむ）	415	85
液体化学品（労働者は一般的用語——溶剤、酸、ガソリンその他——を用いた）	73	13
フォークリフト・トラックからの排気ガス	201	41
毒薬（労働者が特定の名——たとえば、トリクロレチレン、鉛、シアン化水素酸——を指定したもの）	35	7
蒸気（労働者は特定の発生源をあげたが、特定の化学製品名——たとえば溶けた金属、水力機械用液体——については知らない）	347	71
騒音（労働者によって「いらいらする」とのべられたもの）	101	21
重量（労働者が一般に50ポンド以上持ち上げなければならなかった）	225	46

表5−6　疾　　病

疾　　病	労働者数（人）	全対象者に占める割合（％）
気管支炎（慢性）	396	81
慢性閉塞性肺疾患	371	76
気　　　　　　腫	198	41
肺　　心　　症	105	21
心　　臓　　病	269	55
肺　高　血　圧　症	82	17
ヘ　ル　ニ　ア	84	17
肢　体　切　断	22	5
骨　　　　　折	45	9
火　　　　　傷	31	6
背中の痛み（過去にやったことのある者）	261	53
ガ　　　　　ス	12	2

　表5−7〜9は、上の3要素間の相関、つまり仕事の種類と有害因子、有害因子と疾病、仕事の種類と疾病とのあいだの関連を、それぞれ示している。

　自動車産業において、もっともその労働条件が悪い部門は、鋳造工場である。UAWは、これを第1の標的にする。2年ほどまえ、ビッグ・スリーのうちの1社で6鋳造工場と6非鋳造工場をとって、特別調査を行った。その結果は、一般には公表されていないし、またおそらく将来もされないだろう。しかしその調査は、鋳造工場労働者のなかに、他の労働者と比較してより高い死亡率を見出したといわれている。鋳造工場というのは、一般に、むしろ頑強な、健康な人間だけがはいるところであるにもかかわらず、である。UAWは最近、彼らの協約の早期退職に関し、一般労働者（30年）と鋳造工場労働者（25年）のあいだに5年の差を設けることに成功した。

　UAWの第2の標的は鉛である。UAWは、電池工場における鉛問題について、調査を始めようとしている。「UAWの7,000名の組合員がバッテリー工場で働いている。鉛に永く身を晒すと、重大な内臓、血液および中枢神経システムの不調をひきおこす可能性がある」

　さらにわれわれは、修理作業、部品製造産業などのような小企業における危

表5-7 仕事の種類と有害因子のあいだの関係

鋳　　　　　造	塵・埃および煙、蒸気
工　作　機　械	液体化学品、騒音、フォークリフト・トラックからの排気ガス
溶　　　　　接	毒　　　薬
コ ー テ ィ ン グ	液体化学品
鍛　　　　　造	騒　　　音
倉　　　　　庫	フォークリフトからの排気ガス
保　　　　　守	蒸　　　気
真ちゅう・銅・ゴム	塵・埃および煙、蒸気

表5-8 有害因子と疾病のあいだの関係

塵・埃および煙	心臓病、気管支炎
フォークリフト・トラック排気ガス	心臓病、気管支炎、慢性閉塞性肺疾患
蒸　　　気	心臓病、気管支炎、慢性閉塞性肺疾患、肺高血圧症、火傷、背中の痛み
重　　　量	ヘルニア、背中の痛み
騒　　　音	心臓病、肢体切断
液体化学品	肺高血圧症

表5-9 仕事の種類と疾病のあいだの関係

鋳　　　　　造 　とくに砂混合工、注入工、 　型はずし工	気管支炎、慢性閉塞性肺疾患、火傷、背中の痛み、火傷、ヘルニア
工　作　機　械	心臓病
鍛　　　　　造	火傷
金　属　加　工	肺心症、肢体切断
とくに研削工	肺心症
研磨工	肢体切断
コ ー テ ィ ン グ	肺高血圧症、ヘルニア

険問題に、特別の注意をそそぐ必要がある。彼らは、鉛中毒のような大企業とおなじ問題を抱えているだろうし、あるいは、彼ら独自の特殊問題を持っているかもしれない。大企業は新しい機器を備えることができる——たとえば大企業は、2年ごとに、工場内のトラックを更新する。それらのトラックは小企業へ払い下げられるのである——そして、大企業は弁護士、産業衛生担当者といったような、この分野におけるスタッフを備えることもできる。小企業にはできない。未組織の職場も多い。そこでは組合によるチェックさえ存在しないのである。にもかかわらず政府は、これら小規模企業を、労働安全衛生法の外におこうとしている。小企業経営者団体の圧力はつよい。

（3）労働環境と精神衛生

「すべての労働者が……これらのもの（化学的・物理的有害因子）に晒されるわけではない」「しかし、彼らであっても、そのとりまく労働諸条件の結果として、疾病を発展させる可能性は多い。なぜならば、仕事上なんのストレスも受けない人はほとんどいないということ、そしてストレスは重大な医学的影響を持つからである」

人びとは、管理職のストレスについて、それが潰瘍や心臓発作などを引き起こしかねないといって議論をかわすけれども、労働者たちもおなじような、そして、しばしばより以上のストレスを経験する。「それは、ホワイトカラー・ブルーカラー労働者双方にむけられるし、家事に専念し、ほかの仕事を持たない女性たちにさえ影響を与える」

ストレスの原因は、そこいらじゅうに広くころがっている。すでに述べた騒音のような物理的因子をはじめ、反復作業およびその速度、意味のない仕事、夜勤、シフト・ローテイションなど、仕事の内容ややり方は、工場でもっとも典型的に見出される原因である。1974年、44,000人の労働者によるフォード・シカゴ・スタンピング工場のストライキは、騒音にまつわるものであった。騒音レベルは90デシベルという最大規準を超え、100デシベルにも達していた。

有名なローズタウン・ストライキはほかの原因もあったが、反復作業とその速度に関係して起きたものであった。ローズタウンは最新工場であり、すべての作業は、一つひとつの動きがうまく整合するようグループにまとめられ、単

純化されていて退屈なものであり、さらにその速度は非常に速かった。他工場のもっとも速いラインで1時間当たり70〜80台、キャデラック工場では、1時間当たりたったの40台というのに比べ、ここでは1時間当たり100台であった。労働者の平均年齢は非常に若く、およそ25歳くらいであった。

　感情的・心理的圧力もまた、ストレスの原因としてきわめて重要である。人間関係——共同作業者間の、労働者と監督者との、組合と工場または会社とのあいだの——は、最大の要因の一つである。仲間のあいだでのストレスに満ちた競争心、個人的無力感はひろく観察される。自動車産業における作業長による労働者の扱いは無数の問題をふくんでいるように思える。人びとは、単調なきびしい労働には耐ええたとしても、心を深く傷つけるいやがらせ的な取り扱いには耐えることはできない。肉体の傷と痛みは癒えるけれども、心の傷と痛みは癒えない。

　危険な化学品、あるいは危険な機器による傷害の恐怖、事故や間一髪で事故といった経験、仲間の傷害や死亡を目にすることは、ストレスを生じさせる他の要因となりうる。

　これらのストレスに継続的に身を晒すことは、肉体を疲れさせ、種々の病気を起こさせ、人を老いこませる。「慢性ストレス反応の初期の徴候は、ある特定の病気の徴候ではないかもしれない。それは、不決断、食欲不振、体重の減少、不規則な排便、頭痛、皮疹、不眠症、震え、記憶力減退、イライラなどでありうる。他方、これらの徴候は、まったく現れることなく、慢性ストレスが直接、急性疾患を引き起こすことがあるかもしれない」

　「無数の疾病はストレスと関連しており、あるいはそれによって悪化させられる。すなわち、潰瘍、偏頭痛、ぜんそく、潰瘍性大腸炎、そしてとくに、冠状心臓病などはその例である。最後のものは、わが国でもっともありふれた死因である。アメリカ合衆国の60歳以下の5人に1人は、心臓発作を抱えることになるだろう」

　労働者は、働くことを通して、みずからの生命をちぢめているのかもしれない。「消耗に関する1つの理論は、肉体がストレス反応を経るたびごとに、生命エネルギーが消費されていくという。ある科学者たちは、この肉体エネルギーは、ひとたび消費されてしまうと元へ戻すことはできず、また各人は、（この

エネルギーの）一定の供給量を持って生まれてくる、と考えている。このストックは『適応エネルギー』とよばれている」

　この問題の深刻さは、それが職場の労働諸条件にというより、むしろ社会総体における現代産業の生産機構、官僚制、経済および社会・家庭生活などに、よりふかく根ざしているということである。「分業および現代産業における責任の組織は、仕事をする人びとの必要を満足するためにデザインされてはいない」

　ある研究では、「もし、もう一度仕事を選びなおすとしたら、いまとおなじ仕事を選ぶか」という問いにたいし、自動車組立ライン労働者のわずか25％だけが「イエス」と答えている。さらに同研究は、「対象労働者のおよそ40％が、なんらかの精神衛生上の問題を抱えて」おり、しかもそれらの問題は、仕事についての不満と相関がある、ということを明らかにしている。たとえば、年をとっていく、定年退職、あるいは不況やインフレといったものによる収入の減少のような、仕事そのものあるいは経済上の不確かさは情緒的ストレスの源となりうる。

　失業した時のストレスたるや、想像を超えるものがある。デトロイトREVEST（失業中の技術者、科学者、専門技師などの職さがしのための組織）［第2章4節（3）86頁参照］の責任者の話によれば、「ここにやって来る人たちの約10人に1人は、なんらかの個人カウンセリングが必要です」とのことである。時には、テレビや映画のようなマスコミまでもが、ご親切にも労働者のステレオタイプ——でっぷりふとっていて、独善的で、怠けもので——をうつしつつ、これらのストレスをふやし強めてくれる。

　ストレスを生じさせる中心は、「複雑な、高速度の機械によってコントロールされ、支配されている——たんに工場内だけでなく、社会総体でも——という感じ、自分は独力でこれを解決することもできなければ、これから逃れることもできないという、どうにもしようのない感じ、あるいは無力感である」。こんにち、これらすべての基本的な社会の傾向は、減少しているというより、むしろ強まっている。

　かくして、個々の職場をかえるということはストレスを解消しないばかりか、「労働者階級を去り、そしてより高い経済的保障のある収入レベルにはいると

いうことは、ほとんどの労働者にとって不可能なことになっている」。もちろん、アルコールや麻薬が解決策にならないことは当然である。保健・教育・福祉省長官への一特別研究会報告「アメリカの労働」は、個人レベルでの精神衛生への「労働」の重要な役割——原因および治療の双方における——について述べている。社会のレベルでも、これは妥当する。

「もし個々人が、競争と無力感によって引き起こされるストレスから解放されうるとするならば、尊厳と自尊心の獲得が、全体としての働く人びとによって達成されなければなるまい。尊厳と自尊心とを獲得するためには……業務上の安全・衛生問題、とくに仕事における精神衛生の問題が、階級の問題ときわめて密接に関係して来る」[1]

【初出】「仕事か命か——自動車産業の安全衛生問題」『月刊労働問題』No.241-244. 1977年11、12月（「仕事か命か」『デトロイト——ソーシャルユニオニズムの必然』日本評論社、1980年、61-115頁）。

＊1 元稿ではこのあとに「4 階級社会と労働者の生命 (1) 階級による死にざまのちがい (2) 安全衛生と階級関係 (3) ジェイムズの場合 (4) 仕事こそ生きがいだった (5) 人殺しか英雄か」が続くが、ここでは省かれている。

第5章－Ⅱ

"NPO" COSH（労働安全衛生会議）の組織と活動

　現在（1982年）、全米に Councils for Occupational Safety & Health（COSH）[1]グループと呼ばれる団体が25〜30ほどある。1972年にまずシカゴではじまり、1975〜76年、フィラデルフィア、ニューヨークと続いた。COSH グループのミッションは、①労働者に対し、安全衛生上の諸権利を知らしめること、そして②それら権利を擁護し、拡大するために政治活動を行うこと、である。

　組織の基本的性格は、ローカル・ユニオンと一般組合員と専門職業の人々（医師、公衆衛生、インダストリアル・ハイジーニスト、ソーシャルワーカー、年金福祉専門家、看護師、弁護士、etc.）と三者の連合体である。三者間のウェイトのバランスはそれぞれのグループによって異なる。いくつかのグループでは第3のカテゴリーに属する人々が中心であるし、あるグループではローカル・ユニオン主導型である。NYCOSH（New York Council for Occupational Safety & Health；ニューヨーク労働安全衛生会議）では、60の支部組合（組合員数合計20万人）と250人の個人からなり（1980年）[2] PHILAPOSH（The Philadelphia Area Project on Occupational Safety and Health；フィラデルフィア地区労働安全衛生会議）では133の組合支部が"スポンサー"となっている（1984年）。財政的には、これらメンバー、あるいはスポンサーの年会費[3]と共同募金、その他

---

1) 最初のCはCouncilであったり、Committeeであったり、あるいはP（Project）と置きかえられたりすることもある。
2) 発足当初は、プロフェショナル中心型であった。
3) NYCOSHでは、ローカル年100ドル、個人一般会員15ドル、低所得者10ドル、維持会員50ドル PHILAPOSHでは各ローカルとも組合員1人当たり25セント、最高350ドルである。

201

各種ファウンデーションからの収入による。グループによっては政府からの補助金を得ている場合もあるが、「これらのグループはレーガンの予算カットで大きな影響を受け、そのいくつかはオフィスの閉鎖に追込まれている」[4]

通常、理事会の下に医療委員会が置かれ[5]、この中の専門職の人々は、教育活動、各種テストに協力する。法律委員会が設けられるところもある。「個人がこのオフィス（NYCOSH）に電話をしてきた時は、労災補償委員会が彼らの権利を知らせる。求められれば、医師、弁護士のリストを与えるが、特定の紹介はしない」（Joel Shufro, NYCOSH）[6]

具体的活動内容は、組合への資料提供・相談、職場活動家や一般人のためのセミナー、カンファランスの開催、ニュース・ビラ・パンフレット等の発行、法・権利内容の周知、安全衛生基準の強化、労災補償法の改善等のキャンペーンその他である。1980年、労働安全衛生法の改正案が出された時には、NYCOSHが中心となり、1,000人以上の個人、100以上の労働組合の名をもって、『ニューヨーク・タイムズ』日曜版に全面広告を掲載した。最近の成功例は、ニューヨーク州における労働安全衛生訓練法（Occupational Safety & Health Training Act; OSHA）の制定である。200万ドルがこの目的のために使われることになる。Toxic Victims Tort Bill（有害物質に曝されたことによって生じた疾病の犠牲者に損害賠償を求めることができるようにする）も立法化が間近い。NYCOSHが最も力を入れてきた活動である。

NYCOSHの事務局長ジョエル・シャフロ（Joel Shufro）は、大学で労働史を専攻、卒業後マンハッタン地区担当のOSHA監督官になったが、1980年レイオフをうけた。以後はこのポジションで働いている。

---

4) NYCOSHは政府の金を一切うけとっていない。PILAPOSHは、会費15,000ドルと共に同募金からの5万ドルで運営している。
5) NYCOSHではHealth Tech委員会という。
6) PHILAPOSHでは、このほかに教育、政治、機関紙等の委員会を持つ。

PHILAPOSH（フィラデルフィア地区労働安全衛生会議）
ジム・モーラン事務局長へのインタビュー記録

　本稿は2002年暮れから2003年初め[7]にかけて筆者によりPHILAPOSH（The Philadelphia Area Project on Occupational Safety and Health; フィラデルフィア地区労働安全衛生会議）オフィスにて行われた聞き取り・インタビュー・活動観察の記録である。原則としてほとんどすべての情報／データはインタビューイーによって提供されたもの、そのままである。逐一引用の形の表現は用いられていないし引用符もつけられていない。文中の主張、意見、価値判断、解釈、表現等は断りのない限りインタビューイーのものであり本稿筆者によるものではない。また、万一事実の誤りがある場合はインタビューアーのヒアリングのミスによるものである。

　600万労働者が毎年全国で労働災害を受ける。6,000人が死亡（事故後直ちに）し、60万人が反復緊張障害（Repetitive Strain Injuries; RSI）を被る。少なくとも5万人が業務上疾病で死んでいる。http://www.philaposhi.org 12/6/2002

　労災を実際に受けた労働者は、一般の健康保険で治療を受ける。組合員ですら。そしてバケーション休暇を取る。労働災害となれば、たとえば最初の90日間は会社の産業医で扱わなければいけない。そして「たいしたことない」とやられる。未組織——現在ペンシルバニアでは500万労働者のうち80％は未組織である——ではバケーション休暇も少ない。たとえば、2週間。労働災害にいったら解雇されるかもしれない。

　100人中99人は仕事に戻れない。仕事に戻れたとしても軽易な仕事に戻る。周りの同僚に迷惑かかる。周りの人が手伝わなければいけない。文句を言い出す。なぜ同じ給料なんだと。軽易な仕事がないかもしれない。一つの部屋に入れて仕事を何も与えない。朝夕タイムカードに刻印するだけ。あとはここに座っていろ。腰痛に悪い。何か読んではいけないし、テレビを見てもいけない。話すことぐらいは許されるかもしれないが、要は何もしないで賃金を受ける。

---

7) 2002年12月13日、2003年1月7、24日、2月6、14日。

他の労働者が文句を言い出す。昔からある話である。

罹災者は金銭、精神衛生、身体的健康、家族の問題を抱え、生きながらえる。バケーションを使い果たし、預金を使い果たし、住宅ローンを払えず土地家屋を失う。

1 組　　織

PHILAPOSH は 1975 年に創設された。全国 COSH グループで 2 番目に古い。オフィスはダウンタウンからバスで西へ 20 分、アメリカ州郡市職員連盟（American Federation of State, County and Municipal Employees; AFSCME）第 33 地区評議会ビルの 5 階にある。同組合はフィラデルフィアで教員組合（2 万人）に次いで 2 番目に大きい（12,000 人）組合である。

PHILAPOSH は「情報、教育、技術援助、政治活動をとおして業務上の災害、疾病、死亡を予防する」（ミッションステートメント）ことを目的とする組織である。職場の安全と労働災害をうけた労働者の権利擁護のために働く。組織労働者および非組織労働者双方のために働く。

（1）理　　事

PHILAPOSH は基本的には労働組合と専門職（保健医療、法律）からなる組織であるが、現在の理事会は労働組合代表のみによって構成されている。役員、理事メンバーのそれぞれの出身組合は次頁の囲みのとおりである。

設立当初は牧師、研究者もいたが、今はいない。かつては理事 15 人中 6 人ぐらいを研究者（保健医療分野の若い産業衛生技師（hygienist）ほか）などが占めていたが[8] 問題がでた。研究者たちが決定権を持ってしまう。組合の人々は時々欠席するし、全員が問題を本当には理解しているとは限らない。

ジムは、PHILAPOSH は労働組合に基礎をおいた組織でなければいけないと考えている。しかも、強固にかつ圧倒的にそうでなければならないと。労働

---

8) 博士号の肩書きを持つ者も 1 名いるが、彼も紙関連業、化学、エネルギー労働者組合（PACE）からの代表である。

組合に認められたものでなければならない。個人としてではなく組織としてでなければいけない。

　原子力発電所の核廃棄物非難決議をしたことがある。新聞に載るや IBEW

PHILAPOSH 理事会構成

議　長　紙関連業、化学、エネルギー労働者組合（PACE）第 2-943 支部

副議長　アメリカ教員連盟（AFT）第 2026 支部

副議長（ペンシルバニア）

　　　　アメリカ郵便労働組合フィラデルフィア支部議長

副議長（ニュージャージー）

　　　　紙関連業、化学、エネルギー労働者組合（PACE）第 2-1 支部

書記長＝会計（Secretary Treasurer）アメリカ州郡市職員連盟

　　　　（AFSCME）第 33 地区評議会書記（Recording Secretary）

理　事　フィラデルフィア教員連盟（PFT）退職組合員支部衣料関連産業従業員組

　　　　合東部（UNITE）、

　　　　アメリカ州郡市職員連盟（AFSCME）第 47 地区評議会

　　　　フィラデルフィア労災労働者委員会議長

　　　　グラフィックコミュニケーション国際組合（GCIU）14-M 支部レーバラー

　　　　ズ第 57 支部

　　　　国際電気労働者友愛会（IBEW）

　　　　病院労働組合第 1199-C 支部

　　　　バックス郡労災労働者委員会議長

　　　　アメリカ電気ラジオ機械労働組合（UE）第 155 支部新聞ギルド／アメリカ

　　　　コミュニケーション労働組合（TNG/ CWA）第 38010 支部

　　　　運輸コミュニケーション労働組合（TCU）第 1218 支部

　　　　紙関連業、化学、エネルギー労働者組合（PACE）

　　　　ペンシルバニア州教育連盟（PAEA）

　　　　北東部フィラデルフィア労災労働者委員会議長

(Inter-national Brother-hood of Electrical Workers; 国際電気労働者友愛会)、建設関係組合、化学関係労組から反対がきた。「安全、きれいにせよまではいいが、工場を閉鎖しろは受け入れられない」、「なぜ俺たちの仕事をなくすのか」。理事会にきて議論してもらった。大議論がなされ、時には運動を破壊してしまいそうにすらなった。ピッツバーグの会議（200 人が出席、COSH グループからも 4 名が出席）では組合員が立ち上がって「閉鎖を求めたのはけしからん。間違いを犯したとは思わんか」と詰め寄った。今もその地には COSH はない。労働組合は現実的である。IBEW の組合員は工事現場に来、工場を指さし言い放った。「あれが俺の家、子どもの教育、年金をくれている。それを取り上げようというやつは許すわけにはいかん」

　牧師、弁護士、研究者、コミュニティ活動家が、5 〜 6 人いるのはいいが彼らが中心になってしまってはいけない。組合ホールに行くとどこに組合費を払っているやつがいるのかとやられる。PHILAPOSH は労働組合強化のためにやっている運動である。他の COSH は異なる考えを持っているところももちろんある。たとえば、ノースカロライナは元々労働組合組織率が非常に低い。当然違う運動となろう。

（2）スタッフ

　ジム・モーレン事務局長とその妻アジーとパート職員 1 名からなる [9]。組織のほとんどの仕事はボランティアに負う。今日（2003 年 2 月 14 日）はアムトラックの労働者がボランティアで電話当番に入っている。 加えて時には近くの大学その他からの実習生を受け入れている（後述 3（1）(iv) 教育の項参照）。

（3）PHILAPOSH と労災弁護士

　PHILAPOSH の労災弁護士紹介先リストには、現在（2003 年 12 月 6 日）23名の名が書かれている。アメリカの労働災害補償弁護士は実際は専門化してい

---

9) スタッフは新聞ギルド第 10 支部（現在アメリカコミュニケーション労働組合（TNG／CWA）第 38010 支部）に属す。
　ペンシルバニア、ニュージャージーの 5 郡労働評議会のメンバーで会費を支払っている。

るが特別の資格がいるわけではない。弁護士であれば誰がやってもいい。

罹災者の会（後述）にコンスタントに来る弁護士も2人ほどいるが、PHILAPOSH が特定の弁護士事務所の支店になってしまうことを避けるためにも弁護士リストには多くの名を並べている。リストへの掲載は PHILAPOSH からの依頼によるものではなく、弁護士の方からの申し出によるものである。掲載料750ドルである。もっと取れと言う人もいるが、彼らには別に食事券その他の購入その他の収入源として期待しているのでこの額に押さえてある。

ペンシルバニア労働者災害補償法は、弁護士は裁判所に出廷する必要がある場合は成功報酬として労働不能給付の20%を超えない範囲の額を一時金として受け取ることができるとする。またその弁護士費用は給付決定の後250週以上先の給付金の中から控除されてはならないとする[10]。PHILAPOSH リーフレットにも上限20%、5年間と書かれているが、アギーによると PHILAPOSH の弁護士は10〜15%、3年しかとらないという。PHILAPOSH と紹介弁護士の間には合意文書があり、PHILAPOSH の紹介する労働者に対する電話または直接会っての相談および被災労働者が給付を受け取るに必要な簡単な手紙の作成は無料とするとされている。

ジムはできたら弁護士を雇わないでいいようにしたい。なぜなら労働者は低い給付からさらに20%もとられてしまう。ペンシルバニアは最高で週675ドル（2003年現在）、20%といえば135ドル、540ドルしか残らない。

（4）他組織との連携

PHILAPOSH は個別全国労働組合、Occupational Safety and Health Administration;（OSHA）その他の連邦行政機関、全国約25の COSH グループと協働する[11]。

州レベルでは、ペンシルバニア州、ニュージャージー州 AFL-CIO、労働環境協議会、郡議会、その他、農業労働者組合、安全衛生研究所（Health and

---

10）連邦職員のケースの場合は異なる。時間給。連邦法の要請 20CFR10.145.
11）COSH グループは現在アメリカに23、カナダに1、その他関連グループ11、イギリスに2ある。

Safety Institute)、「公正なる仕事を」(Jobs with Justice)、フィラデルフィア失業プロジェクト、デラウェア渓谷毒物 (Toxics) コーリション、公共利益法律 (Public Interest) センター、黒人労働組合員コーリション、大型トラック反対コーリション、労働組合女性コーリション、平和行動委員会、3州レイバーデー委員会等々と手を携える。

AFL-CIO との関係はこの5年ほど委員長がスウィーニーになって良くはなった。COSH が生まれた当初は両者は対立的ですらあった。AFL-CIO が少し左に動き、COSH が大分右に動き、関係は変わってきた。今はコンフリクトはない。以前と雰囲気は全く異なる。労働組合の勢力が衰退し、AFL-CIO ももっと幅広い組織（「非公式労働運動」(秋元、1986：45-59)）からの支持が必要と考えたのだろう。指導部が無視できなくなったということであろう。今のAFL-CIO の労働安全衛生部で働く人はボストンの COSH からの人である。

しかし、両組織の関係はなお細々としたものである。COSH 運動は基本的にはポピュリスト運動、下からのアプローチであるが、AFL-CIO は指導部による上からのもの、関係は容易には進まない。

AFL-CIO が草の根的運動を始めた。各州に 5,000 ドル出して被災者の権利を進めようとした。しかし、2年間でだめになった。アプローチがトップダウン、しかも、金を出して人を雇ってやらせたのでうまくいかなかった。ボトムアップ、しかも労災被害者からでなければいけない。当事者が太鼓を打ち鳴らさなければ駄目だ。

各個別労働組合との関係にも前進は見える。75年 PHILAPOSH 設立当初とは違い、各組合本部レベルに安全衛生部があり、有給スタッフがおり、ロビー活動も行われている。そのための予算も出ている。UAW（自動車労組）、USWA（United Steelworkers of America; 鉄鋼労組）その他大組合の労働安全衛生部署の多くも上記 AFL-CIO と同様、元 COSH グループにいた人々を雇い入れている。

他方、ローカルでは未だ COSH に対し疑いの目を持ってみているところもある。そもそも組合にとって労働災害の優先度は低い。協約交渉では賃金、労働条件、年金等が中心である。労働災害など受ける人の数は少ない。会社がや

ることに反応しているだけの感が強い[12]。上記全国組合の労働安全衛生部署もなおせいぜい数名のスタッフがいるだけで予算も微々たるものである。大組合の指導者のなかには今なお法律をよくすると組合は不要となると考える人もいる[13]。さらにローカル指導部の交代率は高い。職場委員も2、3年ごとに代わる。継続的訓練研修が不可欠である。

より具体的に組合員の雇用保障と天秤にかけてか、組合がOSHAの規制強化に賛成しないばかりかその弱体化を企業側、政治家とともに謀るケースもある（後述ノースカロライナ、原発工場の清掃の場合を参照）。

「組合は何もやってくれない」。たとえば、職場の危険なところを指摘しても組合は何もやらない。かえってレイオフされ、組合は助けてくれない[14]。ときにはPHILAPOSHの会員組合ローカルである場合さえある。組合の方がPHILAPOSHへ電話して来ることがある。「Aが来たら助けるな」。組合の労災にかんする関心、認識、理解は今なおこの程度である。連携は易しくない。

2 財　政

（1）収　入

年間収入は15万ドル、今年は少ない（11月末まで13万ドル）。

ジムの見積もりと2002年1～11月の収支決算報告書（"PHILAPOSH Profit and Loss January through November 2002" 12/11/02）p.1 から判断すると、大まか次のような割合である。

---

12) ジムは防衛（守備）ではなく攻勢（攻撃）をかけるべきであると言う。
13) ジムはそんなことない、組合なくては法律もとれないし実行も確保されないと言う。
14) ここのアドバイスは組合を「友達のように扱え。実際には違っても」、「組合が助けてくれなくてもよい。それを言うな。組合を中立化せよ」である。
　会社が悪い、法律違反などを言え。組合については言うな。組合も実際には使えないが敵を増やすな。実際の敵は誰か。組合から援助得られるかもしれないあるいは得られないかもしれない、とのレベルに止めておけ。COSHは組合を押しのけてやるほど力はない。組合を非難してもだめ。さらに教育するほかない。

補助金	20％弱
組合の予算からの年会費	25％弱
個人会員会費	5％弱
個人その他各種寄付等	10％弱
ユナイテッド・ウェイ	5％
資料販売売り上げ	20％弱
食事参加代等	20％
弁護士登録料	5％

　約20％は各種補助金である。OSHA、環境保護庁（Environmental Protection Agency; EPA）、フィラデルフィア基金、フィラデルフィア市、その他から受けている。他のCOSHグループでは、90～99％を補助金に依っているところもある。PHILAPOSHも率を上げなければいけないが、反面、上げれば危険もともなう。PHILAPOSHはその故に最とも傷ついた組織の一つである。かつて5年の補助金受けていたが、途中でレーガンになってストップされた。18年前のことである[15]。

　PHILAPOSHの資金の中心は草の根の労働組合および個人からのものである。組合の年会費（sponsor dues）は組合員1人当たり90セント、最低100ドル、最高700ドルである。現在150組合がメンバーになっているが、うち会費を払っている組合は100組合である。選挙で指導部が交代すると新幹部はCOSHを知らず払わなくなることもある。会員組合は4半期ごとに発行される「安全タイムズ（Safer Times）」を各10部受け取るほか、逐次安全衛生に関する情報の提供を受ける。各組合は一人の理事と大会のための代議員を決める。

　上記のユナイテッド・ウェイというのは共同募金会の如きものである。募金で集めた資金を福祉団体等に配付する。PHILAPOSHがここからうけた資金は昨年は8,000ドルと低かった。しっかりキャンペーンすれば3万～5万ドルぐらいには容易にゆく。20年前には5万ドルを受けていた。人々は募金する

---

15) OSHA弱体化の中核人物たる上院議員に対して「おたずね者」のポスター作り抗議運動をした。

時に配付先を指定して寄付することできる（donor option）。チェックオフも可能である。PHILAPOSH はユナイテッド・ウェイのメンバーにはなっていないが、ユナイテッド・ウェイ寄付先選択対象 418 の番号が付されており配付先として指示されうる。

（2）支　　出

最大項目はスタッフの給与と健康保険掛け金である。2002 年は各 46,000 ドル、16,000 ドル、併せて 62,000 ドル。全体を 1 ドル＝110 円で換算すると各 510 万円、180 万円、計 680 万円である。支出全体の 45％を占める。パートへの支給がいくらであるかは不明であるが、ジム夫婦合わせて税込み、保険料込みでせいぜい 600 万〜 700 万円程度かと思われる。

これに次ぐ項目はオフィス賃料 1,800 ドルである（今年は ACSME が月 1,300 ドルにしてくれた）。同機器リース代、印刷代、郵券、労働者追悼式（後述）経費、表彰のタベ経費が各 5、6％、これら 6 項目の合計で 30％強となる。残る 20 〜 25％程度が文具、電話、交通費を含むその他諸経費である。

3　活　　動

相談、自助グループ運営、コミュニティ・政治活動、教育である。ジムはソーシャルワーク訓練は受けてはいないが、自分がやっていることはソーシャルワークそのものと思う。ケースワーク、グループワーク、コミュニティワークの活動にわたる。まずジムの費やす労働時間配分から、ついで PHILAPOSH が取り組んできた課題から見てみよう。

（1）ジムの時間配分

補助金申請書類作成を含む一般的庶務、総務等組織の管理運営（20％）のほか次のような活動に従事する。

（ⅰ）個人に対するサービス（20％）

週 1 日（実際には日々細切れで合わせ 20％）ぐらいの時間が、労災を受けた労

働者からの電話への対応その他各種相談に当てられる。相談内容は金銭的、法的、心理的／精神的な問題に及ぶ技術的コンサルタント、資源・事実に関する情報の提供が中心である。年 250 ケースほどに上る。具体的問題の内容例は下記自助グループの記述（次項（ii）および 4 節 221-223 頁）から推察されたい。

インタビュー中に電話がなった。市職員からである。高温・低温手当、照明・明るさについての相談である。ジムは答える：ほとんど法律、OSHA の規定はない、協約でゆくほかない、たとえば一定の温度になって冷暖房装置がなければ有給で帰宅できるとする、市はまだ持っていないがこういう協約を持っているところはすでにある。

（ii）自助グループの運営／支援

労災受けた人の罹災者の会が 3 グループ組織されている。10 年間続いている。各グループとも原則として月 1 回のミーティングを持つ。フィラデルフィア第 1 木曜日 6 時（PHILAPOSH 事務所）、バックス郡最終月曜日 7 時（地域の図書館）、モントゴメリ郡（東北グループ）最終木曜日 7 時（流通労働組合 RWDSU 事務所）である。ジムはこれの 3 分の 2 には出席する、そしてそのフォローをする。

内容は、労働災害補償法の役割・内容・重要性を学ぶ。最新の法規、話題の法案について語られ、対する政治活動を議論する。経験、資源を共有し慰め合い支え合う。医者、セラピストその他を原則として毎回講師として呼ぶ。弁護士も参加する。

各回 5 〜 35 人が出席する。同じ人が多く参加する。15 人ぐらいのコアメンバーがいて 4 〜 5 人が新しいメンバーというのが普通である。前回の北東グループでは 1 〜 2 名が新メンバーであとは常連だった。雰囲気はインフォーマルである。

なぜ常連は来るのか。①新メンバーの相談役として働きたい、互助の精神からである。②家族、地域、同僚は経済的問題、心理的精神的問題、保険会社の不条理等理解してくれない。気持ちが通じ合える「同じ言葉を持つ」人とのつながりを求める。

PHILAPOSH の方はできるだけ同じ人を集めたい。新しい法規等への政治行動にもっていきたい。手紙を書き、ハーンズバーグにバスで行く、ピケをは

る、献金、出版物その他の購入、グループの議長を務める、コミュニティの新聞その他に記事、論説を書く、いろいろな会議で声を上げる。それぞれ各自のできるところで働いてもらう。

　ジムの役割はベビーシッターであると自認している。声は下から出てくるのがいい。上からではなく。会議では彼らがしゃべる。彼らがやればサポートするが、引っ張らない。情報を与えるところまで。グループメンバーはPHILAPOSH を中心に入れようとしてくるが、なるべくそうならないようにしている。弁護士は問題、情勢の全体像イメージを与える。被災労働者は自分らの周りのことしか目がいかない、考えない傾向がある。

　通過的グループであるので維持が難しい。裁判が終わり、仕事に戻ると出てこなくなる。会費は 1 年 10 ドルだが、毎回おもしろくなければいけない。

（iii）コミュニティ・政治活動

　週 3 回程度、デモ、集会、ピケ、協約交渉、ストライキ、工場閉鎖、合併その他に出かける。週 6 ～ 8 回はあるが、全部には出られない。関係を維持発展させるためには、体を現場に持っていかなければいけない。募金、資金提供を要請するためにも。

　しかし、なるべく自分自身は出ず、他の人を PHILAPOSH 代表として出すようにしている。自分は年をとってきたし、いくつかの賞ももらった。個人中心になると反組織的になる。組織建設のためにはヒーローになってはいけない。

　友誼団体の理事会に名を出すことも期待される。土曜、日曜、夜間等の行事、会議その他が多い。こちらにも同じことやってもらわなければならないのでお互い様である。しかし、個人の生活だめにしてしまう（自分の子どものためも）。

（iv）教　　育

　講演、ワークショップその他教育活動に 6 分の 1 程度の時間を使う。他のCOSH グループには研究者をスタッフに抱えているところあるが、PHILA-POSH は持たない。組合から求められれば講師は外からネットワークで調達し、PHILAPOSH の名前で派遣する。ただし、組合の安全衛生委員会がやる時は過去のつながりからなるべくジム自身が行く。近々 UAW ブラックレイ

ク [16) でCOSHについて各ローカルからの代表、職場委員に話しに行く。彼は元ＵＡＷメンバーであった。

テーマは、現在の立法、政治的問題、労災補償法改正、OSHA、アーゴノミックス、エイズその他。OSHAの補助金研修教育訓練を含んでいる。基本的なOSHAの権利、特に傷つきやすい（vulnerable）労働者、たとえば、移民労働者、英語を母語としない労働者、女性などを含む。

教育活動には、ビラ、ポスター、冊子その他の作成、配布もある。OSHA 25周年には小冊子2冊（2001年および2002年）を出した。PHILAPOSHについての基本データ、参加組合名、弁護士リスト、COSHグループリスト、理事会メンバーなどを入れてある。1991年には『仕事でけがをする：フィラデルフィア労働者のためのハンドブック』(*Injured on the Job: A handbook for Pennsylvania Workers*, Fourth Edition, Philadelphia Area Project on Occupational Safety and Health, 1991) を出した。ボストンで始めたもので、これにならってペンシルバニア法にあわせてつくった。その後の法規、判例等の動きに合わせて改訂版も出した。

ペンシルバニア大学、テンプル大学、ブリンモア大学その他の実習生の受け入れもしている。個別ケースのインテイク過程（状況聞いたり、スクリーニングしたり）の扱い（ミクロ）と特定の法案に反対する等社会改革の扱い（マクロ）双方のアサインメントをだす。次はその後者の一例である：

連邦上院がOSHAを無効にしよう（90％の職場を安全検査監督（inspection）からはずす：「OSHA改革（Improvement）法」S2153)) とした時にちょうど入ってきた学生にはこれに反対し、潰す運動をあたえた。張本人のリチャード・シワイカー（Richard Schweiker）に対するキャンペーンを拡げ2月1日土曜日正午にはフィラデルフィアから車または電車で45分の郊外ウォースター（Worcester）の自宅にピケも張った。成功して同じような法案はその後出てきていない。PHILAPOSHが火付け役で全国に拡がった運動であった。

（2）取り組んできた課題

以下（ⅰ）はCOSH運動最初の10年間の中心である。（ⅱ）以下はこの10

16）研修施設。

～ 15 年間取り組んできた課題である。

（ⅰ）「知る権利」（right to know）

COSH 運動の中で一番全体として協力してやった、一番大きく働いた運動である。

使われている化学物質等について社会は知らされるべきとのキャンペーンであった。「知る権利」など 80 年まではなかった。70 年末、レーガンになって上からの実現が不可能であることがわかり、PHILAPOSH が草の根レベルで運動をすることとした。78 年にキャンペーンをスタート。80 年、州、ローカルレベルで法規が成立し始めた。ニュージャージー州、ペンシルバニア州の 80 の市、郡で実現した。化学企業等各工場、各地ごとに異なるのでやりきれなくなり、全国一律の OSHA へと向かう。85 年、連邦法が成立した。もっとも厳しいものを OSHA 基準にあげた。

（ⅱ）アーゴノミックス（ergonomics）

現在の関心事である。人間工学。反復緊張労働、腰痛等、OSHA について 12 ～ 13 年やってきている。立法要請、公聴会等での発言、1,000 人規模の動員も行ったが、いくつかの郡、州で成功したにとどまり他は失敗、惨敗の状態である。労働災害保障法は各州ごとに異なるので各 COSH グループごとに異なる法を扱うことになる。（上記（ⅰ）「知る権利」参照）いくつかの組合で協約、苦情処理手続きはつくった。

クリントン政権時に規則はできたのだが、議会がストップをかけた。議会を通さないでこの基準を策定することは許さないとした（2000 年）。南部デキシーデモクラットが賛成側についた。30 年間民主党が多数とっていたが何も——労働者の権利、地位を強める新しい労働法も——OSHA も通っていない。

議論は 70 年代からしてきた。60 万ケース、600 の調査研究があるがさらに調査しろという ?!（Academy of Science）。

（ⅲ）移民労働者雇用

使用者は移民を労働者分割統治のために使う。人種、エスニックグループご

とに。AFL-CIO は自らの組織存続のために5年前に移民を組織することを決定した。しかし、平均的一般組合員の気持ちは入り混じっている。偏見も根深い。「奴らは誰も好まない仕事をする」。「我々の仕事を奪う」。AFL-CIO、特に建設関係労組と COSH の間にはギャップがある。特にベトナム人など。また、韓国系の小レストラン、家族経営、クリーニング店などに労働災害の関心を持たせるのは難しい。

移民労働者は、限られた英語能力 "Limited English Proficiency"[17]、87の言語、低賃金、OSHA を含め保護なし、傷つきやすいなどなど多くの問題がある。オルグはこの問題の重要性わかっているが、全体はまだ十分理解していない。

（iv）職場の暴力

個人または5〜6人が鉈またはナイフで殺される。これの予防キャンペーン。労使で政策を作り、関心を高めた。主要安全問題が変わった。鍵、ブザーの設置、受付（第1にやられる可能性が高い）、小売店、ファーストフードの安全対策へ、強盗、強姦対応などへ。

（v）エイズ・肝炎

血液の扱い。事故救急隊員、監獄の看守、病院労働者だけではない。仲間が指を切る、今までであれば仲間が飛んできて手当をしてくれたが今はそうはいかない。工場で機械操作、パンチ（穿孔機）などで怪我をし床に血がながれるとたいへんなことになる。今やすべての労働者が教育されていなければならない。

（vi）州の労働災害補償法

アメリカは法律が悪い。州法は保険会社によって書かれ、コントロールされている。労働災害補償法は、保険会社がいつも書き直す。労働者も組合も声を持たない。

州の議員の一人、下院のリーダーが保険業界に有利な法案（Insurance Industrial Bill）に賛成の投票をした。ジムが思いついた。67郡に労働災害被災

17）今日の補助金申請用キャッチワード。

者がいる、議員はそこからでている。ここに事務所、自宅持っている[18]。事務所にピケを張ろう。

AFL-CIO が PHILAPOSH にそれはすべきでないと言ってきた。建設組合の委員長が「反対するな」と言ってきた。20 の建設関係ローカルが PHILAPOSH の会員になっている。建設業には都合いいが、ペンシルバニア全 500 万労働者に影響する。企業側はいつも少数に餌をやって分割してくる。政治家は、一部に利益を与えて大きくやっつけてくる。

個別ケースでは、保険会社（あるいは企業）によってはほとんどすべてのケースに異議を唱え、ノーと言う。怠け者と非難する。保険料が上昇するからであり、原因を糺さなければならなくなる（費用かかる）からである。PHILAPOSH の弁護士リストの裏面には「保険会社と一人で闘うな」とある。裁判に訴えても特定の裁判官は評判悪い。自宅にピケを張られたフィラデルフィアの裁判官もいる（後述 4 節（1）参照）。

労災を健保、自費で受けさすというのは、一種の詐欺（fraud）、犯罪である、場合によっては監獄行きである。ペンシルバニアでは実際のケースある。公的資金に費用をシフトすることになる。

(vii) 資本家の貪欲、OSHA 規制緩和と政治家

看護師の不足、強制的残業、一つのシフトのあとにもうひとつ働けという。疲労のみならず過ちを犯す危険が高まる。保育の問題、自分・家族・患者のストレスの問題もある。

経験したことのない使用者は OSHA を恐れるが、一度経験した人は恐れない。実効性のないことを知るからである。PHILAPOSH は OSHA は当てにするな、最後の手段と考えろと教えている。自分で努力せよとやってきた。

最近のノースカロライナで鶏肉加工工場の火災事故があった。25 人が死に、56 人が怪我をした。工場所有者が鶏肉の盗難を防ぐため非常口に鍵をかけていた。1991 年 9 月、不起訴とされた。工場所有者エメット・J. ロウ（インペアリアル・フード社）は殺人罪で起訴されるべきであるとのキャンペーンを張った。

18）"Injured protest at Perzel's"（新聞切り抜き）。

「お尋ね者」ポスターを作り、署名を集め、個人宅に押しかけた。全国から4,000人が集まった。ここからもバス2台で乗りつけた。見せしめのためにもこうすることが必要であると考えた。結局、殺人罪で20年の有罪判決となった。実際に4年間収監されていた。アメリカではまれなケースである。

トラック、航空業などOSHA以外で規制緩和の影響は繰り返されている。ノースカロライナ、原発工場の清掃について州の下院議員カス・バレンガー（Cass Ballenger）がOSHAを弱める法案を通そうとしたがストップした。逆にOSHAの予算増額、各職場に安全衛生委員会の設置の義務化をと訴えた。

無事故表彰プログラム等の競争はアメリカにもある。損失時間ゼロ、何千時間無事故キャンペーン、対外的広報としてはわかるが、OSHAの問題としないこともある。通常に仕事ができない場合にはOSHAで本当は記録し報告しなければいけないのだがこれをしない。

個人はたとえ解決しても組合は忘れてはならない。それを契機によりよい訓練、機器、やり方、方法の変更も考えなければいけない。

(ⅷ) 喫煙問題

20年来、30年代、40年代、50年代、労働組合は喫煙の権利のために戦った。喫煙休憩すら要求した。今では禁煙職場。特定の区域、部屋を設けても換気はよくない。今日では建物ごと禁煙も多い。喫煙者は悪天候の時にも道路にたつ危険もある。使用者が罰則受ける。

(ⅸ) 麻薬検査

ランダムテストを導入するという。15年前。使用者は安全のため、自分と同僚のためだという。組合は使用者に新たな労働者いじめ、組合攻撃の武器、道具をもう一つ与えることになると考える。初めに検査対象に選ばれるのはオルグ、組合役員、黒人、新採者である。新たなプライバシーへの侵害である。たとえば、マリワナ、THC[19]は50〜60日間体内に残る。1、2か月前のものがなぜ使用者が関係することなのか。"Just Say No to Drug"（「ドラッグには

---

19) Tetrahydrocannabinol. テトラヒドロカンナビノール。大麻の主成分。

きっぱりとノーと言え」）ナンシー・レーガンの言葉をひねって "Just Say No to Drug Testing"（「ドラッグテストにはきっぱりとノーと言え」）とした。反対のバッジをつくった。理由のないランダムテストは認めない。

反対法案を提出し運動を進めている最中に列車が人を轢くという事故がおきた。運転手がマリワナ吸っていた。この事故が法案をつぶした。多くの組合は受け入れたが、ジムはなおおかしいと思う[20]。問題ではあるが小さな問題である。生け贄にされているにすぎない。危険な条件を批判するのではなく、個人を批判することになってしまう。アルコールの方がはるかに問題である。たとえば、オハイオ州ローズタウン工場、朝7時、バン（箱型自動車）一杯の小瓶ウィスキー？がすぐなくなってしまう。

（ x ）"Public Service Announcement"

"Public Service Announcement"（公共的サービスの"お知らせ"）は主要テレビでなされなければならない。COSH の情報はこれにあたる。ケーブルテレビは、市の許可条件として、アクセス、無料の訓練、機器の提供が義務づけられている。会社は実行しない。裁判。下級審で敗訴したが、今なお連邦裁にかかっている。第3巡回裁判所、連邦法の公共アクセスの判断、規定は明確ではない。州法はない。市法でゆくしかない。朝4時頃放映しても誰も見ていない。これすら何年か前に落とされている。

主要テレビは大企業、新聞、雑誌、ラジオ、テレビのチェーンである。デトロイトニュースは組合つぶし[21]に向かう。意識的にやってきている。戦車のように。ますます少ない会社がコントロールしている。特に外国ニューズ、通信は閉じられている。労働組合の主要ストライキなどますます伝えられない。天気予報、スポーツばかりである。

ブッシュ（大統領）は未だ新聞記者会見を2年間1度もやっていない？　ジムは覚えていない。ケネディ、ジョンソンの頃はいつも答えていた。民主主義の低下である。C-SPAN の資金どうなっているかわからない。言論の自由の保

---

20) 運輸省の運転手については連邦法がある。
21) 壁のワッペン。「今日はデトロイトがねらい、明日はあなたの番」（"Today They target Detroit, Tomorrow target You"）『デトロイトニューズ』（新聞）についてである。

障がなくなっている。

（xi）疑似葬儀

これは課題というよりイベント的年中行事である。PHILAPOSH は 1988 年から毎年労災死亡労働者追悼式典を行っている（AFL-CIO と共催）。この地のメーンイベントとなっている。250 ～ 300 人の各組合からの参加者、被災労働者（ゲスト）、弁護士、保健医療専門家、宗教・政治指導者が出席する。資金を募る場でもある。

デラウェア川のシートメタル組合事務所[22] での朝食で始まる。ラビ、牧師その他が主宰して葬儀を執り行う。ペンランディングまで葬列は歩く。人がかぶったサンドウィッチ型プラカードは白い墓石のデザインで、一つひとつに名前、年齢、死亡の日、死因が書かれている。名前が読み上げられる。泣く人もいる。終わって組合事務所に飾っておく。持って帰る人もいる。

この 50 年 OSHA[23] 以外は何も成功していない。70 年代 OSHA に労使同数の安全衛生委員会を各職場に設置する案があったが法には入れられなかった。未だ実現していない。半数の職場には安全衛生委員会は組織されていない。あっても名目だけで機能していない。安全衛生委員会で代表されているのは 10% ぐらいであろうか。

COSH グループの現在の問題は関心事の分散である。この 7 年、10 年、特定の問題に集中していない。アーゴノミックス、移民労働者の安全衛生問題などなどばらばらである。手にする補助金に引っ張られているようにも思える。ある COSH グループはアーゴノミックスの問題は「時間がない」と全国大会で発言している。

多くの問題に取り組みすぎということは問題は何もないが如きである。AFL-CIO は 100 の立法リストを持つ。AFL-CIO はロビー組織であるのでこ

22）レンドル支持の垂れ幕をかけてあった。今回の選挙でフィラデルフィア市長からペンシルバニア知事に立候補した。消防組合は来なかった。市長時代は賃金その他で市職員労働者をいじめ抜いたからである。AFSCME は彼を憎む。他の組合は今回選挙で彼を支持。

23）1970 年制定。

れで良いのかもしれないが、COSH も同じようになっている。広がりすぎ、優先度を与え特定の問題に焦点を与えるのに失敗している。ピケを張り、ポスターを貼り、社会に教宣しなければだめである。そしてはじめて他の人々も学ぶ。

4 自助グループ（罹災者の会）――今回（2003年2月14日）の集まり

参加者は4名。いつもより少ない。ジム、アギー、弁護士ジム・モーガル（Jim Mogul）が加わる。ジム・モーガルはこの7、8年 PHILAPOSH にかかわっている。参加者全員が新メンバーで、全員バラバラに来た。

（1）女性A（教員組合）

学校で子どもの騒ぎの中でのこと、倒れそうになったところをある人が手を支えてくれた。別の人が一方の足を踏んで、体をひねって大腿部、膝、腰を痛めた。数か月労災保険が支払われたがその後給付は停止された。

弁護士の第1の質問は「裁判官は誰か」その女性裁判官の名が告げられると、弁護士もジムも直ちにさもありなんという顔をする。彼女で勝つのはほとんど100％難しいという。PHILAPOSH はその裁判官の自宅にピケを張ったことがあるという。名だけ告げられると良い裁判官か悪い裁判官か即座に告げることができるという。

第2の質問は「医者は誰か」。一般開業医（general practitioner）か、専門医か、校医は？「ホームドクター（一般開業医）です」。ホームドクターであれば、たとえば本人が膝が痛いというと年のせいかもしれないというかもしれない。一般開業医でも一生懸命やってくれればやりようによっては常に不可能というわけではないが、彼女の場合はほとんど力になっていない。

第3の質問は「弁護士はだれか」。いつも助手を送って来る、法廷にも自らは現れない、事前打ち合わせもろくにない、職業別電話帳に大きな広告を出していた弁護士事務所。ジム弁護士は「あはーん “アセンブリーライン弁護士” だ」とただちに反応した。

モーガル弁護士「私ならまず第1に誰を医者に選ぶかが大事と思う」。そして彼にいかによく準備させるかに力を注ぐ。ひどい医者は弁護士が書類を送っ

ても読まないで捨ててしまう。それでも証言録取書（a deposition）4,000～5,000ドルを請求する。「法廷での証言前に3、4時間の打ち合わせはする」

モーガル弁護士は少し話を聞いて、彼女の持ってきた書類を見て「残念ながら力になれない」と言う。判決文は、要は彼女側の医者の言うことは信じない、本人（およびその弁護士）の言うことも信じない、使用者側の医者、主張を信じると言っている。しかし、彼女の医者は神経の問題を認めた、保険会社は嘘だインチキだと言う。彼女の側は貧しい準備しか為されていない。「時すでに遅い」。彼女は控訴することを考えているようであるがモーガル弁護士は「控訴しても勝つのはほぼ難しい」と言う。上にゆくほど難しい。ソーシャル・セキュリティ Social Security Disability; SSD でゆくほかない。1年ぐらい経っているなら早くせよ。それも医師が関係を証明してくれなければ無理である。使用者が責任を逃げると結局は納税者に負担がゆく。費用移転がなされている。

こういった人は車を失い、電話を失い、抵当物を失う。彼女がこれに当たるかはわからないが。

裁判所に行かないのに事務所での相談にも4,000ドル請求されたという。給付受けていないのにこれを請求するのは違法である。モーガル弁護士ならこの段階では一切取らないという。

（2）男性A（病院組合 AFSCME1199 の職場委員）

楊枝を口にくわえ続けている。態度はあまり良くないがテレがあるのかもしれない。知識、理解度は非常に良い。おそらく保繕・用務員（janitor）だろう。99年に4か月間労災補償を受けた。その後復職。2001年また悪くなってきたが、給付再度受けられるか。たぶん腰痛だろう。事故の60％はこれである。

「裁判官は誰か」。名を聞くやモーガル弁護士は「いい裁判官だ」と反応した。「その時の署名した書類は何か。一時支給停止か支給終了か」前者らしい。であれば、再開されうる。「現在は組合の給付を受けている」。一般の傷害、疾病用の健康保険（Health & Welfare Benefits）の給付である。たとえば、日常品食料品用週200ドル。労働災害補償給付に比べ額と期間（たとえば26週間）が限られている。

組合がない場合は場合によっては会社がたとえば労使折半の掛け金で同じよ

うなものを持っている。本来労働災害補償保険が支払うべきものを組合基金が支払うのであるから、返金されるべきとの訴訟もある。組合基金が空になってしまう。

　こちらの保険会社は労災だからといって支払いを拒否し、労働災害補償の保険会社は一般疾病障害だからといって支払いを拒否する。労働者はもとはどちらも受けられたが、今は不可。万一支払われても他方の分は控除される。

　問題はこの支給再開前に自動車事故を起こし、膝を痛めたという点である。保険会社はこれを理由に支給を拒否するだろう。双方の弁護士を同じにしないと難しい。二つのケースの協調が必要である。

　労災（非課税、長期）と失業保険（賃金の50～60％、課税）は同時に受けられるか。もとは可、今は不可。控除される。やっかいなのは労災を受けて、復職して、解雇されて、仕事に就こうとしてももとの身体でないので肉体的労働（Laborer's や Teamsters の仕事）にはもはや雇われない。失業保険を受けるには少なくとも何らかの仕事はできなければいけない。

（3）女性 B

　本人は今日はオブザーバーだと言う。が本当は何かあるらしい。

　フィラデルフィア市で働いている。怪我が以前にあり、軍隊に入り悪化。会議の終わりにこういうケースも労災にいけるかと聞いてきた。モーガル弁護士の答えは「ノー」。軍隊での障害は退役軍人向けの制度でカバーされる。ただし、軍務関係障害でないと認定されるとやっかいなことになる。たとえば、前職場で傷害→軍務で悪化→その後次の職場に就職といった場合、いずれでもがそれぞれ自分のところの事故ではないと主張したら誰が責任をとるのか。

（4）男性 B

　オブザーバーであると言いとおした。結局何の問題なのかは言わなかった。何かありそうだが、いろいろ勉強になったと総括した。

【初出】「5．ニューヨーク労働安全衛生会議 NYCOSH とフィラデルフィア地区労働安全
衛生会議 Philaposh」「非公式労働運動——アメリカ労働運動の全的把握に向けて」『労
働研究所報』No.7. 東京都立労働研究所、1986 年 3 月、52-53 頁。
Philaposh インタビュー記録、2002.12.3, 6, 13; 2003.1.7, 24; 2.6, 14.

第6章－I
職場における差別・人権
70年代、80年代と「女性問題」

　最近、わが国で、アファーマティヴ・アクション（Affirmative action）だとか「機会の平等ではなく結果の平等を」とかいう言葉がやっと市民権を獲得してきた。例によって、アメリカからの直輸入である。しかも、残念なことに、10年以上のタイムラグがある。80年代初めのアメリカの問題は、「相当価値労働同一賃金（Equal pay for work of comparable worth）とセクシュアル・ハラスメント」である。

　「同一労働同一賃金」（Equal pay for equal work）のスローガンはもう古い。そもそも男性と同一の労働についている女性などどれだけいるのか。何故、女性が中心の職種、例えば秘書の賃金が男性が中心の職種、例えば警備員の賃金より低く格付けされなければならないのか、これが問われなければならない。

　70年代から80年代にかけて関心を集めた、そして日本ではあまり取り上げられていないもう一つの「新しい」女性差別問題は、セクシュアル・ハラスメント（Sexual Harassment）である。女性侮蔑とでも訳すべきか。上司が部下に肉体関係を持つことを強要する。同僚男子労働者が働く場において卑猥な言葉を投げかける等々を意味する。こういった「事実」はずっと以前から存在したが「問題」として意識化されてきたのはごく最近である。

　80年代は、「『同一労働同一賃金』ではなく、『相当価値労働同一賃金』を」である。

　「女性差別」解消策に関する限り、現在あるいは将来についての展望よりも、少し前の話の方が「役に立つ」ようだ。まずは、70年代以降の動きを振り返ってみることにしよう。

1 男女を区別する名称の廃止

70年代初めはウーマン・リブの華やかなりし時であった。大学の労働者向けクラスにでも出席すれば、女性たる者、口を開けば、"Discrimination!"（差別）を叫んでいた。

Men and horses must work.（男と馬は働かなければならない）というのはけしからん、女だって働かなければならない、よって men（男）は people（人）に置きかえられるべきである。ある市議会で議長をつとめていた女性は、議員が発言を求めて "Chairman!"（議長）と叫んだ時、返答もしなければ、振り向こうともしなかった。彼女いわく、「私は男（man）ではないし、男のように見えもしないでしょう」。以降、同市議会では chairperson を使うこととなった。

何故 Miss（ミス）と Mrs.（ミスィズ）を区別しなければならないのか。男は Mr.（ミスター）1本ではないか。Ms.（ミズ）に統一しよう。当時、すでに講演会等では、Ms. を公けに使う人がかなりいたし、大学や役所からくる手紙のなかにもこれを使ったものが散見した。今では、ごくありふれたものとなっている。さらに、男も女も区別せず Pn（ピン person から来た？）を使えという声も聞かれたが、こちらの方は広がらなかった。

これら「世俗」の動きから数年遅れて、連邦政府は、その職種名鑑中、3,500の名前を書き改めた。ウェイト<u>レス</u>がダイニング・ルーム・アテンダント、ガヴァネス（婦人家庭教師）がメンター（教師）といった具合に。その他、バスボーイ、スチュワーデス、フィッシャ<u>マン</u>等々、性を表す語をその中に含むものはすべて落とされた。労働省内のマンパワー・トレーニング・アドミニストレーション（労働力訓練局）も、エンプロイメント・トレーニング・アドミニストレーションと名を変えた。ミシガン州では、ワーク<u>メンズ</u>・コンペンセーション・アクト（労働省災害補償法）という法律の名前を、わざわざ州議会でワーカーズ・コンペンセーションに改正すると議決した。

2　男女別求人の禁止

　しかし名前だけをいじっていたわけではない。70 年の初め、すでにミシガン州の職業安定所では、男女を指定した求人票は受理されないことになっていた。すなわち、トラック運転手男何人、タイピスト女何人というのはいけない、トラック運転手何人、タイピスト何人とせよというのである。「男の仕事」、「女の仕事」との定義づけ、区別をなくそうという努力の結果である。

　民間の努力も重要である。70 年代の中頃、デトロイトで活躍していた二つのグループがある。一つは、ニュー・オプションズという名の非営利民間団体である。中心的事業の一つは、女性にとって非伝統的である仕事に女性を送り込むことである。まず国勢調査で、女性の全く就業していない職種、その比率が著しく少ない職種をピックアップし、ついで、企業を回ってこれらの分野の求人開拓を行う。そして、求職のためにこのグループを訪れた人々に、これらの仕事を紹介するのである。例えば、高層ビルの外壁の掃除人。賃金が非常に良いにもかかわらず、女性は 1 人もいない。女性にできない仕事では全くない。これらの仕事に女性を就けさせよう。

　もう一つは、トレード・ユニオン・リーダーシップ・カウンスル INC と呼ばれる組織である。その名から察せられるように、より労働組合に近い組織である。女性が今まで就労していなかった熟練技能工に女性を入れようと、職業訓練および職業紹介をする。加えて興味深いのは、これら組織の運営に政府が補助金を出しているということである。レーガンが大統領になって実質的に消滅させられてしまった例の CETA (総合雇用訓練法)[1] の下のプログラムである。

　同法は、各市その他にどういったプログラムを実行するかを決定する権利を委ねていたが、その決定をするに当たっては、マンパワー・プランニング・カウンスル（労働力計画委員会）を設置し、その意見を聞かなければならないとしていた。いわゆる市民参加である。①サービスを受ける人々の代表、②地域のコミュニティ組織、③職業紹介、教育・訓練機関、④企業、労働組合等の代

---

*1　第 2 章 78、80 頁参照。

表、がこの委員会を構成する。デトロイトの場合、女性の代表というのも、第1のカテゴリーに属するものとして参加していたのである。

3 機会の平等から結果の平等へ、アファーマティヴ・アクション

60年代公民権運動は、すべての人に平等な機会を与えることを要求した。企業は大学その他の組織と同様、「私の所では女性は採りません」などと言って済ますことはできなくなった。

平等な機会を与えること、このことはきわめて重要なことである。しかし、同時に、それはあまりに限界がありすぎた。女性差別の現実の改善のペースはあまりに遅々としたものであった。70年代はこれに満足しなくなった。

極端な一仮定的ケースを示そう。今まで男性しか募集しなかった荷物運搬人のポストに女性の応募も認めることにする——機会の平等である。しかし、もし全応募者に平等な筋力テストを行い、その強い順に従って採用を決定するとしたら結果はどうなるか。社会平均的には、男性の方が筋力が強い——そのどこまでが先天的、生物的な違いで、どこからが後天的、社会・歴史的な違いであるかは不明であるが——がゆえに、結果としては男性ばかりが採用されることになる。男性の天下は続く。

70年代に問われたのは、機会の平等ではなく、結果の平等であった。これを解く一つの方途が、アファーマティヴ・アクションである。差別解消のための積極策とでも訳すのがよかろう。

アファーマティヴ・アクションは、女性についてだけではなく、マイノリティ（少数民族）、心身障害者、中高年者その他についても言われるし、労働に関してだけでなく、教育や住宅に関しても言われる。しかし、ここで雇用の女性問題に限っていうならば、要は、男女を平等に扱え、そのために一定率の女性を雇え、一定のポジションにつけろということである[1]。上の「一定率」という

---

1) 男女は平等であるということが正しいとすれば、男女を平等でなく扱ってきた過去は誤りであったということになる。とすると、誤りは償われなければならず、この率の採用により、たとえ男性が不利になろうともそれは是認されなければならない。

場合、いろいろの決め方があろうが、人口比すなわち男女1対1、全国または
その地域の労働力構成に比例して、あるいは、それらに到達するために段階的
に定められた一定の割合等々が考えられる。

　政府のとった手だては四つである。第1に、役所がお手本を示す。政府職員
内の男女比を「一定の」割合に近づけようとするとともに、管理・監督者内に
占める女性の割合を増すよう努力する。

　第2に、役所の行うあらゆるプログラム、例えば職業訓練の参加者について
も「一定率」の女性を確保する。先のデトロイトの労働力計画委員会は45%
とした。

　第3に、政府と取引きをする企業に、女性を差別していないことを要求する。
エグゼキュティヴ・オーダー（大統領令）は、政府と年間1万ドル（当時。以
下同じ）以上の契約を結ぶものはこの命令に従わなければならず、うち4万ド
ル以上の取引きまたは50人以上の雇用者を有する企業は、各事業所ごとに書
面によるアファーマティヴ・アクション・プランを持たなければならないとし
た。現在の社会において、政府と一切取引きをしない企業は、特に大企業にあっ
ては、どれだけあるだろうか。しかも州や市政府までもが同様の規定を持つと
したら*2。

　1975年、マンモス企業、ゼネラル・モーターズは「その二つの工場で、こ
の基準に合わないことを理由に、75年7月以降、国防省とのあらゆる契約に
参加することができないという資格喪失扱いにうつされてしまった」

　第4は、1964年公民権法による雇用差別の禁止である。企業のみならず労
働組合や職業紹介所も対象とし、取締り、監督は平等雇用機会委員会（EEOC）
によってなされる。当初は人種差別についてのケースが圧倒的であったが、次
第に性差別についてのケースが増えた。連邦政府だけでなく、主要工業州を含
む約25州で、同様の法律および取締り、監督機関が設けられている。

　1973年のATT（全国電話公社システム）のケースが有名である。同社は、監
督者への昇進を中心とした過去の性差別に対し、1,500ドルの補償を支払うこ
とを命じられそれに合意せざるを得なかった。それだけではなく、例えば

---

*2 第4章127、131頁参照。

ニューヨーク電話会社は、ニューヨーク市地区の第一線監督者57％、中級管理者の46％、上級管理者の20％を女性で埋めるよう昇進させることにも合意したのである。

こういった努力のお陰もあって女性の職場進出は進み、「男の仕事」、「女の仕事」の壁は徐々に取り除かれていった。70年代半ばまでには、タクシー運転手のみならず、大型バスの運転手の間にも多くの女性を見るようになった。自動車の組立工場にも多くの女性が入り、鋳造工場にさえ女性は働く。男性の部下を何人も従えるMP（Military Police）の長も生まれた。彼女の任務は男性と何ら変わらない。

一方、男性も「女性の職場」に進出してきている。電話の交換手にしばしば男性の声を聞くようになり、看護婦（？）の資格を持った男性は何人も出た。女性が圧倒的だったソーシャルワーカーなどの間にも男性の占める比率が増えた。

4　相当価値労働同一賃金

女性差別には2種類ある。一つは、採用、昇進、レイオフなどの雇用における差別であり、もう一つは、賃金の差別である。前節までの記述は、主に前者にかかわるものであった。80年代に入って再び後者にスポットが当ってきた。これまでの賃金差別の主張は「同一労働同一賃金」の主張であった。「同じ技能、努力、責任を要求する同じ仕事について、使用者が一方の性の労働者に対し、他方の性の労働者に対するよりも低い賃金を支払うこと[2]」に反対する主張であった。

しかし、「同一労働同一賃金」の要求では大部分の女性の賃金差別の問題は解決されない。女性の賃金差別の核心をついてはいない。80％の女性は、男のいない、または主に女性ばかりの仕事——例えば、秘書、タイピスト、看護婦、保母——に従事しているからである。「『同一労働同一賃金』というのは、すべ

---

2) 1973年平等賃金法参照。同法は、例外として、先任権、メリット・システム、生産の量と質、その他、性以外の要素にもとづく賃金差は是認している。

ての秘書が同じ安っぽい賃金を受ける権利があるということを意味するにすぎない」

「女の仕事」が「男の仕事」に比べて、不当に低く評価されていることが問題なのである。なぜタイピストの賃金が警備員の賃金より低くなければならないのか、なぜ電話交換手の賃金が電車車掌の賃金より低くなければならないのか。「相当（類似）の技能と責任を必要とする仕事は同じに支払われるべきである」。「相当価値労働同一賃金」の叫びである。「女の仕事より男の仕事の方が何の合理的理由もなく低く支払われているのは正」されなければならない。

職種間の比較をせよということである。大変なことになった。使用者は言う。「似てもいない仕事を比較して、どの仕事がどの仕事より価値があるかなどと……」「複雑すぎてうまくゆくはずがない」「全賃金体系をめちゃくちゃにしてしまう」「金がかかってしょうがない」……。組合の方も困ってしまった。大激論の末、AFL-CIO は、1979 年、この概念を受け入れることを決めた。しかし、組合運動の中は必ずしも 1 本化されてはいない。「労働組合は女のためにだけでなく、男のためにも働かなくてはならないのだから、この考えに 100%賛成するわけにはいかない」「女に賃金平等を与えるために金はどこからくるのか。もしパイが現状のままなら、男は女が平等を得るまで賃上げを得ることができないということになる」……。

しかし、実は、この職種間の比較については、人種についてはすでに先例がある。1986 年、バージニア州フィリップ・モリス工場で包装工として働いていた黒人が、「白人である初級機械操作工^{ベーシック・マシーン・オペレーター}は自分より高く支払われている」と異議を申立てた。裁判所は、両職種は同一ではないが、その賃金はなお人種による賃金差別が示されているというに足るほどの差を持つと結論した。ここでは仕事を比べるという考えがすでにとられていた。「それなのに、どうして、女の問題になったらそんなに騒ぐのですか」デトロイト郊外のサウスフィールドの弁護士エリーン・グランド・スタルバーグは問う。

「相当価値労働同一賃金」の推進者は、謙虚である、あるいは慎重である。推進派の代表、労働組合女性連合のジョイス・ミラー（ACTWU 合同衣服繊維労組副委員長）は言う。「使用者は収拾がつかなくなると思っていますが、私達はすべてを変えようといっているのではありません。まず、各交渉単位内で、

あるいは各ジョップ・カテゴリー内で始めましょう。管理人の給料と保母の給料を比べるのではなく、同じカテゴリー内の類似の仕事を比べましょう」

1981 年 6 月、初めて最高裁がこの「相当価値労働」概念に道を開いた。ガンサー対オレゴン州ワシントン郡事件である[3]。アルバータ・ガンサー（47 歳）他 3 名の元婦人看守（オレゴン州ヒルスボローのワシントン郡刑務所）が、男の看守の賃金は月 701 ドルから 940 ドルであるのに対し、女の看守のそれは 525 ドルから 668 ドルであるのは性による賃金差別であると訴えた。

男の看守の仕事内容と女の看守の仕事内容はイコールではない。男の看守は、女の看守の約 10 倍の囚人を監督する。そのかわり女の看守は、より多くの事務、料理、その他をする。

ガンサーは当初、自分の事件を性差別の普通のケースと思っており、「相当価値労働」をダイレクトには挙げなかった。しかし彼女の主張は、同一労働同一賃金の原則によって妨げられた——男の看守の労働内容と女の看守の労働内容は違うではないかと。このことによって、「相当価値労働」が中心にすえられることになった。

判決は、同じ職場に「同一のまたは実質的に同一の労働」に従事しながらより多く支払われている男子労働者がいない場合でも、1964 年公民権法により、性差別の訴えを提起することができるとした[4]。これまでは、公民権法の性差別禁止規定は 1 年前（1963 年）に立法化された平等賃金法の制限——いわゆる同一労働同一賃金の原則——を受けるとされていたのである。したがって「女性が 1964 年法を使って訴訟を起こすと、弁護士は必ず 1963 年平等賃金法の制限を引き合いに出し、そして、差別があったかどうかの内容ではなく、形成の問題にすべての時間を費していたのである」

判決は「相当価値労働」概念を認めたものではないと強調するが——そして、同一労働同一賃金に代わる原則を明らかにしたわけではないが——女性の賃金差別是正要求に全く新しい道を開いたことだけは確かである。

---

3) 1979 年、ミシガン自動車クラブのクラス・アクション訴訟で「裁判所は、修正された『相当価値』理論を受け入れた」ともいわれる。
4) ミシガン州では、このような権利は、州のエリオット＝ラースン公民権法（1976 年）で保護されている。

5 セクシュアル・ハラスメント

セクシュアル・ハラスメント（Sexual Harassment）とは文字どおりには、性にまつわる「悩まし」「侮蔑」である。具体的には、ジロジロ胸元を見つめる、親しげに手を握ったり肩を抱いたりする、卑猥な冗談を投げかける、デートにしつっこく誘う、ポルノ写真を机や工具箱の中にこっそり入れておく、キスを求める、肉体関係を強要する等々をいう。上司によることも、同僚の男子労働者によることもある。

セクシュアル・ハラスメントのエッセンスは、それら行為が、①本人の望まないものであること、②仕事に何らかの影響を与えるものであること、の2点である。最も典型的には、これら「申し出」を無視、または拒絶した場合、雇用上の報復がくるということである。それは、残業のカット、昇給や昇格のストップ、ボーナスの削減、仕事上の粗探し、悪い人事評価、解雇等々であり得る。セクシュアル・ハラスメントを受け、これを拒否した多くの人々は、解雇されるか、あるいは自ら辞職して職場を去っていった。仕事と食うこと・生きることがかかっているのである。2、3のケースを並べよう。

- マクシン・マンフォードは上司とビジネス旅行に出かけた。「私と寝るか、仕事を失うか？」、ベッドインを拒否、解雇。彼女は彼女の家で唯一の稼ぎ手であった。神経衰弱になり、家族は餓死寸前となった。
- 販売事務職。「私がお客さんと電話をしているのを見ると部長はやってきて、私の胸を見下すんです」「机の位置を変えたら、今度は覆い被さるようにしてのぞき込んだり、体を押しつけてきたりします。そして耳元で「僕の手が君の胸のところへ行きたくてむずむずしている」と言うのです。それから笑って「どうしてもっと胸元の開いたブラウスを着ないのか。ご主人はこたえられない」なんて言うの。「廊下で会えば会ったで……」勇気を出してこういうことを「止すようにお願いした」「次の週、部長に私は呼びつけられ会社を辞めるように言われました。お断りすると、毎日のように私を呼びつけては仕事が間違っている、なっていないと文句

第6章−Ⅰ　職場における差別・人権　233

を言うのです」。結局退職している。

・MP。夜勤パトロール。「訓練の最初の夜、上司は車の高速運転の技能を
たしかめたいと私を滑走路に連れて行って『誘導灯の間をハイスピード
で縫って走るよう』命じました。時速60マイル位まで上げさせ、私の体
中をいじくりまわしました」。その後いくつかのことがあって除隊を申し
出た。与えられた辞令は「第5章除隊──軍隊生活に耐えられず──」

　これらは特異なことではない。1976年、レッドブック誌がアンケートを配っ
たところ[5]」9,000通の回答があり、うち88％がセクシュアル・ハラスメント
を受けた経験ありと答えてきた。同様に、1975年ある機関がニューヨーク州
北部で155人を調査したところ70％が、またカリフォルニアの一海軍基地の
調査でも81％がセクシュアル・ハラスメントありと答えている。セクシュアル・
ハラスメントは、事務など伝統的女性職種でも、非伝統的ブルーカラー職種で
も、専門職職種でもあり得る。大学でも軍隊でも起る。被害者は、年齢、人種、
未・既婚の別、容姿、階級などにもかかわらない。

　ところで、何故、これらセクシュアル・ハラスメントが女性差別^{ディスクリミネーション}なのか。
それは「プライベートなこと」「個人的性癖」の問題ではないのか。70年代初
めの裁判所はそのように判断した[6]。バーネス対コスル事件で裁判所は「上司
による性交渉を持つことの申し出を拒否したがゆえに差別されたのであって、
女であるがゆえに差別されたのではない」と宣言した。

　セクシュアル・ハラスメントは、男性には課せられない雇用の場における条
件を、女性にのみ課するがゆえに性差別となる。つまり、公民権法第7章の下
の性差別禁止の規定に違反する。よって使用者は、セクシュアル・ハラスメン
ト・フリーの（ハラスメントのない）労働環境をその従業員のために用意しな
ければならないのである[7]。これが法議論である。

---

5) 配票数不明。
6) コーン・アンド・デヴァイン対バウシ・アンド・ロウム事件、ミラー対バンク・オブ・
　アメリカ事件など。
7) 従業員がセクシュアル・ハラスメントの存在を申し出たにもかかわらず、何の調査、
　手段をしなければ、使用者の責任が生ずることになろう。

1975 年、初めてこの主張が裁判所で認められた。上司の申し出を断った 9 日後に司法省から解雇されたダイアン・ウィリアムズは、16,000 ドルのバックペイの判決を得た[8]。その後、バーンズ対カスル事件（控訴審）、トムプキンズ対パブリック・サービス電力ガス事件などを経て、この原理原則はほぼ確定したように思われる。

公民権のお目付け役である EEOC（平等雇用機会委員会）およびこの州レベルの機関もケースをつくっている。ミシガン州公民権委員会は、1980 年、同州ではじめて、一事務職のために、7,500 ドルの損害賠償、バックペイ、原職復帰をデトロイトの一運輸会社に命じた。法律のほか、被害者は労働協約でも争える。多くの協約が持つ反差別条項（「会社および組合は、……人種、肌の色、宗教、年齢、性、生まれ、障害の有無によって……従業員を……差別しない」といった趣旨の規定）に拠って苦情処理手続きにのせることができるのである。

UAW（全米自動車労組）は 1979 年、対フォード・クライスラー交渉で新たに、セクシュアル・ハラスメントのための特別の規定を勝ち取った。フォード協約では、セクシュアル・ハラスメントは苦情処理の対象になることを改めて確認するとともに、これが申し立てられた時は、公正雇用慣行委員会を通して調査することを会社、組合双方に義務づけた。クライスラー協約ではさらに 1 歩進んで、「セクシュアル・ハラスメントは許されることではない」旨の会社方針が管理・監督者に徹底されるべきことを規定している。UAW ＝ボストン大学の協約は、さらに加えて「この種の苦情の迅速な処理」と「従業員が以前の仕事に復帰できないと感じた時」「同じ給与・等級で同等の地位の他の仕事へ配職される権利」を定めている[9]。

6　性による区別は認めない

以上の記述から必然的に導き出されるものでは必ずしもないが——したがっ

---

8) 控訴審で逆転判決が出たが、事実についての争いの問題で、法原理については維持された。

9) 本項の記述は、主に Elissa Clarke, Stopping Sexual Harassment, A Handbook（Detroit; Sun Press, 1980）による。

て本稿の中に一体として挿入するに必ずしもふさわしいものではないが——また、以上の記述から学び取り得るのはこのことだけでは決してないが、少くとも筆者がアメリカの一連の男女差別解消の努力を学ぶことをとおして身につけたひとつの基本的な「考え方」は、次のようなものである。

男女を初めからストレートに同じものとみる。男と女の間に何の区別も認めない。言い換えれば、「性」を区別のメルクマール（指標）として用いることを一切やめてしまう、ということである。かわりに「事象」（?）に着眼する。生休は女だから与えられるのではない。産休も然り。生理あるいは出産という「事象」に対して与えられるのである。したがって、これら「事象」を持たない女性にはこれら制度は及ばない。男でもこれら「事象」があれば同じ扱いを受ける。たまたま男はこれらを持たないだけのことである。同様に、残業や深夜労働の規制も、それら労働に耐えうる体力があるか、健康状態にあるか、によって判断される。男だろうが、体力の弱い人、病弱な人には保護が及ぶべきなのである。もちろん、こういった考え方を当のアメリカ人達が意識化しているかどうかは、ここではさしあたり関係はない。

最後に、筆者のUAW副委員長・婦人部長オデッサ・カマーのインタビュー1976年6月22日から一節を引用して本稿を締よう。

「この仕事だけは女には適さない」といった仕事はあると思いますか」
——「ノー。個人によって適さないものはあるけど。男についても同じです。私（大柄のがっちりした女性）は小さなネジなんかダメ。大きなボンネットみたいなやつをバーンと放り出す方がいい。あなた（やせた小柄な男性）には無理でしょう」

【初出】第1〜3節は「女性差別と労働組合——同一労働同一賃金はもう古い——」（「今日のアメリカ労働運動」）『労働ハイライト』No. 20. 1983年6月25日号、7-9頁。
　　他は「80年代と女性差別——相当価値労働同一賃金とセクシュアル・ハラスメント」『労働レーダー』1984年4月48頁、50-53頁。

【参考】「女性を差別するな」（アメリカの労働問題②）『月刊ろうどう』1977年2月、「男にも生休・産休をあたえればいい——労基法研究会報告保護規定削減に思う——」『月

刊ろうどう』1978 年 12 月、「なぜ今ごろ均等法？」『東京の労働』1988 年 6 月 25 日、「『大義』から『機能』へ——From Cause To Function——」豊島区男女共同参画推進懇話会提言「はじめに 2000 年 3 月 13 日、「なぜ性以外の差別に闘わない？　ディーセントワークを機会に」(「論点　男女共生社会の課題」)『週刊労働ニュース』2001 年 5 月 28 日。

第6章－Ⅱ

セクシュアル・ハラスメント
考え方と法的対応の前進

はじめに

　筆者がアメリカのセクシュアル・ハラスメントについて初めて日本に紹介したのが、1983年の初めであった（「80年代と女性差別——相当価値労働同一賃金とセクシュアル・ハラスメント」『労働レーダー』1983年3月号）[*1]。それから2年経て、『エコノミスト』がアメリカのセクシュアル・ハラスメントについて一度取り上げた（渡辺圭「パワー社会が生む性的いやがらせ」1985年1月22日号）。そして、今年の夏あたりからいっせいに週刊誌をふくめ、わが国のマスコミがセクシュアル・ハラスメントを扱いだした。残念ながら、他の多くの社会事象と同様、ここにあっても、アメリカと日本のあいだに10～15年のタイム・ラグがあるようだ。

　「タイム・ラグがある」という表現は示唆的である。なぜなら、それはいわゆる収斂理論を主張するものではないとしても、AがBの後追いをしていることを意味するからである。後追いをしているとするならば、先を行くものを学んでおくことは、二重の意味で重要となる。第1に、それを見ておくならば、後を行くものにとって、今後どのような方向に進むかの大筋がわかるからであり、第2に、ある社会事象が文化（政治等を含む広い概念である）の異なる社会に伝播するに際し、いかなる変容・適応をするかを予測する素材を提供してくれるからである。

　以下、アメリカでいうセクシュアル・ハラスメントとは何なのか、それは法

---

*1　第6章-I。

廷ではどのように進化してきたのか、それを防ぎ救済し、なくすために、どのような法的フレーム・ワークが用意されているのかを、ごく基本的な点からまとめておきたい。

　日本のセクシュアル・ハラスメントの議論がどのような進展をみせるかを知るための、不可欠の作業なのである。

1　定　　義——セクシュアル・ハラスメントとは何か

　セクシュアル・ハラスメントとは何かを最もわかりやすくあらわしたものに、何年か前に放送されていた FEN のスポット・アナウンスメントがある。

　「セクシュアル・ハラスメントって何でしょう。それはあなたが当然受けて然るべき［敬意］（respect）を受けない時です。それは姓か［役職］で呼ばれるべき場合なのに［許してもいないのにファースト・ネームで］呼ばれる時です。それはあなたが、男たちのたむろする前を通りかかった時に、なにか個人的なことをとやかく言われる場合です。それはあなたが体に触れられたくもないのに、同僚があなたに手を触れる時です。それはあなたが昇進をめざして一生懸命に働き、試験にも全部合格し、正しい手続きを踏んだのに、ただあなたの上司がセックスを求めて言い寄って来るのを聞き入れなかったために昇進できないような時です。いろいろなセクシュアル・ハラスメントがあるものでしょう？　でも、それが結局どんなことかおわかりでしょう。それは人があなたを劣った人間として扱う時です。そんなふうに扱われたいと思う人なんているでしょうか。セクシュアル・ハラスメントの問題が、どうすればなくなるか知っていますか。ただ他人を、あなたがそう扱われたいと思うように扱えばよいのです。自分を大事に敬意（respect）を払うように他人に敬意を払うのです[1]」

　堅苦しい学者の定義より明解であろう。二つのことがいわれている。一つは、どういう行為がセクシュアル・ハラスメントになるかの行為類型の一覧である。

---

1)「セクシュアル・ハラスメントを知っているかい？」長崎玄也 FEN Around the Clock
　（アルク、1983 年）177-8 頁。訳については、［　］の書き替とともに、筆者により若干
　手が加えられている。

それはファースト・ネームで呼ぶことから、卑猥な野次を飛ばすこと、体にふれること、性交渉を持つことを条件とする昇給・昇進に及ぶ。逆に申し出に従わなかった場合のいやがらせ、脅し、解雇もある、極端な場合は強姦に至る。FEN のもう 1 本のスポット・アナウンスメントは、セクシュアル・ハラスメントとは「いかなる目的であれ、全ての種類の、望まれざる性的関心のことです[2]」と結論する。言語によるものであろうと、身体的なものであろうと問わない。現在アメリカでセクシュアル・ハラスメントは 2 極に分類される[3]。代償物（quid pro quo）型（昇給・昇進、良い評定、雇用継続等の代償として性的利益を求める。実体的利害（tangible job detriment）が関する）と環境型（居づらい、びくびくさせるような労働環境（hostile or offensive work environment）を作り出す。心理的苦痛のレベルで可）である。そのいずれであるかを問わない。

　上のスポット・アナウンスメントの伝えるもう一つのメッセージは、セクシュアル・ハラスメントとは respect の問題、dignity の問題[4] であり、人格にかかわる問題であるということである。AFSCME（American Federation of State, County and Municipal Employees; 自治労）の一パンフレットは「セクシュアル・ハラスメントは、当該労働者の仕事の出来・不出来、能力とは何ら関係ない当人にとって不利な雇用条件を押し付けるがゆえに差別を構成する[5]」と書く。「人格に関わる問題」といい、「差別を構成する」と書いても、要はアメリカにおいてセクシュアル・ハラスメントとは人権の問題としてとらえられているということである。

　ただし、上のスポット・アナウンスメントは、これ以上のことを示しているのかもしれない。アメリカにおいて、セクシュアル・ハラスメントは、通常、差別の一形態として理論構成されるが、「respect, dignity 人格に関わる問題」としてとらえた場合、「差別」よりも広い概念として、すなわち、たとえ差別

---

2)「ここでは男女は絶対に平等だ」FEN Around the Clock p. 179.
3) Catharine Mackinnon. The Sexual Harassment of Working Women. New Haven: Yale University Press 1979.
4) AFSCME. Sexual Harassment On the Job Sexual Harassment: What the Union Can Do. AFSCME.1983.3
5) 同 p.30 ほか。

を構成しなくとも、なお反価値的なものとして構成される可能性と現実性を持つ。この点は、アメリカにおいても、必ずしも意識的には論ぜられているわけではない。

筆者は、セクシュアル・ハラスメントに対し「性的いやがらせ」との訳語を用いない。人権侵害の側面を充分に伝えるにふさわしくないからである。冒頭に引用した拙稿「80年代と女性差別」では、「女性侮辱とでも訳すべきか」とした。本稿では以下、「セクシュアル・ハラスメント」のまま用いることとする。

2 発　　展——判例から

はじめてセクシュアル・ハラスメントが扱われたケースは、1972年ダイアン・ハイマン対ジャック・スコール事件（ニューアーク連邦裁）といわれる。原告が社長に雇用を継続する条件として性関係を持つことを要求され、これを拒絶したがゆえに解雇されたという事件である。ただし、その顛末については知られていない[6]。

(1) 裁判所の理解の変遷[*2]

セクシュアル・ハラスメントについての裁判所の理解は、3期に分けられる。

(i) 第1期

第1期は1970年代前半である。裁判所はセクシュアル・ハラスメントを認めようとはしなかった。それは、性的魅力にもとづく個人的問題、個人的性癖の問題であると考えた。記録に　残る最初のケースであるバーネス対カスル事件[7]（第一審、1974年）は次のようにいう。

---

6) Elaine Weeks et.al. "The Transformation of Sexual Harassment from a Private Trouble into a Public Issue." Sociological Inquiry Fall 1986. p.434.

*2 以下（i）第1期および（ii）第2期の内容は前第6章-I 5節（242-243頁）と重複するがあえて残してある。

7) 控訴審で逆転判決が出されたが、事実についての争いの問題で、法原理については維持された。

上司による性交渉を持つことの申し出を拒否したがゆえに差別されたのであって、女性であるがゆえに差別されたのではない。[すなわち]セクシュアル・ハラスメントは公民権法によって禁止された性差別には該当しない。

コーン・アンド・デヴィアン対バウシ・アンド・ロウム事件、ミラー対バンク・オブ・アメリカ事件等が続く。

(ⅱ) 第2期

第2期は1970年代後半である。裁判所はある種のセクシュアル・ハラスメントを公民権法第7編違反と解釈しはじめる。「ある種の」とは、前項代償物（quid pro quo）型セクシュアル・ハラスメントをいう。1975年のダイアン・ウイリアムズ対司法省事件がリーディング・ケースであろう。上司の申出を断った九日後に司法省から解雇された原告に対し、セクシュアル・ハラスメントが性差別にほかならないとしたうえで、16,000ドルのバック・ペイを与えた。

セクシュアル・ハラスメントを性差別とする議論は、次のごときである。上記バーネス対カスル事件控訴審判決である（Barnes J. Costle, 561 F.2d 983,990 n. 55 (D. C. Cir 1977)）。

でなかりせば……彼女が性的行為に参加することを求められることは決してなかったであろう。然らば、ただ彼女がその誘いを受け入れなかったがゆえにその雇用上犠牲者となったとの主張は、彼女がその 組 織 の人事ヒエラルキーの中で、誘惑者の女性の部下であったがゆえに誘われたという事実を無視することとなる。言い換えれば、彼女が女であったがゆえにこの上司の性的欲望の標的にされたのであり、彼女の仕事を保持するための代償として彼の要求に屈服することを求められたのである（傍点および下線は筆者による）。

(ⅲ) 第3期

80年代に入り、裁判所は環境型セクシュアル・ハラスメントをも認めるようになる。第3期である。70年代を通して、女性はセクシュアル・ハラスメントの犠牲者であるとの結論をかちとるためには、実体的（tangible）に不利

な影響をうけた旨を指摘しなければならなかった。心理的苦痛を引き起こす労働環境を与えられた旨を示すだけでは充分ではなかった。81 年のバンディ対ジャクソン事件、82 年のヘンソン対ダンディ市事件（Henson vs. City of Dundee, 682 F.2d 897（11th cir. 1982））はこれをひっくり返す。

後者を紹介しよう。市の婦警が同警察部長によって人前で卑猥な質問や下品な話を繰り返され、また、同時に性関係を持つことを執拗に求められたという事件である[8]。下級審の実体的（tangible）損害はなかったのだから、セクシュアル・ハラスメントにはならないとの判断に反論していう。

　一定の状況の下では、セクシュアル・ハラスメントにより下品な敵意に満ちた労働環境をつくることは実体的損害の有無を問わず、第7編に違反することになる。
　性のゆえに従業員に与えられるセクシュアル・ハラスメントは、一方の性に「雇用諸条件」（公民権法第7編703項（a）の要請―筆者注）に関し異なる扱いを課する行動でもある。
　そのような異なる扱いをうけた従業員が実体的な損害を蒙ったと加えて立証することは必要ではない。

注目すべきは、この理論の発展が先行する人種、エスニスィティによる差別、ハラスメントのアナロジーとして構成されていることである。言い換えれば、セクシュアル・ハラスメントの発展は人種、エスニスィティの貢献なかりせば存在しえなかった、あるいは容易ではなかっただろうということである。バンディ対ジャクソン事件（Bundy vs. Jackson,　641 F2d 914, 943-46（D. C, Cir. 1981））において、連邦裁判所は主張する。

　会社のマイノリティの顧客に対する人種的、エスニック的差別は、会社のマイノリティ従業員に対する直接的差別を意図するものではないかもしれな

8）別に「実質的解雇」（constructive discharge）およびポリスアカデミー出席についての差別をも争っている。

いが、しかしながら、雇用の場の雰囲気を毒することにおいてそれは第7編に違反する。……最も品位なき、また、おきまりの性的問題を生ぜしめる労働環境をつくり、よって他人の最深部のプライバシーを意図的に侵害するセクシュアル・ハラスメントをどうして違法でないなどということができようか。

　［セクシュアル・ハラスメントによってつくられた敵対的労働環境を違法の性差別とする原則は］使用者が著しく［人種］差別的な労働環境をつくり、あるいは放置した場合の第7編違反の数多くのケースから不可避的に導き出される。

先のヘンソン対ダンディ市事件判決も、そのなかで人種的ハラスメントについて環境型を是認した1971年のロジャス対EEOC（Equal Employment Opportunity Commission）事件第5巡回裁判判決を引用する。なお、この時期に環境型セクシュアル・ハラスメントをも明示したEEOCガイドラインが制定されるが、この点については次項を参照。また、1986年、連邦最高裁がセクシュアル・ハラスメントに環境型が含まれる旨の判決を下す（メリター・セイヴィング・バンク対ヴィンソン事件）。

（2）その他の留意点

以上の大きな流れのほかに、いくつかの論点があるが、留意すべき点を2点挙げておこう。

①　被害者が男、加害者が女という関係でも、ホモセクシュアルのあいだでも、セクシュル・ハラスメントは成立する。前掲バーネス対コスル事件控訴審判決引用文中、傍点を付した部分の論理はこれら関係にも妥当するからである。ただし、加害者がバイ・セクシュアルの場合には、おそらく公民権法第7編のもとでは保護を受けないこととなろう。

②　使用者はその従業員または第三者の行ったセクシュアル・ハラスメント行為のどこまでの責任を負うべきなのだろうか？　後述するEEOCガイドラインが原則的解決は与えている。

すなわち、代理人または監督的地位にある従業員の行為についてはすべて、

一般従業員間または第三者の行為については知っていた場合、あるいは知るべきであった場合でかつ迅速、適切な是正措置をとらなかった場合に、使用者は責任を負う[9]。ただし、前記1986年最高裁（メニトー・セイヴィング・バンク対ヴィンソン事件）は、使用者が事実を知らず、かつ被害者が組織内苦情申立手続をとらなかった場合には、少なくとも実体的損害がないケースにあっては、使用者は監督者の行為の責任を負わない可能性のあることを示唆する。同時に、使用者がセクシュアル・ハラスメントを防ぎ救済するための内部方針（ポリシー）と手続を持つことは、その監督者の行為に対する責任を免除し、または軽減する可能性のあることをも示す[10]。

3　防止ならびに救済策──法的枠組み

　これらセクシュアル・ハラスメントを防ぐために、あるいは救済するために、そしてこれをなくすために、アメリカではどういった法的フレーム・ワークを用意しているのか。言い換えれば、なぜセクシュアル・ハラスメントは違法とされるのか、その法的根拠たるものは何か、ということである。第1は公民権法であり、第2はEEOCおよびそのガイドラインであり、第3は州および自治体による法令であり、第4は使用者による「方針（ポリシー）」であり、第5は労働協約であり、第6は公民権法のルート上にない上記以外の諸法律等である。

（1）公民権法第7編

　すでに上述したことから明らかなように、セクシュアル・ハラスメントの議論の中心は、その行為が公民権法第7編にいう差別に該当するか否かである。なかんずく、使用者による人種、肌の色、宗教、性、出身国（national origin 以下同じ）による差別を禁止する同第703項が重要である。

---

9) EEOC ガイドライン（§1604-11）(c)〜(e)項。

10) David Tatel and Elliot Mincberg. "Supreme Court Decision Broadens Definition of Employment- Related Sexual Harassment".Public Management. November 1986, p.21.

246

第703項（a）　使用者の以下の行為は違法な雇用慣行となる――

（1）人種、肌の色、宗教、性または出身国のゆえに、特定の個人を採用せずまたは採用において不利に扱い、解雇し、あるいは他の方法によって特定の個人を労働諸条件（compensation, terms, conditions, or privileges of employment）に関し差別すること。

　公民権法第7編を運用し実行するために、大統領任命による5人の委員からなる独立行政委員会 EEOC が設けられている。

（2）EEOC とそのガイドライン

　「EEOC は当初（は）違法な雇用慣行の申立てがあった場合（に）非公式の調停、説得が出来るのみであったが、1972年の法改正で自ら民事訴訟を提起しうるまでに強化された[11]」。EEOC に対する申立て、これを通しての救済手続については付図（252頁）を参照されたい。

　EEOC は、セクシュアル・ハラスメントの範囲、判断基準等を明らかにするために、1980年、その「性による差別にかんするガイドライン」（Guidelines on Discrimination Because of Sex）を改正し、セクシュアル・ハラスメントに関する項目（1604-11）を加えた。セクシュアル・ハラスメントが公民権法第7編でいう性差別であるとの再認識を意味する。ガイドラインの全文は末尾に付表としてつけるが、概略次のようなものである[12]。

　まず（a）項で、セクシュアル・ハラスメントは第7編違反であること、「歓迎されざる行為」は身体的なものであっても、言語によるものであっても問わないことを述べ、ついで違法行為を構成するか否かの三つの基準をあげる。

　①行為への服従が雇用の条件であるか、②行為への服従または拒絶が、当該

11）『〈文献調査〉諸外国の雇用平等施策をめぐる現状と課題――ILO，イギリス、アメリカを中心として』（東京都立労働研究所、1987年）131頁。なお、EEOC の機構、権限の概略については同138-139頁。

12）Federal Register（Part IV Equal Employment Opportunity Commission. Sex Discrimination Harassment; Adaption of Inform Guideline）Vol. 45.　No.72. April 11, 1980. p.25024.

第6章-Ⅱ　セクシュアル・ハラスメント　247

労働者に影響する雇用上の決定の基礎として使われたか、③行為が個人の仕事の遂行を妨げ、もしくは脅迫、敵意を含んだ、または不快な労働環境を譲成する目的あるいは効果を持ったか。すなわち、使用者は、セクシュアル・ハラスメント・フリーの職場を保証する義務を負うのである。

（b）項では、特定の行為または事件が差別として雇用に影響を持つことなく、純粋に個人的・社会的関係と見られるかどうかは、事実にもとづいて判断されること、その判断のためにはすべての記録、状況の全体が検討されること、判断はケース・バイ・ケースでなされたこと、が述べられる。

（c）～（d）項は、使用者の代理人、従業員および第三者による行為についての責任の範囲について規定するが、前項にすでにふれた。（f）項は、セクシュアル・ハラスメント・フリーを達成する最善の策として、使用者に積極的防止策をとることを要求する。具体的には、従業員に対し注意と関心を促し、セクシュアル・ハラスメントが処分の対象となるものであることを明確にし、第7編のもとでの権利を周知すること等が必要であるとされる。

（3）州および自治体における法律・規則・命令

連邦レベルの法律、ガイドラインのほかに、多くの州および自治体は、この分野についての独自の法律・規則または命令を持つ。これら法律・規則・命令には、州民・市民一般を対象としたものと州・市職員を対象としたものの2種が含まれ、後者は次項（4）と括って取扱われるべきものであるかもしれない。

いずれにしろ、それらのいくつかは、連邦に先んじてつくられており、また連邦法、ガイドライン以上の内容を定める。反面、その多くはEEOCガイドライン制定後につくられており、その内容も同ガイドラインに類似する。

州民一般を対象にし、かつ公民権法-EEOCガイドライン以上のものを定める例として、1978年のウィスコンシン州法[13]（AB 450 Chapter 286）を挙げておこう。

---

13) 詳細については、Douglas McInfyre and James Renick. "Sexual Harassment and the States". State Government. 1983. pp.128-113. Cynthia Ross and Robert England. "State Government's Sexual Harassment Policy Initiatives." Public Administration Review. May/June 1987.pp.259-262. 前掲 AFSCME. Sexual Harassment. pp.17-21.

本法は使用者との性的関係を持つことよりも退職することを選択した従業員に失業保険の受給権を認める。また本法はセクシュアル・ハラスメントを行った使用者をウィスコンシ州公正雇用法の適用下に置く。使用者によるセクシュアル・ハラスメントをうけた従業員は州平等権部（State Equal Rights Division）に苦情を申立てることができる。［平等権］部は加害使用者に対し行為を中止するよう命じ、また、バック・ペイその他の性的要求に従うことを拒絶したがゆえに失うこととなった雇用（ジョブ）に関する給付を認めることができる。

セクシュアル・ハラスメントを避け、自ら退職した者に失業保険の受給権を与え、セクシュアル・ハラスメントに刑事責任を求め、EEOC に見合う州レベルの人権擁護機関に権限を与えている。セクシュアル・ハラスメントが、イコール公民権法でないことを示している。ある種のセクシュアル・ハラスメント、あるいはセクシュアル・ハラスメントによるある種のネガティヴな結果は、公民権法のもとではカバーされなくとも、州、市の法令のもとではカバーされるかもしれない。また、セクシュアル・ハラスメントの救済は、EEOC に行かなくとも、各州にある人権擁護機関に行く選択肢もあり得る。

（4）使用者の「方針（ポリシーステイトメント）」

上に、多くの州および自治体にあっては、その職員をセクシュアル・ハラスメントから守るための法律・規則・命令が作られていることが書かれた。そこでは、管轄下にある全職員を対象とした「方針」の作成のほか、各部局の長にそれぞれの「方針」作成を命ずる場合もある。多くの場合、内部救済手続が策定され、研修が実施される。実態調査が義務づけられる場合もある。

EEOC ガイドラインの（f）項は、前述のとおり各使用者にセクシュアル・ハラスメントの防止策をとることを要求する。次は、使用者による「方針」の一例である[14]。

14）前掲 AFSCME. Sexual Harassment. pp.30-31.

すべての従業員は尊敬をもって、丁寧にかつ適正に遇せられるべきです。他人に対する個人的な侮蔑的行為は許されません。エスニック、性、人種的中傷その他、軽べつ的、無礼な行為により他人の尊厳を傷つけることは、処分の対象となります。無礼な従業員の行為のなかには、何かをほのめかすような言葉や肉体的な要求、脅しが含まれます。性的なものであろうと、他の形のものであろうと問いません。もしあなたがそのような行為の対象とされたならば、ただちに所属する部課の監督者に報告して下さい。

（5）労働協約

多くの協約は、反差別条項（「会社及び組合は、……人種、肌の色、宗教、年齢、性、生まれ、障害の有無によって……従業員を……差別しない」といった趣旨の規定）を持つ。

セクシュアル・ハラスメントの被害者は、これによって「苦情」を申立てることができる。しかし、最近の協約は、より明示的にセクシュアル・ハラスメントについての規定を入れるものも少なくない。たとえば、UAW は 1979 年以降これを持つ[15]。ここでは、AFSCME がモデルとしてあげる 2 例を示そう[16]。第 1 例は一般的反差別条項に、特にセクシュアル・ハラスメントについての一行を挿入したもの、第 2 例は別に独立の一条を起こしたものである。

会社と組合はすべての従業員に対する機会均等を目ざし協力し合うことに合意する。人種、肌の色、性、宗教、年齢、組合活動のゆえの差別は一切禁止される。セクシュアル・ハラスメントは本条の下の差別とみなされる。本条に禁じられた活動に従事した従業員および監督者は処分の対象となる。使用者は、かかる行為が救済され、かかる差別が繰返されないよう保障するた

---

15) 拙稿「80 年代と女性差別――相当価値労働同一賃金とセクシュアル・ハラスメント」『労働レーダー』1984 年 4 月号、52-53 頁。

16) 前掲 AFSCME. Sexual Harassment. pp.33-34.

めの対応策を講ずることに合意する。苦情または苦情に関する証言に対する報復は禁じられる。

　会社は、従業員がセクシュアル・ハラスメントを決して受けるべきでないことを確認する。この精神から、この原則を守る旨の声明文を職場に掲示する。セクシュアル・ハラスメントとは、望まれないあらゆる性的関心を含む。そのようなハラスメントがあった場合には、従業員は救済のための苦情手続をとる。本条の下の苦情は迅速に処理されるものとする。もし、苦情が解決した後に、当該従業員が原職に戻ることが困難であると感じた場合には、彼女は同じ給与と等級の相当職に空きが生じしだい異動する権利を有する。

（6）その他

　ある種のセクシュアル・ハラスメント（たとえば、男女双方が犠牲者である場合）、またはセクシュアル・ハラスメントによるある種のネガティヴな結果（たとえば自発的退職→失業保険受給権の喪失）は公民権法第7編のルートでは救済されないが、州法のもとでは救済されるかもしれない。このことは上言（3）項で述べられた。あるいは、連邦憲法特に修正第14条の平等保護条項が援用されうるケースもありうるかもしれない。またプライバシーの侵害、脅迫、暴行、故意に情緒的苦痛を与えたこと等によるコモンロー上の不法行為として（Rogers vs. Loews L'Enfant plaza Hotel, 526 F. Supp. 523（P.D.C. 1982））あるいは契約の履行の妨害に対する州法上の不法行為として（Kyriazi vs. Western Electric Co. 461 F. Supp. 894. 950（D.N.J1978））争われるケースがあるかもしれない。先のウィスコンシン州法の例では、州公正雇用慣行法のもとで刑事責任を問う道も示された。しかし、これらについてはここで評論はすまい[3]。

---

*3 元稿ではこのあとに「おわりに——日本はこれからどう進むか」が続くが、ここでは省かれている。

付図　公民権法第7編改正法（1972）の申立て手順

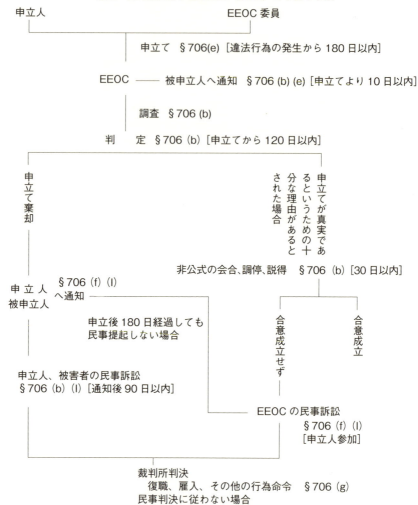

出所：東京都立労働研究所『〈文献研究〉諸外国の男女雇用平等施策をめぐる現状と課題——ILO、イギリス、アメリカを中心として』1987年。

付表　EEOC「性による差別に関するガイドライン」

§1604-11 セクシュアルハラスメント

(a) 性に基づくハラスメントは、第7編703項に違反する（注）。不快な性的接近、性的行為の要求、ならびに性的性質をもつ口頭もしくは身体上の行為は、以下のような場合、セクシュアル・ハラスメントを構成する。(1) かかる行為への服従が、明示もしくは黙示に、個人の雇用条件を形成する場合、(2) かかる行為への服従もしくは拒絶が、その個人に影響する雇用上の決定の理由として用いられる場合、または、(3) かかる行為が、個人の職務遂行を不当に阻害し、または、脅迫、敵意もしくは不快な労働環境を創出する目的もしくは効果を持つ場合。

(b) ある行為が、セクシュアル・ハラスメントを構成するかどうかを決定するに際して、委員会は性的接近の性質および当該事実が発生した前後関係等、全般にわたる記録および全体的状況を検討する。特定の行為の合法性の決定は、個別事例ごとに、事実に基づいて判断される。

(c) 第7編の一般原則の適用については、使用者、職業紹介機関、徒弟委員会もしくは労働団体（以下では、まとめて「使用者」とする）は、申し立てられた特定の行為が、使用者により承認され、もしくは禁止されたか否かに関わらず、並びに、使用者が当該行為の発生を周知していたか否かに関わらず、セクシュアル・ハラスメントに関する行為、並びにその代理人および監督的地位にある被用者の行為につき責任を有する。委員会は、個人が監督者もしくは代理人のいずれの立場で行為したかを決定するに際して、その個人によって遂行される職務の機能およびその特定の雇用関係の状況に付き調査する。

(d) 被用者間の行為に関し、使用者（もしくは、その代理人あるいは監督的地位にある被用者）が、当該行為を周知し、もしくは周知しているべきであった場合は、迅速かつ適切な改善策を実施したことを示し得ないかぎり、使用者は、かかるセクシュアル・ハラスメントに対して責任を有する。

(e) 職場における被用者のセクシュアル・ハラスメントに関し、使用者（もしくはその代理人あるいは監督的地位にある被用者）が当該行為を周知し、もしくは周知しているべきであった場合に、迅速かつ適切な改善策を実施することを怠ったときには、使用者は、被用者でない者の行為に対してもまた、責任を有する。これらの場合を再検討して、委員会は、被用者でない者の行為に関してもまた、責任を有する。これらの場合を再検討して、委員会は、被用者でない者の行為に関して使用者が有する支配および他の法的責任の範囲を考える。

(f) セクシュアル・ハラスメントを排除する最善の方法は予防策を講ずることである。使用者は、当該問題を積極的に提起し、強く反対を表明し、適切な制裁を加え、第7編の下でハラスメントの問題を提起する権利およびその方法を被用者に周知させ、並びに関係者すべてに自覚をうながす方法を展開する等、セクシュアル・ハラスメントの発生を防ぐために、必要なあらゆる手段をとるべきである。

(g) 他の関連する行為：使用者の性的接近もしくは性的行為の要求に応じたことを理由として、雇用機会もしくは給付が与えられる場合は、使用者は、その資格があるにも関わらず、雇用機会もしくは給付が与えられなかった者に対する、違法な性差別の責任を負うものである。

(注)　原文訳中の「性的嫌がらせ」および「嫌がらせ」は、筆者により「セクシュアル・ハラスメント」および「ハラスメント」に置き換えられている。

出所：付図に同じ。

第6章-Ⅱ　セクシュアル・ハラスメント　253

【初出】「アメリカにみるセクシュアル・ハラスメント――日本はどうすすんでいくのか」
『労働法律旬報』No.1228. 1989 年 11 月。

第7章

「先進国」における児童労働
アメリカの現状と年少労働者対策

1 アメリカにおける児童労働の実態

1998年春、テキサス州のタマネギ畑で、6〜12歳の児童36人が働いているのを連邦労働省監督官が見つけ摘発した。農場主（growers）6人が合計34,200ドルの罰金を受けた（Feds fight）。

同年3月、連邦政府が発表した一報告書は、155,000人の17歳未満の子どもが農業に働いていると報告した（GAO, 1998）。その数については、テキサス、ニューメキシコ、カルフォルニア等南部を中心とし、20万、あるいは30万との別の推計もある。

農業だけではない。加えて別の数十万人の児童が東西両海岸の繊維衣服工場その他で、また全国の工場、商店、建築現場で働いているといわれる。5日に1人の割合で、子どもが仕事上で死んでいる（NBC, 1998）。

「今日でも、移民してきたばかりの家庭では、人知れず母親の横でつらい仕事にたずさわる子ども達や、農場から農場へと渡り歩く50万人ともいわれる非常に貧しい子ども達、法律で禁じられた仕事についていたり、学校に行かずに長時間働いている何十万人という子ども達がいます」（フリードマン：114）。

（1）400万人の働く年少者、30万人の違法労働

全国で400万人の若者（定義は与えられていない）が1年のうちの少なくともいずれかの時期に労働に従事しているという（*Times Union*）。別のソースによると12〜17歳だけで550万人（不法を除く）が働いている（CLC, Child labor in the U.S.）。

若者はあらゆる産業、職業で、フルタイムとしてあるいはパートタイムとして働く。労働省データでは、51%がファーストフード、飲食店を含む小売り業で、34%が保健、教育、遊興、リクリエーションを含むサービス業で、24%が建設業で、8%が農業で、4.4%が製造業で働く。

　カリフォルニア州を例にとろう。1990年、16〜19歳（18歳ではない）の非軍人人口162万人中、労働力人口はその約半数の79.5万人、うち失業者等を除く現に仕事に就いていた者は65.4万人[1]いた。その産業分布は、商業58%、サービス業27%、製造業6%、建設業4%、運輸電気ガス水道2%、金融保険不動産2%、職業分布は農業5%。サービス31%、販売24%、生産工程その他（operators, fabricators）18%、事務（admin. support）12%、精密、技能（precision, craft）5%、管理的・専門的職業4%であった（国勢調査）。その労働時間分布は、1994年、フルタイム31%、パートタイム69%、40時間を超えるもの5%、40時間18%、35〜39時間6%、30〜39時間11%、15〜29時間38%、1〜14時間22%であった（UCLA）。

　無数の子どもが学校の始まる前、放課後、週末、長期休暇中いろいろな仕事に就いている――レストラン、小売り、ガソリンスタンド、農業その他、多くは単純労働である。ハイスクールの生徒の3分の2は働き、そのうちの半数は15時間以上、6人に1人は25時間以上働く。100年前は5%だけがハイスクール期間中に労働の経験をしたのに今ではその数は80%に上る（CLC, 同上）。これらのすべての労働が問題であるというわけではない。しかし、メキシコの一新聞 *La Reforma* は上記冒頭のケースについて次のように伝える。

安い、違法な労働：アメリカテキサスの児童労働

　……多くのメキシコ系の子どもがテキサス渓谷（the Valley of Texas）の畑で半ば奴隷のような条件で働いている。

　最近6人の契約者（contractors）が児童を畑で働かせるために雇用したか

---

1) 失業14.2万人、失業率17.8%。1998年データによると、16歳以上非軍人非施設収容人口2,450万人、16〜19歳191万人、非軍人労働力人口100万、雇用81.6万、非農業78万人、農業3.6万人、失業18.6万人、失業率18.6%である。

どで罰金をうけた。1か月と経たないうちに、子どもたちはまた畑に戻り働いている。10万人を超える児童（多くは違法）が最高12時間畑で働いている。2人の子どもは死んだ。

アメリカ国境地域の農業労働者組合（United Farm Workers）は、テキサス、ニューメキシコ、カルフォルニア、フロリダ州における児童の非人間的労働条件（食事なし、水なし、トイレなし）についてアメリカ連邦労働省に通告（notify）している。

子どもは1日働いて半リットルのボトルの飲料水を買うだけの賃金を稼ぐ。

そこでの労働は、タマネギを掘り出し、かごに入れ、車に積み込み、運搬する。すべて大人がやる仕事である（Feds fight）。

GAO報告は155,000人の児童が農業で働いているとする。農業労働者組合は80万人と見積もる（Harkin）。連邦下院の雇用住宅小委員会（Employment and Housing Subcommittee）に提出されたILGWU（国際婦人服労働組合、現UNITE〈繊維衣服労働組合〉）委員長の意見書（statement）は、禁止されている女性服業界の家内工業（homework）の実態を告げる（Mazur, 1990）。

都市中心部の地下室やロフトに隠された児童労働濫用……

ブロンクスの4室を持つアパート……家具もほとんどない……カーペットも敷かれていない、材料が部屋中に所狭しと置かれている……ベトナム人の母親と4人の子ども、うち2人はアメリカ人との混血である。……子どもは12歳から17歳……1人が部屋の隅で古いミシンで蝶ネクタイを縫う……。次の子は裏表を逆にして余分の部分を切りとる。第3の子は「ガン」を使ってそれを糊づけする。最後の子はヘアクリップをつける……。午後学校から帰ると日々配達されてくる仕事を始める。通常はその仕事は次の日のトラックが取りに来るまでに終えられていなければならない。……仕事が多すぎ、ほとんど徹夜ということもしばしばである。そのような時は、学校で眠くて、また予習復習もできていない……クラスメートについていけないのはわかっているが、他に選択はない、家族が食べてゆくためには。稼ぐ金は蝶ネクタイ1ダース作って1.25ドル、時には1.5ドルのときもあるが……少ない……。

1時間に平均3〜4ダースを作れる……。生活保護（フードスタンプ、医療扶助）を受け何とか生活している……。

　ラトガース（Rutgers）大学のダグラス・クルース（Douglas L. Kruse）は政府統計を用い、1996年アメリカには、全産業で、少なくとも290,200人、すなわち約30万人の年少者が違法に働いていたと推計した[2]。そこには放課後、法の制限を数時間超えて働くハイティーン、14歳未満の子ども59,600人も、繊維の「労働法規違反を繰り返す工場」と定義される搾取工場（sweatshops）で働く13,100人も含まれている。任意の1週間をとってみても、この約半数148,000人の年少者が違法に働いており、これらのうちの12〜17歳の4％近く（15歳の10％、16〜17歳の1.6％）は違法に働いているともいう（AP1〈数字は5部からなる資料内の部番号を意味する；以下同じ〉、CLC）。

　正確な数字はわからない。雇用主は、時には、特に検査のある日は子どもは畑で働いてはいけないと指示を出し、また、時には、証拠の写真見せても児童労働の存在を否定する。事情をよく知る人々、移動季節労働者教育ワーカー、NGO活動家、労働組合オルグ、牧師、教師はいずれにしろこれらは氷山のごく一角にすぎないという（AP1）。

　100年前、200万人の子どもが工場で、畑で、鉱山で働いていた。1938年法以来最近まで減少し続けてきた[3]。児童労働は、最近、1995年以降は横這い状態にあるという（Kruse in AP1）。繊維衣服の搾取工場は1970年代後半からまた増えてきているという（Mazur, 1990; Nutter）。使用者は合法労働力を使う代わりに違法児童労働者を雇用することによって、1996年、1年間で1.55億ドルを儲けた（Kruse in AP）。

（2）場所、年齢、仕事内容

　1997年、［AP（Associated Press）］は児童労働に関する5部からなる特集を配信した。連邦労働長官アレクスイス・ハーマン（Alexis Herman）は、これが

---

2) 1年のうちのいずれかの時期に働いたもの。
3) Kruseの研究は70年代から始まる。

労働省が過去に行ったどの研究よりも全体像をつかんでいるといい（AP1：1は5部のうちの第1部を示す。以下同じ）、児童労働を担当する同省賃金労働時間課の課長代理（acting administrator）も、これが今日では最善のデータであると認める（*Pittsburgh Post-Gazette*）。以下、本節にあっては、特に断りのない限りこれによる。今日のアメリカ児童労働の現場の一端を見てみよう。

AP は、1997 年冬から春にかけ5週間で、16 州に 165 人（うち 104 人は農業）の違法児童労働を見出した（AP1）。次はその見出されたケースリストの一部である。

〈農業〉

・ニューメキシコ、チリ唐辛子取り。10 歳の男子。25 ポンド［11 kg 強］のかごを引っ張る。4歳の子どもがチリをちぎりとり、母親のかごに入れる。

・カリフォルニア、葡萄畑。10 歳。湾曲した刃を持つ鎌を使う。

・オハイオのキュウリもぎ。12 歳未満 34 人、10 歳の少女を含む。

・デラウェア、キャベツ。15 歳。

・フロリダ州、豆畑。12 歳未満8人。8歳の子どもはすでに3年も働いている。8、10、11 歳の3人のきょうだいも含まれる。

・テネシー、トマト切り。15 歳。30 センチのナイフを使用する。

・その他、カリフォルニア北部のあんず、ニンニク、イリノイの桃の瓶詰め、オレゴンの苺摘み、ワシントン州のサクランボ、リンゴ、ミシガンのキュウリ、ニューヨーク北部のリンゴ、ペンシルバニアのキノコ、テネシーのピーマン、テキサスのトウモロコシの耕作等々。

〈非農業〉

・ニューヨーク市、マンハッタンの搾取的縫製工場、女とミシンが並ぶアセンブリーライン。15 歳の少女。母親がミシンで縫い合わせる布の準備をする。

・ズボンにアイロンかけ、シャツをハンガーにぶら下げ、衣服をウィンドーに陳列する。

・テキサス、グレイソン・ソーイング（Grayson Sewing）、搾取工場として知られる工場。14 歳未満7人、最低9歳。衣服をたたみ袋詰めをする。

第7章　「先進国」における児童労働　259

・テネシー、製材、15歳。

・マサチュウセッツ、採掘現場。17歳。

・ニューヨーク市、ブルックリン。少年が建設労働のために雇い主のバンが来るのを道路脇で待つ。

・テキサス、建築現場で杭打ちクレーン（pile-driving crane）の操作。14歳。

・フロリダ、屋根葺きの手伝い。16歳。

・その他、精肉加工工場、卵工場、製材所、家具工場等々。

　UNITE副委員長／西部地区（Western States Region）地区委員長（Regional Director）スティーヴ・ナター（Steve Nutter）によると、南カリフォルニア（主にロサンジェルス郡）だけで5,000の繊維衣服工場（15万人、規模平均は25〜50人）があり、各工場の従業員の2〜10％は法定年齢以下であるという（Nutter）。禁止されている家内労働の実態の一端は前項に示された。同意見書には前年の公聴会における5人の証言が付されている（Mazur）。

　グローサリー、小売商店、ハンバーガーその他のファストフード店、ガソリンスタンド、レストラン、ビル清掃、ホテル等々に数多くの児童労働が見られることは言うまでもない。

（3）労働環境と労働時間と賃金

　労働条件・環境についての詳細はあまり知られていないが、肉体的に相当に過酷な労働、長時間の労働、極端な低賃金のケースが含まれていることは間違いない。

〈農業〉

・「太陽の下の畑で1日中袋に詰める。頭痛はするしめまいがして気が遠くなる」。カリフォルニア北部、アンズ、ニンニクを穫る。15歳、すでに7年働いている。「1日8時間、10時間働く、時にはもっと」。9歳、5歳から働いている。

・10歳の子どもが朝6時からニューメキシコの寒い畑で、チリ唐辛子をとる。露でシャツはびっしょり濡れている。4歳をはじめとする12歳未満の子ど

も達が夜明けから日が落ちるまで、母親の横で働く。

・15歳の少年は、朝2時30分に起き、12時間、窓のないキノコ小屋でキノコを取る。ペンシルバニア。

デラウェアでキャベツに働く少年は、週6日働く。GAO報告によると、農業労働の児童の労働時間は週30時間以上であり、しばしば学期中も同様である（GAO）。

〈非農業〉
・前述の15歳の少女の働くマンハッタンの搾取的縫製工場は、「うるさいミシンの音、汚い床の上をねずみがちょろちょろ走る。臭いにおい」。別のニューヨークの衣服工場は、「暑くて、じめじめしていて、トイレは汚い」。いくつかのマンハッタンの衣服工場では、「じめじめした、小便臭い階段の吹き抜けで昼飯を食べる」
・95年8月、カリフォルニア、エル・モンテ（El Monte）、文字どおりの繊維衣服搾取工場が摘発されマスコミをにぎわした。「前借金」を負ったタイ女性労働者72名（年少者に限らぬ）を監禁状態にし、労働をさせていた。バラ線が張り巡らされ、自由は与えられていなかった（Business Week, 96）。UCLAの社会政策・社会研究学部長バーバラ・ネルソンは「憲法の反奴隷条項違反、人権違反である」という（Nelson）。

もともと年少者の賃金は高くない。カリフォルニア（16〜19歳）を例にとれば、94年3月、賃金分布は17％が時給4.25ドル以下、67％が5.14ドル以下、75％が5.74ドル以下であった。上記「太陽の下の畑で1日中袋に詰める。頭痛はするしめまいがして気が遠くなる」というカリフォルニア北部、アンズ、ニンニクを穫る15歳の少年の時給は5ドル、それほど低くはないが、やはり最低賃金以下である。

NBCの一番組は農業における違法児童労働の賃金は、平均時給1.38ドルであると伝える（NBC: 1998）。衣服の家内労働者は大人であっても、たとえば、ブラウス1着当たり（襟、肩、袖口等を縫い合わせる）80セント、1着作るのに

第7章 「先進国」における児童労働　261

45分かかる。リボン1ダース当たり20セント、1ダース作るのに10分かかる。ウェストバンド1ダース当たり22.5セント、30分かかる（Perez, 1989）。

　額が低いだけでない。フィラデルフィアのキノコ小屋のケースでは、キノコを落としたり汚したりというちょっとしたミスに対し、しばしば、罰金が科せられ賃金から差し引かれる。

　上記タイ女性監禁のケースでは時給50セントから1ドルであった（*Los Angeles Times* ほか）。UNITE の労働センターに寄せられる相談には多くの賃金に関する問題が含まれている。98年9月の初め、10名ほどの労働者がロサンジェルスのセンターを訪れた。3〜4週間の賃金、超過労働手当未払いのケースであった。時給は5ドルだという。当時の最賃は州で5.75ドル、連邦で5.25ドルであった。「小さい工場では、労働者は働いているときは苦情申し立てない、首になったとき、賃金未払いが続いたとき初めて出てくる。特に子どもはまず苦情をいわない」（Nutter）。

（4）安全衛生

〈農業〉

・前項、前々項のデラウェア、キャベツのケース（259、261頁）。キャベツを木枠に詰める作業で、12歳の子どもが、コンベアにシャツの袖をとられ、自分の腕が折れる音を聞いた（AP2）。

・98年、ミシガン州グランド・ラピッドのブルーベリー農場で、9歳の少年が父親の運転するトラックにひき殺された。父親は息子が後ろに乗っていると思ってバックしたが、乗っていなかった（*The Grand Rapids, Michigan Press*）。

・ペンシルバニアの家族農場で、12歳の子どもがワゴンにひき殺された。

・ワシントン州ブリュースター（Brewstar）、100人以上の労働者がサクランボとリンゴの箱詰め工場で一酸化炭素中毒に。そのうちの7人は16歳未満であった。

・オハイオ、6歳の男の子とその妹は、農薬のついた（pesticide-dusted）キュウリを収穫する。昼食にはそれらを洗いもせず口に入れる。エンドサルファン（強力殺虫剤）かもしれない。人間のホルモンに類似し、後に種々の健康問題を引き起こす可能性を持つ。農業用殺菌剤、強力殺虫剤メチル・パアチ

シオン（有機リン系神経毒素）はカリフォルニアの玉葱畑で、発癌物質カプ
タンはフロリダの苺畑で使われている（AP3）。

〈非農業〉

・97 年、16 歳の子ども、屋根葺きの手伝いで、6 階から落ちて死亡。フロリダ。

・17 歳、マサチュセッツ、採掘現場で生き埋め。

・前々項テキサス州、14 歳の子どもの建設現場杭打ちクレーンのケース。か
  がんだところに、5,000 ポンドのハンマーが落ちてきて、即死（AP4）。

・13 歳、女性服の家内労働、繊維・糸くず、埃、染料の粒子のゆえに鼻腔を
  悪くする。薬を飲んで痛みは良くなったが気分は優れない（Florez: 1989）。
  別の子どもは埃のゆえにいつも咳をし、材料のゆえに肌に発疹をもつ
  （Barragan: 1989）。

・15 歳、コロラド。自動車の洗車で感電死。

・テネシーのジャンクヤード。16 歳、古いビュイック（車）をウィンチで持ち
  上げようとし、落ちてきた車の下敷きに。生涯、障害を持つこととなった。

　NIOSH（National Institute for Occupational Safety and Health; 全国労働安全衛生
研究所）の統計によると、毎年約 70 人[4] の児童が労働に関した事故で死んで
おり、20 万人が怪我をしている。うち、3 分の 1 は救急病院で処置が必要なほ
どの重大事故である（*Times Union*）。5 日に 1 人の割合で子どもは死んでいる
ことになる。別の NIOSH の研究は 80 〜 89 年の 10 年間に 16、17 歳の年少者
の死亡を 670 人とする（CLC）。

　研究では若年者の方が大人より仕事上怪我しやすいことが明らかにされてい
る。救急病院（emergency rooms）で処置を受けたケースについての疾病
（disease）コントロールセンターの研究では、16、17 歳の少年は労働者全体よ
り 2 倍の発生率を持つ。最近のある研究調査では、救急病院で処置されたケー
スの 54％は小売りで、20％はサービス業で、7％は農業であった。フォークリ
フトで潰され、料理中に火傷をする。テキサス州ではもっとも多い危険有害違

---

4) CLC は 100 人とする。なお、3 分の 1 に見合う数字を 64,000 人とする（1992 年）。

反は小売りスーパー（major retail and grocery outlets）であるという（Skrupa）。

　しかし、しばしば、農業の方が他産業よりも危ないといわれる。GAO の報告書によると、農業で働く子どもは、働いているすべての子どもの 4％未満だが、15 ～ 17 歳の農業で働く子どもはこの年齢層のすべての働く子どもの死亡事故の 25％を占める。1992 ～ 96 年に 18 歳未満の 140 人の子どもが農業で死亡した。すべての児童労働の死亡の 40％を占める。

　しかし、NIOSH は、実際の数字はもっと高いだろうと推計する。毎年農業だけで 10 万人の子どもが怪我をし、100 人が死んでいるだろうという（*The Oregonian*）。加えて農業での問題のひとつは農薬（化学肥料、殺虫剤、殺菌剤）の使用である。有毒化学物質に子どもは曝露する（NBC:1998）。怪我後の処置も問題が多い。

・1996 年 7 月。16 歳の少女、移動労働者である。ウィスコンシンで木の枝を落としていた時に誤って 5 指を鉈で叩ききる。「お金を稼ぐためには速く木を切らなければいけないの」。医者に行かず、包帯で処置しただけですます。
・材木を鋸の方に転がすコンベアを飛び越えようとして、しくじって頭を打った。上記テネシー、15 歳のケースである。縫って、包帯して、同日仕事に戻った。

　しばしばあるように、政府統計には含まれない。子どもはノーとは言わない。断る力はない。

　以上本項に並べられたほとんどすべてのケースは、この年齢の子どもには次節 2 に述べる連邦法によって従事することが禁止されている仕事のケースである。違反はあらゆる禁止区分についてみられる。10 歳の子どもによる曲がった刃を持つ鎌を使っての葡萄の収穫（カリフォルニア）、11 歳のはさみを使ってのシダ刈り（フロリダ）、15 歳の 30 センチのナイフを使ってのトマト切り（テネシー）、16 歳少年の電動鋸の操作（オハイオ）等々、いずれも危険有害業務として違法である。

　NIOSH によると、少なくとも 10 人の死亡のうち 4 人は連邦法規で禁止されている労働で死亡している。子どもは未経験であるだけでなく、安全および技

術訓練を与えられていない。労働法は知らされていない。

（5）教育、所得、生活

　GAO 報告は、農業労働の児童の労働時間は週 30 時間以上であり、それはしばしば学期中でもあるとしたが（261 頁）、専門家は週 20 時間が学業に悪影響を与えない限界だという（GAO）。多くの研究は、学校のある週にあっては週 15 時間を超える労働をすると仕事上にもネガティブな態度があらわれ、学校の成績は低下し、親、家族との距離が拡がり、麻薬やアルコールの使用が見えはじめるとする（NCL）。

　移動労働・季節労働の児童は貧困、英語能力、社会的孤立に直面する。移動と相俟って学校でうまくゆかない可能性は高い。事実農業の児童は、他の若者のグループと比べ、学校に出席し、または卒業する率は低い（GAO）。それはそうだろう。数か月ごとに次の地へ仕事を求めて移動するのでは、それぞれの地で学校に入って学習するといっても現実的ではない。

　昼働けば教育訓練を受ける機会はほとんどない。後述法案を提出中の連邦上院議員ホーキンは言う。「21 世紀ハイテク時代に見合う市民にはなれない。12 〜 14 歳の農業労働者の 57％は、フルタイムで働くために、移動労働者教育プログラム（migrant education programs）からドロップアウトしている」（Harkin）。

　非農業分野でも事情はあまり変わらないようだ。ニューヨークの衣服工場で祖母がボタンをつけ、縫製をし、はさみで仕上げをするのを手伝う 1 少女は、6 歳の時に学校を去り工場に行った。

　次のケースは児童労働者の家族の所得、住居、生活のいくつかの例示である。

・オハイオのキュウリもぎをする夫婦と 2 人の子ども（1 人は 10 歳の娘）は週 120 ドルを稼ぐ。しかし、通常の最低賃金より遙かに低いことは間違いない。同じ農場であるかどうかは不明であるが、ある 5 人家族は、水道もない 1 部屋の小屋に住む（AP1）。
・ニューメキシコのチリ畑で働く少年は、1 日働いて疲れ果て、壊れそうな 2 階建てベッドの最下段に眠る。足は泥で固まったままである。家族で 1 日 30 ドルの収入にすぎない。

第 7 章　「先進国」における児童労働　265

・10歳の女の子は、せっかく友達の誕生日の招待を受けたのに出席を断った。お祝いのプレゼントを持って行けないがゆえである。

・多くの年少労働者は、ひとつのアパートまたは家に大勢で一緒に住む。ペンシルバニアのキノコ摘みの17歳は25人以上で一緒に住み、わずかのプライバシーを保つために、段ボールを彼の裸のマットレスのまわりに囲む。

・6歳の子どもは家族とともにフロリダからオハイオまで、1,000マイルの道のりをおんぼろ車でやって来た。父親は、今30歳、3年までしか学校に行っていない。

　子どもは、しばしば、低賃金、監督も保護もなく、そして、1人で西海岸から東海岸へ、南から北へと移動する。14〜17歳で親から離れて生活している農業労働者が61,000人いるという（未発表連邦労働省調査）。同じ年齢の123,000人の子どもが農業で働く。半数にあたる。何千ものケースでは親は国内にいない（AP2）。上記マンハッタン縫製工場15歳の少女の場合（259、261頁）は父親がどこにいるか知らない（AP）。製造業の児童労働は必ずしもそうではないが、農業の児童労働の大部分は移動不法労働者である（Skrupa）。

（6）なぜ働くのか

　摘発を受けた農場雇用主は、しばしば次のように抗弁する。「親が子どもを連れてくるのは必ずしもわからないし、私たちがそうするように勧めているのではない」「私たちが鞭を持って現場にいて『働け』とやっているわけではない。搾取的工場のような状況とは違う」

　「子どもが親の横で働き、そして躾をし、家族の絆を作るというのは何世代にもわたる農業労働の伝統的慣行であり、それやめろといったら、農業労働者が困ってしまうだろう。所得、保育、生き方自体（家族みんなで働き、そして北に移動する）がそれに依っているのだ」。「それはわれわれの文化である」――労働省一安全監督官の言である。

　農業労働者が子どもを畑にしばしば連れてゆくのは間違いない。しかし、「彼ら家族には他に方法がないから」（ハーマン労働長官、新聞発表）だ――農場に、託児所または保育園の設置を義務づけるでもしなければ。 摘発を受けた

農場でも、子ども達はまたすぐ畑に戻る（257頁）。生きるために選択はほとんどない（NBC: 1998）。

上記「太陽の下での畑で1日中袋に詰める。頭痛はするしめまいがして気が遠くな」りながらアンズ、ニンニクを穫る15歳の少年（260頁）は「家族を支えるために」と言い、「1日8時間、10時間働く、時にはもっと」働く9歳の少年（260頁）は「親のために金を稼がなければならないから」と言う。

上記テネシーのジャンクヤードで大けがをした子ども（263頁）は、一人立ちしたくて、自分が一人前なのを見せたくてと無理をしたようだが、ここにでてきた子ども達は、有名ハンバーガー屋、スーパーマーケットで働くティーンエイジャーではない。アメリカ人であるために必要と考える消費文化のためにものを買わなければいけないのではない。

多くは、特に移民、移動労働者の子どもは、親が十分に稼げないから、働くのである。非営利団体、農業労働者機会プログラム協会（Association of Farm Worker Opportunity Programs）の全国54,000家族のデーターベースによると移動労働者（migrant families）の所得は4家族に3家族は年5,000ドル以下である（AP1）。

上記ニューヨーク、マンハッタンの搾取的縫製工場で、母親がミシンで縫う布を用意した少女（259, 261頁）は、中国（福建）から1か月前に来た移民であった。西海岸の繊維衣服産業、ロサンジェルス郡では、エルサルバドル、メキシコその他ラティノが40％、アジア系（中国、韓国）が10％でパスポート持っていないものが多い（Nutter）。

（7）児童労働と消費者

ＡＰの記者たちは、50人の子ども達が従事した作物、製品を追った。そして20を超える企業にたどり着いた。それら企業は、ほとんどのアメリカの消費者がその名を知り、あるいは、その商品または店を日常的に使用または利用するものであった。キャンベル・スープ、チチズ（Chi-Chi's）メキシカン・レストラン、コン・アグラ（Con-Agra）、コスコ（Costco）、H. J. ハインズ（Heins）、ニューマンズ・オウン（Newman's Own）、J. C. ペニー、ピルスベリ（Pillsbury）、シアーズ、ウォルマート等（AP1）。3〜11歳の子ども8人が働いていたニュー

メキシコの農場のチリはコン・アグラの「ロザリタ・サルサ」になる。チチズ・レストランのチリも同じ農場から来ている。

　上記ニューメキシコ州の畑で、4歳の子どもと12歳未満の6人の子どもが夜明けから日が落ちるまで、母親の横でちぎり取ったチリ唐辛子（259頁）は、テキサス州のピルスベリの「オールド・エル・パソ」（Old El Paso）を製造する加工工場に行った。その工場は同時にカンティサノ食品（Canisano Food）のカリフォルニア工場に製品を提供し、ついでこのカリフォルニアの工場はポール・ニューマンの設立した「ニューマンズ・オウン」のブランドのサルサを作る（AP1）。

　ニューヨーク市クゥィーンズの衣服工場で、15歳の少女がミシンを使ってベツィズ・シングズ（Betsy's Things）のために作った製品はシアーズで売られている。搾取工場とよばれるテキサス州シャーマン、グレイソン・ソーイング（Grayson Sewing）の工場で1日12時間、9〜13歳の7人の子どもがたたみ、袋詰めをしていた衣服は、J.C.ペニーで売られている。グレイソン・ソーイングは1993年以降3回の監督を受けている（AP1）。

　ジョージアのブラセルトン養鶏場（Braselton Poultry）で15歳の男の子によって切られた鶏肉はウォルマートのチキンナゲット、パティに変じ、メリーランドのチェスタータウン食品（Chestertown Foods）加工工場で同じく15歳の女の子によって切られた鶏肉はH.J.ハインツに買われている。

　キャンベル・スープは、1993年児童労働の所得を大人につけ、隠蔽したとして移住労働者に訴えられ20万ドルで決着したオハイオの農場のキュウリ、上のチェスタータウン食品の鶏肉、さらには14歳の子どもが日々8時間、暗い、肥やし臭い小屋で働くペンシルバニアのキノコを購入し、使用している（AP1）。アメリカの、時には海外の消費者は、これら児童労働がどこかで使われたものを、それとは知らずに手にし、購入している――スーパーで買うブランドものの衣料、鶏肉、缶詰、サルサ――を、それと知らずに手にし購入している。

2　法的枠組み

アメリカの児童労働に関する法規制は1938年公正労働基準法（Fair Labor Standard Act；FLSA）を柱とする連邦法と各州の州法の2階建てからなる。連邦法はUnited States Codeの第29部（Title）、第201条（Section）以降、主なる関連規則はCode of Federal Regulationsの第29部第570章（Part）に見いだされる。州法では児童労働法と義務教育法が主に関係する。現在、すべての州が児童労働法と義務教育法を持つ[5]。一般には、前者に関する規定は各州の労働法典（Labor Code）のなかに、後者に関する規定は教育法典（Education Code）のなかに含まれている。これら州法に関連する規則はそれぞれの州の規則集（Code of Regulations）のなかに含まれている。

各州の児童労働に関する規定の内容は州によって大きく異なる。連邦法と州法が競合する場合は、より厳しい基準を定める方が優先する。州児童労働法のなかには連邦公正労働基準法の規定の一部をそのまま州法の一部とするものも少なくない。

地方自治体（市、郡等）は一般に児童労働の分野の条例等は有しない。ただし、児童に限るのもではないが、それぞれの地域内の最低賃金を定めている場合があるので注意を要する（Skrupa）。

同様に特に児童のみに関するものではないが、児童労働にとっては労働安全衛生法（Occupational Safety and Health Act: OSHA）が重要である。連邦法および州法双方がある。95年現在23の州が州独自のOSHAを持つ。1970年OSHAは、規制（regulations）と執行監督（enforcement）が連邦OSHAの求める水準と「少なくとも同等に効果的（"at least as effective"）である」ならば、州は労働安全衛生の規制の執行監督の行政を自ら行うことができるとした（CSN, 1995: 37）。

本報告では連邦公正労働基準法と州児童労働法を中心に取り上げる。OSHAについては特に触れない。本節は、まず連邦1938年公正労働基準法の概略を

5）農業で働く児童への保護法を持つ州は30州強。

第7章　「先進国」における児童労働　269

説明し、次いでテキサス州およびカリフォルニア州の州法について紹介する。テキサスは自らを「企業寄りの州」（a business friendly state）とよぶ（Skrupa）州であり、カリフォルニアは自らを児童労働については「おそらく最も進んだ州」の一つという（Millen）州である。ちなみに、テキサス州は州 OSHA を持たず、カリフォルニア州はこれを持つ。

なお、本節末尾（296-299 頁）には、1994 年労働機会のための学校教育法（School-to-Work Opportunity Act）およびその下でのプログラムについて囲みで簡単に言及する。「生徒・学生の学校から労働の世界へのスムーズな移行」を目的とする。学生、生徒向けのプログラムはいくつもあるが、最新のもっとも中心的プログラムである。本研究の保護法の流れとは異なるかつての「マンパワー・プログラム[*1]」のジャンルに属するものと考えてよい。

（1）連邦 1938 年公正労働基準法 [6]

法の大原則は次の 2 点である。

1. 製品の移動前 30 日以内に過酷な（oppressive）児童労働が雇用された経営（establishments）において製造された製品の州際通商または海外通商における移送を禁止する。
2. 州際通商または海外通商において、あるいはそれら通商のための製品の生産において過酷な児童労働を雇用することを禁止する。

過酷な児童労働とは公正労働基準法および付属規則の児童労働の規定に違反する年少者の雇用をいう。年齢別の原則は、表 7 - 1 のとおりである。

---

*1 第 2 章参照。

6) 本節はそれぞれの法律の条文のほか、主にアメリカ労働省危険有害基準局賃金時間課（Wage and Hour Division）による、非農業については Child Labor Requirements in Nonagricultural Occupations Under the Fair Labor Standards Act（Child Labor Bulletin No.101）WH1330（Revised September 1991）、農業については Child Labor Requirements in Agriculture Under the Fair Labor Standards Act（Child Labor Bulletin No.102）WH1295（Revised July 1990）に負う。その他 Division of Labor Standards Enforcement, Department of Industrial Relations, State of California, *California Child Labor Laws 1998*, California Department of Industrial Relations, 1998 等も参照された。

　煩雑を避けるため、翻訳箇所に必ずしも「　」または引用頁を付していない。

表7−1　公正労働基準法下における年齢別規制

18歳未満	規則に危険有害業務とリストアップされている仕事を禁止。
16歳未満	工場労働および就学時間中の労働を禁止。農業については規則に危険有害業務とリストアップされている仕事を禁止。
14歳未満	農業以外のほとんどの仕事を禁止。
12歳未満	ほとんどの農業労働も禁止。ただし、親の農場または小規模農家での労働は可、連邦最低賃金法は適用除外。

　年少者の労働保護規定は農業分野と非農業分野で大きく異なるので、これをわけて述べよう。第1節とは逆にまず非農業から始める[7]。

（i）非農業分野

（a）対　　象

　州際通商（interstate commerce）に従事する労働者をもつ企業、すなわち州際通商のための物を製造し、あるいは、州際通商のために移動されまたは製造された物または材料を取り扱い販売し、その他それらに働く労働者をもつ企業、の従業員すべてがカバーされる［29 USC 203（r）（s）］。ただし、次の場合に限られる。

① 　年間総販売額、取引額が50万ドル以上である企業
② 　病院、心身の疾病、障害を持つものまたは高齢であるものの介護居住施設、心身の障害を持つもののための学校、幼稚園、小学校、中等学校、高等教育機関（営利、非営利を問わない）の経営体
③ 　州、自治体等公的機関の機関

　企業等自体が上に該当しない場合でも当該従業員が州際通商に従事する場合は、なお最低賃金、超過労働手当、児童労働の規定に従うこととなる［29 CFR 776］。具体的には次の労働に従事する従業員がこれに該当する：通信または運輸に働く；州際通信のために郵便・電話・電報を通常使用する；州際取引の記録をつける；州際通商で動く品物を取り扱い、発送し、受け取る；通勤

---

7) 本章で説明、紹介する諸規定には数多くの例外規定等があるので注意されたい。詳細は、条文を見ていただくほかない。

第7章　「先進国」における児童労働　271

のために通常州境を超える；あるいは、州際通商または州際通商のための品物の製造に従事する企業（firms）のために事務、清掃・管理、営繕その他の業務を行うために契約をする自営業主のために働く。

　個人宅に働く家事サービス労働者は、4半期に最低50ドルを受け取るかまたは1週間8時間以上働く場合は対象となる。

　3カテゴリーの適用除外がある。次のものは公正労働基準法の適用を受けない（農業については下記（ii）(a) 参照）[29 USC 213; 29 CFR 570.122-570.126]。

1. 新聞の購読者への配達に従事する児童。

2. 映画、演劇、ラジオまたはテレビ制作への俳優（actors）または出演者（performers）とし雇用される児童。

3. 親または親に代わる地位にある者によって、製造業、鉱業または労働長官が16、17歳にとって危険有害であると定めた業務以外に雇用される児童。

　さらに、以下それぞれの箇所で特に言及しないが、アプランティス、生徒・学生の職業訓練、労働体験プログラム（work experience and career exploration programs）等については、たとえば、後述16、17歳の17種の危険有害禁止業務への従事、14、15歳の学校の就学時間中の参加、同禁止業務への従事 [29 CFR Subpart C, Child Labor Regulation No.3]。その他の規定について、各種の適用除外があることに注意されたい。

（b）18歳未満の禁止業務（occupations）

　18歳が年少者（minors）であるか否かの区切りである。18歳以上のものは、アルコールの販売サービス、危険有害物質の輸送等、例外的な制限があるのみで原則としてあらゆる業務に就くことができる。18歳未満は連邦命令で年少者にとって危険有害とされる業務につくことができない。それらは次の17種である [29 CFR Subpart E; Hazardous Occupations Orders]。

1. 爆発物の製造または貯蔵 [29 CFR 570.51（H.O.1）]

2. 自動車の運転手および外部助手（outside helper）[29 CFR 570.52（H.O.2）]

3. 炭坑 [29 CFR 570.53（H.O.3）]

4. 木材伐採搬出、製材 [29 CFR 570.54（H.O.4）]

5. 電動木工機械［29 CFR 570.55（H.O.5）］

6. 放射線物質への曝露を含む職業［29 CFR 570.57（H.O.6）］

7. 電動起重機装置［29 CFR 570.58（H.O.7）］

8. 電動の金属のフォーミング（forming）、打ち抜き、シャーリング（shearing）
［29 CFR 570.59（H.O.8）］

9. 石炭以外の鉱山［29 CFR 570.60（H.O.9）］

10. 屠殺、肉のパッキング、加工（processing）、脂の抽出［29 CFR 570.61
（H.O.10）］

11. 電動の製パン機械［29 CFR 570.52（H.O.11）］

12. 電動の紙製品機械［29 CFR 570.62（H.O.12）］

13. 煉瓦、タイルおよび関連製品の製造［29 CFR 570.64（H.O.13）］

14. 電動の丸鋸、帯鋸、広幅シャー［29 CFR 570.65（H.O.14）］

15. 事故・故障車の処理、建物の解体、船舶の解体［29 CFR 570.66（H.O.15）］

16. 屋根葺き作業［29 CFR 570.67（H.O.16）］

17. 穴掘り作業（excavation）［29 CFR 570.68（H.O.17）］

（ｃ）16 歳未満（14、15 歳）に許される仕事

第 2 の区切りは 16 歳である。16、17 歳は上記危険有害業務とされた 17 種
以外の仕事はすべて行うことができるが、14、15 歳にはさらに許される時間
的範囲と仕事の種類が定められている。学校への出席・学習、健康、福祉
（well-being）を妨げない限りとの限定もある。

① 時間的範囲とは次の 5 点である。この制限を超えて労働することは許さ
れない。

1. 午前 7 時から午後 7 時まで、6 月 1 日からレイバーデー（9 月第 1 月曜日）
まては午後 9 時まで。

2. 学校のある日は 1 日 3 時間

3. 学校がある週は 18 時間

4. 学校のない日は 1 日 8 時間

5. 学校がない週は 40 時間

第 7 章 「先進国」における児童労働　273

②　許される仕事の種類とは次のとおりである。小売り、飲食業（food service）、ガソリンスタンドとこれら以外の業種により制限が異なる。

【小売り、飲食業、ガソリンスタンド】

以下の業務が許される［29 CFR Part 570, Subpart C; Child Labor Regulation No.3］。

1.　事務室での労働および事務的業務。事務機の操作を含む

2.　キャッシャー、販売、モデル、芸術的仕事（art work）、広告部の仕事、陳列窓装飾および比較試買（comparative shopping）

3.　手または機械による値段付けおよびタグ（tag）付け、並び替え、包装、陳列

4.　袋詰め、顧客の注文に応じる

5.　徒歩、自転車または公共交通機関を使っての使い走り、配達

6.　掃除機、床ワックスかけ機の使用を含む掃除、電動芝刈り機、カッターを用いない地面の手入れ

7.　調理場の仕事および飲食物の準備・調理とサービスを含むその他の仕事　この仕事をするに使われる機器の操作を含む。食器洗い機、トースター、食品食器用エレベーター、ポップコーン煎り器、ミルクシェーキ撹拌器およびコーヒー挽き器等。ただしこれらに限らない

8.　自動車、トラックについての次の仕事

　　・ガソリンまたはオイルの注入

　　・その他のサービス（courtesy service）

　　・車の掃除、洗車、ワックスかけ

9.　野菜および果物洗い、販売のために準備される場所とは区別された場所でかつ冷凍室または冷蔵室（coolers）の外で行われる肉の包装、シーリング（sealing）、ラベル付け、計量、値段付け、貯蔵

以下の業務は許されない：

1.　ボイラー室、エンジン室での労働

2.　営造物（establishment）、機械、設備のメンテナンスと修理に関する労働

3.　梯子、足場またはその代用品の使用を必要とする労働。窓敷居からの労

働を要する外壁の窓洗いを含む

4. 調理（顧客の目の前で料理がなされ、かつ年少者だけが働いているのではないソーダ・ファウンテン、ランチ・カウンター、スナック・バー、またはカウンターサービスのカフェテリア）および製パン

5. 電動の食品スライサーおよびグラインダー、食品チョッパー、カッターおよびベーカリー型ミキサーの操作、セットアップ、調整、掃除、注油または修理を含む職業

6. 冷凍室、冷蔵室の中での労働、肉の販売への準備にかかわるすべての労働。包装、シーリング、ラベル貼り、計量、値段付け、貯蔵はこれらの仕事が冷凍室および冷蔵室から離れている場所で行われる場合のみ認められる

7. トラック、鉄道またはコンベヤへの積み込み、またはこれらからの積み卸し

8. 倉庫における事務室内での労働および事務的仕事以外のすべての職業。

【小売り、飲食業、ガソリンスタンド以外の業種】

以下に掲げる業務以外のすべての仕事が許される。

1. すべての製造業の業務

2. すべての鉱業の業務

3. ほとんどの加工（processing）業務、魚の切り身を作る、鶏の下ごしらえをする、木の実の殻を割る、ドライクリーニング等の洗濯業（上記【小売り、飲食業、ガソリンスタンド】のリスト参照）

4. 物が生産され、採鉱され、またはその他の加工がなされる作業室、仕事場で働くことが求められる業務（上記【小売り、飲食業、ガソリンスタンド】のリスト参照）

5. メッセンジャー・サービス（public messenger service）

6. 起重装置（hoisting apparatus）または事務機および小売り、飲食業、ガソリンスタンドにおける一定の機械（上記リスト参照）以外のすべての電動機械の操作または管理（tending）を含む業務

7. 危険有害であると定められたすべての業務

8. 次に関係する業務

a．鉄路、陸路（highways）、空路、水路、パイプラインその他による人
　　　または物の輸送

　　b．倉庫および貯蔵

　　c．通信および電気ガス水道等

　　d．建設。解体、修繕を含む

（d）罰則、年齢証明書、記録の保管

　違反１件につき罰則金（civil penalty）[8] は最高１万ドル。故意による違反の場合は１万ドル以内の刑事上の罰金。再犯の場合は１万ドル以下の罰金または６か月以下の禁固（imprisonment）またはその双方が科せられる。労働長官は、連邦地区（district）裁判所に対し、児童労働規定の将来の違反を防ぐために差し止め命令（injunction）を求めることができる。

　雇用主は、年少者の雇用証明書または年齢証明書をファイルすることにより、最低年齢違反雇用の責めを免れることができる。16歳未満の年少者を雇用する雇用主は各年少者について、その氏名、住所、生年月日、親または親に代わる者による同意が求められる場合はその同意書を保管管理しなければならない。

　なお、「ホット・グッズ」（hot goods）の定めが重要である。いずれかの過程で違法児童労働が関与した製品・収穫物は最後まで違法であり、没収されうる。

（e）最低賃金

　特別の規定がない限り本法にカバーされる年少労働者は最低賃金と超過労働手当が支払われなければならない。

（ii）農業分野

（a）対　　象

　農業のほか畜産業等を含む。経営規模にかかわらない。ただし、次の適用除外がある。次のものは公正労働基準法の適用を受けない〔29 USC 213; 29 CFR

---

8) テキサス州労働コミッションと連邦労働省連名のポスター「児童労働法」（Child Labor Laws）には administrative penalty の表現を使う。

570.122, 570.123, 570.126]。

1. 居住する学校区の就学時間外の児童の農業雇用
2. 親または親に代わる地位にある者による自ら所有または経営する農場における児童の雇用。ただし農場にあっても製造業、鉱業的業務は不可である［29 USC 213（c）（1）（2）；29 CFR 570.123（c）］

（b）16歳未満に対する禁止業務（occupations）

農業分野における年齢別の原則は次のとおりである。

一般に16歳以上には何らの制限もなく、あらゆる仕事（occupations）に就くことができる（上記（ⅰ）（b）（272頁）で述べた16、17歳に対する危険有害業務の禁止は農業労働には適用はない）［29CFR570.123（d）］。

16歳未満は労働長官により危険有害（hazardous）であるとされていない業務に学校の就学時間外であれば就くことができる。

連邦規則で16歳未満は危険有害とされた業務は以下のとおりである［29 CFR Subpart E-1, 570.71］。

1. 20PTOを超えるトラクターを運転し、あるいはそのようなトラクターに道具または何らかの部品を取り付け、あるいは取り外すこと
2. 以下の機械の操作または操作の補助（始動、停止、調整、フィーディング（材料等を機械に供給すること）、または操作に関係する機械に触れる仕事を含む）
   （ⅰ）トウモロコシむしり取り機（picker）、綿捌き機（picker）、穀物用複式収穫機（combine, 刈り取り、打穀等の機能を兼ね備える）、干し草刈り取り機、収穫機、ヘイ・ベーラ（hay baler, 干し草を梱に括る）、まぐさ収穫機（forage harvester）、ジャガイモ堀機またはエンドウ摘み取り機（pea viner）
   （ⅱ）飼料（feed）グラインダー、作物乾燥機（crop dryer）、まぐさ送風装置（forage blower）、オーガー（auger）コンベア、無重力（non-gravity）型自動積み卸し（self-unloading）ワゴンまたはトレーラーの積み卸し機械
   （ⅲ）電動の支柱・杭用穴掘り機（post-hole digger）、電動支柱・杭打ち込み機（post driver）、または回転式耕作機（non-walking type rotary tiller）

3. 以下の機械の操作または操作の補助（始動、停止、調整、フィーディング、または操作に関係する機械に触れる仕事を含む）

　　（ⅰ）溝掘り機、その他土木機器（earthmoving equipment）

　　（ⅱ）フォークリフト

　　（ⅲ）ジャガイモ収穫機

　　（ⅳ）電動丸鋸、帯鋸、またはチェーンソー

4. 次のものがいる囲い地、檻または畜舎内での農作業

　　（ⅰ）子どもを産ませる目的で飼われている牛、イノシシまたは種馬

　　（ⅱ）（臍の緒を持った）生まれたての子どもと一緒にいる雌豚または雌牛

5. 根元が直径6インチ［15 cm 強］以上の木材を伐採し、動かし、引きずり、積み込みまたは積み卸しすること

6. 20 フィート以上の高さにおける梯子または足場からの作業（塗装、修理または営造物の建築、樹木の刈り込み、果物の収穫その他）

7. 人を乗せ、バス、トラックまたは自動車を運転すること、または乗客としてまたは助手としてトラクターに乗ること

8. 次の内側で働くこと

　　（ⅰ）酸素を薄くし、または毒性の環境にするためにデザインされた果物、まぐさ、または穀類の貯蔵所

　　（ⅱ）生牧草が加えられて2週間以内またはトップ・アンロード・ディバイスが作動している時の縦型サイロ

　　（ⅲ）肥やし溜め

　　（ⅳ）詰め込むためにトラクターを作動している間の横型サイロ

9. 農薬の取り扱い、使用または農薬配布の飛行機の信号手

10. 爆発物質を取り扱いあるいは使用すること、ダイナマイトの黒色火薬、アンモニア塩基硝酸塩（ammonium nitrate）、雷管および導火線を含む

11. 無水アンモニアを輸送、移動または加えること

（c）14 歳未満の労働

14 歳未満は次の場合に働くことができる。前項 16 歳未満に対する危険有害な仕事に就くことができないことは当然である。

1. 12、13歳は、親の書面による同意があるか、あるいは親または親に代わる者が雇用されている農場における場合

2. 12歳未満は、親の書面による同意があり、かつ、従業員が連邦最低賃金の規定から除外されている農場における場合

3. 10、11歳で年を通して現住所に親とともに常住する者は、就学時間外に、短期間の季節ものの手作業による収穫に、6月1日から10月15日の間の8週間以内、雇用主が申請し労働長官が許可をした場合

（d）年齢証明書、記録の保管

非農業の場合と同じ（上記（i）（d）276頁）。

（e）最低賃金

前年のいずれかの4半期に500人日以上の農業労働を使用した雇用主は以下の例外を除き最低賃金法の適用を受ける。なお、農業労働者には超過労働手当の規定は及ばない。

1. 雇用主の直近の家族

2. 当該地方で出来高給の仕事（ピースワーク）と一般に認められている作業における出来高給で支払われる手作業による収穫に従事する労働者（hand harvest laborers）

   ただし、次の2条件の双方を満たすこと

   （i）常住する住所から毎日当該農場に通勤していること

   （ii）前年に13週未満農業に雇用されたこと

3. 親と同じ農場に雇用される16歳以下の手作業による収穫に従事する移動（migrant）労働者

   ただし、次の2条件の双方を満たすこと

   （i）当該地方で出来高給の仕事（ピースワーク）と一般に認められている作業に出来高給で支払われること

   （ii）その出来高払いの賃率が16歳以上の労働者と同じであること

4. 家畜の放牧飼育（the range production）に限って従事する従業員

（iii）非農業と農業の違い

表7－2は以上述べた非農業と農業の違いをまとめたものである。農業労働では、制限年齢、労働時間、危険業務等、他産業におけるより保護が弱い。

表7－2　公正労働基準法の18歳未満農業および非農業労働者に対する児童労働保護比較

年　齢	農　業　職　種			非　農　業		
	許される職業	許される時間	その他の条件	許される職業	許される時間	その他の条件
16、17歳	すべて	すべて	なし	危険有害でない職種	すべて	なし
14、15歳	危険有害でない職種	学校がないとき無制限	なし	明示的に認められた職種	学期外週40時間まで　学期中週18時間まで　非就学日1日8時間まで　就学日1日3時間まで　午前7時から午後7時まで（夏は午後9時まで）	
12、13歳	危険有害でない職種	学校がないとき無制限	親の書面による同意または親が雇用されている農場で	なし	なし	NA
12歳未満	危険有害でない職種	学校がないとき無制限	親の書面による同意があった場合小規模農場で	なし	なし	NA
10、11歳	手での収穫短期間収穫（危険有害でない職種）	学校がないとき1日5時間まで、週30時間まで	労働省による条件のもとで可親の同意を含め各種の保護を含む	なし	なし	NA

（2）州　　法

（i）テキサス州

テキサスの児童法は 1981 年に立法化されたが、89 年議会はなお執行権限を
与えず、93 年に初めて予算がつけられた。

（a）対　　象

連邦公正労働基準法は、州際通商に関しかつ年間売上額最低 50 万ドルを持
つ企業その他にその適用範囲を限るが、テキサス州法は企業規模にかかわらな
い［LC Chapter 51］。そして以下に見るように、一般的にはテキサス州法の
方が保護は弱いので、大企業はより強い連邦法の規制に、中小は相対的に弱い
テキサス州法の規制に従うこととなる。

テキサス州における最低雇用可能年齢は 14 歳である。親およびこれに代わ
るものによる雇用についても同じである。ただし、映画、演劇、ラジオ、テレ
ビ制作への出演については、この年齢以下でも別途規則に従い労働コミショ
ナー（次節「3　執行と改善への努力」（299 頁）が認可し得る［LC 51.011,
51.012］。

（b）18 歳未満の禁止業務および 16 歳未満（14、15 歳）に許される業務

18 歳未満に禁止されている 17 種の危険有害な業務および 14、15 歳に許さ
れる小売り、飲食業、ガソリンスタンドにおいて許される仕事、禁止されてい
る仕事、これら以外の業種において禁止されている仕事については上記連邦法
をコピーしている（本節（1）（i）（b）および（c）272-276 頁参照）。禁止を緩和
している点と強化している点がある。

【禁止を緩和している点】

連邦規則で 18 歳未満に危険有害な業務として禁止されている自動車の運転
（上記（1）（i）（b）272 頁）を 16、17 歳に認める。児童が次の条件を満たせば、
商業目的で自動車の運転のために雇用することが許される［LC 51.014（d）］。

1. 有効な自動車免許を持つこと
2. 当該職務を行うについて商業免許［「第 2 種免許」、筆者注］を必要とし

ないこと

3. 2本以内の車軸、および総車両重量 15,000 ポンドを超えない車両の運転であること

4. a. 児童の親の直接の監督の下で、かつ、b. 児童の親によって所有または経営されている企業のための仕事を遂行すること

14、15 歳の時間制限を次のように緩和している。テキサス州は雇用主に連邦法（上記（i）（c）273 頁）よりも長い1日、1週の労働時間、より早い始業時間とより遅い終業時間を認めている［LC 51.013］。

1. 1日につき8時間

2. 1週につき 48 時間

3. 学期中は、午前5時から、翌日学校のある日は午後 10 時まで、ない日は夜 12 時まで

4. 夏期休暇中で夏期学校（summer school）に入っていない児童は午前5時から夜 12 時まで。

【禁止を強化している点】

14 歳未満の者が、親の同行がなく、学校、慈善団体等のため、あるいは親によって所有または経営されている事業（a business）のため以外に物品またはサービスを販売または勧誘することを禁ずる［LC51.014（d）（e）］。いわゆる戸別訪問販売を念頭に置いたものである。最近加えられた。

（c）適用除外

テキサス州法の連邦法との最大の違いは、州法が多くの適用除外条項を設けていることである。2種の除外が重要である。「ハードシップ（困難）」除外と一般的除外である。

「ハードシップ（困難）」除外とは、上記時間的制限（前項（b））に関する除外であり、14、15 歳の児童が申請をし、労働コミッションが「ハードシップ（困難）」があると認めたときは、その時間の制限は当該児童には適用されないというものである。

一般的除外とは業務等に関する除外であり、州法は次の児童には適用されな

いとする。特に、農業についての連邦法と州法の違いは大きい。州法の下では農業雇用主は法的に就学が求められていない時間はそっくり適用除外とされている（第4項）。連邦法にカバーされる雇用主にはそのような免除はない（Skorupa）。

1. a．親または後見人（custodian）によって所有または経営されている事業（a business）または企業で、b．親の直接の監督下で、c．危険有害でない業務に雇用される
2. 新聞を購読者へ配達する
3. 労働コミッショナーが認めた学校の監督下または学校が運営する労働＝教育プログラムに参加する
4. 児童が法律上学校に出席していることが求められていない時間に農業に雇用される
5. 郡裁判官による監督下にあるリハビリテーション・プログラムを通して雇用される
6. 児童の安全、健康または福祉を危うくしない危険有害でない不定期の（casual）雇用に、親または後見人の同意をもって、従事する。

（d）罰則、差し止め命令

本法の違反は、クラスBの軽罪（misdemeanor）である。ただし、14歳未満の児童の販売、勧誘への雇用違反はクラスA軽罪である［LC 51］。加えて、違反した雇用主に対し労働コミッショナーは違反1件につき最高1万ドルの罰則金（administrative penalty）を課す。異議があれば労働コミッションの審問官（a hearing examiner）に不服申し立てができる。この後の手続きにはそれぞれの段階ごとに所要制限日数が定められており、「連邦では行政上の訴え（administrative appeals）は通常数年かかるが、テキサス州では数か月で終わる」（Skorupa）。コミショナーの決定が最終のものとなったあと30日以内に雇用主は裁判所に訴えることができる［LC 51.033］。また、テキサス州では差し押さえ（levy）を認めている［LC 51.044］。

違反を繰り返す雇用主に対する差し止め命令（injunction）については連邦と同じ規定がある［LC 51.034］。

第7章 「先進国」における児童労働　283

年少者のリストについては、連邦法はすべての従業員について賃金台帳（pay roll）を要求するが、テキサス州法は監督にあたって求められたときにのみ提示の義務がある（Skrupa）。テキサス州は連邦と異なり年齢証明書（当該児童がその労働に従事するに充分の年齢である証明となる）を必要としないが、年齢証明の発行は行う（年間 1800 件強）[LC Sec.51.022。なお、映画演劇等の許可（actor permits）（15 歳未満の雇用を可能にする）の発行は年 300 件強である [LC Sec. 51.012; TWC rules 40 T.A.C. 817.8]。

（ii）カリフォルニア州 [9]

カリフォルニア州を見ることによって、連邦法と州法が一体となってどのように児童労働を保護しているかの一例を示す。カリフォルニア州は全米人口の 12% を占め、かつ、児童労働法制分野にあって「先進的な」州として知られることを念頭に置こう。労働許可、禁止業務等、現行法に類似の規定は、1915 年にすでに誕生している。

（a）年少者の定義

カリフォルニアの労働法で年少者（minors）とは、18 歳未満で教育法典の規定で義務教育 [EC48232] にある者および 6 歳未満の者とする [LC 1286 (c)]。したがって、たとえば、18 歳未満でも義務教育を修了していれば次項に述べる労働許可等は必要としないことになる（しかし、連邦法の定める上記 17 種の 18 歳未満で禁ずる業務の規制を免れるものではない）。

カリフォルニアではいくつかの例外を除き 6 〜 15 歳まではフルタイムで学校に出席していなければいけない。高校を終えていない 16 歳と 17 歳は常態として（regularly）働く者は週最低 4 時間、不規則に働く者は週最低 15 時間授業に出席していなければいけない。年少者は法的には学校システムから完全にドロップアウトすることはできないのである。映画演劇等への出演については

9）本項は、主に、Division of Labor Standards Enforcement, Department of Industrial Relations, State of California, *California Child Labor Laws 1998*, California Department of Industrial Relations, 1998 による。翻訳箇所に必ずしも「　」または引用頁を付さない。

別の規定がある。

（b）労働許可および雇用許可

カリフォルニア州では、18歳未満の年少者が働くためには、原則として、労働許可を必要とする［EC 49160; LC 1299］。労働許可は通学する学校当局が発行する［EC 49110, 49112, 49113, 49116］。雇用主は同じく学校から発行される雇用許可を必要とする（実質的には両者は同じ様式である）。

許可書には、1日の労働時間、時間帯、仕事内容の制限、その他学校の課す制限が書かれる。この許可条件は、法規の制限を緩和することはできないが、より厳しくすることはできる。この条件に反すれば許可は取り消されうる［LC 1300; EC 49164］。学校は雇用が年少者の学習または健康に有害であると判断したときは許可を取り消すことができる［EC 49164］。

許可書はファイルされ、学校担当者、教育委員会および労働基準監督官その他の検査にあたって求められたときは、提示されなければいけない［LC 1299; EC 49161, 49164］。この許可書は連邦法が要求する年齢証明書（（1）（i）（d）276頁；（1）（ii）（d）279頁）に代わるものとして受け入れられる。

なお、次の場合は、許可を必要としない。

1. 親が所有、経営または監督（control）する農業、園芸、葡萄栽培または家事サービス労働（household occupations）に自分の子どもを雇用する場合。許可のみならず、ほとんどの労働時間制限、危険有害業務禁止の適用もない（親による雇用というだけでは適用除外とはならない。連邦に関する上記（1）（i）（a）272頁参照）［LC1394］。

2. 個人家庭での不定期の仕事、たとえば、子守り（baby-sitting）、芝刈り、枯れ葉集め等の労働（ただし、就学時間中、および禁じられている危険有害業務は不可。定期的、継続的な仕事[10]の場合は許可が必要）。

3. ほとんどの新聞配達。

---

10) 執事、運転手、料理人、庭師、看護師、下男、掃除人、家政婦、メイド、家庭教師、従者（valet）ほか［IWC Order No.15 Section 2（c）］。

（c）労働時間

　16、17歳と14、15歳と12、13歳とでそれぞれ制限が異なる。

【16、17歳】

　学校のある日は1日4時間、学校のない日は8時間［EC 49112、49116;
LC1391］。週最高48時間［LC1391］。学期外は1日8時間［LC1391、1392］、
週48時間［LC1391］。1日の労働可能時間帯は午前5時から午後10時（学校
のない日の前夜は12時30分）まで［LC1391］、メッセンジャーについては午前
6時から午後9時まで［LC1297］。

　家事労働のうち子ども、高齢者、障害を持った人の世話（監督、食事、着替
え等）［IWC Order No.15 Section 2（I）］については、16歳以上は就学日でも
4時間以上の労働許可が発行されうる。

【14、15歳】

　学期中は就学時間外の3時間［EC 49112、49116; LC1391］、学校のない日は
8時間。週最高18時間［EC 49116; LC1391］。休暇中は1日8時間［LC 1391、
1392］週40時間［LC 1391］、午前7時から午後7時（6月1日からレーバーデー
（9月の第1月曜日）間では午後9時）までの間［LC 1391］。

【12、13歳】

　学期中は休日以外は労働は許されない。就学日は始業時間前であろうと放課
後であろうと認められない［EC 49111］。学期外および1日の労働可能時間帯
については上の14、15歳と同じ。

　表7－3はこれをまとめたものである。

表7－3　年少者の労働時間制限（カリフォルニア州）

	学期内			学期外		
	1日		1週	1日	1週	
	就学日	非就学日				
16、17歳	4時間	8	48	8	48	午前5時〜午後10時（非就業日の前夜は12時30分まで）
14、15歳	3	8	18	8	40	午前7時〜午後7時(6/1—レーバーデーは午後9時まで)
12、13歳	不可	8	規定なし	8	40	同上

（筆者が作成）

（d）年齢別の禁止業務および許される業務

【21歳未満】

危険有害物質の運送のためには雇用されない［VC 12515］。営業時間中に酒類が消費される、主に販売、サービス用に作られ用いられる場所では雇用されない［BPC 25663］。ただし、生身の猥褻な行為が許されず、演奏区画でのアルコール消費が認められないならば、18～21歳であってもミュージシャンとして演奏することはできる［BPC 25667］。

【18歳未満】

カリフォルニア州は、連邦の17種の危険有害業務の規定をそのまま州法の一部としてそのうちに取り込んでいる（したがって、今後連邦法が変われば自動的に州法も変わることとなる）［LC 1294.1; 29 CFR Part 570 Subpart E］。連邦法にはない州独自のものとしては、次のものが禁止されている。

1. ハイウェーその他の道路での自動車の運転のための雇用［LC 1294.1; VC 12515］[11]。

2. 21歳以上の者の監督が常になされている場合を除く宝くじ券の販売［GC 8880.50］。

何人も、18歳未満の者を、道徳的に望ましくないと考えられる場所（酒場、賭博場、売春宿、その他）に送り、指示し、他人をして送らせ、指示させてはいけない［PC 273f］。何人も、年少者を、いかがわしい、非道徳的な業務に用い、出演、行為をさせ、斡旋し、勧めてはいけない［LC 1308（a）（3）, 1309］。

【16歳未満】

前項18歳未満に対する危険有害業務と同様に、カリフォルニア州は、16歳未満に対する連邦の定める農業についての禁止危険有害業務（（1）（ii）（b）277-278頁）、飲食業、小売り、ガソリンスタンドにおける許される業務および禁止業務（（1）（i）（c）274-275頁）、業種を問わず禁じられる業務（（1）（i）（b）272-273頁）をそのまま州法の一部としてそのうちに取り込んでいる。

ただし、カリフォルニア州はこれらに独自の長い禁止リストを加えている。

11）16、17歳に対し、仕事上配達その他で自動車を公道で運転することについて制限のある州は28州、ないとした州は16州、未回答1州である（CLC: 1997）。

1. 次に雇用されること、または労働することを許されること［LC 1292］。
   ・機械のベルトの調整
   ・作業場または工場の縫製またはレース編みの機械ベルト
   ・機械の注油、拭き取りまたは掃除あるいはその補助
2. 次の機械の操作または操作の補助に雇用されること、または労働することを許されること［LC 1293］。
   ・丸鋸または帯鋸；木工セーパー、木工長カンナ；カンナ盤；紙ヤスリ機または木工研磨機；木工旋盤または中ぐり盤
   ・開毛機（ピッカー）またはウール、木綿、髪その他の材料をほぐすのに用いる機械；梳綿（毛）機、皮革つや出し（burnishing）；洗濯機
   ・あらゆる種類の印刷機；中ぐり盤またはボール盤；（金属の）薄板およびブリキ細工品、紙および皮革製造またはワッシャおよびナット工場で使われる打ち抜き（stamping）機；金属または紙の切断機；紙ひも機
   ・紙箱工場のコーナー・ステイ（corner-staying）機；段ボール紙、屋根葺き材またはワォッシュボード（washboard）工場で使われるような波形をつける圧延機
   ・あらゆる原料こね機または破砕機
   ・針金または鉄製品を真っ直ぐ延ばすまたは引っ張る機械；圧延機；電動打ち抜き機（punches）せん断機パワー・パンチまたはシアズ；洗浄、粉砕（grinding）、攪拌（mixing）機；紙またはゴム製造のカレンダー（艶出しするロール機）；蒸気ボイラー；危険有害なまたは安全装置のないベルト、機械またはギアの付近
3. 次に雇用されること、または労働することを許されること［LC 1294］。
   ・鉄道　蒸気、電気、水力にかかわらない
   ・（カリフォルニア）州の管轄下の航海または取引に従事するあらゆる船舶
   ・塗料、絵の具、鉛白または鉛丹の製造または詰め込みならびに半田付けにあって、危険または有毒の酸が使用される過程
   ・人体に害を及ぼすほどの量の粉塵を生ぜしめる仕事、危険または有毒な染料の製造または使用、危険または有毒なガスを持った合成物の製造または準備、あるいはその量が健康に有害な程の固形苛性アルカリの化

合物の製造または準備

- 足場、建設業における重労働、トンネルまたは採掘あるいは鉱山、石炭破砕機（breaker）、コークス炉または採石場関連
- たばこの分別、製造または詰め込み
- 自動車、モーターで動く車両、トラックの運転
- 年少者の生命または肢体に危険な、あるいは健康または道徳に有害な職業

4. 州の規則で危険有害とされた次の業務に雇用されること、または労働することを許されること［LC1296］。
- 年少者が駆動中の機械の至近に入る仕事［8 CCR 11701］
- すべての建築、建設労働［8 CCR 11701］
- 自動車からの物品、商品（merchandise, commodities）、紙包み（papers）、小荷物の配達［8 CCR 11701］　新聞を除く
- 爆発物または爆発物を内に含む物を生産する工場の仕事、ならびに爆発物または爆発物を内に含む物の輸送および販売［8 CCR 11703］
- 爆発物または安全対策がなされていない危険な可動機器、飛行機、船舶あるいは可動刃またはプロペラの作動する部品の至近距離で働くこと［8 CCR 11707］
- 一定の条件が満たされていない戸別訪問販売［8CCR 11706］

5. ガソリンスタンドにおける次の業務。
- ガソリン給油、オイルの注油
- 顧客サービス（courtesy services）
- 車の清掃、洗車等

6. メッセンジャー。
電報、電話またはメッセンジャー会社における品物およびメッセージの配達［LC 1297; LC 1294.1 29 CFR 570.33（a）］ただし、14、15歳は自動車によらない使い走り、配達は可［LC1294.1, 3; 29CFR 570.34］。

当該年少者を世話、養育、または監督（control）する者は、親、親戚、後見人、雇用主その他いかなる者であっても、年少者を「出演」（exhibit）させ、

使用し、雇用し、また方法、外見の如何を問わず、他人に売却し、アプランティスに出し、引き渡し、貸し出し、その他の措置を取ってはならない。

また、いかなる者も、次の業務に、年少者を従事させ、斡旋をし、奨励勧誘してはならない［LC 1308］。

- ・年少者の健康に有害なまたは生命と肢体に危険なあらゆる事業（business）、「出演」（exhibition）、職業
- ・歌唱または楽器演奏（除く、学校、教会における場合および映画演劇等労働許可を有する場合）、綱渡り、踊り、物乞い、行商、体育家、アクロバット、曲芸師、またはライダーの職業、仕事、サービスその他これらを目的とする活動。場所の如何を問わない
- ・乞食、彷徨しながらの仕事
- ・荒いロディオ行事、サーカス、または単一コースで競争する動物を用いるレース

【14歳未満】

12歳が、学校当局から労働許可を受けることができる最低年齢である［EC 49111］。12、13歳は、労働許可を得れば家事的仕事または介助等（personal attendant）の仕事に雇用されうる［EC 49111］。また、新聞、雑誌、定期刊行物、チラシ（circulars）の販売または配布に関する労働に雇用されうる［29 USC 213］。

【12歳未満】

① 次の「農業危険区域」では、雇用されず、労働することを許されず、雇用されている親または後見人に同伴しまたは同伴することを許されない［LC1293.1］。

1. 駆動中の機器の周辺
2. 安全対策のなされていない化学物質の付近
3. 安全対策が講じられている水の危険のある付近
4. 連邦規則集第29部（Title）第570、71条（Section）で16歳未満の年少者の雇用にとって危険有害であるとされている農業の業務
5. カルフォルニア州労使関係部（Department）によって将来危険区域と定められるその他の危険

親または後見人が自ら所有し、経営しまたは管理（control）する敷地で、親または後見人によって、農業、園芸、葡萄栽培、家事労働に雇われる年少者はその年齢のいかんを問わず、これらを含め禁止、制限から免除される（(2)（ii）(b) 285頁）

②　子守りのような不規則で個人宅における仕事は可能である［18 Ops. Cal. Attny. Gen. 114, August 31, 1951］。

③　6歳以上は、許可を必要としない場合のキャンデー、クッキー、花その他の商品の戸別訪問販売または路上販売が一定の条件の下で可能である［LC 1308.1］徒歩、自転車等による新聞配達は可［LC 1294.4］。

④　映画演劇等（entertainment industry）については下記を参照。労働基準監督（Enforcement）課の発行する許可の下で雇用されうる［LC 1308.5］。

（e）映画演劇等（entertainment industry）

映画演劇等（ビデオ、テレビ、写真、録音、モデル、ロディオ、サーカス、音楽演奏、その他を含む）［8 CCR 11751］に雇用される出生後15日以上18歳未満の年少者は労働許可を、雇用主は雇用許可を、カリフォルニア労働基準監督（Enforcement）課から得なければならない［LC 1308.5; 8 CCR 11751（b), 11752, 11753, 11754］。

許可は、環境が年少者にとってふさわしくなく、雇用条件が年少者の健康に悪影響（detrimental）を及ぼし、または年少者の教育が悪影響を受ける（hamper）場合には発行されない［LC 1308.6］。

映画演劇等に従事する年少者は、その年齢によって拘束時間、労働時間の制限が定められているほか、一定の学習時間、遊び時間の確保が保障されている。さらにスタジオ教師[12]の用意、親、スタジオ教師、看護師の現場立ち会いの必要等も規定されている。以下は年齢別の時間、その他の要請である。

12）仕事の関係でフルタイムの通常の学校に出席できない年少者に対し個別授業（tutor）をする。カリフォルニア州規則集第8部（Title）第（§）11755, 11755.2, 11755.3, 11755.4参照。

① 時間の制限

【16歳以上18歳未満】

学期中は、10時間まで雇用の場にいることができ、6時間の労働、3時間の学習、1時間の休息と遊びの時間が確保されなければならない［8CCR 11760］。

休暇中は、1時間の休息と遊びの時間が確保されれば、労働時間を8時間まで増やすことができる［8CCR 11760］。

【9歳以上16歳未満】

学期中は、9時間まで雇用の場にいることができ、5時間の労働、3時間の学習、1時間の休息と遊びの時間が確保されなければならない［8CCR 11760］。

休暇中は、1時間の休息と遊びの時間が確保されれば、労働時間を7時間まで増やすことができる［8CCR 11760］。

【6歳以上9歳未満】

学期中は、8時間まで雇用の場にいることができ、4時間の労働、3時間の学習、1時間の休息と遊びの時間が確保されなければならない［8CCR 11760］。

休暇中は、1時間の休息と遊びの時間が確保されれば、労働時間を6時間まで増やすことができる［8CCR 11760］。

【2歳以上6歳未満】

6時間まで雇用の場にいることができ、3時間まで労働することができる。残りの時間は児童の休息と遊びのために確保されなければいけない［8CCR 11760］。

【6か月以上2歳未満の児童】

4時間まで雇用の場にいることができ、2時間まで労働することができる。残りの時間は児童の休息と遊びのために確保されなければならない［8CCR 11760］。

【15日以上6か月未満の幼児】

親および教師の許可がある場合は除き、9時30分から11時30分の間または2時30分から4時30分の間のいずれかの時間帯の一方にのみ雇用の場にいることができる［8CCR 11764］。実際の労働は20分を超えてはならない［8CCR 11760］。

さらに多くの制限がある。スタジオと仕事の場所の間の移動時間は労働時

に算入される［8CCR 11759］。スタジオのスタッフの助力を得て児童の自宅で
行われるメイクアップ、ヘアドレッシングの時間は労働時間と数えられる。こ
れは朝8時30分より前に行われてはならない［8CCR 11763］。1日の仕事の
終わり時間と翌日の仕事初めの時間の間に最低12時間がなければいけない。
通常通う学校の始業時間と1日の仕事の終了時間の間に12時間以上ない場合は、
その日の学習（以下参照）は仕事の場所で与えられなければならない［8CCR
11760（i）］。

　②　時間以外の要請

【16歳以上18歳未満】

　スタジオ教師は学習時間にのみ労働の場に現れればよい［8CCR 11760］。親
または後見人は労働現場に立ち会わなくともよい。

【6か月以上16歳未満の児童】

　学期中は、児童10人につき、土、日、祝祭日、休暇中は20人につき、スタ
ジオ教師1名が用意されなければならない［8CCR 11755.1］。スタジオ教師に
加え、親または後見人は、労働現場に常に立ち会わなければならない［8CCR
11757］（スタジオ教師の立ち会いについて例外規定あり）。

【15日以上6か月未満の幼児】

　15日以上6週間未満の幼児の場合は幼児3人につき、6週間以上6か月未満
の幼児の場合は幼児10人につき、スタジオ教師と看護師各1人が立ち会わな
ければならない［8CCR 11755.2, 11760］。親または後見人は常に立ち会わなけ
ればならない［8CCR 11757］。

　なお、幼児は100フート燭を超えたライトを一時に30秒以上照射されては
ならない。

　③　州外における雇用

　カリフォルニア州民である年少者を州内でなされた契約の下で州外で雇用す
るカリフォルニアの雇用主は、スタジオ教師の使用を含めすべてのカリフォル
ニアの規則に従わなければならない［8CCR 11756］。

（f）使用者の責任

①　使用者は、すべての労働許可、雇用許可のファイルを保管し、また、年

第7章　「先進国」における児童労働　293

少者の氏名、生年月日、住所、労働時間、支払い賃金の記録を3年間保存しなければならない。学校担当者および労働基準監督課担当官等の検査にあって求められた場合にはいつでもこれらを提示しなければならない［LC 1299; EC 49161, 49164, 49181］［LC 1174, 1175］。

②　使用者は労働災害補償保険（workers' compensation）に加入しなければならない［LC 3700］。未加入1人につき1,000ドルの罰金が科せられる。災害（傷害）が発生した場合には、発生時に雇用されていた者1人につき2,000ドルに増額される。さらに、当該傷害が補償されなければならないケースである場合には、1万ドルに増加する［LC 3722］。加えて、災害の発生の有無を問わず、加入が確認されるまでは操業を停止することを求めることができる［LC 3710.1］。操業停止を受けた場合には、労働者はそのために失った労働時間について10日分を限度として補償を受ける［LC 3710.1］。

使用者は「傷害、疾病予防プログラム」（IIPP）を持たなければならない。このプログラムと関連記録はカリフォルニア OSHA 監督官に求められた場合には提示しなければいけない。

③　使用者は種々の通知等を職場に掲示しなければならない。たとえば、

・年少者が雇用される産業または職業の産業福祉コミッション命令［LC 1183］。
・労働基準監督課および産業福祉コミッションによる最低賃金のポスター
・定期的給料日を示す給料日通知（pay day notice）ポスター
・カリフォルニア OSHA ポスター
・労働者災害補償保険加入済み通知［LC 3550］
・公正雇用住宅省（Department）による雇用における差別が法により禁止されている旨の通知
・児童（minor children）を持つ親を雇用する農場の所有者、借受人、経営者（operators）は通知を掲示し、従業員に容易に読める英語およびスペイン語で、労働許可が得られない限り年少者は働くことができない旨を示す文書［EC 49140］
・雇用開発省から得た州の傷害および失業保険通知

④　戸別訪問販売に従事する年少者の雇用主、輸送者、監督者は労働コミッ

ショナーに登録しなければならない。

（g）職業訓練等の例外

連邦法におけると同様、カリフォルニア法は、職業訓練、アプランティス訓練 [LC 3077]、労働体験プログラム [EC 49113、296-299 頁の囲み参照] 等について種々の例外規定を持つ。たとえば、労働時間の制限 [EC 49116, 49113]、制限または禁止職種（[LC 1294.1; 29CFR 570 Subpart E, California Child Labor Laws: 37-39) 等。

（h）罰　　則

カリフォルニア州では児童労働法に違反した場合、違反金（civil penalties）と刑事上の罰金（criminal penalties）または禁固が科せられる [LC1288]。違反にはクラスＡとクラスＢがある。

クラスＡ違反は一般に児童に重大な危険有害な結果をもたらす可能性のある違反で、たとえば、製造業への雇用、危険有害職種への雇用、戸別訪問販売、1 日 8 時間の制限違反その他、労働時間違反でも 3 回以上の「累犯」にはこれが適用される。最低 5,000 ドル最高 1 万ドルである [CC 1288; 8CCR 11779, 11779.1]。

クラスＢ違反はクラスＡ違反以外の年少者の健康、安全、地位（secure）その他に関する違反で、たとえば、労働許可違反、労働時間違反、映画演劇等、最低賃金違反 [LC 1179.1]、労災補償保険未加入 [LC 3722] 等。最低 500 ドル、最高 1,000 ドルである [LC 1288; 8 CCR 11781, 11781.1]。

刑事上の問責は、最高 1 万ドルの罰金または最高 6 か月の禁固の軽罪（misdemeanors）である。双方を科すことも可能である。

児童労働違反に責任を負うのは雇用主であって、年少者ではない。禁止職種については雇用主でなくともこれを認めた者その他も責任を問われる。年少者本人が自ら希望して就いたとしても同様である（映画演劇等について親または後見人が認めたときは前項を参照）。

2 年以内に児童労働、最低賃金、最長労働時間に関し 2 度目の違反を犯した衣服製造業者は保証金（a surety bond）を労働コミッショナーによって科せら

れ得る。労働コミッショナーは３度目以降の違反に対しては衣料製造業者としての登録を最高１年間停止し、衣料の一部または全部を没収することができる[LC 2679 (b)]。

（i）最低賃金

　年少者にはカリフォルニア産業福祉コミッションの定める最低賃金および超過労働割増率以上が支払われなければいけない[LC 1197; IWC Orders Section 4]。連邦最賃、割増率と重なるときは高い方が適用されることについては他と同様である[LC 1182; 29 USC 218]。

　年少者には常態として雇用する労働者の25％を超えない限り、成人の最低賃金の85％を支払うことを認めている[IWC Orders Section 3]。連邦の法規もメッセンジャー、研修生（learners）、アプランティス、小売り、サービス産業、農業、自らが通う高等教育機関で働くフルタイムの学生、に対する特別最賃を定めている[29 USC 214]。

　次の場合は、産業福祉コミッションの要求する州最低賃金および超過労働手当の要請から免除される。

1. 親または後見人による雇用。労働許可等とは異なり、必ずしも自らの所有または経営する企業等における雇用である必要はない。連邦の最賃および超過労働手当の規定からも免除される[IWC Orders Section 1; 29 USC 203 (s) (2)]。１ドルも支払わなくとも可。
2. 家事労働（household occupations）のうち子ども、高齢者、障害を持った人の世話（監督、食事、着替え等）その他[IWC Order No.15 Section 2 (I)]。
3. 俳優（actors）[IWC Orders 11 &12 Section 1 (B)]。ただし、連邦公正労働基準法にカバーされる事業所（firms）は連邦の最賃と40時間を超える労働に対する超過労働手当は支払わなければいけない。

「学校から労働へ」（School to Work）プログラム

　年少（minors）労働、児童労働（child labor or child work）問題といった場合、ある人々は若年者雇用（youth employment）問題を思い浮かべる。

ペンシルバニア大学の社会福祉学部長アイラ・シュワルツ（Ira Schwartz）は、都市の貧しいマイノリティ、移民、教育、特に公立学校における教育の質の低下、崩壊、雇用へのアクセスの欠如の問題を論ずる。いわゆる60年代、70年代、ジョンソン以来の「マンパワー」プログラム*、政策の流れである。

　「高度技術社会のなかで、ドロップアウトまたは高卒のセミ・スキルのレベルの仕事がなくなっている。"雇用可能性"（employability）をつける対策ができていない。プログラムは小規模のものばかりでまともなものはない。クリントンの初期、アメリコー（AmeriCorps）＝国内平和部隊のようなものが考えられた——NGOや公衆衛生、福祉組織、サービス等へ2年間入れる——が議会の多数を得られず実現しなかった」

　「麻薬の密売は、市中央部だけでなく郊外にも拡がっている。わけなく1日100〜300ドルを稼げる。これに代わるものとしてマクドナルドのような低賃金サービス業の仕事しか与えられない。監獄の人口は増えている、特に若者(young adults)の。……サービス産業はたとえ賃金が高くとも付加給付が悪い。今日のアメリカで3,500万〜4,000万人が健康保険にカバーされていない」

　「マンパワー関係の各種政府報告書はレーガンがやめてしまった。数字ないから問題がないというわけだ。80年代は貧しい人々に対するする強い反撃（backlash）の時代であった」

　ワシントンDCの「学校から労働へ」プログラム本部で、プログラムの担当者（team member）クリスティーン・カミリョ（Christine Camillo）はプログラム誕生の一契機を説明する。

　「1970年代から80年代、アメリカでは、教育が問題とされた。企業は新たに入ってくる若者が人と一緒に働く能力、コミュニケーションの技能に欠け、時間を守ることすらできない——初歩的なことが身についていない——と苦言を呈し、大学は若者たちのあまりの基礎的な学力——算数等のなさに唖然とし、途方に暮れ、学校は子ども達のやる気のなさを嘆き、悲しみました」（Camellio）

　「学校から労働へ」プログラムを説明するリーフレットは続ける。

　「過去10年以上にわたって、国のいたるところで、親、学校、経営者、地域の指導者、労働組合およびその他の諸組織は、どうやったら子どもたちがより学力を上げ、より労働の場への移行をスムーズに行えるよう準備を整えるのを手助けすることができるかと、地域レベルのパートナーシップを打ち立ててきた。これら地方レベルのイニシアティヴ

は共通のアプローチ——子どもたちに仕事およびキャリアへのテスト運転をする機会を与えるという——を持っている」(National School to Work Leaning Center)

1994年労働機会のための学校教育法(School-to-Work Opportunity Act)が成立した。

第1の特徴は、プログラムは、トップダウンではなく、連邦は「州とそのパートナーが教育の改革、（若者の）労働への準備、経済的向上に努力するのを奨励支援する」

それぞれのプログラムのデザインは州および各地の学校、雇用主、各種学校、コミュニティ組織、親のパートナーシップでなされる。連邦は各地方のイニシアティヴに元金(seed money)だけを提供する。グラントは5年間、たとえば、カリフォルニア州には1億ドル、ケンタッキー州には2,400万ドルである。この5年が過ぎれば各州が独自の資金でプログラムを継続するかやめるかを決定する。

第2の特徴は、今までの職業訓練その他各種プログラムとは異なりすべての子どもが参加する。学校システムの中にいる子どももドロップアウトした子どもも、また、経済的階層、人種、性、障害の有無、大学への進学の如何を問わない。

第3の特徴は、プログラムの内容である。内容は州ごとに異なるが、プログラムの共通的構成要素として次の3要素を持つ：①学校に根差した学習（教室での高レベルの勉強とビジネスに役立つ高水準の技術）。②労働に根差した学習（キャリアへの関心向上・探索、実習、訓練、ジョブ・シャドウィング(shadowing; 人の後ろについて観察する)、メンタイング(mentoring; 手本・指導者になるような人を付す)。③その双方を結ぶ活動。「基本的な知識・技能の必要」の強調も今までの職業訓練その他各種プログラムと異なる点である。「アメリカの労働者は一生の内に平均7回仕事を変える」、「今後、新しい仕事、何がでてくるかわからない」(Carmellio)

プログラムは、労働省[+]と教育省と州政府・民間セクター・NGO等各3分の1のジョイントプログラムである。

94年から今日（98年8月）までに42州、プラス、ワシントンDCとプレルトリコがプログラムを始めている[++]。1,200地方パートナー、100の貧困地域およびアメリカ・インディアン地域も含まれる。カリフォルニアでは5分の1の生徒が、全国では4,600万人の生徒の内1,600万人がプログラムに参加している。雇用主＝企業の方は、4分の1が参加している(Carmellio)。

反対論もある。教育すべき時にクラスにいない、今までの「マンパワープログラム」とかわるところはない、政府は「必要な」産業、企業に人を送り込もうとしている、等々

である。

* 第2章参照。
+ 労働省が80年代から類似のプログラムをやっていた。
++ 各州のプログラムの名称は異なりうる。たとえば、テキサス州では "School-to-careers" とよばれる。

3 執行と改善への努力

（1）執行組織

前節の法規の執行監督（enforcement）は、連邦公正労働基準法については労働省の賃金労働時間課（Division）およびその地方事務所（たとえば、カルフォルニア州には12か所ある）が、州ごとの児童労働法についてはそれぞれの州政府の担当部署が当たる。たとえば、カリフォルニア州では労働基準執行監督（Enforcement）課、テキサス州であれば、テキサス労働力委員会（Texas Workforce Commission；TWC）のもとに失業保険・法規部（Unemployment Insurance & Regulation）労働法課（Labor Law Department）[13] 児童労働係（Unit）がある。なお、労働安全衛生法（OSHA）については、連邦およびその地方事務所が、州OSHAを持つ州にあってはそれぞれの州OSHA担当オフィスが責任を持つ。

（2）執行の実際

（i）連　　邦

連邦労働省賃金時間課（Wage and Hour Division; WHD）による1997年度の監督件数は3,500件であった（GAO）。WHDは、児童労働法だけでなく公正労働基準法の全体と移動・季節農業労働者保護法（the Migrant and Seasonal Agricultural Workers Protection Act）その他法規の執行監督の責任を持つ。よっ

---

13) 児童労働のほか給料日法と最低賃金法その他も扱う。

てこの件数は児童労働についての監督とは限らない。労働省の監督官は、1年間に1,546の事業所等に6,735人の年少労働違反を見出した（AP5）。

特に農業についての監督等は少ない。WHDといくつかの州は過去5年間農業児童労働違反は減少、あるいはほとんど見つけていない。1997年初春AP が5週間で104人を見つけたとき、前年に連邦労働省は1年間で35人しか見つけていない（AP1）。1997年度にはわずか14件だけである（GAO）。オレゴン州の連邦監督官は97年1年間に農業分野で児童労働違反についてただの1通の召喚状（citations）も発行していない（*The Oregonian*）。

連邦の監督は、「不規則に、特定地域、業種を"掃討"的にやる」（Skrupa）。時に、キャンペーン的に。2万に及ぶ小規模繊維衣服産業の搾取的工場はしばしばそのターゲットとなる。

1990年に連邦はオパレーション・チャイルド・ウオッチと名付けた大キャンペーンを実施した。農業は除外されてはいたが、28,000人の年少労働者が連邦法に反して働いているのが見出され、600万ドル［約6億円］の罰則金・罰金が課された（ただ、その4分の1しか取り立てられていない）。

その後、このようなキャンペーンは行われていなかったが、1998年冬から春にかけて、連邦労働省は「オペレーション・サラダ・ボール（operation salad ball）」を行った。今回はサラダボール、すなわちレタス、トマト、ニンニク、タマネギ、キュウリ畑にフォーカスが当てられた。農業については初めての連邦のキャンペーンである。12歳未満の労働と、12歳以上の特定の危険な機器に子どもを働かせている雇用主をターゲットに（The Oregonian）、50人の農場監督官を動員して、全国50か所以上の現地監督を実施した[14]。61人の違法児童労働を見つけた（98年上期に労働省が見つけた全数は69人である）（*The*

---

14) 農業使用者（H.J.Heinz Co., Newman's Own Inc., the National Council of Agricultural Employers）、労働組合等（United Farm Workers, Farm Labor Organizing Committee, The Association of Farmworker Opportunity Programs, Farmworker Justice Fund ）、児童擁護団体その他（Farm Safety 4 Just Kids, The National Consumers League）および NIOSH を協力機関としている（USDOL）。ハーマン（Herman）労働長官はどのように執行の実効性を保証するのかと尋ねられた時に「この分野では、労働組合のような組織に、我々のための目、耳、触角として働いてもらうほかない」（The Oregonian）と答えている。

Oregon)。

　労働省は、この現地監督とも関係し、98 年夏、「公正な収穫／安全な収穫」との英語、スペイン語による絵本（パンフレット）を作成、児童が避けるべき農場の危険についてＰＲするとともに、労働者の基本的権利を印刷したカードを作成、配布した。同時に無料電話ホットラインを施設した。

（ⅱ）州

　「掃討的」「キャンペーン的」連邦に対し、「州はより定期的に、無差別にまたは苦情があったときに個別的にやる」（Skrupa）。連邦と州の監督官はしばしば共同で監督を実施する[15]。

　州機関については、冒頭の節「1．アメリカにおける児童労働の実態」で引用した 1996 年児童労働コーリション各州調査（1997 年 1 月 46 州回答）がその詳細を伝えている（CLC: 1997）。

　児童労働が関係する実施された職場監督（inspections）は、合計で 48,414 件（当該項目回答 36 州、以下同じ）うち児童労働違反を見出した監督は 7,322 件（37州）、違法に雇用されていることを見出された年少者の数は、7,577 人（29 州）、児童労働法違反と見出された雇用主、6,229 人（33 州）であった。1 州当たりそれぞれ 1,345 件、198 件、261 人、189 人となる（*Child Labor Monitor*）。

　州によるばらつきは大きい。実施された監督件数は、インディアナ、メリーランド、サウスダコタのゼロ件からニュージャージーの 5,772 件、ミズーリの 8,122 件、ルイジアアナの 9,827 件まで。監督を実施した州のうち児童労働違反を見出した監督は、いくつかの州における数件からニュージャージーの 624件、ルイジアナの 1,147 件、インディアナの 1,220 件に及ぶ。違法に雇用されていることを見出された年少者の数は、多い方で、ニューハンプシャーの 1,161人、ニューヨーク 1,143 人、イリノイ 1,253 人、児童労働法違反と見出された雇用主は、同じく、ニュージャージーの 582 人、ミシガン 583 人、ルイジアナ 1,145 人、インディアナ 1,220 人であった。

---

15)「テキサスでは建設業、農業、戸別訪問販売については共同でやっているが製造業ではやっていない」（Skrupa）。

表7－4　テキサス州、カリフォルニア州における監督状況（1996年）　　　（件）

	テキサス州	カリフォルニア州
実施された職場監督	1,389 （2,204）	5,098
うち児童労働違反を見出した監督	456 （318）[+]	293
違法雇用を見出された年少者の数（人）	100	293
児童労働法違反と見出された雇用主	71 （115）	293
課された金額（ドル）	（51,550.75）[++]	

[+] 違反数。[++] 徴収された罰則金等。
出所：1996年児童労働コーリション各州調査（1997年1月）。
（　）はTWCプリント、April 29, 1997.

　この間、有額の罰則金（civil money penalties）等の罰金が課せられた州は45州中24州で、課された金額合計は246万9,016ドル（45州）であり、このうち実際に支払われた額は、この項について非回答のコネティカットを除き61.2%であった。

　上記のうち農業の労働法違反にターゲット合わせた監督件数および見出された違法雇用年少者は、カリフォルニアが449件で59人、ニュージャージーが690件で21人、ウェストバージニア101件でゼロ人。これら以外はほぼ皆無である。前節2でテキサス州およびカリフォルニア州の法規を紹介したので、参考までに、この2州の数字を表にまとめておこう（表7－4）。

（3）批　　判

　児童労働者をよりよく保護するために3点が指摘されている。第1は既存の法規およびその下での各種プログラムの執行の弱さ、第2は法規、プログラムそのものの欠陥と改善の必要、第3はデータ、情報の欠如と収集の必要である（たとえば、Lantos）。

　執行監督の弱さについての批判は厳しい。(1) 実施監督件数の少なさ、(2) 発見、摘発件数の少なさ、あるいは監督官の「やる気のなさ」または「いい加減な」監督方法、(3) 罰則等の適用の「甘さ」は、繰り返し指摘されている。

　労働組合やNGOの活動家たちは、政府の執行監督は「格好だけ」だという。UFW（United Farm Workers）のワシントン州サニーサイド（Sunnyside）の地域部長（Regional Director）ガダルペ・ガンボア（Guadalume Gamboa）は「連邦、

州の監督官が形だけ以上の児童労働法その他の執行の努力をやらなければ、教育・啓蒙なんていくらやっても意味ない」と。「これら機関は普通、苦情がなされて初めて動く。そして、労働者は苦情を申し立てない、なぜならもしそうしたら、馘になるの知っているからです」(*The Oregonian*)。オレゴン州の農業労働者労働組合委員長ラモン・ラミレス (Ramon Ramirez) も同じことを言う、「厳格な執行監督のない教育・啓蒙はほとんど意味はない」(*The Oregonian*)。ダイアン・マル (Dianne Mull) 農業労働者機会プログラム協会 (the Association of Farmworker Opportunity Programs) 会長も問題解決には執行の強化が重要と言う (*Pittsburgh Post-Gazette*)。上院議員も同意する。マイク・デワイン (Mike DeWine) は言う、「労働省の監督は充分ではない、罰則金は法の認める額からあまりに低い」と (*Pittsburgh Post-Gazette*)。

(i) 監督件数の少なさ、監督の浅さ

「(カリフォルニア)州の監督官は年に 500 〜 1,000 工場を訪れるだけです。(一つの工場は) 10 〜 20 年に 1 回しか訪れられません。一人ひとりの労働者と話す時間もない。タイムカードをチェックし、あるいは数人の労働者と話すだけです」(Nutter)。

監督件数の少なさとともに、監督が表面的であるとの批判がなされる。発見される最も多いのはファーストフードのレストランである。最も典型的なのは法律の認める時間より遅くまでよる働く高校生である。最も深刻なケースは出てこない。たとえば、冒頭の節 1 で見られたような非常に小さい子どもの「不法労働者」(immigrants) たちは目に入らない。小遣い稼ぎの子どもではなく家族を支える子ども達が問題なのである (AP)。

労働省の児童労働法執行担当課の元課長マリア・エチャヴェステ (Maria Echaveste) は、政府が児童労働に無関心であるというのは易しいが、そのような批判はフェアではない、と反論する。この分野の法の執行は歴史的に優先度が低い、少額予算と役人的惰性ではこの優先度をひっくり返すのはむずかしい、と (AP)。監督官の数の少なさは多くの国と同様である。1998 年、わずか 942 人しか連邦には監督官はいない。公正労働基準法がカバーする雇用主は 650 万もある。たとえば、オレゴン州の連邦時間賃金監督官 (wage and hour inspectors）は7人しかいない。

　州レベルでも同様である。労働法遵守のための担当官（compliance officers）の数は平均8.5人にすぎない。多い州でも最高のカリフォルニアで168.5人、ついでニューヨークの100人、1人、2人の州もある（サウスダコタ、アリゾナ、ロードアイランド）。テキサスは47人である。これらのうち、児童労働専門官となるとほとんどの州がゼロ、8人（うち2人は内勤）を持つテキサスが最高で、ついで4人のインディアナ、3人のミズーリである（CLC）。

　企業の方の逃げ足は早い。ニューヨーク市クウィーンズの「ベツィズ・シングズ」の製品をつくる衣服工場は州の監督官が入ったときにはすでに他に移ってしまっていた（AP1）。戸別訪問販売のケースについても、摘発されても、雇用主は他州に罰金払わず逃げてしまうこともある［TWC, Exhibit 2］。ホーキン連邦上院議員は、道具とスタッフを増やさないとだめだ、750万ドルから1,500万ドルに児童労働法執行の予算を倍増すべきだと主張する（*Pittsburgh Post-Gazette*）。

（ii）「やる気」「いい加減さ」

　以上の点については、労働省元担当課長マリア・エチャヴェステの反論も理解されるが、その他の批判についての言い訳はとおりにくい。

　マイアミの労働者地方事務所長（District Director）ジョージ・リヴェロ（Joerge Rivero）は「（おっしゃるような）ケース（児童労働）は見出したことはないと思います。あったとしても私たちは知りません」そこから1時間ほど離れたいくつかの農場で、規制年齢以下の子ども達が豆の収穫に精を出している（AP5）。ワシントン州シアトルの監督官も、同州ブリュースター（Brewstar）で100人以上の労働者がサクランボとリンゴの箱詰め工場で一酸化炭素中毒になり、そのうちの7人は16歳未満であったことについて、何も知らないという（AP5）。

　今回オペレーション・サラダ・ボールについていわれたこと——監督官は、朝5時に起きて、日中暑いなか、畑をまわるよりは、エアコンのついた部屋で聞き取り調査をし記録・帳簿を見る方がいい。相手の子どもは雇っていないという説明をそのまま受け取る（AP5）。

　WHDは監督の詳しい手続きを持っていないという。児童の記録を取らず、

最賃違反等を特に指定しない（GAO）。

（iii）罰 則 等

監督そのものの強化とともに罰則の強化の必要が繰り返し指摘されている（*Times Union*）。

1990年罰則金（penalty）が1違反について最高1,000ドルから同1万ドルに引き上げられた。しかし、同年に実際に課せられた額はそれまでの212ドルから887ドルにしか上がっていない。

APが入手した監督官が罰則金額を決定するときに用いる秘密書類「児童労働罰則金報告」（Child Labor Civil Money Penalty Report）は次のような額を「定めている」[16]。

記録の不備（poor record-keeping）……275ドル

12歳または13歳の子どもを就学時間中に雇用した農場主（a farmer）……500ドル

同非農業事業に雇用した農場主……600ドル

従業員規模20人以下の事業については罰金を……30％軽減

最高額1万ドルは、違法雇用の子どもが重傷を負った場合か死亡した場合のみに適用される。立法の趣旨と異なり他の場合は極端に低い。しかも先（（2）（ⅱ）302頁）に書かれたように罰則金等の実際の支払い率は低い。

前節2のとおり、累犯については刑罰（criminal misdemeanors）が科せられる。再犯の場合は最高6か月の禁固（imprisonment）であるが、97年までの過去7年間に収監されたものは1人もいない。一般的に10年に1回だけだという。地方事務所は過去の記録をチェックするアクセスをもたない、持ったとしても名前のスペル等が間違えてインプットされていれば累犯として出てこない。名前のミススペル等とは、たとえば、McDonald's, McDonalds, Mc Donalds, MacDonald's, McDonald's Restaurantといったことである。これらをチェックしたAPは、1996年1年間で129件の重なりを見つけたという。1件たりと

---

16) APに指摘され改訂に向け作業中といわれる。

第7章　「先進国」における児童労働　305

も起訴されていない（AP）。

「最強の武器」は、違法な児童労働により作られた製品は没収（seize）することができるとする "hot goods" の規定であるはずであるが、60 年前から続くこの規定は使われていない。使えるとの認識もされていない（AP 5）。

（4）立 法 論

以上は現法規のもとでの執行監督についての問題である。現行の法規そのものの弱さ、問題点についての議論もある。現在の主なトピックは、①農業部門の改善、②戸別訪問販売（door-to-door sales）、③危険有害業務の見直し、④その他である。法改正を要する議論である。

（i）農　　業

現在の議論の最大の焦点は、農業における保護が、他産業におけるそれより弱いということである（2（1）（ⅲ）表 7 - 2 281 頁）。たとえば、12、13 歳の児童は農業労働については、危険有害でなければ学校の時間外であれば無限に働ける。13 歳はエアコンのきいた事務室での仕事はだめだが真夏の太陽のもとの苺摘みは可とされる。実際は 10 歳の子どももこのような仕事に働いている（Lantos；NBC）。

すべての州が児童労働法を持っているが（2 節冒頭 269 頁）、農業で働く児童への保護法を持つ州は 30 州強に過ぎない。移動季節労働者に合法的に働ける最低年齢を定めていない州が回答 44 州中 18 州あり、定めている州でも 9 歳および 10 歳とするところが各 1 州、12 歳 14 州、14 歳 9 州、15 歳 1 州である（CLC: 1997）。

98 年 3 月 GAO 報告書は農業に焦点をあて、155,000 人の 17 歳未満の年少者が農業で働いており、法律は充分守られておらず、1992 ～ 96 年の間に 18 歳未満の 140 人の子どもが農業で死亡、すべての児童労働の死亡の 40％をしめた等々を述べていた（1 節冒頭 255 頁、同（4）264 頁）。

農業の基準を低くするということの一つの正当化の論理は、立法当時は、小規模かつ家族経営で、それ相応の安全性と福祉の確保がなされたということである。しかも子どもに対する教育は今のように重視されなかった。しかし、今

は変わっている。コングロマリット農業である。昔に比べれば機器は大きく高速度になっている。もう他産業と異なる特別扱いをする必要はない。

ホーキンは危険有害農業労働は 16 歳から 18 歳に引き上げられるべきという（*Times Union*）。後述する若年アメリカ労働者の権利章典法案（The Young American Workers' Bill of Rights Act）と児童責任雇用法案（Children's Act for Responsible Employment; CARE）は、14 歳未満の子どもの農作業を親の所有する農場で親のために働く場合を除いて禁止する。他の産業のレベルまで保護を引き上げることをめざす（Lanton）。農業労働者機会プログラム協会会長ダイアン・マルは、農業労働者を連邦最低賃金法から除外する法律を変えなければだめだという（*Pittsburgh Post-Gazette*）。

（ii）戸別訪問販売

1998 年夏頃のアメリカにおける議論の一つの中心は、戸別訪問販売であった。キャンデーを売り、雑誌の購読勧誘をする。問題は二重である。第 1 に、子どもの安全の問題がある。家から遠くへ、時には他州へ車で運ばれ働かされる。働く間の監督はない。性的被害のケースも報告されている。第 2 に、キャンデーその他の「商品」の価格が、一般より高い。福祉、学校の資金集めの名を借りまたはそのように誤解を生むように行われることも多い。さらに、戸別訪問販売は、下層階層の子どもが従事することが多い。麻薬、地下・闇経済商売（underground economy）の問題も絡む。

テキサス、カリフォルニア両州は戸別訪問販売についての一定の規定を持っているが、戸別訪問販売を専門とする企業に何らかの対策をとっている州は調査回答 45 州中 13 州のみである（不明 3 州）（CLC）。

（iii）時代遅れの指定危険有害業務

連邦法（およびそれをコピーした州法）の定める危険有害業務の規則は、時代に対応していない。すでに使われなくなった機器、安全対策ができており今では危険でなくなった機器等時代遅れのものが含まれている一方、バイオ・メディカル有害廃棄物、新しい産業等新たに生まれてきた危険なものが含まれていない。

(iv) アーミッシュ

若干ユニークな問題であるが、児童労働を保護する連邦法が、全国22州とカナダに15万人いるといわれるアーミッシ（Amish）の伝統、文化を破壊するとの議論がある。アーミッシの間では、公式の学校は8年で終え、その後は製材所その他工業的職場でアプランティスとして働く。現行連邦法は16歳未満の児童が製材所のような製造業の業務に、また18歳未満の児童が他の危険有害とみられる業務に働くことを禁止している（*The Daily Record* (Baltimore)）。

(v) データ収集

前述のように、連邦労働省自身がAPによる調査を超える情報を持ち合わせていないことを認める。適切な公共政策を立案するにはまったく不充分な情報しか存在しない（*Pittsburgh Post-Gazette*）。

労働省と教育省は数多くの教育的、経済的に不利な立場にある（disadvantaged）児童および年少者向けプログラムを行っているが[17]、それらが移動、季節農業労働者の子どもに役立っているかについてはほとんど知られていない（Lantos）。移動および季節農業児童の参加に関するプログラムのデータは3プログラムについてしか存在しない。主要な2大プログラムは教育省の移動教育プログラム（Migrant Education Program）と労働省の移動および季節農業労働者プログラム（Migrant and Seasonal Farmworker Program）であるが、データが収集されていないのでプログラムの評価を不可能である（GAO）。

(5) NGO

GOの主なる任務が法の執行であるならば、現実の改善への努力は民間団体に負うところが多い。アメリカの児童労働の改善については、歴史的には、全国児童労働委員会（National Child Labor Committee）[18]、全国消費者連盟

---

17) 両省は、140億ドルをこれらプログラムに費やしている。
18) 1940年設立。20世紀の初めから活発に活動してきた団体。ラッセル・フリードマン『ちいさな労働者　写真家ルイス・ナインの目がとらえた子どもたち』（Kids At Work）アスナロ書房、1996年、110, 114頁参照。

（National Consumers League, 1998 に設立）、「プログレッシヴ」（Progressive）[19]
等の活動がよく知られている。

　現在アメリカには多くの児童関係の NGO が存在するが、それらのうちの少なからぬ組織は、問われて、児童労働には関心を持ちかつそのために働いていると答える。しかし、そのほとんどすべてが海外＝途上国における児童労働についてである。

　アメリカ国内の今日の児童労働に関心を持ち、そのために働いている組織としては、児童労働コーリション（Child Labor Coalition）がキーである。搾取的児童労働[20]、すなわち、年少者を重労働、不適切、危険有害の児童労働から守るため、児童労働法規（含む、ILO および国連の条約）のより良い執行と立法を目指す。具体的活動としては、メンバー間で情報を交換し、調査研究を実施し、社会、企業、政府にたいする啓蒙活動（会議、フォーラム、説明会等の主催、教育啓蒙資料の作成、キャンペーン、マスコミ行事の実施等）を行い、州および連邦の行政機関および議会に証言をし、立法等について意見を述べる。国内外の児童労働の搾取について関心を持つ。

　ワシントン DC で開かれたフォーラム「職場における児童の搾取」のあと関心のあるグループによって 1989 年 11 月に組織された。民間、非営利の組織および個人の全国ネットワークである（Child Labor Coalition）。メンバー組織は表 7 − 5 のとおりである。事務局等、中心は全国消費者連盟が担っているが、労働組合その他の労働関係団体、教育関係団体、児童福祉関係団体、宗教関係団体、医療保健関係団体、女性団体その他各種団体と個人からなる。全国PTA 協会、全国ソーシャルワーカー協会（NASW）、アメリカ UNICEF 協会等の名も見出される。今日児童労働に関し活動する主なる組織はほぼ網羅されている。

---

19) 1990 年代初めのニューヨークにおける反児童労働グループ。その活動は 1938 年法成立に貢献した。

20) CLC は、搾取的児童労働を、賃金にあって不公正で、児童の健康・安全を損なうあるいは児童の教育へのアクセスを妨げまたは学業の修得を妨げるものと知られる強制された（coerced, forced）、前借金等で縛られた（bonded）、奴隷とされた雇用（フォーマルセクター、インフォーマルセクターの如何を問わず、また、賃金の授受を問わず）等と定義する。

表7−5 Child Labor Coalition メンバー組織

消費者団体
Consumer Federation of America
National Consumers League

労働組合
American Center for International Labor Solidarity, AFL-CIO
AFL-CIO（Department for Professional Employees; Food and Allied Service Trades
  Department; International Affairs Department; Public Policy Department; Union
  Label & Service Trades Department）
International Brotherhood of Teamsters
Laborer 's International Union of North America
Service Employees International Union
Transportation Communications International Union
Union of Needletrades, Industrial and Textile Employees
United Food and Commercial Workers International Union

その他の労働関係団体
American Ethical Union
Association of Farmworker Opportunity Programs
Coalition of Labor Union Women
International Labor Rights Fund
Jewish Labor Committee
Labor Council for Latin American Advancement
Labor Heritage Foundation
New Ways Workers National
（Religious Committee for Workplace Fairness）
Solidarity Committee of the Capital District/Jobs with Justice
（American Youth Worker Center）

教育関係団体（労働組合／教員／ PTA）
American Federation of School Administrators
American Federation of Teachers
National Education Association
National Parent-Teacher Association

児童・青少年関係団体
American Youth Worker Center
Children's Defense Fund
Defense for Children International, USA
National Child Labor Committee
Youth Advocate Program International

ソーシャルワーカー団体
National Association of Social Workers

宗教・人種等団体
Church of the Brethren
Highland Presbyterian Church
（Jewish Labor Committee）
（Jewish Women International）

Labor Council for Latin American Advancement)
National Jewish Community Relations Advisory Council
Religious Committee for Workplace Fairness
United Methodist Church, Women's Division
United Methodist Board of Church and Society
医療保険関係団体
American Academy of Pediatrics
American Public Health Association
Mount Sinai School of Medicine
女性関係団体
(Coalition of Labor Union Women)
General Federation of Women's Clubs
(Jewish Women International)
(United Methodist Church, Women's Division)
The Women's Research and Education Institute
高齢者団体
National Council of Senior Citizens
政治・社会等その他の団体
Americans for Democratic Action
Calvert Group
Essential Information
Social Democrats, USA
U.S. Committee for UNICEF
Walden Capital Management
The CRAFTs Center

（　　　）は重複掲載

　1998年9月17日にAFL-CIO本部で開かれたCLCの一会議には、ILO、NCL、AFT（アメリカ教員連盟）、AFL-CIO国際部および連帯センター、NCLC（全国児童労働委員会）、NCSC（全国高齢者評議会）等のほか連邦労働省の海外児童労働の担当部長および国内児童労働担当弁護士が出席、他のメンバーと同一レベルで発言討議に加わっていた。ちなみに、当日の議題は、①国際的活動、グローバルマーチの報告ほか、②ILO6月総会、③国内活動、CARE（ケネディ、ケリー、ブラウン）その他法案、④GAO報告新聞発表、⑤政府の活動（行動指針、南アフリカ、パキスタンのカーペット、国内問題の重要さの強調、戸別訪問販売、国内外国人児童に対するひどい処遇）その他。

　なお、GO間の連絡組織的なものとして、全州の労働法執行監督部署をメンバーとする州際労働基準協会（Interstate Labor Standard Association）がある。

第7章　「先進国」における児童労働　311

連邦労働省、カナダ政府労働基準担当部、台湾駐米経済文化代表部も参加しており、ニューズレターを発行している。

（6）法　案

この数年、国内児童労働の現実を直視し、これを改善するための法案がいくつか連邦議会に提出されている。トム・ラントス（Tom Lantos）による若年アメリカ労働者権利章典（The Young American Workers Bill of Rights Act）（資料1）と、ホーキン[21]ほか（Harkin, Kennedy, Kerry and Moseley-Braun、下院は Richard Gephardt）による責任ある雇用のための児童法（The Children's Act for Responsible Employment）（ホーキン国内児童労働法）（資料2）を紹介しよう。

若年アメリカ労働者権利章典法は、職場における児童保護の最低基準を設定することを目的に、①死亡または重大な身体的傷害をもたらした児童労働法の故意による違反に刑罰を科す、②16、17歳には学期中は最高1日4時間、週20時間の制限を初めて定める、③18歳未満のすべての年少者に雇用許可を得ることをもとめる、④移動または季節農業労働者である14歳未満の年少者の保護を定める（CLCのビラ、Child Labor Bill）。

ホーキン国内児童労働法案＝責任ある雇用のための児童法は、①危険有害農業労働従事年齢を16歳から18歳に引き上げる、②農業に働く年少者が他の産業で働く年少者よりより低い年齢で、より多くの時間働くことを認める連邦児童労働法の抜け穴を塞ぐ、③（上院法案は）路上での商売を16歳以上とする、④民事および刑事の児童労働違反の罰則金、罰金を最低100ドルから500ドルに、最高1万ドルから15,000ドルに引き上げる（CLCのビラ、Child Labor Bill）。

21）トム・ホーキン（Tom Harkin）は、以前から海外の児童労働に関心を持ち、1992年から虐待的搾取的児童労働によって作られた製品の輸入禁止を定める児童労働阻止法案を提出。

［資料１］
若年アメリカ労働者権利の宣言法（The Young American Workers Bill of Rights Act）
（H.R.1106, 103rd）（H.R.1049, 104th）（H.R.1870）Tom Lantos
・児童の死および重大な身体的傷害をもたらした児童労働法の故意の違反に対し刑罰（それぞれ最高 10 年および 5 年の禁固（in prison））を科す。
・児童労働法を故意に繰り返し違反したものは連邦の補助金（grants）、融資（loans）または契約の資格、および通常の最低賃金より低い若年訓練賃金を支払いまたは年少者を雇用する資格を 5 年間失う。
・16, 17 歳が学期中に働ける時間 1 日 4 時間、1 週 20 時間の制限を初めて設ける。
・18 歳未満の年少者に雇用許可証（certificate of employment）を要求する。この発行には学校の勉強、行事・活動への参加等を妨げないよう親および学校による同意を要件とする。
・移動労働者または季節農業労働者である 14 歳未満の年少者の保護を定める。ただし、家族農業に働く児童の適用除外は現在のままである。
・ティーンエイジャー向け危険有害労働命令（hazardous work orders）の範囲を広め、紙の梱づくり（paper baling）、電動肉切り機（power-driven meat slicers）、戸別訪問販売（door-to-door sales）、家禽精肉加工（poultry processing）、魚介類の加工（fish and seafood processing）、殺虫剤の扱いを含める。
・適用になる児童労働法の中心的規定を職場に掲示するよう使用者に求める。
・故意に児童労働法に違反する雇用主の名前と住所を定期的に公表し回覧することを労働省に求める。
・児童労働法違反者の名前と住所および違反の内容を収集し学区に閲覧可能にするよう労働省に求める。
・重大な身体的傷害または死亡の場合には、被害を受けた年少者またはその家族に、児童労働違反者に対する民事訴訟の権利を、一定の状況下に、保障する。
・中心的連邦の監督（enforcement）機関（労働省、労働安全衛生局；OSHA、INS その他）の間の明確な協力と情報交換を義務づける。
・労働長官に専門的政策アド場合スを与えるための恒久的児童労働諮問（advisory）委員会を設立する。
・児童労働法の適用範囲を年間売上額にかかわらずすべての雇用者に拡げる。ただし、一定の小規模企業（businesses）は公正労働基準法の他の規定は適用除外とする。
・法の改定、特に報告要請と罰則に関する改正の故に必要となる追加的費用のための予算増額を保障する。
・労働省に 18 歳未満の年少者が雇用される職種および児童労働違反の件数についてのデータを毎年まとめることを要求する。
・労働省と HHS にアメリカの児童労働および付随する安全衛生事故についての年報の発行を要求する。
（Summary of H.R.1106（103rd）H.R.1049（104th）The Young American Workers Bill of Rights Act）（98 年 9 月 17 日児童労働コーリション会議の席上配布のプリント）

［資料２］
ホーキンス国内児童労働法案（S.2383）（105th）July 30, 1998（S.2383; H.R.4450）
責任ある雇用のための児童法（The Children's Act for Responsible Employment）
Harkin, kennedy, Kerry and Moseley-Braun が提案。下院 Richard Gephardt
第 1 条　（略）

第2条　農業雇用
・農業に対する児童労働の規則を非農業と同一にする。家族農業の適用除外は現行のままとする。
・農業に対する最低年齢基準を非農業雇用と同一にする。すなわち、16歳の最低年齢は危険有害でない雇用に適用となり、労働長官は14歳と15歳の農業雇用の認められる労働時間および条件を非農業と同一とする権限が与えられる。
・18歳は農業にあっても非農業と同様危険有害雇用の最低年齢となる。

第3条　戸別訪問販売
戸別訪問販売を法の中に明示し、16歳未満の年少者のその雇用を禁止する。

第4条　民事および刑事罰則
罰則の引き上げ（1万ドルから1万5,000ドルへ）と最低額の明示（500ドル以上）。違反に対しては最高5年の禁固、年少従業員の死亡または永久傷害（permanent disability）をもたらした（results in or contributes to）故意または反復違反の場合は罰金および禁固の双方を可能とする。

第5条　児童労働「ホット・グッズ」
労働長官はどのようにすれば「ホット・グッズ」が癒されるかを決定する権限を与えられる。

第6条　州および地方自治体機関の協力
労働長官に、NGOならびに州および地方自治体との協力関係を打ち立て、児童労働施策（プログラム）に用いるためにそれら機関から傷害および死亡の情報を得ることを義務づける。

第7条　規則と覚え書き
・長官に本法案の規定を実行するための規則制定権を与える。
・労働長官と農業長官の間で児童労働をなくすための協力の覚え書き（Memorandum of Understanding）を交わす。

第8条　予算措置
本法案の規定を実行するための必要な予算の支出を認める。
（Section by Section Analysis of the Harkin Domestic Child Labor Bill）（98年9月17日児童労働コーリション会議の席上配布のプリント）

【引用文献】（含む、インタビューおよび少数の参照文献、なお、序論末引用文献参照）

AP（Associated Press), 1997, ' Children for Hire,' December 9 & 19 (EST). 5部のそれぞれのタイトルは 'America's secret world of child labor,' 'From fields and factories, children's voices emerge,' 'Pesticides may jeopardize child farmworkers' health,' 'Young workers face peril from sawwills to Christmas tree farms,' and Toughest labor laws not enforced.' e.g. *St. Petersburg Times*, December 18.

Barragan, Celia, a homeworker, 1989, 'Testimony' before the U.S. Department of Labor Hearing on Industrial Homework in the Women's Apparel Industry, Los Angeles, March 23.

Business Week, 1995, 'Look who's sweating now,' October 16, pp.96-97

Camello, Christine, 1998, Team Member, School to Work Program, US Department of Education - Department of Labor, (an interview at her office), September 16.

Children's Safety Network, Occupational Health Surveillance Program and Maternal and Child Health Bureau, 1995, *Protecting Working Teens--A Public Health Resource*

Guide.

CLC (Child Labor Coalition), 1997, *1997 Child Labor Coalition Survey of State Labor Departments.*（1997 年 1 月 46 州回答）

_____, 1998, http://www. NCLnet.org/aboutCLC.htm#coalmem; Oct.26.

Child Labor Monitor, 1998, 'State Survey Shows Weaknesses in U.S. child labor enforcement,' Vol. VIII, No.1, Spring, p.5.

The Daily Record (Baltimore), 1998, 'Amish may be exempt from child labor laws,' July 23.

'Feds fight age-old labor battle; Child work laws run up against migrants norms' （発行年月日および出所不明、新聞記事？）

Florez, Eda, a homeworker, 1989, 'Testimony' before the U.S. Department of Labor Hearing on Industrial Homework in the Women's Apparel Industry, Chicago, March 9.

GAO, 1998a, *Child Labor in Agriculture*（中間報告）, March.

_____, 1998b, 'Child labor in agriculture: Changes needed to better protect health and educational opportunities----Detailed Findings,' (GAO/HEHS-98-193) (a 2p sheet), August 21.

〈このプレス発表時における関係団体等の声明、コメント〉

American Academy of Pediatrics, 1998, 'Press statement on Child Labor in Agriculture,' (1p), September 17.

Association of Farmworker Opportunity Programs, 1998, 'Statement of L. Diane Mull, executive director, Association of Farmworker Opportunity Programs-----GAO Report on Child Labor in Agriculture, August 1998,' (2p, press conference) September 17.

Gephardt, Richard A., 1998, 'Gephardt remarks on GAO Child Labor Report,' (1p, press conference), *News From The House Democratic Leader*, September 17.

The Grand Rapids, Michigan Press, July 31, 1998, 'U.S. investigates boy's death on farm; The people who lease the field where the 9-year-old was run over say the boy was just hanging around with his dad.'

Grogan, Thomas, 1998, Labor Commissioner, State of California, (an interview at Division of Labor Standards Enforcement San Diego Office), September 22.

Lantos, Tom, 1998, 'Statement of congressman Tom Lantos on the release of GAO on child labor in agriculture,' September 17.

La Reforma, 1998, 'Cheap and illegal labor: Child labor in Texas, USA,' June 9. （連邦労働省 NAO スタッフによる要約、英訳）

Los Angeles Times, 1998, 'Group Accusesliz Caiborne of buying from Salvadoran sweatshops, September 18.

Mazur, Jay, President of ILGWU, 1990, 'Statement on violations of child labor laws,' (submitted to the Employment and Housing Subcommittee, Committee on Government Operations, House of Representatives, March 23.

Monthly Labor Review, 1998, 'State labor legislation enacted in 1997,' January, pp.3-22.

NAO (National Administrative Office, Bureau of International Labor Affairs, US Department of Labor), 1997, *Proceedings-Improving Children's Lives: Child and Youth Labor in North America*, (US-Canada-Mexico Tripartite Conference, San Diego, CA, February 24-25, 1997).

National Consumer League, 1997, 'Hightights of the child labor coalition's 1997 child labor state survey.'

_____,1998a, 'Illegal children in the US--problems and characteristics, May 6.

_____,1998b, 'An overview of federal child labor laws,' September11. http.//univ. NCLvel.org/fact/.htm.

_____, 発行年不明 a、'Child Labor in the United States,' (3p) 訪問時 (1998 年 9 月 17 日) に入手。

_____, 発 行 年 不 明 b、'Chronology of Child Labor in the United States,' (2p) 訪 問 時 (1998 年 9 月 17 日) に入手。

National School to Work Learning Center, 'School to work partnership for a better future,'（4 つ折りリーフレット）訪問時に入手。

NBC, 1998, Nightly News Profile: Child labor in America's agricultural fields, March 23.

Nelson, Barbara, 1998, Dean, School of Public Policy and Social Research, University of California, Los Angeles, (an interview at her office), September 23.

New York Times, 'National report------Experts take a 2nd look at virtue of student jobs,' May 13, A16.

Nutter, Steve, 1998, International Vice President & Regional Director, Western States Region, UNITE, (an interview at his office), September 23.

The Oregonian, 1998, 'Educational push focuses on rights of farm workers, August 13.

Pittsburgh Post-Gazette, 1998, 'Labor dept admits poor grasp of child labor problems,' June 12.

Perez, Juana, a homeworker, 1989, 'Testimony' before the U.S. Department of Labor Hearing on Industrial Homework in the Women's Apparel Industry, Chicago, March 9.

PR Newswire, 1998, 'Between a Rock and a Hard Place; National Consumer League Lauds Smithsonian Exhibit,' April 21.

ラッセル・フリードマン（千葉茂樹・訳）『ちいさな労働者　写真家ルイス・ナインの目がとらえた子どもたち』（Kids At Work）あすなろ書房、1996 年。

労働省労働基準局編、1995 年、『年少労働者の労働条件に係わる法制度のあり方について――年少者労働問題研究会報告――』全国労働基準関係団体連合会。

Skorupa, Chesler, 1998, Legal Consul, Texas Workforce Commission, (an interview at TWC Child Labor Unit), September 18.

Schwartz, Ira, 1998, Dean, University of Pennsylvania School of Social Work, (an interview at his office), September 14.

TWC (Texas Workforce Commission) Labor Law Department, 1998, *Texas Child Labor Law.* (a binder prepared for the author's visit).

Times Union (Albany, NY) 1998, 'Children harvest shame,' June 12.

UCLA (University of California), Berkley, School of Public Health, a one-page leaflet, (source and date unknown).

USDOE&DOL (US Department of Education and Department of Labor), 発 行 年 月 日 不 明、'School to work opportunities,' (2p).

_____, 1997, School-To-Work Progress Measures, (A report to the National School-to Work Office for the period January 1, 1996-June 30, 1996, prepared by Elliott Medrich, Jennifer Giambattista and Ron Moskovitz), R Associates, Inc., June.

USDOL, 1998, 'Labor department launches education campaign on worker rights and child safety on farms and in fields,'（新聞発表）August 12.

Wall Street Journal, 1994, 'US says 64,000 teen-agers a year are injured on the job,' April 12, A28.

〈法規類〉

―連邦―

公正労働基準法（Fair Labor Standards Act）およびそのもとの 'Title 29-Labor, Part 570-Child Labor Regulations,' *Code of Federal Regulations* のほか、

WHD（Wages and Hour Division）, Employment Standards Administration, USDOL, *Child Labor Requirements in Nonagricultural Occupations Under the Fair Labor Standards Act*, (Child Labor Bulletin No.101) WH1330 (Revised September 1991).

_____, *Child Labor Requirements in Agriculture Under the Fair Labor Standards Act* (Child Labor Bulletin No.102) WH1295 (Revised July 1990)

'Title 29, Part 580-Civil Money Penalties------Procedures for assessing and contesting penalties,' *Code of Federal Regulations*, (Revised September 1991).

―テキサス州―

'Chapter 51- Employment of Children,' Texas Child Labor Law, *Texas Labor Code*,

'Summary of the Texas Child Labor Law, Chapter 51-Texas Labor Code,' TWC.

Labor Code Sections 1.001 to 406, 1998 Cumulative Annual Pocket Part, *Vernon's Texas Codes Annotated*, Vol.1, St. Paul: West Group.

Texas Child Labor Law Manual, (a binder), Labor Law Department, Texas Workforce Commission, 1998.

―カリフォルニア州―

Division of Labor Standards Enforcement, Department of Industrial Relations, State of California, *California Child Labor Laws 1998*, California Department of Industrial Relations, 1998 等

.Part 4, Employees, *California Labor Code*.

Labor Code Sections 1 to 3200, 1998 Cumulative Pocket Part, *West's Annotated California Codes*, Vol. 44, St. Paul: West Group.

本調査研究中に、児童売春、児童兵士、途上国の児童労働、アメリカのＨ－２Ａプログラム（農業労働者）、ILO 条約、訪問組織等に関する多くの資料が収集されたが、それら資料リストはここには掲載されない。

【初出】『「先進国」の児童労働』資料シリーズ No.99. 日本労働研究機構、2000 年、19-83 頁。

第7章 「先進国」における児童労働 317

第8章

障がいを持つ労働者の雇用と労働組合
障がい者はいない／アコモデーション

　地域コミュニティをベースにした障害者雇用促進プログラムをデザインした
い。そのようなプログラムにあって、労働組合は如何なる役割を果たしうるか、
言い換えれば、労働組合を「使い切った」障害者地域雇用プログラムとはどの
ようなものであるか。本稿は、そのための基礎資料となりうる限りでの、アメ
リカ労働組合の障害者雇用に関する経験をリビューしようというものである。
事実そのものよりも、事実の読み方にウェイトがおかれる。

　第1、2節は準備作業として、用語の簡単な定義とアメリカにおける障害者
についての基本的な考え方、アプローチ、ADA（Americans with Disabilities
Act; 障害を持つアメリカ人法）における雇用の位置と同法が力を発揮する場を押
さえておく。第3節では、労働組合は障害者の雇用について何ができるか、両
者の考えられ得るインターフェースを一覧表の形で示す。論理とアメリカ労働
組合の経験のリビューから帰納的に得られたものである。第4節は、将来のプ
ログラム・デザインに参考になると思われるアメリカ労働組合の経験のいくつ
かを紹介する。最後にそれらから得られる注目すべき諸点を10ほどの"命題"
にまとめ、これをヒントとして考えられ得る一つのプロジェクトの骨子を仮説
的に提示する。

1　定　　義

　四つのキーワード、障害者、労働組合、雇用、地域は、次のような意味で用
いられる。冒頭本稿の目的からこれ以上の厳密な定義づけは試みられない。実
際にプログラムをデザインする段階になればより詳細な限定等が加えられる必

要があるのは当然である。

障害者：障害の種類および部位を問わない。身体障害者、知恵遅れ、精神障害者を含む。身体障害の中には、肢体、視覚、聾唖、内蔵器その他を含む。高齢者については障害者との区別が必ずしも明確ではないが、ここでは一応除外する。英語で the handicapped または the disabled と置き換えるや、the socially handicapped/disabled が問われるのは必須であるが、これも一応除外する。

労働組合：単組、単産、法人格の有無等は問わない。ナショナルセンターたる AFL-CIO（American Federation of Labor-Congress of Industrial Organizations）、産業別・クラフト別その他全国組合、AFL-CIO および個別組合の中間・地方組織、ローカル、ロッジその他と呼ばれる支部、支部組織の一部等すべてを含む。

雇用（促進）：英語訳を employment（promotion）としよう。新たに外部から雇用すること（recruitment; to hire）のみならず、すでに雇用されている労働者がその雇用を維持すること（retention）、解雇されないことをも含む。被雇用者に限り、自営業は除く。

地域：英語でいう地理的コミュニティ（geographic community）にあたるものとしよう。特別の断りのない限り、近隣（neighborhood）に近い意味から、市町村、州当たりを指すものとする。ただし、英語でいうコミュニティという語は、さらに国のレベルまでも指しうるし、社会一般を指すと考えた方がよい場合もあること、時には、機能的コミュニティ（functional community）をも含みうることを心に忘れまい。

2　アメリカにおける障害者についての基礎的理解

アメリカの障害者についての基本的考え方、アプローチの特徴、今日の障害者についての基本法 ADA における雇用、労働の基本的位置づけと同法が効力を発揮する場を見ておこう。

（1）アメリカに障害者はいない

　アメリカには障害者はいない。言い換えれば障害者と非障害者（健常者）のカテゴリカルな区別をしない。全米ソーシャルワーカー協会（National Association of Social Workers; NASW）の調査研究専門誌 *Social Work Research & Abstracts* の巻末索引から障害者（a handicapped あるいは the disabled）の項目が姿を消してすでに 8 年（1989 年以降）になる[1]。

　障害を持つ人々の雇用に関する大統領委員会（President's Committee on Employment of People with Disabilities）発行のリーフレット "Employer Profiles"（1995 年 10 月）には障害者という表現は見出されない。そこにあるのは self-identified disabilities（本人が傷害というもの）あるいは self-identified employees with disabilities（本人が障害を持つという雇用者）というフレイズだけである。

　アメリカでは仕事に応募するにあたって障害者であるかどうかを告げる必要はない。ある仕事に就くに際し予想される障害を自ら認識するかどうかである。たとえ、片手がなくとも、両足がなくとも机に向かって事務の仕事をするには何の障害もないかもしれない。目が見にくければ、コンピュータに普通の倍のサイズのスクリーンをつければいいかもしれないし、難聴の人であっても増幅器をつければ電話交換すら可能であろう。ポイントは障害者であるかどうかではなく、どこをどうアコモデイト（accommodate、変容、調整）すれば他の人々と同じに働けるかにシフトする。

　日本の障害者と非障害者（健常者）の厳格なる区別とは対照的である。日本では何はともあれ、まず手帳の発給＝障害者であるとのラベリングを受けることが第一に必要なことである。1.6％の雇用率のカウントにあっても然りである。

　もちろんアメリカ社会のすべてでこれが認識されているわけではない。未だ

---

1)「常に人間が先に来るべきだ」からである。たとえば、people with disability, persons with disability, a person with mental retardation, a person who is blind, a person who is visually impaired, a person who is deaf, a person who is hard of hearing。よって the retarded, the blind, the deaf は使われるべきではない。もちろん健常者 normal person 等というのはいけない（障害を持つ人々の雇用にかんする大統領委員会 "Communication With and About People with Disabilities" リーフレット）。また、*Social Work Research & Abstracts* 索引からはハンデキャップ（handicaps）の語も姿を消している。

障害者という言葉は多くのところで使われているし[2]、また、たとえば、社会保障等給付に関わる場面では障害の種類、程度、期間等、障害者としてのラベリングがなされざるを得ない。しかし、本項のような読み方もできるところまで社会規範は到達しているということなのである。

（2）反差別アプローチ

アメリカでの障害を持つ人々（以下本稿においては障害者に換えてこの表現を用いる）の雇用促進へのアプローチは、雇用率アプローチではなく反差別アプローチである。アメリカには雇用率の制度はない。ただし、2点において誤解されてはならない。

第1点。いわゆる雇用率の要請はないが、もしある規模の企業が障害を持つ人々を1人もあるいはごく少人数しか雇用していなければ、当然 EEOC（Equal Employment Opportunity Commission; 雇用機会均等委員会）に差別として訴えられる可能性があること、そして改善計画の提出を求められる可能性のあることである。

第2点。連邦契約遵守プログラム局（The Office of Federal Contract Compliance Programs; OFCCP）も「障害を持つ人々については人種、性についての差別と異なり数的"割り当て"は求めていない。ただし、差別をしないというのがあくまでもゴールであることを忘れてはいけない。数的なゴールはないというだけのことである」[3]。「連邦のグラントを受けるものは、毎年、年齢、性、人種とともに障害のデータを報告しなければならない。レベル（地位）別に」[4]

連邦契約遵守プログラムとは政府と一定額以上の契約を結ぶ企業、政府の補助金等を受ける組織に対し反差別その他一定の条件を求めるプログラムである。これら条件に反するとみなされれば契約関係、補助金関係から排除されうる。

---

2) 例えば、リハビリテーション法をみよ。
3) 連邦労働省法務官室マーク・マクシン弁護士（インタビュー、1996年9月17日、被面接者のオフィスにて、筆者による。以下特別の断りのない限り同じ）。
4) IAM／Boeing HSI ダースイ・カリコ IAM CARES 代表（インタビュー、1996年9月6日）。

（3）ADA の中心は雇用

　ADA についてもっとも注目すべきは、他の如何なる条項にも先駆けて、第
1 章が雇用で始められていることである。日本では、車椅子のためのランプ、
目の見えない人のための点字ブロック、電話におけるリレーサービスその他、
施設、設備面におけるアクセシビリティについての紹介が多いが、雇用こそが
すべての基礎との認識があるとも読める。その実効性を保証するために、障害
を持つ人々の雇用に関する大統領委員会も組織されている。

　ADA 90 年法（1992 年発効）のエッセンスは、民間企業、州、自治体、職業
紹介機関、労働組合が障害（disability）を持つが当該職務の遂行能力のある
（qualified）個人を、募集手続き、採用、昇進、解雇、賃金、付加給付、訓練そ
の他の雇用条件、特典において差別してはならないということ[5]、さらに、差
別の禁止のみならず、アコモデーションをも要求していることである。本稿と
の関係では次の四つのキー概念を押さえておけば必要にして十分であろう[6]。

　①　**「障害」（disabilities）**：ADA の対象としているのは障害を持つ個人である。
ここで障害とは「一つまたはそれ以上の主要な生活活動（major life activities）
——自らのケア、手（manual）作業、歩く、見る、聞く、話す、息をする、学
習をする、働くといった機能［筆者挿入］——を相当程度制限する（substantially
limit）身体または精神のインペアメント（impairment）」を持っていることを意
味する。

　よって、たとえば、視力に問題があっても、眼鏡をかければ見えるのであれ
ばインペアメントであるが「主要な生活活動」を「相当程度制限する」ほどの
インペアメントとはいえず、ここでいう「障害」とは認められない。

　②　**「当該職務の遂行能力を持った」（qualified）個人であること**：障害なか
りせば、当該仕事（job, position）の技能・技術、経験、教育その他の雇用条件
を満たし、かつその仕事の必須の機能（essential function of the job）を遂行で

---

5) UAW Civil Rights Department, 1995 <u>Department Report</u>, pp.2-3.
6) 以下①〜④は、Joel WM. Friedman and George M. Strickler, <u>The Law of Employment
Discrimination, Cases and Materials--Third Edition</u>（Westbury, NY: The Foundation
Press, Inc., 1993), p.1290　その他による。例示は、マーク・マキシムによる。

第 8 章　障がいを持つ労働者の雇用と労働組合　323

きる個人をいう。言い換えれば、合理的範囲のアコモデーション（reasonable accommodation）をすることによりあるいはすることなく当該職務の中心的機能を遂行できる個人をいう。

目がまったく見えないということは見るという「主要な生活活動」を「相当程度制限する」インペアメントであり、「障害」ではあるが、イコール、「当該職務の遂行能力のない」個人とはいえない。たとえば、彼（女）は、リーダー（reader）を使用すれば弁護士としてはいい仕事をするかもしれない。弁護士の仕事の要求する「必須の機能」は、読めること、書けること、コミュニケイトできること、他からの批判を受け入れることが出来ること等であるからである。ただし、彼（女）は、バスの運転手としては「当該職務の遂行能力を持っ」ているとは現代の技術レベルではいえないかもしれない。この qualified であるかどうかの判断には、本人の能力と仕事の性格の両ファクターが入ってくる。仕事によって「当該職務の遂行能力を持った」個人であるかどうかは異なってくる。

③　**合理的な範囲のアコモデーション**：もし相手が「当該職務を遂行する能力を持った」個人であるならば使用者は合理的範囲のアコモデーションを提供しなければならない[7]。その内容は仕事あるいはその作業環境への変容（modification）、調整（adjustment）をいう。具体的には、ジョブ・リストラクチャリング、パートタイムその他の勤務時間の調整、設備・機器の取り付けあるいは改造、［採用・昇進］試験等の方法・内容の変更、リーダー（reader）および通訳の提供その他の行為」[8]をいう。

アコモデーションの具体的提案は使用者と労働者の共同作業（話し合い）でなされるべきである。使用者は仕事の内容、環境、そしてなにが与えられうるかを、労働者は自分の障害の状態を一番知っているからである。

---

7) 本文上記②の決定、すなわち、「当該職務の遂行能力を持った」個人であるかどうかの決定には、合理的な範囲のアコモデーションというファクターが入ってくる。ある意味では同義反復的である（マーク・マキシム）。

8) "§1614.203 Rehabilitation Act", Federal Register Part IV Equal Employment Opportunity Commission/Vol.57. No.70/Friday, April 10, 1992/Rules and Regulations, pp.12651-652

④ **不当な困難（undue hardship）**：合理的な範囲のアコモデーションの要求の裏返しは、使用者は、アコモデーションを無条件、無制限に与える必要はないということである。不当な困難を伴うアコモデーションまでを要求するものではない。「不当な困難とは、不当に費用がかかる、広範囲に及びすぎる、業務に重大あるいは壊滅的な影響を与える、根本的に業務の性格・やり方を変えるものをいう」[9]。アコモデーションの提供義務の程度は企業・組織規模（従業員数、施設数、予算規模その他）、労働力構成、業務内容によっても異なりうる。

たとえば、1万ドル、5,000ドルの電動車椅子の選択がある時に、使用者が用意するのは後者のものでいいかもしれない――それが前者ほどファンシーでなくとも、また高速でなくとも。

（4）ADA は在籍者に力

ADA は内容的には特に新しいというほどのものではない。前項の基本概念、枠組みのより具体的内容については、「ADA は発効してまだ日が浅く、今はまだ"先例"を打ち立てている時期」ともいわれるが、これらはすでに1973年リハビリテーション法の中に定められているものである。両者の間に実質的差異はあまりない。すでに20年のテストを経、経験を蓄積してきているといってよい。

ADA のリハビリテーション法との違いは次の点にある。①リハビリテーション法が連邦政府およびこれと契約を結ぶもの、補助金を受けるもの等を対象とするのに対し、ADA が今回初めて一般民間企業をカバーすることとした。②リハビリテーション法ではバックペイまでであるのに対し、ADA では損害賠償も可能とした。③リハ法では裁判官の前でのみであるが、ADA では陪審の前でも可とした（連邦労働省マーク・マキシム弁護士）。

雇用の ADA 内における中核的位置にも関わらず（前項）、ルース・ラスフィールド（ニューヨーク市立大学ハンター・カレッジ）は現実の ADA の今日までの影響は雇用についてがもっとも少ないと主張する。しかし、ADA について大変興味深いのは次の点である。ADA はその本来意図された（意識的あ

9）UAW Civil Rights Department, <u>1995 Department Report</u>, p.2.

るいは無意識的に）であろう障害を持つ人々の雇用促進、すなわち外からの採用というよりも、すでに雇用されている労働者が障害を持つに至った場合の雇用保障に、将来、力を発揮してゆくのではないか、いやすでに発揮しつつある、という点である。

　すなわち、上記 qualified individuals とは（障害なかりせば）当該職務遂行の能力を持つ個人ということであるのであるから、かつてその仕事に就いていたという事実は、論理必然的にその労働者が qualified individuals に該当することを意味するというのである[10]。であるならば、上述のように、問題はアコモデーションが可能であるかどうか、可能であればどのようなアコモデーションがなされるべきかとなる。

3　労働組合は障害を持つ人々の雇用に何ができるか

（1）労働組合と障害を持つ人々の雇用のインターフェース

　労働組合は障害を持つ人々の雇用のために何が出来るか。その可能性を、言い換えれば労働組合と障害を持つ人々の雇用のインターフェースをリストアップしてみよう[11]。

Ⅰ．雇用促進（外からの採用）
1　直接自ら（組合）が雇用する
2　協約交渉の相手企業に雇用させる
3　コミュニティ（社会一般）に雇用させる（e.g. 雇用率）
4　雇用可能性を高める環境条件の整備等
　訓練、支援サービス／アコモデーション、情報の開示、職業紹介
　政策、指針の宣言

---

10) コロンビア大学社会福祉学部シーラ・アカバス教授（インタビュー、1995年8月29日）。反対意見もある。
11) Angela Traiforos and Debra A. Perry, "Disability and Work; Rights and Duties: The workers' perspective."（掲載誌、発行年月等不明）参照。

啓蒙・教育活動、立法活動その他（自組織内外）

障害を持つ人々社会福祉施設・組織へのインプット（e.g. 理事会に代表を送る、献金、ボランティア）

Ⅱ．雇用維持（退職・解雇の"阻止"）

1　障害発生の予防（cf. 労働安全衛生）

2　雇用保障、所得保障、医療保障（cf. 労働者災害補償）

3　リハビリテーション、職場復帰

4　生涯の生活保障

5　私傷病、業務外の場合

6　雇用維持を保障する環境条件の整備等

　　上記Ⅰ．4参照

Ⅲ．障害を持つ家族

1　障害を持つ家族の雇用

（2）雇用促進（外からの採用）

　労働組合は障害を持つ人々の雇用促進に直接、間接に数多くの貢献ができる。特に、採用については決定的に重要な役割を演じうる。まず「隗より始めよ」。労働組合は、雇い主として、自らの組織に、たとえば書記局に、障害を持つ人々を進んで雇用する。でき得ることならば障害を持つ人々の雇用のモデルを提示する（上記Ⅰ.1）。労働組合は自らが交渉の相手とする使用者をエンカレッジし、あるいはプレッシャーをかけ、協約を通しあるいは通さずして、障害を持つ人々の雇用を進めることができる（Ⅰ.2）。時にはコミュニティの協約の相手方でない企業に対してですら、障害を持つ人々を雇用するよう直接働きかけその雇用を実現する。労働組合は、障害を持つ人々の雇用を促進する法律、規則、ガイドライン等をコミュニティの各レベル（国、自治体）で制定し、あるいはその実効を保障することに力を貸す。雇用率の設定はその典型例である（Ⅰ.3）。

　これらは雇用の直接的行為（採用）に対する労働組合関与の三つのチャンネルを示したものである。「Ⅰ.4 雇用可能性を高める環境条件の整備等」は切り

口が異なる[12]。I.4はI.1〜I.3を取りまきあるいはサポートする諸活動である。I.1〜I.3を実現するためのものといっていもよい。

労働組合は障害を持つ人々の雇用可能性（employability）を高めるための職業訓練を初めとする各種訓練、職場および生活における各種支援サービス（たとえば、buddy system、支援付き雇用プログラム）、アコモデーション、さらに職業紹介・斡旋といったサービスを提供しあるいはそれらについての情報を提供するのに、特に有利な立場にある。次節に述べる IAM（International Association of Machinists and Aerospace Workers; 機械工組合）のプログラムを参照されたい。

障害を持つ人々を雇用において差別しない、あるいは障害を持つ人々の雇用を積極的に進めるとの政策・指針（policy）の作成・宣言は重要であり、時に大きな力を発揮する。UAW（United Automobile, Aerospace and Agricultural Implement Workers of America; 全米自動車労働組合）の組合規約、同協約、AFGE（American Federation of Government Employees; 公務員組合）の協約の例が次節に示される。これら政策・指針、ADA の内容、障害を持つ人々の雇用問題の重要性その他についての啓蒙・教育活動は、組合内、企業内、コミュニティ内のあらゆる場面で重要である。その活動の対象は一般組合員、役員、非組合員、市民一般等、形態はパンフレットの作成・配布、ワークショップ、シンポジウム等、いずれも多様である。大衆行動、審議会、ロビー活動等を通しての立法活動その他も欠かせない。

労働組合はコミュニティの障害を持つ人々の雇用を進める社会福祉組織

---

12) 組合と障害を持つ人々の雇用を考える場合、最低でも"変数"は5種が入ってこよう。①目的：新たに外から雇用することについてとすでに働いているものが障害のゆえに雇用から放り出されるのを防ぐことについて。②対象：コンスティチュアンシーまたはベネフィシャリーがコミュニティ市民または住民一般か自組合員か、正確にいうならばこの間に、組合員家族、他組合の組合員、労働者階級（組合員であるかどうかは問わない）、がある。③主体：組合自力でやるか、使用者と協同してまたは使用者に押しつけて（協約等）やるか、あるいは国または自治体と協同してまたはこれらに押しつけて（法律等）やるか。④介入の場：職場を通してかコミュニティを通してか。⑤手法：直接雇用か、間接サポート活動（啓蒙・教育、その他）か。本文では、議論を簡単にするために、対象を非組合員＝コミュニティ一般と自組合員に2分化し、その間の他組合員および労働者階級は無視し、かつこれをそれぞれイコール外からの採用と、すでに雇用されている人々の雇用の維持と置く。後の3変数（③〜⑤）はここでは無視あるいはそれぞれの項目で繰り返すこととした。

の．理事会に代表を送る。また、組合はそれら組織に対する金銭的、人的資源(献金、ボランティア)のソースとしてもきわめて重要である(下記4節(4)347-353頁参照)。

これら「雇用可能性を高める環境条件の整備等」(I.4)のそれぞれの活動・プログラムは、上記I.1〜I.3の直接的採用と同様、組合が自らの手で、あるいは使用者と協力しまたは使用者を通して、あるいはコミュニティと協力しまたはコミュニティを通して行われうる。

(3) 雇用維持 (退職・解雇の "阻止")

障害を持つ人々の雇用というと、ほとんどの議論は以上のような雇用促進、言い換えれば「外からの採用」に向かう。しかし、現在の障害を持つ人々の3分の1程度は、仕事中のまたは雇用関係中の事故、疾病により障害を持つこととなった人々である。一方で障害を持つ人々を作り出し雇用から放り出しながら、他方で外から雇い入れることに「せっせと精を出す」のはいかにもおかしい。

ましてや、労働組合というのはアソシエーション、メンバーシップ組織である。まずやるべきは自らの組合員に対するサービスであるはずである。メンバーが障害を持つことにならないように予防措置をとること——労働安全衛生対策こそが労働組合のやるべき障害を持つ人々の雇用対策の第一歩である(II.1)。振動、作業姿勢、化学物質……職場は障害を生む因子で満ちあふれている。手のしびれ、腰痛、手足の切断……職場は障害を持つ人々を作り出す場でもある。安全用具の設置、ジョブ・ローテーションの導入、労使共同安全衛生委員会の設立……協約、立法を用いての危険個所・作業、法規違反の日常点検活動、作業・労働の人間工学的改善、計画の立案から実効性の確保までのすべての過程における組合の参加は重要である。法律的には労働安全衛生法(Occupational Safety and Health Act; OSHA)の働く場である。

怪我、病気が発生してしまった場合には、組合は回復までの雇用、所得、医療、リハビリテーションの保障(II.2)に努める。労働者災害補償法の分野である。そして「不幸にして」その後も継続する障害を持つ人となってしまった場合には、組合はさらなるリハビリテーション、訓練、アコモデーションを経

ての原職復帰またはこれが叶えられない場合の同等レベルの代わるべき仕事の保障（Ⅱ.3）へと向かう。特定作業（たとえば、手を肩より上げての作業、振動作業）の制限、メディカル・ジョブの保障（賃金、付加給付、先任権、職種名等はもとのままで特別の軽易作業につける）という措置もあり得る[13]。IAMCARES（IAM Center for Administering Rehabilitation and Employment Services; IMF リハビリテーション・雇用センター）の Return To Work（職場復帰）プログラムの例もある（次節参照）。さらに、万策尽き、仕事への復帰がどうしても不可能な時には金銭による生涯の生活保障等を獲得する（Ⅱ.4）。

　今日まで、労働組合は予防のための安全衛生対策、障害が発生した場合の各種の保障、労働者災害補償については一定の努力を積み重ねてきた。しかし、極論をするならば、障害が残った場合の組合の努力は、究極のところ、いかに高額の補償を獲得するかという、いわゆる格付け闘争に収斂してきたといってよい。本論のテーマたる「障害者雇用」という点からの取り組みはきわめて弱かった。労働のゆえに障害を持ってしまった者が、その障害のゆえに労働（雇用）から放り出される——自主退職、強制解雇の如何を問わず——ことのないよう、障害を持つ人として職場復帰を果たすよう、労働組合が努める時になっているのである。

　以上（Ⅱ.1〜Ⅱ.4）は業務上派生した障害すなわち労災について考えられたものであるが、業務外、すなわち私傷病による場合（Ⅱ.5）についてもほぼ同様に考えてよい。両者の間には、使用者責任の問題、強行法規の有無という違いはあるが、上記 ADA をベースに障害を持った従業員の雇用維持という点から考えるならば特に違いはないはずである。協約の活躍する場が拡がるだけであろう。

　「Ⅱ.6 雇用維持を保証する環境条件の整備等」については基本的には上記「Ⅰ.4 雇用可能性を高める環境条件の整備等」で述べられたこと（328頁）に準じ考えられたい。

13）ボーイング社シアトル・レントン工場のある職場では、400 人につき 20 〜 24 人の作業制限労働者と 11 人のメディカル・ジョブの労働者がいる。労働力全体の約 5％に当たる（1996 年 9 月現在）。

組合は自ら安全衛生、障害に関する組合の関心、基本的考え方を宣言、政策・方針という形でまとめ、安全衛生および障害を持つ人々に対する差別についての予防、権利義務、対策、協約、法規等に関する研修・教育を行う。労働者のニーズの調査研究も不可欠である。企業レベルにおける対策・プログラムの計画・実行・評価・そのための組織的保障、そのすべてのプロセスに組合は参加する。ロビー活動等を通して国、自治体への働きかけ、障害に関した国の各種委員会、タースクフォースへも参加する[14]。

組合は企業に対しアコモデーションを提案し、職場仲間の援助を動員し、怪我をした労働者が「居心地のいい」ように職場の雰囲気を維持・改善する。聾唖の同僚がいる職場で手話の講習会を実施した成功例もある。

この項（II．5）の活動・プログラムは、業務上で障害を持つことになった人々のみならず、業務外で障害を持つことになった人々の、また雇用後に障害を持つこととなった人々のみならず、採用以前から障害を持つ（「I 雇用促進」はADA または社会福祉アプローチ、「II 雇用維持」は安全衛生・労災または労働アプローチと名づけてもよい（なお、上記2節（4）参照）。

「非常に奇妙なことは」、両者の間に発想上も実践上もつながりがほとんどないということである。コミュニティにおいて「障害者雇用」に熱心な福祉関係の人々が労災のこと、労働組合との関わりにほとんど無関心であるのはもちろんのこと、労働組合の中にあってすらこの二つの分野は全く別のものとして、それぞれに関心を持ち活動するサブ組織、活動家によって、分離、独立して、担われている。

障害を持つ家族の雇用問題はこの二つをつなぐ位置にある。あるいは家族の問題を考えることはこの二つを結ぶこととなる。労働組合が、組合員の障害を持つ家族の雇用促進のために働く（III．1）──独力で、またはフリンジ・ベネフィットを通して。仕事へ向けた体験プログラムや職業訓練を実施し、就職の紹介・斡旋を行う。

労働組合は組合員本人についてのみならず、その家族のためにも働く。家族

14）ILO168号勧告は、労働者組織の国のリハビリテーションについての政策形成、実行への役割を強調している。なお、159号条約、99号勧告も参照。

の何らかの事由に基づき組合員本人にベネフィット、サービスが届けられる。家族の方からみれば、組合員の家族であるという「地位」に基づき各種のベネフィット、サービスを受給する資格を持つ。家族をカバーする各種保険、家族も利用できる各種の優待サービス、子弟が高等教育を受けるための教育資金の貸付、配偶者入院の場合の見舞金その他はその例である。

組合独自のプログラムとして、あるいは協約を通してのフリンジ・ベネフィットとして、障害を持つ家族のために相談・カウンセリングを実施し、介護機具を貸与し、デイサービスを提供し、リクリエーション行事を主催する。それらは障害を持つ家族を持つ組合員本人の雇用継続を保障するためにも重要である。

家族が障害を持つ場合の介護休暇その他の便宜は法的にすらすでに認められている。家族・医療休暇法（the Family and Medical Leave Act；FMLA）は、出産・養子縁組等新たに子どもを持った場合、重病重症の配偶者・子ども・両親の介護の場合、本人の仕事を遂行できないほどの重病重症の場合、1年間に12週間までの無給休暇を保障する。職場に復帰する時は、元の仕事にあるいは賃金、給付、シフト、責任が同じレベルの仕事に戻されなければならない。

ことはここまで進んでいるのである。障害を持つ家族の雇用実現のためのプログラムに進むのに大した距離はない。組合メンバーの家族のために働くことは、やがてコミュニティにいる障害を持つ人々に目を拡げ、ついでプログラムをコミュニティに開くことにつながるかもしれない。

「障害を持つ家族・身内を持つ組合員は障害の問題、活動・プログラムで決定的役割を演ずる、または熱心となる可能性が高い」。多くの「実証がなされている」。現 AFL-CIO ／ HRDI（Human Resource Development Institute; 人的資源開発協会）の障害関係プログラムの責任者も、日本の電機連合神奈川地方協議会（地協）のケースも然りである。彼らを組合の活動・プログラムの核に据えることは成功への要因たり得るかもしれない。

本節は障害を持つ人々の雇用の促進についての組合の関与を一覧したものであるが、障害を持つ人々の雇用促進のためには、雇用以前にコミュニティ（社会一般、地域）生活における障害一般についての認識、反差別、アクセシビリティ、すなわち参加が進んでいなければならない。たとえば、交通、住宅、情

報、教育等。いわゆる「福祉の町づくり」運動はこの例である。さらに、障害にかかわらず社会の差別一般の状況の改善、労働者一般の労働諸条件等の向上も重要である。障害を持つ人々の雇用だけが孤立して前進するわけではないのであるから。ただし、ここではその指摘に留めておこう。

4 注目すべき4項目

本節は前節の脚注的位置も占める。日本における将来の施策立案にとって参考になると思われる注目すべき4点を紹介する。

（1）差別しない旨の宣言

労働組合たるもの、まず自らは障害を持つ人々を差別しない旨の宣言をすべきである。まず、自らの組合規約の中に書き込む。これすらできないようでは「話にならない」。労働組合はパンとバターのためだけに働くものではない。仲間の公正な取り扱いを求めるものであり、社会の大義（social cause）のために働くものである。UAWの組合規約は組合の目的として次を掲げる。

　宗教、人種、信条、肌の色、性、所属する政治組織あるいは国籍、年齢、障害、離婚・未婚あるいは性的オリエンテーションを問わず、組合の管轄内のすべての従業員を一つの組織に団結せしめること（第2条第2項。アンダーラインは筆者、本項引用条項において以下同じ）。

そして、内部組織の一つとして、反差別（公正慣行）、人権擁護のための公民権部を持つ。組合員1人当たり1か月1セントがこの目的のために特別に蓄えられ用いられる。ついで、労働組合は同様の宣言を労働協約の中に書き込むことを使用者に求める。UAWは、その締結するすべての協約に、反差別の条項を持つ。1996年10月に締結されたGMとの新協約第（6a）項には次のとおり「障害」という語句が挿入された[15]。

---

15) フォードとの協約は1993年から類似の条項を持つ（第X条第9項）。

第8章　障がいを持つ労働者の雇用と労働組合　333

ＧＭおよびUAWは、本協約の条項は協約によってカバーされるすべて
の従業員に、人種、肌の色、宗教、年齢、性、出身国、関係州・連邦法の定
める障害の有無（individuals with disabilities as required by appropriate state
and federal law）による差別なく、適用さるべきであるということを基本指
針（policy）とする。この基本指針に違反するとの訴え……は、すべて苦情
（grievance）として取り上げられるものとする。

　本項違反の訴えに対しては、ローカル［支部］組合の公民権委員会の定める
委員が事実調査と報告をするという、通常の苦情処理とは異なる特別の処理手
続きが用意されている。
　AFGE ローカル 12 と連邦労働省の協約はさらに一歩先に進む。宣言に加え
アファーマティヴ・アクションをも規定する。その第 20 条［均等雇用機会］
第 1 項［目的］である。

　　a．労働省とローカル 12 は雇用において差別をしないという宣言のみでは
　　　機会の平等を保障するためには充分でないということを認識する。ゆえに、
　　　双方はすべての職員に対し機会の平等を保障し、人種、肌の色、性、出身
　　　国、宗教、年齢、既婚・未婚の別、所属する政治組織、障害の有無あるい
　　　は退役軍人たることの故のすべての差別を禁ずるために積極的な（差別是
　　　正的）施策がとられなければならないということに合意する。
　　b．労働省とローカル 12 は、積極的かつ継続的な努力を通してすべての当
　　　該職務の遂行能力を持った（qualified）人々に平等な雇用と昇進の機会を
　　　提供し、差別を終わらせるために相協力し、平等な雇用機会の 100％実現
　　　を目指すことに合意する。

　この目的を果たすための双方の義務、責任、組織・機構、研修、その他が約
束される。特に第 6 項では積極的（差別是正）雇用計画・プログラム（Affirmative
Employment Plans and Programs）が定められる。

　　c．労働省はマイノリティー・グループ、女性、障害を持つ人々が十分に活

用されておらず、数的にも十分でないという問題を解くために、結果主導の積極的雇用施策を用意する……。

d. 機関ごとの積極的（差別是正）雇用計画・プログラムの開発については、組合のインプットは当該機関のEEO委員会あるいはALMRC（Agency Labor Management Relations Committee）を通してなされるものとする。組合はまたこれらの場を特定の機関または職種における［前項カテゴリーの人々の］割合の少なさその他のすべてのEEOに関する問題を取り上げるために用いることが出来る。そこでの議論はこれらの問題を解決するためにとり得る手順（step）、たとえば、積極的（差別是正）募集、追加的訓練あるいはゴールや日程、を含むことができる。これら議論が行われた場合には、機関当局は組合の取り上げる事項に対してどのような適切なる行動をとるかを組合に対し回答しなければならない（本項内［　］は筆者挿入）。

　これら規定に違反した事件、問題については通常の苦情処理手続きのほか、特別のEEO苦情手続き（administrative complaint process）が用意されている。いずれの道の選択も可能である。

（2）IAMCARES[16]

（i）組合の中に社会福祉組織

現在アメリカの労働組合が障害を持つ人々の雇用のために行う主なる直接

16）本節のデータについては特に断りのない限り、IAM, <u>IAM care; A helping hand for people with disabilities who need work</u>（パンフレット、発行年不明）、IAM, <u>The Programs of IAM CARES; 10 years, of growth: A Decade of Service.</u>（小冊子、発行年不明）、IAM CARES, "Center for Administering Rehabilitation and Employment Services"（1頁プリント、発行年不明）IAM CARES, <u>The IAM/Boeing Return to Work Program</u>（パンフレット、発行年不明）、"IAM/Boeing Joint Management/Union Return to Work Program"（1頁プリント、発行年不明）、Darsi Carico, "Joint Management/Union Return to Work Program; The Boeing Company and the International Association of Machinists and Aerospace Workers"（掲載誌、発行年不明）、"The Boeing Company, Wichita, Kansas Return To Work Program,"（9頁プリント、発行年不明）および筆者によるIAM CARESアンジェラ・トレイフォロス（1995.8.31、連邦労働省にて）、ダースィ・カリコほか（1996.9.8、ボーイング社シアトル工場およびIAM/HSIにて）のインタビューによる。

サービスは AFL-CIO／HRDI によるもの[17] と IAMCARES（IAM Center for Administering Rehabilitation and Employment Services）によるものの二つだけと考えてよい。ここでは後者を取り上げよう。

IAMCARES についてもっとも注目すべきは、労働組合の中に社会福祉組織を持ち込んだ、あるいは作ってしまったということである。IAM は、1980 年、連邦からの一つのグラント（補助金）を得て障害を持つ人々に対する職業斡旋プログラムをはじめ[18]、1986 年、それら関連活動を IAMCARES の非営利社会福祉組織として独立させてしまった。現在では全国で有数のリハビリテーション職業紹介ネットワークである。1988 年にはそのサービスをカナダにまで拡げている（IAMCARES／AIMCROIT）。

IAMCARES は、障害を持つ人々が仕事を見つけ、あるいは維持するのを助けることを目的とする。1993 年までの最初の 14 年間に 14,500 人、最近では年に約 1,500 人以上の障害を持つ人々を就職させている（就職と直接結びつかない各種サービスを受けたものを加えれば、その数は約 2,000 人になる。これら数字はカナダにおけるサービスを含む）。しかもその多く（たとえば、1990 年では 70%）は重度の障害を持つ人々である。しかも、就職先は一般労働市場の仕事である。共同作業所等ではない。就職先のリストには数多くの主要企業、たとえば、ベンディックス、ボーイング、マリオット、シェラトン・ホテル、ユナイテッド航空、ロッキード、マクドネル・ダグラス、ジェネラル・ダイナミックス、ベテランズ（帰還兵）ホスピタルその他が並ぶ。1,500 社以上の企業が雇用を提供している[19]。

1995 年現在、ワシントン DC に本部、全米 13 州（ワシントン DC を含む）17 か所、カナダ 2 か所にオフィスを持ち、79 名（うち 2 名はコンサルタント、1990 年現在）のスタッフで、38 のプログラムを実施している。そのプログラムは、

---

17) AFL-CIO の雇用と訓練のための附属研究所である。障害を持つ人々に対するサービスもそのひとつ。ＰＷＩグラントのもと、Return To Work プログラムその他を提供する。プログラムは労使・政府・研究者・リハビリテーション専門家の協力のもとに行われる（AFL-CIO／HRDI, "Working With People Who Have Disabilities." パンフレット）。
18) リハビリテーション・サービス・アドミニストレーションからの 85,000 ドル（IAM CARES パンフ）。
19) IAM, IAM CARES, p.8.

学校を終えはじめて労働の場に入る若者向けのプログラム、再就職を試みる高齢者向けの全国高齢者協会（National Council of Senior Citizens）と協力したプログラム、重度の障害を持つ人々に対するアコモデーション、ジョブ・コーチその他の支援付き雇用、成人向けの訓練、就職紹介・斡旋、業務上障害を持った人に対する Return To Work（職場復帰）プログラムその他を含む。犯罪を犯した人、麻薬中毒の人、軍需産業その他の製造業から大量解雇されたヒスパニック（言語、文化的障害を持つ）といった the socially disadvantaged（社会的に不利な立場に置かれている人々）に対するプログラムもある。コミュニティ・ベースのプログラムと職場ベースのプログラムの双方が見られる。これらの直接サービスのほか、ADA と雇用その他についての労使、クライアント、一般コミュニティ向け啓蒙資料（印刷物、ビデオ、フィルムその他）の開発、作成も行う。

　IAMCARES は州から正式に認められたリハビリテーション機関であり、Return To Work プログラム以外のクライアントのほとんどは州の職業リハビリテーション機関から紹介されて来る。労働組合員であるか否かは問わない。紹介する訓練・就職先も組合と協約関係にあるか否かを問わない。

　プログラムのための資金はほとんどが連邦、州、郡、市からのグラントである。連邦文部省（PWI、後述）、労働省（Job Training Partnership Act；JTPA）タイトルⅣ、パートD、451 項）、TSYD、カナダ、カリフォルニア州、シアトル市、モントゴメリー郡、クリーブランド市、カンサスシティ市、カナダ政府等。年総額は 275 万ドル（1990 年）にのぼる。後述ボーイング社の Return To Work プログラムでは労災保険から支払われる。

　組合（IAM）は、オフィス・スペース、機器、設備、教育会館ほかの施設の使用、経理その他の事務処理および監査のサービス、スタッフの研修（含む、その間の交通等）、組合員・役員の時間その他の「現物出資」をする。その額は、たとえば連邦政府のPWIグラントが要求する 20％のマッチング・マネーの額を遙かに超える。

（ii）Return To Work プログラム

　現在行われている中心的プログラムである IAM とボーイング社の間の

Return To Work プログラムの実際を見てみよう。

「仕事をしたことによって仕事ができなくなるというのは如何にもおかしい。業務上怪我をした組合員を出来るだけ速やかに、安全かつ生産的仕事に戻そう」。1989 年、IAM とボーイング社は協約で労使共同の安全衛生協会（Health and Safety Institute）を設立し[20]、Return To Work プログラムを導入することに合意した。専門性と公平性を確保するために IAMCARES をその中に取り込んだ。シアトルの 2 工場とウィチタ（カンサス州）の工場で実施、プラス 2 か所の実施が決まっている。全国 13 万人の従業員のうち 10 万人がカバーされている。将来は全社に拡げられる予定である。

「労働者が怪我した時、それは本人、家族にとって危機であるが、同時に企業にとっても危機である」。医療費、保険費用に加えて訴訟等費用、職場のモラール、生産性にもかかわる。特にボーイング社は自社保険である。

典型的なケースでは次のようなプロセスをとる。

怪我をした労働者は、スーパーバイザーを経てメディカル・センターに回る。看護師のインタビュー、医師の診断、作業制限を含む指示を受ける。IAMCARES のリハビリテーション・カウンセラーがケースマネジャーとして働く。ちなみに、そのうちの 1 人、スーザン・オーエンは職業リハ修士、州のライセンス、連邦の免状（certificate）を持つ。会社側の窓口は、3 名のメディカル・センターの看護師である。保険会社との打ち合わせもしなければならない。当該労働者が回復するまでの間に一時的あるいは恒久的に就くべき仕事を探す。この間、クライアントの関心と適性の測定（アセスメント）、作業分析（job analysis）、職場アコモデーション／モディフィケーション、リハビリテーション計画の立案、コミュニティの医療関係者との調整、職業カウンセリング、OJT を含む職業訓練等が行われる。現場スーパーバイザーとの話し合いが行われる。出来れば原職へ、それが無理であれば、仕事は異なっても賃金その他が変わらない同じ等級の仕事へ。まず当該工場内で、ついで同一地区内で、さらには全社の範囲で。これが叶わぬ時は下の等級の仕事へ。ただしその場合で

---

20) 従業員 1 人当たり 1 時間につき 10 セントをこの協会に払い込む。理事会は労使同数。アンジェラ・トレイフォレス（インタビュー、1995 年 8 月 31 日）。

338

も5年間は元の等級の賃金その他が保障される（95年協約で新設）。復帰後のフォローアップ、仕事の継続を可能ならしめる支援サービスその他と続く。

全プロセスはIAM職業リハビリテーション・カウンセラー、労使スタッフ、医療専門家（含む、PT、地域の医師）、そして本人のチームワークとしてなされる（コミュニティにおける若者向けのプログラムでは教育関係者も加わる）。自ら提供できないサービスについては連邦、州、市、民間の施設、組織のネットワークが用いられる。

ほとんどのケースは工場内で仕事が見つけられる。「大企業であるがゆえに同一地域、全社範囲まで拡げれば、何とかアコモデーションで仕事を見つけることができる」。アコモデーションは、工具室の棚を全部整え直したといった例もあるが、ほとんどは1,000ドル以下である。下の等級に移らざるを得ないケースは10ケース中1～2ケースという。

「成功の鍵は、回復期に継続的に関係を維持すること、早く仕事に戻すことである」。時がたつと麻薬、アルコールへの依存、家族間のトラブル、誇りとプライドの喪失、定時出勤定時帰宅等の規則的日常慣習の崩壊、その他が出てくるからである。

(iii) 評価：税収増はグラント額を超える

IAMCARESのプログラムの最大の貢献は、もちろん障害を持つ人々が仕事に就けること、仕事を失わないこと、すなわち生産的な活動に参加し、参加し続けることができることである。労働保険、生活保護を受け、「家でぶらぶらしている」のではなく、働くことができる。その裏には本人たちの「挑戦と困難の克服」「希望の達成と夢の実現」がある。

働くことにより所得は上がる。しかもIAMCARESによって紹介される多くの仕事は労働組合のある職場の仕事である。自らが組合員となり、安定した雇用保障と平均以上の賃金と福利厚生給付とを得る。しかも、「職場ではベテラン組合員が師匠として、また同僚組合員が仲間として支えてくれる」。ボーイング社の支援付き雇用の時給は他では0.75～2.00ドルのものが5.00～9.00ドル、「学校から職場へ」プログラムの週給は他では25～30ドルのものが

250 ドル[21]。1989 ～ 90 年アメリカ国内で IAMCARES を通して一般雇用に就職した 1,099 人の年収は 14,235 ドル、フルタイムの仕事である[22]。JTPA のもとで 1994 年後半 6 か月に就職した 95 人の平均賃金は 7.69 ドルであった[23]。ボーイング社ウィチタ工場では多くの人が平均年 17,791 ドル（プラス「すばらしい」付加給付）の仕事に就いている。州の職業リハビリテーション・サービスを通して就職する人々は組合のある職場にはほとんど就けず、所得も 8,340 ドルと半分にも及ばない[24]。

　プログラムは使用者にとってもそう悪いものではない。特に Return To Work プログラムでは労災保険コスト、医療費のみならず、損失時間、新従業員の訓練費その他が節約できる。時には新採よりも「頼りになる」従業員を持つことになるし、しかも必要に応じて組合がアコモデーション、連邦の人権法の遵守を助けてくれる。

　ダースイ・カリコ IAM ／ Boeing 健康安全協会（HSI）IAMCARES 代表は言う。「労使の障害を持つ人々に対する態度が変わってきた。かつては組合、労働者は障害を持つ人を同じ職場に受け入れることに抵抗していた。管理者は本来的に仕事が出来ない人はとりたくない」

　社会経済的コスト・アンド・ベネフィットも「割が合う」。「IAMCARES のプログラムへの 1 ドルの投資に対して、就職した人 1 人当たり 10 ドル弱の所得を生む。このことはこれらの人に対する公の投資は所得税収として 1 年以内に回収されることを意味する。労働生涯あわせればこれらの人からの所得税収は……支出の何倍にもなる……税金にほぼまたは完全に依存していた多くの人々を……税金を払い込む方に回らせている[25]」

　上記 1989 ～ 90 年に IAMCARES を経て仕事に就いた 1,099 人の 1 年間の所得合計は 1,274 万 6,401 ドル、彼らによって支払われた所得税は 318 万 6,600 ドル、IAM のプログラムに対し連邦によって支払われたグラントの 1.5 倍になる。

---

21) IAM, 10 years,, , p.10.
22) IAM, 10 years, , p.7.
23) IAM CARES, Center for Administering Rehabilitation and Employment Services.
24) IAM, 10 years, pp.10-11.
25) IAM, IAM care, p.3.

加えて、支出さるべき社会福祉費用が節約される。雇用されていない障害を持つ人 1 人当たり公の支援額を 1 万ドルとすると、正味 956 万ドルの節約になる。納税者に対し計 1,274 万 6,600 ドルの節約を生む。163 万 9,271.68 ドルの投資で、1 ドル当たり 6 ドルのリターンを得る[26]。これが年々積み重なる。

インディアナ大学（ノースウェスト）教授ゴパル・パティは、4 年間（1985 〜 88 年）に 457 人の SSDI（社会保障障害年金）受給者を職場に戻したプログラムについて、35 歳の受給者が 65 歳までに受ける給付額を 1 人当たり 17 万 6,000 ドルとし、節約せられた連邦年金経費総額を計 6,500 万ドルと算出している[27]。

なぜ IAM はこのような活動・プログラムを始め、発展せしめ得たのか。IAMCARES 自身の"分析"は以下のとおりである。

IAMCARES は労働組合によって始められたが、そのきっかけとして政府の補助金があったこと、その発足時、元 AFL-CIO／HRDI の責任者チャールス・ブラッドフォード（IAM アプランティスシップ訓練の責任者）、IAM 内のキャリアに加え州議会議員の地位を持ったガイ・スタッブフィールド、職業リハビリテーション専門家アンジェラ・トレイフォロスという 3 名の人材を核に据えることができたこと、組合の働く場にもっとも近い社会的存在であるという有利な地位を有効に利用していること。

Return To Work プログラムについていうならば、労使の指導部の「やる気」（反対もあった）があり、同時に両者の関係が「敵対的関係」ではなく、協調的関係にあったこと、次節で述べる Projects in Industry のグラントが与えられたこと、そのモデルにしたがい組織したビジネス諮問委員会に出席の企業責任者の多くが非常に熱心、協力的であったこと、自組合員を対象とする本プログラムの前にコミュニティ一般を対象とするプログラムの経験があったこと、ボーイングとの関係では、86 年、重度、複合障害者に対するプログラムを始めていたこと。

26）IAM, 10 years, p.7.
27）IAM, 10 years, pp.4-5.

もっとも底流にはその組織の歴史、文化のようなものがある。IAM の障害を持つ人々への「コミットメントは 1888 年 IAM が組織されてからずうっと」続くものである。1946 年にはインタナショナル・カウンセリング・ガイディング・アイズ という盲導犬を提供する慈善組織を設立していた[28]。

問題は、これほどまでに成功的であり、国内はもちろん海外にまで知られているにもかかわらず、なぜ類似の組織、プログラムが他に拡がらないのかである。「核になる人がいない」。答えは用意されていない。現在、ユナイテッド航空、海軍造船所に取り組みつつあるが、IAM のほかの組合が入っていて難しい。UAW がやり始めたとの情報もあるが未確認である。しかし IAM、UAW、USWA の 2000 年に向けた合併がある。「おそらく徐々に拡がっていくのであろう」

（3）Project With Industry（PWI）[29]

前節 Return To Work プログラムを可能ならしめているのが PWI（Project With Industry;〈障害を持つ人々の雇用促進〉産業協力プロジェクト）という連邦教育省のグラントである。IAMCARES の職業紹介・斡旋したケースの半分弱が PWI に負う（1989 ～ 1990 年）。

PWI の目指すところは、「障害を持つ人々のために一般労働市場の雇用・キャリア機会を、民間企業の能力と指導力を活用し、創出、拡大する」（リハビリテーション法規則第 379.1 条）である。

PWI の連邦教育省レベルの事業・業務内容はシンプルである。年間約 2,000 万ドル強（1995 年、2,200 万ドル、約 22 ～ 23 億円）の資金を用意し、グラントの申請資格を定め、補助団体を決定し、報告書と現地監査を通してモニタリング、エバリュエーション（評価）を行う。担当はリハビリテーション・サービス室（Administration）である。

---

28) IAM, IAM care, p.7.
29) 本節のデータは特別の断りのない限り、U.S. Department of Education Rehabilitation Services Administration, Annual Report to the President and to the Congress; On Federal Activities Related to the Rehabilitation Act of 1973, as Amended, 1992 ～ 96 年度版、同室（Administration）内部資料、同室フレッド・イスビスター・サービス・プロジェクツ係長（インタビュー、1996.9.17）による。

グラントは州機関、労働組合、企業、地域リハビリテーション団体、業者団体、インディアン団体その他に与えられる（規則第379.2条）。各グラントを受ける団体は20％のマッチング・マネーを要求される（規則第379.40条）。1995年度は121プロジェクトにグラントは与えられた。以下はそのリストの一部である[30]。

モーガン・メモリアル・グッドウィル・インダストリーズ（ボストン）

IAM91地域支部（District Lodge）（コネティカット州）

ジョセフ・ブロバ（Joseph Bulova）スクール（ニューヨーク州）

職業リハビリテーション・センター（ピッツバーグ）

LT. ジョセフ（Joseph）P. ケネディ・インスティテュート（ワシントンDC）

全国高齢者（Senior Citizens）教育研究センター（ワシントンDC）

三郡（Tri-County）インダストリーズ（ノースカロライナ州）

アビリティーズ・オヴ・フロリダ（フロリダ州）

カスタム（Custom）マニュファクチャリング・サービスイズ（ケンタッキー州）

パイン・レイク・ファンデーション（ミシガン州）

リハビリテーション・インダストリー・アンド・ビジネス協会（アーカンサス州）

ユナイテッド・セレブラル・パルシー（脳性小児麻痺）（テキサス州）

インテグレイテッド・リソースイズ・インスティテュート（カルフォルニア州）

S.L. スタート・アンド・アソシエーツ（ワシントン州）

ロサンジェルス市障害課（Office on Disability）（ロサンジェルス）

オハイオ・リハビリテーション・サービス委員会（Commission）（オハイオ州）

ジューイッシュ職業サービス（シカゴ）

南部（Southern）カリフォルニアPWI（カリフォルニア州）

全国高齢者協議会（The National Council on the Aging）（ワシントンDC）

ノーステキサス大学リハビリテーション研究センター（テキサス州）

ランシング校区（Lansing School District）（ミシガン州）

プロジェクト・ハイヤード（Hired）（カルフォルニア州）

---

30) 次段サービス内容・特徴等を含め、教育省の年報94年度版および95年度版から。

多くは職業リハビリテーション関係の典型的民間社会福祉施設・機関であるが、労働組合、企業、大学、高齢者団体、学校区、地方自治体等の名前も見える。いくつかのプログラムのサービス内容、特徴等を簡単に紹介しよう。

モーガン・メモリアル・グッドウィル・インダストリーズ（ボストン）

重度障害を持つ人々を一般雇用に就ける。ピア・サポーティング・モデルをつかった雇用前訓練、援助付き雇用への就職紹介、広範囲の OJ 技能訓練、本人、使用者双方への支援、模擬インタビュー。ゴールは 5 年間に 305 人。

ジョセフ・ブロバ（Joseph Bulova）スクール（ニューヨーク州）

スイス時計の付属訓練校。修了後は時計、宝石産業に就職。「一般の労働者」と同じ給与、昇進の待遇を受ける。職業カウンセリング、作業評価（work evaluation）、ワーク・アジャストメント、技能訓練、職業紹介、アコモデーションにコンピュータ技術を利用、診断的職業評価（Diagnostic vocational evaluations）。ゴールは 5 年間に 250 人を就職させる。

LT．ジョセフ（Joseph）P．ケネディ・インスティテュート（ワシントン DC）

雇用開発、雇用評価（assessment）、職業紹介、フォローアップ・サービス、使用者へのアコモデーションの助力、ナチュラル・サポート（natural support）。43 人にサービスを提供、41 人が就職。一般雇用に就職したもののうち 80％は 1 年後もその職にあった。週 280 ドルの増加。

リハビリテーション・インダストリー・アンド・ビジネス協会（アーカンサス州）

州の職業リハビリテーション機関および民間企業と協力し、重度の障害を持つ人々を現在および将来の労働市場ニーズに合わせキャリア・ラダーを上れる職業に就職させる。職場開発、就職準備訓練、職業紹介・就職援助、職場分析。ゴールは毎年 125 人、5 年間で 700 人を一般雇用に就職させる。定着率は高い。

ユナイテッド・セレブラル・パルシー（脳性小児麻痺）（テキサス州）

雇用開発、職場分析（job-site analysis）、ジョブ・マッチング、職業訓練、ジョブ・コーチング、リハビリテーション・エンジニアリング、職場アコモデーション。各年15人、5年間で75人を一般雇用に就職させる。

ジューイッシュ職業サービス（シカゴ）

職業リハビリテーション、職業評価、カウンセリング、OJT、就職準備訓練（employability）および職業技能訓練、フォローアップ・サービス。就職先は未熟練職、熟練職、専門職を含む。一般雇用に就職したもののうち71％はプロジェクト参加前6か月以上失業。就職後の週当たり賃金増加は150ドル。

南部（Southern）カリフォルニアPWI（カリフォルニア州）

職業紹介、アドボカシー（advocacy）、住宅援助、交通、ピア・カウンセリング、ジョブ・コーチ。障害を持つネイティヴ・アメリカンにも他機関と協力してサービスを提供。95％は参加前6か月以上失業。週10.5ドル増加、332.26ドルへ。

ヘルピング・ハンズ Helping Hands（ボストン）

重症脊髄損傷による障害を持つ人々のニーズに応える。キャリア選択の機会をほとんど持たない家に閉じこもっている人々、僻地の農村に住む人々に機会を提供する。医療保健介護産業の顧客サービスの仕事（たとえば、個人にアポイントメント思い出させる電話をする）に向けての訓練。病院、医療グループ、全国障害組織、州帰還兵機関間の連携をすすめる。

それぞれカウンセリング、訓練、ジョブ・コーチ、職業紹介、職場開拓、職場分析などのサービスが提供されている。1995年、PWIは全プログラム合計で19,000人強にサービスを提供し、うち約70％の13,029人を就職させている。しかもそのうちの80％は重度障害者である。就職1人当たり費用は「わずか」1,598ドル（約16万円）である。プロジェクトが始められた1968年以来の累計

では、93,521 人がサービスを受け、53,532 人が一般市場の雇用に就いている[31]。

　PWI の最大の特色は、各プログラムは企業、労働組合、障害を持つ本人およびその代表（家族、リハビリテーション関係者）からなる運営諮問委員会（business advisory council）を持たなければならないことである。この方式は前節 IAMCARES にあっては Return To Work プログラム以外の多くのプログラムにも採用されている。一般労働市場の雇用を考える以上、企業（industry）の協力なくして成功するはずがない。企業をプログラムの初期（計画）の段階からリハビリテーションの全過程に巻き込む。そして、「パートナーとして民間企業の能力とリーダーシップを発揮させる」。労働組合の参加も不可欠である。「公平の確保」とともに、組合が「少なくとも障害を持つ人々の雇用に際し制限的に働かないように」期待する。たとえば、「職場の他の労働者が反対をしないように。あるいはクローズドショップの場合」等。全国レベルにも、プロジェクト全体の運営等に関わる同様の諮問委員会が組織されている。

　モニタリングの方法もユニークである。グラントを受ける各団体は毎年、以下の 9 分野について指標化された（indicator data）評価を報告しなければいけない。グラントは原則として 5 年間継続されるが、150 点中 70 点以上とらないと途中年度でも打ち切られる（規則第 379.50 条）。現実に毎年数プログラムが打ち切られている。

1．サービスを受けた人のうちの重度の障害を持つ人の数・割合

2．サービスを受けた人のうちの失業中の人の数・割合

3．就職者 1 人当たりにかかった費用の額

4．就職者 1 人当たりにかかると予想される次年度の費用の額

5．就職率

6．予想される次年度の就職率

7．所得の変化

8．重度の障害を持つ人の就職率

9．失業者の就職率

---

31) US Department of Education, Annual Report (Fiscal Year 1992), pp.100-102.

上記グラント受給プログラムの紹介にもこれら情報が書き込まれていた。教育省リハビリテーション室は、全プログラムの15％を毎年ランダムに選出し現地監査を実施する。

企業の参加を得るのは難しくないか。連邦リハビリテーション室のレベルでは「難しくない。非営利の組織が競争しつつ応募して来るので」。各プログラムレベルを見なければその実態はわからない。企業が関心を持つ理由は、「同じようなプログラムを持つ企業とのネットワークづくり、および企業のイメージアップが主な理由であろう」。労働組合の関与も、「一生懸命やっているところもあるし、会議にただ顔を出すだけのケースもある」

本稿の目的との関係で注目すべきは3点である。①PWIにあっては、労働組合は、その直接のグランティー（受給者）としてだけでなく、他のグランティーである社会福祉（職業リハビリテーション）組織の運営諮問委員会の構成員として障害を持つ人々の雇用に一定の役割を果たしている。②グラントを与える省庁（教育省）は、障害を持つ人々に雇用を直接提供する企業との間に社会福祉組織を入れることにより、（厚生省ではなく）自らがそれら地域の社会福祉組織、ひいてはその社会福祉ニーズと結びつくチャンスを得ている。と同時に、③企業、労働組合と地域社会福祉組織、ひいてはその社会福祉ニーズとの結びつきをつくるチャンスを与えている。

（4）労働組合と地域社会福祉組織 [32]

（ⅰ）コミュニティ・サービス部

「比較的最近まで、組合は賃金労働時間労働条件について主にかかわってきた。しかし、組合員は8時間働くが24時間生きる」。今日の組合は「1人の人間の総体に仕える。すべての人のよりよい個人生活を実現するために働く」。そして「秩序だった民主的社会変革を通してより良いコミュニティを建設するため

---

32) 本項は、別に断りのない限り、AFL-CIO デトロイト地区評議会エリック・リンドマイヤー・コミュニティ・サービス部長（インタビュー　1996年9月12日）UAW エター・ウィリアムズ・コミュニティ・サービス部長、UAW ネイザン・ヘッド・公民権部部長（インタビュー　1996年9月11日）による。

に努力する」[33]。組合員本人、その家族、隣人の社会福祉のニーズに応えるため、AFL-CIO およびいくつかの組合は、コミュニティ・サービス部を用意する。

AFL-CIO はその本部および地方組織レベルにコミュニティ・サービス部を、UAW は本部にコミュニティ・サービス部、各ローカルにコミュニティ・サービス委員会を持つ[34]。

組合員は家族問題、消費者問題、健康問題その他の職場外の問題を抱える。特にレイオフ、工場閉鎖、ストライキ、ハリケーン等災害、病気、失業の場合には食料、医療、クレジット・住宅ローン・自動車ローンの支払い、精神衛生等「ことは深刻である」。本人が障害を持つ時の生活支援、障害を持つ家族の介護の問題なども当然含まれる。また組合員がコミュニティの老人、障害を持つ人、麻薬常習者その他、非組合員のケースを持ち込むことも少なくない[35]。コミュニティ・サービス部はこれらの問題に対処する。多くの場合、地域の社会福祉組織を紹介（リファーラル）、その助力を得ることになる。

コミュニティ・サービス部／委員会は、「これら事態の発生に備え」、組合員に対し、地域の公私の社会福祉施設・組織のサービス、プログラムにどのようなものがあり、それらはどのようにして利用できるかをあらかじめ教育する。デトロイト AFL-CIO 地区評議会コミュニティ・サービス部では、一般組合員、スチュワード、役員を対象とした労災保険、ADA、障害者、失業その他についての4週間の講座を年2回行っている。

アメリカ労働組合は地域の社会福祉施設・組織のサービスの利用者（コンシューマー）であるだけではない。その最大の支持者（サポーター）でもある。組合はコミュニティ・サービス部を中心に、地域の社会福祉活動に参加する。上述組合員が職場外の問題を持った時のケースの紹介（リファーラル）は障害施設・組織の方から見れば、大切なインテークのチャンネルである。組合は社会施設の方からのアプローチ、要請に応じて各種社会福祉活動に協力、参加する場合も少なくないし、自ら地域社会福祉活動を行うことすらまれではない。

---

33) UAW Community Services Department, <u>UAW Community Services in the local union</u>（リーフレット、発行年不明）。
34) 小ローカルは他の委員会が兼務。
35) UAW の場合、非組合員ケースは全体の40％ほどになる。

UAW のローカルは、ホームレスの人々に対するシェルター、クリスマス、サンクスギヴィング（感謝祭）のフード・バスケット、養子縁組み、高齢者家族などに対するサービス、恵まれない子ども達のサーカスへの招待、女性虐待シェルターへの募金・物資（石鹸、毛布、靴下、洗面具その他）のカンパに取りくむ。郵便配達夫組合は、5月のある土曜日、配達夫が食料を集め、貧しい家々に配る。建設関係労働組合は糖尿病患者のために、1日街角に立って募金を集める。筋ジストロフィーの研究のために募金を募る組合もある。

　組合は人的、金銭的資源のソースとしても重要である。コミュニティ・サービス部は地域の社会福祉施設・組織の活動に組合員が積極的に参加することを推奨する。ボランティア活動に従事している組合員は無数である。地域でボランティアに従事している人々のうちの多くは労働組合員である。また、アメリカ労働組合は無数の社会福祉施設・組織の理事会に組合代表を送っている。(次項) ユナイテッド・ウェイ[36]（ここでは共同募金と思えばよい）の最大の献金者は労働組合およびそのメンバーなのである。たとえば、1994年、デトロイト地区（3郡）のユナイテッド・ウェイの募金5,800万ドル[37]のうち60％は組合員からのもの（組合から直接のものを含む）である。「もし、組合が手を引いてしまったらユナイテッド・ウェイは解体してしまうであろう[38]」

（ⅱ）社会福祉施設・組織への代表の派遣

　アメリカの労働組合は多くの社会福祉施設・組織の理事会メンバーに組合代表を送っている。ちなみに、デトロイト地区のユナイテッド・ウェイの配分を受ける150の施設・組織のうちの75％には組合代表がいる。

　コミュニティ・サービス部スタッフのほか主なる組合役員は皆いくつもの社会福祉関係をはじめ各種のコミュニティ施設・組織の理事等の役職を兼ねてい

---

36) デトロイト地区では、ユナイテッド・ウェイは最近ユナイテッド・コミュニティ・サービズ（コミュニティ計画・問題解決組織）と合併し、ユナイテッド・ウェイ・コミュニティ・サービズと名称が改められた（United Way Community Services）。
37) United Way, Agency Service Guide, Where to Turn for Help, Guide to Health and Human Services 1995（パンフレット、1995.5）によると5,900万ドルとなっている。
38) エスター・ウィリアムズ UAW コミュニティ・サービズ部長（インタビュー、1996年9月12日）。

第8章　障がいを持つ労働者の雇用と労働組合　349

る。AFL-CIO デトロイト地区評議会の役員、スタッフであれば「3 または 4 から 6、あるいはそれ以上、委員長エド・スクリブナーにもなれば 40 ぐらい」の理事会に名を出している。UAW コミュニティ・サービス部では各ローカルの役員にも同様の役割を演ずるよう推奨している。

　もちろん名を出しているからといって、大きな影響力があるかどうかは別である。これらの組織にあっては理事会は通常 20 ～ 30 人で構成されるのが通常であり、その中の 1 名にすぎない。次は、インディペンデント・リビングのためのカウンセリング、職業紹介、訓練等をやっている CLADS（Career Leadership and Development Services）の 22 名からなる理事会の構成である。

大学　2（うち 1 は障害者教育）
コミュニティ・カレッジ　1
学校　4（うち 2 はスペシャル・エジュケーション部）
企業　4（K マート、IBM、ファースト・オブ・アメリカ銀行、GM）
州政府リハビリテーション・サービス　3
同労働省　1
労働組合　1（UAW コミュニティ・サービス部スタッフ）
その他　6

　しかも代表として出た各人によって「熱心さ」の程度も異なるし、また日程上すべての理事会の会議に出席できるわけではない。地域の社会福祉施設、組織が、組合代表を欲する真の理由は、「募金、ボランティアを集めやすいとのメリットを計算してのことであり、必ずしも労働組合の声を欲しているわけではない」。現に、「組合代表を持っている社会福祉施設・組織が常に組合のストの時等、同情的であるわけではない」

（iii）コミュニティ・サービス「リアイゾーン」[39)]

　労働組合と地域社会福祉組織の関係をシンボリックに示すのが AFL-CIO コミュニティ・サービス「リアイゾーン」である。

　AFL-CIO は、その全国レベル、州レベルのすべてと、地区評議会レベルの多くに、労働組合とコミュニティ、特に非営利組織・社会福祉組織（その中には当然障害関係のものを含む）を結ぶことを専らの任務とするフルタイムの「リアイゾーン」と呼ばれる人々を持つ。全国 200 人以上、ミシガン州の場合にはその 35 の地区評議会の多くに、たとえば、デトロイトに 4 人、フリントに 3 人、アナーバー、グランド・ラピッド、ランシングに各 2 人が配置されている。

　「リアイゾーン」は、オフィスを原則としてユナイテッド・ウェイの中に持ち[40)]、給与はユナイテッド・ウェイの金をもって当てられる。ただし、人選は組合によってなされる。現在のデトロイト地区評議会リアイゾーン 4 人の出身組織は印刷工組合（Printers）、自動車労組（UAW）、ティームスターズ、配管工組合（Pipe Fitters）である。

　「リアイゾーン」の任務は、労働の世界と福祉の世界をつなぐことである。労働者の「金」を社会福祉に流し込み、社会福祉のサービスを労働者に届かせる。より具体的には、一つは、ユナイテッド・ウェイの「募金運動のためのスタッフを用意し、キャンペーンをどのように計画しまたボランティアを訓練したらよいか」、各組合を指導する。もう一つは、「組合員がどのように自らが抱える問題とその原因を認識できるか、問題を持つ人をどこに紹介したらよいか、より多くの地域社会福祉サービス情報を持つ人にコンタクトできる方法をどのように工夫したらよいかについて」各組合内に相談員（カウンセラー）を養成

---

39) 本項は、別に断りのない限り United Way and AFL-CIO Community Services, <u>United Way & Labor, A Partnership in Caring</u>（リーフレット、LB-1 Labor Brochure 6/95）、Michigan State AFL-CIO and United Way of Michigan, <u>Michigan State AFL-CIO Community Services Liaison Program; WE CAN HELP! Organized Labor in partnership with United Way ; Working for a Better Community</u>（パンフレット、Rev 8/96）および AFL-CIO デトロイト地区評議会エリック・リンドマイヤー・コミュニティ・サービス部長（インタビュー　1996.19.12）による。
40) デトロイト地区評議会 4 人の「リアイゾーン」のうち、3 人はユナイテッド・ウェイ内に、1 人（コミュニティ・サービス部部長）は AFL-CIO 内にオフィスを持つ。

するコースを主催する。さらに、組合員が実際に職場外の問題を持った時（上述）の組合と地域社会福祉組織の間のパイプ役としても機能する。

　誕生の小史は次のとおりである。ユナイテッド・ウェイの最大の献金者は労働組合およびそのメンバーであるにもかかわらず、かつてその集められた金の使途については労働組合およびそのメンバーは一切の発言権を持たなかった。

　1943 年、CIO および AFL それぞれの戦時救済委員会（CIO Committee for American and Allied War Relief、the United Nations Relief Committee of AFL）とコミュニティ・チェスツ・アンド・カウンシルズ（the Community Chests and Councils, Inc. ここでは現在のユナイテッド・ウェイと考えてよい）の間で合意がなされた。前者の募金を期待するとともに、後者に前者の声を入れる。労働者はコミュニティ・チェストのほか、戦争救済、赤十字、USO（United Service Organization; 軍人およびその家族の支援組織）、戦争債権キャンペーン、宗教団体その他無数の募金要請に応え、各地のコミュニティ・チェストの中にリエイゾーンのポジションがつくられた。1946 年、このポストは今日のようにユナイテッド・ウェイによって支払われることとなった。同時に、ユナイテッド・ウェイのなかに労働組合参加部（the Department of Labor Participation）が新設された。現在、デトロイトのユナイテッド・ウェイには 22 組合からの 40 人の組合リーダーからなる労働組合参加委員会（Labor Participation Committee）が組織されている[41]。

　今日では労働組合は集められた募金の配分についても発言権を持つ。デトロイトでは募金は地域の 150 の施設、組織に分けられる。そのなかには赤十字、ボーイスカウト、老人ホーム、飢餓、住宅、家庭内暴力、麻薬等を扱うものとともに 88 の広い意味での障害を扱うものが含まれている[42]。次はその一例である[43]。

41）United Way and AFL-CIO Community Services, <u>United Way ＆ Labor, A Partnership in Caring</u>（リーフレット、LB-1 Labor Brochure 6/95）、Michigan State AFL-CIO. さらに、71 年と 79 年に協力了解メモランダム（Cooperative Memorandum of Understanding）が交わされている。

42）United Way, <u>Agency Services Guide; WHERE TO TURN FOR HELP.</u>

43）エター・ウィリアムズ UAW コミュニティ・サービス部長が仕える配分委員会の一つの対象施設・組織。

ミシガンエイズ・パートナーシップ（AIDS Partnership Michigan）

アルツハイマー協会、デトロイト地区支部（Alzheimer's Association—Detroit
Area Chapter）

関節炎基金、ミシガン支部（Arthritis Foundation--Michigan Chapter）

聾唖センター（Deaf, Hearing and Speech Center）

カーマノス癌研究所（Karmanos Cancer Institute）

重症筋無力症協会（Myasthenia Gravis Association, Inc.）

視覚障害・失読症レコーディング（Recording for the Blind & Dyslexic）

デトロイト検眼研究クリニック（The Optometric Institute and Clinic of Detroit,
Inc.）

アメリカ鎌状赤血球貧血（Sickle Cell Disease）協会、ミシガン支部

3郡歯科医療協議会（Tri-County Dental Health Council）

アップショー視力障害者研究所（Upshaw Institute for the Blind）

　これらの施設・組織間の配分を決める配分委員会（提供するサービスのタイプ
ごとに10ぐらいの小グループに分けられている）の中には多くの労働組合代表が
参加している。またこの配分の「根拠」を作成するニーズ測定委員会の委員長
はデトロイト地区 AFL-CIO 委員長のエド・スクリブナーである。

5　プログラム・デザイニングにむけて

（1）確認すべきことの抽出

プログラム・デザイニングに際し、着眼すべき諸点を箇条書きの形で抽出し
てみよう。

①　アメリカには障害者はいない。障害者のラベリングではなく、アコモ
　デーションでスタートする。

②　今まで働いていた労働者（が労災等で障害を持ったあと）は、原則として
　当該業務の遂行能力ある人（qualified individuals）とみなされるべきである。

第8章　障がいを持つ労働者の雇用と労働組合　353

③ 障害を持つ人々の雇用については、「外からの採用」と「現在の雇用から放り出されないようにすること」の両者を区別し意識し、かつその関連を考える。

　a. 労働組合の中でも、この二つの分野は意識上も、組織上も、活動上も、また働く人々の人的な面からも、分離独立しており、相互につながりはない、あるいはきわめて薄い。社会福祉は「工場の門の中」は視野に入れない。

　b. 労働組合は一義的にはそのメンバーに働くべきものである。よって、組合にあっては「現在の雇用から放り出されないようにすること」で始め、そしてこれとのつながりにおいて「外からの採用」が考えられるべきである（Return To Work プログラム）。

　c. ただし、実際には、両者のプログラムのいずれからスタートし、いずれが発展するかはそれぞれの組織事情、環境条件等による。そして、いずれからスタートしたとしてもいずれは他方の分野に発展する可能性と現実性を持つ。

　d. 組合員の障害を持つ家族に対するプログラムの開発は両者を結びつける「つなぎ」の役割を演じ得る。

④ 組合にあっては、まず自らが障害を持つ人々の雇用の促進に理解と熱意のあることを宣言し、ついで協約書の中にも同様の文言を書き込むことは重要である。

⑤ 本人あるいは家族等身内が障害を持つ人々を障害に関わる内部組織、プログラム、活動の核に据えることは意識的に追求されてよい（下記⑦a 参照）。

⑥ 労働組合がコミュニティの障害を持つ人々と結びつく道は二つ：個々人と直接、あるいは地域社会福祉組織（含む、障害を持つ人々のグループ、障害持つ人のために働くグループ）を通して。大規模なプログラムを考えるならば前者は現実的ではない。地域には無数の労働組合（一般労組、個別単産、地区労等）と無数の社会福祉組織とが散らばっている。

⑦ プログラミングにあっては労働組合と地域社会福祉組織の組み合わせ、連携が鍵である。

　a. 組合内に、独立した非営利社会福祉組織を組織するという試みは慧眼

(ingenious) である。(IAMCARES)。[大組織モデル]（前節までには出てきていないが、代替策として外部の非営利社会福祉組織と一定の契約関係を結ぶことも考えられる［大、中小組織モデル］）。

b. 行政が社会福祉組織にグラントを配付し、その運用に労働組合を巻き込むことを条件とするのも一法である（PWI）[中小組織モデル]。

c. "なまじの理解"では物事は前進しない。「そのこと」——上記 a にあっては障害を持つ人々に対するサービス、上記 b にあっては職場での労働者に対する地位向上——をフルタイムのミッションとし、「そのこと」についてのノウハウを蓄積しているもの——a にあっては社会福祉組織、b にあっては労働組合——をプログラムの一部に組み込むことは重要である（前節までには触れられていないが、同じ意味で、労働組合、社会福祉組織それぞれに労働ソーシャルワーカーを配置することは有効であろう）。

⑧ 一般労働市場に乗せるプログラムを考える以上、社会の主流たる企業をその全課程に巻き込むことが必要である。この時、利潤追求の組織を公正の立場からチェックするためにも組合の関与が重要である。

⑨ PWI は、労使関係、行政手法等から考え、労使プラスリハビリテーション専門家の諮問委員会方式を含め、日本にも受容され、あるいは適合するモデルであるかもしれない。

⑩ すでに複数の他省庁、組織からグラントを受けているところにさらなるグラントを直接流し込むことは、現場サービスレベルでそれらが混ざり合い、組み合わせられるという意味で、いわゆる縦割り行政の弊害を乗り越える一つの方途であるかもしれない。

（2）一つのプロジェクト

以上からだけでも、いろいろなプログラムあるいはプロジェクトが考えられ得よう。もちろん、労働組合を主体としたプログラムあるいはプロジェクトも可能である。しかし、ここでは、日本において、労働担当の省庁、部局が、労働組合を取り込んだ地域をベースにする障害を持つ人々の雇用促進プロジェクトをデザインするとしよう。その骨子を示し、本稿のまとめとする。その下でのプログラムの内容までは言及しない。

第 8 章　障がいを持つ労働者の雇用と労働組合　355

年間 20 億円の予算を用意し、2 種のグラントを用意する。1 種は労働組合向け、もう 1 種は地域社会福祉組織向けとし、計年 1 万人強の障害を持つ人々を一般労働市場の仕事に就職させる。前者は社会福祉組織を、後者は労働組合をそのプログラムに絡ませることを条件にする。ILO の用いるプロジェクト・デザイニングのためのガイドライン[44]に準じた形式で示すと以下のとおりとなる。

0．背景と正当化（Background and justification）

〈略〉

1．長期目的（Development objectives）

障害を持つ人々が「その能力に適合する職業に就くこと」を通じて「その職業生活において自立することを促進」（障害者の雇用促進等に関する法律第 1 条）し、もって障害を持つ人々のより一般的「自立と社会、経済、文化その他あらゆる分野の活動への参加を促進することを目的とする」（障害者基本法第 1 条）。

2．直接目的（Immediate objectives）：

2.1　プロジェクトの最終年には、労働組合と障害関係地域社会福祉組織等との間の連携プログラムが 112 事例つくられており、職場開発、アコモデーションのアドバイス、各種訓練、職業紹介・斡旋、フォローアップその他のサービスが提供されている。

2.2　プロジェクトの最終年には、1 年間につき重度を含めた障害を持つ人々12,800 人を一般労働市場の仕事に就職させている。

3．プロジェクトの期間

5 年。

4．プログラムの地理的範囲

全国。

5．アウトプット

5.1.1　労働組合内に独立性を持った非営利社会福祉組織を作る（大組織型）

---

[44] SPROUT（Summary Project Outline; Guidelines for the preparation of Summary Project Outlines for multi-bilateral financing, November 1991）

12事例［初年度3、2年度6、3年度9、4,5年度12］。

5.1.2 地域社会福祉組織をその一部に組み込んだ労働組合のプログラム20事例［初年度5、2年度10、3年度15、4,5年度20］。

5.1.3 労働組合をその一部に組み込んだ地域社会福祉組織（都道府県、市町村を含む）のプログラム70事例［初年度20、2年度40、3年度60、4、5年度80］。

5.1.4 これら組織には労働ソーシャルワーカー／職業リハビリテーション専門家が含まれている。

5.2.1 コミュニティからの採用
6,400人［初年度1,600、2年度3,200、3年度4,800、4、5年度6,400］。

5.2.2 雇用にあるものの労災等による退職、解雇"阻止"（Return To Workプログラム）6,400人［初年度1,600、2年度3,200、3年度4,800、4、5年度6,400］。

5.2.3 全体の70%は重度の障害を持つ人々とする。

5.3 グラントを受けたプログラムの中から一般化の努力に値するモデル・プログラムを抽出。

6．活動（Activities）

6.1 グラントを用意する行政。

6.1.1 労使、地域社会福祉組織、労働ソーシャルワーカー／職業リハビリテーション専門家、障害を持つ人々の代表等からなる全国諮問委員会の結成。

6.1.2 グラント申請資格・条件の決定（含む、障害を持つ人々に対する反差別、雇用促進に就いての基本方針の宣言がなされていること、各構成組織には労働ソーシャルワーカー／職業リハビリテーション専門家が含まれること等）。

6.1.3 グラントについての情報の普及、関心を高めるためのシンポジウム・ワークショップ・会議等の開催、個別団体との接触（アウトリーチ）。

6.1.4 グラント受給者の決定。

6.1.5 グラントを受けようとするまたは受ける組織に対するプログラムの計画、実行上の技術的援助。特に労働組合と地域社会福祉組織のマッチング等に関しては、都道府県の労政事務所、地区の社会福祉協議会による紹介。

6.1.6 モニタリング、エバリュエーション方法の決定。

6.1.7 モニタリング、エバリュエーションの実施。年毎の継続、打ち切りの決定。

6.2 労働組合。

6.2.1 組合規約、協約等で障害を持つ人々の雇用を進める旨の宣言をする。

6.2.2 障害を持つ組合員、障害を持つ家族を持つ組合員を核に据えた障害を扱う担当部署の設置。

6.2.3 労働ソーシャルワーカー／職業リハビリテーション専門家をスタッフに加える。

6.2.4 障害を持つ人々の雇用に関する教宣（印刷物、研修、会議その他）。

6.2.5 労災等で障害を持つことになった組合員が退職または解雇されるのを"阻止"し、アコモデーションを通じて雇用の維持を図るプログラム（Return To Work 型）を計画、実行する。

6.2.6 組合員の障害を持つ家族の雇用の促進を図るプログラムをフリンジ・ベネフィットとして計画、実行する。

6.2.7 地域の障害を持つ人々を雇用に導くプログラム（はじめて雇用に就く人向けおよび Return To Work 型）を計画、実行する。

6.2.8 6.2.5 ～ 6.2.7 のプログラムは、職場開発、アコモデーションのアドバイス、各種訓練、職業紹介・斡旋、フォローアップその他の就職および雇用維持に導く諸サービスを提供する。

6.2.9 6.2.5 ～ 6.2.7 のプログラムには、労使、地域社会福祉組織、労働ソーシャルワーカー／職業リハビリテーション専門家、障害を持つ人々の代表等からなる諮問委員会を設置する。

6.2.10 6.2.5 ～ 6.2.7 を実行するために、組織内に障害を持つ人々の雇用を進める独立した非営利社会福祉組織を設立するか、または地域の障害関係の社会福祉組織と契約関係をつくる。後者の場合は、少なくとも、その理事に組合代表を送る。

6.3 障害関係の地域社会福祉組織

6.3.1 労働ソーシャルワーカー／職業リハビリテーション専門家をスタッフに加える。

6.3.2　理事会のメンバーに地域の労働組合の代表を迎え入れる。

6.3.3　地域の障害を持つ人々を雇用に導くプログラム（はじめて雇用に就く人向けおよび Return To Work 型）を計画、実行する。

6.3.4　労災等で障害を持つことになった組合員が退職しまたは解雇されるのを“阻止”し、アコモデーションを通じて雇用の維持を図るプログラム（Return To Work 型）を計画、実行する。

6.3.5　6.3.3 ～ 6.3.4 のプログラムは、職場開発、アコモデーションのアドバイス、各種訓練、職業紹介・斡旋、フォローアップその他の就職および雇用維持に導く諸サービスを提供する。

6.3.6　6.3.3 ～ 6.3.4 のプログラムには、労使、地域社会福祉組織、労働ソーシャルワーカー／職業リハビリテーション専門家、障害を持つ人々の代表等からなる諮問委員会を設置する。

7．インプット

7.1　行政の予算　グラント用　初年度 5 億円、2 年度 10 億円、3 年度 15 億円、4、5 年度各 20 億円、計 70 億円；プラス　事務、運営費。

7.2　グラントを受ける労働組合および地域社会福祉組織が用意するマッチング・マネー（20％）計 1.4 億円。

7.3　雇用保険における雇用助成金制度と絡めることも考慮に値する。

これは本稿に示されたデータをそのままスライドさせて並べたものにすぎない。貨幣価値の相違等一切考慮されていない。このプロジェクトをより現実的なものにするには、①予算・経費、より正確なコスト・アンド・ベネフィット、プログラムの運用等に関するアメリカの経験、②プログラム内における企業の位置づけ、③日本におけるアコモデーションの実態とそのコスト・アンド・ベネフィット、④労働組合の地域コミュニティとの経済的、政治的、社会的、文化的つながりとより一般的な社会の状況、特徴等に関する日米の違い、⑤その他をより詳細に調査研究する必要がある。具体的プログラム・デザイニングを唯一の目的にした行政、労働組合、社会福祉組織、労働ソーシャルワーク／職業リハビリテーション専門家、障害を持つ人々本人および家族、研究者、政治家、コミュニティ活動家等によるスタディ・ツアーも有効あるいは必須である

かもしれない。

　総プロセスをアクションリサーチとしてデザインしたら非常に興味深いプロジェクト、研究となろう。

【参考文献】

　障害者の雇用に関する調査研究資料は少なくない。しかし、これに「地域」あるいは「労働組合」のキーワードを加えるとほとんど見当たらない。ましてや「アメリカ」のキーワードを加えるならば皆無に等しい。

1．日本障害者雇用促進協会・障害者職業総合センター（含む、身体障害者雇用促進協会）出版物中、アメリカあるいは労働組合をテーマとするもの。

工藤正、1994「第7章　アメリカにおける職業生活障害者の就業」『障害者労働市場の研究（1）』（調査研究報告書 No.4）障害者職業総合センター、1994、125-145頁。

小島秀一・北川智恵美、1995「アメリカにおける障害者雇用の現状について──障害を持つアメリカ人法（ADA）の現状──」『第3回職業リハビリテーション研究発表会　プログラム発表論文集』122-124頁、［ボーイング社のプログラムについて言及］。

障害者職業総合センター、1992『アメリカにおける精神障害者に対する地域支援システム』（資料シリーズ No.3）。

障害者職業総合センター、1994『アメリカ・カナダの障害者雇用事情』（資料シリーズ No.10）。

身体障害者雇用促進協会、1978『アメリカにおける障害者雇用対策および職業リハビリテーションの現状──海外報告書』（昭和52年度研究調査報告書 − 6、通巻第6号）［PWI および AFL-CIO／HRDI について言及］。

身体障害者雇用促進協会、1985『身体障害者雇用における労使の対応に関する国際比較研究』（昭和59年度研究調査報告書 − 6、通巻第96号）［労働組合、AFL-CIO／HRDI、IAM について言及］。

2．その他アメリカに関する日本語によるもの。

ゼンコロ、1988『動き出した米国の援助付雇用』（ゼンコロ研究シリーズ '88-2）。

3．アメリカにおける労働組合に関する文献については本文で引用したもののほか次のものが参考になる。ただし、ほとんどは ADA に関してのものである。

Jules L. Smith, "Americans With Disabilities Act: An Overview of the Act and the New Regulations, and Collective Bargaining Issues," (AFL-CIO Union Lawyers Conference, Atlanta, May 13-14, 1992)

"Implementing The Americans With Disabilities Act In Unionized Workplaces," (A Labor-Management Conference, Buffalo, Oct.28, 1992) Cornell University School of Industrial land Labor Relations.

Susanne M. Bruyere, "The Implications of the ADA for Labor Relations, Collective Bargaining, and Contract Administration," Journal of Rehabilitation Administration, Aug. 1993, pp.120-126.

Dennis Lindsey, "Workplace 'Psychological Disabilities' and the ADA," Behavioral Health Management, July/August 1995, pp.34-35.

"Accessible Unions, Labor's Commitment to Handicapped People," 掲載誌、発行年不明、

pp.10-14.

Fighting for the Rights of Employees with Disabilities（An AFSCME Guide）（25 頁ブックレット）発行年不明。

Angela Traiforos, "Vocational Rehabilitation: Preparing for the 21st Century, A Labor Perspective," 掲載誌、発行年不明、17 頁。

Sheila H. Akabas and Lauren B. Gates, "Managing Disability in the Workplace, Arole for Social Workers,"（Chapter 13）Paul A. Kurzman and Sheila H. Akabas, ed. Work and Well-being: The Occupational Social Work Advantage.（Washington, D.C.:NASW, 1993. pp.239-255.）

　本稿は、1995 年 8 月 22 日〜9 月 6 日および 1996 年 9 月 5 日〜18 日の間に忍耐強く筆者のインタビューに答え、資料を提供してくださった数十人のアメリカの労働組合、障害を持つ人々（のため）の組織、政府の方々および研究者に負うものである。

【初出】「アメリカの労働組合と障害を持つ労働者の雇用—地域雇用プログラムのデザインに向けて—」『地域ベースの障害者雇用支援システムに関する研究』日本障害者雇用促進協会・障害者職業総合センター、1998 年 3 月、183-22 頁。

第9章−Ⅰ

高齢労働者と国家政策
年齢差別の禁止と年金問題

アメリカの高齢労働者とその対策という場合、大体次の9点を見ればよいだろう、①セニオリティ・ルール、②労働協約によるその他の高齢者保護規定、③「雇用における差別禁止法」（Age Discrimination In Employment Act; ADEA）、④ソーシャル・セキュリティ（厚生年金）、⑤私的年金と従業員退職所得保障法（Employee Retirement Income Security Act; ERISA）、⑥健康保険と医療扶助（メディケア＝メディケイド）、⑦高齢アメリカ人法（Older Americans Act; OAA）、ソーシャル・セキュリティ法第20編（タイトルXX）と各種社会サービス、⑧労働組合による退職組合員に対するサービス・活動、⑨グレー・パワー（高齢者団体の運動）。

これらのうち①、②および⑧については、筆者自ら他ですでに述べているので（次章）、また⑨については紙幅の関係があるのでここでは省略し、本稿では、③〜⑦をアメリカの高齢労働者と国家政策と括って扱うこととする。

わが国の高齢労働者に対する国家政策が、アメリカのそれと同じまたは類似の道をとる必然性はないが、その可能性はなくはない。もちろん、わが国はまったく別の道を探るかもしれない。しかし、いずれにせよ、本稿がこれら政策論議に何らかの貢献をできれば幸いである。

1　雇用における年齢差別禁止法

（1）1967年雇用における年齢差別禁止法

アメリカにおける高齢労働者問題を論ずるとき、くどいほど肝に銘じておか

363

なければならないのは、「年齢による差別」の認識である。日本で一般的にみられるような、例えば「40歳以下の者」といった制限を付した採用方法は年齢による差別であるし、いわゆる日本式定年制度はもちろん年齢による差別である、との認識である。そして、この認識は、法規範にまで昇華せられているのである。

「雇用における年齢差別禁止法」（ADEA）がその法的表現である。1967年に立法化された同法は、次のような使用者、職業紹介機関、労働組合の行為を違法（unlawful）として禁止している（第4項）。

(a)　使用者が、①年齢ゆえに中高年者を採用せずまたは解雇し、あるいはその他の方法で報酬、労働諸条件、特典について差別すること。②年齢ゆえに、雇用機会を奪うまたは奪いがちなあるいはその他従業員としての地位を不利にするような方法で（中高年）従業員を特定グループに分類すること。③本法を遵守するために（中高年）従業員の賃金率を引き下げること。

(b)　職業紹介機関が、年齢ゆえに、中高年者を紹介せずまたはその他の方法で差別し、あるいは、年齢を基準として求職者を分類または紹介すること。

(c)　労働組合が、①年齢のゆえに、中高年者を組合員から排除し、またはその他の方法で差別すること。②年齢ゆえに、雇用機会を奪いまたは奪いがちな、あるいはその他従業員または求職者としての地位を不利にするような方法で、組合員を特定グループに分類し、あるいは紹介を拒否すること。③使用者をして本項の規定に違反して中高年者を差別せしめること。

(d)　使用者、職業紹介機関および労働組合が、その従業員、求職者、組合員が本項によって違法とされた行為に反対し、あるいは、本法の下での調査、処分、訴訟について、訴えをなし、証言をし、援助をし、参加したことを理由として差別すること。

(e)　使用者、労働組合および職業紹介機関が「望ましい」年齢を指示した、あるいは年齢を基準とした制限、特定、差別を付した雇用にかんする告示、広告を印刷または発行すること。

ここで使用者および労働組合とは従業員または組合員 25 人以上のものをい
い（第 11 項）、対象とする中高年齢者とは、40 歳以上 65 歳未満をいう（第 12 項）。

（2）1978 年法改正のねらい

1978 年 4 月 6 日、当時の大統領カーターは、この法律の改正法に署名した。
ポイントは 2 点。1 点は、法の認める（強制）定年年齢を、一般の労働者につ
いては最低 65 歳から 70 歳に引き上げ[1]（1979 年 1 月 1 日発効）、連邦職員につ
いては 70 歳から上限なし、即ち定年制を全廃した（1978 年 9 月 30 日発効）こ
とであり、2 点は、上に述べた「あらゆる形の年齢差別に対する保護もまた」
その同じ年齢幅にまで拡張したことである。特に前者、すなわち、連邦職員に
ついての定年制の全廃と一般の労働者についての定年制の実質的廃止[2]、が重
要である。以下、この点について、本改正のねらいとその効果を、過去の議論
を整理することによって検討することにしよう[3]。

以下、本稿は筆者が 1981 年に英文で書いたものの一部のサマリーである。

「本改正の主要な目的は、1967 年の雇用における差別禁止法の規定を強化・拡
大し、働くことを望む高齢者が年齢のみを理由として雇用機会を奪われること
がないよう保障することである」(Senate Report No.95 – 493, Legislative History, U.S.
Code Congressional & Administrative News, 95th Congress, Second Session, 1978)。

新政策の第一のかつ公式のねらいは反差別である。もととなった 1967 年法
の名称そのものがこのことを端的に表わしている。人種ではじまり、性、心身

---

1) 次の例外が認められた。①年金額 27,000 ドル以上の正真正銘の（bonafide）管理者お
よび政策決定者（65 歳）、②テニュアを持つ大学教員（1982 年 7 月 1 日まで）、③ 1967
年法にカバーされていない警官、消防夫など危険度の高い仕事の労働者、④強制定年制
を定める団体協約によってカバーされる従業員（現行協約の有効期限まで、または 80
年 1 月 1 日、いずれか早い方）。
2) より正確には、強制定年制概念それ自体の廃止のスタートとでもいうべきであろう。
本改正案が国会を通過した日、すでに一議員は、民間部門においても強制定年制を全廃
する法案の提出準備を終えていた。また、ADEA 改正法自体が、労働省に対して、そ
のような法律について研究するよう要請している。
3) 主に、デイヴィッド・G. ギルの社会政策分析のモデル（David G. Gill, "A Systematic
Approach To Social Policy Analysis," Social Service Review, December 1970）を参考に
した。

障害[4]とひきつがれた60年代以降の一連の公民権法の流れの上にあるものである。そもそも1967年法が、1964年公民権法第7編によって労働省に求められた「年齢差別についての一研究」の結果として誕生したものであることを思い起されたい。高齢者運動の支持者達は、今回の改正を「『80年代の公民権運動』としての年齢差別に対する闘いを予告するもの」とたたえている[5]。この反差別の背後には「平等」という価値に対する希求と、年齢は個人の仕事遂行能力の正確な尺度とはなりえないという理論があることは当然である。

本改正法について、一つ注目すべきことは391対6（下院）、62対10（上院）という国会における議決の賛否比率である。このことは、「定年制はいかん」あるいは「定年制を廃止しよう」ということについて圧倒的な合意が形成されていたということを示すとともに、かくも圧倒的な賛成が得られた裏には、恐らく書かれていないいくつかの「隠された」（？）目的があるだろうということを推察させる。

それら「書かれていない」目的の一つは——上記の公式の目的と分離することは必ずしもできないが——人々の生活の質（quality of life）の維持と向上である。三つの小目的が考えられる。①所得維持、②自由の保障、③自己実現感と自己満足感の維持、である。

① 65歳を超えても働くことを望む人々の中で、最も多くの割合を占めるのは年収3,000ドル未満の層である（1974年ハリス調査）。多くの人々にとって、働きつづける機会があるかどうかは、経済的意味での生死の問題にかかわる。また、1975年に貧困水準以下の年収を持つ者は、全年齢で11.6％であったが、65歳以上にあっては14.6％であった。

② 働く能力のある人々については、いつ退職すべきかの決定は、最大限個人の自由にゆだねられるべきである。これは一つの価値前提である。

③ 多くの労働者にとっては、自己実現感および自己満足感は生産的労働に

4）the handicapped。正しくは心身障害者等のみならず、社会的ハンディキャップも含まれる。
5）Edward Howard, "ADEA Update," *Aging and Work*, Spring 1981. p.122

従事することによってのみ実現され得るものかもしれない。(アメリカの場合) いわゆるピューリタン倫理と一部関係する問題でもある。多くの医師が、強制定年の高齢者の肉体的精神的健康におよぼす深刻な悪影響について報告をしている。

　他の二つの「書かれていない」目的は、マクロ経済にかんするものである。主に、現役労働者と退職者の比率が今日の6対1から、2030年には3対1と大きく変化するという人々の年齢構成上の変化からくる。一つは、人的資源の活用であり、他は、ソーシャル・セキュリティ基金破綻防止である。

　下院の高齢者委員会 (House Select Committee Aging) における一証言によると、働く意思と能力のある従業員を強制定年によりやめさせることによるコストは、年間 GNP の 0.3% に相当するという。1976 年ドルで 45 億ドルになる。この意味で強制退職制は社会全体に損害を与えるといえよう。現在のソーシャル・セキュリティ財政は、将来の需要をまかなうにふさわしくないということが近年ますます明らかとなってきた。過去のいかなる時代よりも、比率として、より少ない労働者がはるかに多くの退職者を扶養しなければならなくなる[6]。

　この議論は、法の制定過程で繰り返し論じられた。例えば、「委員会は、労働者は 65 歳を超えてまで働きつづけることを求めるべきであるとは提言しないが、(各種) データは、我々は働きつづけることを望む高齢アメリカ人に対し働く意欲をなくさせる (discourage) ようなことはすべきではないことを教えている」(上院議事録)

　より卒直に、ソーシャル・セキュリティの制度的支給開始年齢を、例えば 68 歳に引き上げるという提言あるいは言及も、ADEA 改正の提案にオーバーラップして頻繁に聞かれた。「本改正によって、労働者の退職が遅くなり、一

---

6) ソーシャル・セキュリティの財政破綻の問題を人口の年齢構成の変化から論ずるのは、非常に多く見られる一般的議論である。しかし、問題は人口の年齢構成の変化にあるのではなく、政治的マネジメントにあるのだという反論もある (例えば、ニューヨーク市立大学チャールズ・ガゼッタ教授)。すなわち、現在のソーシャル・セキュリティ制度は、本来制度が全く意図しなかったようなプログラム——メディケアや SSI——まで支えることを期待されているがゆえの財政破綻であるとの主張である。

第 9 章-Ⅰ　高齢労働者と国家政策　367

方で、年金の支給開始を遅らせ、年金支払い額を減少させることができ、他方で、給与から税金（掛金）を支払いつづける労働者をふやし、ソーシャル・セキュリティ・ファンドの収入を増加させることができる[7]」。ソーシャル・セキュリティの支給開始年齢を引き上げる前提としての強制定年の引き上げである。強制定年が65歳で、年金支給開始年齢が例えば70歳などということは、日本ででもなければあり得ぬことだからである。

（3）法改正による効果

1978年の法改正から3年半たった今日、以上の目的に照らした「70歳未満強制定年制の廃止」効果はいかようであろうか。多くの論者の評価は、公民権の向上としては相当の効果はあったが、マクロ経済的影響は、その善悪を問わずほとんどない、というものである[8]。

強制定年制は、個人の努力によっては乗り越えることのできない年齢というファクターによる一種の解雇であり、その意味では、人種や年齢などを理由とする解雇と何らかわるところはない——この認識を広めたという意義は大きい。強制定年制の廃止は、権利の拡大、あるいは新しい権利の創設であり、また、差別の解消あるいは平等の保障である。1978年改正は、この点において成功であると種々の論者によって賞讃されている[9]。

しかし実際に、この改正があったがゆえに、65歳を超えても働けるようになり、かつ実際に働くという人は、思いのほか少ない。

まず、改正前から強制定年制の下にあった者は全雇用者の3分の1ないし半

---

7) Harrison Givens, "An Evaluation of Mandatory Retirement," American Academy of Political & Social Science / Annals, Vol.438, 1978, p.53.

8) 前掲 Howard, "Update," p.123, Harold L. Sheppard, "The Issue of Mandatory Retirement," American Academy of Political and Social Science / Annals, Vol.438, 1978, P.48 and others

9) 公民権レベルでの前進を具体的数字で示すのはむずかしいが、その一つとして、本法のゆえに損害を回復した件数が参考になるかもしれない。残念ながら、年件（ママ）のデータでは、「強制定年に関する」事件だけをとりだすことも、また、78年改正後の事件だけを区別することもできないが、67年ADEA発効以来、約9,000人の労働者が、約3,000万ドルの損害を使用者から回復しているとの数字がある。

分にすぎなかったということ [10]。しかも定年制の有無にかかわらず、実際には、ほとんどの人は65歳以前に、65歳を超えて働く少数の人ですら70歳よりははるかに早く退職してしまっていること。この2点のゆえである。働く意志と能力を持ちながら、強制定年制があったがゆえにやめざるを得なかったという人の割合は、約10%前後にすぎないとみなされる [11]。

労働省労働統計局（BLS）は、1978年現在、420万人の60〜64歳の労働者がおり、今後年々約35万人が65歳に達し、この改正法のゆえに、毎年20万人 [12] が65歳を超えて労働力に残るだろうと予測する。

しかし、上で述べた最近の早期退職への強い志向の影響は本改正の影響を打ち消して余りあるであろう。GMでは、本改正前、68歳が強制定年であった時に、この年齢まで留る労働者は50人のうち1人にすぎなかった。65歳から69歳の労働力率は、1950年当時の男46%、女10%から、今日は男20%、女8%にまで落ちている。この急激な低下は、ソーシャル・セキュリティおよび企業年金の発達、特に早期退職制の影響に負うところが大きい。ちなみに今日のソーシャル・セキュリティの新規受給者は3分の2が62歳から64歳である。67年のADEAの制定以降も、高齢者の労働力率は引続き低下しつづけているのである。

1978年の法改正の初年度、65〜69歳の雇用者は、男は106万8,000人から107万7,000人へ、女は68万8,000人から69万9,000人へと増加したが、この増加が新法の効果であると結論することは困難である。翌80年には再び男105万1,000人、女69万4,000人へと減少へ向っているし、まだ改正法が制定されていなかった1977年から78年にかけても、65〜69歳の雇用者は増加していた（Employment & Earnings, BLS）。雇用水準の決定に影響を及ぼすファクターは一般的景気状況をはじめ数多い。特に高齢者にあっては、いわゆるdiscouraged unemployed の問題が大きくからんでいる。

---

10) BLS, 1973 Employment Practice Survey　この報告書は49%という数字を出しているが、「高すぎる」との疑問が出されている。

11) James H. Schults, "The Economics of Mandatory Retirement," *Industrial Gerontology*, Winter 1974.

12) この予測の根拠はあまり明確ではない。まず35万人を2で割り、17.5万人を得、これを丸めて20万人としたといわれている（Givens, "An Evaluation," p.55）。

これらの事実から判断すると、新法は現在までのところ、経済的・実質的重要性よりも、社会的・イデオロギー的重要性が大きいと結論してもよいかと思われる。

（4）異なる見方

　1978年雇用における年齢差別禁止法改正法の成立の過程で、反対はあった。使用者はもちろん反対であった。「経費が余計かかる」「能率が落ちる」NAACPや [13)] ある労働組合 [14)] の指導者も当初反対した。「今日、アメリカでは、若者の失業がきわめて深刻である。いかなる仕事にも唯の一度も就けないでいる非常に多くの人々がいる時に、高齢者だけが、一度仕事をつかんだからという唯それだけの理由で、永久に仕事を保障されるというのはいかにも不合理ではないだろうか。ましてや、それら一度も仕事に就けないでいる人々は、これからその人生をはじめようという人々なのである [15)]」。もっと素朴な声もあった。「永久に働くというのは人間にとって、いい事なのでしょうか。私は65歳あたりで働くのをやめる方がいいと思います。私の父（高校校長）は定年年齢に達するや、喜び勇んで仕事をやめました [16)]」

---

13) "N.A.A.C.P. Chief Calls for a Delay on Mandatory-Retirement Changes," *New York Times*, October 13, 1977.

14) "Labor Ends Fight on Moves to Bar Forced Age Retirement," *New York Times*, September 21, 1977.

15) これには次のような反論がある。「若者だろうが年寄だろうが、AがやめたからBがやとわれるという1対1の一般的代替関係は成立しない。退職によってつくられる機械的ドミノ効果というものはない……. ティーン・エイジャーの失業の問題は、65歳以上の高齢者を組織内に抱えておくかどうかとは何の関係もない」(Givens, Harrison, "An Evaluation of Mandatory Retirement,", *American Academy of Political and Social Science/ Annals*, Vol.438, 1978, pp.57-58.)
　「退職がおこる産業が、成長産業に属するかどうかによる。典型的には、衰退産業は最も高齢の労働者を持ち、若い人を雇わない。より大きい雇用機会を生むのは、成長産業においてである」
Sheppard, Harold L., "The Issue of Mandatory Retirement", *American Academy of Political and Social Science/ Annals*, Vol.438, 1978, p.49。

16) 次の正当な反論がある。「法は何も永久に働くことを強制はしていません。何歳でやめてもかまわないのです。法は、働き続けることを望む人々に働く権利を保障し、各個人に、自分で退職を計画する自由を与えるだけです。もっと簡単に言えば、選択の幅をひろげるというだけです」

しかし、成立後3年半たって、反対の声は余りきかれない。そして、改正法の効果については、「公民権の向上には役立ったが、善し悪しを問わず、マクロ経済的影響はきわめて小さい」ということでほぼ一般的評価は固まっている[17]。上述のとおりである。

以下では、これと少々ずれた「評価」を紹介しよう。「上の一般的『評価』はおそらく現段階では正しかろう。しかし、より長期的には、本改正は公民権法としてはそれほど重要ではないが、経済総体に与える影響はきわめて大きい」というものである。以下の主張は必ずしも筆者の主張するものではないことをお断りしておく。

（5）公民権法としては重要でない？

「本改正は、公民権法としてはそれほど重要ではないが――」という点について考えてみよう。

　強制定年制は、個人の努力によっては乗り越えることのできない年齢というファクターによる一種の解雇であり、その意味では、人種や性などを理由とする解雇と何らかわるところはない―この認識を広めたという意義は大きい。強制定年制の廃止は、権利の拡大、あるいは新しい権利の創設であり、また、差別の解消あるいは平等の保障である。1978年改正は、この点において成功であると種々の論者によって賞讃されている（前記（3）第2パラグラフ、368頁）。

強制定年の廃止が新しい権利の創設であり、また、差別と不平等の解消であることは間違いない。しかし、それは、同時に、権利の喪失であるとともに、新たな差別と不平等の創設でもある。

　強制定年規定は、他のすべての法規定と同じように、二面性を持つ。一方で、それは、人々に、ある一定年齢に達した場合には退職することを強制するが、他方で、その年齢に達するまでは、年齢を理由とする解雇の脅威はうけることはないということを保障する。これは、毎朝ある一定時刻に出勤することを従

---

17) Howard, "ADEA Update," 1981, p.123; Sheppard, "The Issue," p.48.

第9章-Ⅰ　高齢労働者と国家政策　371

業員に命ずる規定と同じである。従業員はその時刻に出勤しなければならないが、その時刻より早く出勤しなかったからといって、「罰」を受けることはない。言い換えれば、定年制廃止のみを他から切り離し、純粋、論理的に取扱うならば、人々は、定年制廃止によって、ある種のジョブ・セキュリティの権利を失うということになる。幸い、本件の場合、定年廃止後も、年齢を理由として解雇することは一般的に禁止されるので、この心配はいらない。しかし、もし使用者がその従業員の労働力構成を現在のレベルに維持しようと欲し、かつ魅力ある早期退職制などの労働者が自ら退職していくインセンティブを与えることができないならば、ある種、ある量の従業員を排除するための新たな人事管理テクニック発達せしめなければならない。年齢が従業員を解雇する指標として用いられ得ないのであれば、他の何らかの指標がみつけられなければならない。

　もっとも導入される可能性の高いテクニックの一つは、新しい人事評価システムであり、客観的な指標である年齢にかわって用いられる可能性の高い指標は、「労働能力_{アビリティトゥワーク}」あるいは「仕事遂行具合_{ジョッブパーフォーマンス}[18]」である。労働者にとって深刻なことはここでいう「能力」とは使用者の視点から判断された「有効性」あるいは「有用性」であるということである。これが、アメリカの労働組合が、他国の労働組合と同様、「能力」または「成績_{メリット}」による評価を、その歴史において、拒否しつづけてきた理由である。セニオリティ・ルールによるレイオフ、リコール、昇進などの強制は、その典型である[19]。

　我々が「能力」による差別という時、2種の異なる「能力」がそのうちに含まれる。一つは、能力のある者は働くことができるが、能力のないものは働けないという場合の「能力」である。この場合の「能力」とは広い意味での肉体的能力を意味する。二つは、能力のある者は若くして引退できるが、ないものはできないという場合の「能力」である。この場合の「能力」は金銭的能力を意味する。

---

18)　Wooton, Linda S., "The Age Discrimination in Employment Act: Implications for Educational Leaders," *Phi Delta Kappan, April* 1980, pp.525-6.
19)　この関係で、本改正は労働組合の力を弱めることにならないか、との疑問も出される。

第2の点について、一労働者はいう。「豊かなものは引退を楽しみとして待つことができる。貧しいものはこれができない——失業が解決不能の問題でありつづける体制の下にあっては、これ（強制定年制の廃止）は、労働者が"蒙らなければならない"もう一つの『権利』であるように思われる。"企業の重役・管理者達はこの（『権利』を"蒙らなければならない"人達）中には含まれない[20]」

　この新しい不平等のラインは、管理者と労働者の間のみならず、企業規模や職種などに沿っても描かる。

　人々は、この世に生まれて以来、あるいは小学校に入学して以来、60年以上にもわたって「能力」によって選別され、差別されつづけてきた。にもかかわらず、今、労働生活を終えようという時に、さらにもう一度、「能力」によって選別、差別されなければならないのだろうか。

　人々は、その「能力」にかかわらず[21]、ある年齢（6歳くらい）に達した時に学校生活を始めるように、人々は、「能力」によらずして、年齢によって、労働生活を終えることはできないのだろうか[22]。

　年齢による差別は、人種および性による差別とは異なる。双方とも社会内のグループ間の差別ではあるが、後者（人種および性）では、人々は、その一生の間に、一グループから他グループへと自らを移動することはできない。すなわち、例えば、白人と黒人、男と女の間では、その位置を交換することはできない。前者（年齢）では、これができる。すべての人が、時が経るに従って、若年者と高年者の双方のグループを経験する。その意味では、若年者に対する扱いと高齢者に対する扱いがちがっても人生全体を通してみれば、各個体間の差別の問題は起き得ない[23]。

　「能力」は、各グループ内で、個人を順序づける決定因として働く。年齢差別であろうと、人種差別であろうと、性差別であろうと同じである。しかし、

20）"Retirement Legislation vs. the Worker," *New York Times*, March 12, 1978.
21）正しくは、議論のあるところであるが、ここで一応措く。
22）貧しい人の引退後の生活は、年金など、所得保障政策で対処することになる。
23）正確にいえば、問題はある。例えば、高齢になってもすべての人が差別をうけるわけではないからである。

第9章-Ⅰ　高齢労働者と国家政策　373

議論の表面に「能力」が現われてくる程度には大きな差異がある。年齢による差別では、「働くことができるかどうか」あるいは「能力が同等であるかどうか」が中心的かつ不可欠の議論の構成要素である。人種差別や性差別では、各グループ内での能力によるランキングは、議論の表面にはめったに現われてこない。

　能力によって人間を差別することは、資本主義のエッセンスである。強制定年制、年齢による差別の廃止は、人種や性別による差別の廃止と同様、現在の市場および社会秩序を再編・調整するという意味を除いては、資本主義原理に反するような「資本による譲歩」などではない。あるいは資本主義自体の修正ではない。むしろ、それは、社会を資本主義のより純粋なモデルに近づけることを意味するのである。

　純粋に抽象された理論的資本主義モデルでは、資本主義社会はすべてのもの（労働力を含め）が商品として、そして、したがって、すべての人は商品所有者として現われる社会と定義づけられる。すべての労働者はいかなる差別もなく平等な労働力販売者として労働市場に現われるべきである。白人だろうが黒人だろうが、男だろうが女だろうが、若かろうが年寄りだろうが関係はない。あらゆる非経済的障害は取り除かれてしかるべきであろう。労働力の価値は、第1には、再生産コストによって、次には、価値形態をとることを通して、「能力」によって決定されるのである。

（6）経済全体に大きな影響？

　1978年法についてのもう一つの論点は、経済総体に対する影響にかんする。ほとんどのアナリストの今日までのコンセンサスは、影響は微々たるものであるというものである。理由は次のようである。

　　実際に、この改正があったがゆえに、65歳を超えても働けるようになり、かつ実際に働くという人は、思いのほか少ない。まず、改正前から強制定年制の下にあった者は全雇用者の3分の1ないし半分にすぎなかったということ。しかも定年制の有無にかかわらず、実際には、ほとんどの人は65歳以前に、65歳を超えて働く少数の人ですら70歳よりはるかに早く退職してしまっていること。この2点のゆえである。働く意志と能力を持ちながら、強制定年制があったがゆえにやめ

ざるを得なかったという人の割合は、約10%前後にすぎないとみなされる。

　労働省労働統計局（BLS）は、1978年現在、420万人の60～64歳の労働者がおり、今後年々約35万人の人々が65歳に達し、この改定法ゆえに、毎年20万人が65歳を超えて労働力に残るだろうと予測する。

　しかし、20万人という数字は、全体の失業率の上昇に、わずか0.1～0.2％寄与する程度にすぎない。しかも、上に述べた最近の早期退職への強い志向の影響は本改正の影響を打ち消して余りあるであろう。GMでは、本改正前、68歳が強制定年であった時に、この年齢まで留る労働者は50人のうち1人にすぎなかった。今日のソーシャル・セキュリティの新規受給者は3分の2が62～64歳である。65～69歳の労働力率は、1950年当時の男46％、女10％、今日は男20％、女8％にまで落ちている。67年のADEAの制定以降も、高齢者の労働力率は引続き低下しつづけているのである（上記（3）第3-6パラグラフ、368-369頁）。

　しかし、「より長期的には、経済総体に与える影響はきわめて大きい」のではないか。

　3点ある。純粋にマクロ経済的影響といえるのは第1点であるが、第2、第3点も社会の経済総体あるいは経済活動総体に対する影響と括ってもよかろう。①この改正は、莫大な相対的過剰人口を創設することになる、②ソーシャル・セキュリティの給付開始年齢を遅らせる第一歩を踏み出したことになる、③企業内の人事管理のほとんどの側面、生産管理のある側面はみなおされ、改めなければならなくなるかもしれない。

　まず第1点。将来、ますます多くの高齢者が労働力に残るようになるかもしれないということである。毎年、本改正のゆえに労働力に残るのは20万人だとしても（369頁）それが、年々累積していったらどうなるか。単純には、5年以内に100万人が新たに労働力に加えられることになり、これは、全労働力の失業率を約1％引上げるに等しい数字になる。さらに、現実のあらゆるものは静止してはいない。

　第2は、たびたび指摘されているように、インフレが引続き悪化していったとしたらどうなるか。退職者の生活の経済的安定は侵蝕され、困難となるだろう。そうなれば、より多くの人々が労働力として残ることになると考えてもお

第9章-I　高齢労働者と国家政策　375

かしくない。

第3に「一般的」退職年齢、すなわち一般に標準的と認識される労働生活の
ゴールが65歳から70歳にシフトされるならば、「ふさわしい」あるいは「適
切な」と認識される早期退職年齢、生活・職業生活設計、労働と生活に対する
考え方などもまたシフトされるかもしれない。人生における残存期間が長くな
ればなるほど、第1の退職後、別の仕事をとる可能性は、あるいは"ダブル・ディ
ピング"の可能性すら、より高くなる。医学などの発達により寿命は延び、高
齢者の一般的健康状態は良くなっていくのである。

第4に、高齢者に適合する柔軟な雇用就労形態がひろまってゆくだろう。そ
うなれば労働力として留まる高齢者の数も増加しよう。パートタイム労働はそ
の一例である。今日ですら、65歳以上のかなりの部分は、パートタイムでの
み働いている。1976年に働いている65〜69歳の約68％は「年間を通してフ
ルタイム」で働いていない。

第5に、近年「企業年金」——これは有償労働をしないというステイタスに
移ることを魅力あるものとするのを助ける——が伸びていない。実際、1974
年に存在していた給付額確定の年金の約20％は、本改正法成立以後廃止さ
れている。74年に導入された煩瑣な連邦規則が原因であるといわれている[24]。

これらすべては、相対的過剰人口の増加に貢献する。失業と賃金の間のトレ
イド・オフはフイリップス・カーブやあるエコノミストが告げるほどにはもち
ろん簡単ではないが、労働者全体を不利な地位におくことだけは間違いなかろ
う。

1978年法の最も重要な点は、ソーシャル・セキュリティ給付開始年齢を遅
らせる準備としてであるかもしれない。

　現在のソーシャル・セキュリティ財政は、将来の需要をまかなうにふさわしく
ないということが近年ますます明らかとなってきた。
　主に、現役労働者と退職者の比率が、前述のように今日の6対1から、2030年
には3対1と大きく変化するという人口の年齢構成上の変化からくる。……過去

---

24) Givenes, "An Evaluation," p.52.

376

のいかなる時代よりも、比率として、より少ない労働者がはるかに多くの退職者を扶養しなければならなくなる（上記（2）367頁第2、第3パラグラフ）。

　より卒直に、ソーシャル・セキュリティの制度的支給開始年齢を、例えば68歳に引き上げるという提言あるいは言及も、ADEAの提案にオーバーラップして頻繁に開かれた。「本改正によって、労働者の退職が遅くなり、一方で、年金の支給開始を遅らせ、年金支払い額を減少させることができ、他方で、給与から税金（掛金）を支払いつづける労働者をふやし、ソーシャル・セキュリティ・ファンドの収入を増加させることができる[25]」。ソーシャル・セキュリティの支給開始年齢を引上げる前提としての強制定年の引上げである（同367頁最後のパラグラフ〜368頁第1パラグラフ）。

　このソーシャル・セキュリティにおける変更は、労働者の生活に限りない影響を与えるであろう。

　1978年ADEA改正によって最も大きく直接的影響を受ける社会的構成分子は、企業であるにちがいない。換言すれば、労働者は、この改正の影響を直接というより、労働の場あるいは個々の労使関係というスクリーンを通して、より多く受けることとなろうということである。前述したように、企業内の人事管理、雇用慣行のほとんどすべての側面、時には生産管理のある側面までもが見直されなければならず、変更を余儀なくされるだろう。ある企業は、自社の労働力構成の変化を調整しなければならなくなるであろうし、また、ある企業は、以前と同じ労働力構成を維持するために自らを調整しなければならなくなるだろう。先に、すでに新しい人事考課方法の導入の可能性やパートタイム労働の増加に言及した。高齢者に向く機械や設備が採用されるかもしれない。企業は、望まない従業員を排除するより微妙な、婉曲的な方法を開発しなければならないかもしれない。アメリカは、またひとつ日本から学ぶことが増える。労使関係の多くの側面もまた変化を余儀なくされるだろう。

　重要なことは、これらすべての変化は高齢者のみならず、若年者にも影響を

---

25) Harrison Givens, "An Evaluation of Mandatory Retirement," American Academy of Political & Social Science / Annals, Vol.438, 1978, p.53.

及ぼすということである。例えば、新たに導入されるかもしれない能力による
人事評価は、年齢にかかわらず適用されることになるであろう。我々はパート
タイム労働者に対して、フルタイムの一般労働者に対すると同じ給付・権利を
保障することはできないだろうから、パートタイム労働が増加するに従い、企
業内の規則、労働諸法などもまた、これら新しい労働環境にあわせて、あるい
はこれを規制するために、いくつかの改正を必要とすることになるかもしれな
い。

　これらすべての、市場、労使関係それぞれの産業および企業に与える影響は
その他におけるそれぞれの位置を反映して大きく異なるであろうけれども、先
の第1点とならんで労働者全体の地位を低め、労働組合の交渉力を弱める可能
性を潜めている。

（7）ひとつの「ずれた」結論

　強制定年制の廃止によって、確かに生活の糧を持たない多くの人々は利益を
得るし、この改正なしにはソーシャル・セキュリティを受給するに必要な年数
を累積し得なかったであろう多くの女性たちも、利益を得よう。多くの人々は、
強制定年制が個人の肉体的・情緒的健康および寿命そのものに与える悪影響か
らまぬがれることも確かである。多くの人々は、この改正によって人生の残る
期間において、自己実現を達成するかもしれない。

　ほとんどすべてのソーシャル・ポリシーは、少なくとも、社会のある部分の
人々に対し、ある理由によって利益を与える。しかし、ソーシャル・ポリシー
分析の任務は、個人レベルで事を考えるだけでは充分ではなく、労働者総体に
対する意味と影響をも測定することでなければならない。

　今まで述べてきたことの結論は、強制定年制の廃止は、資本主義原理の前進
に何の修正を加えるものでもないということである。状況によっては、それは、
資本蓄積をより容易にし、より進めることになるかもしれないのである。

　1978年ADEAに労働者は反対すべきであったと主張しているわけでは必ず
しもない。強制定年制の廃止という一つのソーシャル・ポリシーが、その効果
として持つかもしれないもう一つの可能性と現実性を提示してみようというこ
とであった。おそらく、現時点での改正法の労働者総体に対する効果はなお中

立的であるというのが公正な見方かもしれない。効果の主なる部分は、アメリカの現実の労使関係のなかでこれから決定されるのであろう。網引きは今から始まるのである。

2　私的年金に関するパブリック・ポリシー

アメリカでは、25歳以上全民間フルタイム雇用労働者の半数以上が、ソーシャル・セキュリティ老齢・遺族保険（Old Age and Survivors Insurance）[26]（以下、厚生年金）に加え、何らかの私的（企業・組合）年金プランにカバーされている。しかも法律は、（プランに対する）労働者の掛金部分については、全額、即時に、ヴェスティド（Vested 受給権付与＝プランの定める年金支給年齢、例えば65歳に達した時に年金をうけられる）され、使用者の払込み部分については、勤続10年で全額（または、そのヴァリエーション）ヴェスティドされなければならないと定め[27]る、掛け捨てを防ごうとの趣旨である。

本節は、私的年金についてのアメリカのパブリック・ポリシーを概観することを目的とする。そのパブリック・ポリシーの歴史をふりかえり、今日のこの分野における中心的政策表現である1974年従業員退職後所得保障法（Employee Retirement Income Security Act；ERISA）を要約し、その将来方向を予測する[28]。

（1）高齢者に対する所得保障の枠組みと私的年金の小史

人々は高齢退職後も所得保障がなされるべきであり、そのゴールは政府と使用者と労働者個人、三者の共同作業として達成せらるべきである、というのがアメリカにおけるパブリック・ポリシーである。厚生年金が人々の基礎的生活ニーズを満たすに充分な所得を保障し、望むらくは私的年金が第2の収入源を提供し、そして、個人貯蓄が不足分を補う。この3層構造は、1935年の社会

---

26) Deniel J. Beller, "Coverage Patterns of Full-Time Employees Under Private Retirement Plans," *Social Security Bulletin*, Vol.44, No.7, July 1981, p.3.
27) 次節参照。
28) 本節は、筆者により、1982年6月に英文で書かれたものの一部要約である。

第9章-I　高齢労働者と国家政策　379

保障法の成立によって打ち立てられた[29]。

この三者に対するパブリック・ポリシーの関与の程度は、この順に深まり、広がる。厚生年金については、ほぼ100％が法規のコントロールの下にあり、私的年金については、ある程度の法規が存在し、個人貯蓄については、税的奨励策と利子率のコントロール以外には政府の関与はほとんど何もない。しかし、高齢者の所得保障としての三者の歴史的発展は逆順であった。はじめは、高齢退職後の生活維持の責任は専ら個人、家族、コミュニティの手に委ねられていた。産業革命の時代に一致する私的年金の発生は、この「高齢者の社会的、経済的ニーズは専ら個人、家族、コミュニティの資源(リソース)によって満されるべきであると主張するアメリカ流考え方の時代の終焉[30]」を意味した。厚生年金の誕生の必要は、大恐慌によって証明された。高齢に達した時の備えとしては個人の節約と貯蓄のみならず、私的年金制度もまたたよりにならないものである、ということの認識でもあった[31]。

私的年金の発展の歴史は、おそらく次のように時代区分ができよう（以下、本節においては、主に William C. Greenough and Francis P. King, Pension Plans and Public Policy（New York: Columbia University Press, 1976 によるところが大きい）。

---

29) 社会保障法(ソーシャルスキュリティ)に署名するに際してのルーズベルト大統領のいわゆる「コーナーストーン演説」参照。「（本法は）一つの建物のコーナーストーン（すみ石）を据えるものである。この建物は建設中のものであり、決して完成したものではない……」 William Haber and Wilbur J. Cohen, ed., *Social Security: Programs, Problems, and Policies* (Homewood, Illinois: Richard D. Irwin, Inc., 1960) p.28.

30) William C. Greenough and Francis P. King, *Pension Plans and Public Policy* (New York: Columbia University Press, 1976) p.28.

31) もちろん、これが社会保障法の OAI（および OAA）成立のすべての理由ではない。例えば、ニューヨーク市立大学ハンター・カレッジローズ・ドブロフ教授は次の理由をあげる。①自力で「自分の年をとった時に備え」られるのは金持ちだけである。年をとって貧乏になるのは若い時の放蕩の結果であるとの考えは、単純に誤りである。②養老院（almshouse or County Home）は、公共施策としては、恥ずべき、不適切なそして非効率的なものであった（最高裁カードーザ Cardoza の言葉を想起せよ）。③私的年金はまだ少数であったし、かつ信頼のおけるものではなかった。これらの点は、少なくとも20世紀に入ってからはしばしば論じられ、老齢保険・保護の施策は社会改良の高い優先順位を持っていた。と同時に大恐慌をこのプログラム達成のチャンスともした――大量の失業は、若年者、高齢者を労働力からとりのぞく方法を必要としたし、また、倹約家の中流階級の高齢者でさえ、家、貯蓄、農場などを失った。

380

（ⅰ）誕生（19世紀末）

一般には、1875年がアメリカ私的年金の歴史の最初の年とされる[32]。アメリカン・エキスプレス社が、その労働不能（disabled）高齢従業員に対して、全額会社負担のプランを創設した。他の鉄道会社、市の電気・ガス部門（ユティリティ）、銀行関係、路面電車、少数の製造業企業がこれに続いた。

（ⅱ）成長（20世紀初め）

20世紀の初めの20年間は、私的年金にとっての第1の成長期であった。鉱業、石油、製造業（機械・農業機器、化学、塗料、ワニス、食料品、ゴム、紙・印刷製品、電気機器など）に広がった。

この時期、労働組合もこの分野に参入した。組合は、使用者のプランは「専ら管理者の、管理者による、管理者のための道具[33]」であり、高齢者を企業から排除し、また、労働者を企業に締りつけるための手段でもある、と主張し、自らのプランを開発した。最初の労働組合によるプランは、1900年のパターンメーカーズ（Patternmakers'）によるものであり、最初の積立て基金方式をとったプランは、1905年の御影石切工（Granite cutters'）によるものであった。しかし、これらはいずれも規模は小さい。大組合の中では、印刷労組（Typographical Union）が草分けである。1906～7年のことである。機関士労組（Brotherhood of Locomotive Engineers）および他の多くの労働組合がこれを追った。1928年までには、労働組合員の40％が、何らかの形の老齢および永久・全部労働不能給付を提供する全国組合に所属していた[34]。

1920年以降、成長の速度は低下していたが、29年までには、1875年以降合計421の企業年金（インダストリアルペンション）プランが設立され、同年時点で397が引きつづき有続していた。従業員数では、374万5,000人、すなわち非農業労働力の10％にな

---

32) Greenough and King, *Pension Plans and Public Policy*, pp.27-28, and *the Debate on Private Pensions : A Survey of the Legislative Proposals and Public Policy Issues* (Washington D.C.: American Enterprise Institute for Public Policy Research, 1968) p.2.

33) American Federation of Labor, *Retirement Plans in Collective Bargaining*, Research Report (October 1949), p.3. ff.

34) Greenough and King, *Pensions and Public Policy*, p.41.

る[35]。

（iii）崩壊（大恐慌時）

大恐慌は、数年のうちに、ほとんどすべての組合の年金プランを打ち砕き、また、鉄道業をはじめとした多くの企業年金プランをも打ち砕いた。1935年の厚生年金の誕生後は、わずか一握りの全国組合だけが老齢年金を維持しつづけた。大工組合、電機労組、新聞、鉄道車掌、機関士などである。他方、多くの大企業年金プランは生き残った。

（iv）再生（1940年代）

第二次大戦中、使用者および労働組合の年金に対する関心は再び高まった。次項（2）で述べるような連邦政府によってとられた政策によるところが大きい。

しかし、このたびの組合の関心は、以前とは異なり、相互扶助または共済給付という形ではなく、団体交渉を通じての使用者との年金プランの交渉であった。

（v）拡大（1950年代〜70年代初め）

1940年には、410万人の従業員が私的年金によってカバーされており、これら年金プランの帳簿上の資産は24億ドルであった。1950年には、カバーされる労働者は980万人に、資産は120億ドルになった。1960年には、これらの数字は、2,120万人、520億ドルとなった[36]。ERISA制定の直前、すなわち、1972年には、フルタイム労働者の私的年金にカバーされる率は49％に達した[37]。

（vi）今日（1970年代後半および80年代初め）

ERISA以降、私的年金にカバーされる労働者の率は停滞気味である。1979年

35）Ibid., pp.30-31; Bureau of the Census, *Historical Statistics of the United States, 1789-1945*, Series D1-10 Labor Force（1949）, p.63.

36）American Enterprise Institute, *the Debate on Private Pensions*, p.2.

37）Beller, "Coverage Patterns." p.4.

の率は、依然50％で、72年の水準と実質的にかわらない。25歳以上の労働者をとると、この率は56％、50〜59歳の男子だけをとるとほぼ70％である[38]。実数では、今日（1981年）、カバーされる労働者は420万人、資産は1,880〜2,140億ドルと見積られる。

（2）私的年金へのパブリック・ポリシーの関与

パブリック・ポリシーは、この私的年金の発展にどのように関与してきたのだろうか。歴史上のハイライトを年代順に並べてみる。

政府の関与は、4とおり——①税制上の奨励策、②破産したプランの救済、③労使紛争への介入、④年金プラン参加者の利益と権利の保護——である。これらから、我々は、私的年金を奨励しようというパブリック・ポリシーの意図を読みとることができよう。

（ⅰ）1920年代の税収入法

1857年にニューヨーク市警官についてはじまった公的年金（公務員に対する私的年金）や鉄道ネットワークを広めようという産業政策の間接的影響を別にすれば、私的年金に対する政府の直接的関与は、1920年代の税収入法にはじまるといってよかろう。同法は、年金トラストおよびこれへの払込金に対する特別の税金上の取扱いを定めたのである。1921年、株式ボーナスまたは利益分配プランの一部として使用者によって創設せられたトラストは、連邦所得税を免除されることとなった。また、このようなトラストへの使用者の払込金およびそれが得る所得は、それらが実際に分配されるまでは、受益者へは課税されない、ということも規定された。1926年には、これら規定は、従業員の利益を唯一の目的として使用者によって創設された年金トラストにまでその適用を拡張せられた。1928年法は、過去の労働に対し使用者によってなされる免税措置対象トラストへの払込金は、特に、"事業経費"として控除しうる、とした。

これらの措置は、当時一般的であった現金払い主義（現在の収入で現在の支

---

38) Ibid.,p.345

払いをまかなう）プランを、少なくともある積立金を持つまたは独立のトラストを持つ、あるいは、保険によって裏打ちされたプランへと転換させることをすすめた[39]。

（ⅱ）鉄道業プランの救済

アメリカの私的年金のリードオフマンであった鉄道業は、大恐慌とトラック産業の成長のゆえに、1930年代初め、急速に衰退した。同産業の労働力の年齢構成は、急速に高齢化し、1934年には鉄道労働者の約25%（25万人）が、65歳または4年以内に同年齢に達する年齢にあり、あるいは、すでに同産業の退職年金の受給資格である勤続30年を満たしていた。

プランの破産は明らかであった。この事態に対して、連邦政府は、鉄道業の年金プランの約束事項の履行とプランのその後の管理運営を引継ぐ、との対応をした。政府は、緊急に必要とする支払いのために、多額の金額を国（連邦）庫から投入し、また、将来に向けては、連邦政府の管理運営する準公けの年金プランを発足させ、使用者、従業員双方の掛金を導入するとともに、これまた、多額の金額を国庫から投入することとした。これが厚生年金にかわる現在の鉄道退職制度（Railroad Retirement System）である（1935年鉄道退職法、1937年改正、1937年運送業課税法）。この歴史は、「私的年金プランの破綻は、少なくともある時には、これの救済がパブリック・ポリシーの対象となり得るということを我々に教えている[40]。

（ⅲ）内国税収入法の改正、高額の法人税率・超過利得法税率、賃金安定策

第二次大戦中、私的年金にかんする三つの重要な政策がとられた。一つは直接私的年金に向けられたものであり、他の二つは間接的にこれに影響を与えたものである。

1942年、国内税収入法が改正された。42年以前は、同法は、年金への払込金とトラストの所得についてのみ規定していた。しかし、新法は、プランの内

39）Greenough and King, *Pension Plans and Public Policy*, pp.59-60.
40）Ibid., pp.39-40.

容にまで踏み入った。すなわち、プランの内容はどうあるべきかまでがパブリック・ポリシーの守備範囲に入れられたのである。

　同法は、各プランに対して使用者の年金トラストへの払込金の法で定める免税措置をうけるための条件として、次の諸点を満たすことを要求した。①従業員およびその受益者の利益を唯一の目的とするものであること、②元金およびそれが得た所得の従業員への分配のためのものであること、③従業員およびその受益者へのプランで定める債務をはたす前には使用者はファンドを他に転用することはできないこと、④適用範囲、掛金、給付について差別があってはならないこと。最後の点は、特に旧法の下でみられた過去の慣行——役員や株主、あるいは高給または監督職従業員に有利であった——の反映である。

　1942年の新税法は、使用者によって任意に設立せられた私的年金プランに対し、法の定める一定の基準に合致することを要求する手段として、連邦法が用いられ得るとともに用いられるべきである、というパブリック・ポリシー原則を認め、それを法的形態の中におさめたのである[41]。

　第二次大戦中の急激な法人税および超過利得税の税率の上昇ならびに賃金安定政策は、私的年金に直接向けられたものではないが、私的年金の成長の基礎を与えたことは間違いない。後者は、労働組合の関心を賃金から年金を含むフリンジ・ベネフィットに向けさせ、前者は、上記1942年法と相まって使用者のこれら組合要求を受入れる素地を提供した。

(iv) 鉱山労組ストライキの政府の介入

　第二次大戦後の私的年金再生期の中で「最も大きな影響を持った力は[42]」鉱山労組（United Mine Workers'）であった。同組合は、1946年に、福祉（年金）基金を要求してストライキに突入した。ストライキは、52日間つづき、ついには、政府が介入し、鉱山の経営権を掌握、組合と交渉することとなった。

---

41) Ibid., pp.62-63.
42) U.S. Congress, Joint Economic committee, "The Structure and Evolution of Union Interest in Pensions," by Jack Barbash, Old Age Income Assurance, Part IV: Employment Aspects of Pension Plans, 90th Congress, 1st Session (December 1967), p.63.

政府の選択は、①福祉・年金基金を設立させ、その財源は使用者の払込金を持ってあてさせるが、②その基金の管理運営は、組合にのみまかせることはしない[43]、というものであった。鉱山は、翌年、民間経営に戻された。

（ⅴ）タフト・ハートレー法、インランド・スティール事件と鉄鋼スト

鉱山労組ストライキに際しての政府の上記の選択の第2の点——基金を組合のみによって管理運営させることはしない——は、タフト・ハートレー法（Taft-Hartley Act; 1947年労使関係法）の第302項に入れられた。同法は、福祉（年金）基金への払込金についてはトラストを設立すること、そして、複数の事業主が参加する年金基金については労使同数の代表からなる理事会に管理運営をまかせること、を要求する。

タフト・ハートレー法は、もうひとつ別の形で、私的年金に関係する。すなわち、使用者に、「賃率、賃金、雇用時間、その他の雇用条件……」の事項について、従業員の代表と交渉する義務を課することによってである。インランド・スティール社事件で、全国労働関係委員会（National Labor Relations Board; NLRB）は、1948年、法のいう「賃金」とは年金や保険給付のようなあらゆる利得を含み、また、年金プランは「その他の雇用条件」の定義の中にも含まれると判断した。この決定は連邦高等裁判所（Court of Appeals）（第7巡回裁判所）によって支持された。

1949年、鉄鋼労組は、インランド・スティール以外の鉄鋼各社に対して、1950年に期限が切れる労働協約の賃金交渉再開条項によって、年金要求を提出した。会社は、年金は、当該協約条項のいう賃金率ではないが故に、交渉再開条項による交渉の対象とはなり得ないとの立場をとった。鉄鋼の全国ストを目前に、トルーマン大統領が事実調査委員会を任命、同委員会は、協約は（なるほど）年金を（交渉事項とは）挙げていないが、タフト・ハートレー法の下で交渉対象とされる事項の協約による除外は、明示的に除外する旨をうたっている場合にのみ、可能であるとの見解をとった[44]。

---

43) Greenough and King, *Pension Plans and Public Policy*, p.44.
44) Ibid., pp.45 and 64–65.

（vi）1958年福祉・年金プラン公開法

　この法律は、内国税収入法の下で特別の税措置をうけるプランに、毎年、労働長官に対し、その財政状況を明らかにする報告書を提出することを義務づける。この法律の目的は、年金プラン参加者を、使い込み、ぴんはね、利益の衝突などの財政的不正運用から保護することである。そのために用いた手段は、タフト・ハートレー法を強化すること、すなわち、「財務運用の公表」を利用することであった。

（3）1974年従業員退職所得保障法（ERISA）

　1960年代中頃、私的（企業・組合）年金への関心を高める三つの出来事があった。スチュードベーカー社インディアナ州サウス・ベント工場の閉鎖、マートン・C・ベルンシュタイン『私的年金の未来[45]』（The Future of Private Pension）の出版、私的年金に関する大統領委員会報告書の発表である。特に、最後の報告書、「パブリック・ポリシーと私的プログラム—民間従業員退職プランに関する大統領への報告（ケネディ大統領によって任命された企業年金基金など私的退職・福祉プログラムに関する大統領委員会）」の影響は大きく、これを直接のきっかけとして、連邦議会においては公聴会が開かれ、数多くの年金改革法案が提出され、また、財務省・労働省による事実調査研究が実施せられた。現在の私的年金についての中心的立法である従業員退職所得保障法（Employee Retirement Income Security Act）は、7年間の討議の末、1974年に法律となった。

　ERISA は、年金の管理運営および基金財政の実質的にあらゆる分野について、新たな基本的要件を定めるとともに、制度が存続をやめた場合の保証として、年金給付保証公社（Pension Benefit Guaranty Corporation）を設立した。同法は4編から成る。第1編は従業員の受給権の保護を規定する。労働省の所管である。第2編は内国税収入法の改正、第3編は法を所管する行政機関間の責任分担、第4は制度が存続をやめた場合の保険に関する規定と年金給付保証公社の設立を定める。ERISA は退職年金制度についてだけではなく、医療や災害給付

45）Merton C. Bernstein, *The Future of Private Pensions*（New York: Free Press, 1964）

のような他の福祉制度についても、また、個人退職預金（Individual Retirement Account ; IRA）についても規定しているが、本節では、これらについては言及されない。私的年金に関する主な規定は次のとおりである。

（i）加入資格

制度への加入資格が、年齢および勤続による場合には、25歳以上で当該企業への勤続が1年以上の者は、すべて加入が許されなければならない。制度が「即時の」「100％」ヴェスティング（Vesting次項）を定める場合には、25歳以上、勤続3年以上でよい。一勤続年数に数えられるためには、年間1,000時間働くことが必要である。勤続の中断がある場合には、その中断のあと1年勤続すれば、過去の勤続も通算される[46]。確定給付年金（加入者が退職時に受ける給付額が予め定められているもの）は、制度の定める通常退職年齢の5年前以降に雇用された従業員は適用除外とすることができる[47]。

（ii）ヴェスティング

「ヴェスティング」とは、仕事をやめても、すでに獲得された給付受給権は失わないということである。受給権保証とでも訳すのがよいかもしれない。本節の冒頭に書いたように、本法の適用を受ける制度は、労働者の拠出部分については、全額、即時に、ヴェスティドされなければならず、使用者の拠出部分については、次の三つのうちの一つのヴェスティング要件を満たさなければならない。すなわち、

① 勤続10年まではヴェスティング0で、10年勤続の後100％のヴェスティング（Cliffヴェスティング）。

② 5年勤続の後25％のヴェスティング、10年までは1年増すごとに5％、以降は1年増すごとに10％ずつのヴェスティング。給付は勤続15年で100％ヴェスティングされる（Gradedヴェスティング）。

---

46) Dennis E. Logue, *Legislative Influence on Corporate Pension Plans* (Washington, D.C.: American Enterprise Institute for Public Policy Research, 1979), p.64.

47) U.S. Department of Labor, *Know Your Pension Plan*, 1979, p.3.

③　年齢と勤続の合計が 45 になった時に、最低 5 年の勤続を持つ従業員は、50%のヴェスティング。以降、5 年まで 1 年増すごとに 10%のヴェスティング（Rule-of 45 ヴェスティング）[48]。

（iii）遺族給付

　各制度は、配 偶 者 遺 族 年 金 （ジョイント・アンド・サヴアイヴア・アニユイテイ）とよばれる退職者の配偶者に支払われる遺族給付の規定を持たねばならない。文書による反対の意思表示のない限り、退職者の死亡により、その配偶者は、少なくとも退職者の年金月額の半額を生涯受け続ける。一定の場合には、制度は、その早期退職年齢を超えて働き、かつ、通常退職年齢以前に死亡した者の配偶者に対し、遺族給付を支払わなければならない（従業員がこのフォーマットを選択した場合）。右のいずれのケースでも、従業員の受ける給付額は減額されうる[49]。

（iv）基金積立て

　既存の制度については、過去の勤務分に見合う積立て、およびすでにヴェスティッドされているにもかかわらず未だ積立てられていない部分の積立てが、40 年以内になされなければならない。新規の制度または既存の制度のうち給付を改善したことにより債務の増えたものについては、その積立ては 30 年以内になされなければならない。加えて、年金基金の資産および債務は、保険統計に従って、3 年ごとに修正されなければならず、その計算およびその計算の基礎になる"前提"は、労働省および財務省により認められた保険数理士によって、定期的に承　認（サーテイフアイド）されなければならない。最低の基金積立て基準を満たしていない場合には、所得税控除が認められなくなるという基金管理者に対する金銭的制裁がある[50]。

48）Ibid., p.7.
49）Ibid., pp.13-14.
50）Logue, *Legislative Influence*, pp.64-65.

（ⅴ）被信託者責任

制度の被信託者は、加入者その他の受給資格者の利益のためにのみ、その責務を遂行しなければならない。プラス、

① 給付を支払い、合理的な管理運営費用を支弁することを専らの目的とし、

② 同様の能力を持ちかつ当該事項を熟知する「思慮分別のある」人間であったなら、同性質、同目的を持つ企業行為の中では当然用いるであろう、──注意と技能と思慮分別と精励さを持って（「思慮分別のある」人間のルール）、

③ 諸般の事項から判断し、明白な合理的理由のない限り、巨額の損失を蒙る危険を最小限とするために、基金の投資を多方面に分散し、

④ 制度を規制する文書および指示──それらが ERISA 第 1 編の規定に適合する限り──に従って [51]。

これらを超えては、法は、「被信託者責任」が何を意味するかを特定していない。「思慮分別ある人間」ルールの下での被信託者の投資に関する諸義務を明らかにするために、1979 年 6 月 26 日、新たな規則が制定された（「被信託者の責任にかんする規則──『思慮分別』ルールの下での基金資産の投資」（Rules & Regulations for Fiduciary Responsibility ; Investment of Plan Assets Under the "Prudence" Rule））。

（ⅵ）報告と公開（知る権利）

基金の管理運営者は、従業員に対し、制度の概要を印刷し配布しなければならない。しかもそれらは「理解できる」言葉で書かれていなければならない。この制度の概要には、受給のための資格要件、年金額の累積と喪失、給付の申請の仕方、制度が存続し得なくなった場合に備えて保険によってカバーされているか否かについてのインフォメーションなどが含まれるべきである。制度について何らかの大きな変更が加えられた場合には、従業員はその改訂された制度の概要を入手できなければならない。これら制度の概要は労働省にも提出さ

---

51) U.S. Department of Labor, *The Prudence Rule and Pension Plan Investments Under ERISA*, 1980, p.7.

390

れなければならない。

制度の管理運営者は、また、従業員に対して、年次報告の概要を配布しなければならない。これは、毎年、労働省に報告するより詳細な報告書に基づき作成されるものである。概要は、当該年次の基金の財政活動に関するインフォメーションが含まれる[52]。

(vii) 基金終了保険（プラン・ターミネーション）

ERISA は、年金基金が存続しつづけられなくなった場合の保険を提供する目的で、一政府機関、年金給付保証公社を設立した。これが保証する給付は、一定の確定給付年金の受給権の保障がなされている（ヴェスティット）給付のみであり、また、カバーされる給付額にも一定の制限がある[53]。にもかかわらず、会社が破産し、あるいは、基金が存続しなくなった場合には少なくとも、年金給付のある部分は保護される。

「1974 年の年金法の成立は、私的年金にかんするパブリック・ポリシーの一つの転換を意味した。すなわち、税による主導から、従業員保護をより直接的に目したものへのシフトである[54]」。本稿の目的は、ERISA 自体の分析ではないが、本法についてのいくつかの問題点、論点を、私的年金政策の将来方向をうかがい知るに役立つ限りにおいて、次に見てみたい。

（4）何が問題か——将来の方向

（i）加入者の利益保護の強化

以上の ERISA の諸規定が告げることは、加入者その他受益者の利益と権利の保護である。一方には現行の複雑な報告・公開手続きに対する批判があるが、他方では、よりリベラルな保護が論議されている。ヴェスティングの定めはもっと短期間であるべきか。それらは「即時」であるべきか。基金間の通算制度が考えられるべきか。その目的を達成するために IRA が使われるべきか。物価

---

52) U.S. Department of Labor, *Know Your Pension Plan*, p.4.
53) Ibid., p.14.
54) Greenough and King, *Pension Plans and Public Policy*, p.67.

スライドについてはどうするか（私的年金制度は、一般的には、過去の賃金についても、給付支払いについても、明白な物価スライド制はとっていない）。企業年金制度下の給付は、労働者が拠出した額を超えて給付をうけるに至った後も、ソーシャル・セキュリティの如く個人所得税を免除されるべきか。

　他方、ERISA の改正を通じて通常退職年齢を遅らせることも議論されている。人口の年齢構成の変化、寿命が延びたこと、基金の予想される財政困難などを考えての議論である。同じ理由により、はたして年金給付保証公社保険は頼りになるのかとの疑問も提示されている。いくつかの巨大基金が破産したら、公社（PBGC）自体も耐え得ないのではないか。どのようにこの保険を強化したらよいか。数年のうちに財政的危機に向わない独立基金はほとんどないといわれている[55]。

　おそらく、アメリカのパブリック・ポリシーは、これら加入者その他の受給資格者の利益と権利を、企業側の抵抗を乗り越えて、一歩一歩強化していく方向をとることであろう。

(ii) 金の流れの規制

　税制上のインセンティヴと合わせ考えると、「加入者その他の受給資格者の保護」から読みとれることは、「私的年金の奨励」である。パブリック・ポリシーはなぜ私的年金を奨励するのか。もちろん、退職後の生活の所得保障は一つの理由である。しかし、もう一つの理由——それは巨大な量の資本の創出とその資金の利用である。これらは非常に重要になっているし、将来もまたますます重要になっていこう。

　公的（州、市等の）および私的年金基金の資産は、すでに市場価値で約6,500億ドルにのぼる。その3分の2は企業退職年金である。15年以内に上の額は3兆ドルに達する。年金基金はすでに、公に取引きされている全株式の25％以上を持ち、1985年までには、その数字は50％に近づくと予想されている[56]。不幸にして、これらの数字を超えては、今、筆者の手許にはデータはない。し

---

55) Ernest Conine, "Will Pension Plans Keep Their Promises?" *The Newsday*, Jan. 6, 1982.
56) Ibid.

かし、現在、金融資本が私的年金の主要な受益者であること、そして、また、将来もそうであろうことはほぼ間違いない。年金基金からの金の流れのパターンが、時とともに、どう変化しているか、していくかの分析は必要不可欠のことである。

　また、法が──「思慮分別のある人」のルールの下で──基金に、資金を最も利益の上がる対象に投資することを厳格に要求するならば、制度加入者が最もふさわしいと考える次のような目的への資金の利用は不可能となるであろう。
・ニューヨーク市の公務員年金基金は、1975年、市の財政破綻を救済するために──そして、自らの仕事を守るために──その資産の一部を使用した。
・南カルフォルニアの建設業の労働組合基金は合同して、組合員に仕事を創出するために、個人住宅および商業ビル建築に1億ドルを投資した[57]。
・シェラミー・リフキンスは、年金の金を、北部の諸州の金と合わせて、「北（を）また昇（ら）」せるために使うことを提言している[58]。

　金の規制は、権力の規制である。金融資本と産業資本、労と使、南と北などなどの間の力のバランスを変えていくことであろう。

(iii) 加入率^{カバリッジ}と平等

　先に述べた高齢者所得保障の3層構造──ソーシャル・セキュリティ、私的年金、個人貯蓄──を打捨てようとの真剣な試みは将来もありそうもない。しかし、各個人、グループにより、その三者のどこにウェイトを置くかはそれぞれ異なる。ある人々は、ソーシャル・セキュリティを強化することを主張し、ある人々は、私的年金を、他は個人貯蓄を強化することを主張する[59]。現在の流れは、最後のものに属する。法は、例えば、1982年1月、IRAの適用範囲を、私的年金やKEOGH（キーオプラン＝自営業者の退職年金制度；Keoghは

---

57) Ibid.
58) Jeremy Rifkin, *The North Will Rise Again: Pensions, Power and Politics in the 1980's* (Boston: Beacon Press, 1978) cf. George J. Borjas, *Union Control of Pension Fund: Will the North Rise Again?*
59) e.g. Reforming Retirement Policies. A statement by the Research and Policy Committee for Economic Development, Sep. 1981 and Final Report the 1981 White House Conference on Aging.

下院議員の名前）のような他の退職プログラムによってカバーされていない人々からすべての人々へと拡張した。

　ある人々は、この政策は、平等を損うものであると主張するかもしれない。第1に、中産階級と金持ちだけが、退職に備えて一応の蓄えをすることができ、また、第2に、貯蓄をすることができる人々だけが有利な税の取扱いをうけることができる。第3に、免税のゆえに、本来なら入ってくるであろう歳入が入ってこず、しかも、その額は巨大なものである。そして、この得べかりし歳入の穴を埋め合わせるための課税方法によっては、低所得者がそのつけを払わなければならなくなるかもしれない。他のある人々は、この政策は、無責任でもあるという。自由市場社会では、パブリック・ポリシーは、例えば、30年にもわたる長期の貯蓄を奨励するようなことにまで介入すべきなのか。誰も明日何が起こるかわからない。もし、政府が、真の意味で、「返済」を保証できないのであるならば、リスクは、個々人の手に残されるべきではないか。他のある人々は、この政策は、私的年金よりもより直接的に銀行その他の金融資本に主につかえるものであるとの「極端な」結論に到達すらするかもしれない。

　今日、先に述べたとおり、3分の1以上の労働者は、いかなる私的年金にもカバーされていない。そして、この加入率は改善されるべきである。この命題に対しては、異議はほとんどない。問題は「いかにして」である。

　カーター大統領によって任命された年金政策についての大統領委員会^{コミッション}は、1981年2月、全員加入最低年金制度（Minimum Universal Pension System）を提言した。アイディアは強制私的年金であり、給与の3％に当たる額を使用者に拠出させることによって運用しようというものである[60]。すぐに出されるであろう質問は、それでは何故ソーシャル・セキュリティへの拠出を3％増し、ソーシャル・セキュリティの下の給付をその分だけ改善しないのか、ということである。

　もちろん、この提案は、現在のソーシャル・セキュリティの給付水準が「フ

---

60) U.S. Department of HHS, "Report of the President's Commission on Pension Policy: Executive summary," *Social Security Bulletin*, Vol.44, No.5, May 1981. cf. Merton C. Bernstein. "Mandatory Pension Coverage: An Idea Whose Time is Past," A statement before the President's Commission on Pension Policy, April 17, 1980.

ロア」（人々の基礎的生活ニーズを満たすに充分な所得）として充分であるかどうかという議論とは、論理的には何ら関係はない。もし、充分でないならば、それはまず「フロア」水準まで引上げられるべきである。ここでの議論はこれとは違う。現在のソーシャル・セキュリティ給付が、すでに「フロア」水準に到達していると仮定して、より心持良い退職生活を保障することのために、強制私的年金という手段に訴えるのが適切であるかどうかということである。パブリック・ポリシーの選択は次の三つのうちの一つであるべきである。

① ソーシャル・セキュリティは「フロア」水準を越えてすら増加せられるべきである——もし、全使用者が、より高い掛金をかけるだけの余裕があるならば。ただし、制度が私的年金である限り、不平等は問題として残り、もし強制であれば、不平等は固定されすらするかもしれない。

② ソーシャル・セキュリティは、「フロア」として留まるべきであり、ある一定水準即ち「フロア」を越えるところでは、「平等」はパブリック・ポリシーにとって要請される必要不可欠の要件であるべきではない。

　しかし、この水準を越えてすら、パブリック・ポリシーは、でき得る限り、平等の実現に向けられるべきである。かくして、強制私的年金は、ソーシャル・セキュリティと完全な任意私的年金制度との中間形態として受入れられるべきである。

③ 「フロア」水準を越えては、いかなる強制措置も、アメリカでは、その価値前提から受け入れられない。ソーシャル・セキュリティが、最低の基本的必要を満たすのであれば、あとは、自主性（ヴォランタリー）に、あるいはせいぜい奨励措置に補われたそれに、ゆだねられるべきである。

（5）付——1982年税公平・財政責任法（TEFRA）

　以上は1982年春に筆者により英文で書かれたものの一部日本訳である。その後、同年8月、私的年金と深い関わりのある税公平・財政責任法（Tax Equity and Fiscal Responsibility Act ; TEFRA）が成立せられた。連邦議会による新たな私的年金についての政策表明である。

　主な点は3点ある。第1は、さらに税優遇措置を通じての私的年金の適用範囲拡大を図らんということ。第2は、1942年内国税収入法改正以降、パブリッ

ク・ポリシーの一つの柱となっている「企業年金は役員や一部高給従業員のためのものではなく一般従業員のためのものであるべきだ」という原則をさらに一歩進めんということ。第3は、高給従業員などに対する税優遇措置のシーリングを低めることにより、得べかりし国庫収入の損失を防止せんということ。以上である。

次は、主な改正点のいくつかの例示である。

(i) KEOGH などの改正

私的年金適用範囲（カバリッジ）のベースを広げるために、KEOGH プラン、Subchapter S プラン、SEP（Simplified Employee Pensions; 簡易従業員年金）など、「周辺制度」の税優遇措置をうけるための条件、その優遇措置の内容、給付内容その他をリベラライズし、一般の企業年金とほぼ同じレベルに引き上げたということである。KEOGH プランとは、1962 年の自営業主個人税退職法（Self-Employed Individuals Tax Retirement Act）から発達した個人事業主および従業員その他をカバーする退職年金制度であり、Subchapter S プランとは、小規模の少数株主企業（株主 10 人以下）の役員および従業員を対象とする制度である。SEP は、1979 年に発足、事業主は、IRA 契約を、従業員のために結んでその掛金を支払う。KEOGH や一般企業年金制度にともなうペーパーワークを避けることができる。

例えば、KEOGH の下での年間掛金制限は、法成立直前には 1,500 ドルまたは年収の 15％であったがソーシャル・セキュリティとの結びつけなどとともに、いまや一般の企業年金と同じベースに置かれるようになった。SEP についても同様、例えば年間最高掛金を 3 万ドルに引上げ、1986 年からは、他のタイプのプランと同様の物価調整をうけるようになる。

(ii) 高給従業員など優遇プランについての改正

高給従業員など優遇プラン（Top-Heavy Plans）とは、主に主要従業員を優遇するプランで、こういった従業員への給付価値（確定給付年金では給付、確定拠出年金では積立金残高）が全従業員へのそれの 60％を超えるものその他をいう。主要従業員とは、役員、会社の経営にとって最も中核的な 10 人の従業員、会

社の 5% 以上の株式の所有者、会社の少なくとも 1% の株式を所有しかつ年収 15 万ドル以上を受取る者をいう。

　そして、この高給従業員など優遇プランが、なお税優遇措置を受けるためには、いくつかの制限がつけられた。例えば、年金のために用いられる年収は各自の最初の 20 万ドルまでとすること、25 歳以上 3 年勤続以上のすべての従業員を加入させ、3 年勤続の後は 100% ヴェスティングすること、または年齢に関係なく勤続 2 年の後は 20% のヴェスティング、以後 4 年間年々 20% のヴェスティングを加えてゆくこととすること、非主要従業員に対しては、最も高賃金であった 5 年間の平均賃金の 2%×10（勤続年数がそれより短い場合はその年数）を最低給付として保障することまたは従業員の年収の最低 3% を積立てること、などである。

(iii) 年間制限の改正

　インフレにより、税優遇措置を受けられる条件である最高年間給付・掛金額の上限は、年々物価調整をうけ上昇してきた。ERISA が制定された年には最高年間給付額は 75,000 ドルであったものが、今や 136,425 ドルへ（確定給付年金）と、最高年間掛金は 25,000 ドルから 45,475 ドルへ（確定掛金年金）となっている。ここから会社および高給従業員、役員は多額の税優遇をうけ、国庫は多額の得べかりし歳入を失ってきた。

　TEFRA は、これにいくつかの制限を付した。最高給付額は 1983 年から 9 万ドルへ、最高掛金額は 3 万ドルへと 1972〜82 年の間の上昇の約 4 分の 1 に逆戻りせられた。加えて上記の年間制限の自動物価調整は 1986 年まで中断し、新 82 年水準に凍結する。すでにこれを超えている加入者は、理由の如何を問わず少なくとも 86 年までは増額は一切行われない[61]。

【本節にかかわる他の主な参考資料】

Shirley H. Rhin, *America's Aging Population: Issues Facing Business and Society*（The Conference Board, Inc., 1980）

---

61) Gene Carter, "Private Pensions: 1982 Legislation," Social Security Bulletin, August 1983/Vol.46, No.8（U.S. Department of Health and Human Services）

Robert L. Clark, *Retirement Policy in an Aging Society* (Durham, N.C.: Duke University Press, 1980)

Louis Lowy, *Social Policies and Programs on Aging* (Lexington, Mass.: Lexington Books, 1980)

Robert Frumkin and Donald Schmitt, "Pension Improvements Since 1974 Reflect Inflation, New U.S. Law," *Monthly Labor Review*, April 1979.

Gayle Thompson Rogers, "Vesting of Private Pension Benefits in 1979 and Change From 1972," *Social Security Bulletin*, Vol.44, No.7 July 1981.

Eli Ginzberg, "The Social Security System," *Scientific American*, Vol.246, No.1, Jan. 1982.

William Harber and Wilbur J. Cohen, ed., *Reading in Social Security* (New York: Prentice-Hall, 1948)

3　老齢年金とその論点——保険と福祉

　いうまでもなく、アメリカ合衆国が老齢年金をその国家政策の中に取り込んだのは、1935 年、社会保障法がはじめてである。そして、同法の成立によって、現在のアメリカの高齢者に対する所得保障の基本的骨組みが打立てられたことは、前節で述べた[62]。老齢年金——私的（企業・組合）年金——個人貯蓄の 3 層構造である。あるいは、これに自らの労働による所得を加え、現在の高齢者は、老齢年金、私的年金、個人貯蓄、稼働収入のいずれかまたはそれらの組合せによって自らの生活を維持することが期待されていると言いかえてもよい。

　この期待が応えられない時には、65 歳以上のすべての高齢者に、単身者月 284.30 ドル、夫婦 426.40 ドル[63] を保障する補足的保障所得（Supplemental Security Income; SSI）を頂点とする生活扶助（ウエルフェア）の体系が用意されている。そのうちの、あるプログラムは特に高齢者を目しており、あるプログラムは、より広い対象者を予定している。

　社会保障法成立の契機についてはここでは敢えて繰返さないが、① 1915 年のアラスカ州をはじめとして、同法成立時までには 20 の州が老齢者の扶助制度を法制化していたこと[64]、②大恐慌により、これらの多くが、他の一般的

62）前節（1）379-8038 頁参照。

63）1982 年 7 月現在。詳しくは以下の本文参照。

64）Robert J. Myers, Social Insurance and Allied Government Programs, p.11.

398

生活保護制度とともに財政的に存続不可能になったこと、などを想い起されたい。社会保障法は当初から老齢扶助の規定を持ち、現在は、SSI のほかフード・スタンプ（これによって食料品を安く購入できる）、低所得世帯光熱費扶助、医療扶助などを定める[65]。

さらに現行の社会保障法は、65 歳以上の医療費の主要部分を無料とするメディケア・プログラムを持つが、ここでは触れない[66]。

以下では、1983 年重要な改正をみた老齢年金と SSI の制度の概略を紹介し、老齢年金の持つ保険的性格と福祉的性格のプログラム上の可能な選択を簡単に考えてみたい。あわせ老齢年金についてのいくつかの論点を指摘しておこう。

（1）老齢年金（OASI）

老齢年金は、OASDHI（Old-Age, Survivors, Disability, and Health Insurance; 老齢・遺族・廃疾・健康保険）の一部を成す。現在では、自営業主を含み、ほとんどすべての労働者が OASDHI にカバーされている（原則として強制加入）。1983 年の法改正でこれまで別制度の下にあった連邦職員なども、1984 年 1 月 1 日以降採用される者については、この制度にカバーされる。

年金の通常の支給開始年齢は 65 歳。62 歳以降早期減額退職年金をうけることができる（これも、1983 年法により大改正が加えられた。すなわち、支給開始年齢は 2009 年に 66 歳へ、2027 年に 67 歳に切上げられる）。

実際の年金受給資格を得るためには（Fully Insured）、加入期間が、1950 年または 21 歳（その遅い方）以降、男 65 歳、女 62 歳までに働いた年数の約 4 分の 1 以上であることが必要である。より正確には、働いた年数に等しい四半期数が必要ということである。ここでいう四半期は、年収のうちの各 370 ドル（1983 年 1 月 1 日）につき 1.4 半期（最高 4.4 半期）が与えられる。

給付額は、過去の所得額にリンクされる。具体的計算は、まず、全加入期間の所得を合計、これから平均所得月額を算出し、ついでこれに法で定める一定

65）U.S. HHS, *Social Security Bulletin: Annual Statistical Supplement*, 1982, pp.53-55, 35-37 参照。
66）Ibid., pp.31-34 参照。

第 9 章 - I　高齢労働者と国家政策　399

の公式をあてはめ、「第一次保険給付額」を得る。80 年の平均は 400.10 ドルである。これが 65 歳で引退した場合の給付に相当する。一般的には、高所得者よりも低所得者に高率の給付額が支払われる [67]。

なお、給付額には最高額と最低額（1979 年以降 62 歳になった者については、82 年 1 月から廃止。これより前に 62 歳になった者の 83 年 12 月現在の最低保障額は189.30 ドル）の定めがあり、また、65 〜 69 歳の間に稼働所得が年 6,600 ドルを超えた場合には所得 3 ドルにつき給付 1 ドルが減ぜられる（70 歳以上ではこの減額はない）。給付額には、消費者物価指数による物価スライド制が適用されている（1983 年法により、これまで毎年 7 月に行われていた調整が今後 1 月へと半年ずらされた）。

制度の財源は、労使および自営業主からの社会保障税に求められ、2 〜 3 の例外を除いて、一般財源からの移転はない。現在（1983 年）の税額は、OASDHI 全体で、労使は賃金の各 6.7 ％、自営業主は収入の 9.35 ％である。このうち OASI 分はそれぞれ 4.7775 ％と 7.1125 ％である。

すべての拠出金は、あらかじめ定められた一定率に応じて、OASI、DI、HI の各基金に分配され、各基金の金は他の目的のために用いられることはない（OASI の財政危機を救うため、1981 〜 87 年の間、基金間の「借り貸し」が一時的に認められている）。

OASDHI は、いわゆる賦課方式をとっており、積立方式をとっていない。すなわち現在社会保障税として給与に課せられる収入は、現在の引退者に対する年金給付の費用として使われる。現在の拠出者が引退年齢に達した時の給付は、その時の拠出者によって支払われる [68]。

（2）SSI

SSI とは、65 歳以上の高齢者、盲人および永久・完全労働不能者（廃疾者）

67）Robert M. Ball, Social Security Today and Tomorrow, pp.33-35.

68）U.S. HHS, *Social Security Bulletin : Annual Statistical Supplement*, 1982, pp.1-30.
1983 年の法改正については、John A. Svahn & Mary Ross, "Social Security Amendments of 1983: Legislative History and Summary of Provisions," *Social Security Bulletin*, July 1983, Vol.46, No.7, pp.3-48 参照。

に対する連邦が主管する生活扶助プログラムである。1972年に国会を通過し、74年1月に支払を開始した。それまでの連邦—州共同のプログラム、OAA（old-Age Assistance; 老齢扶助）、AB（Aid to the Blind; 盲人扶助）、APTD（Aid to the Permanently & Totally Disabled; 永久・完全労働不能者扶助）を置き換えたものである。この制度により、65歳以上のアメリカ人は、誰でも、最低、連邦の定めた一定額以上の現金収入を月々保障されることになった。

　現在の「一定額」とは、他の所得と合わせ、自己の世帯に居住する場合、単身者であれば284.30ドル、夫婦とも受給資格者であれば426.40ドル（1982年7月現在）である。他人の世帯に住んでおり、そこで扶養を受けている場合は、右の水準は3分の1減ぜられる。公の施設（16人以下のコミュニティ・レジデンスを除く）の被収用者には受給資格なし。公私の施設にありかつ医療扶助（メディケイド）によりケア費用の大部分を支払われている者は最高25ドル、その他の民間施設居住者は先の自己世帯居住者と同額をそれぞれ保障される。

　連邦の給付額は、各人の他のソースからの収入額によって異なる。OASDI給付および他の労働による、あるいは労働によらない所得の最初の20ドル、さらに労働による所得のうちの月65ドルプラス65ドルを超える額の2分の1は、所得から控除される。例えば、自己の世帯に住み、唯一の収入が月200ドルのOASDI給付である単身者は、104.30ドル［284.30ドル－（200ドル－20ドル）］を受ける。月の労働による所得の合計が500ドルの単身者は、76.80ドル［284.30ドル－｛500ドル－85ドル－（500ドル－85ドル）×0.5｝］となる。

　一般に、単身者で1,500ドル、夫婦者で2,250ドル以上の資産を所有する場合は、SSIの受給資格がない。ただし、一定の資産、例えば、家屋、市場価格4,500ドル以下の自動車、合理的範囲の家財、個人的身のまわり品、額面1,500ドル以下の生命保険は除かれる。

　なお、州は、SSIの受給者すべてまたはその一部の者に対する給付額を補うことによって、これを増額することができる[69]。

69）U.S. HHS, *Social Security Bulletin: Annual Statistical Supplement*, 1982, pp.38-43.

（3）老齢年金についての論点

　老齢年金制度についての問題、批判は数多くある。そのあるものは制度発足以来のものであり、あるものは時の経過、制度の発展とともに出てきたものである。いくつか代表的なものを並べよう。

　今では少数となったが、制度にカバーされない労働者の存在は常に議論の的であった。年金額の水準についての議論も常にあった。額が低すぎるということのほか、低賃金労働者は低年金額を受け、高賃金労働者は高年金額を受けるということ。しかも、高賃金労働者は、通常、他のソースからの収入──私的年金、貯蓄など──も持ちうるのである。能力もあり健康である高齢者は年金を得つつ働き 6,600 ドルまでは丸々所得を得ることができる。70 歳を超えればこの制限もない。

　逆に、上記の 6,600 ドルの制限は、これを超えると最近まではその超過所得の半分、83 年以降は 3 分の 1 が年金額から削られる。これは「働く意欲」を失わせる。使用者は老齢年金の支給開始年齢が 62 歳あるいは 65 歳であることのゆえに、従業員がこの年齢に近づくと、「体力が衰えたから」「若い人に道を譲ったら」などとやめることを推奨する。これも高齢者が働きつづけるチャンスを減ずる。

　女性に関する「不公正な」取扱いも強い批判の対象である。制度上の取扱いは男女同じでも女性は低賃金職種に従事する者が多いが故に年金額も低い傾向がある。働いている妻と働いていない妻の間の扱いの違いは主要な論点の一つである。一般に、「働く妻、あるいは共働き家庭は、伝統的稼ぎ手 1 人の家庭より不利益な取扱いを受けている」

　インフレと失業は年金基金を涸渇させる [70]。インフレが年金額の実質価値を低下させるという批判の反面、現在の物価スライド制は指標として消費者物価指数を用いているがゆえに年金額も不当に高くしているという批判もある。

---

70) "Coming: Drive to Overhaul Social Security," *U.S. News & World Report,* Jan. 12, 1981, p.64.

賃金指標を用いるべきだとの議論である[71]。

　人口構成の変化から、制度への新規加入者が増加せず、引退者の数は増加する。賦課方式の現在のシステムは大問題を抱える。

　老齢年金は、個人の投資、貯蓄意欲を低下させている、私的年金制度の発達を阻害しているとの非難もある。老齢年金と私的年金の統合の問題も重要である[72]。

　現行制度は同時に退職年金制度と最低生活水準の維持を目的とする福祉プログラムの双方たろうとしているとの批判である。この点については次項で述べよう。

　レーガンは、大統領のポストにつくや一連のソーシャル・セキュリティ改革案を提起し、大論議を引き起した——①支給開始年齢を68歳に引上げること、②社会保障税を引上げること[73]、③年金給付に課税すること、④拠出額に対する税額控除を認めること、⑤68歳以上について所得制限を取り除くこと[74]、⑥OASDHIの各基金を統合または相互間の「借り貸し」を認めること、⑦年金給付の指標を消費者物価指数から賃金指数へ変ること、⑧新しい労働者を制度に加入させること、⑨一般財源を利用すること、⑩大学生に対する遺族給付を廃止すること、⑪年金額の最低保証を廃止すること、⑫配偶者または子どものいない場合の死亡給付を廃止すること、⑬全国最低年金制度を創設すること、⑭退職後の生活を自分で賄えることができることを証明できる者は、任意加入とすること[75]。その多くは現在のソーシャル・セキュリティの財政危機を救済することを目的とするものである。また先にみたように、いくつかの項目は特に1983年の法改正で現実のものとなっている[76]。

---

71) Ibid., p.65.
72) *An Interim Report: The President's Commission on Pension Policy*, Nov. 1980, p.38.
73) "Social Security tax expected to double by 1990, *The Ann Arbor News*, March 29, 1981.
74) James J. Kilpatrick, "There's new hope for Social Security," *Detroit Free Press*, April 15, 1981.
75) "Regan ponders voluntary system of Social Security," *The Ann Arbor News*, Feb. 21, 1981.
76) Svahn & Ross, "Social Security Amendment of 1983" 参照。

第9章-I　高齢労働者と国家政策　403

（4）保険か福祉か

　これら問題点、批判点はそれぞれ論ずれば一大論文の体裁をなすほどの紙幅を要しよう。もちろんここでは叶うことではないので、「制度（老齢年金）は退職システムとウェルフェア・プログラムの双方たることを目している」との1点についてのみ少々詳しく触れてみたい。老齢年金の最も基本的な問題の一つであるとともに、例えば上記の財政危機救済にあたって一般財源を組入れるべきかどうかなどの当面の論点にもかかわることだからである。

　老齢年金は、保険制度なのか、福祉制度なのか。

　ソーシャル・セキュリティの創設者は、これを一種の社会保険と考えたことは間違いない。例えば、ボールは次のように述べる「……社会保険は政府によって運営される一種のグループ保険である……（その）目的は、稼働所得の喪失に対する備えを提供するためにカバーされる労働者とその雇主によって支払われる拠出金をプールすることによって、経済不安定を防止せんとすることである。……加入は強制であることが必要である[77]」

　アメリカ人の多くは、「福祉」の側面を持ついかなる制度にも否定的にみる傾向がある。よって、新しい制度は、（将来の受給者による）拠出に基づくことが不可欠であった。また、ソーシャル・セキュリティの創設者たちは、制度が自己財源（セルフ・サポート）によるものであることを望んだ[78]。一般財源からの支出は、上の規準に合致するように見えなかったので、ソーシャル・セキュリティに対する財源は、賃金に対する課税を用いることを決定した。給付は所得に結びつけられるべきであるとの原則がとられた。高齢者である状態または条件は唯一年齢だけをもって定義される必然はないが、ソーシャル・セキュリティではこれだけが、唯一の指標として用いられた。これらはすべて老齢年金を保険と考えることを支持する。

　しかし、やっかいなことに、先のボールはすぐそのあとに続けて書く、「特

77）Ball, Social Security Today And Tomorrow, pp.4-5.
78）Myers, Social Insurance and Allied Government Programs, p.24.

別の配慮が低所得者とその被扶養者に与えられるべきである[79]」と。しかも、制度の形成を助けた諸原則をふり返ってみると、拠出制の原則、自主財源の原則などと並んで、給付は必要（ニーズ）に基づくべきであること、制度はフロアを提供すべきであること等々の原則も見出される。そして、ソーシャル・セキュリティを形成するのを助けた主要な価値は社会的妥当性（adequacy）と個々人間の公平性（equity）といわれる[80]。

　ソーシャル・セキュリティは、1974年、老齢扶助プログラムをOASDIから分離し、SSIプログラムとした。老齢扶助は、ソーシャル・セキュリティの中で最も「福祉」の側面を代表するプログラムである。しかし、なお、老齢年金の保険か福祉かの論争には結着がついていない。これからの選択は次の四つのうちの一つであろう。

　まず第1は、老齢年金制度から保険概念を取り除き、これを100％福祉プログラムとみなすことである。この立場をとれば、老齢年金制度は、100％一般財源によって維持されてもおかしくないことになる。今までソーシャル・セキュリティの特別財源とされていた社会保障税は一般財源の中に繰入れられればよい。

　第2案は、老齢年金をそれが当初意図されたように保険として「純化」し、福祉的側面を「老齢年金によってカバーされずかつ稼働所得のない高齢者に経済的保障を提供することを目的とし」特に設けられたプログラムに移すことである。SSIプログラムは、まさにこのような目的のためにデザインされたものである。しかし、もし、老齢年金制度をこのアプローチにより「純化」することを選ぶならば、我々はSSIプログラムを拡張し、残されるいくつかのギャップを埋める作業が必要とされよう。

　現在の老齢年金の構造を変え、2層構造または2階建制度とすることも可能であるかもしれない。第1層あるいは1階は、ソーシャル・セキュリティにカバーされる者はすべてが受けるであろう給付からなり、第2層または2階は、一般財源または他の財源により賄われ、老齢年金をもつてしてもまだ満されな

79）Ball, Social Security Today And Tomorrow, pp.4-5.
80）Myers, Social Insurance and Allied Government Programs, p.24.

第9章-Ⅰ　高齢労働者と国家政策　405

い個々人のニーズを満すためにデザインされる。第1層の給付額は、制度への個々人の拠出に結びつけられるであろうが、第2層はミーンズ・テストをともなうプログラムである。これにより、老齢年金制度における主要価値、個々人間の公平性と社会的妥当性はそれぞれ第1層および第2層によって満されることになる。

　この第3案に若干の変更を加えたのが第4案である。すなわち、第1層として全引退者に権利として最低の一定額を保障する。この部分は一般財源（所得税または特別税）から支給され得る。第2層は、引退者が老齢年金あるいは他の源からの年金、個人貯蓄、稼働所得などを持つかどうかと関連づけられる。このアプローチも、先の案とは逆ではあるが、社会的妥当性と個々人間の公平性の両価値を満すであろう。

【初出】「アメリカ高齢労働者と国家政策　雇用における年齢差別禁止法、私的年金に関するパブリック・ポリシー、老齢年金とその論点――保険と福祉」『労働レーダー』1983年。1は8、9月号、2は10、11月号、3は12月号。

第9章－Ⅱ

アメリカの労働組合は中高年組合員のために
何をしているか
雇用・所得・医療保障と退職前・退職後プログラム

　アメリカの労働組合は、その中高年組合員のために何をしているか——使用者との労働協約を通して、政府への政治活動を通して、そして、自らの組合内活動として。退職前、退職時、退職後の組合員に対して。

1　協約をとおして——雇用・所得・医療保障

（1）働く中高年組合員に対して

（ⅰ）セニオリティ（先任権）

　アメリカの労働組合に対し、「貴組合の高齢者対策は？」と尋ねるならば、建設関係組合などを除いてほとんどが、セニオリティ（Seniority）をまず第1に挙げるであろう。我が国でセニオリティについての紹介は多いが、これを意識的に高齢者対策の柱として読みこんでのものは多くない。

　「アメリカの労働者にとって『最も重要かつ価値ある』権利はセニオリティである」。セニオリティとは、レイオフ（layoff; 一時解雇と通常訳されるが永久解雇の場合もある）をするときは勤続の短い者から、リコール（recall; 召喚、呼び戻し）をするときは勤続の長かった者から、というルールである。

　しかし、セニオリティは、レイオフ、リコールにのみかかわるものではなく、アメリカ労働者の労働生活のあらゆる面を文字通り網の目のように規制するものである。スリッチャー（Slitcher）、ヒーリー（Healy）、リバーナッシ（Livernash）は、セニオリティをコンペティティブ・ステイタス・セニオリティ（Competitive Status Seniority）とベネフィット・セニオリティ（Benefit Seniority）に2分し

ている。

　コンペティティブ・ステイタス・セニオリティは、文字通り先任権と訳して
いいだろう。労働者間のお互いの他に対する順序を決めるものである。右のレ
イオフ、リコールのほか、採用、昇進、シフトの選択、最新の機械あるいは最
も心地よい位置にある機械を使う権利、残業を真っ先に引き受け残業手当を稼
ぐチャンス、休暇を取る時期、駐車場の位置、退社時にタイムレコーダーで打
刻する順番等様々な面にわたってかかわってくる。

　誰でも子どもが夏休みで、気候もキャンプ等に最もふさわしい夏に休暇を取
ることを望んでいるだろう。しかし、従業員全員が一時期に休暇を取ったので
は生産に支障をきたしてしまう。この交通整理をセニオリティにまかすのであ
る。また電車等公共交通機関の不便なアメリカで、3,000 人から 5,000 人の従
業員を抱える工場の駐車場の広さは想像に難くないだろう。特に、ミシガン、
ウィスコンシン、ミネソタなどの冬は、零下 20 度、30 度にもなる。このよう
なところで、工場の建物の入り口のすぐそばに車を停められるか、それとも広
大な工場敷地の門の近くに車を停め、テクテクと工場の建物まで何分かの道程
を歩かなければならないかは、些細なことではない。

　ベネフィット・セニオリティとは、他の労働者との競合関係を整理するため
の順序づけを行うものではなく、種々のベネフィット（給付）を受ける資格を
決めるためのものである。ここでは、絶対的勤務年数が意味を持つ。したがっ
て、先任権という訳は不適当である。年功制とでも訳すのがいいであろう。年
金受給資格や受給額、早期退職に必要な勤続年数、休暇の日数、病欠、その他
の有給休暇の日数、保険や医療給付の内容、利益分配制（プロフィット・シェ
アリング）、SUB（失業保険金付加給付）、リコール・リストに名を連ねる期間等々
にかかわってくる[*1]。

　雇用保障、各種ベネフィット双方において、勤続の長い者≒高齢者がいかに
有利な地位にあるかがわかる。生涯雇用、年功序列[1] が日本の雇用関係の特

---

*1 以上 5 パラグラフは「今日のアメリカ労働組合　セニオリティ」『労働ハイライト』
　No.16. 1983 年 4 月 25 日号、3-4 頁。セニオリティについてのより詳細は同 3-8 頁を参照。
1) 年功序列賃金については一応おくとする。

徴とされ、「年長者を大切にする」のが日本社会の特徴だとされているが、実は、アメリカこそ生涯雇用で、年功序列で、「年長者を大切にする」社会なのではないだろうか——少なくとも、労働組合運動がかかわる限りにおいて。

なるほど、日本ではそう「気安く」首を切らないかもしれない。しかし、一度切るとなれば、まず第1に狙われるのが、組合活動家とならんで高年齢者である。アメリカでは、セニオリティ・ルールに従い、若い方＝勤続の短い者から順に切られる。経営者の恣意は入らない[2]。したがって、20年、30年と勤続を重ねるならば、あとは「ちょっとやそっとのことでは」首にならない。前9章-Iで述べた1978年の「雇用における年齢差別（禁止）法」による民間70歳未満定年の禁止と考え合わせと、文字どおり終身雇用というほかはない。

（ⅱ）その他の雇用・賃金保障

しかも、アメリカの労働協約の高齢者保護はセニオリティについての一般的規定だけではない。より直接的に高齢者を対象とした数多くの条項が見出される。次にそのいくつかを紹介しよう。

（a）年齢による差別禁止条項

一言でいえば、「会社および組合は……年齢……のゆえに従業員を差別してはならない」（例えば、フォード＝UAW1979年協約第10章第9条）というものである。自動車、鉄鋼、電機などをはじめ多くの産業に見られる。こういった規定があるかどうかということが、協約当事者の「一般的意思表示」以上の意味をどれだけ持ち得るかは不明であるが、いくつかの産業では、これらの条項に違反した場合には、所定の「苦情処理手続」を利用できるものとしている。

より具体的な差別禁止条項を持つものもある。「会社は、従業員の採用にあたっては、最高年齢制限を付してはならない」といったものである。IAM（機械工労働組合）のカルフォルニア州ウォルター・キディ社との1970年協約はその例である。

---

2) なお、組合役員については、セニオリティ・リストのトップに持っていくというスーパー・セニオリティの規定が多くの協約に見られる。

(b) 職務変更（ジョブ・アジャストメント）

労働者が、高齢のため、今まで行ってきた仕事を続けることが困難になった場合、自分のこなし得るより軽い仕事に移ることができるという規定である。UAW（全米自動車労働組合）支部（ローカル）のいくつかの協約は、先任権のより低いものの仕事を「奪う」ことができるとし、鉄鋼業の協約では、「バンピング」する自分より先任権の低い者がいない場合には、新しい「空き」ができた場合の優先採用リストに名を連ねることができるとしている。

(c) 賃金保障

上の職務変更の場合、変更後の賃金は、新職務の賃率になる場合もあるが、ならない場合もある。IBEW（電気工労働組合）のオハイオ・エジソン社との協約は、後者の例である。25年の勤続を持つ場合には、新しい仕事の賃金と今までの仕事の賃金との差の20％が保障され、25年を超えると1年につき各4％が加えられる。最高76％（40年勤続）までの保障がある。

IAMの鉄道業での協約には、より純粋な年功賃金が規定されている。すなわち、長期勤続者には、協約で定められた通常の賃率に加えて、一定の年功加俸が加えられるという規定である。

(d) 雇用率条項、職業紹介所

一定数の高齢者を採用すること、または、従業員中に占める高齢者の割合を一定の割合以上に保つことを使用者に義務づけるものである。

もし、組合が職業紹介所（ハイヤリング・ホール）を持ち、かつ、「使用者が従業員を採用する場合にはすべてここを通さなければならない」との取り決めがなされているならば、これまた高齢者の雇用保障に役立つだろう。建設業など一使用者に対するセニオリティが大きな意味を持たない場合でも、組合は、独自のポリシーに基づき——例えば、組合員期間の長い順に——組合の望む人を「送りこむ」ことができるからである。

(e) 訓練と再訓練

高齢者は技術革新などの影響を最も受けやすい部分である。技術革新の激し

い産業、すなわち、輸送用機器、通信、機械、電気・ガス・水道、食品などの協約の多くは、技能の陳腐化に対する対策としての教育訓練の条項を持っている。自動車産業では、訓練のための労使合同委員会が全国レベルで設置されているし、仕事に関連した課程を、高校、大学、各種学校などで修了した場合の授業料返還プログラムも用意されている。ローカルレベルでも、多くの訓練が行われている。IBEW は、電機産業内で、使用者と協力し、訓練のネットワークを作った。IAM のいくつかの協約は、技術変化のゆえに仕事から放逐された労働者はその能力と経歴に応じた仕事につくための必要な再訓練を受ける権利を有すると定めている。

　以上は、ごく限られた産業内のごく限られた事例にすぎない。それぞれの組合は、それぞれの必要と関心に応じて、種々のユニークな条項をかちとっている。加えて、本来必ずしも高齢者のために定められたものではない条項も、その運用次第では、高齢者のための条項ともなりうるのである。アプランティス（養成士）への参加の制限などは良い例である。

（2）退職する労働者、退職した組合員に対して

（i）定年制と「できるだけ早い退職の可能性確保」

　定年は労働者にとって最も関心のあるものの一つである。しかし、今日のアメリカには、実質的に定年は存在しない。より正確に言えば、連邦政府職員については年齢の如何を問わずすべての定年制を、また、民間労働者については70歳未満の定年制を、「差別」として禁止している。1978 年の「雇用における年齢差別（禁止）法」である[3]。

　アメリカの労働組合は、第二次大戦後、いろいろな理由から定年制を受け入れてきてはいるが、その歴史的・原則的立場は、「肉体的・精神的労働不能以外の理由による強制退職には一切反対」というものであると考えてよい。

　ところが、おもしろいことに、労働組合は当初、この「雇用における年齢差

---

3) 前 9 章-I に詳述。立法時、年金額年 27,000 ドル以上の管理職（executives and policy makers）をはじめ、いくつかの除外規定が定められた。また、この法律は、定年のほか、40 歳以上を対象とした年齢による種々の形の差別を違法と定めている。

別（禁止）法」案に反対したのである。理由は、若者の雇用機会が減少すること、私的（企業・労働組合）年金基金が枯渇するかもしれないこと、労使団体交渉の範囲が狭まることなどであった。AFL-CIO は、同法成立の半年ほど前にその態度を改めたのである。

アメリカ労働組合が本当に求めてきたものは、できるだけ早い時期での退職可能性の確保である。退職可能性とは、年金が受けられるということであり、そのために組合は、額を引上げ、受給資格年数を縮め、早期退職制度を含めた支給開始年齢を引下げることに努めてきた。

UAW（自動車労組）では、通常の退職（ノーマル・リタイヤメント）年齢は65歳とされているが、ほとんどの組合員はこの年齢に達する前に早期退職（アーリー・リタイヤメント）をエンジョイしている。早期退職は、① 60 ～ 64 歳で10年以上の勤続年数を持つ者、② 55 ～ 59 歳で勤続年数と年齢の合計が 85 以上の者、③ 55 歳未満で勤続が 30 年以上の者が該当し、鋳造部門に働いた期間については、勤続年数計算に一定の加算がなされ、最短 25 年勤続で退職できる計算になる。18 歳から働けば 43 歳に退職できる（フォード＝ UAW1979 年協約）。

今日、新たに厚生年金を申請する人の 3 分の 2 は 65 歳未満の早期退職を求める人達である。

退職に関して、注目すべきいくつかの小さなプログラムがある。

第 1 は、ディストリクト 65（流通組合）の「実験退職制」である。退職はしてみたが、退職生活がどうも予期していたものとは違う、満足しない、という場合、6 か月以内であれば、いつでも元の仕事に戻れるという保障である。

第 2 は、USW（鉄鋼労組）が獲得した周期的長期休暇制度である。一種の段階的退職制度である。長年勤続した後、急に仕事をやめると種々の困難を生ずるだろうから、例えば、「15 年勤続の後、賃金は全額支給で 13 週間の休暇を与え、その後も 5 年ごとにこの休暇を繰り返させる、そして、自由な時間の使い方をあらかじめ学んでおいてもらおうというものである [4]。

---

4) 雇用機会を増やすという意図も同時に持つプログラムである。

（ⅱ）所得保障

退職後の組合員にとって最も重要なのは、所得と医療の保障である。

アメリカの社会政策は、高齢者の所得に、3層構造を期待する。すなわち、厚生年金（ソーシャル・セキュリティ）と私的（企業・労働組合）年金と個人の貯蓄である。それぞれの国の制度政策については前9章-Iで詳しく述べた。私的年金については、ERISA（1974年の「従業員退職所得保障法」）[5]、個人貯蓄については、IRA（Individual Retirement Account）[6] に注目されたい。

今日、65歳以上のアメリカ人のほとんどは、ソーシャル・セキュリティを受けている（受けていない約10%の労働者も、その多くは他の何らかの政府年金を受けている）。全受給者の平均（中位数）年金月額は、1980年末で、夫婦で513ドル、一人者で341ドルである。

私的年金には、全雇用労働者の約半数がカバーされており、50〜59歳男子のみをとれば、その割合は70%弱に達する。ただし、65歳以上の高齢者で実際に私的年金を受けている人は、夫婦者で約4人に1人、一人者で6人に1人程度である。額は、ILGWU（国際婦人服労働組合）の組合員期間20年で月120ドルというものもあれば、UAWのように厚生年金と合わせて900ドルを超えるものもある。

（ⅲ）医療保障

アメリカ全労働者をカバーする公の健康保険はないが、65歳以上に対しては、連邦政府管掌のメディケアがある。入院費および医療費をカバーする健康保険である。入院費用は、暦年75ドルまでとこれを超える費用の20%が本人負担

---

5) 今日の私的年金についての基本法であり、特に、受給権を保障する規定———①10年勤続で全額、②5年勤続で25%、以後10年まで1年増すごとにプラス5%、15年まで各10%、③勤続5年以上で、年齢と勤続年数の合わせた年数が45になった時50%、以後5年間毎年各10%———と、企業倒産などにより年金基金が支払い不能となった場合の政府機関による保険制度の導入その他が重要である。

6) IRAとは、税の優遇措置を伴う一種の個人年金預金である。年々2,000ドル（夫婦で4,000ドル）までの預金額は総所得から控除でき、利子への課税は退職時まで延期される。1982年1月1日までは、他の私的年金、利益配分（プロフィット・シェアリング）制度などに加入していた人はIRAから除外されていたが、それ以降にはこれに加入できるようになった。

となるだけである[7]。入院保険は、現在働いている人の掛け金により、また、医療保険は、連邦政府の75%の負担と月11ドル（1982年6月30日現在）の受給者の保険料で運用されている。

自組合員のためだけでなく労働者全体のために
UAWの1950年クライスラー交渉

　労働組合は、常に、これら厚生年金やメディケアなど、社会保障の前進に力を注いできた。そして、これらを引上げることによって、未組織労働者を含めた労働者一般の生活向上に貢献してきた。

　この方向を意図的に追求した象徴的エピソードがある。UAWの1950年クライスラー交渉である。組合員の年金額を厚生年金と私的年金との合計で定めるという方式を勝ち取ったのである。そのために104日にわたるストライキが続けられた。年金が厚生年金と私的年金の合計額で定められれば、厚生年金部分が増加するにしたがって、使用者の負担する私的年金部分が減るということになる。とすると、使用者は当然、厚生年金を増加させようという組合の努力に力を合わせるだろう。しかも、この場合使用者とは、アメリカ社会において巨大な力と影響力を持つ自動車資本である。厚生年金が増加すれば、UAW組合員に限らず、すべての労働者が益するというものである。

　しかし、時代は変わりつつあるようだ。最近USW（鉄鋼労組）はソーシャル・セキュリティの改善に反対したのである。どういうことなのか。

　USWといえば、アメリカでも1、2を誇る高水準の賃金、ベネフィットを得ている組合である。もし、組合が「良き」かつ「強き」組合であれば、使用者との交渉を通して、年金であれ、健保であれ、「欲しいもの」はすべて手に入れてしまう。とすると、その組合としては、もはや社会保障の改善は必要としなくなる。従ってその改善に関心を示さなくなり、あるいは、反対すらするということも大いに起こりうることなのである。社会保障には所得再分配効果機能が働く以上、高所得の自組合員の利益を考えれば、自分だけのプログラムで行った方が有利となる。きわめて興味深い。

7）詳細は省略。

多くの組合の協約は、労働者が医療給付を最も必要とする時、すなわち、退職を契機にその後の給付を打切る。しかし、いくつかの組合は現役組合員に対するのと同様の給付を退職組合員に保障する。ディストリクト65やSEIU（サービス従業員国際組合）カウンシル11はこれに近い。ベイカリー労組ローカル3その他とともに、両組合とも、メディケア医療保険の保険料を組合が負担している。組合が診療所を持つ場合には、退職組合員はこれを利用することができるとするケースが多い。

これらのほかに、退職する労働者、退職した労働者のために退職準備プログラム、退職後プログラムがある。節を改める。

2　アメリカの労働組合による退職前および退職後プログラム

企業が、今退職しようという労働者、すでに退職した労働者に関心を示さないというのはわからないではない。しかし、労働組合が、これら労働者にほとんど何らの興味も示さないというのは、どうも理解に苦しむ。労働組合が、例えば、退職準備プログラムを実施し、また退職組合員に対する諸々のレクリエーション、教育、組織活動を持つということは、三重の意味できわめて重要である——①高齢労働者本人にとって、②同労働組合自身にとって、そして③社会一般にとって。

第1については説明を要すまい。第2については、組合の活動範囲は職場内の賃金・労働時間・労働環境問題に限るものではないということ、そして労働者を誰が掌握するのかという問題であるということである。第3は、いわゆる「パーソナル・ソーシャル・サービスイズ」の配給は政府・自治体・地域を通してのみ行われなければならないものではないということ、すなわち労働の場を通してというチャネルもあるということ、である。

しかし、労働組合による退職前および退職後プログラムの意味を検討することが本稿の目的ではない。本稿の目的は、海の向こう、アメリカにおける一労働組合の退職前・退職後プログラム（Pre-Post Retirement Programs）を簡単に紹介することである。まず、取り上げられる組合は、日本でも有名な例の国際

婦人服労働組合（International Ladies Garment Workers Union, AFL-CIO; ILGWU）
である。ついで、他の組合を見る。

（1）ILGWU のケース

（i）ILGWU とその退職組合員サービス部

ILGWU は、スカート、ブラウス、スポーツウェア、子ども服、ベルトその
他をつくる約 25 万人を組織する労働組合である。1890 年代来の伝統を誇り、
かつては 40 万人を擁していた。産業自体の衰退に伴い最近組合員を著しく減
じている。組合員には多くの移民労働者、非白人、女性を含み、労働移動率も
高い。例えば、機関紙類も英語のほか、スペイン語、中国語で発行されている。
この産業は小規模企業の集合であり、いわゆる「低賃金産業」に属する。同組
合の一スタッフは、自らの組合員を「働く貧乏人」「貧しいにもかかわらず、
生活保護の基準にはわずかばかり及ばない」と特徴づける。

現在、退職組合員の数は 11 万 6,000 人にのぼり、現役組合員との比率は 1
対 2 に近づきつつある。このように ILGWU は決して豊かな組合ではない。に
もかかわらず次のような広範囲にわたる活動をニューヨークを中心に組合員の
ために行っているのである。

これら活動の要を占めるのは、マンハッタンの衣服産業地区のど真中に位置
する ILGWU 医療センタービルの 6 階にオフィスをかまえる本部退職組合員
サービス部である。リー・カプラウィッツ（Lee Kaplowitz）部長、特別プロジェ
クト責任者ジュディス・ワインマン（Judith Wineman）以下 5 人の専門のソーシャ
ルワーカーと 4 人のフルタイムの秘書、事務担当者、15 人のパートタイマー
がつめている。この部の使う年間の経費は 100 万ドルに及ぶ。時には正義の守
り手として、時には反共の闘士として崇められ、ごく最近その長い生涯を閉じ
た前委員長ディヴィッド・ダビンスキーが引退するに際し、この退職組合員サー
ビス部は設立された。1966 年である。

（ii）退職準備プログラム

「退職とは人生における主要な一つの移行期（トランズィション）であり、こ
の「労働から退職生活への移行をスムーズに行うにあたって組合員は援助を必

要としており、組合はこの援助の提供について重要な役割をはたしうる」との前提に立ち、「(a) 組合内および政府・地域による退職者に対する給付・サービスについての適切な情報を提供すること、(b) 退職に対する考え方、心がまえを仲間同士交換する機会を組合員に与えること、(c) 労働の時期が終わり、労働者としての務めが終わったことを組合員および組合双方で確認する機会を持つこと、(d) 退職組合員サービス部との結びつきをつくる機会を組合員に提供し、組合との関係を引続き維持せしめること」を目的とする [8]。

　具体的には、退職年金の申請をした組合員に対し [9]、年2回、春と秋、各支部組合ごとに、あるいはいくつかの地区組合合同で、全一日のセミナーを開くというものである。本部の退職組合員サービス部とソーシャル・サービス部、それに当該支部組合が協力してセミナーを準備する。午前中は、組合内および外部からの講師によるレクチャー、組合員によりサーブされる昼食をはさんで、午後はいくつかの小グループにわかれてのワークショップが行われる。

　レクチャーのテーマ・内容は、最近企業による退職準備プログラムとしていろいろ紹介されているものと大差はない。すなわち、医療、法律、余暇、家計その他がカバーされ、政府・自治体による給付・サービス（厚生年金、医療保険、住居費・光熱費などの援助制度ほか）、組合による給付・サービス（組合年金、組合医療センター、退職組合員サービス部の活動ほか）、各種民間機関による給付・サービスについてのインフォメーションのほか、「犯罪防止」「レジャー・タイムの使い方」「高齢に対する考え方」等々、経済的側面のみならず社会的、心理的側面についてのインフォメーションも提供される。

　現在の形のプログラムは1980年に始まったが、出席者の評判はきわめて良い。各セミナーのおわりに提出を求められるアンケートでは、ほとんど100％近くの人々が配布資料、レクチャーの内容、小グループによるディスカッション、いずれをも「役に立った」と答え、約90％の人々が、「将来退職する仲間にこ

---

8) 同組合退職組合員サービス部およびソーシャル・サービス部による1979年9月21日の会議のレポート。
9) 正確には、この他、①55〜64歳の退職までまだ相当の期間のある者、②すでに退職してしまっている者をも対象としているが、現在のプログラムの実践は、本文の組合員を中心としている。

のセミナーに出席するようすすめたい」と答えている。さらに、自由記入欄には、「私が今まで出席した組合の会議の中で一番ためになりました」「この退職準備セミナーは実にすばらしかった。多くのことを学びました。私達のことを本気で気にかけてくれる人がいるということを知ってとてもうれしかった」「こういうこと（今日与えられたインフォーメーション）はすべての退職者が知るべきだと思います。今日のセミナーに心から感謝致します」等々絶賛と感謝のことばでうめられている。

しかし、退職組合員サービス部の部長は、「出席率」に不満である。セミナーはいくつかの例外を除いて土曜日に行われているのだが、ちなみに、1982年春のセミナーをみてみると、出席率は最低11％から最高56％、平均で30％弱である。「せっかく多くの時間と金を使って彼らのためにこのセミナーを開いているのに、なぜ、多くの組合員は出席しないのだろうか。ましてや、彼らはすでに退職年金の申請までしているにもかかわらず……」と、同部長はこの疑問を解くために筆者に調査を委託した。ロバート・C・アチェリーがその著『退職の社会学』で1976年に、緊急に調査を要する事項と指摘した問題でもある。きわめて興味深い結果が摘出されたがこれについては他の機会に譲るほかない。

(iii) 退職後プログラム

学者、コンサルタントにとっては、退職準備プログラムはきわめて重要であり、かつ有意義であるとされているが、その本当の効果は未だ実証されていないといってよい。一部の学者は退職準備プログラムを通して与えられた情報の内容が、退職後の生活にどれだけ影響を及ぼすかという点については懐疑的ですらある。退職前プログラムの方がもてはやされているが、退職後プログラムの方があるいはより重要であるかもしれない。特に労働組合にとってはそうである。

(a) 「友愛訪問」プログラム

ILGWUで最も特徴的なのは、アウトリーチ概念と結びついた「友愛訪問（フレンドリー・ビジティング）」プログラムであろう。「友愛訪問」プログラムとは、彼（女）自身ILGWUの退職組合員である「友愛訪問員（フレンドリー・ビジターズ）」が、何らかの援助を必要とする

退職組合員の家、アパート、老人ホームなどを訪れ、その必要な援助を提供しようというプログラムである。「友愛訪問員」は、歩行の容易でない退職組合員に同行し、医者や組合医療センターや役所に出かけ、代わって買物その他の使い走りをする。孤独な退職組合員の話し相手にもなる。それだけではない。退職組合員の権利の弁護者としても活躍する。医療保険の払戻金について、政府による家庭奉仕員サービス、訪問看護婦の利用について、家主地主とのいざこざについて、その他法律上の争いについて、組合の給付・サービスについて、地域の食事提供センターや高齢者センターについて、生活保護や食料切符の申込みについて、いろいろアドバイスを与える手伝いをする。次はある「友愛訪問員」の週間報告の綴りからの抜き書きである[10]。

「ビビアン・W（69歳・ナーシングホーム入所中）は1人で外出することを禁じられており、私が行くと、しばしば私の車で外をドライブしてくれと頼んでくる。今日、ドライブの途中、ビビアンは彼女の身の上話しをはじめた。息子がこのところ久しく訪れなくなっているとのこと。金銭にまつわるいざこざが原因らしい」「退職組合員サービス部のソーシャルワーカーとの検討の結果、訪問員は家庭内の問題には踏み込むべきではないが、ビビアンの息子に電話をかけ、お母さんを訪ねることについての一般的な話はすべきだと決定」「この電話のゆえかどうかは不明であるが、再び息子が訪問をはじめた」「ビビアンの歯がわるいことがわかる。『ベビーフードはもうあきあきした』と前からこぼしていた。看護婦長に連絡」「歯の治療をうける」「眼鏡を新しくするよう措置」「（ビビアンは言語障害はひどいが訪問員は彼女を理解できるようになっている）。しかし彼女と長話をすることはむずかしい。……ビビアンがだまって私の両手をとり、『あなたが帰ったあとは、うつろな空間だけが残ります……。私にではなく、あなたと私の組合に神の祝福があるように』ととぎれとぎれながら彼女はいう」「私のすすめではじめた作業療法できれいなバスケットをつくれるようになってきた」

---

10) ILGWU, Friendly Visiting to the Aged In Institutions, 1974, p.12.

少々古い数字ではあるが、1970 年中にこういった施設入所中の退職組合員で、友愛訪問員の訪問をうけた退職組合員は 315 人、施設以外の訪問を合わせると 23,813 人が少なくとも 1 回の訪問をうけている[11]。なかには年 20 回、30 回とくり返し訪問をうける組合員もいる。退職組合員は誰でも電話 1 本で、この「友愛訪問員」の訪問を要請することができる。

組合のゴールは、すべての退職組合員を年 1 回訪れること。少なくとも新たに退職した組合員には、必ず「訪問員」の方からコンタクトをとるように努めている。

この「友愛訪問員」はボランティアではあるが、連邦の最低賃金＝3 ドル 35 セント（1982 年）が支払われている。1 年経過すると 10 セント、2 年経過すると 30 セントがプラスされる。現在全国で 85 人が、退職組合員サービス部のソーシャルワーカーの下で各月 80 時間働いている。

(b) 家事援助プログラム

「友愛訪問」プログラムの初期の経験は、心身の障害で家事を充分行えないにもかかわらず、老人ホームなどには入りたくないとする多くの組合員がいることを教えた。家事援助プログラムが生まれたゆえんである。週 1 回、家政婦が派遣され、洗濯、掃除などのサービスを無料で提供する。1967 年制度発足以来最初の 3 年半で約 400 人がこのサービスをうけた。

(c) 特別援助基金

永年組合員でありながら、雇用の中断、退職間際の障害などのゆえに年金受給資格を欠き、金銭的援助を必要とする者に対する組合独自の基金である。年金と異なり、協約により使用者から払込まれる基金ではない。実際の運用は、一部あるいは全部の障害により労働不能の場合を除き 65 歳以上で、20 年以上組合員であり、かつ申込み直前 5 年間のうち少なくともある時期組合員であったことが受給資格として要求される。時に個人的活動により組合の発展に貢献し、25 年組合員であり、かつ申込直前 10 年間組合員でありつづけた場合には

---

11) ILGWU, After A Life of Labor, 1971, p.6.

特別の配慮が加えられる[12]。1966 ～ 1970 年の約 4 年間だけで 387 人に対し、29 万 1,000 ドルが支給された。残念ながら最近のデータは入手していない。

(d) ソーシャル・サービスィズ（退職組合員相談）

　退職組合員はいつでも電話または退職組合員サービス部を訪れ専門のソーシャルワーカーの相談をうけることができる。必要に応じ、カウンセリング、情報・知識の提供、他機関への紹介が行われる。退職組合員も現役組合員と同様、あるいはそれ以上にいろいろな生活上の困難を抱えるのである。その「困難」の内容を知るため、次に 1981 年 5 月の 1 か月間に同退職組合員サービス部がうけた電話による 223 ケースについて求められたサービスの別に分類してみよう。

・友愛訪問員の派遣（退職組合員あるいはその家族から）　51
・住宅（借地借家問題、新しい住まい探し）　13
・精神衛生（意気消沈、ふさぎ込み、緊急カウンセリングの要有）　22
・交通（組合医療センター、クリニックなどへの足がない、車の運転が必要）　6
・医療（各種給付・サービスについて）　43
・家事援助（上記組合プログラム）　40
・組合の外のエイジェンシーからの紹介　6
・緊急　1
・老人ホームについての情報　4
・特別援助基金（上記組合プログラム）　2
・その他（医療に関わらない組合給付、年金小切手がこない、etc.）　35

　「友愛組合員」の派遣、家事援助のリクエストなど組合サービスに対する問合せ、申込みが多いほか、医療については問題が多いのが目につく。

---

12) ILGWU, After A Life of Labor, pp.10-11.

(e) 文化活動

もう一つ、ILGWU の退職後プログラムが「有名」なのは、コンサート鑑賞会のゆえである。過去16年間に90回を超えている。

毎年催されるすばらしいこの音楽会は、レオポルド・ストコウスキー（指揮者）、エリック・フリードマン（バイオリニスト）、リチャード・タッカー（オペラ）、ロバート・メリル（同）等々、超一流の音楽家を招き、ニューヨーク・カーネギー・ホール、フィラデルフィア・アカデミー・オヴ・ミュージック、ボストン・ジョン・ハンコック・オーディトーリアム等々一流の会場で催されている。1982年5月には、アヴェリー・フイッシャ・ホール（リンカンセンター）でアメリカン・シンフォニー・オーケストラを聞かせた。

(f) 退職者クラブ

現在、アメリカ全国、プエルトリコ、カナダに63の退職者クラブが組織されている。原則として各支部組合ごとに組織される。

その主な活動は、月1回の定例会のほか、講演会や小旅行その他のレクリエーション、昼食会その他である。講演会のテーマは、政治的なものから、健康管理などについてのものまで幅広い。

例えば、今年2月9日に行われた第23-25支部組合（ILGWU内最大の支部組合。第23-25支部組合にはこのほかに最近スペイン語系、および中国語系退職組合員をメンバーとするクラブがそれぞれ結成された）の定例会を見てみよう。

会場は同組合オフィスのある医療センタービルの10階。参加者は約50名、ほとんどが女性。なかには夫婦で参加のカップルも2、3いる。正面には、退職組合員サービス部の担当ソーシャルワーカー、第23-25支部組合退職者クラブの委員長および書記長、同支部組合の教育部長などが並ぶ。開会前、参加者は年3～4ドルの年会費を支払っている。この集められた金はコーヒー代その他になるとのこと。クラブの運営はこのほか、本部退職組合員サービス部から頭数に応じ配付される補助金で賄われる。

会議はクラブ書記長の報告ではじまり必要な決議文の採択、つづいて、退職組合員サービス部ソーシャルワーカーが年末に行われた高齢者に関するホワイト・ハウス会議のレポート。彼女のほか12人のILGWU退職者が同会議には

参加している。続いて、1週間前に発表になったレーガン予算に対する痛烈な批判演説。医療費の返戻金について何か問題が実際に起こったら直ちに組合に通報するよう依頼、組合は対レーガン予算戦略をねるためにこれを使うとのことである。その他無料税金相談についての一覧表が配られ、ニューヨーク市高齢者部による光熱費プログラム、食料切符、家賃免除制度の変更などについての説明がなされる。その間、次々に、クラブ員から具体的な質問がとび出す。これら議事のあとは、コーヒーとケーキによる"社交"の場と化す。

退職者に必要なインフォメーションを流し、彼らの声をすい上げ、力を一つにまとめる。同時にこの機会を仲間同士の交流の時として使う。これが月例会の機能のようだ。

(g) 組合機関紙の退職者組合員欄

組合機関紙『ジャスティス』（月刊）には「退職者欄はあなたのために」という欄がもうけられている。この欄には以上述べられたような範囲のことがすべて現れる。組合給付の内容・手続の変更についての説明、政府による医療保険、厚生年金などの変更、レクリエーション、文化活動、退職者クラブのニュース、政治的課題について、議員に手紙を書くよう訴えるキャンペーン、高齢者に関係のある新しい立法その他についてのニュースその他である。一般の機関紙にこの欄を設けることによって、高齢者、退職組合員の問題を現役組合員に周知せしめる効果も期待されよう。

（2）アメリカ労働組合の一般モデル

前項で、ILGWU（International Ladies' Garment Workers Union, AFL-CIO；国際婦人服労働組合）の退職前および退職後プログラムを紹介した。退職を迎えようとする組合員には、「退職準備セミナー」を、退職をした組合員には、相互扶助プログラム、家事援助プログラム、金銭的援助プログラム、各種相談サービス、コンサート、「退職者クラブ」活動等々を行っていた。

アメリカの労働組合は、ほとんどがこのような退職前および退職後プログラムを持っているのだろうか。あるいは、このような活動を持っている組合は、きわめて例外的な存在なのだろうか。また、もし、多くの労働組合がこのよう

なプログラムを持っているとするならば、そのプログラムの内容は、ほぼ
ILGWU のものと同じなのであろうか。それとももっといろいろなプログラム
が、「退職前および退職後プログラム」として行われているのであろうか。

（i）ニューヨーク地区に集中するプログラム

　ニューヨーク地区を除けば、「優れた」退職前および退職後プログラムを持
つ組合は多くはない。UAW（United Automobile, Aerospace and Agricultural Imple-
ment Workers of America; 全米自動車・航空機・農業機器労働組合、以下全米自動
車労働組合と略す）、CWA（Communications Workers of America; アメリカ通信労
働組合）などが代表格であろう。しかし、ニューヨーク地区では、「優れた」
退職前および退職後プログラムを持つ組合は少なくない。ILGWU のほか、
ACTWU（Amalgamated Clothing And Textile Workers Union; 男子服労働組合）、
NMU（National Maritime Union; 全国船員組合）、AFSCME（American Federation
of State, County and Municipal Employees; 全米州郡市職員連盟）ディストリクト・
カウンシル 37（ニューヨーク市職員組合）、ディストリクト 65、UAW（流通労
働組合）、カウンシル 11、SEIU（Service Employees International Union; サービス
従業員国際組合）、ディストリクト 1199、NUHHCE（National Union of Hospital
and Health Care Employees; 全国病院保健関係従業員組合）、ローカル 3、BCT
（Bakery Confectionery of Tobaccco Workers International Union; パン菓子製造労働
組合）などがその例である。

　なぜ、ニューヨーク地区に「退職前および退職後プログラム」を発達させた
組合が多いのかについては、二つの理由が考えられる。一つは、ニューヨーク
に、ある学者達がソーシャル・ユニオンと名づける組合が集中している——な
ぜ集中しているかはここでは問わない——こと。ソーシャル・ユニオンという
のは、工場内の賃金、労働時間、職場環境の問題だけでなく、工場外の組合員
の生活（政治の問題、正義の問題、コミュニティの問題などを含む）の部面にまで
関心を示す労働組合のことである。上に掲げた組合は、いずれもこのカテゴリー
に含めてよい。

　もう一つは、アメリカ・ソーシャルワークの影響である。アメリカのソーシャ
ルワークは、1960 年代以降、ソーシャルワーク・イン・ザ・ワールド・オヴ・

424

ワークあるいはインダストリアル・ソーシャルワークと呼ばれる新分野を開拓
してきた。その中心が、ニューヨークのハンター・カレッジ（ニューヨーク市
立大学）およびコロンビア大学なのである。上に挙げた労働組合のいくつかの
プログラムは、両大学から実習に来ていた大学院生の発案によって始められ、
あるいは発展せしめられ、また、現在も多くの大学院生、卒業生がこれらプロ
グラムのために働いている。アメリカ労働組合による「退職前および退職後プ
ログラム」の内容も、ILGWU は一つのモデルではあるが、何もこれに限るわ
けではない。特に退職後プログラムにあってはその活動は多様である。

　筆者は、この度、上に掲げた 8 組合を訪問し、それぞれのプログラムの責任
者および担当者をインタビューした。以下は、これら組合の「退職前および退
職後プログラム」の整理を通して、「アメリカの労働組合は『退職前および退
職後プログラム』としてどのようなことを行っているのか」という問いに対し
て、ストレートに答えようというものである。

（ii）退職前プログラム

　訪れた 8 組合中、ACTWU とローカル 3、BCT を除いたすべての組合が退
職前プログラムを持っているが、その内容は、精粗の差こそあれ、いずれも上
で述べた ILGWU のプログラムと大差はない。要は、退職前プログラムとは、
退職生活にアジャストするために必要なインフォメーショシ、退職生活におい
て有益なインフォメーションを組合員に与えんというもので、そのインフォ
メーションの範囲は、金銭にかかわる問題（厚生年金、組合年金、貯蓄など）、
健康に関わる問題（食生活、高血圧など）、心理的・情緒的問題、レクリエーショ
ン、教育、社会的・政治的諸問題等々をおおう。政府、組合、コミュニティに
よる各種給付・サービスについての説明がなされ、また、組合が退職組合員独
自の組織を持つ場合および退職組合員による政治・立法活動を持つ場合には、
それぞれそれらについての説明も加えられる。

　次に、ディストリクト・カウンシル 37、AFSCME の 1981 年「退職前カン
ファランス」におけるワークショップで配布された一資料を掲げておこう。現
在組合により行われている「退職前プログラム」の"守備範囲"と"関心"が
容易に読みとれよう（表 9 - 1）。

**表9-1　ディストリクト・カウンシル37退職前カンファランスに
おけるワークショップ（1981年10月10日）**

●**退職生活へのアジャストメント**

　退職時には多くの社会的、肉体的変化を経験しなければならない。退職とは人生における一つの区切りであり、また、ユニークな挑戦でもあり新たなチャンスでもある。退職者はこの移行時に何を期待することができるか？　ディストリクト・カウンシル37は、この時にどのように組合員のアジャストメントを援助するか？　退職とは、どういった"感じ"なのだろうか。

●**基本的諸給付**

　労働者が退職すると、（組合の）健康・医療プランは、一定の資格を有する退職者に対しいろいろの給付を提供する。これには、難聴・足病に対するサービス、歯科、眼鏡、薬局、手術確認診断、生命保険、遺族給付などが含まれる。これら給付の範囲について、また市（＝雇主）の健康保険給付に関し退職者が知るべきことについて、健康・医療プランの代表者がアウトラインを説明する。

●**退職者に対するコミュニティ・サービス**

　「元気で活動的な」退職者は、ニューヨーク市の各自の居住地および近郊のコミュニティにおいて、多くの市、州、連邦によるプログラムに参加し、サービスを受けることができる。これらコミュニティのプログラムについて、専門家が詳細に説明する。

●**家計設計**

　どうやって、今、あなたの収入を最大とし、退職後の財政的保障を確保するのかについてのサジェスチョン。

●**退職生活における健康**

　高齢者にとっての健康維持はきわめて重要である。55歳以上の人にとって、賢い食生活とはどういうものか。どういった種類の運動が体のために良いか。高齢者に多い病気にはどういうものがあり、それらにはどのような手段（てだて）が最良であるか。健康・医療プランの医療専門家が他の質問と合わせこれらの質問に答える。

●**法律問題**

　たいていの人は、遺言、契約、消費者問題その他の法律問題についてアドバイスを必要とする。ディストリクト・カウンシル37は、「市職員法律サービス」を通して、一定の資格を有する現役および退職員に一定の法律サービスを提供する。

●**政治活動の努力**

　退職者は、自らの生活に重大な影響を与える多くの重要かつ複雑な社会的、政治的問題に直面する。例えばコミュニティ・サービスの内容、年金の物価スライド、選挙における候補者の選択。一個人にとっては、これらは手におえない大きな問題であるけれども、他の組合退職者と手を組み、専門のスタッフの援助を受けて、行動するならば、退職者は、その影響力を最大限行使することができる。

●**厚生年金（ソーシャル・セキュリティ）**

　多くの退職者は、厚生年金給付——あなたの将来の家計を助ける月々の収入——を受けることができる。退職者はこの連邦のプログラムに何をどのくらい期待することができるか。給付額はどのように決定されるか。厚生年金給付はいつ申請すべきか。不能給付についてはどういった規定があるか、厚生年金当局の人が、他の質問とともにこれらの質問に答える。

（1981　PRE-RETIREMENT CONFERENCE　式次第リーフレットより）

プログラム間の差異はむしろ"形式"の方にある。ある組合は、これらインフォメーションを個人別カウンセリングで（NMU）、また、ある組合は1日のセミナーで（ディストリクト・カウンシル37、LGWU）、また、他の組合は週1回数時間の7〜8週間にわたるレクチャーで（ディストリクト65、ディストリクト1199）配給している。ある組合はワークショップを併用し、ある組合では併用していない。また、プログラム参加の時期は、ある組合では、年金を申請した時、すなわち、退職直前とし（NMU、ILGWU、カウンシル11）、ある組合では、一定の年齢に達した時、すなわち例えば55〜57歳あるいは60歳（ディストリクト・カウンシル37、ディストリクト65）とする。

いずれにせよ、「退職前プログラム」については、今日ではすでに一つの型ができあがっていると考えてよかろう。労働組合によるもののみならず、企業によるもの、コミュニティ・エイジェンシーによるものにあっても、大きく変わるところはない。

（iii）退職後プログラム

退職後プログラム／活動の方は、ILGWUの枠を越えてバラエティに富んでいる。しかし、このバラバラの現存するプログラムを総合することによって、一つのモデルを作り上げることは可能と思われる。

まずこれを示そう。表9－2がこれである。

「退職後プログラム／活動」には、①「元気で活動的な」退職者に対するものと、②なんらかの「援助」を必要とする退職者に対するものがある。さらに前者には、文化的・社交的・教養的・レクリエーション的活動（b－e）とコミュニティ・政治・組合活動（f－h）とが含まれる。組織あるいはプログラムを動かす上で不可欠の週または月1回の定例会（①a）およびコミュニケーションのための退職者向け新聞の発行（③）についてはここでは触れない。

（a）レジャー活動

文化的・社交的・教養的・レクリエーション的活動（b－e）はむずかしくない。典型は、学校や組合や職場でよくみられるクラブ活動に相当するものである。絵画やチェス、刺繍その他がポピュラーである。続いて年数回のレクリ

表9−2　退職後プログラム／活動のモデル

①「元気で活動的な」退職者に対する活動

a　週1回または月1回の定例会（プログラムまたは退職者の組織を動かすための議事。多くの場合以下のc、dまたはeがプラスされる）

b　教室またはクラブ活動（週1回）（趣味または文化的なもの――絵画、工芸、写真、刺繍、チェス、トランプ、音楽鑑賞、フォーク・ダンス、その他。教育的なもの――タイプライター、洋裁、高卒または大卒資格を取得するためのコース、その他。社会的なもの――ディスカッション・グループ、その他）

c　社交（毎日または週1回）（昼食、コーヒーとケーキ、その他）

d　講座（月1、2回）（とくに高齢者に関係のある情報の提供、教養的、政治的テーマ、その他）

e　レクリエーション行事（ビンゴ、コンサート、映画、演劇、旅行、パーティ、その他）

f　コミュニティ活動（地域のナーシング・ホーム住民のための誕生会の主催、その他）

g　立法、政治活動（デモ、議員への陳情、組合員に投票をすすめる電話かけ）

h　組合のスト支援（ピケラインに参加、ピケラインにコーヒーのサービス、その他）

i　年金の改善などで前使用者と団交

②「援助」を必要とする退職者に対する活動

a　相互援助（家庭訪問、電話かけ、買物の手伝い、話し相手、室内の掃除、権利の擁護、その他）

b　パーソナル・サービス（カウンセリング、情報の提供、他エイジェンシーへの紹介――金銭、精神衛生、住宅、交通などの問題）

c　特別援助（金銭的・家事・住宅・交通手段の援助、契約医紹介制度その他）

d　アウト・リーチ・プログラム

③　新聞の発行

組合機関紙に特別の退職者向けの欄またはページを設ける場合、あるいは、特別の退職者向け新聞を発行する場合

（本文前述の8組合のプログラムから筆者が作成）

エーション行事――観劇会、旅行、クリスマス・パーティなど。高齢者に密接に関係のあるテーマ、より一般的な社会的・政治的テーマでの講座もしばしばもたれる。少々ユニークなものとしては、ディストリクト1199のディスカッショングループがある。参加者が自分達でテーマを選び、週1回、互いに議論し合うというものである。「今日のポーランドの情勢について」「パナマ運河は返還すべきか」等々政治的なものから、最近の組合の問題、身の回りのことまで何でもテーマになる。ディストリクト・カウンシル37の組合ホールをキャンパスとするニューラチェル大学プログラムもおもしろい。正式に認可をうけた大学で、高卒資格さえ持っていれば、退職組合員は無料でこの大学に入学できる。週2回、朝10時半から午後2時10分まで出席し、1学期に6単位を取

得し、120 単位で学士号をものにできる。

(b) 市民的活動

　コミュニティ・政治・組合活動（f－h）については少々説明が必要かも知れない。ここでいうコミュニティ活動（f）とは、例えば、自分達の住む地域の高齢者用ナーシング・ホームの住人のために誕生会を開催するといった類である。ACTWU のある退職者グループは、これら活動に関心を持つ。立法・政治活動（g）とは、ワシントンにバスを仕立ててデモに行ったり、国会議員や州会議員に手紙を書いたりという活動を意味する。カウンシル 11 は選挙時には「活動の中心をレクリエーション中心から政治活動中心に移行させる」。ボランティアは電話で投票依頼に忙しい。

NCSC（全国高齢市民評議会）

　本文で見たように、組合が一度退職者の組織あるいは活動を持つならば、その多くは政治活動に力を注ぐ。特に、NRTA（National Retired Teachers Association 全国退職教師協会）などの政治活動は有名である。しかし、個別組合の枠を越えた、AFL-CIO がその傘下の組合に加入を推奨する退職労働組合員の"グレイ・パワー"組織がある。NCSC（National Council of Senior Citizens 全国高齢市民評議会）である。

　全国に 400 万の組織を持ち、労働組合のほか、教会その他地域の高齢者クラブをもそのメンバーに抱える。先に述べたメディケアの制度化を勝ち取るために、1960 年代初めに労働組合、教会、保健関係組織などが始めたものである。

　活動の中心は、あくまでも立法・政治活動である。レーガン大統領のソーシャル・セキュリティ攻撃に対しても 1 万人以上をワシントンに動員した。月々、機関誌「高齢市民ニュース（Senior Citizens News）」を発行するほか、国会議員の投票記録の公表などもする。

　最近では、サービス活動にも力を注いでいる。①連邦資金による低所得高齢者向け住宅の建設、②光熱費援助制度についての知識普及のためのセンターの設置（全国 80 か所）、③高齢者のためになる調査、研究への補助金の支出（全国高齢市民教育・研究センター）、④保育所その他地域（コミュニティ）サービス業務への低所得高齢者のパート雇用（1

万人）などのほか、メディケアがカバーしない部分を補足する低額健康保険制度その他の運用も始めている。

　いくつかの組合（カウンシル11、ディストリクト65など）では、退職者が親組合の支援に出かける。「組合がストに入ると退職者はピケラインに立ったり、ピケ参加者にコーヒーをサービスしたりする」。さらにもう一歩進むと（ディストリクト・カウンシル37）、退職者が自分の年金などについて以前の使用者との団交に参加するということになる。「1978年以降、（退職組合員の）代表が協約交渉の要求づくりに参加し、実際の交渉テーブルにも同席している」

　「元気で活動的な」人々に対するプログラム／活動〔表9－2の（①）〕は、退職者の役割はレジャーと市民的活動だとするアメリカにおける一般的「理論」あるいは定義づけに合致する。

(c)「援助」プログラム

　「援助」を必要とする退職者に対するプログラム（②）には、相互援助プログラム、パーソナル・サービスィズ、各種の特別援助プログラムがある。リーチ・アウト・プログラムは、これらと並ぶプログラムというより、これらを背後から動かすものと考えるのがよかろう。「問題をこちらからみつけに行く」ということである。

　相互援助プログラムとは、元気な退職組合員が自由に動けない退職組合員を、「知識」を有する退職組合員が「知識」を欠く退職組合員を援助するというものである。歩行の不安なメンバーを病院へ連れて行き、代わって買物をし、話し相手になり、そして“権利”の守り手となる。各種給付・サービスの情報を提供し、時には申請書の記入を手伝い、家主との交渉に力を貸す。ILGWUの「友愛訪問」プログラムはこの種のサービスで最も整備されたものである。

　パーソナル・サービスィズとは、いわゆる退職組合員相談であり、そのサービスの範囲は、カウンセリング、情報の提供、他エイジェンシーへの紹介を含む。ローカル3、BCTについては不明であるが、他の7組合はすべてこのサービスを持っている。扱う問題は、金銭、医療、精神衛生、住宅、交通など、一般の組合員の相談とほとんどかわらない。

特別援助とは、各組合が、それぞれの退職組合員のニーズに応じ発展させた種々の援助プログラムを指す。ILGWU は「永年にわたって組合員でありながら、年金資格がなく、金銭的に困難に陥っている者」に対し、組合独自の援助基金を、「心身の障害のゆえに生活が自由でない、しかし、施設に入ることを望まない退職者」に対し、週1回の家の掃除などを行う家事援助プログラムを持っていた。同様に、NMU は、その組合員が、人生のほとんどを海上で過ごし、退職後、住宅に困難を持つ者が多いことから、退職者に家をみつける「高齢者のための住宅」プログラムを開発している。ディストリクト 65 は、退職組合員の多くが"足"（交通）の問題を持つことを認め、退職者を組合ホール（診療所がある）や組合行事会場へ運ぶための車3台を政府の補助金を得て購入し、走らせている。

以上はモデルであって、実在ではない。実在するプログラムは、その発展レベル、組合の規模、財政・人的能力、指導部の関心や組合員のニーズ、歴史的発生のきっかけの違いなどを反映して、範囲とウェイトの置き方が異なる。例えば、前項で紹介した ILGWU は、「援助」活動重視型であるのがわかるだろう。政治的活動、組合活動への関与などにはほとんど関心を示さない。これに対し、例えばローカル 3、BCT では、そのエネルギーのほとんどを、政治活動に注いでいる。その他の活動はすべて地域のクラブにまかせ、リクリエーション活動にすらほとんど関心を示さない。ただし、いずれにしろ、「退職後プログラム」が一度実施され始めると、遅かれ早かれ上に述べたようなプログラム／活動の多くをカバーするようになるだろう。ディストリクト・カウンシル 37 やディストリクト 65 はほぼその完成モデルに近づいている。

(d) 地域ベースの活動

最後に上のモデルからはみ出たいくつかの注目すべき活動についてみておこう。第1は ACTWU の退職者センターである。例えばニューヨーク地区の紳士服のジョイント・ボード（25 の支部の集まり）のセンターは、25 年も前から退職者の活動の場として機能し続けている。現在は1人のフルタイムの組合スタッフが常駐しており、土・日を除き毎日朝から夕方まで開いている。

第9章−Ⅱ　アメリカの労働組合は中高年組合員のために何をしているか　431

第2は、ディストリクト65によるコミュニティごとの退職組合員グループの組織化である。「遠すぎる」ため、また「地下鉄に乗るのがこわい」ためマンハッタンのユニオン・ホールで行われる定例会などに参加できないメンバーが多い。「それでは、活動を居住地の近くに持っていこう」。加えて三つの目的がある。第1は各コミュニティにおいてより良い生活環境を獲得するための政治的・社会的圧力グループとなること、第2は地域で相互扶助のネットワークを発展させること。ディストリクト1199も同種の試みを「考えている」

　第3はフロリダにおけるACTWUほか数組合による共同契約医プログラムである。組合は地域の医者と交渉し、政府の医療給付でカバーされる以上の金額を請求しないことを条件に、それら協力医師のリストを組合員に配布する。地域における数組合の共同プログラムの発展の将来の可能性を暗示している。特に上のコミュニティ・グループの形成と考え合わせると興味深い。

【初出】（第1節）「今日のアメリカ労働組合　セニオリティ」、「同　アメリカの労働組合はその中高年組合員のために何をしているか」『労働ハイライト』No. 16、18、1983年4月25日号、5月25日号。
　　　　（第2節）「アメリカ労働組合による退職前および退職後プログラム」『エルダー』1982年11、12月号。

【参考】「労働組合は退職者に何をするか―ニューヨーク地区労組にみる退職前・退職後プログラム」『賃金実務』1982年7月号。

第10章

労働者の抱える問題と労働相談

従業員相談／組合員相談（EAP/MAP）

　アメリカの労働者は、他の国の労働者と同様、多くの問題を抱える。それらは個人生活、家族生活、職場生活、地域・社会生活にわたる。問題を抱えた労働者は、自分で悩み独力で解決しようと試みる。あるいは権利を主張し訴訟を起こし闘う。特にアメリカにおいては「個人主義」、「訴訟社会」がキーワードである。

　しかし、実際にはアメリカの多くの労働者はこれらに代えてまたはこれらと並行して「相談」という道をとる。問題を抱えたとき労働者は、家族に、友人に、同僚に、現または元の上司に、労働組合の役員その他に個人的に相談する。あるいはよりフォーマルにデザインされた公私のさまざまな相談プログラムを利用する。従業員相談プログラム（Employee Assistance Programs; EAP）／組合員相談プログラム（Member Assistance Programs; MAP）はそのうちの代表的なものの一つである。

　本稿[1]は、二つの目的を持つ。一つは今日のアメリカの労働者が抱える問題の一端をみること。EAP／MAPに持ち込まれた問題項目とその分布をみる（第1節）。もう一つはこれら問題を扱うアメリカEAP／MAPのエッセンスを理解すること。プログラムの具体例、一般的拡がりと定義／意義、主なる論点を概観する（第2～4節）。

　EAPは今日のアメリカ労働ソーシャルワーク（Occupational Social Work）

---

1) 本稿は主に2002年秋から2003年春にかけて行われたEAP関係者の一連のインタビューによるものであるが、一部筆者により70年代後半以降蓄積されたデータにも負うている。

の関心と実践の中心を占める。論者よっては労働ソーシャルワークを EAP と
ほぼ同義とすら置く。

1　EAP を通してみるアメリカ労働者の抱える問題

　アメリカの労働者は何を悩むか。表 10 – 1～表 10 – 3 は今日のアメリカの
二つの代表的 EAP/MAP を通してみた労働者の抱える問題の一覧である。

（1）マウントサイナイ／ニューヨーク大学健康（Health）EAP

　表 10 – 1 はニューヨークにあるマウントサイナイ／ニューヨーク大学健康
EAP（6 病院・組織をカバー、後述）に 2002 年 1 年間に寄せられた問題項目別
件数およびその分布である。「問題」は、本人による"主訴"ではなく"カウ
ンセラー"によって判定された最も「主要な問題」項目である。
　プログラムの内容については次項に詳述される。ここでいうクライアントは
病院を訪れる一般患者ではなく病院で働く人々＝従業員である。具体的には、
①医者、②看護師（register nurse）、ソーシャルワーカー、医療技師、③電気
工その他のエンジニア、④保安警備、⑤建物保繕、食事サービス、看護補助な
どである。
　もっとも多い問題が鬱／不安の 50 件（308 件[2] 中の 16.2％、以下同じ）、ついで
ストレスの 31 件（10.1％）、不幸／死別（身近な人の死亡などによる深い悲しみ）の
29 件（9.4％）の順である。メンタル・ヘルス 20 件（6.5％）、夫婦関係 18 件（5.8％）、
家族間問題、職場の上司との関係各 16 件、金銭問題、子育て各 15 件と続く。
　表の各項目を薬物・アルコール（アルコール 3 項目、薬物 2 項目）、環境問題（キャ
リア、高齢者介護、金銭、法律、子育て）、健康医療（鬱／不安、身体的健康医療、
メンタル・ヘルス、自己規定（concept）／自尊、ストレス）、人間関係（離婚／別離、
家族間問題、不幸／死別、夫婦問題、職場 3 項目）の 4 カテゴリーにまとめるな

---

2)　この中には「問題なし」が 21 件含まれる。したがって、「問題あり」ケースにおける
　　問題の種類別件数の中に占めるパーセンテージは以下示される数字よりそれぞれ若干高
　　くなる。

434

表 10 － 1　マウントサイナイ／ニューヨーク大学健康 EAP クライアント
が抱える問題 I（従業員に関するケースのみ）2001.1.1-12.31

問題項目	件数	％
アルコール・薬物、家族外		
アルコール、家族	1	0.3
アルコール、本人	11	3.6
キャリア	6	2.0
鬱／不安 [1]	50	16.2
障害 [2]		
離婚／別離	12	3.9
薬物、家族	2	0.7
薬物、本人	8	2.6
高齢者介護	4	1.3
家族間問題	16	5.2
金銭	15	4.9
不幸／死別 [3]	29	9.4
法律	13	4.2
夫婦問題	18	5.8
身体的健康医療 [4]	1	0.3
メンタル・ヘルス [5]	20	6.5
子育て	15	4.9
自己評価 [6]	7	2.3
ストレス	31	10.1
職場、ハラスメント	5	1.6
職場、同僚	7	2.3
職場、上司	16	5.2
なし	21	6.8
合　計	308	100.0

注 1 ："カウンセラー"によって判定された第 1 に主要な問題（Hughes, 2003c）。
注 2 ：1) Depression/Anxiety、2) Disability management、3) Grief/Major loss、
　　　4) Medical/Physical、5) Mental health/Personal、6) Self concept/
　　　Esteem
出所：Mount Sinai Hospital, "Consolidated Summary Report for the period
　　　Monday, January 01, 2001-Monday, December31, 2001," March 3, 2003.

第 10 章　労働者の抱える問題と労働相談　435

表 10 − 2　マウントサイナイ／ニューヨー大学健康 EAP クライアント
が抱える問題 II（従業員に関するケースのみ）2001.1.1-12.31

問題項目	人	％
欠勤（absenteeism）	17	5.5
処分（disciplinary action）	21	6.8
労働不能（impaired）	7	2.3
一貫性の欠如（inconsistent）	3	1.0
労働の質（quality）	10	3.3
人間関係（relationships）	33	10.7
安全性（safety）	7	2.3
遅刻（tardy）	4	1.3
その他（other）	25	8.1
問題なし（no problem）	121	39.3
合　計	308 （248）	

注：相談者本人、監督者またはカウンセラー判定による報告の合計（Hughes,
　　2003c）。

出所：Mount Sinai Hospital, "Consolidated Summary Report forthe period
　　　Monday, January 01, 2001-Monday, December31, 2001," March 3, 2003.

らばそれぞれ 22 件（7.1％）、53 件（17.2％）、109 件、103 件となる。後二者が
全体の各 3 分の 1 強を占めている（Mount Sinai Hospital, 2003）。

　表 10 − 1 で示されたような問題は仕事との関係ではどのような形を取るの
だろうか。表 10 − 2 は同じマウントサイナイ／ニューヨーク大学健康 EAP
のクライアントについてこれを見たものである。

　ここで集計されている 248 件[3] のうちの約半数 121 ケースが問題なしとさ
れている。残りの 127 ケース中、「その他」を除きもっとも多い項目が人間関
係に及ぼす影響であり 33 件、ついで処分を受けるまたは受けたことに関した
ケースの 21 件、出勤常ならず（欠勤）の 17 件である。残るは、労働の質（10 件）、
労働不能（病欠など、以下同じ）、安全性（各 7 件）、遅刻（4 件）、一貫性の欠如（3

3）総件数 308 ケースとの差 52 件についてはカウンセラーがこのデータを集めなかったも
　のと思われる（Hughes, 2003c）。

件）である。

（2）AFSCME DC37 MAP

もう一つ別のプログラムを見てみよう。表10－3はニューヨーク市最大の労働組合、AFSCME DC37（American Federation of State, County and Municipal Employees District Council 37; 全米州郡市職員連盟ディストリクト・カウンシル37＝ニューヨーク市職員組合）のMAPの1999年1月から4月までに出されたケースの問題項目別件数およびその分布である。

「その他」を別にすれば、賃金控除（166件、その他を含む1,414件中〈以下同じ〉の11.7％）、電気ガス水道など（142件、10.0％）、労働災害補償（126件、8.8％）、求職／解雇（122件、8.6％）、住宅（111件、7.8％）が5大項目である。

上記マウントサイナイ／ニューヨーク大学健康EAPに倣って4カテゴリーに分類すると、薬物・アルコールが105件（7.4％）、環境問題が925件（65.4％）、健康医療が212件（15.0％）、人間関係が64件（4.5％）となる。

マウントサイナイ／ニューヨーク大学健康EAPに比べ環境問題が抜きんでて多い。キャリアおよび仕事・労働に関する項目（仕事上の問題、重大なその他の不調和、休職・解雇、遅刻欠勤、労働安全、賃金遅延、賃金控除、傷病給付支給の遅延、労働災害補償）が593件（41.9％）、個人、家庭、コミュニティ生活に関する項目（子育て問題、犯罪、差別[4]、法律、保育、電気ガス水道など、火事、住宅、高齢者介護、無過失責任）が332件（23.4％）である（Terruso, 1999）。特に労働生活に直接関する項目が多いのはこのプログラムが労働組合のものであることの故であろう。

最近の傾向は、「薬物など依存のケースが減少している」（80年代半ば以降）ことと「その分を不安（anxiety）、ストレスのケースが埋めている」ことの2点である。前者は「市の応募時に薬物テストが課せられたことによるものと思われる。かつては全ケース（母数不明、筆者注）の50％近くを占めていたが現在では22.3％に落ちている（2002年は3,646件中212件；Terruso, 2003b）」。後者

4）前者に含めた方が適切であるかもしれないが、いずれにしろ1件のみであるので全体的傾向を見るには影響はない。

表 10 － 3　AFSCME 第 37 地区評議会 MAP クライアントが抱える問題　1999.1.1-4.30

	件数	%	例示
アルコール	50	3.5	
コカイン	23	1.6	
薬物濫用＋メンタル・ヘルス	1	0.1	アルコール依存＋躁鬱病
ヘロイン	10	0.7	
複数薬物濫用	6	0.4	アルコール＋コカイン
他の薬物	4	0.3	アンフアンフェタミン覚醒剤、処方薬
他の常習中毒行為	1	0.1	ギャンブリング、セックス
精神異常（psychotic disorder）	3	0.2	
死別	42	3.0	
鬱	65	4.6	不眠、無気力、集中困難
不安	7	0.5	パニック、神経症、胸の痛み、呼吸困難
仕事上の問題（job problems）	10	0.7	
重大なその他の不調和（discord）	27	1.9	
子育て問題	15	1.1	
身体的疾患	50	3.5	
仕事上のストレス	87	6.2	ダウンサイジング、人員削減による過重労働
家庭内暴力	16	1.1	
休職／解雇	122	8.6	
犯罪	23	1.6	
遅刻欠勤	29	2.1	
労働安全	3	0.2	
性ハラスメント	6	0.4	
差別	1	0.1	
法律	4	0.3	
保育	6	0.4	
賃金遅延	81	5.7	病気休職から復職時の事務手続きの齟齬
賃金控除	166	11.7	病休の上限（12 日間）を超えた欠勤
傷病給付支給の遅延	29	2.1	市当局または医師の手続き処理の遅れ
電気ガス水道など	142	10.0	
火事	10	0.7	
住宅	111	7.8	
高齢者介護	2	0.1	
無過失責任（交通事故）	18	1.3	訴訟により傷病給付受給資格なし
労働災害補償	126	8.9	
その他金銭的困難	108	7.6	強盗
合　　計	1,414	100.0	

出所：Terruso, Robert. 1999. "Statistical Report（January-April 1999）". Memorandum
　　　to Roz Yasser. June 24.

は「9.11 事件の影響である。同じ不安、ストレスでも以前は人減らしによるものが多かった」（Terruso, 2003a）。

（3）ごく普通の労働者のごく普通の問題

これら問題はどの程度病院および州・自治体公務員に、また特にマウントサイナイ／ニューヨーク大学医療センターおよび DC37 に特異なものなのだろうか。あるいは今日のアメリカの労働者に相当程度に共通的なものなのだろうか。社会のどのような階層、集団（サブポピュレーション）の問題とみたらいいのだろうか。組織外、「組織内の地位の如何にかかわらず、私たちは日常生活においていろいろの問題に直面する」（Hazelden, 1996）

マウントサイナイ／ニューヨーク大学健康 EAP および DC37 MAP のクライアントの属性についての入手可能なデータは次のとおりである。マウントサイナイ／ニューヨーク大学健康 EAP のクライアントは、男女比は約 1 対 3；既婚、未婚、その他の比率は大まかにいえば 1 対 1 対 1（この順で多い）；勤続年数は 1 年未満 19％、1 ～ 5 年 37％、6 ～ 10 年 13％、11 ～ 15 年 11％、16 ～ 20 年 3.6％、21 年以上 7.1％；シフトの別では昼と夜その他で 3 対 1 である。女性の割合が多いのが特徴である。所得および職種についてのデータはとられていない[5]が、プログラムの責任者ダニエル・ヒューズによると「ピラミッド（上記職種分類①～⑤ 434 頁）の下の人ほどここの利用率は多い。全体のケースは下のグループと見てよい」[6]。また「専門職（professionals）の間では看護師の利用が多い。専門職の利用者の半分は看護師である」[7]

DC37 のクライアントの属性は、男 555 名、女 982 名；独身 763 名、既婚 360 名、離婚 126 名、離別 232 名、死別 57 名；アジア系 7 名、アフリカ系 220

---

5)「職種別データがあったとしても、所得に関しては必ずしも下の職種の方が上の職種より低いということではない」（Hushes, 2002）。
6) 彼は根拠として 2 点をあげる。(i) 上の人は外部のサービスを利用する。医者は他の医者（精神医など）に、ソーシャルワーカーは他のソーシャルワーカーその他に行く。(ii) ここへの"紹介"の相当部分は上司（監督者）によってなされている。
7) 彼はその根拠として 2 点をあげる。(i) 看護師の 90％が女性であること、女性の方がカウンセリングに向かう傾向高い。(ii) 看護師は医者やソーシャルワーカーと違い他に行くところを特に持たない（Hughes, 2003）。

名、スペイン語系 64 名、白人 54 名、不明 13 名である。アフリカ系が圧倒的に多い。

マウントサイナイ、DC37 いずれのプログラムにあってもコンスティチュアンシー（プログラムにカバーされる従業員または組合員全体）のこれらクライアントの属性に対応する数字は不明である。

各 EAP/MAP により当然コンスティチュアンシー、クライアントの属性およびプログラムのデザイン（後述）には種々の特徴がある。その特徴にしたがって利用者の社会階層・集団にも、提示される問題にもそれぞれ特徴が見られる。上の 2 プログラム間でも相異があった。しかし、EAP 利用者は概して「下のグループと見てよい」（439 頁）というのは一般的のようである。

"一流企業"をも含む後述コーネル大学 EAP 責任者ダニエル・ディアズもこれを証言する。「より下層の人々の利用率が高い」[8]（Diaz, 2002）。そして、上に提示された問題——アルコール、薬物濫用、仕事、金銭、消費者問題（クレジットカード、債務を含む）、法律、高齢者介護、保育、健康、鬱・ストレスその他のメンタル・ヘルス・精神問題、家族、子ども、夫婦問題その他の人間関係などもまた特に特異ということはない（佐藤、1996:38 Table 6 参照）。"ごく普通の労働者"（working class）に共通的な問題といってよさそうである。厳格な実証は困難ではあるとはいうものの、他に書かれた諸報告、諸論文、パンフレット、冊子の記述にあっても（Diaz, 2002; Bailley 2002; Jeffe, 2002; EAPA, 2003; NASW, 1995; 佐藤、1998）、筆者が 70 年代以降永年にわたって行ってきた諸 EAP/MAP の観察にあっても、労働者によって EAP/MAP に持ち込まれる問題の範囲と種類は、上記 2 例に示されたものと異なるところはない。異なるのはその項目間の分布のウェイトであると考えてよい。

2　プログラムデザイン

それではこれら問題を見せ、扱う EAP ／ MAP とはどのようなプログラム

8）EAP サービスの利用率は弁護士事務所にあっては低く、非営利組織にあって最も高い Diaz, 2002）。

なのだろうか。前節のマウントサイナイ／ニューヨーク大学健康 EAP を代表
例として詳述する。数的な意味での典型例としてではなく、一つのプロトタイ
プ例としての抽出である。後に、これを今日の多様なアメリカ EAP／MAP の
全体像の中に位置づけるために、他の 2 例を略述する。一つは同じく前節で紹
介された DC37 MAP であり、もう一つはコーネル大学 EAP である。

（1）マウントサイナイ／ニューヨーク大学メディカルセンター EAP

　マウントサイナイ／ニューヨーク大学メディカルセンター EAP は、マウン
トサイナイ病院、クウィーンズマウントサイナイ病院、マウントサイナイ医学
部（School of Medicine）、ニューヨーク大学病院、ニューヨーク大学医学部
（School of Medicine）、ニューヨーク大学ダウンタウン病院、ジョイント・ディ
ジーズ病院の 5 病院・2 医学部の従業員を対象とする病院（使用者）側が設置
したものである。同時に外部契約によりニューヨーク・アカデミー・オヴ・メ
ディスンの病院従業員に対し同じサービスを提供している。メインオフィスは
マンハッタン北部のマウントサイナイ病院の一つのビルの中にある。

　1977 年、連邦政府補助金によりスタートした。監督者（supervisors, 以下同
じ）を訓練し部下の "仕事" ぶりの観察を通してアルコール依存の問題を発見
する。問題が見出された場合にはケースを EAP に送る。そこで診断判定
（clinical assessment）がなされ、アルコール回復プログラムにゆくべきかどう
かが決められる。70 年代半ば、連邦政府が全国に推奨した National Institute
on Alcoholism and Alcohol Abuse（NIAAA）[9] プログラムの最初の一つで、い
わゆる職場アルコール（Industrial alcoholism）対策原型をつくったものである。
1979 年、扱う対象をアルコール問題から、より広い問題たとえば、家族、健康・
医療、仕事上の人間関係、抑鬱、ストレスなど人々が日々直面する問題へと拡
大した。ソーシャルワークモデルへの転換である。

　現在、プログラムは人事部（Human Resources）（福祉厚生、採用・解雇、研修、
労使関係、苦情処理を所管）の下にある。1990 年、ソーシャルワーク部（病院の

---

9) Comprehensive Alcohol Abuse and Alcoholism Prevention, Treatment, and
　Rehabilitation Act, 1970（P.L.91-616）により創設。

患者に対するサービスを所管）から移管された。病院内の主要部署、従業員グループの代表（従業員保健医療（Health）サービス、保安（Security）部、看護師、IT部、人事部、労働組合ほか、8～10人からなる諮問（Advisory）委員会が設けられている。EAPのスタッフは所長（Director）のほか6名（すべてソーシャルワーカー、うち3名は大学院生インターン）、他に事務が1名である。

EAPの活動は、①個人労働相談、②管理監督者相談助言（consultation）、③講座、研修など、④その他特別活動、⑤経営に対するフィードバックをカバーする。加えて、⑥ソーシャルワーク学生の教育および、⑦調査研究が行われている。財政的基盤のユニークさがこれを可能にしている。病院からの予算にのみではなく外部からの補助金にもよっていることによる。責任者ダニエル・ヒューズはこれを「大学モデル」と名づける。「アカデミック・センターでありたい」という。「一般製造企業、銀行などでは不可能なモデルであろう」（Hughes, 2002）

①個人労働相談

個別相談は最近では通常年間三百数十ケース[10]を数える。2002年は337件であった。面接回数では計1,179回となる。このほかに471通の電話による対応（interventions）をしている。さらに62件の保育、夏季キャンプなどについての情報提供が「保育情報・"紹介（refer）"サービス（Child-Care Information & Referral Services）」の名の下になされている（Hughes, 2003: 1）。なお、総件数三百数十件の中には通常十数件前後の従業員以外の被扶養者、配偶者その他がクライアントであるケースが含まれている。EAPサービスは従業員およびその家族が利用できることとされている。

前節で用いられた2001年従業員ケースの308ケース（以下断りのない限り同じ）で"紹介"元が明らかなケース239についてみると半数弱、44.5％（104人）が本人自らである。23.0％（55人）が監督者（supervisor）によって、12.6％（30

---

10) 2000年は311ケース、2001年は9.11事件に関するもの114を含め415ケース（Hughes, 2003: 2）。なお、各年の年次報告（Consolidated Summary Report）はそれぞれ308ケース、323ケースと若干異なる数字を出している。

人）が同僚によって、7.1％（17名）が人事部（human resources）、4.6％（11名）が管理者（management）によって送られてきた。

　EAP訪問者に対しては、まず判定（assessment）がなされ、必要に応じて情報の提供、カウンセリング、他機関への"紹介"がなされる。

　　カウンセリングサービスは感情的に興奮していればこれを冷静に考えさせる。事実的情報は提供するし、諸手続も教える。仕事がいやなら配置転換の方法も。どうやって生活、生きていくかの戦略をつくらせる（Hughes, 2002）。

　基本的に相談は短期モデルである。1ケース当たりの面接回数の制限は特に設けられていないが、2002年では平均3.5回であった。各カウンセラーは治療上の必要があるかぎり責任者の了解のもとに長期にケースを継続することもあり得る。

　マウントサイナイ／ニューヨーク大学健康EAPは、いつでも即座に対応できるようにはデザインされていないという意味で「"危機介入"型ではない。24時間対応ではないし、いつでも予約なしで飛び込める診療所ではない」。実際には、急遽、たとえば他に行くところがなく送り込まれて来るケースもあるが[11]「ここの能力（resource）を超えている」（Hughes, 2003a）

　「ここは労働者に友好的（workers friendly）である。病院（使用者）がここに来る人を不利に扱うことはできない」（Hughes, 2002）。病院（使用者）の設置するプログラムであるが運営は使用者から独立して行われている。管理者からの圧力は受けることはないか。「ある」「管理者が"紹介"してくる時同時に対処方法まで指示してくることもある」。どうするか。「うまく乗り切る」（Hughes, 2002）

　秘密保持と組織的中立性が強調される。全過程を通しての秘密保持はいうまでもない。途中、本人の了解があれば家族への連絡、家族の同行もあり得るが、命に関わるような場合を除いて、統計的報告以外は病院（使用者）とはデータ

11）2003年3月3日、筆者のインタビュー時にも勤続25年の研究者が鬱病の症状で職場から送られてきた。

第10章　労働者の抱える問題と労働相談　443

および情報の共有はしない。相談者のカルテの入るオフィスの4段ファイリングキャビネットは備え付けの鍵のほかに鉄のバーが上から下まで渡されており南京錠がかけられている [12]。

　組織的中立性を保つためにも、先の諮問委員会には管理者（人事部）と労働組合の代表が加えられていた。EAP はたとえば、セクシュハルハラスメントのケースについてはカウンセリングなどの必要には応えるが、仲裁、調停は行わない。また自らの MAP を別に持つ労働組合に属する組合員 [13] たる従業員はマウントサイナイ／ニューヨーク大学健康 EAP を利用することも組合のMAP を利用することも許される。

②管理監督者相談助言（consultation）

　2002年、232回の管理監督者相談助言が行われた。主に電話による。部下の"仕事"ぶりに基づく問題の相談である。本来プログラムが予定していなかったことではあるが、危機的事件（たとえば、9.11事件）の組織や作業集団（work groups）に与える影響など組織問題についての相談もある（Hughes, 2003: 2）。

③講習・研修など

　一般従業員向けに各種講習、セミナー、ワークショップなどを主催する。2002年は、19回の研修、14回のオリエンテーション講座、16回の危機的事件ディブリーフィング（debriefing）、ストレス体験の聴き出しが行われ、計547人が参加した（Hughes, 2003: 2）。

④その他の特別活動

　9月11日のあとＰＴＳＤ、トラウマ・カウンセリング・サービスが行われた。また1999年以来毎年 JP モーガン／チェースコーポレットによってセントラルパークで開催されるロードレースに参加、大会の裏方準備など支援もする。

---

12) The Health Insurance Portability and Accountability Act of 1996（HIPAA）.
13) 従業員は複数の労働組合（e.g. SEIU、ニューヨーク州看護師協会（1,800人）、その他）に組織されている。

⑤政施策へのフィードバック

　ここに来る人は命令される仕事自体のゆえにストレスをうけ、たとえば、鬱になる。新しい事業・施策・仕事のやり方などが導入されると多くのケースがここに来るようになる（Hughes, 2002）。

　あるカテゴリー、職場の従業員（e.g. 看護師）にある問題がまとまって生じている（Hughes, 2002）。

　このような場合には病院に対し年間の事業報告書を通しまたは非公式に経営管理者にコンタクトしフィードバックを試みる。「それらは時には感謝され、時には無視される」（Hughes, 2002）。ただし、たとえば月1回、年2回といった公式の病院管理者との定期的会合など、フィードバックの為の制度化はなされていない。

　「EAP は方針（policy）をつくる地位にはない」（Hughes, 2002a）が、組織内外の従業員の福祉にかかわる各種検討運営委員会などのメンバーに加わることはある。たとえば、ニューヨーク大学医学部労働・生活委員会——従業員の個人・家庭生活と労働・職場生活の両立をはかるためのプログラムを考える——やボストンカレッジ仕事・家庭（work and family）センター——40 の全国大企業などが参加する同様の政策立案およびプログラム開発に関心を持つ同大学経営学部が主催する円卓会議——に参加をしている。この種の活動は最近では EAP の一関心分野となりつつある（Hughes, 2003c）。

（2）AFSCME DC37 MAP

　AFSCME DC37 MAP は、組合によるアメリカ最大の MAP の一つである。ニューヨーク市職員（13 万人）とその家族を対象とする。組合の保健・保障給付（Health & Security Plan、各種医療給付など）の一部をなす。MAP、「組合の……給付」というが財源はすべて市に負う。労働協約の合意によるものである。市は監査権を有するが経費支出を含めた管理運営は組合に任されている。オフィスはマンハッタン南部 DC37 の組合ビルの中にある。対人サービス室（Personal Service Unit）が担当する。スタッフは現在（2003 年）フルタイムソーシャルワーカーが 14 人、助手が 1 名、ソーシャルワークインターンが 8 名、コンサルタントベース（週 10 時間）で精神科医が 1 名である。「92 年以来この

パターンは変わっていない」。ほかに 14 名の退職組合員が退職組合員および傷病（disability）休暇中の組合員向けプログラムを手伝っている（Terruso, 2003b）。

　誕生は 1971 年。「メンタルヘルスおよび社会的ニーズを抱えた組合員に関心を持った当時の指導者ビクター・ゴトバウム（Victor Gotbaum）の下ではじめられた」（Terruso, 2003b）。コロンビア大学ソーシャルワーク学部労働ソーシャルワーク（Social Work in the World of Work）の祖ハイマン・ワイナー（Heiman Weiner）が関与している。問題を抱え「一人では手に負えない場合」、「それが仕事または個人の福祉に影響を与える時」、（AFSCME: 1）たとえば、「首が危うくなった時」（AFSCME: 2）訪れるべきところとされている。プロフェッショナルな援助が提供される "身内の" 相談サービスである（AFSCME: 1）。

　サービスを受けるために 1999 年 1 ～ 4 月に MAP を実際に訪れた組合員は 1,538 名[14]、うち 1,081 名が組合緊急援助給付（help our own、後述）で、残るケースのうち 74 名が 1 ～ 3 回の短期で、54 名が「情報の提供と他機関への "紹介"」で既に終結、329 名が現在継続中のケースである[15]。73 名が「アポイントメントを守らず中断」している（Terruso, 1999: 2）。なお、DC37 にはこの MAP に加え、法律問題に特化した相談プログラムを別に持っており、多数の[16] カード破産、住宅ローン返済不能、離婚などの法律ケースが寄せられている。

　さらにニューヨーク市職員には市（使用者）側の EAP が市長室（Mayer's Office）のもとにある[17]。市職員たる DC37 組合員はいずれのサービスを選択し利用することも可能である。「家族問題などでは市長室 EAP を利用する職員もいるが雇用が関わるような問題の場合は DC37 MAP を利用する」（Terruso, 2003a）。1995 ～ 96 年の佐藤万亀子の聞き取りによると、DC37 MAP、同法律相談、市長室 EAP の「来所比率」（「来談数」／従業員数[18]）はそれぞれ 5.9、8、1.7 と報告している（佐藤、1996: 38）。単純に合わせると 15.6、重複もあろうが 10

14）第 1 節、表 10 − 3 の合計 1,414 件との違いについては不明。
15）2002 年度は HOO が 2,494 件、以下それぞれ 235 件、203 件、851 件である（Terruso, 2003b）。
16）佐藤は年間 1 万件という数字を記している（佐藤、1998: 50）。
17）各局（Departments）ごとにあったが最近経費節減のため一本にまとめられた（Terruso, 2003a）。
18）対象従業員数は前二者にあっては 13,000 人、市長室 EAP にあっては 8,000 人。

人のうち 1.5 強人弱が利用していることになる。

　月曜から金曜まで、9 時から 1 時まで、電話で受付けがなされる（DC37, 1996: 3）。多くの場合アポイントメントがつくられ第 1 回目の面接がなされるのであるが、15％ほどのアポイントメントなしの飛び込みのケースもある（Terruso, 1999: 2）。

　組合員の抱える問題が判定され、ニーズが測定される。必要に応じて、精神的診断（psychiatric evaluations）もなされる。1999 年 1 〜 5 月は 138 人がこれを受けた。社会資源についての情報提供がなされ、短期カウンセリング——面接回数は通常 1 〜 3 回程度である——が行われる。あるいは外部機関への"紹介"がなされる。"紹介"先は「出来うる限り（各自の）支払い能力を考慮して」決められる。各メンバーが受けられる給付はそれぞれの加入している保険会社により異なるからである。ちなみに前出佐藤の聞き取りの報告によると「B 社では、初回 25 ドル必要なだけで、20 回の治療（treatment）が保障され、C 社では 1 回 10 ドルで何回でも受けられる、アルコールと麻薬中毒は 60 回の治療が受けられる」。とされている（佐藤、1998: 49）。外部に"紹介"されたケースについては逐次モニタリングが行われ、なかには 10 年を超える長期のケースもある（Terruso, 2003a）。

　仕事を失う可能性のある問題に優先権が与えられる。解雇の恐れあるとき、たとえば、口頭または書類による警告、処分がなされたとき、使用者による聴聞（hearing）が予定されたときには組合の役員はこのオフィスに連絡することが期待されている（AFSCME: 5）。

　DC37 の MAP の一つの特徴は先に挙げた組合緊急援助給付である。組合員が一定の理由（cf. 前掲表 10 − 3「賃金遅延」以下の項目）により金銭援助を必要とする場合、組合費による基金から 250 ドルを上限とした給付がなされる。上記受付件数 1,081 のうち 797 件に平均 135 ドルの給付がなされている。

　また、DC37 の MAP はこれら個別相談・援助に加え、グループカウンセリング（薬物濫用の治療前グループ、病気休暇・休職中の組合員向け「ウェルネス・サポート」グループ、職場・家庭人間関係改善グループ、AIDS など同じ問題を持つ人々のグループなど）、ワークショップ、講座など（退職前教育、ストレス管理、危機事件／ディブリーフィング）、新規退職者、病休など短期労働不能の者、労

働不能になる危険のある者へのアウトリーチも行われる（DC37, 1996: 4-5;
Terruso, 1999: 2）。9.11事件直後、プログラムの方から各職場を訪ずれることが
始められ、その後その慣行は恒久化された（Terruso, 2003a）。

（3）コーネル大学 EAP

コーネル大学 EAP は、コーネル大学の医学部公衆衛生部[19]の下にあるが、
大学の従業員向けの EAP ではない。外部の一般営利企業などとの契約を通し
てそれら企業などの従業員に EAP サービスを提供するエイジェンシーである。
2002年現在の契約企業などの数は約55、そこで働く対象労働者数は21,299人
である。1年間のインテイク（受付）数は約1,000件、実際に取り扱う件数は
これに継続中のケースが加わる。扱われるケースの70％は心理的内面的問題
である（Diaz, 2002）。顧客リストには通信会社、金融保険会社、弁護士事務所、
医療関係、財団、大学、国際機関、非営利組織が含まれる。具体的にはソニー、
野村、セントラルパーク保存財団、コロンビア大学、国連開発プログラム、
ニューヨーク共同募金会、その他の名がみられる（Cornell, 2002）。エイジェン
シーのオフィスはマンハッタン中央部にある。

このエイジェンシーの誕生のきっかけはコーネル大学医学部の一医師が、患
者としての医者を多く診ており、かつあるひとつの EAP に関わっていたこと
にある。その経験からコーネルの医師のためにも EAP をつくることが提案さ
れたが、財政的事情から実現せず。かわりにニューヨーク市東部にあるニュー
ヨーク病院、コーネル大学医学部、メモリアル病院、その他主要医療機関の
EAP コンソーシアムが誕生した。その後、このコンソーシアムに対していく
つかの一般企業からそのサービス提供の打診があり、コーネル大学医学部が関
心を持ち、独立してこのエイジェンシーを立ち上げた。コンソーシアム自体は
現在も存続している（Diaz, 2002）。

非営利であるが、他（医学部、政府）からの経費援助は受けていない。企業

19）「医学部内の他の部署がきわめて研究中心であったのに対し、この部署がもっともリ
ベラルであったという事情による」。また、「労使関係研究所の方が医学部より性格上は
近いかもしれないがこれとは関係は持っていない」（Diaz, 2002）

などとの契約からの収入のみで運営しされている。契約の料金は従業員1人当たり月3ドル、年36ドル、1,000人を超える場合は2.5ドルである。25人以下は一律2,000ドルとされている。問題発生危険率によって料金差を設けることはなされてはいない。

4人のカウンセラーと数人のインターンは全員がソーシャルワーカーである[20]。ソーシャルワーカーの中に日本語を含め外国語を話すメンバーを揃えている。上記契約先リストに外資系企業、国際組織などが含まれているのはそのことは反映である。

EAP契約のクライアント（契約先）は企業などであるが、実際のEAPサービスのクライアントはそれら企業などの従業員およびその家族である。90％は自分でやって来るが、監督者が部下から相談をうけまたは部下の"異常"に気がついてここに来させるケースも多くある。さらに、企業などの経営管理者、人事部から解雇の"危機に瀕した"ケースを回してくる場合もある。

ここでも秘密保持は厳格である。人事部から回されてきたケースですら、人事部に知らせるのは、当該従業員がEAPとの関係を維持しているか、アドバイス（recommendation）に従っているか、たとえば、個別治療に行っているかについてのイエス、ノーのみである。内容は伝えられない。

従業員からの直接的な相談のほかに、管理監督者（人事〈人的資源〉部の人々を含む）からの問い合わせ、相談（e.g. 遅刻の多い部下をどう扱ったらいいか、アルコールの臭う人がいるがどうしたらいいか、むやみに絡んでくる従業員がいるが試用期間切れに際してどうしたらいいか）に対するアドバイスも日常的に行われている。管理監督者に対する研修、従業員に対する昼食時講座[21]、セミナー、ワークショップもある。これらのテーマは、ストレス管理、経営方針の変革、健康的な食慣習、心と体、ヨガ、"燃え尽き"からの予防、紛争の解決法、リーダーシップ・スキル、仕事と生活のバランス、質の高い高齢者介護の選択、禁煙などに及ぶ（Cornell, 発行年不明）。セクシュアル・ハラスメントの指針案づくりなどもプログラムの一部として行われている。

20）「かつて心理をバックグラウンドとするカウンセラーが1人いた」（Dias, 2002）
21）1回当たり400ドル強。

3　アメリカ EAP/MAP の概況

（1）プログラムの拡がりとデザイン

　三つの EAP／MAP の概略を見たが、より一般的に今日のアメリカの EAP／MAP の一般的拡がり、定義・意義をまとめよう。

　今日どのくらいの数の EAP/MAP が存在しており、どのくらいの企業および労働者が EAP／MAP のサービスにカバーされているかは正確にはわからない（Kurzman, 2002）。しかし、EAP に従事するプロフェッショナル[22]の全国組織従業員援助プロフェショナル協会（Employee Assistance Professional Association; EAPA, 会員数 30 か国に 5,400 ～ 5,500 人、うちアメリカ以外は約10%）は、1991 年、全国の EAP プログラム数を 2 万とした（EAPA, 1992）。今日大組織にあってはほとんどが EAP を持っているともいわれる。コーネル大学 EAP の責任者ジェフリー・ディアズによると "フォーチュン 400" の 80 ～90％は何らかの EAP 持つ（Diaz、2002）[23]。連邦政府の諸組織、軍隊のすべては法により EAP の設置が求められているし[24]、州政府のほとんど、自治体政府の多くはそれぞれの法規によりまたは自らの選択により EAP を置いている（Bergh, 1995: 842）。

　大学その他の高等教育研究機関も数多くが EAP を用意している。NASW『ソーシャルワーク百科事典』（Encyclopedia of Social Work、第 19 巻、1995 年）はその数を 150 以上としている（Bergh, 1995: 842）。ニューヨーク市立大学（CUNY）ハンターカレッジ（Hunter College）EAP はその一例である。主なる労働組合もまた MAP を持つ。ニューヨーク地区でも、上の AFSCME DC37

---

22)「プロフェショナル」（professional）を「専門職」「専門的」とすることは多くの誤解を生じる源となるのでかつこれに代わる適訳が見出されないので、原語のままカタカナとする（秋元、2003: 176）。

23) 1984 年現在、フォーチュン 500 企業で 60％という数字も挙げられている（Bergh, 1995: 842）。

24) Comprehensive Alcohol Abuse and Alcoholism Prevention, Treatment, and Rehabilitation Act, 1970（P.L.91-616）1972 年改正で薬物濫用についてもカバー。

のほか SEIU（Service Employees International Union; サービス従業員国際労働組合）、1199（1199, Hospital & Health Care Employees Union; 病院医療介護従業員組合）、全国船員組合その他がある。

　反面、中小特に 300 人以下の組織は EAP をほとんど持っていない。50 人以下では費用的に難しい（Diaz, 2002）。

　EAP には、雇用主の自由なる選択によって提供されるもの（使用者型）、労働組合との協約を通して提供されるもの（協約型）、労働組合（または専門職協会など）によって提供されるもの（組合型）の 3 種がありうる[25]。前節までのマウントサイナイ／ニューヨーク大学健康 EAP は使用者型、AFSCMEDC37 MAP は組合型である。コーネル大学 EAP と契約を持つ各企業その他の中には使用者型のほか協約型が混在しているかもしれない。60 年代末から 70 年代初めにはじめられた古いものほど[26]労働組合が関与したものが多く、新しいプログラムほど経営側のイニシアティブではじめられている。

　いずれの型であれそれらにはスポンサーの組織内にオフィス、スタッフを用意する"自前"の内部型（internal）プログラムと外の EAP 提供エイジェンシーに"外注"する外部型（external）プログラムがある。前節のマウントサイナイ／ニューヨーク大学健康 EAP および AFSCME DC37 MAP は内部型プログラムであり、コーネル大学 EAP は外部型プログラムの EAP 提供エイジェンシーの一例として示された。古いものほど内部型が多く、最近では外部型が増

25）NASW『ソーシャルワーク百科事典』（*Encyclopedia of Social Work*），1995 は EAP のデザインを内部型、外部型、コンソーシアム型、アソシエーション型の四つに分類する（Bergh, 1995: 845-45）。

26）EAP の始まりをどこに求めるかについては諸説が可能であろうが、60 年代末から 70 年代初めとするのが一般的だろう。EAP の小史については、たとえば、アルコール依存型 EAP への偏りはあるが NASW1995 年発行の『ソーシャルワーク百科事典』（*Encyclopedia of Social Work*）第 19 巻を参照されたい。1910 年代から 20 年代にピークを迎えるいわゆる厚生資本主義（Welfare Capitalism）、1930 年代、40 年代のアルコール依存、特にその職場および労働との関係への関心の始まり（Alcoholics Anonymous, Yale Center for Alcohol Studies, National Council on Alcoholism, etc.）、第二次大戦中の軍需産業を中心とする生産性確保に主導された従業員のストレス管理、50 年代のケネコット・コパー・カンパニー（Kennecott Copper Company）の「上司が部下の仕事ぶりの変化から問題を抱える従業員を発見し人事部などに"紹介"する」モデルなどをあげる（Berge, 1995: 842-845）。

第 10 章　労働者の抱える問題と労働相談　451

えている（後述）。

マウントサイナイ／ニューヨーク大学健康 EAP および EAPA の各責任者ダニエル・ヒューズおよびアントニー・サミュエルは、今日のプログラムの70％は外部プログラムであるという（Hughes, 2003a; Samuel, 2003）。ただし、内部プログラムのいくつかには副次的に外部に対しても門戸を開いているものがある。マウントサイナイ／ニューヨーク大学健康 EAP はその例でもある。Exon-Mobil EAP も外のメンバーに対してもサービスを契約を通して提供する。逆に、内部型といっても少数の従業員しかいない地域の支店、営業所などについては一部外部型プログラムでサービスを埋める場合も出てくる（Samuel, 2003）。

アルコール型とソーシャルワーク型、心理内面型と環境型の区分は EAP のエッセンスを理解するのに有効であろう。アルコール型を EAP プロトタイプと考えると理解しやすい。事実歴史的にもアルコールプログラム中心ではじまったものが多かった[27]。ある従業員がアルコール依存の問題を持っているかどうかは労働の場でもっともよく見出されうる。たとえば、欠勤、生産性の低下などが代替指標（predictable indicators）として働く（Hughes, 2002）。いわゆる "industrial alcoholism" の視点である[28]。問題を見出された労働者は解雇されるのではなくリハビリのプログラムに参加するチャンスが与えられる。そして、そのプログラムに入っている限り雇用は保障され、解雇はされないものとする。

これが後に、取り扱う問題の範囲を、より一般的な労働生活、家庭生活、コミュニティ生活における問題にまで拡大された。ソーシャルワークモデルへの

---

27) 後述 EAPA の誕生の経緯も同様である。前身は Association of Labor and Management Consultants on Alcoholism（ALMACA）; Comprehensive Alcohol Abuse and Alcoholism Prevention,Treatment, and Rehabilitation Act, 1970（P.L.91-616）により創設された National Institute on Alcoholism and Alcohol Abuse（NIAAA）の補助金により 1971 年設立。さらにその前身は National Council on Occupational Alcoholism（現 National Council on Alcoholism and Drug Dependency; NCADD）である。いずれもアルコール依存に対するプログラムである。ALMACA は 70 年代半ばから組織労働者の加入者を増やした（Samuel, 2003）。

28) 当時の産業界、連邦政府のアルコール問題についての関心の高まりが背景にあったことを思い起こしておこう。

転換である。マウントサイナイ／ニューヨーク大学健康EAPの例を思い出されたい。多くのEAPはこの流れを踏んだが、アルコール型の前史を持たないプログラムもあれば、今なおアルコール型の色彩を濃厚に残しているプログラムもある。

心理内面型と環境型については、最近では環境に目をやったプログラムが減りますます前者に傾斜している（後述）。前節のようにDC37 MAPは後者へのかかわりが強く、コーネルEAPは前者への傾きが強い。

（2）定義と意義

EAP／MAPの中核は個別労働相談である。マウントサイナイ／ニューヨーク大学健康EAPの来訪者向けリーフレットはEAPを次のように定義する。MAPにあってはこの「従業員」を「組合員」と置き換えられたい。

　　従業員およびその家族が個人生活または仕事に影響を及ぼす問題を解決するのを援助する任意利用の、秘密保持が約束された、専門的（プロフェッショナルな）援助（である）（Hazelden Foundation, 1996）。

あるいはEAPAは次のように定義する。

　　職場に基礎をおいたプログラムで（1）労働組織が生産性問題に関心を向け、（2）従業員クライアントが個人の問題（たとえば、仕事に影響する可能性のある健康、夫婦、家族、金銭、アルコール、薬物、法律、情緒、ストレス、メンタル・ヘルスなどの個人生活上の問題）を理解し（identify）解決するのを援助するためにデザインされたもの（EAPA, 2002）。

第2の定義を参考にしつつ、第1の定義をパラフレーズしよう。EAPの何たるかを摑む。

①　EAPは通常「従業員およびその家族」が利用対象者とされる。来訪者、クライアントともに通常は従業員本人であるが少数ながら家族である場合も現実にある。マウントサイナイ／ニューヨーク大学健康EAPでは2001年の取

第10章　労働者の抱える問題と労働相談　453

扱件数 323 件中 15 件が家族、配偶者などをクライアントとした。また、時には従業員およびその家族以外、すなわち隣人、顧客その他の問題が持ち込まれることもある。さらに、コミュニティに関心を拡げる労働組合の MAP の中には組合員の"紹介"による非組合員のケースが含まれることもある。

② EAP／MAP で扱われる問題は、「個人生活または仕事に影響を及ぼす問題」である。第 2 の EAPA の定義では、第 1 の定義が「個人生活に影響を及ぼす問題」と「仕事に影響を及ぼす問題」を or で結ぶのに対し、両者をand で結ぶ。個人問題の解決を直接のゴール（immediate goal）とし、生産性への関心を究極ゴールとする。あるいは前者を手段、後者を目的とするとも読める。いずれにしろ、EAP とは個人の生活上の問題解決と企業・組織の「適正な生産性の確保」（Kurzman, 1993）という 2 要素の兼ね合いのもとにデザインされるプログラムであり、"仕事への影響"がその結節点となっている。たとえば、「2 歳の子どもの保育ができないから仕事に遅れる、休む」（Samuel, 2003）、「一労働者の問題が同僚の勤労意欲に影響を及ぼし時には組織全体の効率にも影響を与える」（Hazelden, 1996）

2 要素間への強調の程度は各プログラムごとに異なる。あるプログラムでは後者すなわちアルコール・薬物その他「仕事に影響を及ぼす」限りでの問題に関心を示すし、あるプログラムでは「仕事に影響を及ぼす」か否かにかかわらず前者すなわち「個人生活」に関わる問題をそのものとして扱う。モデル的に言うならば、使用者および企業にとっては生産阻害要因の緩和または排除または従業員の能率の確保がその目するところであり、労働者および労働組合にとっては抱える問題の解決そのことまたは解雇への危険からの保護をはじめとする組合員の雇用上の地位の確保がその目するところであると理解してよい。一般に企業主導の EAP にあっては第 2 要素に、MAP は第 1 要素にウェイトがあるといっていいだろう。

③ また、実際に扱われる問題は「健康、夫婦、家族、金銭、アルコール、薬物、法律、情緒、ストレス、メンタル・ヘルスなど」（第 2 定義）であるが、前述のようにプログラムごとに心理的・精神的問題に偏りのあるプログラム、逆にこれらの外にある「環境問題」にウェイトがあるプログラムがある。さらに職場の問題への関与については DC37 のように積極的に多くのケースを見せ

454

ているものと、これへの関与を遠慮しているものとがある。マウントサイナイ／ニューヨーク大学健康 EAP 配付のリーフレットでは「EAP は個人生活上の問題を扱い労働問題（work-related problems）は扱わない。組織の既存の政策および手続き［労働協約その他労使の取り決めまたは企業などが自ら定めた諸制度（訳者注）］が労働問題の処理には用いられる」とする。ここで「労働問題」とは労使関係に近いものであろうが、労働組合の抵抗を避けるための配慮かと思われる（Hazelden, 1996）。マウントサイナイ／ニューヨーク大学健康 EAP ではセクシュアルハラスメントの調停などの例示が先になされていた。

④　「従業員およびその家族が……問題を解決するのを援助する」「任意利用の、秘密保持が約束された、プロフェッショナルな援助（である）」。前段はプログラムはクライアント自らが問題解決に努力するのを援助するものであるといういわゆるアドボカシー、エンパワメントの原理を述べ、後段は利用が強制されたものではないことおよび秘密保持の原則を述べる。いずれもソーシャルワークのキーワードである。現実に、問題を抱えた労働者は、自ら、あるいは時には上司、同僚、家族などにより勧められまたは紹介されて、しかし自らコンタクトを取ってくるケースが圧倒的に多い。ただし、第 2 節で書かれたように、人事部などからの“紹介”ケースの中には、“EAP を利用する限りで解雇が見合わされる”、“解雇手続きの一プロセス”という意味での強制が含まれているケースもある。

⑤　EAP／MAP は、「プロフェッショナルな援助（である）」という意味は二重である。まず EAP／M はプロフェッショナルによって提供されなければならない。「個人的問題の判定を専門とする……相談（counselling service）」（Hazelden, 1996）の専門家である。中心的プロフェッショナルはソーシャルワーカーである。マウントサイナイ／ニューヨーク大学健康 EAP でも、DC37 でも、コーネル EAP もカウンセラー全員が原則としてソーシャルワーカーであった。しかし、「EAP に従事するプロフェッショナル」はソーシャルワーカーに限らない。EAPA はソーシャルワーカーに加えて、メンタル・ヘルスカウンセラー、薬物 な ど 濫 用 専 門 家（practitioners）、行 動 健 康 専 門 家（behavioral health specialists）、人的資源（human resource）プロフェッショナル、危機管理専門家（risk management experts）、福利厚生スペシャリスト（benefits specialists）

第 10 章　労働者の抱える問題と労働相談　455

その他（EAPA, 2002）といったプロフェッショナル名または職名をあげる。EAPA 会員のバックグラウンドの分布をみると、ソーシャルワークが34％、カウンセリングが28％、心理学・精神医学（psycho/psychi）が20％であり、その他経営（administrative）、薬物依存（addictions）、従業員援助プログラム、教育、労使関係、人事（人的資源）管理などがそれぞれ5～1％である（2002年）。学歴レベルは70％が修士号または博士号を持ち、また複数の学位持つものも多い（Samuel, 2003）。

EAPA は認証従業員相談士（Certified Employee Assistance Professionals；CEAP）[29]の資格試験とその資格付与を行っているが、EAP に従事するために特に求められる資格ではない。各雇用主の求める学歴その他の"雇用要件"以外に特別の資格を必要とはしない[30]。

⑥ 「プロフェッショナルな援助（である）」というもう一つの意味は、そこで提供されるサービスはそのプロフェッションの一定の価値および倫理の下に、一定の技法によりなされるものでなければならないということである。EAPA は独自の「倫理綱領」（EAPA, 発行年不明 a）および「中核的技法」（EAPA, 発行年不明 b）を示すが、EAP プロフェッションという単一のプロフェッションが確立していない以上これらを以って EAP の必要十分条件とするわけにはいかない。あるいはその「価値および倫理」については、各 EAP 従事者が属するプロフェッショナル組織の定める「倫理綱領」などの方が重要であるかもしれない。たとえば、ソーシャルワーカーであれば、NASW（全米ソーシャルワーカー協会）のそれがある。ここではそれらの内容には言及しないが、共通すべきはこれらのプロフェッションの価値および倫理は、使用者や組織の要求に優越するものであるという点である。しかし、実際にはいずれのプロフェショナル組織にも属していない従事者も少なくない。

EAP の個別労働相談で用いられる"中核的技法"（core technologies）は、ク

---

29) これを得るためには一定の時間の訓練と実習（mentoring; CEAP を持つ EAPA メンバーたるアドバイザーのもとでなされる）と3時間ほどの試験に合格しなければいけない。試験は87年 EACC によってはじめられた。

30) EAPA 会員 5,400～5,500 人中 3,800 人が CEAP を持っている。「EAP に従事する人は会員にはなっていなくともこれを持っているのが普通（である）」（Samuel, 2003）

456

ライアントの持つ問題の特定（identification）、判定（assessment）、情報の提供、短期カウンセリング、他機関などへの診断、治療、援助のため"紹介"、"紹介"されたケースの監視（monitoring）およびその後のフォローアップである。建設的対峙（constructive confrontation）、動機づけ（motivation）、短期的介入（short-term intervention）が用いる（Hughes, 2002; Diaz, 2002; Jeffe, 2002; Berge, 1995: EAPA, 発行年不明 b ）。面接は通常数回程度[31]、いわゆる治療の過程には入らないのを原則とすると考えてよい。ただし、プログラムによっては治療過程にまで踏み込むものもあるし、カウンセラーによっては、「特に心理出身のカウンセラーにあっては」プログラムの"期待"を超えて「メンタルヘルスのケースでは深入りを好む傾向もある」（Samuel, 2003）

EAP のプログラムのプロフェッショナルな水準を維持するための一種のアクレディテーション（各プログラムが一定の基準に達しているか否かの認証をする）組織として、EASNA（Employee Assistance Society North America; 北米従業員援助協会）がある（同、2003 参照）。しかし、各プログラムがこれにパスしなければいけないものではない。純粋の任意団体である。

EAP／MAP の中心は以上のような個別労働相談であるが、実際にはほとんどどのプログラムにあっても、監督者、経営者からの日常的な個別的相談とこれに対する助言（consultation）、これら問題に関する管理監督者向け研修（e.g. 問題を持った従業員がいた場合どのように扱えばよいか）ならびに"予防"の強調とともに一般従業員向け"ウェルネス（wellness）"プログラム、各種のワークショップ、セミナー、講座などが開かれる。ストレス管理、危機的事件経験の場合の対処、健康問題、AIDS/HIV、職場暴力、キャリア形成その他個人、家庭生活と労働生活に関したトピックが典型的である。

EAP の本来の強さは、個別ケースの解決を通しての労働組織へのフィードバックの可能性と現実性にある。しかもそれは個別ケースの解決におけるレベルのそれのみならず、労働組織の制度政策（人事、生産など）の改革レベルの

31）「典型的には……提示された問題１件当たり３回」（Bergh, 1995: 847）。DC37 でも「１〜３回」としていた（p.4）。

それでもある。ただし、これが現実のプログラムにおいてはすすんでいないことが前節に示された。

NASW『ソーシャルワーク百科事典』は、これらは「直接的および間接的サービス」に「EAP 専門家（practitioner）として働く労働（occupational）ソーシャルワーカー」に求められる役割として、「カウンセラー、資源（resource）ブローカー、教師（teacher）、仲介者（mediator）およびプログラム擁護者（advocate）」「進行係（facilitator）」としてのそれをあげる（Bergh, 1996: 847）。

4　現在および将来の問題点

（1）EAP 導入の論理──生産性とのペイオフ

労働組合が EAP／MAP に関心を示す理由は比較的明白である。組合員の生活・雇用保障であり、労働条件の向上であり、それらを通しての労働組合員の確保である。対組合員サービスとして自ら MAP を提供するか、団体交渉・協約を通して付加給付（fringe benefits）の一環として使用者に EAP を提供させるかの如何を問わない。

なぜ企業など（雇い主）は EAP を導入するのだろうか。基本的には福祉厚生（フリンジ・ベネフィット）一般と同様に考えればよい。人道主義、労働組合組織化の防止、より良い労働力の確保（労働条件の差別化と少なくとも大企業間にあっては標準的労働条件化）、労働組合による強制、生産性の向上などであろう。危惧は経費の増大である。

生産性上のコスト・アンド・ベネフィットはプラスなのかマイナスなのか。プラスであるというのが導入派の説得の論理である。労災に関するキャンペーン「安全はペイする」同じ論理である[32]。この論理を支持する調査研究、デー

32）アメリカのアルコール依存問題のコストは 1986 年 1,420 億ドル（Masi, 1984; Royce, 1989）、不法薬物使用による生産性損失は 800 億ドル（Royce, 1989）、メンタル・ヘルス問題による生産性損失は 170 億ドル（Brody, 1988）、ストレスが労災および心臓発作に及ぼしているコストは 32 億ドル（McClellan, 1985）、労災の 85％はストレスと関係（McClellan, 1985）、ストレス、メンタル・ヘルス、薬物依存などは生産性、出勤、病欠、労災、労働不能給付などに関するのみならず巨額の医療費の支出に影響、等々。

タは少なくない。たとえば、ケネコット・コパー社（Kennecott Copper Corporation）はEAPの利用によるコスト・アンド・ベネフィットの比は1対6である、エクウィタブル・ライフ・アシュアランス（Equitable Life Assurance）はEAP1ドルの投資に対し3ドルのリターンがある等（Brody, 1988）。コスト・アンド・ベネフィットの測定は、出勤状態、職場復帰、労働災害・疾病、訴訟[33]、医療サービスの利用などをファクターとして可能である。さらに企業イメージおよび従業員モラールの向上というファクターもある。

　しかし、それではなぜ多くの企業がEAPを取り入れないのか。それどころか最近では企業経営の合理化、ダウンサイジング、リストラの中でEAPを廃止または外注化している。

　「ペイする」ことがそう明白には証明されないことの故であろう（秋元、1981:85-86）。コスト・アンド・ベネフィット測定は技術的にそう容易ではない。上記ファクターも実際には企業内各部署で勤怠記録が正しく取られていない、保険会社からの協力が得られないなどの問題もある（Hughes, 2003）。プログラム評価一般におけると同様、評価期間の問題もある。長期的に見れば費用節約になるかもしれないプログラムも短期的にはマイナスになるかもしれない。たとえば、アルコール依存のクライアントを見出しあるプログラムに"紹介"すれば当面は相当の費用がかかる。各企業・組織がどれだけのスパンで経営のコスト・アンド・ベネフィットをみているかである。

（2）労働組合の対応

　上に組合のEAP／MAP支持の論理は比較的明白であるとしたが、しかし、組合はしばしばEAP、特に使用者主導のそれに強く反対する。「雇い主は（これら）個人生活に干渉する権利はどこにあるのか」使用者による組合員の私生活への干渉、従業員の取り込みであり、"トラブル・メーカー"の"ブラックリスト化"、解雇正当化の手段であると危惧する。「すべては使用者に筒抜け、

---

33) The Rehabilitation Act of 1773 (P.L. 93-112) , The Occupational Safety and Health Administration, The Drug-Free Workplace Act of 1988 (P.L. 100-690), The Drug-free Schools and Communities Act of 1986 などの法律の要請に応えることによりこれら違反を理由とした訴訟の危険から免れる（Berge, 1996: 845）。

EAP に行くな」「なぜ復職させない、仕事に戻せ」ということになる。EAP
推進派の答えは次のようなものである。

　確かにこれらは個人の問題です——しかし、それらは仕事の遂行に影響を
するのです。しばしばそれらは同僚の勤労意欲にも影響を及ぼすし時には全
体の効率にも影響を与えます。従業員援助プログラムはこれが生じるのを防
ぐことを目的としています。それは救いの手をさしのべているのです——の
ぞき見、懲らしめを意図したものではありません。問題は完全に秘密であり
任意であるということを思い出して下さい。雇い主はプログラムのスポン
サーではありますが、判定および治療過程には一切関与しないのです
（Hazelden, 1996）。

　労働組合のもう一つの反対は、「プロフェッショナルな援助」に対する抵抗
である。労働組合は基本的にインテリやプロフェッショナルは "嫌い" である。
他階級に対する不信と嫌悪である。労働組合にあっては、今日でも、全国本部
のトップ指導者ですら、現場労働者の出身であることを求める。労働組合は自
助組織なのである。でき得ることなら自分たちの手ですべてを処理したい。労
働組合の特にアルコール問題についての対処の歴史はピア・カウンセリングで
あった。最近 UAW は EAPA から 300 名のメンバーを引き揚げた。EAP A の
プロフェッショナリズムの強調に対する反発といわれる。

（3）停滞、衰退——外注化

　関係者のコメントを総合する限りこのところ EAP は減少している（Kurzman,
2002; Hughes, 2002; Diaz, 2002; and Jeffe, 2002)。「90 年代少し下がってその後は
高原状態」（Samuel, 2003）、停滞から衰退期に入っているようでもある。人材
的にも「EAP 専門家の会議に行っても、次の世代が育っていない。[中年以上
の] 人ばかりである」（Hughes, 2003）。

　特に内部プログラムが廃止（e.g. セント・ルークス・ルーズベルト病院 , St.

Luke's Roosevelt Hospital, 2001 年[34]）され、あるいは外部プログラムに切り替えられている（Jeffe, 2002）。EAP は当初は内部プログラムで始まったものが多く、70 年代、80 年代は内部プログラムが中心であった。それが、「この 30 年の不況になってから」（Samuel, 2003）あるいは「80 年代末から」（Hughes, 2002）外部型プログラムが増加してきている。企業の経営合理化、経費節減とソーシャルワーカーの個人営業への関心の増加が要因であるとされる（Hughes, 2003）。

　今は外部型の方が圧倒的となっている。前節では 70％という数字があげられていた。外部型が劣るわけでは必ずしもない。内部型と外部型の長短については多くが議論もされてきた。たとえば、外部型の方がプライバシーの保護、秘密の保持に有利である等。

　外注化は二つの問題を提示する。第 1 は労働者が抱える問題の原因および対応を個人の側に求めるようになる。特に労働者の心理的精神的側面への傾斜を進める。いうまでもなく問題は環境の方にあるかもしれないにもかかわらずである。しかもソーシャルワーカーは職場内部の組織的、人間関係的知識と関係の欠如から有効な対策を講ずることが困難となる。第 2 は個別ケースの処遇から企業の人事、生産など政策へのフィードバックがますます困難になる。内部型であるマウントサイナイ／ニューヨーク大学健康 EAP ですらすでにこの難しさが語られていた。いずれも、職場、仕事との結びつきが弱まり、関係が薄まることによる。コミュニティベースの各種相談プログラムと比べた EAP の強さ、エッセンスは相談担当者（ソーシャルワーカーなど）が組織内部の人間関係、組織関係状況に精通しており、これらに対して解決の働きかけができることにあった。EAP の柱は職場ベースのプログラムなのである。EAP の中心が怪しくなってきた（前記 EAPA 定義参照）。

（4）営利化、商業化

　より深刻な問題はこの外注化の動きが単なる外注化ではなく EAP を営利と

---

34) ニューヨークの大病院。他の病院との合併を機に 16 年間継続していた EAP を廃止した。小規模の病院などに対してもサービス提供していた。「9.11 事件の 2 日後に閉鎖、事件の影響を受けた多くの従業員は行くべき場所をなくした」（Jeffe, 2002）

するエイジェンシー（組織・機関）の"繁茂"[35]とそこへの外注化であること
である。そのことによる EAP サービス内容の稀釈化である。「特にこの 5 年
ぐらい」（Hughes, 2002）または「90 年代後半から」（cf. Berge, 1995: 848）の動
きである。

　倫理問題が問題となってくる。EAP のプログラム・サービス自体のクライ
アントは労働者であるが、EAP エイジェンシーの第一義的クライアントは
EAP 契約締結の相手方すなわち外部型 EAP をその従業員に約束する企業・組
織とされる。そして、それら企業・組織の外注化の目的は経営コストの削減で
ある。1 ケース当たり面接回数に制限を設ける。たとえば最高 3 回、5 回を超
えないこととされる（Hughes, 2003）。

　サービス利用の金額合計についての上限を設ける。先任権による制限もかけ
る。1 対 1 の対面相談から電話相談に切り替える。コンピュータカウンセリン
グを導入する。顔を合わせての面接のチャンスは限られまたはなくなる。電話
を受ける相手はたとえば、当該職場の実情を何一つ知らないソーシャルワー
カー、心理士である。相談者とはまったく異なる遠く離れたコミュニティにあ
る彼女たちのクリニックまたは自宅で本業の傍ら（空き時間）に EAP 相談の
電話を受ける[36]（Samuel, 2003; Terruso, 2003a）。

　すべてクライアントとしての企業・組織との契約次第である。「医学的必要
よりコスト効率性が重要となる」。エイジェンシー間の競争上による"誇大広告"
の弊害もすでに報告されている。たとえば、"危機介入"を言いながら、この
約束が実際に守られる保障はない（Hughes, 2003）。

　より深刻な問題は特に保険会社による EAP の囲い込みである（Diaz, 2002）。
同じことがかつてメンタル・ヘルス分野で行われた。「特にこの 5 年ぐらいは、

35）EAP の人々が企業、起業家精神に関心を向けている。ヒューズが「会議などで質問
　　しても無視される」
36）電話、コンピュータによる相談のメリット、長所ももちろんある（e.g. 利用可能なサー
　　ビスの形態が多様になった）が、経費節減が動機であることを忘れることはできない。

保険会社から健康保険[37]にEAPを含ませこれを"目玉"に保険を売ることがなされてきている」(Hughes, 2003)。一般には従業員が加入する通常の健康保険またはその他の給付がこれらEAPのサービス利用料金を支払う。保険にカバーされないサービスは従業員の負担となる (Hazelden, 1996)。医療保険の一部とすることで、ますます"環境問題"(第1節434、437頁参照) が排除され心身特に精神的問題への純化が進む。EAPの名称すら使われなくなる (Samuel, 2003)。かつ医療費の抑制は企業の最大の関心である。

　しかも最近では保険会社が自らEAPエイジェンシーを立ち上げてきている。"身内"(系列下) の特定の機関に"紹介"する。「保険会社EAPの方が安いが質が違う」(Diaz, 2002)。利用可能のエイジェンシーの制限と利用可能のサービスの制限という二重の利益のスクリーンを通ることになる[38]。

　EAPを一種の福利厚生／付加給付 (fringe benefits, employment package) のなかに位置づけ、権利化することにより、一見前進のようにも見えるが、かえって保障が弱まるという興味深い現象である[39]。

　EAPは問題を見出し、特定し、アドボカシー役割を果たすべき任務も持ち、事実担ってきた。たとえば、保険会社の医療介護保険がアルコール依存をカバーしなかった時これをカバーさせ、医療保険が身体的問題にくらべメンタル・ヘルスのカバーされる範囲が狭かった時後者をアドボケート(擁護)した (Hughes, 2003)。個別直接処遇サービスが低下する時こそ制度改革機能・役割が重要になってくるが、これを担う主体＝力自体がますますなくなってきている。

---

37) "Managed Care". 正確にはHealth Maintenance Organizations (HMO) によるものと個別的従来型の健康保険によるものがあるがここでは区別しない。アメリカには公的な全国民を一律に対象とした健康保険制度はない (低所得者,高齢者に対するものを除く)ので、一般的には健康保険は日本の生命保険のように企業などの福利厚生の一部として提供されるか、個人で加入することになる。

38)「羊の顔した狼である」。「保険会社のプログラムにもソーシャルワーカーは働いてはいるが、退職するか妥協するかの選択が迫られる」。「ちなみに、今や、出産13時間以内に退院しなければならないところまで来ている」(Diaz, 2002)

39) さらに、外部型にすることによって、コスト的に見ても健康保険/HMOで受けることになり、アルコール、薬物のケースではかえって増加することになるかもしれない。

まとめ

アメリカの労働者（"ごく普通の働く人々"）は、アルコール、薬物濫用、仕事、金銭、消費者問題（クレジットカード、債務を含む）、法律、高齢者介護、保育、健康、鬱・ストレスその他のメンタル・ヘルス、家族、子ども、夫婦間その他の人間関係などに悩む。その時の相談先の一つは EAP ／ MAP である。大組織（政府および大企業など）では多くが、中小組織ではわずかがこれを持つ。プログラムのデザインは、自らの組織内にオフィスとスタッフを備える内部型と外の EAP エイジェンシーに外注する外部型がある。経営側によるもの、労働組合によるもの、その協力によるものがある。

EAP／MAP のエッセンスは労働者個人の福祉と組織の経営の兼ね合いにある。個人の抱える問題の存在が職場、労働の場で見出されまた生産性に影響を及ぼす。よってそれは労働者・労働組合および使用者双方の関心となる。問題の原因は職場外（個人、家庭、地域・社会）にあるか職場・労働の場（制度・慣行、物理的労働環境、人間関係）にあるか、問題の解決もまた個人の側に求められるか職場の側に求められるか。多くの場合はそれらそれぞれの二極の混合、中間にある。

EAP／MAP はプロフェッショナルな援助である。ソーシャルワーカーその他のプロフェッショナルによるそのプロフェッションの一定の価値と倫理――秘密保持、スポンサーからの自立、組織的中立性、雇い主の要求に対するプロフェッションの価値の優越性などに基づいたプロフェッショナルなサービスである。問題の発見、判定、情報の提供、"紹介"、短期カウンセリングがなされる。ときには、グループカウンセリングが用意される。一般には治療過程には踏み込まない。

EAP／MAP は問題を抱えた労働者本人または家族の個別労働相談が中心であるが、監督者からの部下の取扱などについての日常的相談にも応える。さらに、監督者および一般労働者に対する研修、予防的・教養的講座、セミナー、ワークショップその他のサービスが提供されるのが通常である。9.11 のような危機的事件のあとの対処などにも関与する。

EAP／MAP の重要な機能は個別相談を通しての労働者全体または一部集団

のニーズの抽出、測定ならびにそれに基づいた制度慣行の改善および政施策への反映である。

　使用者のEAP導入の意図は人道主義から利潤追求まで一般福利厚生の提供とあまり変わるところはない。労働組合のそれは組合員の問題解決そのこと、解雇からの保護、メンバーの維持獲得である。「EAPはペイする」ことを示す調査研究は数多く報告されてはいるが、その断定にはデータ蒐集上の制約と評価期間設定の多様性からなお困難はつきまとう。ある労働組合はEAPおよびプロフェッショナル一般に対する不信を今なお解いてはいない。

　アメリカのEAPはこのところ停滞、衰退気味である。最近の最大の問題は外注化、営利化、さらに保険資本による囲い込みである。EAPも経営の経費削減、リストラ、ダウンサイジング、外注化の例外ではない。またEAPを福利厚生、付加給付としての健康保険の給付の一部とすることにより一方では権利性を強めているようにも見えるが、実際にはそのことによって水準の低下をもたらしている。個別相談の利用内容に制限が設けられるだけでなく、その医療化、内面（メンタル・ヘルス）化が進み、"環境問題"（職場の政施策、制度慣行、環境条件など）を「取り扱う問題の範囲」および「解決のための働きかけの対象・方向」から排除する。個別ケース解決の問題でもあり、このレベルを超えた問題でもある。

【引用文献・インタビュー】

秋元樹、1981『デトロイト　ソーシャル・ユニオニズムの必然』日本評論社。

秋元樹、2003「社会福祉学専攻（大学院）の進む道——世界に通ずる社会福祉をめざして——」『社会福祉』（日本女子大学社会福祉学科紀要）第43号、『ソーシャルワーカー』（日本ソーシャルワーカー協会）第7号（2003.5）に再掲。

Bergh, Nan Van Den. 1995. "Employee Assistance Programs." *Encyclopedia of Social Work*. NASW.

Blum, Terry C. and Roman, Paul M. 発行年不明。*Cost-Effectiveness and Preventive Implications of Employee Assistance Program*. US DOHHS.

Cornell University EAP. 2002. "Cliant List". (A 1p sheet).

Cornell University EAP. 発行年不明 . "The Wellness program, The Employee Development Center." (A 2p sheet).

DC37, Health & Security Plan. 1996. *Personal Service Unit*. (A 11p pamphlet) District Council 37Health & Security Plan. June.

Diaz, Jeffery. 2002. Director of Corporate & Industrial Programs at Cornell University

(EAP, Employee Development Center). An interview at his office by T.Akimoto. November 21.

EAPA. 1992. *EAPA Standards for Employee Assistance Professionals*, (Arlington, VA) in Nan Van Den Bergh, "Employee Assistance Programs," *Encyclopedia of Social Work* (NASW Press, 1995).

EAPA. 2002. http://www.eapassn.public/pages/. Accessed on November 27.

EAPA. 発行年不明 a. "EAPA Code of Ethics." (A 1p sheet).

EAPA. 発行年不明 b. "Employee Assistance Professionals Association, Inc,." (会員の特典、会員の種類、中核的技法、会員基本方針). (A 1p sheet).

EAPA. 発行年不明 c. "EAPA Chapter" (A 1p list).

EASNA. 2003. http://www.easna.org/easna. Accessed on June 26.

Hazelden Foundation. 1996. Questions and Answers about the Employee Assistance Program. A leaflet. (1987 年につくられ 96 年に改訂がなされている)

Hughes, Dan. 2002. Director of the Mt. Sinai/New York University Medical Centers' EAP. An interview at his office by T.Akimoto. November 21.

Hughes, Dan, 2003a. Director of the Mt. Sinai/New York University Medical Centers' EAP. An interview at his office by T. Akimoto. March 3.

Hughes, Dan. 2003b. EAP Report (2002) to Ira Warm, Susan Langweiler and Nancy Sanchez. February 14.

Hughes, Dan. 2003c. Personal communication with T. Akimoto by e-mail. September 17.

Jaffe, Ronnie Sue. 2002. Clinical Director of the NYC Transit Authority EAP. An interview at her office by T.Akimoto. December 18.

Kurzman, Paul. 1993. Employment assistance programs: Toward a comprehensive model. In P. Kurzman & S. Akabas (Eds.), *Work and well-being: The Occupational Social Work Advantage* (pp.26-45). Washing, CC. NASW Press.

Kurzman, Paul. 2002. Professor, School of Social Work, Hunter College, CUNY. An interview at his home by T.Akimoto. December 18?.

Mount Sinai Hospital. 2003. Consolidated Summary Report for the period Monday, January 01, 2001-Monday, December 31, 2001.

Samuel, Antoinette. 2003. CEO, EAPA Employee Assistance Professionals Association). An interview at her office by T.Akimoto. January 6.

Terruso, Robert. 1999. "Statistical Report (January-April 1999)". Memorandum (AFSCME DC37 Health & Security Plan) to Roz Yasser. June 24.

Terruso, Robert. 2003a. Director, Personal Service Unit, AFSCME DC37 Health & Security Plan. An interview at his office by T. Akimoto. March 18.

Terruso, Robert. 2003b. Director, Personal Service Unit, AFSCME DC37 Health & Security Plan. A personal e-mail letter to T. Akimoto. September 4.

【初出】「EAP／MAP のエッセンス　アメリカ労働者の抱える問題と労働相談」『安全センター情報』306 号、2004 年 3 月号、7-25 頁。

【参考】Kurzman, Paul. 2013. "Employee Assistance Programs for the New Millennium: Emergence of the Comprehensive Model." *Social Work in Mental Health. 11*：381-403.

第 11 章－I

資本は勝手に動いてよいわけではない
GM フリント 54 日間のストライキの意義

1998 年夏、GM（General Motors; ジェネラル・モーターズ）フリントの 2 工場
で約 8 週間に及ぶストライキが行われた。北米の GM 組立ラインはほとんど
すべてが止まり、会社の損害額は 22 億ドルに上った。この 30 年近くで、GM
－UAW（United Automobile, Aerospace and Agricultural Implement Workers of
America; 全米自動車労働組合）最大の対立である。そして組合が「勝った」。

このストライキの経緯を整理し、その意義を考えてみたい。最大の意義は、
21 世紀初頭、労働にとって最も重要な課題すなわち資本移動の規制を世に問
うたことであろう。資本は企業の望むようにそうどこへでも勝手に動いてよい
わけではない、と。

1　2 週間でほぼすべての GM 組立ラインが止まる

1998 年 6 月 5 日、デトロイトの北約 100km、フリントのスタンピング工場
（UAW ローカル［支部］659）の労働者 3,400 人がストライキに入った。GM の
ほとんどすべてのトラック、乗用車のドア、フェンダー、フードその他の車体
部品をうち抜く工場である。6 月 11 日、同じく GM 部品部門、デルファイ・イー
スト部品工場（UAW ローカル 651）の労働者 5,800 人がストライキに加わった。
全車種用点火プラグ、スピード＝オドメーター、フィルターその他部品を製造
する工場である。

北米のすべての組立工場を次の1週間以内に止める[1]というUAWのねらい（*Detroit Free Press*, 6/12/98）はほぼ達成された。19日には北米のGM組立工場は事実上ほとんどすべてがストップ、6月末には29組立工場中27工場が閉鎖、192,800人の労働者がレイオフ、100以上の部品工場も閉鎖されていた。

　ストライキの原因は、安全衛生、外注、生産基準（production standards）の問題であった。数百件の「苦情」（grievance）が申し立てられていた。たとえば、スピードアップ、デルファイ工場の溶接区域のひどい騒音と換気。

　ストライキを不可避とみた[2]会社は、メモリアル・デー（戦没将兵記念日：5月第4月曜日）の週末に売れ筋の99年型ピックアップ／トラック用の型（dies）2セットを「夜盗のごとく」運び出し、オハイオ州マンスヴィルの工場に移した。ストライキへの最後の引き金となった。

　会社は、1日当たり2.1万台、8,000万ドルを失う（*Detroit News*, 7/23/98）。そうでなくとも低下している市場占有率はさらに下がるかも知れない。「ドル箱」の99年型ピックアップ／トラックの生産が発売に間に合わなくなるかもしれない[3]。ストライキ中の労働者は週150ドルのストライキ手当で耐える。19万の労働者は賃金を失い、失業保険で食いつなぐ[4]。「会社が記録的利益を上げているときに、そして経営陣がとてつもない高給を取っているときに、会社によってGM労働者が危険有害労働条件と深刻な雇用不安を強いられるなどということは到底許容しうることではない」（UAW副委員長、リチャード・シューメーカー）

　CAW（カナダ自動車労組）は、唯一新型ピックアップの製造をスタートさせていたオシャワ工場（オンタリオ）の労働者は紛争中の型（dies）でつくられた部品はストライキが続く限り一切扱わない旨宣言した。カナダの労働者は、

---

1) デルファイ・イーストがストに入る時点ですでに部品不足により30工場が影響を受け、GMの7工場が閉鎖、1,800人が一時解雇されていた。
2) このような異常な「苦情」の増加は通常ストライキのサインである。当初20日間に8件から246件に（*Detroit News*, 7/23/98）。
3) スタンダード＆プアズがGMの格付けを下げるといい、もしこれが実行されればローン用融資を受ける場合の利子が高くなる（*The New York Times*, 7/27/98）ny27。
4) ストの結果のレイオフについてはSUBの支給はない。2工場のストライキ労働者以外にはUAWスト手当は支給されない。なお、当時の組合員の平均賃金は週780ドルであった。

GM管理者が、ストライキ中のものでつくられた部品でカナダの労働者が働くと前提したことに対し「ストライキ破りをすると思われていた」と怒りを露わにした（*New York Times*, 6/12/98）。オシャワ工場は部品不足で閉鎖された。

世論の支持もあった。フリントでは圧倒的であったし、CBSニュースの世論調査では46％がUAWを支持（37％がGM）、30歳未満では52％がUAWを支持していた[5]（*Solidarity*, 8-9/98）。

2　投資の約束を守れ

今回のストライキが少々わかりにくいのは、表向き＝公式のストライキ理由と裏＝実際のストライキ理由が異なることにある。上述のように組合の主張する表面上の理由はスピードアップ、安全衛生その他であるが、本当の理由は、会社が2年前にしたフリント・メタル・センターに3億ドルを投資し、メキシコ、ブラジルの最新工場と同じような生産性の高い工場にするとの約束[6]を破棄したことにある。

新たな投資がなければ、生産は徐々に他に移され、生産が落ちれば仕事が無くなる。このことを労働者は知っている。この工場はGMの中でも最も非効率的な工場の一つとされていた。破棄の理由は、投資約束の条件であった柔軟なワークルールの採用、職種数の30から7への削減等が実現していないことであった。

デルファイ・イーストのストライキにはローカル659「勝利」へ向けての戦術的意味も含まれてはいたが、そこの主要要求は会社を売却しないとの保証であった。GMは過去にこれを拒否している。外から遙かに安く調達できるロー・テク部品を時間45ドル（賃金＋給付）で買い続けることはできない、と。GMは自然減を通して仕事を減らしてきており、未組織企業からの部品購入を増やしている。労働者の心配は将来の雇用水準と一部生産の海外移転である。

---

5) 当初は、フリントおよび直接影響を受けている都市を除き、世論はほとんど関心をしめさなかった（*Wall Street Journal*, 6/12/98）。

6) ジョセフ・スピールマン（GM金属部門担当重役）の手紙。公表されていない（*Wall Street Journal*, 7/28/98）。

「問題」は典型的な生産性対雇用保障の問題である。中心は生産の移転とアウトソーシングによる仕事の喪失であり、それは投資をめぐる争いでもあった。

協約を結ぶということは、その有効期間中は原則としてストライキを行わないことを意味する。UAW と GM の全国協約は、その有効期間中の「ストライキ可能事項」として安全衛生、下請け化、生産水準のみを上げており、雇用問題、生産の移動、投資等はそのうちに含まれていない。今回のストライキの表向きの理由と本当の理由が異なるゆえんである。

3 海外への生産移転、海外からの部品調達

2工場の問題は、GM 全体の大きな合理化の流れの中での問題なのである。

ストライキが始まって1週間後、極秘の「イェローストーン・プロジェクト」の文書が明るみにでた。2006 年までにメキシコでの生産を 30 万台から 60 万台に引き上げる詳細な計画が示されていた[7]。ローズタウン組立工場に代え、小型車製造の新リーン工場を、メキシコに建設する可能性も示されていた。プロジェクトはブラジルにおける「ブルー・マカオ」と呼ばれている組立生産のコンセプトに基づいていた——少数の中核的部品会社に設計と製造の多くの部分を委せ、それをジャスト・イン・タイムで GM の組立てラインに持ってこさせる、そして労働者数を減らす（Gardner: 43）。

フォード、クライスラーに比べ生産性が低いといわれる GM は、経営管理組織の階層を少なくし、エンジニアチームを 12 から 4 に統合し（1997 年）、かつては 48 か月であった新型車開発期間を 25 か月に短縮している。生産現場の工程数、部品数、労働者数も減らしたい。次世代の大型トラックとスポーツ・ユーティリティ車のベースとなる「GMT800 プラットフォーム」は部品を 25％少なく済ませている。新しいモジュールの採用により、現在 14 あるスタンピング工場は四つを不要とする。高単価の部品の内生率を低め、海外を含めた外からの調達を増やしたい。デルファイは切り離し、売却したい。次の数年に 5 万人の生産労働者を削減したい。

---

7) GM のデルファイ部品部はすでに 72,000 人を擁するメキシコ最大の民間企業である。

合理化の手だて一覧表とすれば特に新しいことはない。強いて言うならば今まで以上の世界企業化、国境を越える程度の大きさであろう。国内からの資本の引き揚げと海外への投資、海外からのより多くの資材、部品等の調達。GMの価格競争力の秘密でもある。タイ、韓国、インドネシア、中国、ロシア、メキシコ、ブラジル等から部品のほか、銅、石油、プラスティック、鉄鋼その他の資源を購入する。GMグローバル調達戦略は、最近のアジアの通貨切り下げ危機はこの上ないチャンスと考える（Gardner: 43）。

UAWはフリントで1978年以降44,000の仕事を失っている。現在3.2万人いるGM労働者は、2008年には1.2〜1.5万人あるいはそれ以下になるといわれている。全UAW組合員数も1978年に比べると現在は半分である（75万人）。

GM労働者は世界経済を支配する意思決定過程に立ち向かわなければならなくなっている——どこに投資するか、どの工場が成長しどの工場が死すべきかと決める過程に、そして仕事を守るために。今回ストライキはこれにチャレンジした。

80年代の国内のwhipsawing（工場閉鎖の脅しをもって工場／ローカル同士を競争させ低労働条件を受け入れさせる）は、国外を含めたそれとなっている。さらに「賃金がデトロイトの10分の1のメキシコですら労働者は新工場を建設するためによりやすい場所を見つけることができると告げられる」（Bacon）

余程の譲歩をしなければメキシコに持っていかれるかもしれないと考えているローズタウンの労働者は言う、「奴らはおれたちを脅し続けている、もううんざりだ、いい加減にしろっていうんだ」（ジョセフ・ポポビッチ）（*Business Week*: 25）

労働者が懸命に働き、会社を儲けさす。そして会社はその儲かった金を他に投資し、そのことによってその当の労働者が仕事を失うというのはいかにもおかしい。正義、道義に反する。これが労働者側の論理である[1]。

---

*1 元稿ではこのあと次節との間に「4 GMの労使関係：繰り返されるGMのスト」が入るが、ここでは省かれている。

4 型 (dies) が帰ってきた

7月26日午後、十数台の平床トラックが、先に持ち出した27トンの鋳鉄製の型 (dies) を積んで戻ってきた。運転手はホーンを鳴らし、組合員、支持者は狂喜しこれを迎えた。df27トラックが工場の門を越えるとき組合員は「ソリダリティ・フォレヴァ」を大声で歌っていた (*New York Times*: 27)。

7月28日に妥結、54日間のストは終わった。組合は、①会社は2年前に約束した残る1.8億ドルのスタンピング工場への投資を遵守する、②デルファイの2工場（フリントとデイトン（オハイオ、ブレーキ））は2000年1月までは売却も閉鎖もしない、③デルファイ・イーストは最低5,000人の生産労働者を維持する、④7月4日を含む2週間の夏休み期間の休日給を一時金で支払う、との約束を獲得。会社側は、①フリント・スタンピング工場の生産性アップのための新ワークルール（1日当たり最低生産数[8]）、②生産性向上のための500の雇用の縮小、③ストライキの可能性が噂されていた他の5工場の解決[9]、③デルファイ2工場での2000年1月までの平和を手に入れた。両者は、将来の紛争を避けるため定期的に会合することに合意した。

GMは協約にもとづく審判、訴訟を取り下げた。もちろん、安全衛生、下請け、生産基準等の紛争も「解決」した。組合員の批准率はメタル・センターは90%、デルファイ・イーストは76%であった[*2]。

---

8) 1セクションの割り当てを15%増加しより長く働くことになる、しかし、なおある労働者は6時間以内に割り当てを達成できる (*Business Week*: 25)。

9) デイトン（オハイオ）の二つのブレーキ工場、インディアナポリスのスタンピング工場、フリントのビュックシティ工場 (complex) 等。スプリングヒル（テネシー）のサターン工場、ボーリンググリーン（ケンタッキー）のシボレー・コルベティ工場、ジェネスヴィル（ウィスコンシン）のトラック工場等は含まれない。

＊2 元稿ではこのあと次節との間に「6 アメリカ労働運動の中の問題——UPSストライキとGMストライキ」が入るが、ここでは省かれている。

5 時代の最も核心的な問題[*3]

しかし、GM［は］スライキ中にも未組織およびメキシコ等海外を含めた外からの部品調達を通して操業を再開しようと努めた［ていた］。妥結の数日前、二つの組立工場は実際に生産を再開した。

終結に当たってデトロイト郊外の一新聞は伝える、「GM は収支バランス、現金、市場いずれも数か月で取り戻すだろう。ストライキの終結は GM の 99年モデルの導入に間に合った」(*Oakland Press*, 8/2/98)。スト終結数日後に、GM は全デルファイ部品関係を分離独立させる計画を発表した。いずれビッグスリーのパターンバーゲニングからはずれることになろう。賃金労働時間等労働条件が切り下げられる。

組合にとって「勝利」といわれはするが、現状を維持しただけにすぎない。特に先に進んだ訳ではない。1999 年の全国協約の改定交渉までの間つなぎ、一時休戦にすぎない。会社の人員削減の必要は変わらない。

今回のストライキの最大の意義は、当該組織の範囲を超えて、その時代に最も核心的な問題——この場合は資本の移動のコントロール[*4]——を取り出し、これと結びつけ、一般化し世に問うたことである。

【本文中には出典の挿入を最小限としたが、個々のデータは下記の資料その他に負うところが多い】

Bacon, David. 発行年月日不明。"Striking lessons at GM In this labor dispute, investment issues came to the fore." 誌紙名不明。

Business Week. Aug. 10, 1998. "What Price Peace? GM lost a lot to the UAW, and labor relations are still bad." pp.24-25.

Detroit Free Press. June 12, 1998. "GM on brink of total shutdown."

The Detroit News. June 12, 1998. "GM faces total shutdown."

————— July 23, 1998. "GM: UAW inflated job grievances."

————— Aug. 2, 1998. "Forging UAW link tough for GM."

---

*3 本節は元原稿「7. 99 年 9 月までの間つなぎ」「おわりに」内記述から編集。
*4 「UPS ストライキにおいては労働力の非正規化の流れ」（元原稿 86 頁）

第 11 章 − I 資本は勝手に動いてよいわけではない 473

Gardner, Greg. July 1998. "Reversal of Fortunes--GM's NAO comeback stymied by strike." *Ward's Auto World*. pp.41-47.

Glenn, David. August 24/31, 1998. "Assessing the GM strike: The UAW won the battle but is it ready for the war? After Flint." *The Nation*. pp.17-18 and 20.

http://www.UAW.org/workernews/98GM flint.html. 7/17/98. "Local GM Strikes Continue." その他多数。

Hammer, Frank. September 11, 1998. Future Product Sourcing Rep., UAW. 筆者によるインタビュー。Royal Oak にて。

The New York Times. June 12 1998. "6,000 GM. Workers At Michigan Plant Join Auto Strike, Anger Over Job Security."

————— July 27, 1998. "Walkout at GM. Plants May Be Nearing an End."

The Oakland Press. July 27, 1998. "GM-UAW talks to go around the clock."

————— Aug. 2, 1998. "GM board ready to review strike settlement Monday."

Parker, Mike. September 10, 1998. Labor Notes. 筆者によるインタビュー、Detroit にて。

Solidarity. July 1998. "Flint Local Strike GM." p.7.

————— Aug.-Sep. 1998. "Flint strikers last One Day Longer." pp.9-10.

————— August 1997. "Workers Resist GM's Job-Cutting Attempts-Strikes and Bargaining Win Hundreds of New Hires To Ease Overwork and Let Take Vacation."

USA Today. June 12, 1998. "as GM acts globally, GM strikers fear job cuts, plant closings."

The Wall Street Journal. June 12 1998a. "UAW's Struggle With GN Fails to Get Much Support From Public, Labor Allies."

————— June 12, 1998b. "GM Workers Strike at Second Flint Plant."

————— July 27,1998. "GM, UAW Launch Drive to Settle Strike."

The Wall Street Journal. July 28, 1998. "What's Really Behind GM's Strike? A Battle Over a Hot New Truck——Company Expects Big Profits, But Only if It Can Cut Lost of Parts—and Jobs."

【初出】『季刊・労働者の権利』（日本労働弁護団）Winter, No.22、1991 年 1 月、82-85 頁。

第11章－Ⅱ
労働問題紛争の国境を越えた新たな解決モデル
NAALC（北米労働協力協定）——A国で起きた事件はB国が審査する

　1997年夏から秋にかけてのアメリカ労働界における中心課題の一つは
NAFTA であった。1993年締結された NAFTA（North America Free Trade
Agreement 北米自由貿易協定）については多くが伝えられているが、これととも
に二つの重要な協定、NAALC（North American Agreement on Labor Cooperation
北米労働協力協定）および NAAEC（North American Agreement on Environment
Cooperation 北米環境協力協定）が結ばれたことについてはほとんど何も伝えら
れていない。アメリカとメキシコの国境の南に並ぶマキラドーラ[1]が多くの問
題を抱えることについてはしばしば伝えられているが、そこで日本企業、ソニー
（その現地子会社）が解雇、自主退職の強要、組合選挙への介入その他により「独
立」組合の結成を妨げていること、そのゆえに NAALC による「苦情」の申し
立てがなされていることについてはほとんど何も伝えられていない。
　本稿は、NAALC、特にその紛争処理機構とソニー事件の概略を紹介するも
のである。NAALC は労働問題紛争の国際的解決の新たなモデルとして、また
ソニー事件はそのもとで初めて大臣協議（後述）まで進んだリーディングケー
スとして、それぞれ注目される。

1）現在 2,265 社がある。（『イミダス '97』集英社、1997年）ほとんどがアメリカ企業であ
　るが、日本、韓国、台湾、ヨーロッパ諸国その他の企業も少なくない。そこで働く労働
　者は約 90 万人（Coalition for Justice in the Maquiladoras, Annual Report 1996,p.13）。マキ
　ラドーラの様子については、たとえば、"A Job and a Dream," Mexico Business,Oct.1995,
　pp.45-57.

475

1 NAALC

（1）意義──法の遵守は他国の監視下に置く

本稿の関心は、NAALC の "労働問題の国際的解決の新たなモデル" としての意義である。今日までの典型的なモデルでは、たとえば ILO の条約・勧告のように参加各国が共通的に遵守すべき統一的最低基準を定め、それに違反した場合にはそこに設けられた単一的審査機関に事件はあげられる。ところが NAALC にあっては、基準の設定内容自体は各国に任せる（第2条、Annex1）。主権の尊重である。ただし、もしある参加国が自ら定めた基準（法規、手続き、やり方）を守り得ない場合には、その「苦情」は他国の審査機関にゆく（第42条参照）[2]。

たとえば、メキシコ国内に所在するある企業がメキシコの国内労働法に違反した場合に、関係者はメキシコの国内「審査」機関にではなく、アメリカまたはカナダの「審査」機関に「苦情」を申立てる（vice versa）。そしてその実効は最終的には貿易制裁を持って担保される。より正確に言うならば、申し立ての対象になるのはある特定企業の行為というよりも、そのような行為の存在を許している国の法律などの不遵守の状態である。申し立てられているのは企業ではなく国そのものである。"立法" は各国の自由に任せるが、執行は他国の監視下に置く。ある意味では主権の侵害も甚だしい。国民国家の限界を超える試みとも読める[3]。

---

2) 国内の裁判所、労働委員会制度など、たとえば、アメリカの場合の NLRB との関係が問題となることが容易に予想される。スプリント事件（後述）で現にかかわりが出ている（"NAFTA, Talks Sprint NAFTA Charg, Cile Accession on Tap in Mexico,"（DLR）BNA No.144,7-27-95.）。

3) 立案者はこれを意識していたかは疑問であるが、アメリカ NAO の担当者はこれに言及する（ジェイムス・W・シェイ、1997年9月5日、筆者によるインタビュー）。

（2）目的、範囲——貿易など経済活動は労働・生活条件を良くするためのもの

NAALCは、NAFTAと同様アメリカ、カナダ、メキシコの3国で締結された協定である。7部、55条からなる。法的にはNAFTAから独立した協定ではあるが、一般にはNAFTAの労働面の協定、NAFTAを補うものとされる。アメリカの国内政治的にはNAFTAを連邦議会で通すための妥協の産物であったともいわれる。

NAFTAの目的は3国の貿易と経済的結びつきを高めることであるのに対し、NAALCの目的は、3国における労働条件と生活水準を改善することである（第1条）。貿易など経済活動というものはそもそも労働者の労働条件、生活水準をより良くするためのものであるはずである、という「あまりに当然な」理解がNAALC正当化の背景にある[4]。労働者の労働条件、生活水準をより良くするための手段として貿易など経済活動を利用しようというものと考えてもよい。

NAALCが取り扱う範囲は労働法に関わる「問題」である。参加各国においてそれぞれの労働法などが有効に執行され遵守されているか否か、すなわち継続した不遵守の状態（a pattern of practice ／ a persistant patern of falure）[5] が存在しないかが問われることになる。ここでいう「労働法」とは、以下に直接関係する法律、規則などをいう（第49条）。

1　結社の自由と団結権の保護
2　団体交渉権
3　ストライキ権
4　強制労働の禁止

4）アメリカ労働長官ロバート・ライヒはNAALCの「基本的目的は生活水準を上げ……人々の生活苦（Plight）を改善し、庶民、労働者、働いていながらもなお貧しい人々を助けること」という。（汎アメリカ労働サミットにおける演説。"Labor Summit Speech: Reich Underlines Administration Fight for ILO Funding," ILOワシントンDCオフィスニューズレター、p.16、発行日不明）
5）協約文言上はECE段階（本文1（5）④）に前者の表現を、紛争処理段階（本文1（5）⑤）に後者の表現を用いているが、シェイ（インタビュー）はそれら以前の段階をも含め特に区別はないという。

第11章-Ⅱ　労働問題紛争の国境を越えた新たな解決モデル　477

5 児童および若年者の労働保護

6 団体協約にカバーされない人々を含む賃金労働者の最低雇用基準（たとえば、最賃、残業手当）

7 各国の国内法により定められた人種、宗教、年齢、性、その他を理由とする雇用差別の解消

8 男女同一賃金

9 労災（障害および疾病）の予防

10 労災発生時の補償

11 外国人・移民（migrant）労働者の保護

第1項から3項まではいわゆる労働組合法など集団的労使関係に関するものであり、第4項以下は広義の労働基準法に関わるものである。差別の問題、労災の問題、外国人・移民労働者の問題なども含まれている（第4～11項）。

（3）責務──立法の枠組みも要求？

協定の「第2部」は参加国の「責務」（obligation）を定める。たとえば、各国の労働法規は「良い労働条件」を定めなければいけないし、各国はその向上に常に努めなければいけない（第2条）。法を遵守、執行するために、監督官の任命および訓練、現地査察を含むモニタリング、記録および報告、違反の場合の罰則および救済措置その他が用意されなければならない（第4条）。

労働法規執行の行政、司法、準司法、労働委員会制度は公正、公平、透明（平易でわかりやすい）であり、判決、決定などは書面により、理由が示され、迅速になされ、証拠に基づかなければいけない（第5条）。

上の本節（1）に基準の設定は各国に任せると書かれたが、実際は必ずしも明確ではない。立法の枠組は相当の程度定められているとも読める（第1部、Annex1なども参照）。規定自体が欠けていたならば、責務に反するとして、「苦情」を受ける可能性もなくはない。アメリカNAOの担当者は、これら「責務」は、「義務（obligation）とも願望（aspiration）ともとれる。意識的に不明瞭の

ままにされている」という[6]。

（4）組織——ダラスに本部、各国に労政事務所

これら目的を達成し、責務を果さしめるための組織は、国際組織と、国内組織の双方からなる。

国際組織は、労働協力委員会（the Commission for Labor Cooperation、以下本部という）である。アメリカのダラスにオフィスを置き、3 国の大臣級メンバーで構成される理事会（Council）とそれを支える事務局（Secretariat）からなる。理事会の決定は原則として全会一致でなされる。

参加各国には、国別の労政事務所（National Administrative Office、以下 NAOという）が設置される。NAO は他国の政府および NAO ならびに NAALC 本部とを結び、協議、情報交換などを行うとともに、他国内で生じた労働法に関する問題の「苦情」申し立て（submission）を受け審査（review）する。

NAO は各国の国内組織であるので、その機能、権限、手続き、人事などは各国が独自に決定するとともに、その運用費用も各国が負担する（第 15、16 条）。アメリカの場合は NAO は連邦労働省国際労働局内に置かれている。

加えて、国内組織として、諮問委員会（National Advisory Committee）および行政機関委員会（Governmental Committee）が組織される。諮問委員会は労働団体およびその他の代表を、行政機関委員会は連邦および州・県政府の代表をそれぞれメンバーとし、NAALC の執行と運用について意見（advice）を述べる（第 17、18 条）。

（5）紛争処理手続き——NGO も申立人になれる

上記労働法に関する「問題」の「苦情」・紛争は次のプロセスで解決が図られる（次頁の囲み「NAALC 手続き」を参照）。

① 「苦情」の申立：ある国内で派生した「問題」の「苦情」申し立ては他国の NAO に出される（第 16 条第 3 項）。申し立ては関係者であるならば誰で

6）シェイ（インタビュー）。

第 11 章 - Ⅱ　労働問題紛争の国境を越えた新たな解決モデル　479

もが為し得る。必ずしも当該国の国民でなくともいいし[7]、使用者、従業員、それらの代表・代理人だけではなく、NGO, 各種人権・労働権擁護団体など「その他の関係者」でもいい（第3条第2項）。

労働者の権利を守る（アドボカシー）担い手は必ずしも労働組合だけではないという単純な事実の追認でもある。各国の既存の労働委員会制度・手続きなどが、通常、労使に限定するのとは対照的である。

② 審査報告書：申し立てを受けた NAO は、他国の NAO との協議（第21条）、公聴会（a public hearing）などを経て、審査報告書を作成する。

③ 大臣協議：この報告書をもって問題が解決しない場合には大臣協議（Minister to Minister Consultation）にうつる（第22条）。

④ 専門家評価委員会と評価報告書：大臣協議をもっても問題が解決しない場合は、本部レベルにおける専門家評価委員会（Evaluation Committee of Experts、以下 ECE という）の設置へ向かう。ECE は通常3人の委員からなり、委員長は ILO との協議を通して予め用意された名簿から、他の2名は当事国によって用意された名簿から選出される。

注意すべきは、大臣協議までは上記（2）（477-478頁）に並べられた11の労

---

7) アメリカ NAO の場合。他国の場合は不明（シェイ、インタビュー）。

働法分野すべてが対象となりうるが、この段階では「安全衛生およびその他の技術的（technical）労働基準についての「問題」のみが扱われる（第23条、第49条）。よって、たとえば、結社の自由・団結権、団交権、スト権などにかかわる「問題」は、これ以降の段階には進まない。

「評価」報告書は労働協力委員会理事会に提出される（第24～26条）。

⑤　紛争処理：ECE報告書をうけ、当事国の協議（第27条）、理事会特別会の開催、アドバイザーの依嘱、作業部会・専門家部会の設置、あっせん・調停・仲裁の試みなどを通して紛争解決への努力が続けられる（第28条）。ただし、ここで扱われる「問題」にはさらに「労働安全衛生、児童労働および最低賃金にかかわる技術的労働基準についてのもの」との縛りがかかる（第27条）。この労働基準をコアであるものとそうでないものとに区分するアプローチ、主張は近年ILOの中でもしばしば聞かれるものである[8]。

次のステップは、理事会3分の2の多数決による仲裁委員会（Arbitral Panel　経験者・専門家5名で構成）の設置である（第28, 32条）。NAALC最大の特徴はその問題解決の協力・協調的アプローチ（情報の交換、技術援助、協議など）——対抗的アプローチではなく——とされるがその限界である。

この仲裁委員会が労働法の継続的不遵守を認めたときは、当事国は双方が合意するアクション・プランを作成する（第38条）。

⑥　貿易制裁：アクション・プランの実行は、協定初年度は最高2,000万ドル、第2年目以降は前年の両国間の貿易額総額の0.007％を上限とする課徴金（a monetary enforcement assessment）（付属文書39）によって担保される。一定の期限内にこの課徴金が支払われない場合には、申し立て国はNAFTAの供与する利益（benefits）の適用をその課徴金を超えない範囲内で停止することができる（第41条）。これはNAFTAによる関税上の利益をNAFTA発効日直前の当該製品に適用されていた率と最恵国（待遇）率の低い方を超えないレベルまで引き上げることによって行われる。この措置は、まず当該「問題」に関係する業種で行われ、これがうまくいかない場合には他の分野において行われ

8）今回の3段階区分は政治的妥協の産物である。通常の議論は結社の自由・団結権の保障はコアの労働条件に含められる（ライヒ労働長官 "Labor Summit Speech"）。

る（付属文書 41B）。

⑦　期限の設定：さらに特徴的なことは、以上の全プロセスは、それぞれの
ステップごとに厳格な日数制限、期限が定められていることである。たとえば、
NAO は「苦情」の申し立てを受けたならば 60 日以内に審査を開始するか否
かを決定せねばならず、その審査報告書は申し立ての日から 120 日以内に提出
されなければならない（A Guide, pp.5-7、第 25 条）。

仲裁委員会（上記⑤）の委員長は理事会による委員会設置投票の日から 15
日以内に合意されなければならず、合意が得られない場合は 5 日以内にくじ引
きにより決定される（第 32 条）。

2　ソニー事件

（1）4 年間の事件──大臣協議のリーディングケース

1994 年以降今日までに計 9 件のケースが各国の NAO に出されている。ア
メリカの NAO に 8 件（うち 2 件は途中で取り下げ、3 件は現在審査／協議中）、
メキシコ NAO に 1 件、カナダ NAO にはまだ申し立てはない[9]。

アメリカ NAO のケースは、メキシコ連邦職員に関わる 1 件を除き、すべて
マキラドーラにおける事件である。「問題」は性差別に関するもの 1 件を除き、
すべて結社の自由および団結権の侵害あるいはこれに関わる個人の解雇などに
関するものである。関係する企業・使用者は、ハニウェル［申立人はティーム
スターズ（トラック運転手など労働組合）］、GE2 件［いずれも UE（電気ラジオ
機械工組合）、1 件は途中取り下げ］、ソニー［人権・労働権擁護など 4 団体］、
メキシコ連邦環境・自然資源・漁業者［人権・労働権擁護 3 団体］、台湾企業
シリテク［CWA（通信労組）、メキシコ電話労組および民間団体［途中で取り
下げ］、韓国現代の専属部品供給会社ハンヨング［人権・労働権擁護など 3 団
体およびメキシコ金属関連労組］、性差別の事件についてはアメリカ企業を中
心とする複数企業［人権・労働権擁護など 3 団体］である。

---

9) カナダについては協定参加時に多くの保留条件が付されている（NAALC 付属文書 46）。

482

メキシコNAOのケースはスプリント事件である。サンフランシスコ近くの工場で組合（CWA）代表権投票予定日の1週間前に工場閉鎖が行われたという事件で、メキシコ電話労組によって申し立てられた[10]。

ソニー事件は、先んじたハニウェル、GE両事件がNAOによる審査報告書の公表の段階までで終わったのに対しはじめて大臣協議まで進んだ、という意味でリーディングケースとして注目された。

（2）当事者と「問題」――人権・労働権擁護4団体が申し立て

ソニー事件の「問題」は、ソニーのマキラドーラ子会社マグネティコス・デ・メヒコ（Magneticos de Mexico、以下MDMという）の5工場（コンピュータ・ディスク、ビデオ・テープ、カッセト・テープを製造、ヌエボ・ラレド市）の労働者（組合員1,700人、内80％が女性）が、結社の自由および団結権を侵害されたということである[11]。

MDMは、「会社に迎合的な組合指導部を確保するため」、メキシコ労働組合連合（the Confederacion de Trabajadores Mecicanos、以下CTMまたは公認組合という）[12]および政府機関と「共謀（collude）して」、組合選挙を含めた組合内の争いにたびたび介入、「民主的組合」をめざす反公認派労働者を「脅し、圧力をかけ、解雇した」。また、メキシコ政府機関（調停仲裁局（Conciliation and Arbitration Board）以下CABという）はこれら労働者の独立組合（Sindicato Unico de Trabajadores de la Cia,Magneticos de Mexico）の登録を拒否した[13]。これら権利の侵害が「まかり通っている」のは、メキシコ政府が自らの労働法の実効ある執行を怠っているかあるいはそれら法律が不充分であるかを示すもの

---

10) 各事件の概略については、たとえば、U.S. Department of Labor National Administrative Office, "Status of Submissions Under the North American Agreement on Labor Cooperation（NAALC), September 1, 1997"

11) 賃金、労働時間および休日労働に関する最低雇用基準に関する法規違反も申し立てられたが審査対象とはされなかった。USNAO, "Chronology And Status of Submission 94003（Sony)," p.1.

12) ヌエボラレドの組織は、the Federacion de Trabajodores de Nuevo Laredo, FTNLである。

13) メキシコにあっては、ＣＴＭは伝統的に政府とむすびついており、与党のメンバーとして活発に活動している。

第11章-Ⅱ　労働問題紛争の国境を越えた新たな解決モデル　483

である、というのがより法的な意味での「問題」である[14]。

　1994 年 8 月 16 日、以下の四つの人権および労働者の権利擁護団体がアメリカ NAO に「苦情」の申し立てを行った。第 1 および第 3、4 番目はアメリカの組織であり、第 2 番目はメキシコの組織である。

・国際労働権教育研究基金（International Labor Rights Education and Research Fund, ILRF）
・全国民主法律家協会（Asociacion Nacional de Abogados Democraticos）
・マキラドーラにおける正義実現のための連合（Coalition for Justice in the Maquiladoras, CJM）
・アメリカン・フレンズ・サービス委員会（American Friends Service Committee, AFSC）

（3）「苦情」の内容──解雇、選挙介入、デモ弾圧、登録拒否

　申し立てられた「苦情」の内容は次の 4 点である[15]。

　① 反公認組合派の解雇：1994 年 1 月、MDM は、一職場委員を、就業規則（work rules）の変更に異議を唱えたゆえに停職処分にした[16]。それをうけて組合は彼女の職場委員資格を剥奪。次いで役員（executive committee）[17] 選挙が公示されるや、反 CTM 派候補者のために活動する労働者に対し「脅し」のキャンペーンが始まった。一人のプロダクション・チーフは、彼女が工場内組合会議で CTM 指導部に反対の発言をしたがゆえに、一般労働者に格下げされ、特に重い箱を持ち上げる仕事に配転された。彼女は、また、もし「教唆煽動」を続けるならば解雇されるとも告げられた。

---

14) USNAO, "Public Report of Review, NAO Submission #94003," April 11,1995,p.10. および 95 年 7 月 14 日付 USDOL Deputy Under Secretary for International Affairs 名 Phillip M. Berkowits, Epstein Becker & Green, P.C. 宛書簡。
15) 本稿は、USNAO "Public Report of Review," シェイ（インタビュー）、Coalition for Justice in the Maquiladoras（CJM）エリック・マイヤー（1997 年 9 月 9 日、筆者によるインタビュー）その他による。
16) 反公認組合派のキャンペーンの柱はソニーがマキラドーラで初めて土、日の勤務を導入したことについてであった（エリック・マイヤー、インタビュー）。
17) Coalition for Justice in the Maquiladoras, "Background Sony Dispute in Nuevo Laredo," p.1.

484

3月と4月、役員選挙に先立ち、MDMは8人[18]の反公認組合派候補者を、正当な理由なく、解雇した[19]。

　② 不公正な組合選挙：4月15日、選挙が行われた。選挙通知を受けない労働者もいたし、朝7時に行われる選挙の前夜7時に受け取った労働者もいた。

　選挙の当日、反対派は再度独自の候補者を立てることに成功した。選挙はサッカー場で1,000人を集めて行われた。公認組合派役員は、公認派候補者を支持するものを一方に、独立派候補者を支持するものを他方に立つよう指示、労働者の秘密投票、頭数を数えることの要求を拒否、一方的に公認派が多数であると宣言した。「独立派が多数であった」にもかかわらず。MDM代表が選挙を監視し、どの労働者が反対派に投じたかを確認できた。

　③ ストライキの弾圧：選挙が終わるや、抗議のストライキとデモが発生した。これに対し、MDMは、警察と協力（collaborate）し、デモを暴力的に鎮圧、何人もの（several）労働者が負傷した。

　MDMは労働者の多くに刑事責任を求め、また、解雇、退職の強要（退職金を受領し、解雇について争う権利を放棄する）[20]などの報復を行った。

　④ 組合登録の拒否：なお「断固戦うことをきめた労働者は」組合設立に必要な数の署名を集め、CABに組合の登録申請を行った。

　ところが、CABは、①組合目的に関する連邦労働法の第356条の正確な文言を規約に入れていない、②MDM労働者はすでに公認組合との団体協約にカバーされている、③登録申請書の写しの欠如ほか提出書類の不備がある、とこれを却下した（その後、タマウリパス地裁は②の理由は拒否したが、他の理由で結論を支持した[21]）。

---

18) 95年11月8日付"CJM, Mexican Government and Sony Blasted for Violating Workers' Rights"（報道発表用文書）では7人とする。
19) 会社側は、この解雇は1月以前に行われた違法スト参加を理由とするものと主張する（1995年4月19日付会社代理人 Epstrin Brocker & Green, P.C.名　アメリカＮＡＯ宛書簡参照）。
20) マキラドーラの労働者は、一般に、法的救済を求めブラックリストに載せられ敗れ何も受け取れなくなる危険を冒すよりは退職願に署名し、退職金を受け取る方を選択する。勝っても退職金の額が異なるだけで復職はありえない（マイヤー、インタビュー）。
21) 95年8月20日付ファリス・ファーヴェイ、ジェリー・レヴィンソン USNAO 所長イラセナ・ガーツアー宛書簡。

（4）審査報告書と大臣協議の結果──話し合い、セミナー、研究をせよ

アメリカ NAO は、申立人、MDM，同労働者、メキシコ NAO、専門家からの情報収集、公聴会の開催などを経て、翌 95 年 4 月 11 日、審査結果の報告書を提出した。何点かの留保を置きながらも、おおむね申立人の「苦情」の事実および主張が正しいこと、あるいは正しい可能性が相当程度あることを認めたうえ、①アメリカ NAO 独自に、「不当解雇」に対するメキシコ CAB の扱いについての調査研究を行うこと、②両国共同で、組合内選挙および民主主義について何らかの活動（activities）を実施すること、③組合登録に問題を絞って大臣協議を持つことを勧告した。

勧告に従い、アメリカ労働長官が大臣協議をメキシコ側に要請。同年 6 月 26 日、両者の間で以下の合意が、カナダ労働大臣立ち合いのもと（endorse）、成立した。①3 国は組合登録・承認の手続きに関する共同プログラム（ワークショップ、セミナー、会議、調査研究）を実施する、②メキシコ NAO は地方自治体をも含めた専門家による組合登録とその運用に関する労働法の調査・研究を行う、③メキシコ労働厚生省は、審査報告書について、MDM，同労働者および地方自治体の労働担当課と話し合いを持ち、労働者に対しては、組合登録に関するメキシコ法の下で利用可能な救済策を教示する。

（5）その後──CAB 組合登録を再度拒否

合意事項はすべて実行された。1995 年 6 月から 8 月にかけてメキシコ労働厚生省と会社、労働者、地方自治体との話し合いは行われた[22]。9 月から 96 年 3 月にかけて 3 国によるセミナーが、メキシコシティ、サンアントニオ、モ

---

22) もっとも、労働者との「話し合い」とは次のようなものではあった。「8 月 23 日、朝いきなり一元ソニー労働者の家に担当者が訪れ、労働厚生省の代表が来ているのでただちに近くのホテルに来るよう要請……。やっと 4 人の元および現ソニー労働者を集めて出向いたが、……メキシコ組合登録についての一般的法規、手続きの概略を記した 8 頁の文書を基本的に読み上げただけ……。登録を得るにはどうしたらよいかとの質問に対しては申請を続けよというのみ……30 分……」（"NAFTA: Macico's Union Registration Procedures," BNA No.175.）。95 年 9 月 21 日づけ CJ エリック・マイヤー名 USNAO 所長イラセナ・ガーツアー宛書簡も参照。

ンテレイで開かれた。それぞれ、政府行政官、法律など専門家、労使政代表に
よるものであったが、同時に多くの関係・関心のある人々が参加した。96年5
月にはメキシコNAOによる組合登録についての研究報告書、アメリカNAO
による不当解雇についての研究報告書も出された。そして6月にはアメリカ
NAOによる大臣協議合意の実施状況に関する報告書が出された。

　ところが、この間、大臣協議の合意のあった直後（95年7月7日）、CABは、
再度、独立労働組合の登録申請を拒否してしまった。しかも、却下の理由は第
1回目のそれと基本的に変わらない[23]。

　唯一まともな理由は、MDMが公認組合との間に「排他的組合代表制」条項
（exclusion clause）を持つからということのようだ。この条項の故に「民主的組
合」を求める労働者は解雇され[24]、新たに組合登録は認められない。

　メキシコシティセミナーでのメキシコ政府担当者の見解は必ずしも一致した
ものではなかった。メキシコ労働厚生省登録室（Registry Office）の長はこれを
「極めて可能」とし、連邦地区労働局（District Labor Board）局長（President）
はこれを不可能とし「労働者は（既存組合内の）選挙を通して新たな代表を選
出するよう努力すべきである」とした[25]。

　「排他的組合代表制」条項を持つことは会社、公認組合、政府いずれにとっ
ても利益となるのである。

ソニー事件の経緯

1994年1月　　一職場委員停職、組合から除名、解雇
　　2、3月　選挙公示後の反対派による脅し、キャンペーン、8名の解雇
　　4月15日　組合選挙
　（続いて）　不正選挙に対するストライキ、デモ
　　8月16日　アメリカNAOに苦情申し立て
　10月20日　審査開始決定
　（ママ）
　　　　12日　GE, ハニウェル事件についての審査報告書
1995年2月13日　サンアントニオにて聴聞会

---

23)　"Decision Shows 'No Change'," （DLR）BNA No.152, 8-8-95.
24)　CJM, "Mexican Government and Sony Blasted."
25)　注24と同じ。

3月27〜28日　GE、ハニウェル事件についての審査報告書に基づくワシント
　　　　　　　ン DC 会議
4月11日　審査報告書
6月26日　大臣協議の合意
6月　　　メキシコ労働厚生省と MDM との話し合い
7月7日　メキシコ CAB、組合登録申請を再度却下
8月　　　メキシコ労働厚生省と MDM 労働者、地方自治体との話し合い
9月13〜14日　大臣協議合意に基づくメキシコシティセミナー
　　　　　　　　（組合登録、承認手続きについて、3国政府行政官）
11月8〜9日　同サンアントニオセミナー（組合登録、承認、選挙、内部民主
　　　　　　　主義について、労働法専門家）
1996年2月29〜3月1日　同モンテレイセミナー（NAALC の法および執行について、
　　　　　　　労使政）
4月8日　申し立て4団体による大臣協議再開を求める意見書
5月　　　メキシコ NAO 研究報告書（組合登録）
　　　　　アメリカ NAO 研究報告書（CAB の不当解雇の扱い）
　　　　　アメリカ労働厚生省と会社、労働者、自治体との話し合いの結果報告書
6月7日　大臣協議についての報告書
（12月4日　フォローアップ報告書）

（6）影響、評価───何も変わらない

　すべては終わったが[26]、誰もその結果に拘束されない。結局何かが変わっ
たか。解雇された労働者は誰一人として復職していないし[27]、独立組合は未
だ登録されていない。解雇された労働者は、今は国境の反対側、アメリカで不
法労働者として働いているという。マキラドーラでは「ブラックリストに載っ
ているから、そして若くないから働けない」[28]。申し立て団体の一つ ILRF は

26）三つのセミナーが終わった段階（96年3月29日）で、申し立て4団体は連名で、ア
　　メリカ労働省長官宛意見書を提出、大臣協議の再開を要求した。労働省長官はこれを受
　　け入れなかったが、メキシコの専門家により提言された改善の進展をモニターし、同時
　　に最近のメキシコ最高裁判決の検討を含め、180日以内にフォローアップ報告書を提出
　　するよう USNAO に指示した（96年6月7日付ライヒ労働省長官名 ILRF ファリス・ハー
　　ヴェイ宛書簡）。その報告書も 96年12月に出されている。
27）95年にも多くの労働者が解雇されまたは自主退職を強いられている（マイヤー、イ
　　ンタビュー）。
　　一般にソニーでは解雇の理由は組合活動ではなく、軽易な就業ルール違反が見出され用
　　いられる（同）。
28）マイヤー（インタビュー）。

488

結論する、「大臣協議なんてやったけど何一つ変わらない」[29]。

　しかし、積極面もなくもない。アメリカ NAO の審査報告書が出された時には先の 2 件（ハニウェルと GE）とは異なり、アメリカ労働組合はポジティブな評価をあたえていた。アメリカ労働長官ライヒは「メキシコ専門家による改善策がいくつも出された。……いまやメキシコの関連法、慣行について我々は良く理解することができた」という[30] そもそもメキシコの組合登録に関してこのような会議を開きオープンに議論されたこと自体が初めてであった。また、メキシコにあって NAALC「第 2 部責務」の求める「公正、公平、透明な」労働法の執行機関および手続きの保障（第 5 条第 1 および第 4 項）に問題があるらしいことも明らかになった。ソニー・ケースのあと、スプリント・ケース、連邦職員のケース、とすでに 2 ケースが大臣協議に進んだ。

　最近、メキシコ最高裁判所は州職員のケースで 1 職場に複数組合の団結権を認めた（交渉権は認めない）。NAALC のもとのソニー事件の影響であるかどうかは定かではない。シリテク（子会社 Maxi-Switch）のケース（上記 2 (1) 482 頁）でも、組合登録は認められた。

　ソニーは 3 年後、1997 年の組合選挙では「自ら秘密投票を望んだ」[31]。本事件のようなことが知れることは企業としてうれしくないだろうし、マイナスの宣伝広告のための費用支出を意味するからであろう。

3　NAALC の将来

「国際労働基準の遵守を求めるよりより強い担保もなく NAFTA を締結すべきではなかった。NAALC の弱さは明らかになった」。ソニー事件を終えて、申し立て団体の一つ ILEF のファリス・ハーヴェーは言う[32]。

　労働組合は当初もっと多くを要求した——11 の権利（1 節 (2) 477-478 頁）

---

29) "Decision Shows 'No Change'," BNA.
30) 4 団体に対する回答書簡（96 年 6 月 7 日付ライヒ労働省長官名 ILRF ファリス・ハーヴェイ宛）。
31) マイヤー（インタビュー）。
32) "Decision Shows 'No Change'," BNA.

について統一的ソーシャル・クローズのようなものを、そして、もっと多くの、もっと厳しい制裁を、そして金銭的、貿易制裁を団結権などにも、NAALC交渉過程におけるアメリカの姿勢はこれに近かった。しかし、現実政治のもとで現規定に収まった。

そもそもNAALCのようなものがつくられたこと自体の意義を考えるべき、あるいはこれなくしてはNAFTAは成立し得なかったということを直視すべきなのだろう。

もちろん、この協定の「意図」「効果」をアメリカ＝先進国の途上国（この場合はメキシコ）支配、隷属化の強化と読むことはできよう。あるいは、アメリカ労働者の雇用保障こそが本来の直接的意図かもしれない。経済活動と労働基準のリンクは、ILO、WTOにおけるアメリカなどの議論の先取りとも読める。

本稿では特に新しい国境を越えた問題解決手法の実験として読んでみた。ここでは、「問題」は労働問題であるが、他の分野の「問題」でも同様である。

貿易、経済活動は人々の生活を良くするために推進されるものであるとの当たり前の原則を宣言し、　それぞれの国の労働法に違反した場合には他国の審査機関においてこれを審査する——多くのこれまでの国際機関による条約、協定などのような共通の基準、単一の審査機関を直接つくるのではなく——そしてその実効は大臣協議などを通し、最終的には貿易制裁をもって担保する、という新たな問題解決のメカニズムをうち立てた。これがNAALC第一の意義である。

国際化がここまで進んでいるとき、どちらのモデルがいいか、正しいかといった問題ではない。種々のバラエティに富んだ複数の処方箋が考えられ、試みられてよい。ときには、国連など多国間の条約などより、2国間または少数国間の取り決めの方が、より強い強制力を持ち、あるいはより厳格な遵守を強いるということもあるということにも気を配ってよい。

NAALCは将来への大きな潜在性を秘めている。①今まで出された事件のほとんどすべては結社の自由・団結権などの領域のものであるが——これらは現実政治のなかで貿易制裁までは進めないとされた（1節（5）脚注8、481頁）——今後、安全衛生、児童労働、最低賃金の分野の事件がテストされ、貿易制

裁まで進む可能性は常に存在する。②しかもこれらの問題は決してメキシコだけの問題ではなくアメリカ、カナダにも広く存在する問題である。よって、アメリカ、カナダの労働条件の改善にも大いに役立つ可能性を持つ[33]。③NAFTA の中南米全域への——さしあたりはチリへの[34]——拡大の指向性がある。アメリカ労働組合は今 NAFTA そのものに反対している。しかし、NAFTA が拡げられれば、NAALC も従うだろう。このモデルの地球全体の 4 分の 1 程度への広がりの可能性もあり得る。

　多国籍企業をはじめとする国際化の中、「問題」は国境を越える。それに対する対処も国境を越えて考えられなければならない。外国の「問題」、事情の研究ではない、国を跨ぐ「問題」およびその紛争処理などの研究の必要である。

【初出】『季刊・労働者の権利』（日本労働弁護団）Winter, No.223、1998 年 1 月、65-73 頁。

---

33) 1997 年 10 月 21 日付ジョーキン・オテロ名『ウォールス・ストリート・ジャーナル』
　　ジョウル・ミルマン宛書簡参照。
34) 94 年 7 月、チリの NAFTA に加盟について 4 国がはじめて会談。同年 12 月マイア
　　ミにおけるアメリカサミットで提案（"NAFTA, Talks on Sprint NAFTA Charge, Cile
　　Accession on Tap in MEXICO,"（DLR）BNA No.144,7-27-95,C2）。

第12章− I
あるソーシャル・ユニオン
LOCAL1199

「パンとバター[1]」「モア、モア、モア――ナウ[2]」（ゴンパース）をもって、アメリカ・ユニオニズムの特徴とするのは、「終身雇用」をもって日本的労使関係の特徴とするのと、ほぼ同程度の意味しかもたない。

すくなからぬアメリカ労働組合は、政治にきわめてふかい興味をしめす。ときにはイデオロギー的ですらある。そもそも多くのアメリカ労働組合にとって、その生誕の起原は横暴なる雇用主にたいして労働者の尊厳、声をうちたてること[3],[4]、社会正義を実現することにあったのである。

多くの労働組合は、労働者の職場外の問題にも関心をしめす。労働者の悩みは、工場の門をはいったところにはじまり、工場の門をでたところに終わるわけではないからである。ある労働組合は、みずからを「トータル・ユニオン」とよび、AFL−CIO[5] は「労使間には二つのコントラクトがある――あるいは

---

1) ビジネス・ユニオニズムを意味する。アメリカ労働問題の入門的教科書 Lloyd Reynolds, "Labor Economics and Labor Relations" は、ビジネス・ユニオニズムを「使用者との交渉への集中、政治活動の相対否定および抽象的イデオロギーに対する無関心あるいは侮べつ」と特徴づける（361 頁）。
2) Samuel Gompers が AFL の目的を問われた時にこう答えたといわれている。
3) 筆者のインタヴューに対し、多くの労働運動の先駆者たちは、昔を語る時、このような表現を使った。たとえば、"Social Work in the World of Work" といった分野を開拓しつつあるニューヨーク大学の Hyman Weiner は Amalgamated Clothing Workers of America の創設者の一人である自らの父を「彼は――使用者による絶えざる恥しめに対抗し、労働者のディグニティを打ちたてる必要を感じたのです」と語る。
4) アメリカ労働協約のある詳細複雑な苦情処理手続きですらこういった機能を持つとも解されうる。
5) 正確には AFL-CIO コミュニティ・サービス部長レオ・パーリスの論文の中で使われている。"LABOR RELATIONS SHOULD INVOLVE TWO CONTRACTS; THE UNION CONTRCT AND THE HUMAN CONTRACT," *NASW NEWS*, Oct.1976.

あるべきである。一つはユニオン・コントラクト、賃金、労働時間および労働諸条件をおおう。もう一つは、ヒューマン・コントラクト、健康、福祉、生活諸条件をおおう」といった表現をつかう。「フリンジ・ベネフィッツ[6]」などというものにつきるわけではない。住宅建設、組合員労働生活相談、リハビリテーション、就職斡旋、レクリエーション、いわゆるアメリカ・ソーシャル・ワークのいうところのコミュニティ諸活動等々、自力で、あるいは対政府行動をとおして、アメリカ労働組合は日々努力をかさねている。

1 LOCAL1199 の位置

LOCAL1199──現在の正式の名称は DISTRICT1199 というのだが、多くの人たちはいまなお昔ながらの LOCAL1199 をつかう。その過去の輝かしき活動のゆえ、そして、その名があまりに人びとに親しまれてしまったがゆえにである。

LOCAL1199 は、ニューヨーク地区を中心に、病院、ドラッグストア（薬局）関係の労働者 62,000 人を組織する労働組合である。この地区の病院労働者の4分の3を組織している。ニューヨーク、ニュージャージー、ロングアイランド、コネティカットの 200 以上の病院、ナーシング・ホームに働く看護婦や清掃・保繕関係の人、技師や専門職や事務職の人、ニューヨーク地区 2,000 の小売薬局（ドラッグストア）に働く薬剤師、事務職、化粧品販売人、運搬人等を含む。

このニューヨークの DISTRICT1199 は、ボルティモア（メリランド州）の DISTRICT1199E、フィラデルフィア（ペンシルヴァニア州）の DISTRICT1199C、ウェスタンペンシルヴァニアの DISTRICT1199P、マサチュセッツの DISTRICT1199 マサチュセッツ、それにロードアイランド、ウィスコンシン、ウェストヴァージニア、オハイオ、ミシガンその他5州のディストリクト（地方組合）をもたない組合員とともに、全国病院保健従業者労働組合（National Union of Hospital and Health Care Employees、10万人）を構成している。この全

---

6) ここでは「フリンジ・ベネフィッツ」の内容は何かといったことについては論じない。
たとえば、佐口卓編『企業福祉』至誠堂、1974 頁、43-46 頁参照。

国組合は、さらに RWDSU（Retail, Wholesale and Department Store Union. 小売・卸売・百貨店労働組合、175,000 人）の一部門をなし、RWDSU は AFL－CIO に加入する。

　「この組合はいい組合です」LOCAL1199 の全国年金基金副部長アン・ショアは誇らしげにいう。1932 年、組合設立時には病院労働者の賃金は、週44 ～ 48 時間働いて、わずか28 ～ 30 ドル、しかも最賃法、休業給付、失業保険、団体交渉権など、30 年代をとおして制定された多くの社会立法からも除外されていた。それがいま（74 年 7 月協約）では、看護婦補助、雑役、給食賄いといったもっとも賃金の低い職種の労働者ですら、週 37.5 時間労働で最低 181 ドル、平均 210 ドルをとる。そのほか、ソーシャル・ワーカーは 350 ドル、薬剤師 335 ドル、心理職 380 ドル、X 線技師 270 ドル、検査技師 240 ドル、準看護婦 220 ドル。たとえばソーシャル・ワーカーは、全米他地区のソーシャル・ワーカーの賃金より高いのはもちろん、同じニューヨーク地区の AFSCME（American Federation of State, County and Municipal Employees; 全米州郡市職員連盟、日本の自治労にあたる）加盟のソーシャル・ワーカーの賃金よりもかなり高い。くわえて、年金、医療、職業訓練その他、後に掲げるような広範囲にわたる付加給付、年 12 日の休日、5 年勤続で 4 週間というバケーションなどもある。

　しかし、アン・ショアが「いい組合だ」と言うとき、それは、たんに、賃金をはじめとする労働諸条件がいいということを意味するものではない。筆者の「なぜ？」という質問にたいし、彼女はちょっと答えに窮しながらも「……組合員は若いし……幹部に腐敗はないし……」と言う。組合員数の最近の急増はめざましい。74 年は 10％以上増えた。幹部の政治的裏取引、マフィアとのむすびつきなどはアメリカ労働組合運動の中心的問題の一つである。アンは組合員の人種構成が「黒人 75％、プエルトリコ人 10％、白人 15％である」こともつけくわえた。ユダヤ人も多い。9 月のヨウム・キパ（「贖罪日／」ユダヤ暦の 1 月 10 日）には組合オフィスは閉じられる。なかには上に例示したような専門職業の者もいるが、組合員の多くはいわゆる「下層」の労働者である。なるほど、多くの幹部、組合員に接し、また代議員会議などに出席し「この組合は生き生きしているなあ」との感想を筆者は抱いたが、それでも、アンのいう「い

第 12 章－Ⅰ　あるソーシャル・ユニオン　495

い組合だ」という意味はもうひとつはっきりしない。

「ほかに**いい**組合って、どういった組合がありますか」

「全国電気ラジオ・機械工組合」

「ほかには？」

「合同衣服労働組合ももうあまりよくないし……、でも、まあこれ。強いて あげれば……、ニューヨーク・ホテル・モーテル産業労働組合、国際婦人服労 働組合、国際電気工友愛組合、アメリカ州・郡・市職員労働組合第37地方評 議会、アメリカ通信労組、ホテル・病院・ナーシング＝ホームなど保健サービ ス従業員労働組合第144支部、北米合同肉切り工労働組合第342支部、国際沖 仲士労働組合、全国船員労働組合、ニューヨーク地区以外では、UAW、鉄鋼 労組[7]」

　いわゆるソーシャル・ユニオンと分類されるものの一覧表である。ただ単に 団体交渉テーブルにおける使用者との労働力取引（価格交渉）にのみ関心をも つのではなく、それ以外の組合員の抱えるいろいろな問題、組合員の労働と生 活に影響を及ぼすより広い社会・政治問題、さらには単に組合員のためばかり でなく、一般的社会福祉、社会正義の実施のために働くというものである。

　DISTRICT1199 規約の第3条第1項は組合の目的として次の4点をあげる。

① 　人種・色・性・年齢・宗教・祖先はどの国からきたか、政治的信条およ び所属のいかんを問わず、組合の組織範囲内におけるあらゆる労働者を組 織し、団結すること。

② 　組合員のために、より高い賃金、より短い労働時間を獲得し、また労働 諸条件を改善すること。組合員およびその家族の経済的利益を向上させ、 守ること、ならびに組合員が職を得るのを援助すること。

③ 　労働者に労働組合の原則を教育すること。わが国の民主的手続きおよび 制度を維持、発展せしめること。市民的自由と市民の権利を前進し、守る こと。あらゆる形での差別、人種主義をなくすこと。ならびに組合員およ び人民一般の最善の利益となるよう法律の制定のために働くこと。

④ 　組合員の技術的・専門職業的地位を守り向上させること。組合員が保健・

---

7) United Farm Workers of America も若干ちがう意味ではあるが、加えてもよかろう。

医療分野でより高い知識と技能を得るよう援助・奨励すること、およびあらゆる経済的階層の人びとに、高い質の保健・医療が提供されるよう助力すること。

2　その思想的特徴

DISTRICT1199 の彼らの組合本部を訪ねてみよう。ニューヨーク・マンハッタン、43 番通り 8 番街と 9 番街とのあいだに 15 階建のきれいなビルがある。多くの組合員が、みずからの貯金をはたいて、1199 発行の債券を買うことによって完成されたものである。組合の機能的運営のためだけでなく、社会的・文化的・教育的活動の場としても考えられている。

入口の上に大きなモザイク壁画がある。国際的に名のあるアントン・レフジエによるもので、1199 組合員が労働をし、遊び、組合活動に励む姿を描いている。かつての偉大な奴隷解放者フレデリック・ダグラスの「苦闘なくして、前進なし」(Without struggle, there is no progress) という言葉が中央に刻まれている。一歩入ると、ロビーには、まず絶対的尊敬を集める 60 年代公民権運動の指導者キング牧師の胸像が目にはいる。このビル自体が、マーティン・ルーサー・キング・ジュニア労働センターと名づけられており、またキング牧師は、生前、よく「私の大好きな組合」とこの組合に言及した。今日、1199 は、キング牧師の誕生日を協約で休日としている[8]。

このビルの主な部屋には、1199 組合員にとって歴史上重要な意味をもつと考えられるいろいろな人物の名前があたえられている。本講堂はフランクリン・デラノ・ルーズベルト、第 2 講堂は「あのあまりに著名な労働運動の指導者そして社会変革の旗手」ユージン・ヴィクター・デブス、2 階にある五つの会議室は UAW のウォルター・ルーサー、奴隷制廃止運動家ハリエット・タブマン、「社会主義者でありかつ人道主義者であった」アルバート・アインシュタイン、女流詩人エマ・ラザラス、プエルトリコ人民の英雄エウヘニオ・マリア・デ・

---

8) 多くの組合がこの日を休日としている。たとえばデトロイト市職員の組合などにおいてもしかり。

オストス。アメリカの「進歩的」組合の一つのタイプの思想的基盤をうかがわせるようで興味深い。筆者のインタヴューに答えてくれた 1199 の最高幹部の一人は、みずからをソーシャリスト[9] とよび、たずねられるでもなく「アメリカ労働運動のラディカリズムは二つの方向から来ています」と話し出した。「一つは西部から、IWW、ユージン・デブズ、ウィリアム・ゼブュラン・フォスターの系列、もう一つは東部の 1900 年ごろロシアからやって来たユダヤ人の系列です。デトロイト（筆者がデトロイトから来たのを知っているので、わざわざデトロイトについてのべている）は前者に属します。アメリカ共産党の影響は強くありませんが、UAW には草分けの人がいまなおやっています。60 歳ぐらいです」

ロビーにつづく「ギャラリー 1199」（常設）では、いま（75 年 9 月）ちょうど「アート・オヴ・ザ・ナインティーンサーティズ（1930 年代の芸術）」と題した展覧会を開催中である。ルーズベルトはニューディールの一環として、WPA（Work Progress Administration）および財務省による失業芸術家救済のためのプログラムを実施した。約 1 万人の芸術家が週 25 ドルほどの支払いをうけつつ、インディアン・ラグから印刷にいたるまで、種々諸々の創作活動を行った。このプログラムの下で描かれた絵画と写真約 30 点が並べられているのである。新築のワシントン司法省ビルの壁を飾るために描かれたジョージ・ビドルによる「テニメント」、ブロンクス中央郵便局壁画の一部をなすベン・シャーンの傑作「電気ドリルをつかう労働者」のほか、当時の労働、経済社会、生活を描いたもの、あるいは静かな田舎の風景を描いたものなどがある。

ちょっとまえ（73 年夏）には、このギャラリーをキューバ革命開始 20 周年を祝う "エクスポ・キューバ" のために貸した。ポスター、本、レコード、写真などの展示、映画、講演がその予定された内容であった。開会 2 日前、夜の 7 時 40 分、この建物の 5 階で爆弾が爆発、1 人が意識不明、セメント壁はへし曲げられ、ガラスやレンガはめちゃくちゃ。エクスポ・キューバへの貸与に怒った反カストロ移民グループによるものと思われている。爆発の日の前にも、また、その後にも、脅迫電話はいくつかあった。開催中は、数百の反カストロ・

---

9) 日本に一般にいわれる社会主義者の定義と異なること当然である。

デモがこのビルをとりまき、石を投げ、騒ぎ、6、7人の者が負傷、6名が逮捕された。にもかかわらず、1199はこの催しへのギャラリー貸与をキャンセルすることを拒否しつづけた。レオン・J. デイヴィス委員長は言う。「われわれが、このスペースを"エクスポ・キューバ"のために貸したのは、なにもわれわれがカストロ・キューバに賛成だから、あるいは反対だからというわけではない。われわれは、言論と集会の自由の権利を信ずるからである」「われわれは、今日まで、迫害がふりかかってきたときには、それがいかなるものであろうと、つねにこれにたいし敢然と立ち向かってきた。これこそ、わが組合の生命である。たとえ何が起ころうとも、いまもこれを捨てるつもりは毛頭ない」

　アンは筆者のために出版部に電話をした。「いま、日本からお客さんがきているんだけど、私たちの組合の性格をよくあらわしているような記事の載っている号を数部もってきてくれない？　この数年の1199ニューズのなかから」。20数冊の1199ニューズが届けられた。1199ニューズというのはちょうど『アサヒグラフ』のような体裁の月刊機関誌である。各号の表紙の右上にはマジックでページ数が書かれている。これらのページを見よ、というわけである。2、3ピック・アップしてみよう。

　1970年2月号・18頁——「12月4日未明、シカゴで警察がブラック・パンサーのアパートを襲撃、2人を殺害。4日後、ロスアンジェルスにて、3人のブラック・パンサーが、彼らの本部を急襲した警官と撃ちあい、重傷を負った。ここ5、6年のあいだ……各市において、警察とワシントン司法省によるブラック・パンサーの暴力的弾圧——彼らがなにをやるかのゆえでなく、彼らがなにを考えるかのゆえの——がつづいている。……（299）幹部会は先月……組合員に対し、今月はじめ裁判のはじまった『ニューヨーク21人のパンサー』弁護のため、カンパを送るよう要請した。……デイヴィス委員長とドリス・ターナー副委員長は個人の立場で〔パンサー21人を守る〕委員会に加わっている。」

　1970年6月号・18〜19頁——「声を大にせよ、人殺しはやめろ！　ベトナム、45万の部隊、49,000人のアメリカ人が死んだ。いま、カンボジア、25,000の部隊——最初の2週間だけで148人のアメリカ人が死んだ。政府は、5,000人の北ベトナム兵士も死んだという。ケント・ステイト、ナショナル・ガード

第12章-Ⅰ　あるソーシャル・ユニオン　499

の軍隊。4人の学生が殺された。オーガスタ6人、ジャクソン2人、ほかに、ある種の戦争で何人もの、何人もの黒人が。——ニクソンのアメリカの部隊がカンボジアに入りつつあるとの声明後数時間内に、……1199は幹部会を招集、決議を採択した。……『われわれは戦争の拡大にともなう人殺しを糾弾する。わが組合員の息子、兄弟がこの不正な犯罪的戦争の拡大のなかで、その一命を投げ打つことを求められているということを思い、われわれは大統領にこの無謀な冒険をやめ、東南アジアからアメリカを撤退させることを要求する。』」

翌7月号——「戦争はわれわれすべてを傷つける」と題する特集号。

1971年9月号——「アメリカ労働史特集」——1856年ヴァージニア・リッチモンドの奴隷オークション、スキャップとたたかうホームステッド鉄鋼ストライキ労働者、ヘイマーケット集会をよびかけるポスター、プルマン・ストライキを指導するデブズ、人種差別廃止を叫ぶ労働騎士団、工場・炭坑・紡績工場における少年労働、低賃金長時間労働の"スウェット・ショップ"監獄の中のトム・ムーニー、ジョウ・ヒルが処刑前夜独房で書いた詩、その急進的思想のゆえに殺されたサコとヴァンゼティ、30年代恐慌時「無料スープ、コーヒー、ドーナッツ」を求めて列をなす失業者、「工場占拠」ストライキの波を全国にまきおこした自動車労働者、1919年鉄鋼ストライキ、1937年「メモリアル・デーの虐殺」、サンフランシスコ沖仲士ストライキ等々における警官の暴力、CIO結成、戦争、オートメーション、貧困。

72年10月号——1199はマクガバンを支持、表紙に彼の大きな顔写真。

73年10月号——9月11日に起きたチリのクーデターを、「民主主義と自主政府の権利を大きく後退」させるもの、「わが政府の裏での、ITTや大ケネコット、アナコンダ他の……アメリカ企業による裏での援助をもって」なされたものと強く非難。「チリは暴力的動乱なしに民主的方法で社会経済構造の根本的変革が可能であるということを示すだろうという希望があった」「しかし、われわれの国の血ぬれた手がラテンアメリカに及んでいる」

1974年2月号——表紙にニクソンの顔、その額に「糾弾せよ！　いま」

1975年5月号——「1930年代の大恐慌、われわれは過去からなにを学べるか」1個5セントのリンゴを売る失業者、失業保険事務所における文字どおりの長

蛇の列その他の写真と、労働者が語る当時の生活体験を載せ、今日の状態を考える。

3 協約による付加給付

労働者の悩み、必要は、なにも工場の門を入ったときに始まり、これを出たときに終わるわけではない。LOCAL1199は賃金、労働時間、作業環境といった職場内の問題にとどまらず、医療、福祉、生活条件といった職場外の問題にもきわめて強い関心を示す。「わが組合はトータル・ユニオンである[10]」。現在では、労働協約がこの分野もかなり覆っている。いわゆるフリンジ・ベネフィッツといわれるものである[11]。

LOCAL1199の付加給付の中心は、三つのファンド、すなわち、諸給付ファンド、年金ファンド、訓練・上向ファンドによって実現される。いずれも費用は使用者が全額負担する。ただし、運用は労使同数の理事によってなされ、ファンドのオフィスは組合本部の建物の中にある。1974年6月に締結されたニューヨーク私立病院・ホーム連盟（52病院。ニューヨーク地区の主なものはすべてをカバー）とDISTRICT1199の協約では、使用者は、従業員に支払った賃金総額のそれぞれ7%（75年1月1日からは7.5%、76年1月1日からは8.5%）、5.5%（75年7月1日からは6%、76年1月1日からは7%）、1%を各ファンドに払い込むことになっている。これら付加給付の概略は次のとおりである。

（1）諸給付ファンド

組合員およびその家族が病気になったり、事故にあったり、また、手術や入院が必要になったりしたときの医療給付である。ファンド自体は1945年に発足。現在（1973年7月1日現在）のおもな給付の種類および内容は――

〈基本給付〉
・入院　初めの120日は全額、次の180日は半額。

---

10) New York Hotel and Motel Trades Council, "Local 6 is your union," p.18.
11) 蛇足ながら、これは何もソーシャル・ユニオンに限ったものではない。

第12章−Ⅰ　あるソーシャル・ユニオン　501

・麻酔　最高 200 ドルまで。

・手術　最高 1,000 ドルまで。

・診療　自宅診療 1 回につき 15 ドル、病院での診療 10 ドル、医院または診療
　　　　所での診療 8 ドル。

・X 線および諸検査　たとえば胸部 X 線最高 10 ドル。

・メンタル・ヘルス　12 か月に 21 日プラス 9 半日。

〈高額医療費給付〉

　ファンドによる支払いを超えて本人が負担した医療費用の合計（対象となる
サービスの種類、額には一定の制限がある）が 1 暦年中に 1 人 50 ドル、1 世帯
150 ドルを超えるとき、その超えた分の 80％。ただし、1 人当たり生涯をとお
して 10 万ドルを限度とする。

〈死亡給付〉

　平均週賃金、勤続による。たとえば、勤続が 4 年以上 5 年未満で平均週賃金
150 ドル以上の場合 5,000 ドル、勤続 9 年以上ならば 1 万ドル。

〈事故死および手足切断給付〉

　仕事外の事故により、死亡、双方の手、または双方の足、または、双方の目
を失ったとき、いずれも上記死亡給付額の 2 倍。一方の手、または、一方の足、
または目を失ったとき、死亡給付額と同額。事故死の場合の給付は、通常の死
亡給付に加えて支給される。

〈休業給付〉

　仕事と関係のない病気またはケガにより就業できず、かつ医者にかかってい
る場合、平均週賃金の 3 分の 2、最高 165 ドルまでを最高 26 週。

〈出産給付〉

　女性組合員および組合員の妻。通常分娩で手術費用最高 250 ドル、入院費用
最高 250 ドル、麻酔代 50 ドル。新生児室（部屋、ミルク）最高 5 日間。休業手
当 6 週間。なお、任意堕胎のときにも、手術費 75 ドルまで、入院費 100 ドル
まで、麻酔 25 ドルまで、休業手当 1 週間が支給される。

〈健康保険 (HIP)〉

　組合員は、みずから保険料を払うことにより、ファンドによる上の診療、手
術、検査・X 線の各給付にかえて、より包括的なサービスを提供する健康保険

を選択することができる。この場合、ファンドはその保険料の6割を負担する。

〈視力検査・眼鏡給付〉

ファンドの契約医による視力検査。契約医でない場合は8ドル（眼科医）または3ドル（検眼医）。検査の結果、眼鏡が必要とされたときはその費用。2年に1回。

〈総合健康診断給付〉

組合員およびその配偶者。24か月に1回。

〈墓地給付〉

組合員またはその配偶者が死亡した場合、非宗派またはジューイッシュの墓地の1区画。以後の手入れ、維持をふくむ。本人がみずから選んだ墓地を購入するときは、上との相当額（ただし以後の維持費はなし）。

以上の給付はフルタイマーおよびその家族についてのものであるが、パートタイマーについても、その一部または全部が適用される。さらに、給付の受給資格は、仕事をはなれて30日後に消滅するが、高齢退職組合員、失業組合員などについては、その後も一定限度の給付がつづけられる。

（2）年金ファンド

72年現在1,200人が月々1199の年金を受け取っており、次の3年間にはこの数は3,000人になると見込まれている。普通年金は65歳、最低10年勤続で受けられる。ただし、65歳でやめなければならないということはない。

年金額は、勤務先の病院、ホームがいつからこの年金制度に参加したか、また当該組合員の退職前5年間の賃金がいくらであったかによって決まる。たとえば、70年1月1日現在50歳、勤続10年、月433ドルを稼ぐ労働者。この日に勤務先の病院がこのプログラムに参加したとすると、その後65歳まで15年働き、その最後の5年間の平均月収780ドルで、年金月額は190ドル40セントとなる。今日30歳、月563ドルで参加病院に雇われた労働者は、これから35年働いて最後の5年間の平均賃金月額を1,127ドルと仮定すれば、月平均472ドル20セントの年金をうける（いずれも69年協約時点で計算）。これらはもちろん、国によって支払われるソーシャル・セキュリティの厚生年金に加えて支払われるものであり、また、彼が、なんらかの年金をほかからうけても

第12章-I　あるソーシャル・ユニオン　503

その額はかわらない。

早期退職年金は、60 歳で 15 年勤続、61 歳で 14 年、62 歳で 13 年、63 歳で 12 年、64 歳で 11 年の勤続があれば認められる。支給額は、65 歳より 1 か月早く退職するごとに 0.5％普通年金より減ぜられる。したがって、たとえば、もし 65 歳で退職したとき 150 ドルを得られる労働者は、64 歳で退職すれば 141 ドル、62 歳では 123 ドル、60 歳では 105 ドルの月額となる。

さらに、組合員が完全かつ永久の労働不能に陥った場合、最低 10 年の勤続があり、そしてソーシャル・セキュリティの労働不能の認定をうけるならば、その年齢の如何を問わず、ただちに、このファンドの労働不能退職年金が支給される。額は、労働不能になったときの賃金と勤続を基礎として計算されるが、普通退職年金と同じである。また、自らの受給額、受給期間を制限することによって、自らの死後特定の人間に年金を受け取らせることも可能である。

（3）訓練・上向ファンド^{アップ・グレイデイング}

今日でも、なお多くの労働者たちは、上向の見込みのまったくない、いわゆる「ゆきどまり」の仕事についている。人は一歩一歩前進すべきである、「キャリア・ラダー」を一段一段とのぼるべきである[12]。組合員をより高いレベルの仕事、より高い賃金の仕事に訓練・上向させることを目的とし、1969 年 7 月労働協約で、初めて勝ち取られた。

同時に、このプログラムは、内部昇進は外部からの雇い入れに優先すべきであるとの考え方にもとづいている。病院は、ポストの空きができたら、新たに訓練をうけた従業員をそれにつけなければいけない。反対に、訓練をうけた従業員は、そのプログラムで獲得した技能に関するかぎり、現在の雇主に第一優先権をあたえることが期待される。訓練は、予備コースと本コースからなる。予備コースはパートタイムで、あるいは、仕事後に行われる。訓練生は、各自、自分の時間を都合して出席するのである。手当はなし。

---

12) MDTA、EOA（現在では CETA）を中心に 60 年代に花を咲かせた、いわゆる「マンパワー・プログラム」、その労働組合の呼応、AFL・CIO による HRDI（Human Resource Development Institute）などをみよ。

「欠けているところを補う」というのが、このプログラムの中心的特色の一つである。すなわち、ある労働者は十分な現場経験があるにもかかわらず、あるポストが要求している高卒という資格に欠けている——それなら彼に高卒資格を取らせよう、スペイン語系、フランス語系の組合員は英語の読み書きの不自由さのゆえに不利益を蒙っている——それなら彼に英語を教えよう、といった具合である。コースは、この高卒資格を得るためのコース、英語のコースのほか、科学、数学、統計にウェイトをおいた高卒者のためのリフレッシュ・コースもある。いずれも 22 週、ファンド本部で行われる。昼シフト、夜シフトにあわせ、午前 9 時から午後 1 時までのコースと、午後 5 時から 8 時までのコースが設けられている。

本訓練の方は、通常勤務から離れ、フルタイムで受ける。訓練期間中賃金の85％相当額の訓練手当が支給される。訓練は、コミュニティ・カレッジ、公私の各種学校、マンパワー関係の訓練所、病院などで行われる[13]。

コースには次のようなものがある。準看護婦（プラクティカル・ナース）（1 年）、正看護婦（レジスタード・ナース）（2 年半）、X 線技師（2 ～ 3 年）、メディカル・ラボラタリー・テクニシャン（2 年半）、インハレイション・セラピスト（2 年）、電子技師（2 年）、料理人、補修員、医療転写員（メディカル・トランスクリプショニスト）、その他。

もし組合員が、医療分野のこれら以外の科目をうけることを希望する場合には、ファンドは授業料支給という形でこれを援助する。コースを無事履習しお

---

13) Nassau Community College
  Board of Cooperative Educational Services of Long Island
  Helene Fuld School of Practical Nurses
  Helene Fuld School of Registered Nurses
  Hostos Community College of the City Univ. of N.Y.
  Manpower Development Corp. of the Board of Education of the City of New York
  New York City Community College of the City University
  Montefiore Hospital and Medical Center
  Lutheran Medical Center
  RCA Institute
  Suffolk Community College
  New York University Bellevue Medical Center
  Hospital for Joint Diseases & Medical Center
  School of X-Ray Technology

えると返済がなされる。

4 組合員の問題にたいするサービス

　しかし、LOCAL1199 は、組合と使用者とのあいだの交渉によっては解決できない多くの経済的・社会的問題があることを知っている。

　「組合員にとって、何が一番の問題ですか」との私の質問に対して、モウ・フォウナー書記長は、「住宅です」と言う。ニクソン政権になって低所得者用住宅建設の予算は大幅に削減された。1971 年 7 月、1199 その他がその成立のために努力したニューヨーク州家賃規制法が廃止された。組合は、法外なアパート家賃を課す貪欲なる家主に対し、現地調査日（組合が実際に街にでてチェック、摘発、交渉、是正する）を設定して目を光らせているが、あとを絶たない。建築基準規則に違反する借家、アパートも多い。適切な住宅の不足は文字通り「危機的」状況にあり、ゲットー住宅地区は一向になくならない。

　LOCAL1199 は、マンハッタン・イースト・リバー・ドライヴ、109 通りから 113 通りにかけての広大なアーバン・リニューアル跡地に、1,600 戸の生協住宅団地を建設した。まわりは、いまなお典型的な黒人、スペイン語系のスラムである。建設費用は、連邦、州、市政府が出資。1974 年 11 月に完成。1 戸当たりの広さは家族数にあわせてエフィシャンスィ（居間と寝室兼用）から 4 寝室と十分に広い。医療センター、保育所、大きな水泳プール、体育館とサウナ、屋内駐車場、洗濯場、スーパーマーケット、ドラッグ・ストアその他の商店、休み場・遊び場をもつ庭園、コミュニティ・ルーム、倉庫などがある。入居資格は世帯収入が一定額以下であること。LOCAL1199 組合員である必要はない。

　ついで、モウは筆者を 3 階のパーソナル・サービス・デパートメントへつれて行った。家族問題、精神衛生上の問題、消費者問題、借地借家問題……組合員のもつ仕事に直接関係のない、労使間の団交、協約にカバーされない多くの悩み、問題に助力しようと、1957 年設立されたものである[14]。部長および担当者が来るまでのあいだ、棚にあるパンフレット類に目をやる。

　「フード・スタンプを受けるには」

「業務上傷害について」

「麻薬中毒——化学的魔力」

「アル中についての事実」

「麻薬中毒者にとっての希望——麻薬中毒プログラム」

「犯罪犠牲者補償委員会」

「もし起訴されたら——裁判に欠席し、有罪とならないように」

「非営利施設に働く人の失業保険について」

労働者の抱える問題の片鱗がうかがわれる。

やがてあらわれた二人、部長は40代の黒人女性、担当者は20代のスペイン語系の男性。「みずから問題解決するのを手助けする」が彼らのスローガンだという。アメリカ・ソーシャル・ワークにおけるスローガンと同様である。ただし、二人ともいわゆるプロフェッショナルのソーシャル・ワーカーではないし、この部にはほかにもプロフェッショナルのソーシャル・ワーカーはいない[15]。「例のニューヨーク中央労働評議会のカウンセリング訓練を受けただけ」だそうだ。ニューヨーク中央労働評議会のカウンセリング訓練というのは、AFL-CIOのニューヨーク地区組織である同評議会が、組合員が「強いストレスを受けるとき、ストライキのとき、緊急時、失業時、各支部組合のなかで、地域コミュニティにある公私施設のサービスを利用しつつ、どのようにして組合員を援助したらよいかを教える[16]」ため、1950年代からつづけている組合員・組合役員むけのカウンセリング訓練である。

このパーソナル・サービス・デパートメントの機能は、「相談にのり、アド

---

14) 正確には、このパーソナル・サービスは、後に触れるキャンプや大学奨学金制度などともに、前記ベネフィッツ・ファンドのプログラムとして行われている。

15) いくつかの組合では、そのスタッフにソーシャルワーカーを抱えている。ニューヨーク地区では、District Council 37, AFSCME が最大のもの。パーソナル・サービス課に7名の MSW と6〜7名のパラ・プロフェッショナル。教育部の副部長は MSW を持つプロフェッショナル・ソーシャルワーカーである。このほか、次のようなところがある。
International Ladies' Garment Workers' Union; 1 MSW
Amalgamated Clothing Workers of America; 1 MSW
United Storeworkers Union, RWDSU; 1 para-professional
International Brotherhood of Electrical Workers; consultant

16) New York Central Labor Council, AFL-CIO, "Trade Union Handbook, 1975", p.21.

バイスをあたえ、彼らの権利を教える」こと。「多くのケースは、ただたんに理解不足、あるいは誤った情報によるというもの。そのゆえに多くの組合員は犠牲者となっているのです。時には、電話その他で即刻解決しますし、また、移民局、ソーシャル・セキュリティ（厚生年金）、生活保護、医療扶助当局などに手紙を書いたり、適当な州や市の関係機関に紹介したりします」。ダイレクト・サービスではなく、照会や指示が中心である。ニューヨーク中央労働評議会の中央労働リハビリティション・カウンセルにまわすことも少なくない[17]。

---

17) 連邦の、補助金を得てなされた「労働リハビリテーション・リアイゾーン・プロジェクト」としての6年間の経験ののち、1969年に法人として結成されたもの。「ケガをし労働不能になった労働者を再訓練、再就職させるために、（各種機関に）リファーラル（紹介）をし、リアイゾーンとして機能する」（本文前掲 "Trade Union Handbook, 1975," p.22）ことを本来の目的としているが、実際には下の表にみられるような広範囲な問題を扱っている。援助は、組合員家族にも、定年後の組合員や非組合員にも与えられる。
　資金は、各ローカル組合の医療、福祉、年金の基金や前払い（プリ・ペイド）健康保険プランその他から支払われる年間会費による。現在（1975年）おおよそ350の労働組合が年間会費を払っており、600以上の労働組合がこのサービスを利用している。
　12名のフルタイムのスタッフと、7〜8名の外部からのコンサルタントその他——カウンセラー、ケースワーカー、求人開拓者、医療コンサルタント、フィズィカル・メディスン（リハビリ診断）コンサルタント、精神医学コンサルタント——を持つ。
　1963年6月以降今日まで、約1万件のケースが取り扱われている。月100件の割である。下表は、はじめの8,000件についての問題のタイプ別集計である。

		就業状態（人）			
	合　計	雇用者	失業者	定年退職者	その他
合　計	8,000 (100)	1,671	2,464	1,257	2,608
仕事または教育の問題	2,113 (26)	437	1,318	68	290
金銭の問題	3,555 (44)	572	1,198	586	1,199
医療措置を要したケース（身体的・情緒的）	3,640 (38)	527	866	769	1,478
社会生活上の問題およびアドヴァイス	2,891 (36)	873	694	421	903

多くの相談者は1タイプ以上の問題を持ったので、内訳の合計は総ケース数8,000を超える。
New York City Central Labor Council; consultant

ちなみに、1972年1年間の項目別
相談件数をみてみよう（表12 - I - 1）。
LOCAL1199の組合員がどういった問
題を抱えているか。

　もっとも多いのが「法律相談」。内
容は離婚、家庭問題、遺言、不動産、
養子、その他職場外のいろいろな法律
問題が含まれる。毎週月曜日、午後6
時から8時まで、組合の一般的法律問
題をあつかっている弁護士がきて、ア
ドバイスを与える。

表12 - I - 1　組合への相談件数

労働者災害補償	387
住　宅	74
生活保護・医療扶助 （メディケイド）	12
諸給付	91
休業給付	314
法律相談	409
消費者・信用	50
厚生年金・医療給付 （ソーシャル・スィキユリテイ・メディケア）	12
失　業	9
その他（移民局その他各種機関へ の手紙書きほか）	51

　次が「労働者災害補償」にまつわる問題。1972年パーソナル・サービス・
デパートメントは275件について労災補償請求を行った。腰（背）痛が96件、
ヘルニアが21件、手・足・肩112件、肝炎14件、頭部・顔23件、肋骨・胸・
心臓5件、皮膚炎および結核各2件。しかし、認められたのは半数。あと半数
は保険会社によって争われ、けっきょく前記諸給付ファンドから休業給付が支
払われなければならなかった。主たる理由は、組合員が上司にその事故を報告
しなかったり、事故後ただちに医師の手当をうけなかったりということである。
「労災を受けたときの権利を組合員は知らない」と部長は嘆く。「機関誌その他
の印刷物で教宣はしているんですが、表に出ないものが多い。使用者は好まな
いし、本人も早く片付けたいもので……。労災補償となるには時間がかかりま
すから」。実際はもっともっと多いはずだという。毎週水曜日に労災補償弁護
士が相談にあたっている。

　「休業給付」が、このデパートメントで問題にされるのは、おもに給付支払
請求が遅すぎてしまった、医者への支払いが今現にできない、月賦の集金人が
戸口にきている、家主からの明渡し請求通知が郵便受けにはいっているといっ
たせっぱつまった場合である。最優先順位をもって、即座の対応がはかられる。
当該組合員が病気・けがで休職しているときはもっとも深刻である。「住宅」
というのは、家主・借家人問題、公共住宅の問題、家賃規制の法律に関する問
題その他。火事で焼け出され、住むところがないというので、緊急に電話など

第12章-I　あるソーシャル・ユニオン　509

でその日住むところをあちこち探し回るといったケースもあった。

「消費者、信用」は、月賦、ローン、カード、欠陥商品などに関するもの。例、①ガソリンスタンドで、自分の車用に85ドルでモーターを買ったが、つけようと思ったらあわない。店は金を返してくれない。②デパートで買った家具がこわれてしまった――このオフィスが組合の名でデパートに手紙を出す。③期日までにローンの返済ができない――組合が相手方と交渉、期限を延期してもらい、その間に信用組合で金を借りるように取り計らう。

LOCAL1199は、組合員の預金先として、また組合員が家具や電気製品を買ったり、車の頭金を支払ったりするときに融資をする機関として1199信用組合――組合員による組合員のための組合銀行――をもつ。一般銀行より、高い預金利子を支払い、低い利子で融資をする。

最近（1975年）、うなぎのぼりに増えているのがアル中の問題である。労働者災害補償のケースとあわせると、全相談件数の6割から7割に及ぶという。ただし、この問題に関するかぎり、使用者は一般に協力的、しかも、1199は、みずからの使用者が病院であり、そのうちのいくつかはアル中のための治療施設をもっているという特別有利な地位にある。1199は2年ほど前にアル中のリハビリのための総合プログラムをはじめた。それまでは、該当者は前出のニューヨーク中央労働評議会に送っていた。治療休職中の組合員は、通常の賃金の3分の2を前記休業給付よりうけ、また、治療費は組合によって支払われる。このため、現在では、アル中のゆえに解雇される組合員は、せいぜい全アル中患者中5％程度、この人たちは、みずからがアル中であることをどうしても認めようとしないことによる。

「失業」は、いまのところ、「1199組合員にとっては、直接には大きな問題ではありません」。組合本部の地下にある職業紹介所（職業部）の掲示は「仕事が不足しているため、登録は組合員および以前に病院で働いたことのある非組合員にかぎります」と告げているが、担当の二人の若い女性はこう説明する。「昨今の不況で非組合員の応募は増えています。とくに2年前にくらべ、未熟練者、医療分野以外からの人の数が増加している。昔は病院の労働条件は最低でしたが、この5、6年、衣服産業その他より逆に高くなってきている、ということにもよります。より高い質の労働力が流れこんできています」「求人の

ほうは、現在働いている者の労働移動率が下がりますので、未熟練分野では減少しています。ただし、技術職では増加しています」

今日（1975年9月12日）の新規求職は21、ほとんどの人が失業保険を受給中である。紹介は40、うち非組合員19、金曜日のため普通より若干少ない。労働協約によりすべての採用はここを通さなければならないことになっている。まず組合員に優先権があたえられる[18]。この職業紹介所は、労使同数からなる合同委員会により運営され、費用は組合持ちである。

「私たちの仕事は、なかばカウンセラーみたいなものです」二人はつづける。「応募用紙を書けない人もいます。精神的に問題をもっている人、電気代滞納により家の電気が止められてしまったといった生活上の問題をもった人もいます。これらの人はパーソナル・サービス・デパートメントに送ります。ここに来て、大きな声でわめきちらす人もおります」

1972年にもう一つのサービスが加えられた。ROR（The Release on Recognition）と名づけられ、警察事件にまきこまれたり、逮捕されたりした組合員を救済するためのサービスである。法律のもとに保障された権利、逮捕されたときの諸権利を知らせ、逮捕後は、組合が法廷におもむき、彼が1199組合員であることを証言して、彼が仕事に戻れるよう釈放を要求する。また、その後は家族とも連絡をとり、期日には法廷に出廷するよう注意を払う。このサービスは、長いあいだ、組合員が、逮捕されたときに警察から受けたひどい取り扱いに対する関心から生まれたものである[19]。

以上のほか、高齢退職組合員にたいする家庭訪問による総合的看護プログラム、組合員の子弟のための大学奨学金制度（100〜2,000ドル。成績の良し悪し

18）ニューヨーク私立病院・ホーム連盟との協約第6条参照。

19）New York Hotel and Motel Trades Council はユニークな年金受給者介添人制度を持つ。「彼女自身が年金受給者である介添人は、寝たきりの、あるいは付添いおよび手助けがあってはじめて歩ける定年退職組合員を定期的に訪問する。介添人はありとあらゆる種類の家事、雑用、使い走りをする——買い物、散歩や組合の家族医療事務所に連れて行く、昼食をつくる、かたづけ、銀行に行く、髪をくしけずるといった細やかな心配り。そして、それらいずれにも劣らず重要なこと、介添人は親しい人間的接触の機能を与えるのである」（同組合による報告書 "Pensioners Service Aide Program" 1974.2.1 〜 1975.2.28）ACWA や DISTRICT37（AFSCME）などもすぐれた引退組合員向けプログラムを持つ。

ではなく、財政的必要度に応じて与えられる）、「よき組合は楽しくなければならない」と、ダンスパーティ、組合員の子ども達「のキャンプやクリスマス・パーティ、観劇会、お月見船、旅行その他のレクリエーション、文化活動を持つ。

5 コミュニティ活動

はたして、組合員の生活上の問題は、職場の組織だけで解決できるだろうか。なかんずく、ニューヨークのような大都市において。「世界最大の都市における生活の複雑さから生ずるいくつかの問題に対面し、これらにうまく対処、難関をのりこえていくためには、職場ベースだけではなく、居住地ベースでも組織され[20]」た方が有効ではないか[21]。

約10年前、1199は、コロンビア大学社会事業学部の申し出に応じ、居住地ごとに関心のある組合員を組織し、みんなで共通問題を討議、でき得ればなんらかの成果を得ようと、一つの実験を試みた。市内の組合員が多数集中している地区を選び、氏名住所を書きだし、呼びかけの手紙を発送。第1回会合にはおよそ50名の組合員が集まった。しかし、この計画はけっきょく失敗に帰してしまった。理由は、①選んだ地区が、ありとあらゆる問題を抱えたもっとも「ひどい」地区であったこと、②地域「コミニュティ」がすでに完全に崩壊してしまっていたこと、③このプロジェクトを担当したコロンビア大学からの3

---

20) New York Hotel and Motel Trades Council, "Local 6 is your union," p.18. この組合は、各ボロウごとに（Staten Island を除く）近隣（ネイバフッド）サービスカウンスィルを組織。パーソナル、ドメスティック・カウンセリングから文化活動、消費者問題、政治、立法活動まで広範囲にわたって、このカウンスィルを基盤に活動を進めている。運営は各組合員の支払う独立ファンドで行われている。

21)「組合とコミュニティ」との関係についてはいくつかの異なった意味・問題がある。①職場をコミュニティとしてとらえる。地域コミュニティに向けるサービスシステムを職場に打ち立てる。本文 LOCAL1199 などはこのようなものとも理解 されうる、②職場をコミュニティとしてとらえるかどうかは別として、注20のような意味で、組合の活動を地域コミュニティをベースに展開する。LOCAL1199 を「職場型」とすれば New York Hotel and Motel Trades Council は「地域型」といえよう、③いずれのパターンでも、「自分ら」のことだけではなく、より広いコミュニティの問題にも関心を示す、手を出す、④自分らの要求を通すために、対使用者だけではなく、対コミュニティ（政治を含む）への働きかけも行う。

人のコミュニティ・オーガニゼイションの学生のインプットできる時間があまりに限られていたことなどによるとされている。

以後同種の試みは行われていない。しかし、1199は生活環境をより良いものにするため、コミュニティ活動においてきわめて活発である。個人あるいは組織として、LOCAL1199およびそのメンバーは、各コミュニティで、公害規制の問題や、住宅、学校、警察、消防、下水をより良くする運動、消費者運動等に求められ、あるいは自からすすんで積極的に参加してきた。「健康祭り」といったものもある。コミュニティ・グループの依頼をうけ、街頭にでて、住民の胸部、栄養、血圧その他の健康診断を行う。同時に、各種審議会、委員会などにも広く参加してきた。現在代表を送っている主なものは、アーバン・リーグ、ニューヨーク州医療諮問委員会、地区医療計画プログラム、大ニューヨーク・コミュニティ・カウンセルの保健、雇用、高齢者の各行動委員会（タースク・フォース）など。

「労働（者・組合）は、コミュニティ総体のなかの必要欠くべからざる、かつそれに生気をふきこむところの構成分子であると考え」るからであり、「また、われわれの声がそれら機関のなかで聞かれ、その政策決定に望ましい影響を及ぼすことができるようにである[22]」

これらコミュニティ活動は、組合の政治的基盤を固めるという意味をもつが、1199はより直接的対政府活動、政治活動においてもきわめてアクティヴである。「ときには、われわれ……が協約で得たものも、ワシントンや州や市で成立せられる法律によって危うくされる。……悪法は最悪の反組合的使用者よりも、なおわれわれにとって有害であり得るし、良い法律はわれわれがゴールを勝ち取るのに力となる[23]」と認識するからである。「法律」を「行政」「政治」と読みかえてもよい。

たとえば、75年3月1日、500名を集めて開かれた「経済危機」についての1199代表者会議は、「完全雇用（連邦公共部門雇用プログラム）」「減税」「失業保険の増額・延長」「失業者への国家による医療給付」「軍事支出の削減」などを政府に要求することを決定。同時にワシントンでの「職よこせデモ」を提唱、

---

22) New York Central Labor Council, "Rehab Council newsletter"
23) Local 1199, "the many faces of Local 1199"

第12章−I　あるソーシャル・ユニオン　513

4月26日6万人の大デモの一翼を担った。公民権運動、平和活動、男女平等、憲法改正などにも熱心である。かならずしも組合員にのみ関係している問題ではない。

候補者の推薦、州議会議員選挙対策委員会や候補者への献金、立法のためのロビー活動、投票、登録のキャンペーンなどは典型的な狭義の政治活動である。候補者の推薦は選挙ごと、問題ごとに決める。多くの場合民主党であるが、いままで2度だけ共和党候補を推したことがある。1回は1962〜3年の州知事選、病院労働者についての法律を通すためにロックフェラーを、2回目は1974年、病院財務公開法に賛成した人。議会には何人かあてにできる議員はいるが、名誉組合員として特別の関係をもっているのは連邦下院と州議会に各1名。立法活動については州議会を中心に1人の女性が専任で活躍している。医療・保健分野では州のコントロールがもっとも強いからである。1975年に1199の興味をもったいくつかの法律は、健康保険、病院財務公開、ナーシング・ホーム経営（「ホーム経営者のあくなき老人搾取をやめさせろ」）、専門職業上の諸問題などである。このほか1199が1975年前半にとくに興味をもったのは、①妊娠・出産にともなう休業に労働者災害補償給付を適用すること、②州の保険法下で妊娠を疾病と同様にあつかうこと、③安全な中絶についてのあらゆる制限に反対すること、④保育のための予算を増加すること、⑤SSI（Supplement Security Income）を増加すること、⑥老人のための住宅の建設予算を得ること、⑦時間の制限なく老人の乗車賃割引をあらゆる市町村に認めるための州予算を組ませること、その他[24]である。

これら政治活動は、一般の組合費から独立した組合の文化活動であげた金と組合員の任意献金による1199 友 愛 基 金によって賄われる。1974年9月30日におわる1年間のこの基金の総収入は86,644ドル。56,090ドルが文化活動から、30,554ドルが9,000名の組合員から。1人平均3ドルの献金である。使途は幹部会によって決められるが、この年は、公民権、市民的自由、平和団体に17,175ドル、ストライキ支援など他労働組合に4,405ドル、ユダヤ人関係に4,440ドル、

---

24) "1199 News", March 1975, p.31.

社会福祉・博愛関係 8,659 ドル、政治 13,709 ドルの計 48,388 ドル[25]。

人間の兄弟愛、すべての人の尊厳を前進させることが目的なのである。

　本文は主に、筆者のインタヴュー・レコードに基づく。LOCAL1199 の本文に記述した範囲に関する限り、次のような資料が参考とされる。

Fact Sheet; 1199.

the many faces of Local 1199, A booklet for new members

"Welcome‥‥to 1199's new home"

"A Union With 'Soul', "The New York Times Magazine, March 22, 1970.

Constitution, National Union of Hospital and Health Care Employees, A Division of RWDSU/AFL-CIO

By-Laws of District 1199, National Union of Hospital and Health Care Employees, A Division of RWDSU/AFL-CIO

Collective Bargaining Agreement Between League of Voluntary Hospitals and Homes of New York and District 1199 National Union of Hospital and Health Care Employees, RWDSU/AFL-CIO

Hospital Pension Plan 1199.

the local 1199 *benefit plan*, 1199.

"1199 National Benefit Fund; Medical, Dental Prescription Plan"

"Local 1199 Statement of Principles on Health Care Submitted by the Local 1199 Executive Council and Local 1199 Health Care Committee"

Hospital League/Local 1199; *Training and Upgrading Fund*

"Do you have a problem?" Local 1199 Benefit Plan

"Personal Service Department Report For 1972"

1199 *News*, Feb., June, July 1970, March, July, Sep. 1971, Feb., April, Oct. 1972, July, Aug., Oct. 1973, Feb., July 1974, Jan.-Aug. 1975.

1199 *Delegates Newsletter*, Vol.5 No.8 Aug. 1975, Hospital Division and Guild Division

【初出】『日本労働協会雑誌』No.230、1978 年 5 月。(『デトロイト───ソーシャルユニオニズムの必然』日本評論社、1980 年、271-298 頁)。

【参考】「District 65 の営み」『経済評論別冊・労働問題特集』6、1983 年 12 月。

25）"1199 News", May 1975, p.30 に決算報告がある。

第12章－Ⅱ
労働組合とソーシャルワーク
類似と相異、協働と敵対

　労働組合（活動・運動を含む、以下同じ）とソーシャルワークはときにはきわめて類似しているように見える。ときにはきわめて異なっているように見える。
　両者は人間、特に社会の下層の人々にかかわり、その問題解決、地位向上に努める。少なくとも歴史的にはそうであった。そして、後には双方とも「 中流」、より所得の高い階層にまでその 翼（ウィング）を伸ばす。両者はしばしば同じ「言葉」すら用いる――尊厳、社会的正義、公正、平等・差別、人権、福祉の増進、大義、社会変革。であるが故に、両者は今日までその歴史のなかにあってしばしば同じゴールに向かって協働してきた。社会立法の制定はその典型である。しかし、両者は時には厳しく対立、敵対してきた。1910年代から20年代の厚生資本主義（welfare capitalism）における経験はその典型例である。ソーシャルワーカーは会社側スパイとしてすら働いた。
　労働組合とソーシャルワークは何が共通的であり何が異なっているのだろうか。この問いに答えることは、①知的興味を満たすためのみならず、②それぞれの本質、特徴、“強さ”と“弱さ”を知るために、③両者の現在の位置と将来への“舵取り”を考えるために、さらに、④その協力関係の前進を戦略化する――そうすることに積極的価値を認めるとするならば――ために、または、⑤労働組合およびソーシャルワークにかかわる有効な社会政策制度を検討、立案するために大いなる貢献をなすものと思われる。
　本稿の直接的ゴールは労働組合とソーシャルワークの異同の概念的仮説的モデル構築の骨子、分析の枠組みを提示することにとどまる。提示されるモデルの現実妥当性を検証するための、実証的、統計的データの投入および労働組合、ソーシャルワーク、政府それぞれの政策レベルへの 含 意（インプリケーション）の検討は次のス

517

テップである。

1 先行研究とその限界

本稿と同一の関心を持つものは筆者の知る限り存在しない。しかし、その関心を一部共有する2、3のものおよびソーシャルワークの労働組合への関与を記述する少数のものが存在する。

第1は、本稿ときわめて類似したタイトルを持つものである。Shraussner and Phillips による "The relationship between social work and labor unions: A history of strife and cooperation." (1988) および Karger による "The common and conflicting goals of labor and social work." (1989) である。労働組合、ソーシャルワーク両者の関係、特に価値、考え方等の類似性と相違について直接的に言及する。現実に起きた「事件」を契機として、ソーシャルワーカーの組合・ストライキ参加の是非、ソーシャルワーカーのディレンマを媒介項として論じたものである。

第2は、両者の現実の協力関係、特にソーシャルワークの労働組合への関与についての記録である。現在の典型は EAP/MAP に象徴される "フリンジベネフィット" を中心とした労使によるソーシャルサービス配給にかかわるものとして、たとえば、D. J. Molloy and Paul Kurzman による "Practice with unions: Collaborating toward an empowerment model." (1993) がある。この流れの嚆矢は Bertha Reynolds の 例の *Uncharted Journey* である。この域を越えたよりソーシャルワークの労働組合への直接的関与としてはジェーン・アダムスを象徴とするセツルメント運動の労働組合支援（ストライキ、組織化）の記録・考察がある。ソーシャルワーカーの組合およびそれへの組織化を述べるものもある。

これらの本研究への貢献の限界は、これらが基本的にケースのスポラディック（散発的）な記述・分析であるという点である。扱われているケースの絶対数、種類、時代は限定されており、また、意識化されない協働・敵対関係、上部、

指導部と州、ローカル組織以下、現場の違い[1]、労働組合およびソーシャルワークのそれぞれの中の多様性、さらに時間軸は無視・欠落されている。「意識化されない協働・敵対関係」とは、特定の事象、「事件」、政策——たとえば、30年代社会立法、戦後差別人権問題（たとえば、"マッカーシーの赤狩り"、64年公民権法、ADA）、戦争・国境がかかわる問題（たとえば、第二次大戦、朝鮮戦争、ベトナム戦争、湾岸戦争、現在のアフガン・イラク戦争）——に対し労働組合、ソーシャルワークそれぞれがどのように対応したかの歴史的事実のリビューである。

　本稿では、これら限界を包括的、体系的にすべての穴埋めをする余裕はない。手持ちのデータ内で思索と推論を繰り返すことによりモデル構築へと向かう。主なる参考資料は章末を参照されたい。

2　労働組合およびソーシャルワークそれぞれの多様性

　ただし、労働組合およびソーシャルワークのそれぞれのなかでの多様性については一応の整理を必要とする。前節先行研究は極端にいうならば、「都合のいいところ」同士を引っぱり出してきて、その異同を論じているように見える。労働組合といっても多様な組合があり、ソーシャルワークといっても多様なものがある。たとえば、前者には一方の極に典型的ビジネスユニオンがあり他方の極にはソーシャルユニオンがある。後者には一方にセツルメントの系列があり、他方に友愛訪問、COS、ケースワークのグループがある。現実の組合、ソーシャルワークはそれぞれの二極の間にグラジュエーションとして存在する。

　図 12 - II - 1 はそのスペクトラムである。

　中央の 2 者、ソーシャルユニオンとセツルメントとの間には多くの共通点と協働が見られる。なぜかは不明であるが、背景のイデオロギーも一つのファクターであることは間違いあるまい。であれば、逆の両極、ビジネスユニオンとケースワークを比較、対比すれば労働組合とソーシャルワークの違いが鮮明にあぶり出されるようにも思われる。

---

[1] たとえば、1980 年代にいわれたレーガン・デモクラッツがその典型である。幹部あるいは公式組織の民主党支持表明にもかかわらず一般組合員はレーガンに投票する。

図12－Ⅱ－1　労働組合、ソーシャルワークそれぞれの多様性

労働組合		ソーシャルワーク	
ビジネス ユニオン	ソーシャル ユニオン	セツルメント	友愛訪問、COS、 ケースワーク

　しかし、仔細に見ると、両極の2者も互いに類似する。ボランタリズムという点においてである。双方とも政府の関与を嫌う。AFL（American Federation of Labor; アメリカ労働総同盟）は20世紀初め30年代に至るまで失業保険等の導入に反対をし続けた。COSはアウトドア救済（outdoor relief）の導入に反対し続けた。労働者のことは労働者自らの手でとの原則の主張であり、"救済"は自分らによる"院内"限られるべきとの主張である[2]。

　もう一度、逆の極に戻ろう。両者を仕切る中心太線のすぐ隣、もっとも「急進的な」組合およびソーシャルワーク、すなわち、ソーシャルユニオンの右に位置する組合およびセツルメントの左に位置するソーシャルワークは互いに相手を「保守的すぎる」と非難する。かつてランク・アンド・ファイル運動の中にあるソーシャルワーカーは労働組合をそのように呼んだ。かつてCOS大会に呼ばれた組合代表、最近ではもっとも進歩的といわれる組合（Local 1199）の委員長はソーシャルワークを同様に批判する。

3　多様性を超えて──原型モデル

　しかし、我々の試みは、これらそれぞれの多様性を乗り越えての、またはそれら多様性をうちに内包した両者の関係、比較の検討である。再度、労働組合

---

2) 政治的な読みをするならば双方ともそれぞれ自らの「縄張り」を犯されることによってその存在の基盤を浸食されることを恐れてであるとの説明がなされる。当時の組合は額は少なくとも自らの失業救済給付を組織化の"武器"として持っていた。

とは何か、ソーシャルワークとは何か、のそれぞれの定義の問題に戻らざるを得ない。一種の同義反復、循環論に陥る。

（1）研究方法

表12－Ⅱ－1（次頁）は、アメリカにおける労働組合とソーシャルワークの原型モデルである。歴史上の特定の1点に実在した労働組合およびソーシャルワークを示すものではない。19世紀末から1930年代あたりまでの現実から抽出、総合された概念モデルである。

表の第1項目には一般に受け入れられている労働組合とソーシャルワークの概念的定義が入れられている。表の第2項目（組織・援助・活動対象）以下はこれをパラフレーズしたものと読まれてもよいし、あるいは、逆に第2項以下の総合からつくられたのがこの定義であると読まれてもよい。実際は定義からの演繹と個々の事例からの帰納との“キャッチボール”によって作り上げられたものである。データ（「個々の事例」）についてはできうる限りナラティヴな歴史的“エピソード”の形として残したい。

表側（「定義」の下）は前節労働組合、ソーシャルワークそれぞれの内部の多様なモデル間の異同を検討するプロセスで抽出されたファクターを基礎に選ばれた16ファクターである。経営学における「職務分析」、統計学における「因子分析」に倣って、それぞれを構成するファクター別に分解し、比較し、労働組合とは何か、ソーシャルワークとは何かを学ぼうというものである。

（2）社会の下層を対象、自助／当事者運動 vs. 外（上）からの援助

図12－Ⅱ－2は表12－Ⅱ－1の一部を図式化したものである。

労働組合（図12－Ⅱ－2の左）の組織・活動対象（Constituency/Clientele）は労働者である。一度（地域別、職業別、産業別またはこれらの区別なく）組織された後の労働組合は、その活動の対象を自らのメンバーに限定する場合もあれば未組織を含めた労働者階級全体とする場合もある。労働組合を担う主体は労働者自身である。その意味で労働組合は活動の対象（客体）と主体は同一である。それは一種の自助（self-help）活動、当事者運動といってよい。それは一極モデルである。その組織は社会学でいうアソシエーションである。

表 12 － Ⅱ － 1　労働組合とソーシャルワーク：多様性を超えた比較

【原型モデル】

	労働組合	ソーシャルワーク
定　　義	労働者の抱える問題を解決し、その地位を向上（し、または労働者階級を解放）するために、労働者自らによりなされる集団的自助努力または活動	「貧しい人々」の抱える問題を解決し、その置かれた状況を改善するために、これに憐れみ、同情、不公正を感じる上流階級に属する個人によりなされる自発的援助努力または活動
組織・援助・活動対象 （Constituency/Clientele）	労働者（社会における底辺層） 自組合員、組織労働者または労働者階級全体	「貧しい人々」 移民労働者とその家族・地域、「寡婦」・「孤児」・「老人」、「障害者」、元「犯罪人」等
活動の基本的性格	アソシエーション（メンバー組織） 労働力の売買 自助活動／当事者運動	個人の自発的社会的活動（social work） 他者（上流階級に属する人々）による外（上）からの援助またはサービス
主体－客体関係	主客同一 1極モデル	主客分離 サービスの授受 （縦型）2極モデル
目的／ミッション	労働者の抱える問題との解決 労働者の地位の向上 社会改革、労働者階級の解放	「貧しい人々」の抱える問題の解決 「貧しい人々」の状況の改善
中心的関心	賃金、労働時間、労災その他の労働条件、雇い主・資本家の横暴・不公正等 経済条件＋政治、社会、文化条件	衣食住またはその確保のための労働／擁護・養育／社会適応準備等 貧困問題
問題発生源の理解	使用者、資本家 社会	個人 社会
推進力（Driving force）	現実の生活またはこれをもたらしている使用者または資本家に対する「不満」「怒り」、「闘い」；理想	現実の生活に対する慈悲、正義感または「貧しい人々」に対する哀れみ、同情、愛等；宗教心、博愛主義、人道主義
志向（Orientation）	「集団性」（Collectivity） "One for All, All for One"	「個別性」（Individuality）
ゴール	集団の地位の向上	個別ケースの解決・問題の緩和
プロセスと手段／"武器"	ストライキ（労働力提供の中止）を究極とする集団取り引き／活動 団結・凝集性・連帯；教育	ソーシャルワーカーによる資源の配給・提供 中・上流階級個々人への訴えと説得 教育と相談

人間の見方	集団として："兄弟" 「奴らと我ら」；敵と味方 時に道具的（instrumental） cf. 軍隊	個として 社会的地位役割（階級等）を超えた人間 絶対的価値
利己主義／利他主義	内に利他主義を秘めた利己主義	内に利己主義を秘めた利他主義
イデオロギー （社会主義）	しばしばプロ社会主義	非政治的／反イデオロギー的 （しばしば反社会主義）
人権／戦争／暴力	（暴力的衝突の歴史） 必ずしも戦争反対ではない	（非暴力）
世間の反応	憎しみと同情 抑圧と破壊	尊敬と冷笑 協力と無関心
構成員の属性（性）	男性中心	女性中心

図12－Ⅱ－2　労働組合活動とソーシャルワークの比較
【原型モデル】

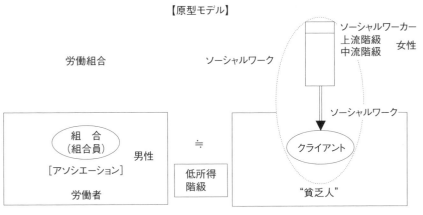

　これに対し、ソーシャルワーク（図12－Ⅱ－2右）の援助・活動対象は「貧しい人々」（the poor）である。対象の現実の姿は、移民労働者であったり、その家族や居住地域であったり、「寡婦」や「孤児」であったり、「老人」であったり、「障害者」であったり、元「犯罪人」であったりする。ただし、労働組合は労働者という言葉を用い、ソーシャルワークは「貧しい人々」という言葉を用いるが実質的には両者はほぼ同じ社会の下層グループである。チャールス・チャップリンの演ずる『モダンタイムズ』『給料日』の世界を思い浮かべればよい。

ソーシャルワークの実践主体は中流、上流階級に属するソーシャルワーカーである。その意味でソーシャルワークにあっては客体と主体は二重の意味ではじめから分離している。それは外からの援助活動であり、別階級の人々による上からの自発的援助活動である。それは縦型2極モデルである。

組合は基本的に男の組織であり、ソーシャルワークは女の活動である。

（3）集団性と個別性

以上の点を超えては表12－Ⅱ－1を読まれたい。ここでは2、3の項目の紹介にとどめる。

労働組合とソーシャルワークの最も大きな違いのひとつは志向（orientation）とでもいうべきであろうか、一方の集団性（collectivity）と他方の個別性（individuality）である。解決さるべき問題の立て方（ゴール）にも、解決へ向かうそのやり方（プロセスと手段／"武器"）にも、人間の見方にもこれが見てとれる。

労働組合は、一般には問題をメンバーまたは労働者全体に共通するものとして解決を図る。賃金その労働条件の引き上げを見よ。それを達成するための手段はストライキ（全員で働くことを止める）を究極とする各種の集団行動であり、その"武器"は連帯である。労働組合も個別一組合員の遭遇する問題（たとえば、労災による労働不能、解雇、生活困窮）解決のために働くことはあるが、なおそのアプローチは集団的である。 One for All, All for One のスローガンは労働組合の集団的性格をよく示す。

ソーシャルワークは集団、地域等であることもあるが一般には個別ケースの解決・問題の緩和を図る。それを達成するための手段はソーシャルワーカー個人またはその集まりによる資源（金品、サービス、情報等）の提供である。ソーシャルワークもより直接的に社会の状況の変革を目することもあるが、その場合にあってもその根、目は個人としての人間の存在を見据えていると期待してよい。

この集団または個への志向性は、それぞれの人間に対する基本的見方を規定する。労働組合にあっては、集団としてまたは集団の中の個人としてみる。全体の勝利を得るために一部を諦めなければならない場合もあれば、敗北の程度

を緩和するために一部を犠牲にしなければならないこともある。その意味で労働組合の人間の見方は時に道具的（instrumental）である。これに対し、ソーシャルワークは個としての人間を見る。個々人の社会的地位と役割（階級等）を超えてその先の裸の人間を見る。ジェーン・アダムスのプルマンストライキに関する「現代のリア王」（A Modern Lear）はこの違いを遺憾なく表している（Addams, 1912）。

（4）利己主義と利他主義

労働組合は自分らの地位の向上を求める一種の当事者運動、自助運動であるという意味において基本的には利己的運動である。自らの惨めなまたは不条理な生活の現実に押されて、この現実をつくり出している雇い主または資本家に対し、「闘い」を挑む。しかし、一度、「我ら」の中に入るやそれはきわめて利他主義に基づく運動であることを見出す。それは外からの想像を超える。ときには「自らの職をかけ、妻子の飢えをかけ、一度も会ったことのない仲間の賃金引き上げのために闘う」のである。その意味で労働組合はうちに利他主義を秘めた利己的活動である。

ソーシャルワークは典型的他利主義の活動である。彼女たちは誰に強いられたわけでもなく、その活動をしなければならない理由はまったくないにもかかわらず自らの良心（慈悲、正義感、同情、愛、宗教心、人道主義等）に基づいて自己を犠牲にして献身する。しかし彼女たちはきれいな郊外のカーペットを敷きつめた暖炉のある暖かい住家をもつ。自らの心地よい居場所は確保したうえで、自らの心の慰みとしてまたは道徳的優越性（moral superiority）の確認行為として、慈善、援助活動に寒風の吹きすさぶ戸外に出て行く。この意味で彼女たちの活動は利己主義に基づいた他利主義ともいってよいだろう。

4　産業化のプロセスを通って

この原型モデルは産業化のプロセスを通じて変化していく（図12 - Ⅱ - 3）。

まず労働組合の側には制度化、官僚化、幹部の専門職化が生ずる。制度化とは、その存在と活動の法的承認、合法化と、一定の枠組み、ルールのなかへの

図12－Ⅱ－3　産業化のプロセスを通して
――運動からサービスへ、大義から機能へ

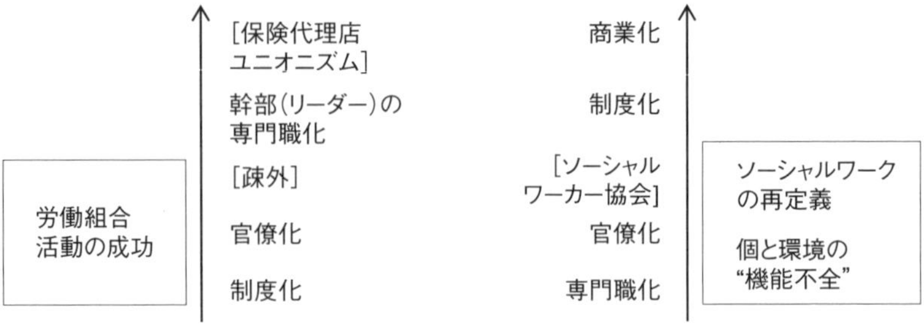

```
                [保険代理店          商業化
                 ユニオニズム]

                 幹部(リーダー)の     制度化
                 専門職化

 ┌─────────┐  [疎外]           [ソーシャル     ┌─────────┐
 │          │                  ワーカー協会]    │ ソーシャルワーク │
 │ 労働組合    │  官僚化            官僚化        │ の再定義      │
 │ 活動の成功   │                                │          │
 │          │  制度化            専門職化       │ 個と環境の     │
 └─────────┘                                  │ "機能不全"    │
                                              └─────────┘
```

　はめ込みである。団結権、団体交渉権、争議権、不当労働行為制度、労働委員会制度等々、権利が保証されるとともに、体制内化され、体制に包摂される。官僚化とは、二重の意味である。一つは組合組織が巨大化することによる順機能、逆機能双方を抱え込んだ組織運営上の官僚主義化の必要と必然、二つは産業構造上の公共部門の拡がりによる公務員（官僚）の増加、その労働組合への組織化、包摂である。これら制度化と官僚化、特に法律、制度による規制と組合組織の巨大化は、必然的に組合幹部の専門（職）化を推し進める。

　これらは、組合運動の成功によって――失敗によってではなく――組合が充分に強く効果的であったが故に達成されたものといってよい。そして、組合員（メンバー）は疎外されてゆく。労働運動は「保険代理店ユニオニズム」へと向かう。

　ソーシャルワークの側もまた類似の変化を経験する。しかし、こちらは専門職化で始めるのがよかろう。産業界における科学的管理法を思わせる専門職化、そして、官僚化、制度化、さらに商業化が追う。官僚化はやはり二重の意味である。ソーシャルワーク組織・施設の規模の拡大によるそれと政府（地方政府を含む）による公的社会福祉プログラム、サービスの拡がりという意味とである。専門職団体が組織される。専門職団体のミッションと機能はその専門的サービスの内容、方法の向上とその構成員の社会的、経済的地位の向上の二つである。制度化とは、ソーシャルワークおよびソーシャルワーカーの法制度化、たとえば、資格・免許制度、クライアント／サービス受給者との権利義務関係の規定等である。

これらの流れには、ソーシャルワークの定義の変化が大きく関与している。個と環境のあいだの"機能不全"、それへの専門的介入との再定義である。「貧乏人のためだけにではなく（Not for the poor alone）」となる。ソーシャルワークの商業化が現在の到達点である。ソーシャルワークサービスの個人営業が象徴的である。

5　今日モデル

　この産業化の過程を通して、先の労働組合とソーシャルワークの原型モデルは結局どう変わったのか。表12-Ⅱ-2と図12-Ⅱ-4は、表12-Ⅱ-1と図12-Ⅱ-2のパラレルの表および図である。

（1）中流化　横型2極モデルへ

　図12-Ⅱ-4を見て欲しい。労働組合もソーシャルワークも双方とも対象（Constituency/Clientele）を、斯くしてメンバーおよびクライアントを、下層から中流階層へ、時には上流階層へまでそのウィングを拡げ、シフトした。UAW（The International Union, United Automobile, Aerospace and Agricultural Implement Workers of America：全米自動車労働組合）等労働組合は組合員の中流化をそのスローガン、ゴールと掲げる。ソーシャルワークにあってはメンタル・ヘルスへの傾斜がこれを進める。

　他方、労働組合幹部はメンバーとともに下から上へと中流化する。巨大組合の幹部は時には高額所得の労働貴族とすら化す。ソーシャルワーカーもまた中流化する。この場合は上から下への地位低下である。ソーシャルワーカーはもはや中流階級、上流階級の貴婦人ではない。貧困地域の小さな子どもが、大きくなったら何になりたいかと問われたときに挙げる幼稚園・小学校の教師、看護師、美容師と並ぶ職業の一つとなる。

　労働組合リーダーとメンバー、ソーシャルワークサービスの提供者と受け手がそれぞれ同じ階層に属することとなる。

　よって、組合の場合は1極モデルから、ソーシャルワークの場合は縦型2極モデルから、双方とも横型2極モデルとなった。組合幹部は今や外からサービ

第12章-Ⅱ　労働組合とソーシャルワーク　527

表 12 − Ⅱ − 2　労働組合とソーシャルワーク：多様性を超えた比較

【今日モデル】

	労働組合	ソーシャルワーク
定　　義	労働者の抱える問題を解決し、その地位を向上するために、労働者自らによりなされる集団的努力または活動	環境の中にある個人の社会的機能（social function）に焦点をあて、職業としてソーシャルワーカーによってなされる努力または活動（実践／介入）
組織・援助・活動対象 （Constituency/Clientele）	労働者（中所得階級＋低所得階級） 組合員＋未組織労働者	社会的機能（social function）上の問題を抱える人々（「貧しい人々のため」だけでなく）
活動の基本的性格	アソシエーション（メンバー組織） 労働力の取引 組合（または職業としての専門的幹部）によるメンバーへのサービスの提供（運動から）サービス（へ）	専門的職業（ソーシャルワーカーの職業としての実践・介入） 外からの支援（必ずしも異なる階級からではない） （大義から）機能（へ）
主体−客体関係	主客分離 メンバーによる幹部の選挙 （横型）２極モデル	主客分離 クライアントのソーシャルワーカーに対する法的・契約的諸権利 （横型）２極モデル
目的／ミッション	労働者の抱える問題の解決 労働者の地位の向上	問題を抱える個人の社会的機能（social function）の回復；人々の抱える問題の解決およびその問題を生んでいる状況の改善（社会変革 social change）
中心的関心	賃金、労働時間、労災その他の労働条件、差別（公民権）等経済状況およびこれを超えたより広範囲の問題（政府の制度政策、選挙）	衣食住またはその確保のための労働、保育、移動等 医療、メンタル・ヘルス 以前よりより広範囲の問題
推進力 （Drive force）	現実の生活またはこれをもたらしている使用者に対する「不満」 職業としての組合幹部（＝仕事） 協約改訂（労働力売買） ［以前より情熱は弱まる］	問題の現存と人道主義、宗教心、職業としてのソーシャルワーク（＝仕事） プロフェッショナル団体の倫理綱領 ［以前より思い入れは弱まる］
問題発生源の理解	使用者 社会	個人 社会

志向（Orientation）	「集団性」（Collectivity）	「個別性」（Individuality）
ゴール	集団の地位の向上	個別ケースの解決／問題の緩和
プロセスと手段／"武器"	ストライキ（労働力提供の中止）を究極とする集団的活動 団結・凝集性・連帯 幹部の専門性能力（知識、技能）	ソーシャルワーカーによる資源の提供 ソーシャルワークの価値、知識、技能
人間の見方	集団として 「奴らと我ら」；敵と味方	個として 社会的地位役割（階級等）を超えた人間
イデオロギー（社会主義）	非政治的／反イデオロギー的	非政治的／反イデオロギー的
利己主義／利他主義	［以前より弱い］内に利他主義を秘めた利己主義	［以前より弱い］内に利己主義を秘めた利他主義
人権／戦争／暴力	（暴力的衝突の歴史） ［ソーシャルワークに比し］人権、反戦弱い	（非暴力的） ［組合に比し］人権、反戦強い
世間の反応	憎しみと同情、無関心 抑圧と破壊	尊敬と冷笑 協力と無関心
構成員の属性（性）	男性中心	女性中心

図12－Ⅱ－4　労働組合活動とソーシャルワークの比較

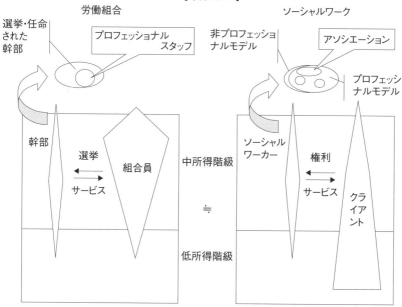

【今日モデル】

スを提供するが如きであり、ソーシャルワークはもはや上からの援助／サービス提供ではなくなった。

　組合幹部とメンバーの間の対等関係は今なお選挙はあるとはいえかつてより弱まり、ソーシャルワーカーとクライアントの対等関係は今や法的、契約的権利が介在することとなりかつてより強まった。

（2）職業化　利己主義と利他主義

　組合幹部もソーシャルワーカーもそのポジションは職業として持つことになり、すなわち仕事として働き、賃金を受け取り、サービスを提供する。組合は"運動からサービスへ"とソーシャルワークは"大義から機能へ"と変わった。情熱、感情的思い入れ、理想はどこかへいってしまった。官僚組織にあっては「愛も憎しみも（喜びも悲しみも）なく、彼らは自らの仕事を遂行すべき」（マックスウェーバー）なのである。

　労働組合は、中流化、体制内化を通して、その階級的利己主義を失った。内部の利他主義も同様に弱った。ソーシャルワークは中流化、職業化を通して、その純粋な利他主義を失った。ソーシャルワーカーとクライアントの階級的同一化の故に、内部のかつての階級的利己主義は限りなく弱まった。インスティテューショナル・アルトライズム（利他主義）、プロフェショナル・アルトライズム、オキュペーショナル（職業的）・アルトライズムの議論はまた別の検討を要する。

　ソーシャルワーカーの専門職協会のミッションはソーシャルワーカー自身の経済面を含めた地位を向上することでもある。ソーシャルワーカー以外の専門職協会（教員、看護師等）の労働組合化は前世紀末に大きく進んだ。

（3）残る違いと違いの程度の縮小

　上のほか、表12－Ⅱ－2（特に「労働組合」の欄）にあっては、表12－Ⅱ－1において用いられていた次のような表現は消えている――「労働者階級の解放」「労働者階級全体」（定義、組織・援助・活動対象、目的／ミッション）、「資本家」（中心的関心、問題発生源の理解、推進力）、「雇い主／資本家の横暴・不公正」（中心的関心）、「使用者または資本家に対する『怒り』、『闘い』」（推進

力）、"One for All, All for One,"（志向）、「『奴らと我ら』：敵と味方」（人間の見方）。しかし、上で述べた「自助、当事者運動」「1極モデル」から「横型2極モデル」への変化を含め、かつてのこれらがまったくなくなったという意味ではない。非常に弱くなっているということである。逆に次のような表現は残されているが、その程度はやはり弱くなっている。「集団性」（志向）、「ストライキ（労働力提供の中止）を究極とする集団的活動；連帯」（プロセスと手段）、「憎しみと同情、抑圧と破壊」（世間の見方）等。構成員の男女比も相当に変わっている。

　労働組合とソーシャルワーク双方はずっと接近し、ますます類似してきた。だからどうだというのだ。「面白い」のは、双方が近くなり類似してきたこと、「面白くない」のは、双方が近づき、類似してきたことである。本稿ではわれわれは何が共通で何が相違であるか、そしてそれらがどう変わったかを尋ねた。これらの精緻化と実証と、これら共通点と相違点とその変化をどう読み、どう対処するかは次の作業である。

　ただ一点。「貧しい人々」（the poor）を取り残し、高い所得階層にシフトした。それは「良い」「悪い」の問題ではない。組合とソーシャルワーク双方は成熟し、異なる発展段階に到達した。彼らのミッションが変わったということである。しかしここに残るのは、「それでは誰が『貧しい人々』のために働くのか」である。労働組合は運動からサービスへ、ソーシャルワークは大義から機能へと変わった。政府、公共政策か。労働組合やソーシャルワークがかつて持ったと同じように、「貧しい人々」にアイデンティティを持ち、彼（女）らのために働くことにパッションを持ちうるか。マックスウェーバーは喜びも悲しみもなくわれわれは我々のミッションを遂行しなければならないという。あるいは、社会運動の異なるもの、すなわち、ある種のNGOに期待できるか。労働組合、ソーシャルワークが持った法的、社会的サポートはなく、力と拡がりを期待できるか。

　労働組合やソーシャルワークは何をするか、すべきか。彼（女）らは「貧しい人々」のために働くことを欲するか。そうであるならどのように。彼（女）らはどのように、自らを変え調整しなければならないか。労働組合はもっと利己主義、自助運動モデルに戻らなければいけないか。ソーシャルワークは外か

ら、サービスを提供するもっと純粋な利他主義に戻らなければいけないか。

【参考文献】

Addams, J. (1912) "A modern Lear." (An address, possibly in 1896, to the Chicago Woman's Club and the Twentieth Century Club of Boston) *Survey*. 29, November 2. pp.131-137.wysiwyg://79http://douglass.speech.nwu.edu/add_a01.htm.

秋元樹 (1981)『デトロイト―ソーシャル・ユニオニズムの必然―』日本評論社。

秋元樹 (1992)『アメリカ労働運動の新潮流』日本経済評論社、特に第4章、183-197頁。

Fridman, A (1970) "The American trade union leader: A collective portrait," in J. Seidman (ed.), *Trade Union Government and Collective Bargaining*. New York: Praeger Publishers. pp.207-37.

Gifford, C. (ed) (2003) Directory of U.S. Labor Organizations. 2003 Edition. Washington, D.C.: The Bureau of National Affairs, Inc.

Hodess, S. (1938) Why we went to Albany. Social Work Today, 5, April, 9-10. In Leslie Leighninger, ed., When social workers and unions allied in the 1930s [From The Archives], *Journal of Progressive Human Services*, 11 (2), 2000, 103-112.

Karger, H. J. (1988) *Social Workers and Labor Unions*. New York, Westport, CN and London: Greenwood Press.

Karger, H. J. 1989) "The common and conflicting goals of labor and social work." *Administration in Social Work*, Vol.13 (1). pp.1-17.

Lubove, R. (1965) *The Professional Altruist: The emergence of social work as a career, 1880-1930*. New York: Atheneum Originally published by Harvard University Press.

Mills, (1948) *The New Men of Power*. New York: Harcourt, Brace.

Molloy. D. J. and Kurzman, P. A. (1993) "Practice with unions: Collaborating toward an empowerment model." Chapter 3 in Paul A. Kurzman and Sheila H. Akabas (eds.) *Work and Well-Being: The Occupational Social Work Advantage*. Washington, D.C.: NASW Press. pp.46-60.

Reeser, L. C. and Epstein, I. *Professionalization and Activism in Social Work: The Sixties, the Eighties, and the Future*. New York: Columbia University Press.

Rosner, D. and Markowitz, G. (1984-85) "Safety and health on the job as a class issues: The Workers' Health Bureau of America in the 1920s." *Science & Society*. Vol. XLVIII, No.4, Winter. pp.466-482.

Schonfarber, J.G. (1890) Charity from the standpoint of the Knights of Labor. Proceedings of the National Conference of Charities and Corrections. 17th Annual Session. Boston: Press of G. Ellis.

Shraussner, S. L. A. and Phillips, N K. (1988) "The relationship between social work and labor unions: A history of strife and cooperation." *Journal of Sociology and Social Welfare*. Vol.15 (1). March. pp.105-118.

Wenocur, S. and Reisch, M. (1989) *From Charity to Enterprise: The development of American social work in a market economy*. Urbana and Chicago: University of Illinois Press.

Winter, Martha. (1938) "Now I am a CIO organizer." *Social Work Today*. April 5, pp.9-10. In Leslie Leighninger, ed., When social workers and unions allied in the 1930s

[From The Archives], *Journal of Progressive Human Services*, 11（2）, 2000, pp.103-112.

【初出】荒木誠之、桑原洋子編『社会保障法・福祉と労働法の新展開――佐藤進先生追悼』信山社、2010 年、531-548 頁。（一部）「ソーシャルワークの伝承――ソーシャルワークとは何か――定義、対概念で遊ぶ」『社会福祉』（日本女子大学社会福祉学科・同学会）50 号、2010 年 3 月、20-24 頁。

補　章

ごく普通の働く人々の抱える悩み・問題[*1]

500 人インタビュー調査（日本）

　労働者の悩み、不満、直面している問題、困難は何か。真に欲していること
は何か。また、行政・企業・労組はそれを的確に把握し、十分に対応している
かどうか。

1　本人に聞いてみよう

　現代日本の労働者[1] は何を求めているか。——本人に直接聞いてみるのが
一番よいだろう[2]。「何を求めているか」とはいわゆるニーズを問うているの
であろう。しかし「ニーズは何か」と直接聞いたところで目的は達せられまい。
そこで、相手が「何を悩み、何に不満を持ち、何を問題とし、何に腹を立て、
頭にきているか」（以下「悩み・問題」という）を聞いてみた。

　1984 年および 1986 年の夏に、511 名の調査員が東京およびその周辺の 511
名の働く人々をインタビューした。条件は唯一つ、「相手の胸を開かせ、本心
を聞き出すこと」。被調査者は各調査員により有意に各 1 名が抽出された。（調
査の意義、ニーズの定義とニーズ論の限界、調査・集計・分析方法、集計対象その
他本調査の詳細については本補章の付 1 「調査の概要」559 頁を参照されたい）。

　回収された 511 件のうち、属性不明その他の理由により集計に耐え得ない

[*1] 原題は「都市の労働者は何を求めているか」（『経済と労働 62′ 労働特集 II』東京都
　労働経済局 1988 年 3 月）「現代日本労働者の "ニーズ" 抽出の試み」（『城西大学大学院
　研究年報』第 3 号、1987 年 3 月）。
[1]「労働者」の定義はここでは論じない。
[2]　通常行われている "ニーズ調査" に対する批判については付 1 の 1（560-561 頁）参
　照。

表補—1　性・年齢および雇用・自営別集計対象の分布

年齢	男（人）	女（人）
	378 (68) [1]	119 ⑮ (12) [2]
18 ～ 20	83 (2) [1]	46　(1) [1]
21 ～ 25	73 (4)	28　　[1]
26 ～ 30	35 (2)	5 ①
31 ～ 35	24 (3)	2 ①
36 ～ 40	17 (4)	0
41 ～ 45	26 (9)	15 ④ (6)
46 ～ 50	71 (25)	18 ⑥ (5)
51 ～ 55	32 (12)	4 ③
56 ～	17 (7)	1

注)　○はパートタイマー、（　）は自営業主および家族従業員、［　］はアルバイト。いずれも内数。

13 件を除いた 497 ケースが集計対象とされた。この 497 ケースについて、まず、性、年齢階級、雇用労働者（パートタイマー、嘱託、アルバイトを含む）自営（家族従業員、内職を含む）の別に分類されたあと、2,000 字程度にまとめられた各インタビューレコードはその各フレーズ、センテンス毎に表補—2 の項目（A ～ Z）にアフターコードされた。集計、分析はコンピュータおよび手集計が併用され、労働者の属性および表の悩み・問題などの項目別に、あるいはそれらを相互にクロスし、検索を繰り返すことにより行われた。

　表補—1 はその被調査者の性、年齢別分布である（除く、無効14）。

　サンプルの特性として次の諸点を留意されたい。① 18 ～ 20 歳はすべて中・高卒者であり[3] 高校・大学中退者も少なくなく、仕事の内容は、男子はブルーカラーを中心に販売、サービスなど、女子は事務が多く、その他種々の職業を含む。② 31 ～ 40 歳には 3 分の 1 の大卒が混ざっている。③勤務先の規模は、東証第一部上場の大企業から街の小商店、工場までを含む。④社会階層的には、若年層は特に男では中以下、逆に中高年層は子弟を東京近郊の私立大学にやり、会社では管理的ポストにあるといった、所得的には、中ないし中の上程度の者が中心になっている。⑤ 31 歳以上女子の半分弱はパートタイマーおよび嘱託

---

3) 女子に短大卒 1 を含む。

といった非正規従業員である。⑥女子フルタイマーの約半数は教員、保母、看護師など専門的職業従事者であり、20年以上勤続の者も3分の1を占める。

本稿は21 〜 30歳を除いた[4] 全雇用者（自営業・家族従業員およびアルバイトを除く）283ケースの集計結果の概要である（18 〜 20歳男子に絞ったより詳細な対象・集計結果が本章付2（563頁〜）に示されている）。21 〜 30歳を除いた理由は、未婚者は18 〜 20歳の若年層と、既婚者は31 〜 40歳の階層とほぼ同様の結果を示すからである。

2　悩み・不満・問題・困難・腹が立つこと・頭にくること

表補—2は、21 〜 30歳を除く性、年齢階級別の「悩み・問題」分布表であり、図補—1および図補—2はこれをグラフ化したものである[*2]。「労働時間」「賃金」「人間関係」「仕事内容」等が多い。上記調査方法から、これらここに現れた数字、パーセンテージが統計的意味を持つものでない[5] ことは自明のことであるが、一応これを導きの糸として以下各項目別に労働者の抱える「悩み・問題」を整理してみよう。

なお、言及された「悩み・問題」は延べ1,086、被調査者1人当たり約4件となるが、41歳以上男子では3件以下と少なく、18 〜 20歳の女子で5件弱と多い。表補—2、図補—1、図補—2を読まれるに当たって注意されたい。

（1）労働時間＋通勤

最も多い不満は労働時間に関するものである。性・年齢を問わず多い。全被調査者の2人に1人がこれを挙げ、特に10代（18 〜 20歳、以下同じ）〜 30代（31 〜 40歳、以下同じ）の男子および30代以上の女子（フルタイム）では3人に2人前後がこれをあげる。不満の内容としては、残業・長時間労働、休憩時間、休日・休暇、交替制などに関する。

4）ただし、26 〜 30歳既婚女子3ケースを含む。
*2 棒グラフにすべきかと思われるが、故あって折れ線グラフで示されている。
5）たとえ統計的意味を持ったとしても、「悩み・問題」の深刻さ、ニーズとしての重要さを示すものでは必ずしもないことも明らかであろう。

補章　ごく普通の働く労働者の抱える悩み・問題　537

表補—2 　性・年齢階級別「悩み・問題など」項目別分布

計	18～20歳 男		18～20歳 女		31～40歳 男		41歳以上 男		女・フルタイマー		女・パートタイマー		合　計	
	80ケース =100%		44ケース =100%		34ケース =100%		93ケース =100%		17ケース =100%		15ケース =100%		283ケース =100%	
挙げられた項目総数	341		210		146		268		67		55		1,086	
A　車、その他物的要求	3	3.8	0	0.0	0	0.0	0	0.0	0	0.0	2	13.3	5	1.8
B　上司（人間関係を含む）、上下関係	28	35.0	19	43.2	10	29.4	30	32.3	4	23.5	2	13.3	93	32.9
C　顧客	13	16.3	9	20.5	6	17.6	5	5.4	2	11.8	0	0.0	35	12.4
D　差別、コンプレックス	15	18.8	15	34.1	2		6	6.5	4	23.5	2	13.3	44	15.5
E　評価	1	1.3	1	2.3	2	5.9	4	4.3	0	0.00	0	0.0	8	2.8
F　家族、家庭生活	19	23.8	9	20.5	6	17.6	16	17.2	4	23.5	6	40	60	21.2
G　通勤	4	5.00	7	15.9	2	5.9	6	6.5	0	0.00	1	6.7	20	7.1
H　労働時間	53	66.3	22	50.0	20	58.8	24	25.8	12	70.6	5	33.3	136	48.1
I　不慣れ・能力不足	9	11.3	19	43.2	1	2.9	8	8.6	0	0.00	0	0.0	37	13.1
J　仕事内容	34	42.5	25	56.8	10	29.4	30	32.3	11	64.7	2	13.3	112	39.6
K　子ども	0	0.0	0	0.0	10	29.4	9	9.7	3	17.6	0	0.0	22	7.8
L　住宅	4	5.0	4	9.1	3	8.8	3	3.2	0	0.00	0	0.0	14	4.9
M　会社の将来・解雇・倒産	4	5.0	0	0	8	23.5	10	10.8	3	17.6	4	26.7	29	10.2
N　人間関係（対上司を除く）	37	46.3	23	52.3	8	23.5	22	23.7	8	47.1	5	33.3	103	36.4
O　福利厚生その他労働条件	5	6.3	7	15.9	3	8.8	2	2.2	2	11.8	5	33.3	24	8.5
P　出世、昇進、配転	9	11.3	3	6.8	4	11.8	18	19.4	1	5.9	1	6.7	36	12.7
Q　生き方、働くことの意味	4	5.0	5	11.4	2	5.9	1	1.1	1	5.9	1	6.7	14	4.9
R　定年退職	0	0.0	0	0.0	3	8.8	16	17.2	1	5.9	1	6.7	21	7.4
S　安全衛生、作業環境	21	26.3	8	18.2	5	14.7	12	12.9	4	23.5	5	33.3	55	14.4
T　転・退職、独立自営	23	28.8	8	18.2	7	20.6	1	1.1	0	0.00	0	0.0	39	13.8
U　労働組合、労使関係	1	1.3	0	0.0	1	2.9	2	2.2	1	5.9	3	20.0	8	2.8
V　参加	6	7.5	0	0.0	2	5.9	3	3.2	1	5.9	0	0.0	12	4.2
W　賃金（支出、金を含む）	40	50.0	11	25	13	38.2	33	35.5	4	23.5	9	60.0	110	38.9
X　異性、結婚、その他個人的悩み・問題	13	16.3	12	27.3	6	17.6	1	1.1	0	0.0	0	0.0	32	11.3
Y　満足	–		–		–		–		–		–		–	
Z　地域・社会	4	5.0	3	6.8	2	5.9	5	5.4	1	5.9	1	6.7	16	5.7
1ケース当たり項目数	4.26		4.77		4.29		2.88		3.94		3.67		3.84	

＊ 26～30歳の既婚3ケースを含む（フルタイマー2、パートタイマー1）。

注）〔　〕は延項目数。ただし同一の「悩み・問題など」が複数の項目に重複カウントされている場合がある。
また、異なる「悩み・問題など」であっても同一項目内である限り1件としてカウントされている。
各項目の頭に付されたアルファベットのコードは "Z" を除きすべて各項目の英語表記（Automobile, Boss, Costumers, Discrimination, Evaluation, Family,……）の頭文字に対応している。詳細は現出典の57頁を参照。

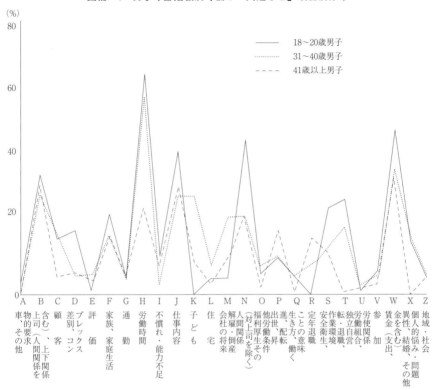

図補—1　男子年齢階級別「悩み・問題など」項目別分布

　「残業が多い」。「毎日」、「7時」、「8時」、「10時すぎ」まで。しかも「断われない」。18歳の女性ですら「終電のこともたびたび」。「帰ったら寝るだけ」。妻子があっても「夕食を一緒に食べられない」、「子どもと話す時間もない」。「月40時間」、「50時間」も残業する。「仕事を持ち帰ることもある」。東京周辺の労働者にはこれに通勤の問題が加わる。「1時間」や「1時間半」はともかく、時には「2時間以上」もかかる。「電車は満員」。「痴漢もいる」。

　「休み時間が少ない」。「昼食時間以外は皆無」。あるいは、あっても「とれない」。仕事の都合で、「昼食を食べられないこともしばしばある」。

　「休日は疲れを癒すだけ」である。ところがその休みもままならない。「休日がない」、「少ない」。さらに「休日出勤が求められる」。休日が「不規則」で

補章　ごく普通の働く労働者の抱える悩み・問題　539

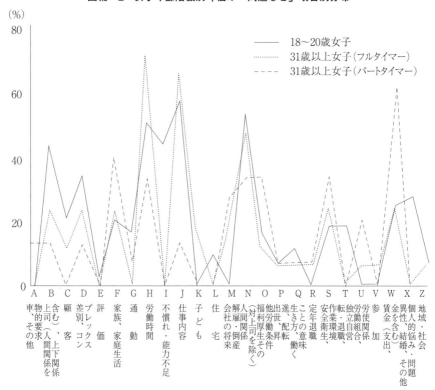

図補—2　女子年齢階級別「悩み・問題など」項目別分布

あったり、「日曜以外である」のも「困る」。年休も問題である。「勤続2年半で3日」は明らかに労基法違反である。労基法どおりあっても実際は「とれない」。「休むと他人に迷惑がかかるから」、「会社がいい顔しないから」。「気分が悪くても」、「体の具合が悪い時も」、「休めない」、「忙しくて病院にも行けない」。

「交替制」は製造業のみならず広く第3次産業にも広がっている。「夜勤」、「深夜労働」、そして「そのローテーション」が肉体的、家族・社会生活上歓迎されざるものであることは当然である。「忙しい日は日勤をやってそのまま夜勤をやることもある」。

調査対象の中で特に目につくのが、外食産業、コンビニエンスストアなどの店長グループの労働である。彼らはきわめて若くして店長になり、従業員非正

規化の流れの中で過大の労働を強いられる。多くの場合彼は唯一人の正規従業員であり、「アルバイト、パートが休めばそのしわ寄せをまともにうける」。大企業製造工場においても同様の問題が見られる。

（2）賃金＋車、仕事の内容

2番目に多いのが賃金および仕事の内容についての不満である。それぞれ約4割のインタビューイーが言及している。

賃金については、女子より男子の方が文句が多い。ただし女子でもパートタイマーは別である——文句が多い。「文句」の内容は、水準の低さ、性・学歴・正規‐非正規間の差別、日給という支払方法からくる不安、ノルマを達しないとき・ミスをしたときの賃金カット、残業手当や夜勤手当の少なさ・不支給等々に及ぶ。ある人々（特に高齢者・高所得者に多い）は賃金の低さを支出の多さ（交際費、ローン、教育費など）という形で表現する。

賃金水準については、問われるならばまずほとんどの労働者が「低い」と答えよう。40代、50代の都市銀行行員、大新聞社管理職、元大蔵省官僚天下りは年収1,000万〜1,200万円を得て、なお「もう少し」といい、また、19歳の若者（男子）は月収11万円のうちの半分以上を車関係費用に使い——彼らの車への関心は狂気の如くである——それでなお「給料が安い」と言う。その意味では同じ「悩み・問題など」といっても、深刻さの程度は労働時間に比し大分低いのかもしれない。

しかし、本当に賃金が低い労働者も多い。年収50万円の保母見習は別にしても、20歳ボイラーマンの月7万円（手取り）、18歳事務員（女子）の年収94万円（税込み）、36歳クリーニング屋店員（男子）の月12万〜13万円、48歳従業員100人の精密機器製造会社従業員の月15万円……。こういった労働者はいくらでもみられる。寮生活をする20歳の女子労働者は「疲れて帰ると食事をつくるのも面倒だし、……食べにいくのも給料が安いから毎日行けないから、夕食を食べない日も割りとある」と言う。最頻値でみても18〜20歳で男子200万円、女子150万円前後、30歳代（男子）で300万〜350万円程度である（いずれも税込み）。

「親元から通勤」していればまだしも「独り立ちの生活など到底無理である」。

多くの若者が「結婚後の生活」を「心配」する。30代の労働者は、ほとんどがすでに妻子を持っている。「円高不況で残業が減って収入が減」れば生活が困る。「両親、弟妹を扶養しなければならない」となれば「生活は並大抵ではない」。

「仕事の内容」とは、労働条件というより、仕事そのものあるいはそこから直接的に派生・起因する「悩み・問題」のうち他項目に分類されざるものをいう。仕事の性質上ある程度避けがたいものもあれば、経営の努力によって改善されうるものも多い。

「流れ作業」、そこにおける「単純」「反復作業」「意味のない仕事」はその典型である。事務労働者の間にも同様の問題はある。「コピーとり」、「つまらない仕事」、「雑用ばかり」。若者に多い。特に女子は「お茶くみ」「掃除」「上司の買い物」……（これらは職務外の仕事と認識されている場合もある）。反対に「過度の責任」も「悩み・問題」である。例えば20歳で「億（円）単位の取引」は「恐い」。職務内容についてはそのほかにも辛さはある。人事担当者は「首切りの人選をしなければならない」し、看護師は日々「人の死に接しなければならない」。20歳の若者は「母親と同じ年齢のパートを使わなければならない」。

労働の態様・姿勢などに関するもの、組織（運営）上のソフト面の問題もある。溶接工は「暑い」、左官は「汚れる」、販売店員は「1日中立ったまま」、警官は「24時間しばられている」、委託元と一緒に働く清掃労働者は「気が抜けない」。「ノルマ」の下の労働、「仕事量」の変動の激しい労働も「嫌だ」。「ソフト面の問題」としては、セクション間・職種間のフリクションとコミュニケーションの拙さ、個人間・部署間の仕事量のアンバランス、ある「係員のえこひいき」、経営方針に対する不賛同など。合理化・コンピューター化による人員削減→仕事量の増大や仕事範囲の拡大、また、慢性的人手不足による多忙などもここに含めておこう。

若干ユニークな「悩み・問題」として、専門職グループ（教員ほか）による満足いく仕事ができないというものがある。

雇用契約上の職務内容と実際の職務内容が違うという深刻なケースが数例ある。例えば、「事務で採用されたのに工場にまわされた」といった例である。東証第一部上場印刷会社である。

（3）人間関係、上司

「人間関係（上司とのそれを除く）」および「上司（上司との人間関係を含む）」
はそれぞれ対象者の3人に1人が「悩み・問題」とする。「上司」についての「悩
み・問題」の多くも彼（彼女）との人間関係に関するものであるので、これに
前者を合わせるならば、「人間関係」についての「悩み・問題」が全項目中の
断然トップとなる。「人間関係」「上司」の問題をかくも重大な労働問題として
論ずることがあるだろうか。

「人間関係（上司とのそれを除く）」についての「悩み・問題」は、次の5グルー
プに分けられよう。特に若年層、女子の言及率が高い。

①　いわゆる個人的角逐：「嫌なやつがいる」、「あげ足をとる」、「生意気だ」、
　　「うまが合わない」、「すぐ上司に告げ口をする」、「ごま擂りがいる」。「女
　　性の多い職場では」グループ間の「闘い」も「すごい」。

②　先輩－後輩関係：OLの先輩の後輩いじめ。男子にもある。――「仕事
　　を教えないで出来ないと無能よばわりする」。「いやな仕事を押しつける」。
　　寮にはいれば「使い走りをさせられる」。職場の先輩－後輩関係は学校の
　　運動部のそれの如きである。「後輩は先輩より早く出勤して、掃除をして、
　　進んで多くの仕事をしなければならない」（女子）。

③　"つきあい"：「飲めない」あるいは「飲みたくない酒を飲み」、「食事に
　　つき合い」、「ゴルフ」「マージャン」をやらないといけない。さもないと「仲
　　間はずれにされる」。逆に1人で働いていれば「帰りに赤提灯で1杯がう
　　らやましい」。

④　職場の労働力構成：「異性がいない」、「同性がいない」、「同年輩がいない」。
　　だから「悩みなど何でも話せる人がいない」。「親戚がいるので行動が監視
　　される」、「社長の親族がいてやりにくい」。

⑤　職場の雰囲気：「活気がない」、「ろくに挨拶もしない」その他。

「上司」が部下に尊敬され好かれるなどということは至難のわざと考えるが
よい。ともかく上司に対する不満、非難の程度はすさまじい。40代を超えて

補章　ごく普通の働く労働者の抱える悩み・問題　543

も——多くの管理職を含む——同様である。40代では賃金についで、2番目に多い項目である。「嫌らしい」、「口うるさい」、「機嫌により、あたりちらす」、「愚痴、悪口を言う」、「経験をひけらかす」、「飲むとすぐ説教を始める」、「人格を無視したような言い方、口のきき方をする」、「自分の出世しか考えていない」。若い女性をして「人間性がいや」とまで言わしめる。より直接職務遂行に関して言うものもある。「指示がはっきりしない」「責任をとらない」「無能である」「用もないのに現場にきて邪魔だ」……。上司ならまだしも、「社長の夫人が出てきて口を出す」。「部下に仕事をさせておいて自分はさっさと帰ってしまう」のもよろしくない。「ミスを」したり、「ノルマをはたせないとガミガミいいやがる」。部下が「ミスで物を壊したらなぐりとばして2週間の怪我」をさせる。

ところがおもしろいことに、上は上で部下に対して「頭にきている」。「近頃の若い者は生意気である」、「上の者を上の者とも思わん」、「言葉づかいがなっていない」、「仕事もできないくせに態度は一人前」、「自己中心的」、「すぐにやめたがる」、「何考えているのかさっぱりわからん」。

上下関係というのはきわめて"ストレスフル"である。「年下が上になる」こともある。「1年上が1年下にペコペコしなければならない」。定年後保険会社に再就職をした労働者は「20歳も年下の上司に罵られる」。それでも文句が言えない。また、中間管理者は上下の板挟みにあう。

特異な例はいわゆる"オフィスラブ"である。その広がりはかなりのようである。都市銀行など金融業をはじめとして"一流"大企業のケースが多く出ている。

（4）安全衛生、差別、家族＋子ども＋住居

それぞれ5～6人に1人が安全衛生、差別、家族の3項目に言及する。安全衛生は業務上の死傷・疾病・健康破壊、さらに業務外の健康問題をも含む。

典型的にはいわゆる労災・職業病の類である。難聴、指関節の痛み、腱鞘炎、腰痛、怪我、生命の危険。目の疲れ、手の荒れ、胃腸・体調の不調、一般的疲労の蓄積の訴え。これらを引き起こす"有害因子"を挙げる者も少なくない——塵埃、騒音、日光の遮断、高・低温、非衛生など物理的作業環境；立ち仕事、水仕事、不規則労働、夜勤、長時間労働など作業姿勢・労働態様；上司の

暴力もあった。

「ストレス」は例えば、胃腸の不調などを生む"因子"として語られる場合も、人間関係、上司、顧客、その他労働条件を"因子"とした"結果"として語られる場合もある。さらに「気分が悪くても休めない」「帰らせてもらえない」という職場状況が加わる。

これら苦情、問題は何ら特定の業種、規模、職種、地位、性、年齢に限るものではない。製造業現場のブルーカラーからオフィスのピンクカラーやホワイトカラー・管理職、セールスマン・運転手・調理士・警備員など第3次産業の労働者、大企業従業員から街の小零細企業で働く人々、10代の若者から50代・60代の中高年者、のすべてにわたる。

労災発生後の処理に関しての問題がある。仕事中「踏み台から落ち腰を打って2か月の安静」となった菓子屋の店員は会社をやめることを強いられ、同じく仕事中「手の平を大怪我した」有名自動車会社の子会社の労働者は「上司に労災保険でなく健康保険で治すよう求められた」。

業務外の健康問題についての言及はあまり多くないが、「運動不足」、「膝の再手術」、中高年になって「体力の衰え」、「糖尿病」、「退院したばかり」などがある。

差別については、学歴、職種、性、親会社—子会社、正規—非正規間の5種の差別が出されている。地方出身者の「ことば」についての「コンプレックス」も悩みである。

10代末の労働者は言う。「中卒」「高卒だから出世は望めない」。給料も違う。「18歳で入って3年間働いている人が、23歳で入ったばかりの人より給料がやすい」(男子)。「大卒の人が馬鹿にする」、「そのくせ簡単な計算もできない」(女子)。恨み、空しさ、悔しさは憎しみにまで昇華する。母子家庭で下に弟、妹3人がいる女子労働者は「大学に行きたかった」と寂しげに語る。中高年になっても変わるところはない。「能力的には違わないのに大卒の年下の同僚が所長になった」。

「学校を出ていない」ことによるプレッシャーは職場の枠を越える。「妹や弟に勉強のことを聞かれても答えられないのがつらい」。「学歴を聞かれた時、中卒、専門学校卒とは言いづらい」。

補章　ごく普通の働く労働者の抱える悩み・問題　545

学歴差別は職種間の差別に反映する。「大卒事務はクーラー付きの事務室、高卒作業職は蒸し風呂のような作業場」。「製造の人はネクタイをしてはならない、技術の人はいい」。コンピューターソフト会社の高卒一般事務（女子）は大卒SE（女子）に対しくやし涙を流す。「暇をもてあましているくせに、コピーや配布を頼んできたり……お茶入れを頼んできたり……。この間なんて人にコピーを押し付けて自分達はさっさとお昼を買いに行っちゃうの」。

　女性は怒っている。お茶汲み、掃除から始まり、仕事の内容、研修、賃金、実質的結婚・若年定年……。婦人警官は「自分の机はないのに、（男の）人の机を拭かなければならない」と言う。中小企業では「トイレの掃除まで」やらされるところもある。「会社に来てまで男はだらしがない。食堂の後片付けぐらい自分でしろ」——銀行の女子行員は頭にきている。仕事は「雑用ばかり」。「大切な仕事は全部男！」「女だからあれはダメ、これはダメ」。

　「同じ仕事をしていて賃金は男より低い」。それだけならまだしも、女子はそのほかにお茶入れ、トイレの掃除、食堂の後片付けをして、「それで賃金が男より低い」。

　「女は結婚すると正社員でなくなる」。「25、6歳以上になったらこの会社には居れない。男ならそんなことないのに」。「意見を言っても真剣に聞いてもらえない。それで後で『女のくせに』と陰口をいわれる」。

　「親会社」およびそこの社員の「不条理」、「高圧的」、「一方的態度」には「我慢ならない」。しかしそれでも下請労働者・子会社の労働者達は耐えるほかない。正規－非正規の間も類似の関係にある。「正社員の若い事務の女の子から、パートということで軽く見られている感じ」。労働条件の違いはもちろんである。例えば、「パートにはボーナスがない」。

　ともかく「もっと平等な世界をつくってほしい」。

　「家族」については子ども、住居の問題も一緒にみておこう。まず第1は上述労働時間の家族生活への影響である。「家族に迷惑をかける」、「食事を一緒にとれない」、「家族そろって旅行に行けない」、「子どもとの会話ゼロ」、「遊んでやれない」、「授業参観、運動会なんてとんでもない」。若年労働者が家族という場合には自分の親・兄弟姉妹を中心とした家族を意味し、30代以上の既婚労働者が言う場合には自らの妻（または夫）・子どもを意味するという違い

はあるが、これらの点についてはかわらない。

労働生活は「労働時間」以外でも家庭生活に影響を与える。「単身赴任」の「悩み・問題」が数例ある。女性の「仕事と家事」の両立の「悩み・問題」は普遍的ですらある。女性が外で働き出したとはいっても家庭内の役割構造はまだ変わっていない。「家族の協力がなくてはやっていけない」「男のように帰って休むこともできない」「ゆとりがないのでちょっとしたことでも家庭内がゴタゴタ」する、「子どもに母親らしいことをしてやれないのが辛い」「子どもが帰った時に『おかえりなさい』と迎えてやりたい」。

以下はより純粋に家庭内の問題である。親の扶養の問題と住居の狭さの問題は年齢を超えて出てくる。「親が一人になってしまう」、「（親が）体が弱ってきた」。住居については若者は「居場所がない」「邪魔にされる」といい、中高年はアパートからの脱出、マイホーム獲得への願望と努力、ローン返済の試練などを語る。

いくつかの若者の「悩み・問題」がある。親と同居していれば「家の手伝い」「弟や妹の子守をさせられる」「親の監視」「干渉がうるさい」（特に女子に多い）。かといって、独立し一人暮らしをすれば「寂しい」「掃除、洗濯、食事が面倒」「アパートに風呂、洗濯機がない」、寮生活をすれば「門限その他不自由」がある。親の同居願望と自分の独立願望のはざまに悩む若者がいる。中高年の方は子どもに悩み、心配する。「子どもの将来」、「しつけ」、「教育」、「受験」、「結婚」など。子どもが「身障者であ」ればなおさらである。

（5）顧客、不慣れ、転職／独立、出世／配転、異性

8人に1人程度の割合であげられているのが顧客、不慣れ／自己の無能、転・退職／独立・自営、出世・昇進／配転、異性／結婚／その他個人生活の5項目である。

あまり議論されることはないが、客と接する労働者にとって客ほど「頭にくる」ものはない。しかも、「上司」や「親会社の人々」と同様、いくら頭にきても「無視することも文句を言うこともできない」。大変なストレスの源となる。「生意気な客」「身勝手な客」「文句ばかり言う」客。「本当に頭にくる客がいる」。新入社員ならやめてしまうかもしれないし、何年も働いた者であっても「笑顔を絶やさず5日も連続して仕事をしていたら心身ともに参ってしまう」。

補章　ごく普通の働く労働者の抱える悩み・問題　547

客は自己の労働の評価者としても重要である。製造業であろうとサービス業であろうと、労働者にとって「一番うれしいのはお客さんにほめられた時」。「お客さんに文句を言われるのが一番つらい」。他の4項目はいずれも性・年齢によって大きな片寄りを持つ。

「不慣れ」とは、初めての仕事についた時、ほとんど誰でもが経験する緊張、学習プロセスの「悩み・問題」である。「要領がわからない」「ミスをしてしまう」「気が抜けない」等々。特に10代の女子では半数弱がこの項目を挙げる。中高年男子でも新しい職場に異動させられた時、定年後再就職をした時には同じ「悩み・問題」を経験する。「自己の無能」とは、例えば「コンピューターをやっておけばよかった」「英語ができたらなあ」といったような自己の能力の欠如を嘆くものである。30代以上では「技術進歩」「新しい機械の導入」などについての不安、苦労が多く述べられている。

中高卒若年者の転・退職、独立・自営志向はきわめて高い。男では3分の1、女では4分の1が「やめたい」「やめるつもり」だと言う。「家から遠いから」、「給料がやすいから」、「仕事がつまんないから」、「昇進の可能性はないから」、「先輩のいじめ」があるから、「自分の可能性を試してみたい」から……。

やめてどうするか。①ある女性にとっては「仕事なんてはじめから腰かけ」である。②「旅行関係の仕事」、「ホテルマン」、「トラック運転手」、「ボイラーマン」、「整備士になりたい」。③「独立して自分の店を持ちたい」。しかしいざやめるとなると、「ローンの返済は」、「生活費はどうする？」「資格試験はうかるだろうか」「今の会社を紹介してくれた学校、先生に迷惑がかからないか」「家族はどうしよう？」……。これら障害を乗り越えて②に並べたような職業についたからといって今より良くなるだろうか。いくつかの職業を渡り歩いた労働者は「中卒で働けるところは結局はこんなところしかないのかもしれない」と悟る。

調査対象の多数が属する社会グループの労働者にとって現状から抜け出す唯一の道は独立、自営しかないのかもしれない。しかしこれも「親の会社」「店を継ぐ」ならともかく、そうでなければ実現はきわめてむずかしい。30歳代（男子）では転職／独立の夢はまだ続くが、40歳代（男子）に入ると「諦め」と化す。

反対に40歳代以上労働者（男子）の出世・昇進（企業内）への関心は高い。

5人に1人がこれに関する「悩み・問題」を口にする。上記の学歴とかかわったものが多いが、その他「将来の見通しの暗さ」、「出世したい」という一般的願望を述べるものもある。裏では、「出世のためにゴマをするのが嫌だ」といった声も聞かれる。出世昇進については男子にあっては10代、30代の言及も多いが、女子はきわめて少ない。

ただし、組織内の昇進試験には男子のみならず女子も悩み苦しめられている。「試験勉強が大変である」、「勉強の時間がない」、「出世したくもないのにうけさせられる」。受験しない、出世しないという選択は許されない。企業の序列、価値体系を否定することになるからである。

「配転」は、若い女性をも含め、「勤め人」の最大の関心事の一つであるとともに「悩み・問題」の種ともなる。特に中高年になっての「遠隔地への配転」、「単身赴任」、しかも「出世とからめた」それは大きな「悩み・問題」である。

異性／結婚／その他個人生活についての「悩み・問題」は主に若者の間から出る。若者男子の二大関心事は「車」と「女の子」である。「新車を買って彼女とドライブできたら最高」である。女子も、「休み時間は男の話しばっかり」。したがって職場に「若い女の子がいない」「男の子がいない」というのは「つまらない」。多くの職場が性により分離されているという事情は「結婚を考えている」人間にとっては大変なデメリットであるとともに、上述労働時間の実態とあわせるならば「デートもできない」どころかそもそも異性と接触する機会そのものを奪ってしまうということになる。若年女子のみならず30代独身男子の結婚についての困難は大きい。

その他、若年女子労働者は結婚についての「親からのプレッシャー」を、若年男子労働者は結婚にからめての低賃金をいう者（上述）が多い。「その他個人生活」とは主に女性の間の「お化粧」、容姿などをいう。

（6）福利厚生、会社の将来、定年退職、子ども、通勤

調査対象者の1割ないし1割弱の労働者があげるものに、福利厚生その他の労働条件、会社の将来／解雇・倒産、定年退職、子ども、通勤がある。後2者は30代以上の男女に多く、若者に少ないが、すでに労働時間、家族の項で扱われた。

中小企業労働者の福利厚生についての第1の不満は「食うこと」に関するものである。「給食がない」、「食堂がない」「狭い」、「まずい」。最後の点については大企業も同様である。食堂以外の厚生施設としては、休憩室、娯楽室、駐車場に関する設置・改善の要求がある。その他、ユニフォームのデザインなどについての不満、会社商品の無料提供の要望、厚生年金、健康保険未加入に対する告発（パートに多いが、正規従業員からもきかれる）などがある。クラブ活動、レク活動、旅行などについては「ないからつまらない」という不満と「ありすぎて自分の時間がなくなる」という文句がある。前者は中小企業、後者は大企業の例である。

　「その他の労働条件」として、企業による従業員の政治的、市民的自由に対する侵害という重大なケースが散見せられる。「選挙が近づくと朝礼で○○党の悪口を聞かされる」。「企業支持の政党の話を聞かされる」。「ボランティア活動、政治活動などに休日まで狩り出される」。いずれも大企業の例である。

　労働者は「会社の将来」を心配する。「どうやったら売上げを伸ばせるか」「利益を上げられるか」「景気はどうなるか」「同業者との競争は如何」「民営化の影響は」「倒産はしないか」。中高年男子の言及は多い。

　自らの解雇、失業を危惧するものもある。特にパートタイマーにとっては雇用不安こそ最大の「問題」である。「契約の打切りの恐怖」「そのために不満も口に出せない」「いつ解雇されるか」「他の職業にうつるのは無理」。フルタイマーの中にも「失業」の心配はある。ときには現実ともなる。「関連会社の倒産により希望退職」を強制された。また、自分は「人員整理に勝ち残っ」ても心の傷は残る。「永年一緒に働いた同僚が一人ひとり減ってゆく……（結局私が）同僚を蹴落したことになる……そのときのつらさ、そして現在に至る空しさは表現できないほどです」。

　「定年退職」についての「悩み・問題」は、10代ではさすが出ていないが、30代になると既に顔を出す。例えば「年をとったら体がつづかない。退職金はそんなにでない」、「定年はないが、そのかわり老後の保障もない」、「退職後どうしようか」。40歳代以上になると6人に1人が言及する。①実質的若年定年（女子については上で触れたが、男子でも「40半ばを過ぎると居づらくなる」＜サービス業＞という職場はある）、②退職間近の「悩み・問題」（「出世」、「子会社」・「関

連会社」への「お払い箱」、「窓際族」の悲哀、「勤労意欲の喪失」）、③定年年齢延長（「まだ子どもの教育など金がかかる」）、④退職金、年金（「ほんのわずか」）⑤定年後の再就職（「希望のところにいけるか」「就職先がなかなか見つからない」「今までの収入とのギャップ」）、⑥「老後の生活」に対する一般的不安（パートタイマー）。以上6点にまとめられる。

（7）評価、参加、労働組合、生き方・働くことの意味、車、住宅、地域／社会

　残るは、評価、参加、労働組合、生き方・働くことの意味、自動車その他物的欲求、住宅、地域／社会の各項である。自動車その他の物的欲求および住宅についてはすでに述べられているのでここでは繰返さない。

　労働の結果に対する顧客の「評価」が労働者にとってきわめて重要なものであることは上に見た。ここでいう「評価」は上司、会社によるそれである。公正な評価を与えられたいという欲求、不満、例えば「一生懸命やっているのに認めてくれない」、「結果しか見てくれない」、「正当に評価してほしい」等々である。

　「参加」は、意思決定への参加、すなわち上司・会社が「声を聞いてくれない」という不満である。「アイディアを考えても上司が気嫌が悪いと受け入れられない」、「自分の主張がわかってもらえないと頭にくる」。「ただペコペコ言われるままにするのはいや」だから「声を出すとすぐ白い目で見られる」。さらに、自動車工場などでははじめから「声を出すこと自体が許されない」。逆に「参加」の強要も「つらい」。「ノルマとして提案を強制される」。

　本調査の対象の社会グループ内にあっては労働組合の存在はきわめて小さい。出てきたいくつかのケースは、現在の組合または組合活動に対する不満、組合がないことに対する嘆き、組合結成を呼びかけるも皆がついてこないとの悩みなどである。「組合は若い人の考えや気持を塞いでいる」「執行部が高齢化している」「組合が弱い。女性の職場で団結しない」「組合がないので昇給は望めないし、いつ解雇されてもしようがない」（パート）。「会社」または「上司」に「抗議をしよう」「不満を訴えようとしても皆が乗ってこない」。正規従業員に組合がある職場でのパートの組合に対する興味の相対的高さが特徴的である。

補章　ごく普通の働く労働者の抱える悩み・問題　551

明らかな不当労働行為違反のケースがみられる。「組合に入っていると上の人に都合が悪いから、入っている人は入社できないし、入ったら会社をやめなければならない」(従業員50人薬局)。

　「生き方・働くことの意味」を問う「悩み・問題」も真剣である。「仕事に生きがいを感じられない」「なぜこの仕事を選んでしまったのか」。花形産業のトップ企業のブルーカラーは「この会社で一生終るかと思うと空しい」と思う。自動車労働者は自ら問う、「何のために……誰のために……働いているのか」と。そして「悩みをまぎらわすために詩をつくり曲をつける」。ホームセンターの店員は「仕事が終って一人になると仕事に追われて流されてゆく自分……にこんな生活をしていていいのだろうかと悩む」。「目標になるものは何もない」。若者が中心であるが、30代、40代、50代になっても「ふと考える」こと、「不安になる」ことがある。「同じ作業の繰返し、……時間に縛られ、……このままでいいのだろうか」、「奴隷のよう」、「自分に主体性があるのだろうか」。

　最後は地域／社会についてである。近所づきあいの不在、駅・道路の酔っ払いなど公衆道徳の欠如、自治体に対する社会サービスの要求、国の制度・政治に対する不満、アフリカ難民、第三次世界大戦など世界の動きに対する憂いその他がある。

　社会サービス要求の具体的内容としては、「下水道がない」、身障者向け「字幕放送、社会教育、各種情報の提供」、「駅前自転車置場」、「ソフトボールのグランド」の設置などがみられる。国レベルの問題としては、特に「税金」(「高い」、「不公平」)と「医療費」(「高い」、「一部負担やめてほしい」)に不満が集中している。

3 何ができるか——行政・企業・労組は

(1) 現在の職場の問題・仕事外の問題、法規制になじむ問題・なじまない問題

前節では延1,086[*2]の「悩み・問題」が25項目に分類整理され述べられた。それではこの25項目をさらにいくつかにグルーピングしたらどうなるか。指標として職場内対職場外、法規制の有無[6]その他が用いられる。

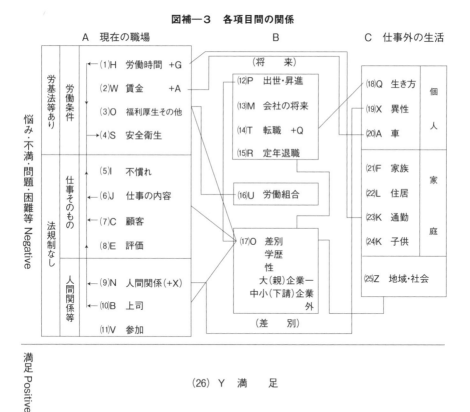

図補—3　各項目間の関係

[*2] 当初は付2の18〜20歳男子に関する341件について作成されたものである。

補章　ごく普通の働く労働者の抱える悩み・問題　553

図補—3がその結論である。左即ちA欄は「現在の職場における悩み・問題」である。大きく分けて2グループになる。一方は「労働時間」、「賃金」、「安全衛生」、「福利厚生その他」のいわゆる狭義の労働条件に関わる「悩み・問題」である。労基法その他による法的介入が比較的行われている分野である。ここで「労基法その他による法的介入」とは二つのレベルが考えられる。第1は、労基法、最賃法、安衛法などいわゆる保護法（＝最低基準の定立）、労災、失業、医療、年金など強制加入を求める社会保険法、従業員の政治的自由その他市民としての権利を侵害する使用者の行為を排除する諸法規その他による規制である。第2は、最低基準の枠を越えて、何らかの理念あるいは社会規範に基づく国または自治体の主体的価値判断により、税制、補助金その他の各種インセンティブを与え、あるいは与えることなく、一定の"望ましい"方向に誘導するという関与である。法という形を借りる場合も行政による"指導"あるいはキャンペーンという形をとる場合もある。近年の例としては、労働時間の短縮、定年の延長、中退金、中小企業集団その他がある。

　もう一方は法的干渉がほとんどなされていない、あるいは法的規制になじみにくい分野の「悩み・問題」である。このなかには、仕事そのものに関わる「悩み・問題」と、それをとり囲む人間関係などに関わる「悩み・問題」とがある。前者には「不慣れ」、「仕事の内容」、「顧客」、「評価」が、後者には「人間関係」、「上司」、「参加」が分類される。法的規制から放任されているということは、組合があれば労使の自治に、なければ使用者の専断[7]にまかされているということである。しかしそのことは将来にもわたって法的関与、なかんづく前パラグラフで「第2は」とされる関与があり得ないということを意味するものでは全くない。例えば「参加」、「評価」、「上司」については産業民主主義の理念から、「研修」、「仕事の内容」（例えば流れ作業）についてはより保護法的理念から何らかの関与がみられるかもしれない。

　図補—3の右端、即ちC欄は「仕事外の生活における悩み・問題」である。

6）本調査の窮極目的は労働者のニーズを把握することにある。ソーシャルニーズの定義と照し合せるならば、例えば最低基準を定める法規に違反する状態は即ニーズと考えてもよいのではないだろうか。

7）実際には、組合にあらざる従業員集団その他諸々の制約をうけることは当然である。

「個人的」(「生き方」、「異性その他」、「車その他」)、「家庭的」(「家族」、「住居」こ
れにともなう「通勤」、「子ども」)および「地域的・社会的」「悩み・問題」にグ
ルーピングされる。この分野の「悩み・問題」の抽出は本調査においては充分
ではない[8]。別の調査方法が必要である。

　図の中央B欄はAおよびCに分類されざるもので、3グループある。第1
は現在でなく将来、現在の職場の域を越え、あるいはAからCへの移行過程
に位置する「悩み・問題」である。「出世・昇進／配転」、「会社の将来／解雇・
倒産」、「転・退職／自営独立」、「定年退職」が含まれる。第2、第3はA、C
双方(およびBの他項目)にかかわる問題である。「差別」と「労働組合」があ
る。「差別」は他項目の多くの「悩み・問題」の根源とも考え得るかもしれな
いし、「労働組合」は理念的には他のほとんどすべての項目と関与し得るかも
しれない(現在の日本の労働組合は左上即ちA欄「労働条件」、なかんずく「賃金」
に近づけて描かれるべきものである)。

　B欄も一定部分は法規制の下にある。第1グループ、特に「解雇」や「定年
退職」は労基法や年金関係その他の法規が、第2の「差別」は均等法などが、
第3の「労働組合」は労働組合法などが関係する。

(2)　各項、グループの位置と相互関係

　いくつかの注釈をつけておく必要があろう。

　①　各項目間、グループ間の分類・区分はそれほど単純・明解ではないとい
うことである。しかもそれらは相互独立的ではない。例えば、「通勤時間がか
かる」ということは「住居」の問題でもあるし、同時に「労働時間」にも深く
関係する。若者の「車」への強い関心は、同時に「賃金がたりない」という不
満ともなる。「異性」の問題は、「職場に女の子がいない」という職場の労働力
構成の問題にも起因する。「こんなことやっていていいだろうか」という「生
き方」を問う悩みは、単純、無意味な「仕事の内容」にも関係するし、「転職」
とも直接的なつながりを持つ。逆に「転職」は「現在の職場」のいわゆる問題

---

8)　例えば、サラ金、離婚、子どもの登校拒否、家庭内暴力その他の問題はまったく出て
　いない。

補章　ごく普通の働く労働者の抱える悩み・問題　555

（労働条件、仕事そのもの、人間関係など）を原因とし得る。B欄の「出世・昇進」はあるいはA欄に入れられてもよかろう。また、「安全・衛生、作業環境」のストレスの問題は、「労働時間」によっても「仕事の内容」によっても「顧客」によっても「上司」を含めた「人間関係」によっても起こり得る。

②　「差別」はほぼすべての他項目と関係する。多くの悩み・問題などの根源とも考え得るかもしれないからである。「何故このような労働時間の下で働かなければならないのか」、「何故こんな賃金なのか」、「何故危険な仕事を」、「何故流れ作業を」、「何故馬鹿にされるのか」、「何故出世昇進できないのか」、「何故今の仕事をやめたいのか」、「何故将来夢がないのか」……「高卒でなく中卒だから」、「大卒でなく高卒だから」か。

議論はもう一歩進め得る。それでは、「何故中卒なのか」、「何故高卒なのか」ある一定の条件の家庭に生まれたからなのか。かのミドルタウン調査を想起せしめる。ただし本調査は当面各悩み・問題などの共通の「原因探し」までは目していない。

③　組合の位置である。現在の日本の労働組合を考えるならば、この位置は中央ではなく限りなく左上即ちA欄「労働条件」に、就く、「賃金」に近づけて描かれるべきかもしれない。ただし、理念的にはこの中央の位置に置かれても許されよう。組合は、職場のいわゆる悩み・問題、労働者の将来、差別問題、仕事外の生活をも視野に入れるもの通してモデル化することもできるからである。どの位置に置くかは選択の問題でもある。

（3）　トータルな一人間としての把握——「満足」

本調査に対し向けられるであろう予想される批判の一つは、個々の悩み・問題などをバラバラに断片的に扱っており、一人のトータルな人間として把握していないという点であろう。例えば、前項②の差別についての記述は、この方向を追求しないことすら明言しているかの如くである。付2の（3）**⓱**D差別（576-577頁）で引用された長文のケース記録は「一人のトータルな人間通して把握」することの有効性を示唆しているであろうのにである。また、本調査の結果だけをみる限り、現代日本の労働者がきわめて不幸・悲惨（miserable）な存在のように見えるかもしれない。しかしこれは本調査が「悩み・不満・問題・

困難・腹が立つこと、頭にくること」などネガティヴな側面のみを聞き出しているものである以上やむを得ない。

　労働者をトータルに把握するためには前向き・積極的（positive）な側面も同時に問われるべきであろう。本調査にあっても、問われていないにもかかわらず、「不満はない」、「土日も休みだし」、「仕事やりがいある」、「仕事と趣味と一致」、「職場の人みないいやつ」、「何も不自由ない。車もあるし、部屋もあるし、車をソアラにしてほしいな（笑）。家族に対しても不満ない。親長生きしてほしいな」、「楽しい」、「全く不満なし」等々のコメントが与えられている。さらに、個々の悩み・問題などは外部観察者がみればまさに「社会的ニーズ」として何らかの対処を考えなければならないと思われるものであっても、一個人の総体の中ではより大きな「喜び」、「楽しみ」、「満足」によって消去されあるいは解決されてしまっている場合もあり得る。例えば、前節であげた「誤って商品を壊した先輩社員が上司に殴られ2週間の怪我をし」、「自分も給料から数万円引かれ給料はない状態になった」ことのある運送会社の労働者（20歳、高卒）は「上司が恐い」と言う。しかも、彼をとりまく労働諸条件はけっして良いものではない。「夏暑く、冬寒くつらい（冷暖房なし）」「排気ガスが多く鼻や口が真黒になることもある」、「たまにのどが痛くかわく」、「冬フォークリフトにのると足腰が冷えつらい」、「頭にくるアルバイトがいる」、「人手不足」等々。しかし彼の結論は次の如くである。

　　この職場は学歴はほとんどいらない……。世の中、学歴というがこのような仕事に入ってみて街を歩いているサラリーマンを見ていると、規則で縛られ上司にはペコペコして出世だけ考えている人を見ていると、この仕事に生きがいを見出している。こういう仕事は世間から見るとあまり良い職業のように見られないが、やってみるとかなり奥の深い仕事でサラリーマンなどにはないのびのびした仕事である。

（4）行政・企業・労働組合の対処

ともかく、現代の日本の労働者は、前節に述べたような「悩み・不満・問題・

困難・腹が立つこと・頭にくること」（正確には「関心」も含まれている）を持って日々生きているのである。以上は現代日本の労働者のニーズ発見、あるいは確定の手掛かりとはならないか[*3]。労働行政、労働組合、企業の政策・施策立案のスタートとならないか。

　前項（3）「トータルな把握」の批判も必ずしも障害にはならない。ある種のニーズは対症療法的施策（program）で充分であり、ときにはそれこそ必要とされるものであるからである。いやむしろ施策というものは個別ニーズと向かい合うものとしてデザインされるのが普通なのではないか[9]。ニーズが断片的であるが故にはじめて施策が可能となるとすらいえるかもしれない。トータルな人間をターゲットとした施策は例外的であり、その有効性の測定はむずかしい。

　たとえば、現在の労働組合の施策・活動は、図補―3のA欄「労働条件」に関する悩み・問題などの一部とその他項目のごく一部に向けられているだけである。残業も、交替制も、ストレスの問題も、単純作業・流れ作業も、職場民々義の問題もほとんど放置されている。法規制があっても多くの場合機能していない。アメリカに比するまでもなく反差別に関する施策・活動は皆無に等しい[10]。仕事外の生活における悩み・問題などはますます重要となるが、この労働者グループに向けられたいわゆるソーシャル・サービスの施策・活動はやはり皆無に等しい。そもそもこの労働者群に対する組合の関与はないに等しい。なされなければならないことは数多くある。

【初出】「都市労働者は何を求めるか」『経済と労働』（労働特集62-2）（東京都労働経済局）
　　1988年3月、22-35頁。
　　「現代日本労働者の"ニーズ"抽出の試み―若年男子労働者―」『城西大学大学院研究年報』
　　第3号．1987年3月、81-82頁。

＊3　原調査の究極の目的は労働組合が、また本稿の背後の目的は行政・企業・労働組合が
　　対処すべきニーズを抽出することであった。
9）　施策をデザインする際には、当該ニーズが「トータルな人間」の中で占める位置関係
　　を知ることは有効でもあり、かつ時には必要不可欠であるかもしれない。なお、ついで
　　ながら、本調査とプログラムデザインまでの間には、いくつかの媒介的調査（より狭い
　　意味での「ニーズ調査」）が必要なこと当然である。
10）　最近の均等法がどこまで成長するか。

付1　調査の概要

（1）調査の目的、方法、ニーズ論

　今日日本の労働者が真に欲しているもの、必要としているもの、すなわち、労働者のニーズは何かを白紙の状態から探りなおしてみたい——これが本調査の目的である[*1]。

　この目的を達成するため、511名の調査員が「ごく普通に働く人々」511名をインタビューした。調査員通しては東京近郊の一私立大学の学生が当たった[1]。調査員は、本調査の主題および調査方法については全くの"素人"であり[2]、また、調査員に対しては、次の点を除き、十数分間のごく簡単なインタビュー技法についての教授以外いかなる指示も意識的に与えられなかった。

　1.「ごく普通の働く人」1名を選ぶこと
　2.調査の目的は「ごく普通の働く人々」の抱える「悩み・不満・問題・困難・腹が立つこと・頭にくることなど」を知ることであること
　3.条件は唯一つ、相手の胸を開かせ、本心を聞き出すこと

　被調査者の基本的属性などに関するフェースシート部分を除き、統一的なインタビュースケジュールも用意されなかった。調査の時期は、1984年および1986年の夏である。

　この調査方法については、少なくとも2点について議論させなければならない。第1は調査対象の抽出についてであり、第2は"ニーズ"の把握についてである。調査対象の抽出は、統計的にまったく「科学的」ではない。統計的に「科学的」であるためには、例えば性・年齢・企業規模・産業・職種・社会階層等々により層化し、ランダム・サンプリングさるべきであるだろう。そうでなければ現代日本の働く人々全体のニーズを把握することはできない。

　しかし、このような方法を採らなかったのには次のような理由がある。まず、いわゆる層化・ランダム抽出が必ずしも常に統計的に科学的な結果を約束しないということ——いわゆる非統計的誤差の問題である。たとえ如何に統計理論に基づいた「科学的」サンプリングを行おうとも、未経験・未熟な調査員が、初対面の割当てられた対象から表面的・公

[*1] 出典原文には本調査実施の背後には調査計画者の次のような関心があったことが本センテンスの前に挿入されている。「アメリカにおけると同様、日本においても労働組合（少なくとも日本に関する限り、以下労働組合を労働行政と読み替えてもほぼ妥当しよう）の衰退が語られて久しい。そして多くの論者がそれぞれの"専門"と"関心"に基づいて、産業構造の変化、労働市場の変貌、景気変動、技術革新の進展、経済システムの国際化、労働者意識の多様化、リーダーの熱意・カリスマ性の欠如、昔ながらのオルグ・活動方式、使用者の反組合的対抗措置、反組合的政府の登場、社会一般の保守化傾向等々を論じ、また、労働運動の活生化、行方を模索している。二つの仮定（仮説ではない）を置いてみよう。1.労働組合は、労働者のために誠意と熱意をもって一生懸命努力し活動している。2.しかし、それら活動は、労働者が真に欲しているもの、必要としているものについてではなく、即ち、的はずれなことをやっている」。
1) 当初は学生の社会調査トレーニングのために授業の1アサイントメントとして課されたものであったが、その成果があまりに貴重なものであったが故に、履修者の許可を得て集計、分析、発表したものである。
2) ほとんどが1年生および2年生である。

補章　ごく普通の働く労働者の抱える悩み・問題　559

式的な回答ではなく、「胸を開いた本心の」回答を引出すことができるであろうか。それ以前にそもそも調査員のどのくらいの割合がその割当てられた調査対象者に到達する、すなわち、アポイントメントを作りインタビューを実行することができるだろうか。もし回収されたデータの質が低く、そして／あるいは回収率が充分に低いならば、統計的に厳密なサンプリングも、我々の調査方法よりより非「科学的」結果を生むかもしれない。

それでは経験豊かな熟達した調査員を採用したならば問題は解決するだろうか。単純にリソースの問題がある。金銭的リソースの問題とともに人的リソースの問題がある。我々の周囲に「経験豊かな熟達した」調査員を何十人をも見出し得るだろうか。万一雇用し得たとしても、より本質的な問題は残る。はたして経験豊かな熟達した調査員が初体面で得るデータは、未経験未熟な調査員が既にラポートができているインタビューイー（面接を受ける人）から得るデータに比し、「胸を開いた本心の」という点において、質的にすぐれたものであるという保障はあるのだろうか。

我々のような調査方法を採るならば、回収されたデータは、例えば性・年齢・社会階層的に一定の偏りを持つことが容易に想定される。平均的昼間学生（1、2年生）が、「ごく普通に働く人」「胸を開かせ本心をつかむ」の2条件を与えられたならば、恐らく、①中学・高校時代の同級生ですでに働いている人、②親、特に父親（40代後半～50代）、③アルバイト先の先輩・上司（20代後半～30代前半）等々に調査対象は自ずと集中することとなろう。そしてこれら調査対象が社会階層的にどういった位置を占めるかも、当該学生の所属する大学の社会的位置（地理的位置、偏差値、当該学生を該大学に送る親の社会階層、その他）によって自ら決定されることだろう。

したがって、本調査方法によって「現代日本の労働者全体の」"ニーズ"を測定することは不可能であるが、性・年齢・社会階層などにより限定されたいくつかの社会的サブグループの"ニーズ"については、かなり質の高いデータが一定の量をもって蒐集され得るかもしれない。であるならば、集められたデータが「現代日本の労働者全体の」どの部分についてのものであるかを認識し利用する限りにおいて、この種の調査にあっては、インタビューイーを直接サンプリングするのではなく、インタビューアーを誰にするかを決定することにより self-selection のプロセスを通して、到達したい対象に到達し、入手したい種類とレベルのデータを得るというアプローチも大いに意味あるものと思われる（今回調査については次項「2 集計対象の特徴」を参照）。

議論さるべきもう1点は"ニーズ"の把握についてである。本調査においては、調査票も統一的インタビュースケジュールも用いられていない。「一定の質問項目を予め決めておくのではなく、インタビューイーの語るにまかせ、あるいはインタビューアーとインタビューイーのやりとりにまかせている」ホーソン実験面接調査を思い出させる。

"ニーズ"調査の一つの典型は、調査者が被調査者の"ニーズ"と思しきいくつかの「候補」を選択肢として並べ、「これらのうちのどれを最も欲するか、必要とするか」と問う。しかし、この形が有効であるためには、調査者が被調査者の主要な"ニーズ"を少なくとも項目的には予め網羅的に認識しており、同時に被調査者もまた自らのニーズを認識していることが前提となる。もちろんこの前提が満たされていなくとも、調査者は選択肢を並べることはできるし、また、被調査者はそのいずれかを選択するであろうけれども、この場合調査結果が何の意味をも持ち得ないことは自明のことであろう[3]。

3）現実にはこの種の調査が少なくない。測定された"ニーズ"に従って施策を立案・実行した結果、利用者ゼロというケースがみられよう（ニーズの測定は正しく、施策のデザイン上の欠陥により同様に帰する場合もあるがここでは論外としよう）。

我々のおいた仮定は、調査者（＝労働組合その他）が被調査者（＝ニーズの主体／労働者）の"ニーズ"を正しくあるいは充分に認識していないというものであった。したがって上のパラグラフ冒頭の調査方法は用い得ない。言うならばこの選択肢に何を入れるべきかを見出す調査を行おうというのが現在の課題なのである。「調査者が認識していない場合は」さらに２種に分けられる。すなわち、被

表1　調査者・被調査者の認識の有無によるニーズの分類

調査者	被調査者（ニーズの主体）
認識している	認識している
（認識している	認識していない）
認識していない	認識している
認識していない	認識していない

調査者が自らの"ニーズ"を認識している場合としていない場合である（表1からわかるようにこのほかに調査者は認識していながら、被調査者は認識していないというカテゴリーがあるがここでは論じない）。恐らく後者が最も重要であるとともに最も困難であろう。これを知るためには、観察法および各種統計調査・文献などの分析解読によらざるを得まい。しかし、ここでやろうというのはそれほどまでにむずかしいことではない。調査対象（＝"ニーズ"の主体）は自らの"ニーズ"を認識しながら、調査者は認識していないというレベルの問題である。インタビュー法が有効であろう。

　しかし、我々の仮定からいくと被調査者から与えられる回答は調査者の（事前の）理解・認識を超えるものでなければならない。調査票も統一的インタビュースケジュールも用いず、また調査員に対し何のインストラクションも与えなかったこと、および調査員として調査の主題について何の知識も有しないまったくの"素人"を用いたことの積極的意義はここにある。あらゆる種類のバイアス、予見、コンタミネーションを避けんがためである。

　本稿においてはこれまで「悩み・不満・問題・困難・腹の立つこと・頭にくることなど」を近似的に"ニーズ"と置き換えてきたが、いうまでもなく両者はイコールではない。ここで"ニーズ"とは何か、またニーズ論の限界などを論ずる暇はない。"ニーズ"の一つの定義のみを挙げておこう。「何らかの基準に基づいて把握された状態が、社会的に改善・解決を必要とすると社会的に認められた場合にその状態をニード（要援護状態）とする」[4]。

　我々の把もうとしているものは少なくとも価値の洗礼を受けていない。基準の問題が論じられていないし、「社会的に改善解決を必要とすると社会的に認められ」ているかどうかも問われていない。せいぜい「ネガティヴに認識された諸側面」といった程度のものであろう。しかし前者を知ることは、後者を知るための無限のヒントを与えるであろうし、無限に"ニーズ"に接近することは出来るだろう。前者は後者の芽あるいは種とみなしうるかもしれない。

（2）集計対象の特徴

　集計対象497ケースの性・年齢別分布は表補一1（536頁）のとおりである。

　集計対象は大きく四つのグループに分けられる。第1は「〜20歳」および「21〜25歳」の若年労働者男女である。「〜20歳」ではほとんどがインタビューアーの中学・高校時代の元同級生であり[5]、「21〜25歳」になるとこれにアルバイト先の同輩・先輩・上司、あるいは兄姉が加わる[6]。日本の現在の大学進学率が４割弱であることを鑑みると社会階層的には中ないしそれ以下とになる（「21〜25歳」の「アルバイト先の同輩・先輩・上司」「兄姉」のグループには大卒、女子の短大卒も含まれ[7]、社会的属性とすればむしろ下の第4グループと共通する）。第2は、40歳代以上の男子、すなわちインタビューアーの父

4）三浦文夫他編『講座社会福祉　3（社会福祉の政策）』有斐閣、1982年、33頁。

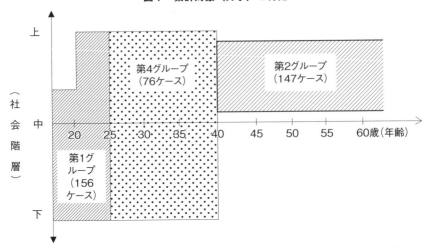

図1 集計対象（男子）の特徴

注）集められたケースが図の各四角の中に満遍なく散らばっていることを約束するものではない。各四角の範囲が一応調査の視野に入っているということである。

親のグループである。"おじ" その他の親戚、および父親の知人なども含まれる[8]。子どもを東京近郊の私立大学に送るだけの資力があるという意味において、社会階層的には中以上の層に属する。民間企業・官公庁の中間管理者および自営業主[9]が多く含まれる。ただしこの大学の社会的位置（上述）から上（じょう）の層は原則として除かれる。第3は、第1グループを除くすべての女子である。ほとんどが「41～45歳」「46～50歳」の年齢階級に属し[10]、また、多くのパートタイマーが含まれる[11]。第4はその他の男子、すなわち、20歳代後半から30歳代の男子である。アルバイト先の同輩先輩上司が中心であり、インタビューアーの兄・いとこ、その他の親戚がつぐ[12]。例えば雇用労働者についてみると東証一部上場大企業の「エリート社員」から中小サービス業、零細企業の従業員まで、幅広い社会階層に散ばっている。

---

5) 男：83ケース中78ケース、女：46ケース中30ケース。
6) 男：73ケース中「同級生」が23、「アルバイト先の同輩・先輩・上司」が27、「兄・いとこなど」が14ケース。女：28ケース中「同級生」が6、「アルバイト先の同輩・先輩・上司」が3、「姉・いとこなど」が7ケース。
7) 男：73ケース中21ケース。女：28ケース中12ケース。
8) 147ケース中「父親」87、「おじその他の親戚」26、「父親の知人など」13、計126ケース。
9) 147ケース中「自営業主」は49ケース。
10) 45ケース中33ケース。
11) 45ケース中15ケース。
12) 76ケース中「アルバイト先の同輩・先輩・上司」が32、「兄いとこその他の親戚」が16ケース。

【初出】「現代日本労働者の"ニーズ"抽出の試み—若年男子労働者—」『城西大学大学院研究年報』
　　第3号、1987年3月、54-60頁。

付2　18〜20歳男子労働者80ケースの集計結果

（1）集計対象の属性

　以下はすべて18〜20歳男子労働者80ケースについてのものである。［前頁、図1内第
1グループのうちの男子雇用労働者（アルバイトを除く）。最も質の高いデータが集収さ
れたグループでもある］。
　5人を除きすべてが友人（ほとんどが高校時代までの同級生）である。友人以外の5人は、
友人の知人、「姉の彼氏」、アルバイト先の従業員、まったくの他人（街でインタビュー）
と不明1である（表2）。80人中71人までが高卒であるが、中卒が8人いる（他に「不明」
1）。これらのなかには、大学中退者3、高校中退者5、と計8名の中退者が含まれており、
その数の多いのが目を引く。全体の1割にあたる。高卒のうち7人は高校卒業後さらに専
門学校または職業訓練校を修えている（表3）。
　全員が未婚であり、そのほとんどが父母その他の家族と同居している。ただしこのうち
の7ケースは父または母の死亡および離婚による片親家庭である。また、「寮」または
アパートに1人暮しをする者（父母が健在であるか否かを問わず）は全体の少なくとも1割、
8人に達する（表4）。
　職業[13]構成をみてみよう。最も多いのが「製造業ブルーカラー」で30人（38％）、こ
れに「建設など職人」2人を加えると4割になる。東証第1部上場企業（延べ9企業[+]）

<table>
<tr><th colspan="2">表2　インタビューアーとの関係</th></tr>
<tr><td>合　　　　計</td><td>80件</td></tr>
<tr><td>友人（小・中・高校時代の同級生）</td><td>75[1]</td></tr>
<tr><td>アルバイト先の同輩・先輩</td><td>1</td></tr>
<tr><td>その他</td><td>3[2]</td></tr>
<tr><td>不明</td><td>1</td></tr>
</table>

1) 高校時代のオート場合仲間1を含む。
2) 友人の知人、姉の彼氏、全くの他人（街で
　インタビュー）各1。

<table>
<tr><th colspan="2">表3　集計対象（18〜20歳男子）の
学歴構成</th></tr>
<tr><td>合　　　　計</td><td>80件</td></tr>
<tr><td>中卒</td><td>8</td></tr>
<tr><td>うち中卒＋専門学校[1]</td><td>(1)[2]</td></tr>
<tr><td>　高校中退</td><td>5</td></tr>
<tr><td>高卒</td><td>71[3]</td></tr>
<tr><td>うち高卒＋専門学校[1]</td><td>7</td></tr>
<tr><td>　大学中退</td><td>3</td></tr>
<tr><td>不明</td><td>1</td></tr>
</table>

1) 職業訓練校を含む。
2) 高校中退者のうちの1。
3) 専門学校中退2、推定1を含む。

---

13) 産業と職業を組合せた本調査独自の分類である。表5参照。おおむね「建設職人」と
　「製造業作業職」は第二次産業ブルーカラー、「サービス職」と「営業職」は第三次産業
　非事務職と理解されたい。可能な限り日本標準産業分類表および同職業分類表を利用し
　た。

補章　ごく普通の働く労働者の抱える悩み・問題　563

表4　集計対象（18〜20歳男子）の家族
　　　構成・同居別居の別

合　　　計	80件
父母その他の同居	61[1]
母なし[2]　　　同居	4
父なし[2]　　　同居	3
寮・アパートなど1人暮し	8[3]
不　　　　　明	4

1）父が働いていないケース1を含む。
2）死亡または離婚による。
3）「1人暮し」を明示したもの。「父母その他
　と同居」の中にさらに「1人暮し」が含まれ
　ている可能性はある。

から中堅企業さらに、それらの下請企業までが含まれる。自動車・同部品付属品製造業に11ケースが集中する。次に多いのが「サービス職」で24人（30%）。ウェイターとコックが9人のほか、警備員やビル清掃、ボイラーマン、駅員、トラック運転手、自動車整備、事務機器修理である。第3は「営業職」の11人（14%）、いわゆる小売など店員と外廻りを主とするセールスマンの双方が含まれる。「事務職」（公務などを除く）はわずか2人しかいない。警察官2を含む「公務員・公団公社など」は5人である。詳細は表5を参照されたい。

　調査対象は高卒、中卒の元同級生が主体であるから勤続は転勤をしていない限り原則として前者については半年ないし2年半、後者については3年半ないし5年半である。しかしすでに転職経験を持つものが少なくとも11名を超える[14]。高校中退後1人で3〜4回転職しているものもいる。それら過去の職種も、塗装業、工場のライン、ホテル・レストランのウェイター、弁当屋、運送業その他、製紙会社の営業、菓子店等々表5に掲げる職種とかわるところはない（表略）。

　収入は年収で記入されたもの44件と月収で記入されたものが27件ある（他に日給1件）。年収（税込み）で記入されるものによると最低は100万円、最高は300万円（手取り）である。前者は高校中退のガートマンであり後者は同じく高校中退の左官である。最も多いのは「175万〜225万円」、すなわち200万円前後を年収とするもので約半数がここに集まる。次いで「125万〜175万円」、すなわち150万円前後を年収とするもの、11件、約4分の1がここに該当する。200万円前後が5人、300万円前後が5人である。

　月収（手取り）で記入されたものでは「10万〜12万円」が約半数を占める。ボーナスを無視して単純に12をかけると年収（手取り）120万〜144万円になる。なお参考までに、1986年調査時点の東京都における地域最賃は日額3,691円であった。ちなみに25倍すると92,275円となる（表6）。

（2）悩み・問題などの項目別分布

　本調査においては“量”は必ずしも絶対的な重要性を持たない。二つの理由による。一つは本調査のゴールは“ニーズ”の“候補者”（candidates）を抽出することであって、その意味ではより多くの人があげた「悩み・不満・問題・困難・腹が立つこと・頭にくること」（以下「悩み・問題など」という）がより重要であるとされるとは限らない。たとえごく少数の人数しかあげなかったとしても（ときにはそれであるがゆえに）かえって、その「悩み・問題など」はより重要であるかもしれない。二つは、文字として表現され集計されたデータは必ずしもその内の深刻度のレベルを考慮しない。例えば、「賃金が安い」といった表現は「もう少し多ければいいなあ」といった単なる願望を意味する場合も、逆に、「借金をしなければ、家計もやってゆけない」といった深刻な苦悩を意味する場合もある。「残業が多くてやってられねえ」という表現は、口先で“グチ”を言いつつ内心で

14）具体的記入のあったもの。調査票の空欄は「なし」のみならず「不明」をも意味する。

表 5 集計対象（18 〜 20 歳男子）の職業[1] 分布

合　　　　　計	80 件	
公務員・公団公社など民間	5	（警察官 2、病院事務、社会保険、専売公社）
民　　　　　　　　　間 （公務員・公団公社などを 除く全産業）		
事　　　務　　　職	2	（自動車販売営業所、不明）
建　設　業　職　人	2	（鉄骨業、左官）
製　造　業　作　業　職	30	事務機器、自動車・同部品・付属品 11、織物、印刷 2、精密機器 2、電気機器、食料品 2、電子機器 2、機械部品 2、梱包、鉄道車両、製薬、不明 3／梱包 2、塗装、組立 3、検査 2、修理、溶接、不明 20
サ　ー　ビ　ス　職	24	ガードマン、警備員、ビルメン、清掃作業員、ボイラーマン、空調技師、ウェイター 3、コック・調理師など 6、駅員 2、トラック運転手など 2　ガソリンスタンド兼自動車整備、事務機器修理・販売 2、写真現像、ゴルフ練習場雑用
営　　　業　　　職	11	スポーツ店店員、スーパー店員 2、婦人服会社、婦人服販売、繊維卸、製薬セールスマン 2、OA 機器販売、エレクトロニクス代理店、証券会社
そ　　　の　　　他	3	（レントゲン技師助手、プログラマー 2）
不　　　　　　　明	3	（会社員 3）
〔重複〕		
自　動　車　関　係	13	
コ　ン　ピ　ュ　ー　タ　関　係	6	（＋2 事務機器）

1) 注 13（563 頁）参照。

残業手当の多いことに満足している場合にも用いられるし、逆に、「体が持たないので転職をしよう」と考えている場合にも用いられよう。いずれの場合も集計においては 1 件とカウントされる。

　この点を考慮しつつ、以下、2 段階の分析を試みる。まずは先にアフターコードした 25 項目（「Y 満足」を除く）の該当ケース数の分布についてみてみよう。総延項目数は 341 件となる（表補―2、538 頁参照）。各ケースは通常数項目にわたる悩み・問題などに言及しているが故である。ただし、1 ケース同一項目内で複数の異なった悩み・問題などをあげている場合にはなお 1 件とカウントされている。

　次節においてはこれら「悩み・不満・問題・困難・腹が立つこと・頭にくること」の具体的内容を各項目別に整理する。10 代末から 20 歳にかけての男子若年労働者が抱える「悩み・不満・問題・困難・腹が立つこと・頭にくることなど」の筆頭は、「労働時間」にかんする問題である。「お金より時間が欲しい」。長時間労働、休憩時間、残業、深夜労働、休日・休暇、不規則労働、交替制などについて 80 ケース中 53 件（66％）すなわち 3 分の

補章　ごく普通の働く労働者の抱える悩み・問題　565

表6　集計対象（18〜19歳男子）の収入分布

年収（税込） （により記入されたもの）		月収（手取） （により記入されたもの）		日給 （により記入されたもの）	
金　　額	44件	計	27件	計	1件
〜125（万円）	2	7、8、9（万円）	5	6,000円	1
125〜175	11	10、11、12	13		
175〜225	21	13、14、15	6		
225〜275	5	16〜	3		
275〜325	5				
最低100万円（税込み）〜 最高300万円（手取り）		最低7万円（手取り）〜 最高19万円（手取り）			

1）回答には税込み、手取りの区別不明のものあるいは一方のみ記入のものが少なくなかった。後者の場合は出来得る限り必要データを推計した。また、月収データには残業あるいはボーナスを含めているもの含めていないもの双方が混在する。

2）別に不明8。

　2のケースが問題通している。
　2番目に多いのが「賃金」。40ケース、即ち半数の労働者があげる。ともかく「給料が安い」とする。逆に支出の故に「金が足りない」ということにもなる。ついでは、「仕事の内容」（34件）、「人間関係」（32件）、「上司」（28件）についての「悩み・問題など」が多い。いずれも35〜43％の回答率である。「仕事の内容」というのは、労働条件というよりより純枠に仕事そのものから派生する不満・問題などである。例えば、単純作業。上司との人間関係は「人間関係」ではなく「上司」に分類した。
　4〜5人に1人は「転職・独立」（23件）、「安全衛生・作業環境」（21件）もしくは「家族、家庭生活」（21件）についての悩み・問題などを持つ。この社会階層の転職・独立志向は強い。職場の現況は決して安全.衛生的とはいえない。ストレスの問題も大きい。「家族・家庭生活」には、親の扶養、寮生活の問題も含む。ただし、離婚、家庭内暴力、登校拒否、アル中、寝たきり老人など真に深刻なケースは2〜3の例外を除き本調査では把握されていない。異なる調査方法が必要であろう。
　残るは、「差別」（15件）、「顧客」（13件）、「異性・離婚」（11件）、「出世・昇進」（9件）、「不慣れ」（9件）などである。各10〜15％を上まわる。
　「差別」の中心は学歴によるものである。「顧客」は「何を言われても文句がいえない」。ストレスの源として重要である。「異性・結婚」とは「職場に女性がいない」その他、「出世・昇進」は上の学歴差別と結びつく。「不慣れ」はほとんどの新入社員の経験する過渡期の問題である。
　「参加」（「こちらのいうことを聞いてくれない」）、「福利厚生その他労働条件」（「社員食堂がない」）、「通勤」（遠距離）、「経営・会社の将来・倒産」（「自分の会社は大丈夫か」）、「生き方・働くことの意味」（疎外の問題でもある）、「地域・社会」（「医療費の1割負担やめてほしい」）、「車」（「車が欲しい」）、「評価」（「自分の働きを評価してくれない」）などはいずれも数件である。「労働組合」についてのものも1件しかない。ただし、上述のように件数が少ないことがこの調査目的にとって重要でないことを意味するものではないこと

を再度繰返しておこう。なお、「子ども」、「住居」、「定年退職」の項に分類される悩み・問題などは該当がなかった。

（3）項目別悩み・問題などの内容

❶　H　労働時間（53）＋G　通勤（4）

最も多くの件数が集中する「労働時間」には、「残業・長時間労働」に関するもの（26件）、「休憩時間」に関するもの（3件）、「休日・休暇に関するもの」（23件）、「交替制・夜勤」に関するもの（17件）が含まれる。

（a）残業・長時間労働（26）＋G　通勤（4）

ともかく「残業が多い」。「ほとんど毎日残業」、「毎日残業」。「土曜日も」。「いつも7時すぎ」、「10時すぎ」、「終電」。「仕事を持ち帰」る場合もある。住み込みの者では、「6:30AM〜1:00AM」（調理師）という極端なケースもある。これら残業は、顧客、取引先の要請など"外的条件"によって強制されるものもあるが、より"内発的""予定的"なものも多い。

しかもこれら残業は労働者が「希望しないのに」、「人の予定も考え」ないで強制される。時にはこれに「通勤に時間がかかる」という事情が加わる。東京周辺では「1時間10分」というのは平均的ですらあるが、「片道2時間」という例もある。仕事の性質上、始業時間が早い場合には「6時30分に家を出」、あるいは「5時から」、さらには「一番電車で職場へ」向かわなければならない場合もある。しかも、これら早朝出勤者の終業時間、然して帰宅時間は決して早いわけではないのである。

当然、社会生活、家庭生活、体調に影響を及ぼす。自分の「終業時間が定まらない」から「友人と約束することは出来ない」。「帰ると8時すぎ、夕食を食べて風呂に入るともう何もできない」。「早出、残業で疲れた」。「睡眠時間が短い」。さらに問題は、「月50時間残業して（も）手取り（は）15万円そこそこ」にしかならないのである（中小印刷社）。「残業代があまり出ない」との不満もある。先の「自宅に持ち帰った」場合の手当の支給の有無は不明である。「給料もいいし……残業もなし、それで週休2日」だから「アルバイトの方が正社員になるより……いい」ということにもなる。

次頁の囲みは〈残業・長時間労働〉についての回答の一覧である。以下各項においても、同様のデータに基づき分析がなされているが、データ自体は紙幅の関係上やむなくすべて割愛した。なお各ケース末尾の（　）内は、年齢、勤務先・職種、学歴その他、ケース番号である。学歴が高卒である場合はこれを省略した。大中は大学中退を、中専は中卒＋専門学校を意味する。勤務先・職種の前の数字は企業規模を、ケース番号右肩の＊は同一項目内における重複ケースを示す。

（b）休憩時間（3）

「休憩時間」「昼食時間」が「少ない」とする不満（2件）、仕事の都合で「休み（昼食も）（が）とれない」こともしばしばとするもの（1件、重複）、「仮眠時間に仕事が割込んで来る」とするもの（1件）などがある。

（c）休日・休暇（23）

前述（a）のような残業・長時間労働あるいは後述（d）のような交替制・夜勤の状態であるとすれば「休日は仕事の疲れを癒す」だけということになるかもしれない。「週休2日制」を求める声が3件ある。ところが、週休2日制どころか、そもそも休み、休日が「少ない」、「ない」という回答がある。なかには「日曜・祭日関係なし、大晦日も、正月もなし」というケースもみられる。大手の鉄道会社である。

休日については「少ない」ことのほかに三つの悩み・問題が提出されている。「休日出勤」、「日曜が休日でない」こと、「休日が一定しない」ことである（各2件）。「休みがな」けれ

補章　ごく普通の働く労働者の抱える悩み・問題　567

【残業・長時間労働】（26）

○忙しい、残業が多い（19、レジ修理；8411606）

○ほとんど毎日残業（19、D梱包、作業；8611602）

○終業は5時半だがいつも7時すぎ、土曜日も変らず（19、N自動車営業所、主に事
　務；8411613）

○土曜日の残業（20、精密機器、機械加工；8411640）

○毎日残業10時すぎ——お金より時間が欲しい／毎日残業、〆切に間に合わせるた
　め終電（18、M工業、梱包作業；8411602）（20、プログラマー；8611622）

○終るのが深夜、終電を気にしながら……（19、喫茶店；8411611）

○6時半に家を出て仕事が終るのは7〜8時、それからつき合いで帰るのは11時す
　ぎ（20、清掃会社作業員、大中；8411625）

○前日大きな仕事を持ち帰った翌日は忙しいので出勤したくなくなる時もある（20、
　OA機器販売、大中；8411624）

○長い——6:30AM〜1:00AM（20、調理師、住込み；8611620）

○レジの修理で時間が一定せず、時間外でもやらなければならない／取引会社からの
　要求で残業（19、レジ修理；8411606＊）（20、部品組立、下請；8411658）

○希望しないのに残業やらされる／人の予定考えないで残業やらされる／残業がいや
　だ（20、300バッテリー製造、溶接；8611616）（19、事務機販売修理、外廻り；
　8611607）（20、OA機器販売、大中；8411624＊）

○毎朝5時から本の配達（20、運送業；8411647）

○朝一番電車で職場へ、帰りも最後——夜学へも行けない（19、大学食堂コック長、
　中専；8411608）

○時間どおり仕事が終わらない、長時間すぎる（20、H製薬、開業医への薬の販売；
　8411646）

○残業により終業時間決まっていない／帰りの時間が不規則／終業時間定まらない
　——友人と会う約束できない（20、写真現像所、プリンターなど機械操作；8411654）
　（18、薬品会社、医薬品販売；8611601）（19、Kホームセンター；8411661）

○帰ると8時すぎ、夕食食べて風呂に入るともう何もできない（20、会社員；
　8411627）

○交替制に加えて早出、残業（19、N自動車下請、部品製造；8611605）

○早出、残業で疲れた（20、社会保険関係；8611619）

○睡眠時間が短い（20、SK電鉄、出改札掛；8411638）

○月50時間残業して手取り15万円そこそこ（20、中小印刷会社；8611612）

○残業代があまりでない（19、事務機販売修理、外廻り；8611607＊）

○アルバイトの方が正社員になるより給料もいいし労働条件もいい——残業なし、週
　休2日（20、運送会社；8611609）

ば、「車の免許をとりに（も）いけない」し、「日曜が定休でな」ければ「友人と会」えな
いし「彼女とデート（も）できない」。「休日が一定しない」理由は、1件は「左官」とい
う仕事からくるものであるが、他方は「下請なので」定まらないという。他の多くの調査
でも明らかなように、「休暇が少ない」（2件）。「有給休暇は3回」（勤続2年半）という
労基法に明らかに違反するケースもある。

　しかも問題は、その少ない休暇が、あるいはたとえ多くとも、実際には「なかなか取れ

ない」ということである。11件（全ケースの14％にあたる）が明示をもってこのことを訴えている。「長期休みが取れない」というものを加えると13件、16％になる。なぜ「取れない」のか。「人手が足りな」いから、「休むと他人に迷惑がかかる」から、「会社がいい顔をしないし病気で休むこともあるから」取れないのである。東証第一部上場の製造業大企業においても、町の中小企業、サービス職業従業員においてもかわるところはない。特に「長期休み」、「夏休み」を求めるケースは3件ある。

休日のことをいっているのか、休暇のことをいっているのかは不明であるが、ともかく結論は、「休みが欲しい」（2件）。さらに、上述（a）残業・長時間と合わせれば、「自由時間が」ほしい、「自分の時間がほしい」という声になる（5件）。

（d）　交替制・夜勤（17）

「深夜労働」、「泊り」、「夜勤」、「交替制」そのものが問題とされる。15件（19％）を数える。全集計対象の約2割である。中心は「交替制」である。「昼夜2交制」または「3交替」制あるいは「日勤・夜勤・公休」の「5日」または「6日サイクル」など。自動車、同部品、精密機器、印刷などの製造業から鉄道、ホテルウェイター、ビルメン、警備員等々に交替制は広がっている。

「夜勤」は、人を「夜型人間」にし、「普通の人と……接する機会」をむずかしくする。「交替制」は「帰宅時間が不規則（のため）家族に迷惑」をかけ、「父親に合う時間」を奪い、「妹の面側（を）みれな」くする。家庭生活にしわ寄せを与える。逆に「朝帰りが多く家族から信頼されない」といった不都合も起る。しかしそれよりも何よりも体への影響が心配される。「夜勤と通常勤務とのギャップがつらい」、「寝不足、朝が大変」、「疲れる」、「疲労・ストレスがたまる」、「体の感覚がおかしくなる」。

さらにひどいケースもある。「昼夜2交替、それに加えて早出、残業」、「忙しい時は日勤をやってそのまま夜勤することもある」。人事異動のしわ寄せにより「夜勤（回数）が増え」れば労働者は不満を抱くし、「夜勤手当」の安さに対する不満も出される。

交替制・夜勤とは少々異なるが「不規則勤務」も問題とされる。すでに残業による不規則な終業時間、不規則な休憩時間、一定しない休日などがあげられたが、ここに2件加えておこう。1件は警官、他件はウェイターである。前者は非常招集によるリズムの乱れと健康に対する影響をいい、後者は残業によるというよりそもそも勤務時間が定まっていないがゆえの帰宅時間の不規則をいう。後者は結論する——「こんなもの、仕事としてやるべきじゃない」。

❷　Ｗ　賃金（40）＋Ａ　車（3）

「給料が安い」というのが結論である。「給料が安い」、「賃金が少ない」という直接的表現を用いるものだけで14件、これに「忙しい割に安い」、「働きに比べ安い」、「重労働の割りに安い」などというもの4件およびその他の表現を用い「給料が少ない」ことを示唆ものも24件（うち重複9件）を加えると計33件になる。全集計対象の4割に達する。

もちろんほとんどの労働者は、その絶対的水準の如何を問わず、「賃金が安い」と言う。しかし、先にみたように本調査対象の絶対的賃金水準は、最低で年100万円（税込み）あるいは月7万円（手取り）、最頻値でも年収で答える者で200万円前後あるいは月収で答える者で11万円前後である。少なくとも一部労働者についてはその賃金は、客観的に「かなり低い」。あるいは「お金がたりない」。

上述の「その他の表現を用い『給料が少ない』ことを示唆したもの」24件の内容を見ることによってその深刻の度合いを測ってみよう。

まず二つのグループがある。第1は「車」ゆえの貧困である。若者の間における2大関心事は「車」と「女の子」である。「新車を買って彼女とドライブ」ができれば最高である。特に金銭面における「車」のウェイトは大きい。ある労働者の「給料11万円の使い道」

補章　ごく普通の働く労働者の抱える悩み・問題　569

は「家に3万円、車のローン15,000円、ガソリン代3万円、（車の）保険8,000円、駐車料4,000円、（残る）お金は2万〜3万円、しかし昼食代でほとんどなくなる」。収入の50％以上が、「車」関係経費である。したがって「自由になる金（が）少ない。貯金できないし、いざという時どうしようもなくなってしまうのではないか」と心配する。少なからぬ若者は「車のローンに追われている」（3件）、「給料はほとんどローンで消える」という。よって「ぎりぎりの生活」を強いられる、「家に入れる金がない」、あるいは「（今の仕事）をやめるつもりだったが」ローンのゆえに「しばらく続ける」ということになる。

第2は、「車」抜きで、ある意味ではより“純粋に”生活の余裕のなさ、苦しさをいうものである。「給料が安くて遊べない」、「家に月4万円入れて（おり）お金が足りない」（年収手取り180万円）、「親への入金と夜学の授業料であとにあまり余らない」、「（仕事が終わるのは深夜、終電だが）食事（は）つかず、まわり（は）高い（から）家に帰るまで食べない」、「社宅に住んでいても生活大変」、「両親と妹（を）扶養しているので生活楽でない」などがそれである。「給料（が）少ない」ので「親元（を）離れ自立したいが出来ない」という悩みもある。

若干ニュアンスの異なる第3グループとおして、仕事のゆえの出費の多さ、そのことによる生活の苦しさを訴えるものがある。清掃会社の作業員は「毎日現場が違うので食費がかさ」んでしようがないと不満を述べ、開業医を廻って医薬品を販売する製薬会社の一社員は多額の交際費を問題にする。「医者にゴルフに誘われると1回3万円くらいかかり、ゴルフに行くだけで給料の半分がなくなる。働きはじめた頃は親から金を借りた」。

第4のグループとして、現在の給与水準からみて“結婚後”を心配するものがある。「結婚してから今の給料で暮せるか」。6件も出ている。「給料（が）日給」であることをいうものが1件ある。「給料が安」ければとる道は「月給・ボーナスのアップを」（2件）となるか、あるいは「現職は今年いっぱいでやめたい」となるか、いずれかである。

以上33件の「給料（総額）が安い」というものの他に、なお3種の発言がある。第1は「夜勤手当が安い」、「残業代があまり出ない」と個別手当の低さ、不支給に対する不満である。基準法との関係も問題としてみる必要があるかもしれない。第2は、「アルバイトの方が自分より」、「給料がいい」あるいはだから「憎らしい」とするもの（2件）および「18歳で入って3年間働いた（自分）が23歳で入ったばかりの人より給料が安い」とするものなどである。賃金の低さに対する屈折した不満の表現ともとれるし、学歴差別に対する不愉快さの表現ともとれる。第3はペナルティとしての賃金カットに言及するものである。「工場内（における）無免許運転、事故」によるものと、ミスにより「商品を壊し」たことによるもの各1件がある。前者が業務にかかわった運転であったのかどうかは明らかではない。後者は「その月は給料はない状態だった」という。

❸ Ｏ　福利厚生その他労働条件（5）

食事・食堂に関するものが3件、作業衣にかんするものが1件ある（その他に「労働条件が悪い」とするもの1件があるが、内容不明。労働的間、賃金をいっているのかもしれない）。

中小企業の多くには「社員食堂がない」。食堂がほしい。大企業で社員食堂がある場合には「まずい」との不満。仕事が深夜に及んでも「食事がつかない」のは「困る」。作業衣については「色が悪い」。

❹ Ｓ　安全・衛生、作業環境（21）　Ｈ　労働時間、Ｊ　仕事内容、Ｃ　顧客、Ｎ　人間関係、Ｂ　上司

物的作業環境の問題として、塵埃、日光の遮断、温度、騒音などがあげられる。「職場がほこりっぽい」、「仕事場が地下……陽が当ら」ない、「暑いの何んのって、蒸風呂のよう」「クーラーが……きか」ない、「改札口が夏暑く冬寒」い、「温度が一定でない」、「工場内

の騒音」がすごい。9件を数える。集計職場の1割以上である。これら因子は当然、「身体に影響」を与える。具体的には「体調がおかしくなる」、「難聴気味」との訴えがある。

職場における安全・衛生・健康問題は、物理的作業環境のほか、仕事・作業の内容、作業姿勢、残業・長時間労働や交代制などの労働時間、同輩・先輩・上司との人間関係、顧客その他の因子によっても生じ得るし、その現われる形は死亡や怪我、職業病、心身の疲労その他であり得る。しかし、ここでは、これら各因子により生ずるストレス、疲労、それらの蓄積などについてはそれぞれの項に譲ることとし、より狭い意味での労災・職業病に関わる問題に限定しよう。(けっしてストレス・疲労などの問題が重要でないという意味ではない。また、これら問題が職業病・業務上疾病の問題にならないということではない。単に重複を避けるための技術的処理である)。

上の「難聴」などのほか、「手が荒れる」というものから、「目が疲れる」(2件)、「手の皮膚がかゆくなる」、「指関節・腰が痛む」など職業病の範疇に属するもの(6件)、建設業、製造業における「怪我」(3件)、警備業における命の危険(「金属バットを持った泥棒」との遭遇)などの例がある。一運送会社社員は「1日中車に乗って」おり、その日給という賃金支払い形態と相俟って、「続けてゆくと体がボロボロになる」とその仕事をやめた。菓子店の一店員は「棚から荷物をおろす時椅子から落ち腰を打って2か月の大怪我」をした。さらに特異な例として、「誤って商品を壊した」一労働者は「上司に殴られ2週間の怪我」をした。以上で13件に上る。「心身の疲労」などを除いても、集計対象労働者の少なくとも6人に1人が、この程度の労災・職業病を経験またはそれらに直面しているのである。

労災の処理に関し2件の問題のあるケースがある。1件は上の菓子店の店員のケースで、「労災のためいられなくなった」と発言している。現在大学食堂のコック長になっている彼は、未だ前職に「未練がある」。もう1件は、N自動車の子会社の作業員で次のように言う。彼は怪我の際の会社の処置に憤りを感じている。「勤めはじめてから2年目の春、工場の中で2人で鉄板を運んでいる途中、相手が急に手を離したために、左手の手の平を6針も縫う大怪我をしてしまいました。当然、労働災害通して災害に対する保障がうけられるはずだったのですが、上司に『労災扱いにすると俺の監督責任が問われるから健保扱いにしてくれ』と頼まれ、健康保険の自己負担金を上司が払うということで、そのことを承諾してしまいました」(19歳、高卒：8611605)。

いずれのケースも法律との関係が問題になる。

❺　I　不慣れ・能力不足 (7 + 2)

「はじめての仕事」、あるいは新たな仕事に就けば、「慣れる」まであるいは仕事を「覚える」まで、いろいろ「大変」である。このことは誰でも経験する。この間のストレスはかなりのレベルに達し得ようが、実際にはほとんどの労働者はこの移行過程を無事とおり抜けてゆく。一労働者は1人立ちできる前の段階の気持を「やっとひととおりの仕事(を)覚えたが、まだ先輩の手を借りてしまうこともあり迷惑をかける」と表す。本集計対象のなかには、この段階のストレス、プレッシャーにまけ、つまずくケースは含まれていない。

自己の「能力不足」を悩み、あるいは「○○をしておけばよかった」と過去の学習を悔いるものとしては2件ある。「そろばんが苦手」とするものと「コンピュータぐらいやっておけばよかった」と反省するものである。

❻　J　仕事の内容 (34)

労働条件というより、より直接的に"仕事そのもの"に起因、派生する問題である。

例えば、溶接の仕事であれば「夏暑くてしようがない」。左官の仕事であれば「服や身体(は)よごれる」。機械加工や自動車工場の多くの仕事は「1日中立ったままで疲れる」。セールスマンの仕事であれば「渋滞する」「道路」を運転しなければならない。

補章　ごく普通の働く労働者の抱える悩み・問題　571

これらは「"仕事そのもの"から派生する」とはいってもどちらかといえば物理的外的な問題である。より内的な問題もある。例えば、「プログラム（の）作成」は「神経を使う」だろうし、警官の仕事は「常に気を入れていなければならない」だろうし、部品組立作業であっても仕事は「気を集中してやらな（ければ）間違ってしま」う。「オーナー側と一緒に」仕事をしなければならないならば「気が抜け」まい。

　さらに監督の立場にある者は、たとえ自分が勤続わずか２年、20歳の若輩であっても、ときには「母親と同じ」年齢の「仕事のできる」「パート」を使わなければならない。それぞれの仕事はそれぞれの「責任」を要求する。食品関係の仕事であれば衛生に、自動車部品の製造であれば安全に「細心の注意が必要」である。アルバイト、パートを使う者は当然彼（女）等の「健康状態について……気をつけなければならない」。「億単位の生地の買入れをする」営業マンは、「へたをすると会社（を）つぶ、してしまう」し、あまりにむずかしい仕事を委せられれば「荷が重い」。「なかなか売れない」（セールスマン）など仕事が思うように運ばないことも大きな悩み・問題である。

　これらはすべてストレスの種となる。場合によっては「神経（は）すりへり」、「精神的、神経的に疲れてしまう」。

　同じく「仕事の内容」といっても、"仕事そのもの"というより、組織運営（ソフトウェア）上の不満もある。「仕事の連絡が悪い、（こちらは）外廻りで出ているのに」、「会社と自分の方針が合わない、（会社は）仕事のやり方を型にはめようとする」という例がある。

　本項において最も典型的ケースはあるいは流れ作業、単純労働、「無意味」（と認識される）仕事などの問題であるかもしれない。ときにはこれに「人手不足」などによる「多忙」が加わる。"疎外"に連なる問題でもある。「流れ作業」は評判が良くない。「きびしい」、「きつい」、「緊張がいる」、「単調」、「つまらない」、「あきあき」。「ラインについてゆけないと上司に文句を言われる」し、「毎日同じ仕事」ばかり。ある労働者は「１日中はんだごてを握っている」。「自分が機械として働かされているみたいで人間の仕事ではない」と感じる。「月火水を乗切ればあと２日！」。「流れ作業」は自動車・同付属品工場、機械部品工場、缶詰工場、梱包会社その他において広くみられる（10件）。

　"重要でない"と思われる仕事をすることはむなしい。「雑用」（事務）、「補助的な仕事」（ガソリンスタンド）、「掃除、ボール拾い、草むしりなど雑用」（ゴルフ訓練場）──「おもしろくない」。自分の"興味のない"仕事をすることも同様である。流れ作業でなくとも、ホワイトカラーであっても、「仕事が単純（であれば）あき」る。「仕事の内容がつまらない、他の仕事（を）したい」、「おもしろくな（い）、張合いがない」（5件）。

　「忙しい」という苦情も４件ある。「忙しくて息つく暇もない」。「人手不足」が原因なのであろうが、「委託先との契約が一定額と定められているので」やむを得ないのかもしれないと自らをなぐさめる（ビルメン）。人事異動のしわ寄せで負担がふえるとの不満もある。

　次のケースは「流れ作業」と「多忙」が相乗した典型例であろう。「先輩達のフォローがない」。「自分の仕事は自分でやるしかなくて、そのためには、他人の事などは考えていられない」。「この会社では、日々つくる自動車の数を仕事のはじまる前に決めるが、その目標の数に達してもいっこうに止まる気配は見せない。『どうしてラインが止まらないのか』と思うが、自分はもちろん、他の人たちも誰も班長やその他の人に文句を言わない。いや正確にいえば言えないのだよ。人間というものは数を決められれば、その数に早く達しようと頑張るのが普通だろう。そのところをよく会社も考えているんだろう。あとラインのスピードが生産が間に合わない時はどんどん速くされるので、やはり誰かに操られているという感じ。だから誰かが失敗してラインが止まると止めた人はとてもいやな気持だろうが、他の人にしてみれば『もっと長く止っていないかな』と思う」（20、H技研、部品組立、8611617）。

労働契約違反のケースが 1 件ある。「最初の話では事務が主ということだったが、実際には工場の仕事」をやらされている。東証第 1 部上場企業である。

❼　C　顧客 (13)

意外と気づかれていないことではあるが、客と接する機会を持つ労働者にとって、「客」そのものが問題の種でありストレスの源である。本当に「頭にくる」存在なのである。「客対応で疲れる」、「神経を使う」。客には老若男女各種多様の人がおり、「話題を合せる」だけでも大変である。「生意気な客」、「わがままな客」、「現場全然知らないくせに」こちらにあれこれ指示してくる客、不正乗車をする客、酔っ払い、時間外に修理頼んでくる客……そして「時間どおりに行けないと文句を言う」客。本当に「頭に来る客がいる」。

しかも問題のポイントは、こういった客がいるという事実よりも、労働者の方は、これに対し「無視」することも、文句を言うこともできず、「お愛想良くしなければならない」という点である。いかに "stressful" であるか。「新入社員はやめてしまう」かもしれないし、また、「笑顔（を）たやさず、5 日も連続して仕事（を）したら、心身ともに参」ってしまう（19、K ホームセンター店員：8411661）。

顧客に関してはこれらのほかさらに 2 点ある。働く者にとって最も "くやしい" あるいは "つらい" ことの一つは、自分の労働が消費者（サービスの受手）によって評価されない場合である。「自分のつくったものに客から文句をいわれるのが一番つらい」、相手がこちらを信頼してくれない」場合も同様であろう。警官も「市民の警察への感情（が）よくな」く、「協力が少な」いことを悲しむ。もう一点は、客との交際、つき合いである。労働者も企業内においてある地位を占め、会社の "交際費" を使える立場にあればともかく、若い労働者は高くない自らの給料からその経費を支出しなければならない。開業医に薬を売る製薬会社の販売員の例が❷ W、賃金の項で述べられた。「医者にゴルフにさそわれ……給料の半分（が）なくなる」。

❽　E　評価 (1)

せっかく一生懸命仕事をし、かつ「良くでき」……たのに顧客のみならず、会社（上司）からも正当な評価を得ない。「誰一人として認めてくれない」――"認められたい" という欲求は満されていない（1 件）。

❾　N　人間関係（上司との人間関係を除く）(32)　X　異性・結婚、B　上司

「人間関係」の悩みは大きい。時には労働時間、賃金などの労働条件以上の問題を労働者に投げかける。ここでは四つのカテゴリーが含まれる。①いわゆる職場における "人間関係"（12 件）、②つきあい（6 件）、③労働力構成（10 件）、④その他（4 件）である。

第 1 のカテゴリーとしては、まず「嫌な」、「同輩」、「先輩がいる」というものである。どうして「嫌」かというと、「不真面目」である、「自分がやらずに人にあれこれいう」、「嫌な仕事をまわしてくる」、「上司がいないと仕事を押しつける」、「仕事を教えないでできないと無能よばわりする」、「ミスがあるとすぐ人に責任を押しつける」、「人生経験を自慢」し「今の若い者は……」とやる――こういった先輩であれば「嫌」であるのも無理からぬことかもしれない。しかし、結局は「ウマの合わぬ人間はどこにでもいる」ということとか。

「つき合い」も、重荷になる場合がある。「無理やり飲みに連れていかれる」のは嫌だ。特に先輩とのつき合いはむずかしい。「過ぎると自分の時間がなくなるし、つき合わなければカドが立つ」。結構、若者の方が「気」をつかっている。

第 3 カテゴリーの労働力構成というのは、「同年輩が」いない、女性がいない（⓳ X 異性・結婚参照）、「年輩者ばかり」という問題である。「同期」は「つっぱりばかり」というものもここに含めよう。「年長者」相手であれば、「敬語を使わな」ければならないし、大体、「話が合わない」。「同年輩」あるいはあまり年のはなれていない「先輩」がいなければ、

「友人をつくるのはむずかし」かろうし、「職場に話し相手がいない」、「何でも話せる人がいない」、「心配ごとを話せないのが不安」という悩みにもなろう。

「その他」としては、職場の雰囲気にかんする不満と寮生活における先輩の問題がある。前者は、「上下左右」すべて「人間関係が淋しい」、「だらだらしていて活気がない」、「社員（内）の連帯（が）な」くお互いにろくに「あいさつもしない」など。後者は、「先輩に使い走りさせられる」、逆に親しかった「先輩が出て行き淋しい」という悩みである。

❿　Ｂ　上司、上下関係（28）

同輩や先輩に限らず「嫌な上司」もいる。どうも「気に入らない」。「人生経験」をひけらかしすぐに「今の若い者は……」とやりだす、「親の七光」で社長になり無能な（くせ）に威張」りちらす、横柄・無礼な言葉遣いをする。「愚痴、他人の悪口」を部下にいうようになって上司たるもの地に落ちたというべきか。

もう少し仕事の遂行に直接からんだものも多い。「口うるさい」上司は嫌われる。「何かにつけてやってきて口を出す」。「機嫌が悪いと」特に口やかましい、あるいは「部下にあたり散らす」。時には関係のない「社長夫人」が入ってきて「勤務状態に（まで）……口を出す」。大体「上司は仕事場に適当に現われ、適当に消え、邪魔である」。「上司は部下のことを考え（てい）ない」。この項についての不満はかなりトーンが高い。「頭に」きている。

しかしややニュートラルな表現もある。「上司との人間関係──人によっては」、「上司との関係がうまくいかない」など。「仕事の指示が」はっきりしないことが一つの原因ともなっている。「経営者が昔気質でこちらの言うことを聞いてくれない」のも不満の一つである。

「上の人に叱られる」のは嫌である。「ライン作業（で）流れについていけないと上司に文句を言われる」、「薬が売れないとガミガミ言われたりいびられたりする」、「ミスがあるとすぐ」人の責任にする「（私）だけの責任でないのに」。「誤って商品（を）壊した」からといって部下を殴りとばし「2週間の怪我を」させた上司の例は❹Ｓ安全衛生の項で出てきた。「上司が恐い」。

責任回避に走る上司もいる。同じく❹Ｓ安全衛生の項で挙げた労災事故を健康保険でやってくれと頼んだＮ自動車子会社の上司の例がある。

ともかく職場における「上下関係（は）厳し（い）。1年上が年下にペコペコ」しなければならない。「ペコペコするのはいやだ」が「自分の意見を言うとすぐ白い目でみられる」。上司に対する関係というのは、顧客に対する関係と同様、「気にくわない」あるいは「おもしろくない」というそのこと自体もさることながら、それに文句を言えない、逆らえないという点がきわめて stressful なのである。部下は「我慢をし」、「文句を言ったりしないようにし」、「気を使う」。

上司との「つきあい」も、あるいは同僚・先輩とのそれ以上にやっかいである。「上の人に無理やり（飲みに）連れて行かれる」のはいやであるが、断われない。「気を配らなければならない」。

⓫　Ⅴ　参加（6）

「仕事場で自分の思ったことがうまく言えない」とのケースは当該労働者の性格上の問題なのかあるいは職場組織上の問題なのか不明であるが、他の5件はいずれも労働者（側）のインプットが経営者あるいは経営側によって意識的もしくは無意識的に拒絶されている例である。「声」を出しても聞入れられないという不満であるが、これらのなかにはだからといってただ「ペコペコ」し「小さく丸くおさまった人間にはな」るのは「嫌だ」とするもの（2件）、逆に「声」を出すと「すぐ白い目で見られ」たり、そもそも「声」を出すこと自体が許されない（自動車工場）状況にあるとするもの（2件）がそれぞれ含まれ

ている。

　これらのうちの1件は職場内のみならず社会一般における「意見（を）とおす」ことの「むずかしさ」に言及している。

⑫　P　出世・昇進、配転（9）　　D　差別

　企業内における出世・昇進と配転がある。出世・昇進についてはこの年代層においては「学歴」と関係したものが中心である。「学歴がないので昇進は無理」とするものであるが、詳しくは⑰D差別の項を参照されたい。

　ここでは直接「学歴」を明示していない4件について扱う。1件は「何年いれば役付になれるのか見当さえつかない」と将来に対する見通しの暗さを言うもの。他の3件は"ネガティヴなコメント"というよりむしろ将来に対する願望（aspiration）である。将来は「署長になりたい」、「店長になりたい」、「1日も早く出世したい」など。もちろんこれらも、その願望の強さ、実現可能性の有無、実現への障害・速度等々によっては大いなる悩み・問題などに容易に転化しよう。

　配転（＝企業内異動）については2件あった。「配転先」はサラリーマンにとって最大の関心の一つであろう。組織内である特定のあるいはより上のポジションを望む場合には、そのための選考にパスしなければならない。試験を課す組織も少なくない。これも労働者の悩み・問題となる。

⑬　M　経営・社会の将来・倒産（4）

　労働者は「会社の将来」を心配する。「飲食店」は「景気が悪くなる」のではないか。

　会社は「経営がうまくいっていない」ようだが大丈夫だろうか。最近の民営化により、わが「公社」は「将来……どうなる（の）か」、場合によっては、前項までのあれやこれやの悩み、問題どころではなくなる。働く場そのものがなくなってしまう、あるいはひっくり返ってしまう。

　突如、取引企業の倒産などのあおりで、自分の会社がつぶれてしまう、あるいはそこまでいかなくとも、希望退職者が募られ、自分自身が「希望」させられてしまう。

⑭　T　転職・独立（23）　＋Q　生き方・働くことの意味（4）

　集計対象労働者の属する社会的グループにおける転職・独立志向はきわめて高い。すでに前項までの各項においてその例は示されている。「給料が安い」から、「労働条件が悪い」から、「仕事の内容（が）つまらない」から、「昇進」の望みがないから、「若いうちは体ついてゆくが年とったらや（れ）る仕事ではない」から、「30歳すぎの妻子持ちの（先輩）を見ていると」「将来が不安」だから、労働者は「今の」仕事・会社を「やめたい」あるいは「やめるつもりだ」という。

　ここまではっきり理由をあげなくとも、今の仕事を、「どのくらい続けるか考えていない」、「長く続けられるとは思わない」、「一生続ける気はない」といった表現でその転職意思を示すものも少なくない。

　現在の労働の「むなしさ」を思い、より深刻に自己の労働の意味、生き方を問うケースもある。「この会社で一生終るのかと考えるとむなしい」——現代花形産業のトップ企業に働くブルーカラーの心である。「何のために」、「誰のために」自分は働いているのかと自問しつつ「悩みをまぎらわすために詩を就くり曲をつける」という自動車工場の労働者、「仕事」が終って「一人になった時」「仕事に追われ流されてゆく自分に」「こんな生活をしていていいのだろうかと悩」むホームセンターの店員。

　より積極的な転職を試みる労働者群もある。「自分の可能性を試したい」。たとえささやかであっても一歩前進したい、自分の希望する仕事に就きたい——事務、旅行関係の仕事、ホテルマン、ボイラーマン、技師、整備士。そのための「資格を取りたい」。「独立」したい、「店を持」ちたいと望む人々もいる。転職経験者の過去と現在の職種、労働条件。い

補章　ごく普通の働く労働者の抱える悩み・問題　575

くつかの転職のあとに「中卒で働けるところはこんな所しかないのかもしれない」と結論した労働者の経験からみるとあるいは夢はそこにしかないのかもしれない。

いずれにしろ、ある労働者たちは「他の仕事に就きたい」と漫然と望んでおり、ある労働者たちはすでに具体的に次の手を打ちつつある。例えば、専門学校をうける。しかし、いざ実行にうつそうとするといろいろの障害が出てくる。専門学校をうけてもパスしなければならない、合格したとしても学費はどうするか。「やめて家を出ると母が一人になってしまう」。きわめて"日本的"であるかもしれないが現在の勤め先、就職を世話してくれた先生、出身の専門学校などに対する"義理"、迷惑も考えてしまう。

「今やめ（たら）車のローン、生活……」はどうするのか。次の仕事で「暮していける（の）か」。傍から見れば、やや優雅な悩みでもあるが、「親の仕事を継」ぐべきか否か。「現在の仕事は家業を継ぐまでのつなぎ」と言ってのける労働者もいる。

⓯　R　定年退職（0）

該当なし

⓰　U　労働組合（1）

本調査集計対象となったような労働者グループの間にあっては、労働組合の存在はきわめて小さい。ほとんど視野の中にすら入っていない。わずか1件「労働組合がないので、下の方、現場に重圧がかかる。反感持ってもはねかえせない」との悩み・問題が出されているのみである。

⓱　D　差別、コンプレックス（15）

3種類の差別が出ている：①学歴、②大（親）企業──中小（下請）企業、③地方。

15ケース中11ケースは「学歴」にかんする。「中卒」あるいは「高卒だから」、「出世」、「昇格」は「無理」、「期待できない」。「出世」、「昇格」だけではない、給料もちがう。「18歳で入って3年間働いた人が23歳で入ったばかりの人より給料が安い！」、「アルバイト」──大卒であろう──「の方が自分より給料をもらっているので憎らしい」。

「大学生を見ているといつも遊んでいてうらやましい」、「同年代の者が遊んでいる時、自分が働いていると思うといやになる」。「高卒と大卒ではかなり差がある」。中卒と高卒の間も同様であるかもしれない。「自分も勉強して大学へいけばよかった」、「高卒だけでも卒業しておけば」よかったと「後悔」する。そこでどうするか。3コースに分れる。①「後悔はしている」が、何の新しいステップもとらないあるいはとれない人々、②「そのために頑張って夜学に通」う人、③転職を試みる人である。

前項までにも度々登場したゴルフ練習場に働く一労働者（20歳）の悩み・問題を一つにつないでみよう。これまでの"まとめ"をしてくれる。

> とにかく最終学歴が中学校なので思うような職業につくことができない。高校を中退してから4年にもなり、いろいろな仕事（アルバイトを含む）をしてきたけれど、どれも続けていきたいという仕事はなかった。一生続けていきたいと思う仕事を見つけたいと思うがそれ以前に生活してゆくためには何でもいいから仕事をしなければならない。以前工場のラインをやったことがあるけれどあれは人間の仕事ではないと思う。秒単位で仕事が決められていて、ネジ1本何秒で締められるから日に何個テレビを作ることができるという計算のもとで仕事をしなければならない。これは自分が機械として働かされているみたいでとてもいやだった。
>
> それからJ便という会社に入った。この会社は、車の部品を、個人でやっているような小さな修理工場に運ぶ仕事で1日中車に乗っていなければならない。給与は1日いくらの計算で休みも思うようにとることはできなかった。この仕事を一生つづけていると身はボロボロになってしまうだろうし結婚しても生活できるはずもないと思った。

そしていまの会社、仕事は、そうじ、草むしり、ホール拾い、あとは客を席に案内することなど。やはり客仕事は自分の感情などを抑えていつも明るくしていなければならないのでつらい。客には、わがままなヤツや生意気なヤツなど多い。客に接している時がいちばんいやな思いをしている。この仕事も長くつづけられるとは思わないが、中卒で働ける所はやはりこんな所しかないかもしれない。ともかく高校だけでも卒業していればと後悔している。（手取り約11万円）。

❹ T 転職・独立の項でみたように雇われている限り事態はかわらないのかもしれない。
　そこである労働者は、「独立して商売」をすることあるいは「トラック運転手などを希望」する。
　学校を出ていないことによるプレッシャーは職場の範囲を超える。家庭でも社会でも「つらい」。「妹や弟に勉強のこと（を）聞かれても答えられないのがつらい」。大学中退の労働者は「（有名高校に行っている）弟と比べられる」のが耐えがたい。「まわりの目が冷たい」。「学歴を問われた時に中卒、専門学校卒とは言いづらい」。
　下請であること、中小であることによる困難および地方出身であることによる困難はそれぞれ2件および1件ある。「親会社」が不条理・高圧的・一方的であっても下請労働者は耐えるしかない。ある「中小企業」に働く労働者にとっては、「どこに就職したの？」という問いは、前出ケースにおいて中卒労働者が「学歴は？」と問われた時に持ったと同様の「困難」を与える。有名スーパーと類似の名前を持つ一中小企業に働く労働者は腹を立てる。「会社名をいうと、必ずといっていいほど『○○○○』と間違われ、『オレはスーパーの店員じゃねえぞ』と叫んでしまう」。
　「地方出身者」にとって、「なまり」も悩みとなる。ともかく、「もっと平和な世界をつくってほしい」。
❶⑧ Q　生き方、働くことの意味　❹ T 転職・独立の項を見よ。
❶⑨ X　異性・結婚（11）　N　人間関係、A　車、W　賃金、F　家族
　若者の2大関心は「車」と「女の子」であり、「新車を買って彼女とドライブ」できたら最高である。このことは❷W賃金＋A車の項で述べた。したがって「彼女がいない」というのは大変な悩みとなる。しかもやっかいなことに、小さな企業であれば、「会社に女性が」「いない」または「少ない」ということは往々にしてあることであるし、また会社に女性がいたとしても自分の「職場に（は）いない」、「少ない」ということも多い（5件）。中高卒男子が働く典型的職場、例えばある種の製造業の現場には女性はいないあるいは少ない。現代日本の職場はまだまだ"男の職場"と"女の職場"に分離されている。
　職場に女性がいたとしても、「会社の女性だと」「噂がすぐ広がる」し、「ふられたら」これまた「すぐ広ま」ってしまう。運よく彼女がいたとしても、冒頭でみたような労働時間の下では、「週1〜2回しか会えない」。「女性問題に悩んでいる」労働者もいれば、逆にそもそも「異性にどう対処したらいいかわからない、結婚のこと（を）考えてしまう」と悩む労働者もいる。なお、結婚に関してはこのほか❷賃金、㉑家族などの項を参照されたい。
㉑ 車　❷W賃金の項を見よ。
㉑ F　家族・家庭生活（21）
　本集計対象労働者は18〜20歳、すべて未婚であった。したがって彼らにとっての家族・家庭は親を中心とし兄弟姉妹を含む家族・家庭である。ときには祖父母も含まれる。
　本項の悩み・問題は4通りに分けられる。第1は、その親を中心とした家族と未だ同居するが故の悩み・問題であり、第2はこの家族から一応場所的に独立して生活するが故の悩み・問題であり、第3はその前者から後者への移行にかかわる悩み・問題であり、第4

補章　ごく普通の働く労働者の抱える悩み・問題　577

はその他である。

（1）同居はしていても、子どもが大きく育った今、「家族全員が顔を」そろえるということは昔のようにはない。それが「寂しい」。逆に家族が大勢いるが故の悩み・問題もある。5人兄弟を持つ19歳の労働者は「休みに家にいると邪魔にされる」。おそらく住居が狭いのであろうか。「妹が受験なので騒げない」。「兄夫婦が同居なので気をつか」い落着くところがない。「元ヤクザ」の父が、「足が不自由で家でブラブラしている」。

家の手伝いをさせられ休むところがない──幼稚園の「妹の世話」、「兄家族（の）子どもの相手」そして「農業」。また、家にいれば、「親が外出に」干渉してくる。

（2）アパートの「1人暮し」は「寂しい」。そして、掃除、洗濯、食事など日常生活が面倒くさい。「アパートに風呂、洗濯機がな」ければ「銭湯、コインランドリーに行かなければならない」、「外食が多くなる」。

寮に入れば、「家族との連絡（は）不便」だし「なかなか家族に会う機会はない」。そして寮の先輩が悪ければ「使い走りをさせられ」、良ければ「出て行（ったあと）寂しい」。親から離れて生活していると、「親（の方）が自分を心配」し、「特に母親は帰って」来てほしいと願う。

（3）親は「帰ってきてほしい」というが、「自分は将来店を持って東京に住みたい」。どうしたものか。同様の悩みはたとえ現在親と一緒に住んでいたとしても起こり得る──「今の仕事をやめて家を出ると母が一人になってしまう」。仕事と家族との選択を迫られる。「結婚」を機に独立したいとの希望もある。でも自分は「一人っ子」だから……と悩む。

（4）自分を含めた家族の健康の問題その他がある。「母が体（が）弱ってきているのが心配」である。自分の「運動不足」、「ひざ……の再手術」をしなければならないなど。

㉒　L　住宅　該当なし
㉓　G　通勤　❶H労働時間を見よ。
㉔　N　子ども　該当なし
㉕　Y　満足　略
㉖　Z　地域・社会（4）

「税金、医療費」に対する不満が2件、それらが「高すぎる」あるいは「医療費の一部負担をやめてほしい」。その他は「経済政策」についての注文1件、「道路や駅の酔っ払い」など公衆道徳についての不満が1件、「タレントの自殺」の後追いをする若者、政治家の争い、アフリカ難民救済活動、第三次世界大戦、異常気象など、より広い社会的、政治的ニュースについての不安や不満、怒りが2件である。

［下記【初出】調査報告には上記（a）残業・長時間労働に囲みとして例示した（568頁）詳細な「労働者の抱える悩み：問題等項目別回答一覧」が添付されている。］

【初出】「現代日本労働者の"ニーズ"抽出の試み─若年男子労働者─」『城西大学大学院研究年報』
　　　第3号、1987年3月、60-79頁（＋14頁、83頁-）

著者紹介

秋元　樹（あきもと・たつる）

東京都立大学（法学士・労働法）、ウェインステイト大学（ソーシャルワーク修士 MSW）、ニューヨーク市立大学ハンターカレッジ（社会福祉学博士 DSW）。東京都労働（経済）局、城西大学、日本女子大学、日本社会事業大学、淑徳大学に勤務。現在日本女子大学名誉教授、淑徳大学アジア国際社会福祉研究所所長、日本社会事業大学客員教授。1991-93 年 ILO（国際労働機関）貧困改善・雇用促進専門委員、2004 年～現在 IASSW（国際ソーシャルワーク学校連盟 International Association of Schools of Social Work）理事、副会長、09-13 年 APASWE（アジア太平洋ソーシャルワーク教育連盟 Asian and Pacific Association for Social Work Education）会長。専門研究分野：アメリカ労働問題、労働ソーシャルワーク、国際ソーシャルワーク。『デトロイト―ソーシャルユニオニズムの必然』日本経済評論社（1980）、*Japan in the Passing Lane*（ed. & transl.）（Kamata, S.『自動車絶望工場』）New York: Pantheon Books（1982）、*Shrinkage of Urban Slums in Asia and Their Employment Aspects*（ed.）Bangkok: ILO/ROAP（1998）、『アメリカ労働運動の新潮流―80 年代から 21 世紀を見る』日本経済評論社（1992）、*From Western-rooted Professional Social Work to Buddhist Social Work*（Joint work）Tokyo: Gakubunsha（2017）ほか多くの著作がある。

労働ソーシャルワーク
送り続けられたメッセージ／アメリカの現場から

2019 年 10 月 10 日　初版第 1 刷発行

著者	秋元　樹
デザイン	坂野公一（welle design）
発行者	木内洋育
発行所	株式会社旬報社
	162-0041　東京都新宿区早稲田鶴巻町 544
	TEL 03-5579-8973　FAX 03-5579-8975
	ホームページ http://www.junposha.com
印刷製本	モリモト印刷

ⓒ Tasturu Akimoto 2019, Printed in Japan
ISBN978-4-8451-1607-2